KB153460

지식인문학총서
(지식기반1)

지식 생산의 기반과 메커니즘

[부록] 문부성 소할 목록 번역

이 저서는 2017년 대한민국 교육부와 한국연구재단의 지원을 받아 수행된 연구임
(NRF-2017S1A6A3A01079180)

기획 단국대학교 일본연구소 HK+ 사업단

홍성준　　단국대학교 일본연구소 HK연구교수
허재영　　단국대학교 교육대학원 부교수(일본연구소장·HK+사업 연구책임자)
최석원　　단국대학교 일본연구소 HK연구교수
소영해(邵永海) 북경대학(北京大學) 중국어문학과 교수
이기원　　강원대학교 철학과 강사
와타나베 히로시(渡辺 浩) 도쿄대학(東京大学)·호세이대학(法政大学) 명예교수
아오노 마사아키(青野 正明) 모모야마 가쿠인대학(桃山学院大学) 국제교양학부 교수
이건식　　단국대학교 국어국문학과 부교수
김경남　　단국대학교 일본연구소 HK연구교수
박나연　　단국대학교 일본연구소 연구보조원

지식인문학총서(지식기반1)

지식 생산의 기반과 메커니즘
[부록] 문부성 소할 목록 번역

© 단국대학교 일본연구소 HK+ 사업단, 2019

1판 1쇄 인쇄__2019년 05월 20일
1판 1쇄 발행__2019년 05월 25일

기　획__단국대학교 일본연구소 HK+ 사업단
지은이__홍성준·허재영·최석원·소영해·이기원·와타나베 히로시·아오노 마사아키·이건식·김경남·박나연
펴낸이__양정섭

펴낸곳__도서출판 경진
　　　등록__제2010-000004호
　　　이메일__mykyungjin@daum.net
　　　사업장주소__서울특별시 금천구 시흥대로 57길(시흥동) 영광빌딩 203호
　　　전화__070-7550-7776　팩스__02-806-7282

값 37,500원
ISBN 978-89-5996-250-1 93000

※ 이 책은 본사와 저자의 허락 없이는 내용의 일부 또는 전체의 무단 전재나 복제, 광전자 매체 수록 등을 금합니다.
※ 잘못된 책은 구입처에서 바꾸어 드립니다.
※ 이 도서의 국립중앙도서관 출판예정도서목록(CIP)은 서지정보유통지원시스템 홈페이지(http://seoji.nl.go.kr)와 국가자료
　 공동목록시스템(http://www.nl.go.kr/kolisnet)에서 이용하실 수 있습니다.
　 (CIP제어번호: 2019020413)

지식인문학총서
(지식기반1)

지식 생산의 기반과 메커니즘

[부록] 문부성 소할 목록 번역

단국대학교 일본연구소 HK+ 사업단 기획

홍성준 외 지음

　본 총서는 한국연구재단의 2017년 HK+ 인문기초학문 분야 지원
사업에 선정된 단국대학교 일본연구소의 "지식 권력의 변천과 동아시
아 인문학: 한·중·일 지식 체계와 유통의 컨디버전스" 사업 수행 결과
물을 정리·보급하는 차원에서 기획된 총서의 하나이다. 본 사업은
15세기 이후 20세기 초까지 한·중·일 지식 체계의 형성·변화 및 지식
유통의 메커니즘을 규명함으로써 그와 관련된 지식 권력의 형성과
지형 변화 등을 연구하는 데 목표를 두고 있다.

　지식이란 사물이나 대상에 대한 인간의 명료한 의식 전반을 일컫는
용어로, 실증적 학문 이론뿐만 아니라 때로는 종교적이거나 형이상학
적 인식을 지칭하는 용어이다. 동서양의 지식 관련 담론과 서적은
이루 헤아릴 수 없을 정도로 많고 다양하다. 지식의 탄생과 진화, 지식
의 체계와 구조 등에 대한 연구 성과도 마찬가지이다. 이는 인간 사회
와 역사에서 지식의 영향력이 그만큼 크다는 것을 의미한다. 곧 지식
은 그 자체로서 이데올로기성을 띨 뿐만 아니라 권력과 밀접한 관련
을 맺고 있다는 뜻이다.

　본 연구소의 HK플러스 사업팀이 15세기를 기점으로 동아시아 지
식 지형과 권력의 상관성을 키워드로 하여 한국 지식사를 규명하고자

한 의도는 한국 학문 발전사뿐만 아니라 한·중·일의 지식 교류사, 지식의 영향력, 지식 사회의 미래 등을 집중적으로 연구할 수 있는 토대를 갖추고, 이를 기반으로 본 연구소를 세계적인 지식 담론의 생산처로 발돋움하게 하는 데 있다. 본 연구소에서 다루어야 할 지식 담론은 전근대의 한·중·일 지식 현상뿐만 아니라 본 대학의 위치한 경기 동남부를 중심으로 한 각 지역의 지역학, 이를 기반으로 한 국내 각 지방의 지역학 네트워크 구축, 인접 국가인 중국과 일본의 지역학 등을 포함한다.

본 연구소의 총서는 학술총서와 교양총서(자료총서 포함)로 구분되어 있다. 학술총서는 '지식기반', '지식지형', '지식사회화'의 세 가지 연구 주제를 중심으로 연차별 1권씩 개발하는 것을 목표로 하였다.

이번에 발행하는 『지식 생산의 기반과 메커니즘』은 본 연구소가 지향하는 지식인문학 연구의 초석을 놓기 위한 작업으로 진행되었다. 이 책은 2부와 부록으로 구성하였는데, 제1부에서는 본 사업단의 아젠다에 관한 연구책임자(허재영)의 연구 방법론과 지식의 기반과 관련한 홍성준 연구교수의 '지식 생산의 연구 대상과 범위', 최석원 연구교수의 '지식 탄생과 지식 생산 기반'을 중심으로 구성하였다. 제2부에서는 지식의 생산과 전파·수용과 관련한 실제적인 모습을 사업단에서 발표한 논문을 중심으로 구성하였다. 북경대 소영해 교수의 '동아시아 지식교류 탐구의 시작', 와타나베 히로시 교수의 'Religion과 종교', 아오노 마사아키 교수의 '근대 일본의 종교 정책' 등은 사업단에서 개최한 해외 석학 초청 강연 원고를 번역한 것이며, 이기원 교수의 '근세적 지(知) 형성의 한 유형으로서 '오라이모노'는 사업단에서 행한 학술대회에서 발표했던 논문이다. 다만 이건식 교수의 '지식 교류의 관점에서 본 현전 유일의 어휘 질정록과 질정관'은 본 사업단의 연구 취지에 적합한 논문으로, 사업단에서 특별히 부탁을 드려 총서의 취지에 맞게 수정·보완한 것이다. 김경남 연구교수의 '근대지와 견문 담론의 계몽성과 문체 변화'와 박나연 연구보조원의 '1827년 순조의 존호의례 진행과 그 의미'도 총서의 주제를 심화시킬 수 있는 논문이다. 또한 부록으로 제시한 '문부성 소할 목록'은 한국 근대지의 형성에 단초를 제공했던 조사시찰단 일원이었던 조준영의 보고서를 번역한 것이다. 번역은 연구 책임자와 본 사업단의 김경남 연구교수가 맡았으며, 기반 총서 편집책임자 홍성준 연구교수가 해제를 맡았다.

지식인문학의 관점에서 지식 생산과 기반에 관한 체계적인 이론을 정립하는 일은 쉬운 일이 아니다. 인간의 다양한 의식이나 경험, 고대와 중세의 박물학적 지식을 비롯하여, 근대의 다양한 분과 학문의 전문화, 21세기 정보화 사회와 제4차 산업혁명으로 일컬어지는 인공지능, 빅데이터 등 끊임없는 전환 시대에 지식의 유형과 지식 생산의 기반을 설명하고자 하는 노력이 어느 하나의 이론으로 정립될 수 있을 것이라고는 생각하지 않는다. 그럼에도 지식 생산의 기반을 논의하고, 그에 대한 사적 고찰을 해야 하는 이유는 과거로부터 현재, 그리고 미래 시대에서 지식의 본질과 가치를 규명하기 위한 기본적인 작업이라고 믿기 때문이다. 본 총서는 연구 계획서에 기반한 첫걸음에 해당하며, 이 걸음을 떼는 과정에서도 다소의 시행착오가 있었다. 이 시행착오는 아마도 2차 연도 이후의 총서 개발에서도 다시 반복될 소지가 있다. 그럼에도 제1부와 제2부로 나누어 편집한 총서의 원고는 지식인문학 연구자들에게 다소의 보탬이 될 수 있으리라 기

대한다.

　아무리 어렵고 힘든 일일지라도 첫 걸음을 떼는 일은 매우 중요하다. '지식기반 1'에 원고를 수록한 학자들과 편집책임을 맡은 홍성준 연구교수에게 감사를 드린다. 또한 이 책이 간행되기까지 많은 조언을 해 주신 공동연구원 교수님, 수고해 주신 사업단의 연구교수와 연구보조원, 그리고 경진출판 양정섭 사장님께 감사의 말씀을 드린다.

2019년 4월 30일
단국대학교 일본연구소장(HK+ 사업 연구책임자) 허재영

목차

제2부

부록

제 **1**부

지식 생산과 전파·수용에 따른 지식 권력 연구 방법론*

허재영

1. 서론

축자적 의미에서 '지식'이란 '앎'을 뜻하는 '지(知)'와 '깨달음'을 뜻하는 '식(識)'이 합쳐진 말이다. 그런데 일상적으로 쓰이는 '앎', '깨달음', '지식'이라는 용어일지라도 학술적인 면에서는 그 의미와 용법이 간단하지 않다. 특히 학문이 분화되고 전문화된 오늘날 각 학문 분야에서 사용하는 '지식'이라는 용어의 개념은 더욱 다양한 의미를 갖는다. 그러나 엄밀히 말하면 '앎'과 '깨달음'의 문제는 인간의 지혜에 관련된 문제이며, 그렇기 때문에 본질적으로 지혜를 다루는 철학의

* 이 논문은 부산대 한국민족문화연구원에서 발행하는 『한국민족문화』 66집(2018.2)에 게재한 논문을 수정한 것임.

연구 과제 가운데 하나였다. 이 점은 전문 용어 사전의 태도를 통해서도 증명할 수 있는데, 국내의 수많은 전문 용어 사전 가운데 '지식'을 표제항으로 삼은 사전은 철학 사전이 유일하다. 달리 말해 다른 전문 분야의 경우 '지식'이라는 말을 일상어로 사용할 뿐, 그 자체에 전문적인 의미를 부여하여 사용하지는 않는다는 뜻이다.

철학 전문 용어의 관점에서 지식은 "일반적으로 사물에 대해 개념적(概念的)으로 명확한 의식(意識)"(철학사전편찬위원회, 『철학대사전』, 학원사, 1963)이라고 정의된다. 다소 표현의 차이는 있지만 철학 분야에서 지식은 '의식'을 의미하며, 이 의식은 '단순한 인상'이나 '막연한 기억' 등을 배제한다. '지식' 개념을 이와 같이 규정할 때, 지식은 객관적인 인식 내용이나 그 결과를 의미하며, 이러한 인식과 결과를 도출하는 사유방식을 포함하게 된다.

이처럼 지식을 인식과 결과, 사유방식으로 규정한다면, 지식은 그 자체로 사변적이며 추상적이어서 다양한 전문 학문을 아우르는 원리로 작용하지 못한다. 이 점에서 현대 학문에서는 지식의 객관성을 중시하여 "어떤 현상이나 문제를 기술하고 설명하며 예측하고 응용하는 이론 또는 법칙"으로 규정하고자 하는 경우가 많다. 특히 철학에서 자연과학이 분화되고, 사회학이 과학으로서의 지위를 획득하는 과정에서 이러한 개념이 확산된 것으로 보이는데, 이러한 개념은 대학의 역사와 기능을 설명하는 대부분의 교양서에서 쉽게 찾아볼 수 있다.

그러나 지식 개념의 다의성이나 지식의 역할 등에 대해서는 아직까지도 충분한 논의가 이루어지지 못한 것이 사실이다. 역사적으로 볼 때, 1968년 도쿄 대학 야스다 강당에서 이루어진 사르트르의 '지식인이란 무엇인가?'라는 논쟁과 같은 지식인의 역할 문제, 제2차 세계대전 이후 나치에 부역했던 과학자들을 단죄하기 위해 시작되었던 각종 선언들(헬싱키 선언) 등은 비록 지식인의 역할이나 과학자들의 윤리 문제를 사회적 담론으로 이끌어 냈지만, 그 자체가 지식의 개념이나 역할 등과 같은 본질적인 문제로 귀결된 것은 아니다.

이러한 흐름에서 지식의 개념과 본질이 무엇인가, 또는 객관적이고 보편적 관점에서 지식 문제를 어떻게 다루어야 할 것인가 하는 문제가 다양한 학문 분야에서 제기될 수 있다. 일차 세계대전이 끝난 뒤 마르크시즘의 영향을 받은 카를 만하임의 '지식사회학'이나 분과 학문을 통합하여 '생산과 유통'의 관점에서 지식의 영향력을 논증하고자 하는 '문화 공학' 등도 이러한 시도의 하나로 볼 수 있다. 만하임의 진술처럼 지식사회학은 '지식의 존재 구속성'이라 불리는 지식 생산의 토대와 영향력을 객관화하고자 하는 사회학의 하나이며, 강내희(1998)에서 제시한 '문화 공학'은 분과 학문을 통합하여 지식의 생산과 수용 과정을 사회적 영향력의 메커니즘으로 설명하고자 하는 시도이다.

이러한 시도에서 주목할 만한 것이 '존재 구속성', '사회적 영향력'이라는 용어인데, 이는 곧 지식의 영향력을 규정하는 힘을 의미한다. 달리 말해 특정 시대를 규정하는 의식(사유방식)이나 이론, 법칙 등이 만들어지는 과정 및 그 결과(이론, 법칙 등을 포함하여)가 개인이나 사회에 적지 않은 영향을 주게 되며, 그 영향력은 정치 용어인 '권력'으로 표현할 수 있다는 뜻이다. 이러한 영향력은 철학적 의미로서의 지식이나 분과 학문 연구 결과로서의 지식에서 모두 발견할 수 있는 공통된 속성이다.

이처럼 권력의 속성을 기준으로 지식 현상을 분석하고자 한 시도는 정치·외교학 분야에서도 있었다. 홍성민(2008)의 『지식과 국제정치』(한울아카데미)도 그 중 하나인데, 그는 "한국 사회에서 개인의 정치적 성향이나 가치관이 형성되는 과정에 학문의 언어가 깊숙하게 개입하고 있다는 사실"을 지적하고, "시민사회에 널리 유통되고 있고, 개인들이 당연한 것으로 받아들이는 일정한 지식 체계"가 존재함을 강조하였다. 그가 말한 '성향', '가치관', '지식 체계'는 지식의 영향력, 좀더 정치적인 용어를 사용하면 '지식 권력'을 의미하는 용어들이다.

지식사회학에서 규정한 바와 같이 지식은 비록 개인의 연구 결과 출현한 것일지라도 그 자체가 개인의 산물은 아니다. 그것은 일정한 언어로 표현되어야 하며, 그에 따라 개인과 개인, 개인과 사회, 집단과 집단의 영향관계로 나타난다. 소통 수단인 언어에도 내재하는 권력 현상이 존재하듯이(언어 권력은 사회언어학자들의 연구 대상임), 지식 현상에서도 내재하는 권력 현상이 존재하며, 그 현상은 경제학이나 문화공학의 차원으로 볼 때 '생산과 유통, 수용 과정'을 통해 구현된다.

이와 같은 전제를 고려한다면 '지식의 생산과 유통·수용', '지식 권력의 본질'은 철학뿐만 아니라 언어, 역사, 문학, 사회학, 정치학 등의 다학문 분야의 통합 연구 주제가 될 수 있다. 물론 여기에는 선행 조건이 따른다. 앞서 살핀 바와 같이 지식 개념이 다양하고, 각 분과 학문마다 독특한 연구 방법이 존재하기 때문이다. 이 점에서 지식과 권력 현상을 규명하기 위한 선행 조건으로 다음 여섯 가지 문제를 고찰해 볼 필요가 있다.

[지식과 권력 연구의 선행 조건]

ㄱ. 지식이란 무엇인가?

ㄴ. 지식의 속성은 무엇인가?

ㄷ. 지식은 어떻게 생성되며 어떤 영향을 미치는가?

ㄹ. 지식의 영향력과 권력은 어떤 관계를 맺는가?

ㅁ. 지식 권력의 연구 대상은 어떤 것이 있는가?

ㅂ. 지식 권력을 연구하는 적절한 방법은 무엇인가?

2. 지식의 개념과 속성

2.1. 지식의 개념

동양의 고전인 『논어』를 참고하면 '지식'을 구성하는 '지(知)'와 '식(識)'에 대한 언급이 비교적 자주 등장함을 확인할 수 있다. 다른 고전도 비슷하지만, 『논어』에서도 '지'와 '식'에 대한 개념을 명료하게 정의한 바 없기 때문에, 지와 식이 무엇을 의미하는지는 이 한자의 쓰임을 이해하는 데서 출발해야 한다.

「논어에 나타난 지(知)와 식(識)」

ㄱ. 지(知)의 용법

. 不患人之不己知, 患不知人也. (학이편)

. 溫故而知新, 可以爲師矣. (위정편)

. 由! 誨女知之乎! 知之爲知之, 不知爲不知, 是知也. (위정편)

ㄴ. 식(識)의 용법

. 黙而識之, 學而不厭, 誨人不倦, 何有於我哉. (술이편)

. 蓋有不知而作之者, 我無是也. 多聞, 擇其善者而從之, 多見而識之, 知之次也. (술이편)

. 賜也, 女以予爲多學而識之者與. (위령공편)

. 文武之道, 未墜於地, 在人. 賢者識其大者, 不賢者識其小者. 莫不有

文武之道焉. 夫子焉不學. (자장편)

『논어』에서는 개념어로서 '지식'이라는 용어를 사용한 적이 없지만, 지식과 관련된 '지(知)'라는 표현이 118회, '식(識)'이라는 표현이 6회 등장한다. 위의 예에서 확인할 수 있듯이, '지'는 '부지(不知)'와 대립하는 '앎'의 상태를 의미하며, '식(識)'은 '인식(認識)'의 상태를 말한다. 『논어』나 『맹자』에서 '지'와 '식'의 개념을 엄밀하게 구분해 내거나 '지식'이라는 합성어를 찾을 수는 없지만, 동양 고전에서의 '지'와 '식'은, 앎이나 삶의 태도 또는 의식 과정을 나타내는 것으로 해석할 수 있고, 이는 곧 '지식'의 개념과 속성에 대한 논의가 인간의 의식 세계를 다루는 학문 분야와 밀접한 관련이 있음을 시사한다. 이러한 의식 세계는 전통적으로 인간의 지혜를 다루는 철학의 연구 대상이었다. 이 점에서 '지식'과 관련한 철학적 정의를 살펴보는 것은 유용한 일이다. 다음을 살펴보자.

「철학사전에서의 '지식' 개념」[1]

ㄱ. 철학사전편찬위원회(1963), 『철학대사전』(학원사), 지식: (영) Knowledge, (독) wissen, (불) connaissance. 일반적으로 사물에 대해 개념적(槪念的)으로 명확한 의식(意識). 단순한 인상이나 막연한 기억은 지식이 아니다. 엄밀히 말하면 객관적인 인식 내용, 인식에 의해 획득된 결과가 지식이다. 따라서 독단이나 공상은 지식이라고 할 수 없다. 논

---

[1] 국내에서 발행된 철학사전은 여러 종류가 있다. 학원사(1963) 『철학대사전』은 전통적인 철학 개념을 정리하여 풀이한 사전으로 평가되며, 임석진 외(1987)의 『철학사전』은 마르크시즘이나 유물론적 견지를 좀더 강조한 철학사전으로 판단된다. 이 점에서 두 사전의 어휘 풀이에는 다소 차이가 있을 수 있다.

리적으로 조직된 체계적인 지식, 혹은 그와 같은 지식의 탐구는 과학이라 불린다. 인식은 인간이 사회적 실천에서 객관적 실재를 반영하는 과정으로서, 인식 과정은 감성적 단계와 이성적 단계라는 두 단계를 통한다. 먼저 객관적 실재가 감각에 반영되어 의식되고, 이어 사유에서 판단, 추론에 의하여 객관적 실재의 본질 및 내적 연관이 반영된다. 그리고 객관적 실재가 바르게 반영된 인식 내용이 참된 지식, 즉 진리이고, 바르게 반영되지 않은 지식은 오류 혹은 허위이다.

ㄴ. 임석진 외 22인(2001), 『철학사전』(청사), 지식: knowledge. 사물에 대해서 확실히 묘사된 의식을 말한다. 이 점에서 인상이나 기억, 상상이나 억견(臆見) 등과 구별된다. 인식과 같은 의미로 쓰이는데, 인식이 외계의 반영 과정의 작용과 그 결과의 총체를 가리키는 데 비해, 지식은 주로 인식 작용의 결과, 그 작용에 의해 얻어진 인식의 내용을 가리킨다. 다양한 지식을 그 내적 필연성에 기초하여 논리적으로 체계화한 것이 과학이다. 지식의 원천은 인간의 의식으로부터 독립하여 존재하는 객관적 세계이며, 지식의 내용은 이 객관적 실재를 어느 점에서 반영한 것이다. 지식은 우선 제 감각기관을 통해 직접 외계와 접촉하는 감성적 단계에서부터 그것을 기초로 하여 질적으로 높은 이성적 단계까지 진행한다. 이성적 단계에서는 사고의 활동에 의해 개념 판단, 추리 등을 이용하여 보다 깊은 객관적 실재의 본질이나 내적 관계를 반영한다. 이 외계와 인식 주관을 결합시키는 것은 인간의 사회적 실천이다. 따라서 인간의 실천이 없다면 어떠한 지식도 생기지 않는다. 지식이 외계의 올바른 반영이라면, 그 지식은 참된 것이고, 바르지 못한 반영이라면 바르지 못한 지식, 곧 오류이다. 이것을 검증하는 궁극적인 수단은 인간의 사회적 실천이다.

그러므로 지식은 인간이 주변의 자연 및 사회에 작용하는 것에서 획득되는 것임과 동시에 인간은 획득된 지식을 이용하여 자연 및 사회에 작용하여 한층 유효하게 그것을 변혁시켜 간다. (하략)

ㄱ, ㄴ에서 공통된 점은 '지식'이 '의식'과 밀접한 관련을 맺고 있으며, 그 점에서 단순한 '인상'이나 '기억' 등은 지식의 범주에서 제외된다는 사실이다. 사전적인 의미에서 인상과 기억을 뛰어넘어 대상을 인식하고 그러한 사유방식을 앎의 세계를 구축한다면 그것은 곧 '지식'으로 인정되는 것이다.

이러한 차원에서 현대 분과 학문에서 심리학은 지식의 형성 과정을 연구하는 학문 분야로 간주될 수 있다. 심리학에서는 철학에서의 지식 개념을 전제로, '정보화되어 기억에 저장된 정보'를 지식으로 간주한다.[2] 여기서 말하는 기억은 단순한 기억이 아니라 뇌의 구조에 저장된 기억을 말하며, 이러한 정보를 '인지(認知)'라고 부른다. 이때 사용한 '인지'라는 용어 속의 '지'가 곧 지식의 일종인 셈이며, 그렇기 때문에 인간의 의식 작용과 관련한 인지 심리는 철학의 인식론에서 기원한 학문인 셈이다. 이 점은 김영정(1996)에서도 다음과 같이 설명한 바 있다.

「지식 표상의 문제」[3]
인식론이란 지식의 본성, 구조, 그리고 기원을 다루는 철학의 한 분야이다. 전통적으로 인지 과학의 철학자들이 관심을 갖는 인식론의 주요

---

2) 이정모 외, 『인지심리학』, 학지사, 2010, 299쪽.
3) 김영정, 『심리 철학과 인지과학』, 철학과현실사, 1996, 86쪽.

문제들은 지식 개념의 분석과 믿음에 대한 정당화의 본성이었다. 그러나 인지 과학은 철학자들로 하여금 새로운 인식론적 문제들에 관심을 갖도록 요구하였다. 그리하여 지식 표상의 구조와 조직에 관한 문제들이 중심 무대에 오르게 되었다. 우리는 이제 지식들이 행동을 인도하고 언어를 이해하고 사용하는 데 유용하게 활성화되도록 어떻게 지식을 표상하느냐 하는 지식 표상의 문제에 관해 논의할 것이다.

이 인용문에 따르면 지식의 개념과 본성, 구조와 기원 등을 다루는 학문 분야는 철학의 인식론 분야였다. 이 점은 철학사전에서도 확인할 수 있는데, 앞의 두 사전에서도 지식과 관련한 표제4)항으로 '지식학'을 설정하고, 보통 인식론과 논리학이 대표적인 지식학이라고 설명한다. 달리 말해 대상에 대한 인식과 논리가 지식의 근원이 되며, 그것이 개념적으로 명확한 의식을 갖게 되었을 때 '지식'이라고 부르는 것이다.

이러한 의식 세계(지식)를 다루는 태도는 각 학문 분야마다 차이가 있을 수 있는데, 예를 들어 심리학은 이러한 의식이 형성되고 조직되는 심리 작용에 관심을 기울이며, 교육학은 참된 지식을 바탕으로 올바른 행동과 실천을 할 수 있도록 하는 데 관심을 기울인다.5)

---

4) 철학사전편찬위원회, 『철학대사전』, 학원사, 1963. 이 사전에서는 지식학을 "지식 및 학의 일반 이론, 여러 학의 방법·기초·전제·목표에 관한 학을 가리키며 보통은 인식론과 논리학을 가리킨다. 이 말을 최초로 쓴 피히테에 의하면 참 철학으로서의 지식학은 지(知)를 정신의 여러 정립, 즉 사행(事行)을 통한 성립에서 고찰하고 기초짓는 것을 과제로 삼으며, 일체의 가능적 대상에 관한 지의 형식을 포함한다."라고 풀이하였다.

5) 정영근 외, 『교육의 철학과 역사』, 문음사, 2007, 55쪽. 이 책에서는 "지식은 곧 앎이며, '앎'은 단순한 정보 이상의 의미를 파악하고 있는 상태를 말한다. 그것을 우리는 인식(認識)이란 말로 표현한다. 앎이란 선입견이나 편견, 피상적 지식과는 근본적으로 구분된다. 앎이란 체험된 지식이요, 참된 지식을 말한다. 때문에 이러한 수준의 앎이란 진리에 가깝다. 이러한 앎을 바탕으로 올바른 판단과 실천이 가능하게 된다."라고 설명하고 있다.

지식 개념이 사유방식과 밀접한 관련을 맺고 있다는 점은 이른바 지식사회학자들에 의해 강하게 주장되었다. 지식사회학은 지식과 사회의 상호 작용에 관심을 갖는 사회학의 한 분야로, 지식이나 인식의 여러 범주가 사회적으로 결정된 것이라는 태도를 취한다.[6] 그 중 카를 만하임과 데이비드 블루어의 지식 개념은 다음과 같이 정리할 수 있다.

「지식사회학자들의 지식 개념」

ㄱ. 카를 만하임: 이 책이 과제로 하는 것은 사유의 유형과 그 변천 과정을 분석하는 데 합당한 방법을 찾아냄으로써, 이와 관련한 문제들을 제시하고 더 나아가서는 그러한 문제만이 지닌 고유의 특성에 부합하는 비판적 이해를 돈독히 하려는 데 있다. 이와 같이 우리가 여기서 서술하려는 방법이 곧 지식사회학의 방법이다.[7]

ㄴ. 데이비드 블루어: 학자들의 지식은 일상인이나 철학자의 정의와는 좀 다르다. 지식을 참된 믿음이나 정당화된 믿음에 제한하지 않고, 사회학자들은 사람들이 지식으로 간주하는 모든 것을 지식으로 본다. 그것은 사람들이 확신을 갖고 지키며 생활하는 모든 믿음, 혹은 집단에 의해 권위가 부여된 믿음에 관심을 가진다. 물론 지식은 단순한 믿음과 구별되어야 한다. 이것은 개인적이고 특이한 것은 단순한 믿음으로 남겨두고 집합적으로 지지된 것을 지식으로 한정함으

---

6) 철학사전편찬위원회(1963)에서는 지식사회학을 "일반적인 지식이나 인식을 사회적으로 결정된 것으로 보고 사회와의 상호 연관 속에서 연구하는 사회학의 한 분야. 인식의 여러 범주가 사회적 기원을 가지는 것임을 미개사회의 고찰을 통해 입증한 뒤르케임의 계통과 마르크스 주의는 이데올로기론에 촉발되고 다시 그 이론이 지니는 부분적·당파적 성격을 지양하려고 하는 만하임 계통이 있다."라고 설명한 바 있다.

7) 카를 만하임, 임석진 역, 『이데올로기와 유토피아』, 김영사, 2012, 63쪽.

로써 가능해진다.[8]

카를 만하임의 지식사회학은 사유의 유형과 변천 과정, 특히 이데올로기를 주요 분석 대상으로 한 학문이다. 이는 사회학에서 말하는 지식 개념을 고려한 것인데, 사회학자들은 자료 영역 내에서 작용하는 규칙, 일반 원칙, 혹은 과정을 찾아내는 데 관심을 기울인다. 이를 통해 규칙성을 설명할 수 있는 이론을 확립하며, 그것을 지식이라고 부르는 셈이다.

이를 종합해 볼 때, 철학이나 심리학의 관점에서 일컫는 지식은 인식 체계 또는 사유 방식 등을 포괄적으로 지칭하며, 사회과학이나 자연과학의 경우 인식으로부터 얻어진 이론이나 법칙 등을 지식이라고 부른다. 이 점에서 지식의 속성이나 영향력, 지식 권력 등을 분석하고자 할 때는 분과 학문의 개별적인 관념보다 학문을 통합한 보편적인 지식 개념에서 출발해야 한다는 점은 강내희(1998)에서도 강조된 바 있다.[9]

---

8) 데이비드 블루어, 김경만 옮김, 『지식과 사회의 상』, 한길사, 2005, 54쪽.

9) 강내희(1998)는 분과 학문 체계를 해체하고 '절합적 통합'을 해야 한다고 설명하였다. 그는 "분과 학문 체계는 지식 생산 방식으로는 오래된 거대한 고목과도 같다. 이 고목은 군데군데 매력적인 가지들이 없지는 않지만, 더 이상 지식 생산의 올바른 표본이 아니다. 이 학문(및 학과) 체계 때문에 지식 생산자들은 방향 상실과 나태에 빠져 있다."라고 비판하면서 이런 모순을 해결하는 방안이 학제 간 연구이며, 통합이라고 주장하였다. 이와 함께 "'절합'은 여러 요소들의 만남과 헤어짐이 동시에 일어나는 현상이다. 절합이 일어나는 지점에서는 서로 다른 것들이 교차할 수밖에 없다. (…중략…) 지식의 통합이 절합의 모습을 띤다는 것은 학문 분야들을 개별적으로 인정하면서 그것들을 망으로 묶어내는 일이다."라고 설명하였다. 강내희, 『지식생산, 학문전략, 대학개혁』, 문화과학사, 1998, 40~41쪽.

2.2. 지식의 속성과 체계

지식이 사유 방식이나 인식 체계를 뜻하고, 이론과 법칙을 지칭하는 개념이라고 할 때, 인간의 사유 방식이나 인식은 어떻게 얻어지며 그것은 어떤 성질을 갖고 있는지, 또는 새로운 이론과 법칙은 어떻게 산출되며 어떤 의미를 갖는지 등을 고찰하는 것은 지식의 속성을 규명하는 출발점이 된다. 이 점에서 지식의 속성에 대한 접근은 '사유'로서의 지식과 '이론'으로서의 지식을 나누어 살펴볼 필요가 있다.

먼저 사유로서의 지식은 학문의 역사, 좀 더 좁혀 말하면 철학의 역사에서 가장 오랜 역사를 갖고 있는 지식이라고 할 수 있다. 달리 말해 사유는 생각하는 인간이 갖는 독특한 특징이며, 인상과 경험을 인식의 차원으로 바꾸어 놓는 의식 작용을 의미한다. 김영명(1996)에서 밝힌 바와 같이, 사유는 '정신 작용'을 일컫는 말이며, 이에 대한 관심은 고대 철학에서 '인간 영혼(soul)'에 논의가 등장하듯 매우 오랜 역사를 갖는다.

인간 영혼은 때로 '정신'이나 '마음'이라는 용어로 표현되기도 하는데, 철학과 심리학의 관계를 고찰하고자 한 김영명(1998)에서는 심리학이 '정신' 또는 '사유'의 본질보다 '마음'을 연구 대상으로 했는데,[10] 그 이유는 '정신'과 '마음'의 개념 차이 및 이로부터 파생되는 학문 영역의 차이를 고려한 것이라고 하였다. 그는 "마음과 정신은 사고 내지 인지 영역을 지칭하는 데 사용되는 용어이나, 마음은 정신과 달리 감성적이고 정서적 영역까지 사용할 수 있는 용어"라고 정의하

---

10) 김영명(1996)에서는 '의식'과 유사한 개념으로 '영혼(soul)', '마음(mind)', '정신(mind)', '심리(psycho)' 등의 개념이 있음을 제시하고, 철학과 심리학적 차원에서 '의식'과 '마음'을 검토 대상으로 하였다.

고, 심리학과 철학의 연구 대상으로 '마음'을 설정하였다. 이처럼 '마음'을 연구 대상으로 한 것은 심리학 발달에 철학이 미친 영향과 그로부터 형성된 '인지 과학'을 설명하기 위한 방편이었다. 그러나 지식의 속성을 연구하기 위해서는 한 개인의 '인식'뿐만 아니라 '집단의식'에 대한 관심이 필연적이다. 왜냐하면 '영향력'은 개인의 문제에 국한된 것이 아니라 집단성을 전제로 하기 때문이다.

다음으로 이론으로서의 지식은 어떤 사실이나 현상에 대한 문제의식에서 출발하여, 그 문제를 기술하고 설명하며 예측 가능한 원리를 탐구한 결과를 말한다. 물론 '이론'의 개념이나 기능에 대한 학자들의 견해가 통일되어 있는 것은 아니지만, 이론이 지식 또는 진리라는 용어를 대용하는 사례는 사회과학자들의 논저에서 쉽게 찾아볼 수 있다. 예를 들어 사회과학은 "경험적 사실을 정리하고 체계화하여 객관적인 입장에서 분석하는 학문"이라는 정의 아래 사회과학의 객관성과 실천성을 논증하고자 한 부정남(1998)에서도 사회과학의 이론이 '개연성을 띤 일반화'에 그칠지라도 그 자체가 진리로서의 가치를 갖는다고 주장한다.[11] 또한 리틀 존 지음·김홍규 옮김(2004)의 『커뮤니케이션이론』(나남출판)에서는 '탐구과정에서의 이론'이 '진실성'보다는 '유용성'의 차원에서 가치를 갖는다는 전제 아래, 이론은 기술과 설명, 예측 가능성을 갖는 원리라는 점을 명시한다.

이와 같이 사회과학을 중심으로 '학문'과 '이론', '진리', '지식'이라는 개념이 혼용될 경우가 많은데, 사실 대학의 존재가치를 논할 때 주로 사용하는 "학문 연구 기관"으로서의 가치는 '진리 탐구'라는 말로 대치될 경우가 많으며, 이때 사용한 '진리'는 곧 '지식', '이론' 등과

---

11) 부정남, 『사회와 사회과학』, 나남출판, 1996, 38쪽.

대용될 수 있는 표현이다.

이와 같이 지식이 사유 형식과 이론을 포괄하는 개념이라고 할 때, 지식 현상에 대한 전반적 이해를 위해서는 지식의 개념 못지않게 지식의 체계를 이해하는 데서 출발하는 것이 효과적이다.

'체계'란 '각각의 구성 요소가 일정한 원리에 따라 계통적으로 결합된 조직'을 말한다. 체계가 조직 원리를 뜻한다는 점에서, 체계는 분류 작업과 밀접한 관련을 맺는다. 분류는 일정한 대상을 어떤 기준에 따라 나누는 작업을 의미한다. 지식의 체계는 분류하고자 하는 지식을 일정한 기준에 따라 나누고, 그것을 조직한 결과를 말한다. 이러한 정의를 고려할 때, 분류하고자 하는 지식을 어떻게 설정할 것인가는 지식의 체계에도 직접적인 영향을 미친다. 예를 들어 '지식은 사유방식'이라는 전제 아래 지식의 체계를 논하고자 한다면, 그 때에는 사유 방식을 분류하고 조직하는 작업이 진행될 것이며, 지식을 이론과 유의어로 전제하고 체계를 논한다면, 이론을 분류하는 기준과 조직 원리가 결과로 도출될 것이다. 지식의 체계에 관한 선행 논의를 살펴보면, 대부분의 논의는 후자에 집중되어 있다. 예를 들어 소광희(1994)에서는 '현대 학문'의 특징인 객관주의 또는 실증주의를 검토하고, 연구 목적(이념)이나 연구 대상, 연구 방법 등을 준거로 실용학과 순수학을 체계화하고, 순수학을 다시 인문, 사회, 자연과학으로 나누는 방법을 제시한 바 있다.

그러나 이와 같은 지식체계(학문체계)가 학자들마다 완전한 합의를 이룬 것은 아니다. 특히 역사적 맥락에서 동양 전통의 학문 체계와 서양의 학문 체계가 어떤 공통점과 차이점을 갖고 있는지에 대한 논의는 그다지 활성화되지 못했다.[12] 동양의 경우 '수기치인(修己治人)'의 학문적 전통이 이론과 법칙을 진리로 하는 지식체계와는 또 다른 방향으로 진화해 왔기 때문이다. 이를 고려할 때, 분류 체계의 독자성과 보편성을 확보할 수 있는 다양한 체계화 작업이 필요함은 당연한 일이라고 하겠다.

3. 지식의 생성과 영향력

3.1. 지식 생성과 영향력

학문 활동이 지식 탐구를 목적으로 한다고 할 때, 지식의 속성과 학문의 속성은 매우 유사하다고 할 것이다. 이 점에서 현대 학문의 성격과 체계에 관심을 가진 소광희 외(1994)에서는 현대 학문의 가장 큰 특징으로 '합리성'과 '실증성'을 제시한 바 있다.

지식이 합리적 인식을 기반으로 한다는 점은 데카르트 이후 현대의 인식론자들이 대부분 공감하는 바이다. 홍병선(2013)에서는 "지식을 둘러싼 다양한 관점인, 토대론, 정합론, 증거론, 신빙주의 등은 물론이고 인식적 내재론, 외재론을 둘러싼 논쟁, 인식론에서의 자연화와 관련된 다양한 쟁점"들이 등장함에도 인식적 합리성의 문제는 지식의 본성에 해당한다는 관점을 견지한다.[13] 또한 실증주의는 현상에 대한 체계적이고 과학적인 관찰을 통해 지식을 축적하고, 귀납적으로 일반 법칙을 도출하는 태도를 의미한다. 이러한 태도는 베이컨의 '우상론'

---

12) 소광희 외, 『현대의 학문 체계』, 민음사, 1994, 325~331쪽. 이 책에 수록된 이성규의 '동양의 학문 체계와 그 이념'에서는 동양 학문의 전통과 체계 수립의 어려움을 토로하면서, 전통적인 도서 분류 체계를 그 대안으로 활용한 바 있다.

13) 홍병선, 『지식의 본성』, 어문학사, 2013, 20~31쪽.

과 밀접한 관련을 맺는 태도로, 귀납적·통계적 방법을 주로 사용한다. 물론 합리주의에 대한 비판이 존재하듯, 포퍼의 비판처럼 귀납주의도 완벽한 이론을 산출하지는 못한다.14)

그런데 여기서 주목할 사실은 합리주의나 귀납주의는 모두 새로운 지식을 산출하는 태도로서의 속성을 의미한다는 것이다. 달리 말해 산출된 지식이 갖는 속성과는 별개의 문제라는 점이다.

산출된 지식의 영향력은 그 지식을 소유한 사람, 또는 그 지식과 관련된 사회와 관련을 맺는 개념이다. 이 점에서 지식의 영향력을 논의한 대표적인 사람으로 프란시스 베이컨을 살펴볼 수 있다. 이종 흡(2002)에서 설명한 바와 같이, 베이컨의 『학문의 진보』는 학문의 영향력을 전제로 한 지식 발전의 필요성을 역설한 저작물로 볼 수 있다.15) 다음은 그가 『학문의 진보』에서 언급한 지식의 영향력과 관련된 진술들이다.

「신적·인간적 학문의 번영과 진보에 관한 프란시스 베이컨의 제1권16)」
ㄱ. 제 논고는 두 부분으로 구성될 것입니다. 제1부는 학문과 지식의 탁월함에 관한 것이요, 학문과 지식을 논증하고 선전함으로써 얻을 수 있는 장점과 참된 영예의 탁월함에 관한 것입니다. 제2부는 지금까

---

14) 손호철, 「학문의 이데올로기적 성격과 마르크스주의」, 백낙청 엮음, 『현대 학문의 성격』, 민음사, 2000, 21쪽.

15) 이종흡, 「해제: 왜 다시 프란시스 베이컨인가」, 『학문의 진보』(프란시스 베이컨 지음·이종 흡 옮김, 아카넷, 2002), 502쪽. 이 해제에 따르면 베이컨 저작물 8권에는 "지식이 가장 가치 있는 권력이요, 지식의 진보를 위해서는 고대와 현대의 모든 서적을 소장한 도서관, 모든 동식물 표본이 집결된 식물원과 동물원, 정밀 기계나 기예에 의해 생산된 모든 인공물을 갖춘 박물관, 다양한 도구를 갖춘 실험실 등 네 기구의 설립과 후원이 필요함"을 역설하였고, "『신기관』(1620)에서는 정치적 야망 중 가장 고귀한 야망이 우주에 대한 인류의 권력과 지배력"이라고 명시하였다고 한다.

16) 여기서는 이종흡(2002)에서 지식의 영향력과 관련한 진술을 무작위로 추출하였다.

지 학문의 진보를 위해 수행되어 온 특정한 성취들 및 작품들에 관한 것이요, 이 같은 개별 성취들에서 엿볼 수 있는 결점들이며 무가치한 점들에 관한 것입니다. (국왕폐하 전상서, 7쪽)

ㄴ. 철학을 위시한 인간적 학문이 신앙과 종교를 위해 수행하는 의무와 봉사는, 장식하고 계도하는 일을 제외하면 두 가지로 대별된다는 점에 주목하고자 한다. 첫째, 학문은 하나님의 영광을 찬양하도록 이끄는 효과적인 유인책이다. (…중략…) 둘째, 학문은 불신앙이며 과오에 대한 유일의 치료제이요, 예방책이다. (제6장)

ㄷ. 학문은 사람들 사이에서 자라나는 반목과 불화를 진정시키는 측면에서도 장점이 있다. 이것은 천성적으로 일어나는 욕구를 충족시키는 학문의 공적에 비해 결코 열등하다고 할 수 없는 학문의 공적이다. (제7장)

ㄹ. 학문의 영향력은 시민을 이롭게 하고 시민의 도덕을 키우는 데 국한되지 않는다. 평화와 평화로운 통치를 위한 기술이나 기질을 양육하는 데 국한되지 않는다. 학문은 전투와 군대를 위한 덕과 용기를 강화함에서도 이에 못지않은 힘과 영향을 미친다. (제7장)

ㅁ. 학문은 온갖 문제점들과 난관들을 풍부하게 연상할 수 있게 하며, 경박함이며 성급함이며 자기과신 따위의 성질을 제거한다. 학문은 (적대적인) 양편의 이유를 골고루 헤아리는 자세, 그리고 정신에 처음에 떠오른 착상에 집착하지 않고 오직 시험과 검증을 거친 것만을 수용하는 자세에 인간 정신을 익숙하게 한다. 학문은 모든 나약함의 뿌리인 헛된 경탄을 물리친다. (…중략…) 학문은 죽음이나 불행에 대한 공포를 물리치거나 진정시킨다. (제8장)

ㅂ. 학문이 마음의 온갖 질병에 대해 제공하는 치료제는 그 수가 너무 많아서 일일이 거론하기 힘들 지경이다. (제8장)

ㅅ. 인간의 영혼 속에, 나아가서는 인간의 사고와 상상과 의견과 신념
   속에, 국가의 권력과 권위를 공고하게 확립하는 권력은 학문이나 지
   식 외에는 존재하지 않는다. (제8장)

ㅇ. 학문의 혜택은 국가와 국민에게 행운을 가져다주는 것으로 국한되
   지 않는다. 학문은 특정 개인에게도 행운을 선물한다. (제8장)

ㅈ. 지식과 학문이 제공하는 쾌락과 즐거움에 관하여 말할 것 같으면
   이는 다른 모든 쾌락을 능가한다. (제9장)

베이컨이 언급한 학문의 공효는 신학적인 차원과 개인의 사유 방
식, 시민과 국가에 대한 지식의 영향 등을 모두 포괄한 개념이다. 달리
말해 '학문과 지식'이 종교적인 차원에서 어떤 장점이 있으며, 개인의
이성과 통찰력을 기르는 데 어떤 역할을 하는가, 또한 지식이 시민과
국가 질서에 어떻게 기여하는가 등을 망라한 것이다. 이러한 학문의
공효는 계몽시대의 사조를 반영한 것으로, 그 자체가 이데올로기적
성격을 내포한다.17)

지식의 이데올로기적 성격에 대한 연구는 1920년대 카를 만하임에
의해 제기된 지식사회학의 주된 연구 과제였다. 지식사회학은 사회적
지식의 이데올로기적 성격을 극복하고 객관적 지식 발전의 원리를
탐구하고자 하는 사회학의 한 분야로 정의된다. 지식사회학은 "어떤
한 시대나 특정한 사회 계층의 성향을 분석하는 것이, 때마침 기세를

---

17) 이종흡(2002)에서는 베이컨의 관심사가 '미답의 땅에서 미래를 일구는 것'에 있었으며,
'위대한 부흥'이라 불린 베이컨의 프로그램은 ① 과학에 대한 새로운 분류 체계를 정립하는
것, ② 새로운 논리학 즉 자연의 해석을 위한 새로운 지침을 마련하는 것, ③ 철학의 기초를
위한 자연사와 실험의 역사를 축적하는 것, ④ 지성의 사다리를 구축하는 것, ⑤ 새로운
철학을 위한 예비 작업, ⑥ 새로운 철학을 정립하는 것으로 구성되어 있었다고 설명한
바 있다. 이러한 프로그램은 그 자체가 목표 지향적이며, 따라서 이데올로기적이라고 할
수 있다.

떨치고 있는 어떤 이념이나 사고방식이 아니라, 그러한 상황을 빚어내게 한 전반적인 사회 상태를 다룬다는 뜻"[18]이다. 이 점에서 지식사회학은 '어떤 이념이 특정 사회 집단에 수용되거나 거부되는 요인', '특정 집단이 이념을 의식적으로 조장하거나 타 집단에 전파시키는 동기와 이해관계', '일정한 사회 집단의 관심이나 목표가 일정한 이론과 교리 또는 사상을 통하여 표출되는 양상', '특정 사회의 여러 가지 지식 유형과 그 가치', '특정 지식 형태를 발전시키기 위한 사회적 지원' 등을 연구 대상으로 삼는다. 이 점에서 카를 만하임의 지식사회학은 개인이나 사회에 존재하는 '사유방식'이 존재하며, 그러한 사유의 유형과 변천 과정을 분석하는 데 합당한 방법을 모색하는 것으로부터 연구를 시작한다. 이러한 사유방식 가운데 지배적인 사유방식이 존재하며, 이를 이끌어 가는 사회적 집단을 '지식계급'이라고 부르는 것이다.

지배적인 사유방식이나 지식계급의 설정은 지식의 사회적 영향력을 고려한 개념이다. 그러나 특정 사유방식이나 이론이 사회적 배경을 벗어날 수 없다는 관점에서 설정한 지식의 '존재 구속성'이나 '이데올로기적 성격'을 규명하고, 이로부터 객관적 지식을 탐구하고자 하는 지식사회학의 태도는 지식의 영향력에 대한 가시적인 결론을 도출하는 데 어려움을 겪는다. 달리 말해 지배적인 사유양식이 어떻게 사회집단이나 타 집단, 또는 역사적인 영향을 미쳤는가를 규명하는 작업이 결코 쉽지 않다는 뜻이다.[19]

---

18) 루이스 워스, 「영문판 서문」, 카를 만하임 지음, 임석진 옮김, 『이데올로기와 유토피아』, 김영사, 2012, 48쪽.

19) 지식과 이데올로기, 계급 문제 등은 지식사회학의 발달 과정에서 지속적으로 논의되어 온 문제이다. 고전적 이데올로기론에 해당하는 마르크스와 엥겔스, 마르크스주의 지식사회학자로 불리는 루카치나 그람시, 독일 지식사회학 발전 과정에서 주목할 만한 막스

3.2. 지식 권력

'지식 권력'이라는 용어는 현재까지 학술적인 개념으로 사용된 용어가 아니다. 지식을 산출하거나 지식을 소유(또는 사용)하여 사회적으로 영향을 미치는 사람들을 '지식인(인텔리겐치아)'라고 부르거나, 그러한 사람들의 계급을 '지식계급'이라고 명명하기도 하지만, 지식이 미치는 영향력을 '지식 권력'으로 부른 사례는 없다. 그럼에도 특정한 사유방식이나 학문 이론이 한 사회나 역사에 미치는 영향이 적지 않고, 그러한 영향이 권력의 속성을 띠게 된다는 점을 고려할 때, '지식 권력'이라는 용어가 사용될 수 있는 가능성은 충분히 있다. 이러한 가능성은 권력의 개념과 속성을 이해하는 데서 출발해야 한다.

사전적 의미에서 권력은 사회적 영향력의 한 형태로 규정된다. 사회적 영향력은 집단 속에서 개인이 어떤 힘을 행사할 수 있는가와 밀접한 관련을 맺기 때문에, 정치나 사회 분야의 주된 관심사가 될 수 있다. 그러나 권력 현상은 일상생활에서 가치의 분배와 밀접한 관련을 맺고 있다는 점에서 오래 전부터 철학적 관심사의 하나로 간주되었다. 이러한 차원에서 철학사전에 등재된 '권력'이라는 표제항을 살펴보는 것은 권력 문제를 접근하는 첫걸음이 될 수 있다.

「철학사전의 '권력' 개념」

ㄱ. 철학대사전편찬위원회(1963), 『철학대사전』(학원사). 권력: (영) power, (독) gewalt, (불) pouvoir. 사회력(社會力)의 한 형태. 권력 현상은 일

셀러와 칼 만하임, 프랑크푸르트 학파의 비판 이론 등에서 이 문제가 거론되지 않은 적은 없다. 이에 대해서는 전태국, 『지식사회학: 지배·이데올로기·지식인』(사회문화연구소)을 참고할 수 있다.

정한 인격 또는 집단의 생활 가치(재화·지식·명예·존경·쾌적 등)의 획득·유지를 위한 분쟁 중에 등장한다. 그것은 일정한 인격 또는 집단이 다른 인격 또는 집단에 대하여 일정한 행동을 취할 것을 요구하는 형식으로 나타난다. 즉 권력 현상은 생활의 여러 가치의 사회적 배분, 체계의 유지 또는 변혁의 요구이고 그 배분 체계에의 복종의 요구이다.

ㄴ. 임석진 외 22인(1987), 『철학대사전』(청사). 권력(勸力): (영) power, (독) gewalt. 지배자가 피지배자에 대하여 자유·안전·편익 등 생활상의 가치를 배분하는 힘. 다시 말해 인간의 인간에 대한 관계를 규제하는 사회적인 힘이다. 권력을 한 사회의 성원 전체에 대하여 가장 조직적·강제적으로 독점·행사할 수 있는 것은 계급 사회의 국가이기 때문에 일반적으로 권력이란 국가 권력 또는 정치 권력을 의미한다. 그러므로 권력이 타인을 지배하고 복종시키기 위한 사회적 힘인 이상, 그 본질은 물질 강제, 즉 폭력으로서 군대·경찰·재판소·형무소 등의 권력 장치에 의해 유지된다. 따라서 국가 권력은 안정된 통치를 유지하기 위해서 다양한 방법으로 권력 지배의 정당성을 피지배 계급에게 납득시키고 그 승인과 동의를 얻어내는 것이 필요하다. 경제적, 사회적 보상의 제공이나, 국가를 이데올로기상에서 종교적으로 신성화한다든지, 대량 선전으로 여론을 조작한다든지 하는 식으로, 부르조아 민주주의에서의 국가 권력은 계급 대립에 대하여 제3차적 기능을 담당한다고 하는 의제(擬制)에 호소하기도 한다. 이렇게 국가 권력은 그 사회의 지배 계급의 이익에 봉사하는 작용을 한다.

▷▷임석진 외 22인(2001), 『철학사전』, 청사.

두 사전을 비교할 때, 권력은 '인간의 인간에 대한 관계', 곧 사회적 관계에서 발행하는 힘을 의미한다. 권력이 힘을 의미한다고 할 때, 권력 문제는 힘을 발휘하는 메커니즘과 힘에 대응하는 메커니즘의 두 가지 면을 띤다고 볼 수 있다. 이 점에서 권력은 정치학이나 사회학, 또는 법학의 주된 관심사를 이룰 수 있다.[20]

사회적 또는 집단적 영향력으로서의 권력에서 문제가 되는 것은 권력을 형성하는 요인과 권력을 발휘하는 요인이다. 철학사전에서 언급한 '생활 가치'(재화·지식·명예·존경·쾌적 등)는 권력을 구성할 수 있는 다양한 요인에 해당한다. 이뿐만 아니라 '언어'나 '예술' 등 가치를 전제로 한 것이라면 모두 권력을 형성하는 요인이 될 가능성을 내포한다. '지식 권력'이 하나의 용어처럼 쓰일 수 있는 가능성도 여기에서 비롯된다. 달리 말해 지식은 그 자체로서 사회적 영향력을 행사할 수 있는 요인이 되므로 '지식은 권력이다(아는 것이 힘이다).'라는 명제가 성립된다.

그러나 권력 현상에서 좀 더 주목할 것은 권력 요인 그 자체가 아니라, 그 요인이 어떻게 사회적인 영향력을 갖게 되는가에 있다. 이 점에서 '언어 권력'의 속성을 연구한 노먼 페어클럽이 제시한 권력의 기능은 주목할 만하다. 그는 권력의 기능을 "권력의 한 가지 측면은 어떤 영역이나 다른 영역에 대한 특정한 구조화 질서를 부여하고 유지하는 능력이다. 즉, 그 영역을 여러 부분으로 나눠 놓고, 서로 간에 그 부분들의 경계를 유지하도록 해 주며, 지배와 종속의 계층관계에

---

20) 정치학 분야에서 관심을 갖는 것은 '권력'의 개념 자체가 아니라 정치 현상으로서 권력의 양상에 해당한다. 예를 들어 정인흥 외, 『정치학대사전』, 박영사, 1975에서는 '권력'을 표제항으로 삼지 않고, '권력분립', '권력인', '권력장치', '권력투쟁'을 표제항으로 삼은 것도 이를 반영한다. 이는 법학도 마찬가지로 보이는데, 김철수, 『헌법학신론』, 박영사, 2009, 320쪽과 같이 헌법학에서도 권력의 개념과 속성보다는 '국가권력'에 초점을 맞추어 설명한다. 곧 국가권력은 국민과 영토에 대한 통치권을 의미하는 개념이므로, 사회적 권력이나 윤리·도덕의 영향력 등과는 성격이 다르다.

비춰 그런 부분들을 일정하게 순서 짓는 특정한 방식이다."[21]라고 설명한다. 그는 사회적 실천 행위로서 언어(담화)는 권력 및 권력을 위한 투쟁의 중심을 이루며, 그 결과 언어 권력은 담화와 담론 질서(사회 제도와 연합된 여러 묶음의 관례에 의해 결정됨), 자본주의 사회에서의 계층과 권력(담론 질서는 이념상으로 사회 제도 속에 있는 그리고 전체적으로 사회 구조 속에 있는 권력관계에 의해 모습이 갖추어진다), 담론 이면에 있는 권력(표준어, 격식성, 계층어의 분화) 등에 관심을 갖게 된다는 것이다.

  언어 권력과 다소 차이는 있겠지만 지식 권력도 사회적 질서 내에서 지식 또는 지식을 소유한 사람이 미치는 영향을 의미하는 것으로 해석할 수 있다. 이때의 영향관계는 영향을 주는 쪽과 영향을 받는 쪽, 또는 개인적 차원과 사회적 차원 모든 범주 내에서 나타난다. 이 점에서 홍성민(2008)에서는 "권력의 최소 단위는 일상생활 속에 삶을 영위하는 개인이라고 할 수 있다. 그들의 가치관이나 신념이 세계 권력에 어떻게 조응하는가를 파악하지 않고서는 '제국'을 논할 수 없다."라고 주장한다.[22] 또한 그는 "지식의 권력 효과는 정치색이 짙은 사회적 쟁점에만 국한되는 것은 아니다. 매우 중립적으로 보이고, 과학적 근거에 의해 논의되는 것처럼 보이는 기업 문화나 개인의 소비 취향도 사실은 일정한 가치관과 정치적 판단을 전제로 논의되고 있다."라고 하여 지식 권력이 '개인', '사회', '기업 문화' 전반에서 논의되어야 할 대상임을 나타내고 있다. 사실 홍성민(2008)에서 관심을 가진 것은 국제정치의 질서 속에 내재하는 한국 정치 이론과 관련된 권력

21) 노먼 페어클럽, 김지홍 뒤침, 『언어와 권력』, 경진출판, 2011, 44쪽.
22) 홍성민, 「지식과 국제정치: 한국의 민주화와 학문의 과제」, 홍성민 엮음, 『지식과 국제정치』, 한울, 2008, 24쪽.

문제이다. 그는 "한국 현대사의 굵직한 정치적 결단 위에는 언제나 지식 체계의 변화가 있었다."라고 전제하고, "지식이 학문의 울타리를 넘어 권력과 지배계급과 연결되어 있다."라고 파악한다.[23] 그는 '지식, 지배계급, 권력'의 구도에서 한국 정치학의 특징을 공급과 유통의 관점에서 도식화하며, 국내에 유입되는 미국의 정치 이론을 '중심부에서의 권력 투쟁'의 결과 지식이 '생산되는 것'(생산·공급의 관점)으로 설명하고, 제3세계의 지도자나 유학생들이 그러한 이론으로부터 받는 영향을 '주변부에서의 권력 투쟁' 현상이자 '지식의 수입'(수요의 관점) 현상으로 설명하고자 하였다. 이 두 과정은 결과적으로 정치뿐만 아니라 이론의 근간을 이루는 '언어', '소비 패턴', '문화' 등에도 적지 않은 영향을 미치는데, 이를 '지식 권력의 효과'(지식의 수용)라고 하였다. 지식 권력 효과는 가치관이나 정치적 판단뿐만 아니라 개인의 생활세계 전반에 미친다는 것이다.[24]

4. 결론: 지식 권력의 연구 과제와 태도

지식의 영향력을 의미하는 지식 권력은 특정 시대와 사회의 사유방식을 전제로 다차원적인 접근이 필요하다. 이 점에서 지식 권력의 연구 대상은 다면적이고 중층적일 수밖에 없다. 지금까지의 연구 경향을 종합하여, 권력 현상으로서의 지식 문제를 다루고자 할 때 대상

---

23) 홍성민, 「머리글」, 위의 책, 7~8쪽.
24) 학문 정책학 분야에서도 지식의 생산과 유통이라는 관점에서 지식 권력 문제를 다루고자 한 시도도 나타났는데, 강내희 『지식생산, 학문전략, 대학개혁』, 문화과학사, 1998도 그 중 하나이다.

이 될 수 있는 과제로 다음과 같은 것을 설정할 수 있다.

「지식 권력의 연구 과제」

ㄱ. 지식의 개념과 대상: 가치관이나 사유방식으로서의 지식, 또는 시대 사조, 학문적 결과로서의 지식(이론과 법칙) 등

ㄴ. 지식의 표현 양식: 철학과 학술 언어, 표현과 전달 매체(서적, 출판)

ㄷ. 지식의 생산과 공급, 유통과 소비 메커니즘: 지식 생산자, 지식 유통자, 지식 수용자

ㄹ. 지식의 영향력 범위: 개인적 차원과 사회 또는 국가적 차원, 지식 관련 제도와 영향력(예를 들어 교육제도, 학문기관 등)

ㅁ. 공시적인 연구와 통시적인 연구: 공시적인 입장에서 특정 시대 특정 국가 특정 사회의 지식 권력, 통시적인 입장에서 특정 지식(사유방식, 이론)의 영향관계

ㅂ. 분과 학문의 주제와 관련한 지식 권력: 언어 권력, 문학 권력, 학문 일반 권력

이와 같은 연구 과제를 다룰 때에는 일정한 원칙이 확립되어야 한다. 지식 권력은 지식과 개인, 지식과 사회와의 관계, 지식의 흐름(지형), 사회적 영향력을 행사하는 메커니즘 등을 다룰 수 있어야 한다. 특히 지식이 개인에게 미치는 영향은 사유체계와 밀접한 관련을 맺을 수 있고, 획기적인 이론이나 법칙이 발견되는 과정에서는 과학사의 선행 연구가 참고될 수도 있다. 예를 들어 지식 변화의 속도나 성격을 규명하고자 한 토마스 쿤의『과학 혁명의 구조』나 역사 발전 법칙을 논의한 다수의 역사철학, 지식 교류의 양태를 보여주는 다수의 역사적 사실, 문헌을 비롯한 지식 표현 매체 등이 복합적인 고찰 대상이

되어야 함은 당연한 일이다.

　지식의 영향력에 대한 기존의 연구에서 가장 주목한 문제 가운데 하나는 '학문의 이데올로기적 성격'에 관한 것이었다. 특히 인문·사회과학의 이데올로기적 성격을 비판한 마르크스 이후로 근대 과학의 지배적 패러다임이었던 실증주의를 비판하고, '과학과 진리의 범주'보다 '진리 효과가 어떻게 역사적으로 생산되어 왔는가'를 기초로 '지식 권력' 문제를 제기한 푸코의 철학이나, 과학에서 문제가 되는 것은 과학 그 자체가 아니라 '사회 구조의 어떤 특성이 과학적 인식을 가능하게 하는가'에 있다고 주장한 바스카의 이론은 모두 지식의 사회적 영향력을 강조한 담론에 해당한다[25].

　이처럼 지식 권력에 대한 다양한 논의에도 불구하고, 지식 권력의 연구 과제에 해당하는 다양한 문제를 보편적으로 해결할 하나의 방법론을 찾는 것은 쉽지 않은 일이다. 왜냐하면 개인의 사유방식과 보편적 사유방식이 동일하지 않고, 인식체계와 이론이 그만큼 다양성을 띠기 때문이다. 이러한 차원에서 지식 현상을 사회학적으로 해결하고자 한 지식사회학의 연구 방법은 지식 권력 연구에서도 응용 가능한 방법이 될 수 있을 것으로 보인다.

　카를 만하임이 제기한 지식사회학은 "학문적으로는 이른바 '지식의 존재 제약성'을 이론적으로 정립하고 또 이를 전개해 나가는가 하면, 역사적 내지 사회적 연구로서는 과거 및 현재에 나타난 여러 가지 지식의 내용을 통해 '존재 제약성'을 규명함을 목적으로 하는 학문"[26]이다. 그가 제기한 이데올로기론은 인간의 당파성(편파적 사유

---

25) 이에 대해서는 손호철, 「학문의 이데올로기적 성격과 마르크스주의」, 『현대학문의 성격』, 민음사, 2012를 참고할 수 있다.

26) 카를 만하임, 임석진 옮김, 앞의 책, 523쪽.

방식)이나 특히 정당의 경우에서 나타나는 바와 같은 일정한 정도의 의식적인 거짓이나 은폐작용을 폭로함을 과제로 한다. 이 점에서 지식사회학은 지식의 존재 제약성에 대한 두 가지 태도를 보인다. 하나는 존재 제약에 대한 실상에 관한 것으로, 존재 요인(곧 특이한 양식의 이론 외적 요인이 어떤 결정적 시점에서 그때마다 사유를 발생시키거나 형성하게 하는 것)을 규명하고, 그 기능을 고찰하는 것이다. 카를 만하임은 "존재 요인은 지식의 내용과 형식, 의미와 표현 방식까지 관여하며 총체적인 경험 능력과 관찰 작용까지 적극적으로 개입"한다고 규정한다. 다른 하나는 인식의 방향을 지배하는 사회적 과정이다. 그는 "개인의 사유 작용이란 이미 집단이 갖추고 있는 시각에 준거하여 거기에 참여할 뿐"이라고 주장한다.[27] 이러한 전제 아래 카를 만하임이 제시한 지식사회학의 주요 연구 태도는 다음과 같이 요약된다.

「지식사회학의 연구 태도[28]」

ㄱ. 지식사회학은 어떤 시대나 특정한 사회 계층의 성향을 분석할 때, 그 시대와 사회에서 기세를 떨치고 있는 이념이나 사고방식이 아니라, 그러한 상황을 빚어내게 한 전반적인 사회 상태를 다룬다. 그러므로 필연적으로 어떤 일정한 이념이 특정한 사회 집단에 수용되거나 거부당하게 된 주된 요인을 형성하는 요인을 함께 고려하지 않으면 안 된다.

ㄴ. 지식사회학은 어떤 특정한 집단이 그러한 이념들을 의식적으로 조장하거나 또는 타 집단으로까지 전파시키게 한 동기와 이해관계에

---

27) 카를 만하임, 임석진 옮김, 위의 책, '5. 지식사회학' 참고.
28) 카를 만하임, 임석진 옮김, 위의 책, 48~49쪽.

도 주목해야 한다.

ㄷ. 지식사회학은 어떻게 일정한 사회 집단의 관심이나 목표가 일정한 이론이나 교리 또는 사상적 운동을 통하여 표출되는가를 밝혀내야 한다.

ㄹ. 지식사회학은 어떤 사회를 이해하는데, 첫째로 그 사회가 여러 가지 지식의 유형에 대해 각기 얼마만큼의 가치를 인정해 주느냐 하는 점, 둘째로 그 중의 일정한 지식 형태를 발전시키기 위해 사회로부터 어느 정도의 지원책이 강구되느냐는 점에 역점을 두어야 한다.

ㅁ. 일정한 분과 지식 발달에서 비롯하는 사회적 변동, 예를 든다면 기술 분야의 지식을 응용함으로써 자연과 사회가 점진적으로 정복되는 현상 등을 분석하는 일도 중요하다.

지식 현상과 권력에 대한 마르크스주의, 지식사회학의 관점, 푸코나 바스카 등의 견해 등을 종합하더라도 현 단계에서 새로운 학문 분야인 지식사회학 연구를 관통하는 연구 방법론을 찾는 것은 쉽지 않다. 그러나 사회학이 사회 현상을 객관적으로 기술하고 설명하며, 예측 가능한 이론을 산출하는 데 목표를 두는 학문이라면, 지식 현상에 대한 객관적 기술과 설명을 시도하고자 하는 노력은 그 자체로서 충분한 가치를 갖는다.

이 글은 지식 현상을 '아는 것은 힘'이라는 소박한 명제에서 출발하여 지식 현상을 '생산과 유통'의 차원에서 기술하고, 이러한 현상을 사회학적으로 설명함으로써 '지식'과 '권력'의 상관성을 연구하는 방법을 탐색하는 데 목표를 두고 출발하였다. 본래 '지식'과 '권력'은 철학적인 연구 과제였으나 현대 학문에서는 이 두 가지 문제를 다루지 않는 분야가 없을 정도로 폭넓은 관심사가 되었다. 그럼에도 아직까지 '지식 권력'이라는 학술 용어를 사용한 예는 없으며, 지식 권력을 학문의 한 분야로 다룬 예도 찾기 어려웠다. 그러나 지식 현상과 권력 현상의 상관성에 대한 선행 연구와 지식의 이데올로기성을 극복하고자 하는 지식사회학의 방법론을 전제로 한다면, '지식 권력'이 독자적인 연구 주제로 확립될 수 있는 가능성은 충분하다.

이러한 차원에서 이 논문에서는 선행 연구를 바탕으로 지식 권력과 관련된 연구자가 지녀야 할 태도를 다음과 같이 정리하면서 논의를 마무리하고자 한다.

첫째, 연구 대상의 다양성만큼 연구 방법이 다양해야 한다. 이는 지식 권력 연구가 인식론과 논리학적 연구 방법으로부터 사회학, 역사학, 문학 등의 다학문 분야에서 적용하는 방법론을 종합해야 함을 의미한다.

둘째, 실증적이고 설명 가능한 연구여야 한다. 근대 이후 현대까지 지배적인 학문 패러다임이 실증주의임은 부정할 여지가 없다. 비록 실증주의는 내재적인 한계를 갖고 있는 연구 방법이다. 푸코를 비롯한 포스트모던 계통의 철학을 비롯한 다수의 논리에서 실증주의를 비판하고 대안을 제시하고자 하였으나, 어떤 주장에서도 사유방식과 이론의 실증성을 근본부터 부정하는 경우는 거의 찾기 힘들다. 지식 권력 연구에서도 실증과 비판의 변증 관계는 꾸준히 지속되어야 한다.

셋째, 지식 권력의 이데올로기를 극복할 수 있는 연구여야 한다. 이 점에서 지식사회학이 지식 권력 연구의 대안이 될 수 있는가는 심각하게 따져보아야 한다. 특히 지식의 이데올로기적 성격을 비판하고 객관화하는 노력은 권력의 편중성을 극복하는 전제가 될 것이다.

넷째, 미시적인 연구와 거시적인 연구가 반복되어야 한다. 지식 권력의 거대 담론은 그 자체가 이데올로기적이며 불명확하다. 특정 시대의 개인이나 사회에 대한 미시적인 분석과 이를 종합한 거시적인 해석이 축적되지 않으면 지식 권력 현상에 대한 체계적인 해석은 불가능하다.

이를 종합해 볼 때, 지식 권력에 대한 이해는, 기존의 지식 철학이나 지식 연구(선행 학문 전반)를 지식의 영향력(권력)이라는 주제 아래 재구조화하는 작업이 되어야 함을 알 수 있다.

참고문헌

강내희, 『지식생산, 학문전략, 대학개혁』, 문화과학사, 1998.

강수돌, 『다시 지식인을 묻는다』, 삼인, 2001.

고미야마 히로시, 김주영 옮김, 『지식의 구조화』, 21세기북스, 2008.

김문식, 『조선 후기 지식인의 대외 인식』, 새문사, 2009.

김수자, 『근대 지식과 역사의 발견』, 소명출판, 2017.

김영기, 『공공도서관 장서를 통해 본 한국사회 지식의 흐름』, 한울아카데
미, 1999.

김영민, 『지식인과 심층 근대화』, 철학과현실사, 1999.

김철수, 『헌법학신론』, 박영사, 2009.

노먼 페어클럽, 김지홍 뒤침, 『언어와 권력』, 경진출판, 2011.

데이비드 블루어, 김경만 옮김, 『지식과 사회의 상』, 한길사, 2000.

미셸 푸코, 이정우, 『지식의 고고학』, 민음사, 1992.

부정남, 『사회와 사회과학』, 나남출판, 1998.

소광희 외, 『현대의 학문 체계』, 민음사, 1994.

손호철, 학문의 이데올로기적 성격과 마르크스주의, 『현대학문의 성격』,
민음사, 2000.

신주백 편, 『한국 근현대 인문학의 제도화: 1910~1959』, 혜안, 2014.

이정모 외, 『인지심리학』, 학지사, 2010.

이화여자대학교 한국문화연구원, 『근대계몽기 지식의 발견과 사유 지평의
확대』, 소명출판, 2006.

이화인문과학원, 『동아시아 근대 지식과 번역의 지형』, 소명출판, 2015.

임석진 외, 『철학사전』, 청사, 1987.

장 뽈 사르트르, 박정자 옮김, 『지식인이란 무엇인가』, 안산출판사, 1986.

전태국, 『지식사회학』, 사회문화연구소, 1997.

정만조·이헌창 외, 『도산서원과 지식의 탄생』, 글항아리, 2012.

정영근 외, 『교육의 철학과 역사』, 문음사, 2007.

정인홍 외, 『정치학대사전』, 박영사, 1975.

존 브룸필드, 박영준 옮김, 『지식의 다른 길』, 양문, 2003.

찰스 반 도렌, 박중서 옮김, 『지식의 역사』, 갈라파고스, 2010.

철학사전편찬위원회, 『철학대사전』, 학원사, 1963.

카렌 일제 호른, 안기순·김다인 옮김, 『지식의 탄생』, 와즈베리, 2012.

카를 만하임·임석진 옮김, 『이데올로기와 유토피아』, 김영사, 2012.

프란시스 베이컨, 이종흡 옮김, 『학문의 진보』, 아카넷, 2002.

피터 버크, 박광식 옮김, 『지식의 사회사』 1~2, 민음사, 2017.

홍병선, 『지식의 본성』, 어문학사, 2013.

홍성민, 『지식과 국제정치』, 한울아카데미, 2008.

HUINE, 『지식의 역사와 그 지형도』, e-BooK. (인터넷 구매만 허용), 2017.

R. L. 버거, 박충선 옮김, 『지식 형성의 사회학』, 기린원, 1989.

지식 생산의 연구 대상과 범위

홍성준

1. 지식 생산의 개념

지식 생산의 기반을 규명하고 그 메커니즘을 이해하기 위해서는 그 지식이 어떻게 형성되었는지 근간을 파악하는 일이 선행되어야 한다. 피터 버크는 지식의 생산과 유통의 단계로 정보의 수집, 분석, 확산, 사용의 4단계를 제시하였다.[1] 이 중에서 수집과 분석이 바로 지식 생산과 밀접한 관계가 있는 단계라고 할 수 있다. 버크에 따르면 지식 생성을 위한 정보를 수집하기 위한 방법과 지식을 분석하기 위한 기술이 각각 다음과 같이 존재한다고 한다.

---

[1] 피터 버크, 이상원 옮김, 『지식은 어떻게 탄생하고 진화하는가』, 생각의날개, 2015, 91쪽.

정보를 수집하기 위한 방법	관찰(observing), 탐사대 파견(sending expeditions), 저장과 보존(storing & preserving), 검색(retrieving)
정보를 분석하기 위한 기술	묘사(description), 계량화(quantification), 지식 분류(classifying knowledges), 비교(comparing), 해석(interpretation), 검증(verification), 사실의 발견(discovering facts), 역사 비평(criticizing history), 비평(criticism), 서사(narrating)

지식이란 정보가 사회적 공인을 받아서 성립된 것이다. 즉, 어떠한 지식이 생산되려면 그것의 근간이 되는 정보가 있어야 하고, 형성된 지식은 사회적 합의를 통해 비로소 생산되었다고 할 수 있다. 사회적 합의는 본래 두 사람 이상의 의견이 일치하는 것을 뜻하지만, 여기에서는 사회적으로 합의된 방식, 즉 서적의 출판, 인물 및 문물의 교류와 같은 사회성을 띤 행위를 말한다.

19세기 일본의 출판문화는 지식 생산의 개념을 살피는 데 가장 적합한 사례 중 하나이다. 당시 일본은 서적 유통 산업이 발달하여 서점(출판사, 인쇄소를 겸하는 경우가 많았음)뿐만 아니라 책 대여점의 수도 증가하였다. 서적 대여업에 종사하는 사람의 수가 1808년을 기준으로 656명에 달했으며,[2] 글자를 읽고 쓰는 법을 가르치던 교육기관인 데라코야(寺子屋)의 증가로 인해 문자 교육을 받은 인구가 늘어나게 되어 에도의 식자율(識字率)[3]은 매우 높았다. 18~19세기 일본은 문예대중화의 시대를 맞아 수많은 서적들이 쏟아져 나왔는데, 여러 장르의 문학작품뿐만 아니라 지리지, 여행기와 같은 지역 정보지의 성격을 띤 서적도 많이 간행되었다. 이와 관련해서 필자는 당시 일본의 유명 작가가 교훈성을 띤 서적을 집필하여 독자를 교화하기 위한 목적을

---

2) 中村幸彦, 「読本の読者」, 『中村幸彦著述集』 第5巻, 中央公論社, 1982, 448쪽.

3) 글자를 읽고 쓸 줄 아는 사람의 비율.

지니고 있었다는 가설을 세우고 그 가능성을 자세히 논한 적이 있다[4]. 당시의 작가는 마치 경쟁이라도 하듯 문학 작품 속에 교훈적인 내용을 담아내었고, 그것이 중국 고전에서 따온 것이든 일본 고전에 나오는 것이든 독자의 입장에서는 서적에 담아내지 않았다면 접하기가 어려웠을 내용이었다. 다시 말해 지식이 문자화되어 서적에 수록됨으로서 작가가 서적에 담아 전달하고자 하는 지식이 독자에게 전달될 수 있게 되는 것이다.

지식은 바로 이와 같은 과정—작가가 전달하고자 하는 지식을 서적에 담아내는 과정—을 거치고서야 비로소 생산되었다고 말할 수 있다. 앞에서 말한 서적의 출판, 인물 및 문물의 교류 등은 지식 생산의 개념을 설명할 대표적인 주제라 할 수 있다. 지식 생산 연구의 대상과 범위를 고찰할 때 이 주제들을 큰 범주로 보고 하위 주제를 선정해 나갈 수 있을 것이다.

2. 지식 생산의 연구방법

'인문학'이란 인간의 삶과 사고방식, 그리고 인간의 본질을 탐구하는 학문을 말한다. 이는 '문사철(文史哲)', 즉 문학(文學), 사학(史學), 철학(哲學)을 중심으로 하고 있으며 자연과학에 대립되는 영역이라 할 수 있다. 허재영(2018)은 '지식'의 개념과 속성에 대한 논의가 인간의 의식 세계를 다루는 학문 분야, 즉 철학과 밀접한 관련이 있음을 논하

---

4) 홍성준, 「바킨 요미혼에 나타난 교훈성과 서민 교화적 태도」, 『일본사상』 31, 한국일본사상사학회, 2016, 267~290쪽 참조.

고, 여기에서 말하는 '지식'은 인식 체계 또는 사유 방식 등을 포괄적으로 지칭한다고 주장한다.5) 이는 이론이나 법칙과 같은 사회과학이나 자연과학의 '지식'과는 다른 개념이라 할 수 있다.

지식 생산의 연구를 위해서는 문학, 사학, 철학의 세 가지 학문 분야의 서로 다른 개념을 이해하고 각각의 성격에 적합한 연구 대상을 찾는 것이 우선시되어야 한다.

첫째, 문학은 문학 작품의 구성이나 창작, 그를 둘러싼 사회·문화적 현상을 연구하는 학문이다. 과거에는 문학이 순수문학뿐만 아니라 철학, 역사학, 사회학, 언어학 등 인문학의 제 학문 분야를 총칭하는 용어였으나, 현재에는 순수문학만을 지칭하는 용어로서 사용되고 있다. 따라서 협의(狹義)의 문학 개념을 받아들여 '인간의 감정이나 사상을 언어로 표현한 예술 작품'이라고 정의내릴 수 있다.

둘째, 사학은 역사를 연구하는 학문이다. 구체적으로는 과거의 사료(史料)를 평가하고 검증하여 역사적인 사실의 관계를 규명하는 학문이다. 인간이 문자로 기록한 자료를 가지고 연구를 한다는 특징을 지니고 있으며 객관적인 근거를 통한 고찰을 요구한다는 점에서 문학, 철학과 차이가 있다.

셋째, 철학은 인간과 세계의 근본 원리와 삶의 본질을 연구하는 학문이다. 철학은 크게 순수철학과 응용철학으로 나눌 수 있다. 순수철학은 지식이나 인식과 관련된 주제를 탐구하는 인식론과 세계의 궁극적인 원리를 탐구하는 형이상학으로 나뉘고, 응용철학은 타 학문 분야의 근본적인 원리를 고찰하는 학문을 말한다.

---

5) 허재영, 「지식 생산과 전파·수용에 따른 지식 권력 연구 방법론」, 『한국민족문화』 66, 부산대학교 한국민족문화연구소, 2018, 181~186쪽 참조.

이렇듯 인문학의 세 분류인 문학, 사학, 철학은 학문의 목적이 다르기 때문에 한 가지 연구 대상을 놓고 보더라도 그 과정이 서로 다를 수밖에 없다. 연구를 진행하는 데 있어 필요한 자료의 선정 및 그것의 해석 방법에 차이가 존재하고, 연구 결과 역시 다르게 나타날 수 있는 것이다.

지식 생산 기반을 고찰하기 위한 방법은 크게 두 가지로 나눌 수가 있다. 첫째는 인문학에서 말하는 방법으로, 이는 '지식'의 속성을 인간의 의식 세계에 두는 것과 같이 어떤 현상의 문제점을 다루는 과정에서 인간의 사유 방식을 우선적으로 고려하는 방법을 말한다. 둘째는 사회과학과 자연과학에서 말하는 방법으로, 이는 어떤 현상을 충분히 분석하고 설명해야 함과 동시에 결과를 예측할 수 있는 가능성이 존재해야 한다.

한편, 지식 생산 기반이 형성되려면 우선 문학, 역사, 철학을 비롯한 제 분야의 다양한 지식군을 다루는 지식 집단이 전제되어야 한다. 따라서 그 지식 집단을 우선적으로 파악하고 다음 단계 연구로 나아가는 방향으로 연구 방법을 정리해야 할 것이다.

개인이 기반을 형성하는 경우도 물론 살펴봐야 하겠지만, 우선 두 사람 이상의 지식인 집단 속에서 지식이 형성되는 과정과 그 결과로서의 지식을 파악하고 정리하도록 한다. 그리고 그렇게 생산된 지식

이 융합·수용·유지되는 과정과 그 기반이 형성되는 과정을 각각 살펴봄으로써 지식 생산의 기반이 어떻게 형성되는지 그 양상을 이해한다.

3. 연구의 대상

지식 생산 연구의 첫 단계는 지식과 지식 생산의 개념을 분석하는 일이다. 이러한 개념을 이해하고 그 의미를 해석한 후에 지식 생산의 여러 관점이 나오게 된다. 지식 생산의 연구 대상은 지식의 개념에 대한 이해를 바탕으로 문헌, 인물, 사상 등 인문학 연구의 기본적인 측면을 포괄한다. 각각의 측면에는 다시 세부적인 연구 대상이 포함되어 있으며, 대상 시기와 대상 국가를 15~19세기 한·중·일 동아시아 삼국으로 한정시켜 지식의 생산에 관한 고찰, 지식과 지식권력의 상관관계 등 여러 문제를 종합적으로 검토한다.

본 장에서는 인문학 연구의 큰 틀인 문헌, 인물, 사상을 중심으로 지식 생산 연구의 대상을 살펴보기로 한다.

3.1. 문헌

지식을 생산하고 전달하는 매체로서 가장 일반적인 것은 문헌이다. 문헌이란 '옛날의 제도나 문물을 아는 데 증거가 되는 자료나 기록', '연구의 자료가 되는 서적이나 문서'를 말하며,[6] 과거의 문학작품,

---

6) 『국립국어원 표준국어대사전』, 동아출판, v.2.9.0(5).

역사 연구를 하는 데 있어 필요한 사료(史料) 등을 예로 들 수 있다. 동아시아의 전통 문헌 분류 체계로 경(經)·사(史)·자(子)·집(集)의 사부 분류법(四部分類法)이 있다. 경은 사서오경(四書五經)과 같은 경서(經書), 사는 사서(史書), 자는 제자백가(諸子百家)의 서적 등의 자서(子書), 집은 시문집, 시문평, 소설, 개인문집 등을 말한다. 이 체계에 따라 지식 생산의 연구 대상 중 '문헌'을 분류하고 지식 생산의 메커니즘을 파악할 수 있을 것이다.

본 절에서는 문헌의 연구 대상으로 〈문학사조와 문학작품〉, 〈기행 문과 견문록, 지리지, 명소기〉, 〈번역물〉을 사례로 제시해본다.

3.1.1. 문학사조와 문학작품

15~20세기에 유럽에서 발생한 문학사조는 고전주의, 낭만주의, 사실주의, 자연주의, 상징주의, 모더니즘 등 실로 다양하다. 『한국민족 문화대백과』에서는 문학사조를 '문학작품에 담긴 각 시대의 총체적 또는 주도적 사상의 발생 및 그 전개 과정'이라고 정의하고 있다. 즉, 문학사조는 각 시대를 나타내는 사상이라고 할 수 있기 때문에 그 시대를 포괄하는 지식과 그 시대를 살아가는 사람들의 개인의식을 작품 속에서 찾아볼 수 있는 것이다. 위에서 열거한 문학사조 중 낭만 주의와 사실주의를 조금 구체적으로 살펴보기로 한다.

낭만주의(浪漫主義, Romanticism)는 18세기 말에서 19세기에 걸친 서구 유럽 예술의 대표 문예사조로서 국가, 민족, 작가에 따라 대부분 이질적이며 논리적으로 대립되는 양상을 띤다.[7] 이는 중세시대를 향

---

7) 이미경, 『한국 낭만주의 문학 연구』, 역락, 2009, 242~243쪽.

한 동경 의식을 바탕으로 근대 국민국가 형성을 촉진시킨 정신운동으로도 평가받고 있다.

낭만주의 문학이란 18세기부터 19세기에 걸쳐 유럽에서 발생한 문학 사조이다. 기존의 합리적이고 이성적인 고전주의 문학에 대항하여 감수성과 주관을 중시함과 동시에 직관과 상상력을 강조하여 진리를 구현하기보다 고유의 형식과 아름다움을 산출해 내려는 미적 근대성이 그 특징이다.[8]

프랑스의 베르나르댕 드 생 피에르(Bernardin de Saint-Pierre, 1737~1814), 스탈 부인(Mme de Staël, 1766~1817) 등이 초기 낭만주의파 작가이며, 동시기에 영국과 독일에서도 낭만주의 문학이 꽃피우고 있었다. 영국의 낭만주의는 윌리엄 워즈워스(William Wordsworth, 1770~1850), 새뮤얼 테일러 콜리지(Samuel Taylor Coleridge, 1772~1834), 조지 고든 바이런(George Gorden Byron, 1788~1824), 퍼시 비시 셸리(Percy Bysshe Shelley, 1792~1822) 등과 같은 작가들에 의해 전성기를 이루었으며, 개인의 사회적·문화적 전통으로부터의 도피와 자연으로의 회귀, 야성, 불규칙성과 같은 특징을 지니고 있다.[9] 독일의 낭만주의는 초기 낭만파 작가인 슐레겔 형제,[10] 노발리스(Novalis, 1772~1801) 등을 필두로 중기 낭만파 작가인 그림 형제,[11] E. T. A. 호프만(Ernst Theodor Amadeus Hoffmann, 1776~1822), 차하리아스 베르너(Zacharias Werner, 1768~1823) 등과 후기 낭만파 작가인 루드비히 울란트(Ludwig Uhland,

---

8) 이미경, 위의 책, 244쪽 참조.
9) 지명렬, 『독일 낭만주의 총설』, 서울대학교출판부, 2000.
10) 아우구스트 빌헬름 슐레겔(August Wilhelm Schlegel, 1767~1845)과 프리드리히 슐레겔 (Friedrich Schlegel, 1772~1829).
11) 야콥 그림(Jakob Grimm, 1785~1859)과 빌헬름 그림(Wilhelm Grimm, 1786~1863). 『어린이들과 가정을 위한 동화(*Kinder- und Hausmärchen*, 1812~1815)』를 간행하였다.

1787~1862), 테오도르 쾨르너(Theodor Körner, 1791~1813) 등의 작품을 통해 널리 알려졌으며, 고대적인 예술에 대칭되는 북구적·게르만적·중세적인 의미, 나아가서는 현대적 시문학(moderne poesie)의 개념으로 확장되었다.12)

한국의 낭만주의 문학으로는 박종화『영원의 승방몽(僧房夢)』(1922), 『흑방비곡(黑房悲曲)』(1922), 홍사용『봄은 가더이다』(1922), 『나는 왕이로소이다』(1923), 이상화『나의 침실로』(1923), 박영희『꿈의 나라로』(1922), 나도향『젊은이의 시절』(1922) 등이 있고, 일본의 낭만주의 문학으로는 모리 오가이(森鴎外)『무희(舞姬)』(1890), 히구치 이치요(樋口一葉)『다케쿠라베(たけくらべ)』(1895), 시마자키 도손(島崎藤村)『와카나집(若菜集)』(1897), 구니키다 돗포(国木田独歩)『무사시노(武蔵野)』(1898), 이즈미 교카(泉鏡花)『고야히지리(高野聖)』(1900) 등이 있다.

한국의 경우 1920년대에 동인지『백조』를 중심으로 낭만주의 문학이 일기 시작하였으나 고작 2년이라는 짧은 기간 동안에만 꽃피우고 1924년을 전후해서 사라져 버렸다. 비록 외형적인 면에 불과하지만 서구의 낭만주의 문학을 모방하였다는 점에서 서양 문학사조의 영향을 충분히 받았다고 볼 수 있다.

사실주의(寫實主義, Realism)는 19세기 종교의 역할이 쇠퇴하기 시작한 것을 계기로 나타난 사상이자 고전주의와 낭만주의에 대한 대립으로 발달하게 된 예술운동이다. 고전주의 시대에는 사실주의라는 말이 쓰이지 않았고, 이 사실주의가 1830년경부터 시작된다고 보는 견해가 있다.13) 사실주의는 ① 현실의 정확한 인식과 통찰, ② 객관성의 강조,

---

12) 안삼환,『새 독일문학사』, 세창출판사, 2016, 315쪽.

13) 귀 라루, 조성애 옮김,『사실주의 문학의 이해』, 현대신서, 2000, 30쪽.

③ 특성화의 강조, ④ 개성화의 강조라는 네 가지 본질적인 요건을 갖추고 있다고 볼 수 있다. 구체적으로는 19세기에 프랑스 회화에서 등장한 새로운 사조를 가리키며 귀스타브 쿠르베(Gustave Courbet, 1819 ~1877), 오노레 도미에(Honoré Daumier, 1808~1879), 장-프랑수아 밀레(Jean-François Millet, 1814~1875) 등의 화가들이 지향했던 태도와 기법을 말한다. 이는 점차 유럽 여러 지역으로 확산되어 미술의 영역에서 문학의 영역으로 이어진 예술 사조이다.[14]

사실주의 문학이란 대상을 있는 그대로 관찰하여 묘사하는 객관적 인식을 중시하는 문학을 말하며 현실주의(現實主義) 문학이라고도 한다. 19세기 프랑스에서 낭만주의에 대항하여 발생한 문학 사조이며 오노레 드 발자크(Honore de Balzac, 1799~1850), 스탕달(Stendhal, 1783~1842), 귀스타브 플로베르(Gustave Flaubert, 1821~1880) 등의 작가가 사실주의 문학을 발전시켰다. 영국에서는 찰스 디킨스(Charles Dickens, 1812~1870), 에밀리 브론테(Emily Bronte, 1818~1848), 토마스 하디(Thomas Hardy, 1840~1928) 등이, 독일에서는 고트프리트 켈러(Gottfried Keller, 1819~1890), 한스 테오도르 볼트젠 슈토름(Hans Theodor Woldsen Storm, 1817~1888) 등의 작가가 사실주의 작품을 남겼다. 사실주의 문학의 특징으로 개인의 삶을 개인과 개인의 관계, 그리고 개인과 사회의 관계 속에서 파악하려는 태도를 들 수 있으며, 이는 개인의 삶이 다른 개인들과의 관계 속에서 사회적 의미를 지닌다고 하는 사회적 조건성을 중시하는 사조라고 할 수 있다.

한국의 사실주의 문학에는 현진건『빈처』(1921), 『운수좋은 날』(1924), 염상섭『만세전』(1922), 『삼대』(1931), 이기영『고향』(1933~1934), 채만

---

14) 김성기 외, 『서양문학의 이해』, 한국외국어대학교출판부, 2004, 239~245쪽 참조.

식 『탁류』(1937~1938), 『태평천하』(1938) 등이 있고, 중국의 사실주의 문학에는 마오둔(茅盾) 『자야(子夜)』(1932), 『중국적일일(中國的一日)』(1936) 등이, 일본의 사실주의 문학에는 쓰보우치 쇼요(坪内逍遥) 『당세서생 기질(当世書生気質)』 등이 있다.

3.1.2. 기행문과 견문록, 지리지, 명소기

이국(異國)을 여행하며 보고 듣고 느낀 것들, 그리고 체험한 문화 등을 기록한 기행문(紀行文)과 여행지에서 얻은 정보를 전달하기 위해서 작성한 견문록(見聞錄)은 지식의 전달과 확산이라는 차원에서 매우 유용한 자료이다. 국가 간 여행이 일반적이지 않던 시기에 기행문과 견문록은 이국에 대해 높은 관심을 가지고 있는 사람들에게 있어 직접 가보지 못한 나라의 견문을 간접적으로 넓힐 수 있는 수단이 되었다. 기행문과 견문록의 가장 큰 차이는 집필의 목적이 다르다는 점에서 찾아볼 수 있다. 기행문은 여행지에서 체험하고 느낀 점을 주관적으로 기술한 것인 데 반해 견문록은 여행지에서 얻은 정보를 객관적으로 전달하기 위해 기술한 것이다. 집필 목적의 차이로 인해 수록된 지식의 종류 또한 다를 수 있겠으나 지식의 생산과 전달이라는 차원에서 생각할 때에 기행문과 견문록은 특정 지역의 지식을 수록하고 있다는 점에서 공통적이다.

<표 1> 기행문과 견문록

제목	작가	간행(성립) 연도
하멜 표류기	헨드릭 하멜	1668년
기소지노키(木曽路之記)	가이바라 에키켄(貝原益軒)	1721년
미치노쿠 일기(陸奧日記)	오즈 히사타리(小津久足)	1764년
동서유기(東西遊記)	다치바나 난케이(橘南谿)	1795~1798년
일동기유(日東記遊)	김기수	1877년
서유견문(西遊見聞)	유길준	1895년
해천추범(海天秋帆)	민영환	1896년

지리지(地理誌)는 지역 정보를 체계적으로 기술한 책으로 기행문이나 견문록과 마찬가지로 특정 지역의 정보를 간접적으로 얻을 수 있는 유용한 수단이다. 여기에서 말하는 정보란 어떤 지역의 자연, 역사, 사회, 문화 등을 포괄하며 이는 그 지역에 관한 지식이라고 할 수 있다.

명소기(名所記)는 일본 근세초기에 간행된 명소 안내기(名所案內記)의 성격을 지닌 가나조시(仮名草子) 작품군을 말한다. 어떤 지역의 자연, 사회, 문화 등과 같은 지리적 현상과 그 지역의 특색을 기록한 지지(地誌)의 특징과 경관이 좋거나 역사적 사건이 발생하여 널리 알려진 지역을 안내하는 명소구적안내기(名所舊跡案內記)의 특징을 함께 지니고 있다. 아사이 료이(浅井了意, 1612~1691)의 『도카이도 명소기(東海道名所記)』(1659년 성립추정), 『에도 명소기(江戸名所記)』(1662년 간행)와 같은 특정 지역의 명소기가 대표적이다. 명소기가 지리지와 다른 점은 가나조시라고 하는 문학 장르에 속한 작품이라는 점과 명소를 찾아가기까지의 여정(旅程)을 상세히 기술하고 있다는 점이다.

가나조시는 일본 근세초기에 가나(仮名)로 쓰이거나 한문과 가나로 쓰인 모노가타리(物語)를 포함한 산문으로 된 작품을 총칭하는 문학 장르이다. 가나조시의 대표작가로는 아사이 료이, 스즈키 쇼산(鈴木正三, 1579~1655), 가라스마루 미쓰히로(烏丸光広, 1579~1638)가 있으며, 이와 같은 지식인층이 서민독자를 위해 가나로 된 작품을 집필하였다. 일본문학사에서는 가나조시를 중세문학에서 근세문학으로 넘어가는 과도기에 성립된 산문문학의 일종으로 평가하고 있으며, 지식인층이 서민을 위해 집필한 작품이라는 점에서 다양한 지식의 생산과 전달을 살펴볼 수 있는 적절한 문학 장르라고 할 수 있다. 그 가운데 명소기는 특히 지역적 특색을 전달한다는 차원에서 지역간 지식 교류의 양상을 이해하는 데에 좋은 자료이다.

〈표 2〉 명소기

제목	작가	간행연도
지쿠사이(竹斎)	도미야마 도야 (富山道冶)	1624년
교와라베(京童)	나카가와 기운 (中川喜雲)	1658년
라쿠요 명소집 (洛陽名所集)	야마모토 다이준 (山本泰順)	1658년 서문
가마쿠라 모노가타리 (鎌倉物語)	나카가와 기운 (中川喜雲)	1659년
도카이도 명소기 (東海道名所記)	아사이 료이 (浅井了意)	1659년 (추정)
에도 명소기 (江戸名所記)	아사이 료이 (浅井了意)	1662년

3.1.3. 번역물

'문화상호철학(Intercultural Philosophy)'이라는 용어가 있는데 이는 '이문화간의 철학' 또는 '상호문화의 철학'으로 이해할 수 있다.[15] 번역은 이문화 이해를 위한 수단이며 지식이 다른 문화로 전달되려면 번역작업은 필수적이다. 다시 말해 이국(異國)의 지식을 받아들이기 위해서는 우선 다른 나라의 언어를 자신의 언어로 번역을 해야 한다. 번역이란 어떤 언어로 된 글을 다른 언어의 글로 옮기는 일을 말하는데,16) 번역하기에 앞서 어째서 번역을 하는지, 그리고 누구를 위해 번역을 하는지를 먼저 고려할 필요가 있다. 이국 지식을 받아들이고 정착시키기 위한 필수 요건으로 번역을 들 수 있으며, 이는 한·중·일 삼국 모두가 주목해야 할 주요 연구주제라고 할 수 있다.

문헌이 번역되는 것 자체는 새로운 지식의 생산이라고 말하기 어렵다. 이미 생성되어 있는 지식을 다른 언어로 옮긴 것이기 때문에 지식확산의 일종이라고 생각하는 편이 타당하다. 다만, 번역물을 통해 지식을 접한 독자의 입장에서 바라보았을 때에는 지식의 생산으로 이해할 수도 있다. 타언어로 된 지식이 번역됨으로써 비로소 지식이 생산된 것이라고 인지하게 되는 것이다.

일본의 경우, 메이지 정부는 태정관(太政官)17) 내에 번역국을 설치하여 신속한 근대화를 꾀하였으며 각 정부기관에 번역전담기구를 설치하여 많은 서적을 번역하였다. 이 시기에는 특히 서양의 만국사(萬國史)나 역사서, 사회사상서의 번역이 유행하였다. 또한 사전류의 출간 양상을 살펴보면 당시 일본어역의 매개의 흐름을 파악할 수 있으며, 번역어가 고안되는 과정을 시기순으로 분석할 수 있다. 이 시기에 간행된 사전류 중 대표적인 것이 영난사전(英蘭辞典), 영화사전(英華事

---

15) 마키노 에이지, 「번역의 의의와 학문의 진보: 이문화 이해와 〈지〉의 월경」, 『근대번역과 동아시아』, 박문사, 2015, 12쪽.

16) 『국립국어원 표준국어대사전』, 동아출판, v.2.9.0(5).

17) 일본 율령제에서 사법·행정·입법을 관장하는 최고국가기관.

典), 영화사전(英和辞典) 등이다. 이보다 앞선 시기인 1603~1604년에 간행된『일포사전(日葡辞書)』은 일본어를 학습하고자 하는 포르투갈 인 선교사를 위한 사전으로 위 사전류와 함께 지식 생산의 연구 대상 으로 삼을 수 있는 자료이다.

1543년에 다네가 섬(種子島)에서 일본과 서양 문명의 접촉이 시작된 이래로 포르투갈과 스페인의 선교사들을 중심으로 다양한 학문이 전 래되었다. 또한 1600년대에 접어들어 네덜란드와의 교류가 활발해 지면서 난학(蘭学)이 성행하게 되었으며, 1641년에 네덜란드와의 교류 가 나가사키(長崎)의 데지마(出島)에서 독점적으로 진행되고 교섭 실무 자인 통사(通詞)를 양성하게 되었다. 이어 서양 학문 서적의 대량 유입 과 함께 여기에 수록된 내용(사상, 기술 등)을 받아들이기 위한 번역 작업의 필요성이 대두되었고, 그 중에서도 의학 관련 서적의 번역본 이 다수 출판되었다.『해체신서(解体新書)』(1774년 간행)가 그 대표적인 예라 할 수 있다.

한편, 원어의 의미에 충실하지 않은 번역의 문제점이 대두되고 일 본어에 상응하는 단어가 있을 경우는 그 단어를 채용해야 한다는 의 견이 제안되기도 하였다. 그 예로 기요노 쓰토무(清野勉, 1853~1904)가 '외면의 어의(語義)'로 번역하는 방법과 '사실을 바탕'으로 번역하는 방법을 지적한 것을 들 수 있다.[18] 학문 분야에 따른 번역서 생성의 차이도 볼 수 있었으며, 일상에서 사용하지 않는 용어가 채택되는 일도 많았다.

피터 버크는 지식의 번역(translating knowledge)이라는 관점에서 지식

---

18) 이근희 「번역과 한국 및 일본의 근대화(번역제반 양상의 비교)」, 『번역학연구』 8(2), 한국번 역학회, 2007, 121쪽.

교환을 하는 데 있어 배운 내용을 필요와 환경에 맞춰 적용하는 '문화 번역'의 현상을 지적하였다. 또한 정보가 지식으로 전환되는 과정에서 발생하는 '번역 손실(lost in translation)'에 대해서도 언급하며 이는 지식 확산에서 중요한 부분임을 주장하고 있다.[19] 불교가 인도로부터 중국과 일본으로 전파되는 과정에서 산스크리트어에서 중국어, 일본어로 번역되고, 아리스토텔레스의 문헌이 그리스어에서 아랍어, 라틴어, 프랑스어로 번역되는 등 번역판이 다시 번역되는 과정이 되풀이되는 현상을 종종 살펴볼 수가 있다. 이렇게 원문이 번역되는 것뿐만 아니라 번역판이 다른 언어로 번역되면서 번역상의 오류가 발생할 수 있다는 점도 간과해서는 안 된다.

3.2. 인물

피터 버크는 지식 생성을 위한 정보 수집 기법 중 첫 번째로 '수집'의 과정을 주장하였다. 그에 따르면 수집 과정은 식물의 채집이나 암석의 채취와 같은 작업 정도에 해당하고, 획득한 '데이터'는 수집가가 자신의 문화에서 형성된 선별 원칙에 따라 변환하는 과정을 거친다고 하였다.[20] 즉, 정보를 수집하는 자는 자신의 목적과 부합하는 정보를 골라내기 때문에 지식 생산의 과정에 있어 선택적인 측면이 강하게 나타날 수 있다는 것이다.

앞에서 지식 생산 연구 방법의 첫 단계로 '특정 지식을 수용하고 유지시키는 일을 관장하는 지식인의 파악'을 들었는데, 이 단계야말

---

19) 피터 버크, 이상원 옮김, 앞의 책, 161~162쪽.
20) 피터 버크, 이상원 옮김, 위의 책, 93쪽 참조.

로 지식 생산 연구의 방향을 결정하는 가장 중요한 단계라고 할 수 있다. 왜냐하면 수많은 정보 중에 일부 필요한 정보를 골라내고 그것이 가공되어 지식이 생산된다고 했을 때 그 과정을 이끌어가는 인물의 주관적인 판단이 개입될 여지가 많기 때문이다. 이러한 인물은 개인이 될 수도 있고 개인이 모인 집단이 될 수도 있다. 이러한 집단은 어떤 특정한 목적을 지니고 모임의 성격을 띠게 되어 지식인 모임이라 불리게 된다. 지식인 모임이란 독서회나 시회, 서화회(書画会) 등을 말하며, '이러한 모임에서 논의되거나 공유된 사항이 바로 지식 생산'이라는 전제하에 모임에 참가한 지식인 개인의 면모를 분석하는 연구가 필요하다.

3.2.1. 개인

지식을 생산하는 주체는 바로 인물이다. 지식을 문학작품 속에 담아내는 주체가 바로 저자이듯이 지식은 인물에 의해 생산되는 것이라 할 수 있다. 인물이 독자적으로 지식 생산 주체가 되는 경우, 즉 개인이 지식 생산의 주체가 되는 경우는 무궁무진하게 찾아볼 수 있다. 다시 말해, 지식 생산의 연구 대상으로 삼을 수 있는 개인은 작가, 역사가, 사상가 등 다양하게 분류할 수 있기 때문에 그 범위를 제한하는 일이 매우 어렵다.

지식 생산 연구를 위한 개인이라고 한다면 역시 당대 지식인으로 불렸던 인물이 대상이 되어야 할 것이다. 에도시대를 대표하는 지식인에는 아라이 하쿠세키(新井白石, 1657~1725), 히라가 겐나이(平賀源内, 1728~1780) 등이 있다.

먼저 아라이 하쿠세키는 유학자이자 정치가였으며 6대 도쿠가와

쇼군인 도쿠가와 이에노부(德川家宣, 재임기간 1709~1712)에게 강의를 하는 위치에까지 올랐다. 하쿠세키의 연구 분야 학문은 언어학, 문학을 비롯하여 역사학, 지리학, 주자학 등 실로 다양했다. 특히 이국에 대한 관심이 많아 『서양기문(西洋紀聞)』(1715년 완성), 『채람이언(采覽異言)』(1725년 완성)과 같은 서적도 편찬하였다. 『서양기문』은 서양에 관한 연구서이며 예수회 소속 이탈리아인 선교사인 지오반니 바티스타 시도티(Giovanni Battista Sidotti, 1668~1714)로부터 얻은 지식을 수록하고 있다. 수록되어 있는 학문 분야는 역사, 지리, 풍속(風俗) 등으로 매우 다양하다. 또한 『채람이언』은 시도티로부터 얻은 여러 가지 지식 중 지리적인 지식을 정리하여 수록한 세계지리서이다.

다음으로 히라가 겐나이는 본초학자, 지질학자, 난학자, 의사, 작가, 발명가 등 다양한 분야에서 널리 알려져 있는 인물이다. 특히 그는 난학자로서 외국의 문화와 기술을 적극적으로 받아들여 일본에 소개한 인물로 지식의 생산뿐만 아니라 전달과 확산에까지 영향을 끼쳤다. 나가사키 유학 중에 네덜란드어를 학습하였으며 네덜란드 박물학에 관심이 많았던 그는 서양 서적을 입수하는 데에 아주 적극적이었다. 또한 물산회(物産会)의 출품물 중 일부를 선정해서 산지(産地) 등 구체적인 설명을 추가한 『물류품척(物類品隲)』(1763년 간행)이라는 서적을 통해 본초학자로서의 명성을 떨쳤다.

한편, 아오키 곤요(青木昆陽, 1698~1769)라는 인물이 있다. 그는 유학자이자 실용경제학자였으며, 조선어와 네덜란드어에 능통했다. 그는 난학의 선구자로도 알려져 있으며 『해체신서』의 저자인 마에노 료타쿠(前野良沢, 1723~1803)의 스승이기도 하다. 『곤요만로쿠(昆陽漫録)』(1763년 성립)라고 하는 수필집을 통해 조선의 사정이나 문물을 소개하였다. 그는 조선본을 읽을 줄 알았기 때문에 여러 조선본을 인용하여 조선에 대해서 기술하였고, 이러한 지식을 일본의 사정에 맞게 활용할 수 있는 방안을 강구하였다.

이와 같이 지식인 개개인의 활동 내용과 저서가 지식 생산 연구의 대상이 될 수 있다. 개인은 집필활동을 통해 지식을 생산하고, 그 지식들이 모여 서적 편찬에 이르게 되는 것이다.

3.2.2. 집단

지식을 생산하는 주체인 개인이 모여 집단을 이루게 되면 지식, 정보, 사상을 서로 공유하는 지식인 모임의 결성으로 이어진다. 일본의 지식인 모임을 몇 가지 살펴보면, 본초학 분야에서는 1830년부터 1844년까지 에도에서 열린 자편회(赭鞭会), 1818년부터 에도막부 말기까지 나고야에서 열린 상백사(嘗百社)가 대표적이며, 광물학 분야에서는 1772년부터 1801년까지 지금의 시가현(滋賀県)을 중심으로 결성된 농석사(弄石社)가 당시의 대표적인 지식인 모임이었다. 말하자면 지금의 동호회나 동문회 같은 성격의 모임이 다수 결성되어 멤버들 간에 공통된 관심분야의 지식과 정보를 공유하여 견문을 넓혀가곤 했던 것이다. 또한 고증에 관한 의견을 주고받는 모임을 서화회라고 불렀으며, 이는 간세이(寛政, 연호 1789~1801) 년간부터 결성되기 시작되어 점차 그 수를 늘려나갔다.[21] 서화회에는 전국 각지에서 모인 화가나 서도가, 유학자 등의 문인이 한 회당 대략 200여 점에 이르는 전시물을 출품하였다. 여기에서 만난 문인들이 각자의 전시물을 소개하면서 더불어 학문적인 교류 또한 활발하게 이루어졌다고 볼 수 있다.[22]

---

21) 金美眞, 『柳亭種彦の合巻の世界: 過去を蘇らせる力「考証」』, 若草書房, 2017, 7쪽 참고.

또한 에도시대 말기를 대표하는 작가인 교쿠테이 바킨(曲亭馬琴, 1767~1848)이 중심이 된 지식인 모임으로 토원회(兎園会)와 탐기회(耽奇会)가 있다. 토원회(兎園会)란 교쿠테이 바킨이 중심이 된 지식인 모임으로써 진귀한 이야기나 기담을 주고받으며 서로의 지식을 공유하고 견문을 넓힐 목적으로 1825년에 결성되었다. 참석자는 정회원 12명에 객원 2명이었으며, 그들의 직업은 작가·서도가·국학자·유학자 등 다양했다. 이들은 한 달에 한번 모임을 가졌으며, 멤버들이 돌아가며 담당을 맡아서 미리 준비해 온 내용을 다른 멤버에게 낭독하는 방식으로 모임이 진행되었다. 토원회에는 다양한 분야에서 활약하는 지식인들이 참가하였고 그러한 연유로 서로 다른 관심분야와 전문분야의 지식이 공유될 수 있었다. 그리고 동일 주제를 서로 다른 시점으로 바라보며 논의를 거듭하였기 때문에 보다 심도 있는 연구가 가능했다.23) 이와 같은 지식인 모임에서 실로 다양한 지식이 공유되고 생산되었으며, 여기에서 논의된 내용이 서적으로 출판되어 일반 독자들에게 전달이 되기도 하였다.24)

전근대기 일본에서는 지역별로 커뮤니티의 형성이 활발하였다. 이는 나고야, 오사카, 에도 등의 지역 공동체를 중심으로 형성된 모임이라고 할 수 있다. 그곳은 이른바 지식 공유의 장이었으며 수많은 정보교환과 견문확장이 자연스레 이루어졌다. 이를 통하여 지역 간 네트워크가 형성되었고 활발한 인적 교류가 행해졌다. 근세 후기(18~19세

---

22) 홍성준, 「일본근세기 지식인 모임과 지식의 형성: 토원회(兎園会)와 『토원소설(兎園小説)』을 중심으로」, 『일어일문학연구』 106(2), 한국일어일문학회, 2018, 80~81쪽 참고.

23) 홍성준, 위의 논문, 74~75쪽.

24) 토원회의 경우 『토원소설(兎園小説)』이라고 하는 책으로 출판되었으며, 총 다섯 편의 책에 수록된 이야기 수는 273개에 달한다. 이 책에 관해서는 홍성준(2018)의 논문에 자세한 설명과 함께 소개되어 있다.

기)에 활약한 문학 작가들은 대다수가 이러한 커뮤니티에 속해 있었으며, 스스로를 지식인이라고 칭하여 대중보다 우위에 있다는 의식을 지니고 있었다. 이른바 '문화권력'이다. 문화(문학, 학문, 문예 등)를 알고 있는 것이 바로 권력이었으며, 이를 일반 대중에게 가르치고 계몽하는 일이 바로 힘이라고 생각했다.

한편, 조선통신사를 비롯한 각종 사절단의 국가 간 교류 중에서 문물 교류가 아닌 인적 교류를 한 경우도 연구 대상으로 고려해 볼 수 있다. 인적 교류의 연구는 문헌자료에 나타난 기록을 바탕으로 하되, 특히 공식적·비공식적인 모임 또는 교류에서 생산된 실증적 자료를 제시하고 대상으로 삼아야 한다. 간행물만을 대상으로 하면 역시 기존의 연구와 큰 차별성을 얻기 힘들기 때문에 이제까지 다루어지지 않았던 다양한 자료(미간행 수필, 메모, 서간 등)를 분석한다. 이 연구는 새로운 자료의 발굴과 분석이 요구되는 분야이기 때문에 고문헌을 다룰 줄 아는 연구자에 의한 조사가 우선적으로 이루어져야 한다.

3.3. 사상

'어떠한 사물에 대하여 가지고 있는 구체적인 사고나 생각', 또는 '논리적 정합성을 가진 통일된 파단 체계'[25]를 뜻하는 사상의 범주에서 지식 생산의 연구 대상을 찾는다면, 철학과 종교, 그리고 국학을 들 수 있다. 이 세 분야는 인문학 연구의 관점에서 볼 때 아주 중요한 학문적 의의를 지니고 있는 분야이며, 지식 생산의 연구 대상에 반드시 포함되어야 할 분야라고 할 수 있다.

---

25) 『국립국어원 표준국어대사전』, 동아출판, v2.9.0(5).

3.3.1. 철학

'철학(哲學)'이란 일본의 계몽사상가인 니시 아마네(西周, 1829~1897)에 의해 고안된 번역어이다. 'Philosophy'가 지닌 본연의 의미는 '지혜(sophia)를 사랑하는 것(philos)'이다. 이 용어는 고대 그리스의 헤라클레이토스(Hērakleitos, BC540경~BC480경)와 헤로도토스(Herodotos, BC484?~BC425?)에 의해 '애지(愛智)'라는 의미로 사용되었다가 소크라테스(Sokrates, BC470~BC399)나 플라톤(Platōn, BC427~BC347)에 의해 '철학'이라는 명사로 자리 잡았다. 니시 아마네는 '철학이 모든 학문의 가장 위에 존재하는 학문'이라는 전통적인 철학관을 펼쳐보였다.26) 철학의 이러한 속성과 '애지'의 의미를 고려했을 때 지식의 개념을 연구함에 있어 철학적인 관점에서 지식의 본질은 무엇이며 그 보편적 특질은 무엇인지를 이해하는 차원에서 연구 대상을 선정해야 할 것이다.

도가사상(道家思想)과 유가사상(儒家思想)은 철학적인 관점에서 지식 생산을 연구하는 데 있어 기본적으로 다루어야 할 대상이다.

도가사상은 노장사상(老莊思想)을 계승하고 발전시킨 철학사상이다. 노자(老子)는 인간의 삶의 방식으로 '무위자연(無爲自然: 무엇인가를 인위적으로 꾸미지 말고 자연의 섭리에 따라서 자연을 닮은 그대로 자연스럽게 행동하라)'을 주장하였으며, 장자(莊子)는 '도가도비상도(道可道非常道: 도가 무엇이라고 말하는 순간 도는 더 이상 도가 아니다)'와 '명가명비상명(名可名非常名: 이름을 이름이라고 하는 순간 더 이상 이름이 아니다)'이라고 하였다. 노장사상에서 말하는 지식이란 '무위자연의 삶의 본질은 무엇인가?'와 '무위자연으로 살아가는 방법은 어떻게 가능한가?'에

---

26) 大久保利謙, 『百学連環』, 『西周全集』 第四卷, 宗高書房, 1971.

대한 대답인 것이다.[27] 노자의 『도덕경(道德經)』과 장자의 『장자(莊子)』를 면밀히 분석하면 도(道)사상의 지식이 어떻게 생산되었는지를 이해할 수 있다.

유가사상은 기원전 136년에 국교로 선포된 바 있는 공자(孔子)의 사상이다. 유가사상에서는 지식이란 자기수양과 자기도야를 통한 각성(覺醒)으로 얻어지며 이는 자각(自覺)을 통해 스스로 구성되거나 스스로 드러나는 것이라고 하였다. 이는 소크라테스의 산파술(産婆術)과 통하며, "끊임없이 배우고 익히면 이 역시 즐겁지 아니한가[學而時習之不亦說乎]"라는 공자의 말처럼 지식이란 스스로의 힘으로 구성되어 가는 것이다. 스스로 구성된다는 지식 생성의 논리는 서양의 관점에서 보았을 때 '존재론적'이라고 할 수 있다.[28]

또한 '지식이란 무엇인가?'에 대한 대답을 강구하는 서양의 인식론(Epistemology)도 연구 대상으로 삼아야 한다. 인식론은 인식이나 지식의 기원, 본질, 한계 등을 탐구하는 학문 분야로, 앎은 곧 삶이라고 하는 목표를 설정하고 참된 지식의 올바른 형태를 추구한다. 이러한 지식이 어떻게 생산이 되는지, 또는 생산된 지식이 어떤 성격을 띠고 있는지를 인식론의 관점에서 바라보는 연구가 요구된다. 이어 존재자로 볼 수 있는 세계의 궁극적인 근거를 연구하는 형이상학(Metaphysics)도 연구 대상으로 빼놓을 수 없다.

---

27) 이상오, 『지식의 탄생』, 한국문화사, 2016, 70쪽.
28) 이상오, 위의 책, 80쪽.

3.3.2. 종교

'종교(宗敎)'란 신이나 초자연적인 절대자 또는 힘에 대한 믿음을 통하여 인간 생활의 고뇌를 해결하고 삶의 궁극적인 의미를 추구하는 문화 체계를 말한다.[29] '종교'라는 말은 '릴리지온(religion)'의 번역어로 유대교와 기독교의 전통으로부터 형성된 개념을 가리킨다. 보편적인 종교 개념은 기본적으로 서구적인 개념으로 받아들여지고 있으며 동아시아의 종교 개념이 반드시 릴리지온과 일치하지는 않는다는 점도 간과해서는 안 된다.[30] 또한 종교마다 대상과 교리가 다르기 때문에 각 종교가 어떠한 지식을 포함하고 있는지도 달라지게 마련이다. 초기 신앙의 형태인 애니미즘, 토테미즘을 비롯하여 샤머니즘, 불교, 기독교에 이르기까지 각각의 종교에 있어 관련 지식이 한·중·일 삼국에서 어떻게 생성이 되고 자리를 잡게 되었는지를 살펴보아야 할 것이다.

종교는 국가권력과 밀접한 관계를 지닐 수밖에 없다. 종교가 민중을 통합하기 위한 도구로서 기능하는 등 서구의 종교가 권력과 무관하지 않다는 것은 널리 알려진 사실이고, 종교가 정치권력에 영향을 미칠 수 있는 것은 종교가 많은 사람들의 신앙과 믿음을 바탕으로 하고 있기 때문이다. 고대사회에서는 종교와 정치가 결합된 제정일치의 형태를 띠고 있었다. 이는 비단 동아시아뿐만 아니라 모든 국가에서 공통적으로 볼 수 있는 정치 형태였으며, 제천의식(祭天儀式)과 같은 국가적 행사를 통해 국가의 큰일을 결정하는 데 신(神)의 힘을 빌리

---

29) 『국립국어원 표준국어대사전』, 동아출판, v2.9.0(5).

30) 박규태, 「일본 근세의 종교와 국가권력: 도쿠가와 막부의 '사원법도'를 중심으로」, 『동양사학회 학술대회 발표논문집』, 동양사학회, 2002, 87쪽.

거나 하여 생활의 중심에 종교가 자리 잡고 있었다. 이러한 제정일치의 정치 형태는 시대가 흐름에 따라 차츰 종교와 정치가 분리되는 형태로 바뀌었으나 완전히 분리되지는 못하고 종교가 정치권력과 밀접한 관련을 맺고 통치의 수단으로 이용된 경우를 인류 역사에서 어렵지 않게 찾아볼 수 있다.

일본에서는 도쿠가와 막부에 편입된 불교가 국가권력의 수단으로 이용되어 막부의 힘을 키우는 데에 큰 역할을 하였다. 4세기에 진나라로부터 한반도로 불교가 들어오고 6세기에 백제의 성왕(聖王)이 일본으로 불교를 전파하였다. 쇼토쿠 태자(聖德太子)의 불교장려책으로 인해 불교가 공식적인 지위를 굳히게 되었고, 나라시대(奈良時代)를 거쳐 헤이안시대(平安時代)에 이르러 불교는 귀족들의 보호를 받아 강력한 지위를 보장받음으로서 세력을 키워나갔다. 가마쿠라시대(鎌倉時代)에는 불교가 민중 속에 뿌리를 내렸지만, 무로마치시대(室町時代)에 이르러 쇠퇴의 길을 걷게 되고 에도시대(江戸時代)에는 막부의 통치 도구로 전락하게 되었다. 1612년에는 가톨릭을 금지하고 농민, 무사 등 신분에 관계없이 특정 사원에 소속되는 단가(檀家)로 등록하게 하는 단가제도(檀家制度)가 시행되었다. 이때 작성된 단가 등록부는 호적의 역할을 하여 막부가 민중을 효율적으로 관리할 수 있게 하였다. 이는 종교와 정치권력이 밀접하게 연관되는 대표적인 사례라 할 수 있다.

이렇듯 한·중·일 동아시아 삼국에 불교를 비롯한 여러 종교가 전파되면서 각 나라의 사정에 맞게 종교가 정착이 되었는데 그 과정에서 적절한 종교적 지식이 생산되었다고 볼 수 있다. 위에서 예를 든 일본 에도시대의 불교는 일반 민중들에게 깊숙이 침투하여 불교식 장례를 치르고 불교식 이름을 붙이는 등의 문화가 형성되어 현재까지도 거의 모든 일본인들이 이를 따르고 있다. 이뿐만 아니라 일본의 미술, 건축, 문학, 사상 등 문화 전반에 걸쳐 불교의 영향이 크다고 할 수 있으며, 이는 불교 지식의 생산과 깊은 관련이 있다고 볼 수 있는 것이다.

3.3.3. 국학

'국학(国学)'이란 자기 나라의 고유한 역사, 언어, 풍속, 신앙, 제도, 예술 따위를 연구하는 학문을 말하며, 국어학, 국문학, 민속학, 국사학 등이 이에 포함된다.[31] 일본에서는 다음과 같이 더 좁은 의미로 정의 내릴 수가 있다.

"에도시대 중기에 발생한 학문의 하나. 『기(記)』, 『기(紀)』, 『만요(万葉)』 등 일본의 고전을 문헌학적으로 연구하여 고유의 문화를 구명하고자 한 것. 게이추(契沖, 1640~1701), 가다노 아즈마마로(荷田春満, 1669~1736), 가모노 마부치(賀茂真淵, 1697~1769), 모토오리 노리나가(本居宣長, 1730~1801), 히라타 아쓰타네(平田篤胤, 1776~1843) 등을 중심으로 전개되었다. 화학(和学). 황학(皇学). 황조학(皇朝学). 고학(古学). 본교학(本教学)."[32]

일본에는 "국학의 사대인(国学の四大人)"이라는 말이 있다. 에도시대 국학의 대가 4인을 일컫는 말로 가다노 아즈마마로, 가모노 마부치, 모토오리 노리나가, 히라타 아쓰타네를 말한다. 이들의 계보를 따라

---

31) 『국립국어원 표준국어대사전』, 동아출판, v2.9.0(5).
32) 『精選版 日本国語大辞典』, 小学館, 2006, Version 1.1.1 (R14).

국학의 흐름을 살펴보면 복고사상(復古思想)의 출현과 변형이 어떻게 이루어졌는지를 파악할 수 있다. 우선 일본의 국학이란 에도시대를 대표하는 학문으로 고도학(古道学)이라고 불리기도 한다. 일본의 국학은 국어학, 국문학, 역사학, 지리학, 유직고실(有職故実), 신학, 가도(歌道) 등 여러 학문 분야를 포괄하고 있으며, 기본적으로 일본 고유의 정신을 탐구하는 것을 목적으로 하였다.

가다노 아즈마마로는 국가의식을 고취시켜 『고사기(古事記)』, 『일본서기(日本書紀)』, 『만요슈(万葉集)』와 같은 일본 고전을 배우고 복고신도(復古神道)를 제창하는 등의 업적을 남겼다. 가모노 마부치는 『만요슈』 등에 보이는 만요주의를 주장하며 와카(和歌) 속 고풍(古風)을 통해 일본인의 정신을 연구하였다. 이어 모토오리 노리나가는 『고사기(古事記)』의 주석서인 『고사기전(古事記伝)』을 집필하였는데, 이는 고어(古語) 연구를 통한 정확한 본문해석을 추구하여 실증적인 연구 성과를 수록한 서적이다. 이렇게 고어를 중시하는 태도는 고신도(古神道)와 밀접한 관련이 있으며, 유교·불교 등과 같은 외래 종교의 영향을 받기 이전에 일본에서 존재했던 종교를 뜻하는 고신도는 일본 고유의 정신문화로 되돌아가자는 복고신도 사상으로 발전되었다.[33] 그리고 히라타 아쓰타네는 유교를 비판하고 복고신도를 고취시켜 에도 막부 말기의 존왕양이(尊王攘夷)운동에 큰 영향을 끼쳤다.

일본 국학의 경우 위에서 언급한 사대인을 중심으로 고전 연구의 방법과 흐름, 복고신도와 사상을 살펴봄으로서 지식 생산에 관한 큰 틀을 잡을 수 있다. 다만, 국학이 고전문학 연구에만 치중한 것이 아니

---

33) 홍성준, 「일본근세기 신화주석의 의의와 그 주변」, 『일본학연구』 52, 단국대학교 일본연구소, 2017, 97쪽.

라 천황과의 결합, 불교·유교 비판과 같이 정치, 종교, 사상과도 연관성을 지니고 있다는 점은 짚고 넘어가야 한다. 천황과의 결합은 가모노 마부치의 『만요슈』 연구에서 비롯되어 내셔널리즘으로 연결된다. 그리고 불교·유교 비판은 그 영향력을 거부하고 배제하는 차원에서의 비판을 말한다.[34] 이와 같은 특징들은 가모노 마부치로부터 시작되어 모토오리 노리나가, 이후의 국학에 영향을 미쳤다.

4. 연구의 범위

1920년대에 독일의 철학가 막스 셸러(Max Scheler, 1874~1928)에 의해 '지식사회학(Wissenssoziologie)'이라는 용어가 창안되고, 에밀 뒤르켐(Emile Durkheim, 1858~1917)에 의해 지식사회학의 연구가 심화되었다. 뒤르켐은 산업화 사회의 사회 조직과 분류 체계를 분석하여 우리가 세계를 인식하는 방식이 사회적 경험으로 규정된다고 하는 급진적인 주장을 펼쳤다. 즉, 인간 정신 그 자체가 사회적으로 구성되기 때문에 다양한 문화에 속한 사람들은 서로 다른 방식으로 세계를 경험하게 된다는 것을 강조하였다.[35] 카를 만하임(Karl Mannheim, 1893~1947) 역시 각 사회 집단은 세계를 서로 다른 방식으로 경험하고 그 이질적인 견해를 지식으로 받아들일 것이라고 주장하였다. 또한 '인간은 스스로가 관여하는 집단적 행동과의 특수한 관련성으로 인하여 언제나 자기 주변 세계에 대해 각기 상이한 입장을 취하게 마련이고, 순수한

---

34) 森和也, 『神道·儒教·仏教: 江戸思想史のなかの三教』, ちくま新書, 2018, 118~125쪽 참조.
35) 앤드루 에드거·피터 세즈윅, 박명진 외 옮김, 『문화 이론 사전』, 한나래, 2012, 432~435쪽.

논리적 분석에 의하면 개인의 사유는 집단 상황과 확연히 구별됨은 물론 사상과 행동 역시 구별된다'고 하였다.[36) 즉, 만하임은 문화상대주의의 관점에서 사회를 바라보고 지식은 생산되고 사용되어지는 것이라는 인식이 기반이 되어 세계가 구성되어 있다고 보고 있다.

위 견해를 종합해 보면, 한 지역에서 지식이 생산되고 그 지식이 다른 지역으로 전파된다고 했을 때 어떠한 하나의 지식이라고 할지라도 서로 다르게 인식될 가능성도 배제할 수 없게 된다. 지식 연구는 이와 같은 서로 다른 인식을 전제로 하기 때문에 상대적인 관점을 중시할 수밖에 없다. 다만, 지식의 생산을 놓고 보았을 때 하나의 동일 지식이라고 할지라도 그것이 전달되고 확산되는 과정에서 인식이 달라질 수도 있음을 염두에 두어야 한다. 반대로, 서로 다른 인식 하에 놓인 지식이라고 할지라도 동일하게 생산된 지식일 수도 있음을 간과해서는 안 된다. 이렇듯 지식 생산 연구의 범위는 매우 복잡한 틀 속에서 고려해야 한다. 단순히 공간적인 범위와 시간적인 범위만을 설정하여 연구를 진행할 수 없는 이유가 바로 여기에 있다.

지식 생산 연구를 진행하기 위해서 연구의 대상을 선정하는 것만큼 중요한 것은 그 범위의 설정이다. 위에서 기술하였듯이 공간적인 범위와 시간적인 범위만을 고려할 수는 없지만, 연구의 범위를 설정할 때 가장 먼저 고민해야 할 부분은 바로 이 두 범위이다. 따라서 본 장에서는 지식 생산 연구의 범위를 크게 공간적 범위와 시간적 범위로 나누어 고찰해 보기로 한다. 기타 고찰 가능한 범위에 관해서는 앞으로 지식 생산을 논하면서 보충해 갈 수 있을 것으로 생각된다.

---

36) 카를 만하임, 임석진 옮김, 『이데올로기와 유토피아』, 김영사, 2012, 66쪽.

먼저 지식 생산 연구를 진행함에 있어 공간적으로는 어떠한 범위를 설정해야 하는지 고민해볼 필요가 있다. '지식(knowledge)'이라고 하는 어휘 개념은 서양에서 먼저 성립되어 동양으로 넘어왔다. 주지하다시피 '지식(知識)'이란 '앎'이라는 뜻의 '지(知)'와 '깨달음'이라는 뜻의 '식(識)'이 합쳐진 말이다. '지식'은 서양의 'knowledge'의 번역어이며, 일본에서 이렇게 고안된 이래로 이 단어는 일상생활 속에서 '알고 있는 내용', '명확한 인식이나 이해'와 같은 뜻으로 사용되어 왔다. 일본뿐만 아니라 인접한 한국과 중국에서도 '지식'은 널리 사용되고 있으며 제4차 산업혁명의 시대를 살아가는 현대인에게 있어 **빼놓을** 수 없는 개념 중 하나로 자리 잡고 있다. 또한 우리는 현대사회를 21세기 지식 기반 사회라고 부르는 등 '지식'은 우리 생활과 매우 밀접한 관계에 놓여 있다고 볼 수 있다.

'지식'이라는 단어는 일본에서 고안되어 한국과 중국에서도 사용되고 있기 때문에 연구 대상 범위를 설정하는 데 있어서도 동아시아 삼국을 중심으로 삼는 것이 타당한 것으로 보인다. 나아가 서양의 'knowledge'와 비교하여 그 개념을 이해하는 연구, 그리고 서양과 동양의 서로 다른 개념을 어떻게 접목시킬지에 관한 연구 또한 시야에 넣을 수 있다.

지식 생산 연구도 마찬가지로 동아시아 삼국을 중심으로 그 개념을 정립하고 서로의 영향관계를 고찰하면 서로 다른 특질을 찾아낼 수 있다. 예컨대 한국과 중국, 그리고 일본에서 특정한 지식이 어떻게 생산되었는지를 살펴보고 각국의 문화 교류 양상을 통해 해당 지식의 흐름과 정착을 살펴보는 연구의 프로세스가 있다.

조선시대에 일본으로 파견된 공식적인 외교사절인 조선통신사는 막부 장군에게 국왕의 국서(國書)나 서계(書契), 별폭(別幅)을 전달하는 일뿐만 아니라 서화, 시문을 비롯한 다양한 문화 요소를 주고받는 문화교류의 역할도 하였다. 우에다 아키나리(上田秋成, 1734~1809)는 조선통신사와 만난 문학작가 중 가장 유명한 작가 중 한 명이다. 그는 일본 근세기를 대표하는 작가이며 조선통신사와는 오사카에서 만나 필담을 나눈 것으로 알려져 있다. 당시 아키나리가 주고 받은 한시(漢詩)를 통해 한일 지식 교류의 양상을 파악할 수 있다. 또한 아키나리보다 이른 시기에 조선통신사를 만나 문화교류를 한 유학자인 아라이 하쿠세키(新井白石, 1657~1725)는 한문으로 필담을 주고받으며 소통을 한 것으로 알려져 있다. 제8차 조선통신사의 정사(正使)였던 조태억(1675~1728)과의 필담 내용이 『통항일람(通航一覽)』(1853년 서문)과 같은 외교사료집(外交史料集)에 수록되어 있다.

이러한 국가적인 규모의 문화 교류와 더불어 개인적인 교류까지 포함한다면 다양한 형태의 지식 교류 방법을 찾아낼 수 있을 뿐만 아니라 그렇게 전달된 지식이 한 문화권 안에서 '생산'되었다고 하는 관점을 이끌어낼 수 있다. 이밖에도 고려시대의 중국과의 활발한 문물 교류 등 동아시아 삼국 간의 지식 교류사만 살펴보더라도 지식 생산에 관한 큰 틀은 잡을 수 있을 것이다.

공간적인 범위 다음으로 고려해야 할 사항은 시간적인 범위이다. 대항해시대를 맞이하여 동양으로 진출하는 서양 세력이 생겨나고 오리엔탈리즘(Orientalism)이 등장하면서 동양에 대한 관심이 고조되었고 다양한 서구 문물이 동양에 소개가 되었다. 이에 따라 서양의 '지식'이 자연스레 동양으로 유입되었으며, 이 때 정착된 '지식'과 새롭게 생성된 '지식'에 관한 연구는 당시 시대 상황과 맞물릴 수밖에 없는 것이다. 따라서 대항해시대인 15세기부터 17세기 중엽부터 연구 대상

시기로 잡는 것이 타당할 것이다. 이 시기의 동아시아 국가들은 서세동점(西勢東漸)의 여파에 따른 중화사상 해체의 움직임 속에 놓이게 되고, 더불어 서구 문물의 유입으로 인해 직접적으로 크고 작은 영향을 받게 되었다. 그런 가운데 일본은 능동적이고 적극적으로 서구 문물을 받아들여 아시아의 다른 국가들보다 한발 앞서 근대화에 앞장섰다. 이러한 사실들은 서구 '지식'의 유입과 정착, 변용, 확산 과정을 통해 이루어진 것이며, 동아시아를 중심으로 발생한 이와 같은 시대적인 흐름에 따라 새로운 '지식' 또한 생산되었던 것이다.

그러므로 동아시아의 '지식'을 고찰할 때 그것이 언제 생산되었는지, 그리고 어떤 시점에서 전달이 되고 확산되었는지도 함께 살펴보아야 한다. 지식 생산 연구를 함에 있어 공간적 범위뿐만 아니라 시간적 범위도 함께 논해야 하는 이유는 연구 대상 시기의 시대적인 요인이 중요하게 작용하기 때문이다.

15세기부터 20세기까지의 시대를 중심으로 연구 대상 시기를 설정하지만 그 이전의 시기와 이후의 시기를 완전히 배제하는 것은 아니다. 지식이 인류의 지적 생산의 산물인 만큼 어느 특정 시기만을 연구 대상으로 삼을 수는 없기 때문이다. 다만 한·중·일 동아시아 삼국에 있어 지식이 형성되어 전달되고 또 변용되는 과정이 가장 활발하게 이루어지는 시기가 15~20세기라는 점을 고려했을 때 이 시기를 중심으로 연구를 진행하는 편이 많은 성과를 기대할 수 있다. 비단 동아시아 삼국뿐만 아니라 서구 유럽의 지식이 유입되어 정착하는 과정 또한 살펴볼 수 있어 이 시기는 지식 연구를 하는 데 있어 가장 핵심적인 부분을 차지한다고 해도 과언이 아니다.

또한 15~20세기라는 전근대기의 지식을 다루게 되면 결과적으로 현대사회의 지식으로 연구의 폭이 넓어진다고 하는 점도 간과해서는 안 된다. 예를 들어 1633년에 일본에서 간행된 서적을 살펴보면 불교 서적, 의학서적, 역사서, 문학작품 등의 순으로 정리할 수 있다. 이를 통해 당시 주목받았던 지식이란 종교적인 지식, 건강 관련 지식, 역사적 지식이라는 것을 알 수 있으며, 이는 현대 사회의 관심 분야와 크게 다르지 않기 때문에 시간을 초월한 인간의 근본적인 관심분야라는 것으로 귀결된다.[37] 즉, 인류의 보편적인 관심영역과 그에 걸맞은 지식이 분명 존재한다는 사실을 전제로 그것이 각 시대별로 어떤 양상을 띠고 나타나는지를 비교·검토할 수 있다.

이상과 같이 지식 생산 연구의 범위는 크게 공간적 범위와 시간적 범위로 나누어 생각할 수 있다. 한 가지 '지식'이 한·중·일 동아시아 삼국이라는 공간과 15~20세기라고 하는 시간의 범위 속에서 어떻게 생산되는지를 연구하는 것이다. '19세기 일본의 출판문화'와 같이 공간과 시간의 범위, 그리고 연구 대상이 주어지면, 지식 생산 연구를 위한 틀이 마련되는 것이고, 이를 바탕으로 지식 생산의 기반과 그 과정을 이해할 수 있게 된다. 본고에서 제시한 공간과 시간의 범위를 중심으로 많은 지식 생산의 기반을 살펴보고, 나아가서는 이 범위 바깥의 지식 생산도 함께 고찰하며 연구 영역을 확대시킬 수 있을 것이다.

---

37) 鈴木健一, 「總論 形成される教養: 十七世紀日本の〈知〉」, 『形成される教養: 十七世紀日本の〈知〉』, 勉誠出版, 2015, 11~12쪽 참조. 鈴木健一는 岡雅彦 他編, 『江戸時代初期出版年表』, 勉誠出版, 2011을 참고하여 1633년에 간행된 서적을 분류하였다.

5. 결론

인간의 사유 방식이나 인식 체계를 논하는 것을 지식 탐구의 기본 정의라고 한다면, 사유와 인식의 형성 과정을 도출하는 일은 지식 생산을 강구하는 일 그 자체라고 할 수 있다. 존 로크(John Locke, 1632 ~1704)는 '진리란 무엇인가는 여러 시대 전부터의 탐구였다'며 '진리는 모든 인류가 탐구하거나, 탐구한다고 말하는 그 어느 것이므로, 진리가 어디에 존재하는가를 조심스럽게 검토하고, 나아가서는 마음이 진리를 허위로부터 어떻게 하여 구별하는가를 관찰할수록 진리의 본성을 아는 것은 보람이 있다고 말하지 않을 수 없다'고 하였다.[38] 즉, '지식'(여기에서 존 로크는 '진리'라고 표현)이 어디에 존재하고 참된 지식을 어떻게 구별해 내는가를 관찰하는 일이 바로 지식의 본질을 이해하는 것이라는 뜻이다. 지식 생산을 탐구하는 일은 곧 지식의 본질, 나아가서 지식의 개념을 파악하는 일과 무관하지 않음을 말해 준다.

앞에서 필자는 지식 생산 연구의 첫 단계는 지식과 지식 생산의 개념을 분석하는 일이라고 하였다. 그런데 한편으로 지식 생산의 배경과 과정, 그리고 생산된 지식의 형태를 고찰함으로서 지식의 개념 이해에 한걸음 더 다가갈 수 있다고도 할 수 있다. '지(知)'와 '식(識)'이 결합된 '지식(知識)'의 개념을 명확히 하고자 다양한 관점에서 접근하고 있는 현재의 연구 상황에서 지식의 생산으로 범위를 좁혀 그 개념을 정립하기 위해 시도해 나가는 일은 매우 가치 있는 일일 것이다. 나아

---

38) 존 로크, 추영현 옮김, 『인간지성론』, 동서문화사, 2017, 711쪽. 여기에서 말하는 진리(truth)
   는 참된 지식을 가리킨다.

가 '지식'이라는 단어가 생성된 이래 서양에서 말하는 'Knowledge'의 개념을 포괄하는 '지식'이 형성되었는지, 또는 그 개념과 어떻게 다른지를 구명해 나가는 연구 방법 또한 요구되고 있는 실정이다. 지식과 지식 생산의 연구는 어느 한 쪽이 우선되는 것이 아니라 상호 밀접한 영향 관계를 지니고 있는 것이다.

지금까지 살펴본 바와 같이 지식 생산을 연구함에 있어 그 연구 대상과 연구 범위의 설정은 매우 중요한 의미를 지닌다. 본고에서 제시한 지식 생산의 연구 방법과 대상, 그리고 범위를 기준으로 지식 생산의 기반을 규명하고 그 메커니즘을 이해할 수 있을 것이다. 같은 맥락으로 지식의 개념 연구에 있어서도 이러한 범위 설정은 중요한 의미를 지닌다고 볼 수 있다. '지식'의 개념은 시공간적 범위를 초월하기 때문에 지식 생산의 연구를 위해서는 그 대상과 범위를 설정해주지 않으면 연구 자체가 매우 곤란해질 수가 있다. 문헌, 인물, 사상이라고 하는 인문학 연구의 기본 틀을 바탕으로 지식 생산 연구를 행함으로서 우리가 도출하고자 하는 지식의 개념과 속성을 정확히 파악할 수 있을 것이다.

참고문헌

『국립국어원 표준국어대사전』, 동아출판, v2.9.0(5).

『精選版 日本国語大辞典』, 小学館, 2006, Version 1.1.1 (R14).

귀 라루, 조성애 옮김, 『사실주의 문학의 이해』, 현대신서, 2000.

金美眞, 『柳亭種彦の合巻の世界: 過去を蘇らせる力「考証」』, 若草書房, 2017.

김성기 외, 『서양문학의 이해』, 한국외국어대학교출판부, 2004.

中村幸彦, 「読本の読者」, 『中村幸彦著述集』 第5巻, 中央公論社, 1982.

마키노 에이지, 「번역의 의의와 학문의 진보: 이문화 이해와 〈지〉의 월경」,
   『근대번역과 동아시아』, 박문사, 2015.

森和也, 『神道・儒教・仏教: 江戸思想史のなかの三教』, ちくま新書, 2018.

박규태, 「일본 근세의 종교와 국가권력: 도쿠가와 막부의 '사원법도'를 중
   심으로」, 『동양사학회 학술대회 발표논문집』, 동양사학회, 2002.

박선웅 외, 『문화사회학』, 살림출판사, 2012.

鈴木健一, 「総論 形成される教養: 十七世紀日本の〈知〉」, 『形成される教養:
   十七世紀日本の〈知〉』, 勉誠出版, 2015.

안삼환, 『새독일문학사』, 세창출판사, 2016.

앤드루 에드거・피터 세즈윅, 박명진 외 옮김, 『문화 이론 사전』, 한나래,
   2012.

大久保利謙, 『百学連環』, 『西周全集』 第四巻, 宗高書房, 1971.

李健相, 「마에노 료타쿠(前野良沢)와 오쓰키 겐타쿠(大槻玄沢)의 네덜란드
   어 인식과 학습: 写本『和蘭譯文略』와 刊本『蘭學階梯』를 중심으로」,
   『日本研究』 49, 중앙대학교 일본연구소, 2018.

이근희, 「번역과 한국 및 일본의 근대화(번역제반 양상의 비교)」, 『번역학

연구』 8(2), 한국번역학회, 2007.

이미경, 『한국 낭만주의 문학 연구』, 역락, 2009.

이상오, 『지식의 탄생』, 한국문화사, 2016.

존 로크, 추영현 옮김, 『인간지성론』, 동서문화사, 2017.

지명렬, 『독일 낭만주의 총설』, 서울대학교출판부, 2000.

최종렬, 『뒤르케임주의 문화사회학: 이론과 방법론』, 이학사, 2007.

카를 만하임, 임석진 옮김, 『이데올로기와 유토피아』, 김영사, 2012.

피터 버크, 이상원 옮김, 『지식은 어떻게 탄생하고 진화하는가』, 생각의날
　　개, 2015.

필립 스미스, 한국문화사회학회 옮김, 『문화 이론: 사회학적 접근』, 이학
　　사, 2008.

한상복 외, 『문화인류학』, 서울대학교출판문화원, 1985.

허재영, 「지식 생산과 전파·수용에 따른 지식 권력 연구 방법론」, 『한국민
　　족문화』 66, 부산대학교 한국민족문화연구소, 2018.

홍성준, 「바킨 요미혼에 나타난 교훈성과 서민 교화적 태도」, 『일본사상』
　　31, 한국일본사상사학회, 2016.

홍성준, 「일본근세기 신화주석의 의의와 그 주변」, 『일본학연구』 52, 단국
　　대학교 일본연구소, 2017.

홍성준, 「일본근세기 지식인 모임과 지식의 형성: 토원회(兎園会)와 『토원
　　소설(兎園小説)』을 중심으로」, 『일어일문학연구』 106(2), 한국일어
　　일문학회, 2018.

지식의 탄생과 지식 생산 기반

최석원

1. 들어가며

"위키피디아(Wikipedia)"[1]는 집단 지성의 능동적 참여라는 점에서 지식의 생산과 확산에 새로운 변화를 가져왔다. 이와 같이 21세기 정보통신 기술의 발전은 지식 생산과 유통의 변화를 이끌고

〈그림 1〉

---

1) 위키피디아(Wikipedia)는 위키(Wiki)와 엔사이클로피디아(encyclopedia, 백과사전)의 합성어로서 새로운 시대의 백과사전을 말한다. 위키는 방문자들이 쓰고 스스로 편집할 수 있는 웹사이트다. 이 위키를 기반으로 한 위키피디아는 누구든지 인터넷 사이트(www.wikipedia.com)에 접속해서 직접 지식과 정보를 올릴 수 있으며 기존에 등록된 지식과 정보를 수정·보완할 수 있게 되어 있다. [네이버 지식백과] 위키피디아 [Wikipedia] (출판기획물의 세계사, 2013. 2. 25., 커뮤니케이션북스)

있듯 문자와 종이, 인쇄술의 발명과 같은 인류 역사가 경험한 다양한 사회문화적 변화는 역사나 지식의 생산과 유통의 패러다임을 변화시켜놓았다. 일찍이 피터 버크(Peter Burke)가 설정한 지식의 연대기, 즉 지식의 개혁-혁명-분화-위기-기술화라는 역사적 도식은 이렇듯 당시 인류가 직면한 사회문화적 변화들과 그 궤를 함께 하고 있는 셈이다.[2] 이러한 피터 버크의 지식사에 대한 인식은 사회적 피제약성으로 지식을 규정하였던 이른바 '지식사회학'의 영향에서 비롯되었다고 하겠다.[3] 20세기 초 지식과 사회의 관련성에 주목하고자 했던 '지식사회학'은 지식이 지니는 사회적 종속성으로 말미암아 지식은 사회적 관습 및 생활 방식에서부터 비롯됨을 설파하고 있다. 기계제 대공업에서 탄생한 분업화가 지식 생산의 전문화와 분화라는 결과를 낳았다는 천정환의 설명은 바로 지식의 탄생이 사회적 변화와 연동되고 있음을 보여준다.[4]

본 장에서는 이렇듯 지식 생성을 추동하는 다양한 사회적 요인들을 고찰하는데 그 목적을 두고자 한다. 물론 '지식'을 어떻게 개념 지을 것인가는 그리 쉬운 문제가 아니다. 다만, 허재영의 논의를 빌리자면 지식이란 "인상과 기억을 뛰어넘어 대상을 인식하고 그러한 사유방식

2) 피터 버크는 50년을 단위로 서양의 역사에서 나타나는 지식의 역사적 전개 과정을 다음과 같이 정리하고 있다. 교육 개혁을 비롯한 다양한 사회적 개혁이 이루어지던 1750년부터 1800년까지를 지식의 개혁 시기, 타자의 발견으로 인해 새로운 지식원의 출현과 대안적 지식이 출현한 1800년부터 1850년까지를 지식의 혁명 시기, 학문의 분과화가 이루어진 1850년부터 1900년까지를 학문 분과의 시대, 세계를 바라보는 다양한 시선의 공존을 경험한 1900년부터 1950년까지를 지식의 위기, 전쟁 등으로 인해 지식이 철저히 기술과 결합하게 된 1940부터 1990년까지를 지식의 기술화 시기라고 명명하였다. 피터 버크, 박광식 옮김, 『지식의 사회사 2: 백과전서에서 위키백과까지』, 민음사, 2012, 405~435쪽.
3) 이을상, 「막스 셸러의 지식사회학: 그 철학적 토대와 전개」, 『지식의 형태와 사회 1』(막스 셸러, 정영도·이을상 옮김), 한길사, 2011, 7~8쪽.
4) 천정환, 『대중지성의 시대』, 푸른역사, 2008, 77~81쪽.

을 앎의 세계로 구축"하는 것이라고 할 수 있는데,5) 그렇다면 어떠한 인식 작용을 통해 지식으로 발전되어 나가느냐에 대한 문제도 해결되어야 할 것이다. 이에 여기에서는 기존의 논의들을 빌어 지식의 원천이라고 할 수 있는 네 가지의 인식 체계에 대해 고찰하고, 이를 바탕으로 이것이 어떠한 사회적 과정을 거쳐 지식으로 도출되는지에 대해 논의할 것이다. 사실 지금까지 이러한 지식의 원천과 그 생산과정에 대한 논의들은 대부분 서구의 역사적 경험과 철학 담론의 기초 위에서 이루어졌음을 부인하기 어려운 것이 사실이다. 본 장에서는 서양에서의 철학적 담론은 물론이고 동아시아 내에서 포착되는 다양한 현상들을 통해 지식 생산의 기반과 그 메커니즘에 대한 해답을 찾아가고자 한다.

2. 지식을 구성하는 네 가지의 원천
: 이성, 경험, 기억 그리고 상상력

'정보'와 '지식'의 차이를 명확하게 구분하는 것은 결코 쉽지 않은 일일 것이다. 『표준국어대사전』에서도 역시 '정보'를 '관찰이나 측정을 통하여 수집한 자료를 실제 문제에 도움이 될 수 있도록 정리한 지식 또는 그 자료'6)라고 정의하고 있어서 지식과 정보가 명확하게 구분되지 않는다. 피터 버크 역시 정보와 지식의 의미가 중첩될 수밖에 없음을 지적하면서도 프랑스 구조주의 인류학자 레비 스트로스

---

5) 허재영, 「지식 생산과 전파·수용에 따른 지식 권력 연구 방법론」, 『한국민족문화』 66, 2018, 183쪽.

6) https://ko.dict.naver.com/#/entry/koko/22c40d047c2e4f0e8b27eebba365b739

(Claude Levi Strauss)의 정보는 날 것인 상태, 지식은 익힌 상태라는 비유를 인용하며 날것인 정보는 '분석'을 통해 진정한 지식으로 변화된다고 설명한 바 있다.[7] 일찍이 막스 셸러(Max Scheler)는 이렇게 형성된 지식을 크게 세 가지 유형으로 구분하면서, 이를 종교, 형이상학, 실증과학으로 나누었다.[8]

〈표 1〉[9]

인지양식	동기	지식습득의 원천과 방법
종교	구원을 통한 자기유지	신과의 접촉을 통한 구원
형이상학	세계와 사물에 대한 의심	본질직관을 통한 지혜
실증과학	자연과 사회에 대한 통제욕구	실험, 연역, 귀납을 통해 만들어지는 수학적 상징의 세계상

종교적 단계에서 실증적 단계로 점차 발전한다는 논리를 핀 콩트(Auguste Comte)와 달리 이들이 독립적으로 존재한다고 설명한 셸러의 논의에 따르자면, 지식을 생성케 하는 요인으로는 신앙(믿음), 이성, 경험이라는 키워드로 집약된다. 이와 함께 플라톤(Plato) 역시 『국가(Politeia)』에서 인식의 수준을 구분하여 설명하고 있는데, 이는 지식의 원천을 규명하는 데 있어서 유의미하다. 플라톤은 일찍이 인식을 '감각적인 것'과 '이성적인 것'으로 구분하고, 이를 다시 '감각'은 '감각지(感覺知)'와 '경험지(經驗知)'로 '이성'은 '오성지(悟性知)'와 '이성지(理性

---

7) 피터 버크, 박광식 옮김(2012: 87).

8) 이을상은 셸러의 이러한 지식 유형론이 인류의 정신적 진보과정이 종교의 단계에서 형이상학 단계를 거쳐 실증적 단계로 이른다는 콩트의 3단계설을 받아들였으나, 다만 그 3가지의 유형들이 발전 단계를 거치는 것이 아니라 독립된 하나의 영역으로 존재한다고 설명하였음을 밝힌 바 있다. 막스 셸러, 정영도·이을상 옮김(2011: 17~18).

9) 막스 셸러, 정영도·이을상 옮김(2011: 18~19).

知)'로 구분한 바 있는데, 이는 곧 지식의 이분법인 선험적 지식(A Priori Knowledge)과 후험적 지식(A Posteriori Knowledge)의 구분과 그 맥을 함께 한다.

지식의 생성에 있어 '이성'을 강조한 것으로는 『테아에테토스 (Theaitetos)』에서 소크라테스의 목소리를 빌리고 있는 플라톤의 모습을 통해 살펴볼 수 있다.

> 소크라테스: 몸을 통해 영혼에 이르는 모든 경험들은 인간이나 동물이나 태어나자마자 자연적으로 지각하게 되어 있지만, 그런 경험들을 있음과 이로움의 측면에서 헤아린 결과는 그런 것이 누구에게 생기게 되더라도 오랜 시간에 걸쳐 많은 애를 쓰고 교육을 받아야 가까스로 생기게 되지 않겠나?
>
> 테아이테토스: 전적으로 그렇습니다.
>
> 소크라테스: 그러면 있음에 적중하지 못하는 자가 진리에 적중하는게 가능한가?
>
> 테아이테토스: 불가능합니다.
>
> (…중략…)
>
> 소크라테스: 그렇다면 앎은 경험들 속에 있지 않고, 그런 경험들과 관련된 추론 속에 있는 것일세. 추론 속에서는 있음과 진리를 파악하는 것이 가능한 일이나, 경험 속에는 그게 불가능한 것 같으니까.[10]

위의 대화에서 알 수 있듯 플라톤은 소크라테스의 입을 통해 앎이란 경험이나 지각을 통해 만들어지는 것이 아니라 이에 대한 판단과

---

10) 플라톤, 정준영 옮김, 『테아이테토스』, 이제이북스, 2013, 164~165쪽.

추론에 의해 생성되는 것임을 천명하고 있다.11) 즉 비록 그것이 경험에 의해 습득되었다 하더라도 인간이 지니고 있는 사고력, 다시 말해서 판단과 추론의 과정에 개입되는 '이성'의 능력을 통해 지식이 생성된다는 것이 플라톤을 시작으로 한 선험적 지식을 강조한 이들의 설명인 것이다.12) 물론 지식에 대한 직접적인 담론은 아니지만 인간이 지니고 있는 이성의 존재를 인정한 이가 바로 맹자(孟子)라고 할 수 있다.

귀와 눈과 같은 기관은 생각하지 못하여 사물에 가리워지니, 외물이 귀와 눈과 같은 기관에 접하면, 거기에 이끌리게 될 뿐이다. 마음과 같은 기관은 곧 생각을 할 수 있으니, 생각하면 곧 얻고, 생각하지 않으면 얻지 못하게 된다. 이는 하늘이 우리에게 부여한 것이니, 먼저 그 큰 것에서면, 그 작은 것은 빼앗지 못하니, 이것이 대인이 까닭이다.13)

사실 동양 문헌 가운데 지식과 관련한 담론을 발견하기가 그리 쉽지는 않지만, 위의 맹자의 논의는 플라톤이 언급한 인간이 선험적으로 지니고 있는 이성의 존재를 인정하고 있다는 점에서 그 동일함을

---

11) 한상기는 앎이란 지각에서 비롯된다는 테아이테토스의 설명에 대한 소크라테스의 반론을 크게 두 가지로 정리하고 있는데, 수학의 결론이나 논증이 감각에 의해 이해되는 것이 아님을 통해 지각은 지식의 전체를 이룰 수 없을 뿐만 아니라 감각 기관을 통해 경험되어지는 것들 역시 날카롭다거나 비슷하다거나 하는 등의 판단을 내리게 되는데 이는 단순한 지각에 의한 것이 아닌 반성이나 판단에 의해 이루어지는 것이라는 점을 들고 있다. 한상기, 「플라톤의 지식 개념」, 『향연』 3, 1996, 99~100쪽.

12) 지식 생성의 이성을 중시한 이들로는 데카르트와 칸트를 들 수 있는데, 이와 관련하여서는 이상오, 『지식의 탄생』, 한국문화사, 2016, 51~60쪽과 107~109쪽; 한상기, 「지식에 대한 분석」, 『향연』 2, 1986, 107~110쪽을 참고할 것.

13) 『孟子·告子上』: "曰耳目之官, 不思而蔽於物, 物交物, 則引之而已矣. 心之官, 則思, 思則得之, 不思, 則不得也, 此天之所與我者. 先立乎其大者, 則其小者不能奪也, 此爲大人而已矣."

엿볼 수 있다. 뿐만 아니라 일찍이 맹자가 언급한 사단(四端) 역시 '이성'의 존재를 강조한 사례라고 할 수 있을 것이다.[14]

그에 반해 존 로크(John Locke)는 지식의 근원을 경험에서 찾고자 하였다. 그는 감각이나 감각적 인식을 통한 획득 혹은 반성을 통해 지식이 생성된다고 설명하고 있다.

〈표 2〉

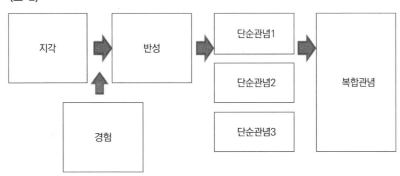

〈표 2〉는 로크의 지식 담론을 다소 거칠게 정리한 것인데, 경험을 통한 반성이 곧 단순 지식을 생성하게 하고, 이러한 단순한 지식들이 서로 관계를 맺음으로써 복합적인 지식을 형성하게 된다는 설명이다. 이는 인간은 학습할 수 없는 진리를 이성을 통해 습득하고 있다는 데카르트(Rene Descartes)를 포함한 합리론자들과는 그 궤를 달리하고 있는 셈이다. 이처럼 지식 생성의 경험적 토대를 강조한 이들의 논리를 살펴보면, 일찍이 인간의 본성에 대하여 맹자와 열띤 토론을 벌였

---

14) 문석윤은 『논어』에 사용된 '知'의 용례를 통하여 당시 '知'는 하늘에 대한 앎과 인간다움과 덕성에 대한 앎의 의미로 사용되었음을 밝혔다. 문석윤, 「『논어』에서 '知'의 의미」, 『동양철학연구』 18, 1998.

던 고자(告子)의 성무선무악(性無善無惡)설과 동일한 논리가 엿보인다.[15] 'Tabula rasa'가 바로 그것인데, 로크는 인간의 심성은 본래 백지상태이므로, 감각에 의한 경험으로부터 관념이 추상화되는 과정이라고 설명하고 있다.[16] 이와 관련하여 순자(荀子)의 인식론을 분석한 유희성의 다음 언급은 매우 흥미롭다.

（순자는） 마음이 가지고 있는 인식능력은 형식적인 인식기능 만을 갖으며, 맹자의 마음처럼 인식내용과 기능, 판단기준을 모두 겸비한 것이 아니다. 따라서 순자는 "인식할 수 있는 까닭이 인간에게 있는 것을 인식능력이라고 하고, 이 인식능력이 외재적인 객관사물과 인식작용을 통해 이루어진 것을 지식"이라고 하였다. 지식은 인식주체와 외재적인 인식대상이 접촉한 이후에 얻어진다. 맹자처럼 자신에게 선천적으로 주어진 내재적인 인식내용을 반성을 통해 얻는 것과는 다르며, 순자는 이러한 맹자의 내재적 인식(思)에 반대한다. 이러한 순자의 입장은 마치 서양의 경험론자가 합리론자들이 인식의 원천으로 간주하는 생득관념(innate idea)을 부정하는 것과 매우 유사하다. 순자는 인식은 반드시 인식주체와 인식 대상이 서로 접촉해야만 비로소 형성될 수 있다고 생각한다.[17]

유희성이 이미 언급한 바와 같이 순자는 인간이 지니고 있는 이성적 능력이 아닌 외물과의 직접적인 관계와 접촉을 통해서 지식이 생성된다고 설명하고 있으니, 이는 로크가 지식 생성의 과정을 '경험'이

---

15) 『孟子·告子上』에 관련 내용이 보인다.
16) 이인화·노상우, 「J. Locke의 경험적 지식론 탐구」, 『교육사상연구』 25(3), 2011, 146쪽.
17) 유희성, 「순자의 인식론: 모종삼의 견해를 중심으로」, 『동양철학연구』 58, 2009, 120~121쪽.

라 규정한 것과 크게 다르지 않다. 물론 형이상학적 가치를 중시한 전통 중국 사회에서 경험을 중시한 순자의 이러한 경향은 지식을 설명하는 주류로 작동하지는 못했으나, 명·청대 이후 본격화된 유서(類書) 및 박물지(博物志)와 같은 문헌들의 출간은 순자에게서부터 시작된 경험으로의 지식에 점차 눈을 돌리기 시작했음을 보여준다. 물론 송대 이후 출현한 신유학의 흥성은 여전히 박물학에 대한 멸시 혹은 도를 궁구하기 위한 목적에서의 박물지 편찬과 같은 모습들이 나타나곤 하였지만, 16세기 이후 신유학에 대한 회의와 출판 시장의 확대와 같은 새로운 시대적 흐름 속에서 사물에 대한 인식, 분류, 경험이 지식을 형성하는 또 하나의 영역임을 깨닫게 되었다고 할 수 있다.[18]

　그런데 기억과 상상력은 여러 가지의 표상들이 결합되거나 분리됨을 통해 허구의 세계를 구축한다는 점에서 앞서 언급한 지식의 생성 기제인 이성, 경험과는 다르다. 특히 '기억'은 변학수도 지적하고 있듯 단순한 보존과 저장과는 달리 허구와 결합한 창조적 활동이라고 규정할 수 있는바,[19] 이는 사건이나 사실의 기록 혹은 저장이라는 역사에 대한 인식의 수정을 요구한다. 일찍이 에드워드 카(E. H. Carr)가 "역사가의 기능은 현재를 이해하기 위한 열쇠로써 과거를 지배하고 이해하는 데에 있다."[20]고 한 언급에서도 알 수 있듯 역사의 기록은 망각을 대동한 '기억'의 작용인 셈이다.

---

18) 최수경은 16세기 이후 등장한 장서가들이 소장한 박물지들의 목록을 통해 박물지의 글쓰기가 국가, 황제, 천하의 조직을 위한 것이 아니라 개인의 삶에서 효용성에 그 목적을 두고 있음을 밝혔다. 최수경, 「세계를 수집하다: '物'에 대한 인식의 역사와 明代 출판물 속의 博物學」, 『중국어문논총』 73, 2016, 247~248쪽.

19) 변학수, 『문학적 기억의 탄생』, 열린책들, 2008, 21~22쪽.

20) 에드워드 카(E. H., Carr), 김택현 옮김, 『역사란 무엇인가』, 까치, 1999, 44쪽.

진수는 진 무제의 신하였고 진 무제는 위의 왕통을 계승했으니 위를 부정하는 것은 곧 진을 부정하는 셈이 된다. 그런 일이 당대에 행해질 수 있었겠는가? 마치 태조가 제위를 찬탈한 점이 위와 유사하고 북한과 남당의 자취가 촉과 유사하다고 여기는 것과 같다. 그러므로 북송의 유자들이 모두 언급을 피하면서 위를 부정하지 않았던 것이다. 북송 고종 이후 강남으로 밀려났으니 이것은 촉의 처지에 가까워진 셈이니 중원 지역 위의 영토가 모두 금으로 들어가 버렸다. 그러므로 남송의 여러 유자(儒者)들이 벌떼처럼 일어나 촉을 정통으로 여기게 되었다.[21]

위의 글은 『사고전서총목제요(四庫全書總目提要)』의 일부분으로, 중국 삼국(三國) 역사에 대한 정통론이 위(魏)에서 촉(蜀)으로 옮겨가게 된 이유를 설명하고 있다. 즉 이는 촉한(蜀漢) 정통론의 형성이 남송이 처한 시대적 상황과의 동일시에서 생성된 것이라는 점을 감안할 때,[22] 역사적 기록 역시 있는 그대로의 사실이 반영된 것이 아닌 기억과 망각의 과정이 개입될 수밖에 없음을 나타내는 것이다. 이 밖에도 『사기(史記)』와 『한서(漢書)』에서 묘사되고 있는 동일 인물 혹은 동일 사건에 대한 인식의 차이 역시 모두 기억의 과정에서 태동된 역사 지식 생성의 한 단면이라고 할 수 있을 것이다.[23]

---

21) "壽則身爲晉武之臣, 而晉武承魏之統, 僞魏是僞晉矣. 其能行於當代哉? 此猶宋太祖篡立近於魏, 而北漢南唐迹近於蜀, 故北宋諸儒皆有所避而不偽魏. 高宗以後, 偏安江左, 近於蜀, 而中原魏地 全入於金, 故南宋諸儒乃紛紛起而帝蜀." 永瑢等, 『四庫全書總目』, 中華書局, 2003, 403쪽.

22) 이와 관련하여서는 다음의 문헌들을 참고할 것.
    김보경·최석원, 「北宋 蘇軾의 삼국 역사관 고찰」, 『중어중문학』 62, 2015.
    최석원·김보경, 「남송 문인의 삼국 역사관 고찰: 촉한 정통론과 인물담론을 중심으로」, 『중국어문논총』 75, 2016.

23) 대표적인 예로 항우(項羽)에 대한 묘사를 들 수 있는데, 『사기』에서는 항우를 「본기(本紀)」 로 편성하였을 뿐만 아니라 이에 대한 자세한 묘사를 싣고 있는 반면, 『한서』에서는 「열전 (列傳)」에 수록함과 동시에 항우를 난폭한 인물로 묘사하고 있다. 이와 관련하여서는 양중

물론 허구성이라는 공통분모를 지니고 있으나 '기억'은 사실에 기초한 것이라면, '상상력'은 사실적 기반을 가지고 있지 않다는 점에서 차이를 보인다. 그럼에도 불구하고 상상력 역시 하나의 문화적 자장 속에서 발휘되는 것임을 부인하기 어려운데, 이는 각종 신화를 통해 확인할 수 있다.

그들은 이른바 신화라는 이 특별한 것이 원래 원시인들의 지식이 축적된 것이고, 그 속에 원시인들의 우주관, 종교사상, 도덕적 지표, 민족과 역사의 초창기 전설 뿐 아니라, 자연계에 대한 인식이 들어 있다는 것을 알지 못했던 것이다.24)

위의 글에서 마오뚠(矛盾)이 밝힌 바와 같이 신화는 자연에 대한 경험이 인간의 상상력과 결합하여 만들어 낸 것으로, 그 문화적 원형을 담고 있다고 할 수 있다. 정재서 역시 중국의 신화는 단순히 기발한 이야기들의 모음을 넘어서 동양 문화의 원형임을 재차 강조하기도 하였다.25) 물론 신화와 같은 상상력은 그 객관적 근거가 미약한 경우가 대부분이긴 하지만, 상상력으로 말미암아 위대한 과학적 진보를 경험하게 된 경우는 물론이고 보이지 않는 세계에 대한 경험과 이로부터 인간의 사고력 확장이라는 효과를 거둘 수 있다는 점에서 상상력은 지식을 형성하는 하나의 요소로 언급될 만하다. 이와 관련한

석의 『漢書』의 『史記』 變容 樣相을 通해 본 史官의 글쓰기」(서울대학교 박사논문, 2012)를 참고할 것.

24) 矛盾, 『神話研究』(홍윤희, 「『山海經』과 근대 중국의 同床異夢」, 『중국어문학논집』 32, 2005, 250쪽에서 재인용).

25) 정재서, 『정재서 교수의 이야기 동양 신화: 동양의 마음과 상상력 읽기, 중국편』, 황금부엉이, 2004, 14쪽.

이상오의 언급을 살펴보면 아래와 같다.

신화는 인간이 무엇인가를 '추상할 수 있는 능력'에서 비롯되었다고 할 수 있다. 따라서 신화 또는 신화적 사고는 인간이 살아남기 위해서 만들어낸 '추상적 창안'으로서 고등사고의 소산이라고 할 수 있다. 심지어 신화적 사고는 주관과 객관에 대한 구별 없이 주어진 대상 그 자체에 들어가 그것과 하나가 되어 즉자적으로 파악하는 사고를 말한다. 이러한 사고는 인식 주관과 인식 대상을 구별하여 객관화하는 논리적 사고와 함께 진리 인식의 기능으로서 상호 보완적인 관계를 맺는다. 이렇게 본다면, 서양의 사상은 뮈토스Mythos 즉 신화에서 출발하여 논리, 즉 로고스로 발전된다. 결국, 이러한 논리가 과학으로 집결되는 것이다. 이렇게 본다면, 신화는 진리와 (과학적) 지식의 원천이자 보고라고 할 수 있다.[26]

위의 언급에서 볼 수 있듯 상상력은 과학 지식으로 발전하기 위한 전단계로서 지식을 형성하는 원천이라고 할 수 있을 것이다. 로버트 루트번스타인과 미셸 루트번스타인의 설명을 빌리자면, 감각을 통한 인지는 우리의 '이해'를 기초로 이루어지는데 상상력은 곧 이해의 기반을 제공한다는 것이다.[27] 칸트가 정의한 바와 같이 상상력을 대상의 현전 없이도 직관을 통해 표상할 수 있는 능력을 지칭한다고 한다면, 중력의 발견이나 천동설에서 지동설로의 이동 등 다양한 과학적 지식의 탄생은 모두 보이지 않는 자연 현상들을 표상할 수 있었던

---

26) 이상오(2016: 50~51).

27) 로버트 루트번스타인·미셸 루트번스타인, 박종성 옮김, 『생각의 탄생』, 에코의서재, 2012, 46~47쪽.

상상력에 기인하고 있다고 해도 과언은 아닐 것이다.

3. 지식 생성의 메커니즘

앞에서 살펴본 이성, 경험, 기억, 상상력은 지식을 추동하는 주된 요인이다. 하지만 이러한 인지의 과정은 곧 결국 지식 생성으로 이어지는 것은 결코 아니다. 이와 관련하여 이상오는 지식 형성의 단계를 "주관적 지식-잠정적 지식-객관적 지식"의 순으로 나누어 설명하면서, 일반적으로 모든 지식은 보다 많은 사람들이 공감하고 인구에 회자할 수 있을 때 '객관성'을 획득한다고 한 바 있다.[28]

피터 버크의 설명 역시 크게 다르지 않은데, 그 중 지식 생산의 과정을 "verwissenschaftlichung"으로 규정하고 있다는 점은 주목해야 할 필요가 있을 것이다. 그는 이를 'systematization(체계화)'로 번역하면서 이는 절대적인 가치가 아닌 시간과 공간에 따른 상대성을 갖춘 개념으로 정의하고 있기 때문이다.[29] 일찍이 앨빈 토플러(Alvin Toffler)가 'obsolete(쓸모없는)'와 'knowledge(지식)'를 합성하여 만든 쓸모없는 지식이라는 의미의 'obsoledge'라는 단어가 보여주듯 오직 객관성만이

---

28) 이상오(2016: 33). 이상오는 한편으로는 "아무리 정교한 과학의 세계에서도 모든 것을 객관적으로 파악하는 데에는 본질적인 한계가 놓였다. 왜냐하면, 지식이 움직이는 한 객관성은 한도 끝도 없기 때문이다. 물론 지식이 절대적으로 움직이지 않는다고 한다면, 지식의 객관성은 의심의 여지가 없다. 그러나 오늘의 지식이 내일의 지식이 아니고 과학적 지식도 반증을 통하여 새로운 지식에게 자리를 내주는 현실에서 지식의 절대성과 고정성을 주장하는 것은 여전히 극복하기 어려운 미제로 남아 있다."고 한 바 있다(이상오, 2016: .34). 댄 오브라이언은 『지식론 입문』에서 지식의 필요조건으로 정당화, 옳음, 믿음이라 규정한 바 있다(댄 오브라이언, 한상기 옮김, 『지식론 입문』, 서광사, 2011, 33쪽).
29) 피터 버크, 이상원 옮김, 『지식은 어떻게 탄생하고 진화하는가』, 생각의날개, 2015, 87~88쪽.

지식으로 인정되는 유일한 기준은 아님을 반증한다고 할 수 있겠다. 이에 따라 본 절에서는 이렇듯 지식으로 확정될 수 있는 다양한 사회 문화적(외재적) 요인들에 대해 몇 가지로 나누어 살펴보고자 한다.

3.1. 중심과 주변, 자아와 타자의 경계 설정을 통한 지식의 생산

"지식은 여럿이되 평등하지는 않다"[30]라는 명제는 지식의 생성 과정에서 권력과 권위가 작동될 수밖에 없음을 보여준다. 즉 하나의 특정한 지식이 정통 혹은 유익하다거나 이단 혹은 무익하다고 판단되는 밑바탕에는 권력과 권위의 속성이 강력하게 작동되고 있다는 것이다. 이는 『예기(禮記)』의 다음 대목에서도 확인된다.

중국의 오랑캐들은 다섯 방향에 거하는 백성들로 모두 (각자의) 본성이 있어 바꿀 수 없다. 동쪽의 오랑캐는 '이'라고 하는데 머리를 풀어 헤치고 (표범 같은) 무늬 있는 가죽을 걸치며 익히지 않은 음식을 먹는 이들이다. 남쪽의 오랑캐는 '만'이라고 하는데 이마에 문신을 하고 (남녀가) 다리가 얽힌 채로 살며 익히지 않은 음식을 먹기도 한다. 서쪽의 오랑캐는 '융'이라 하는데 머리를 풀어 헤치고 가죽을 걸치고 있으며 곡물이 아닌 것을 먹고 산다. 북쪽 오랑캐는 '적'이라 하는데 깃털 옷을 입고 동굴에 거하며 곡물이 아닌 것을 먹고 산다.[31]

---

30) 피터 버크, 이상원 옮김(2015: 36).

31) "中國戎夷, 五方之民, 皆有性也, 不可推移. 東方曰夷, 被髮文皮, 有不火食者矣. 南方曰蠻, 雕題交趾, 有不火食者矣. 西方曰戎, 被髮衣皮, 有不粒食者矣. 北方曰狄, 衣羽毛穴居, 有不粒食者矣."(『禮記·王制』)

사실 중국과 이적의 구분은 왕의 통치에 속하느냐 그렇지 않느냐의 경계를 보여주는 것이었는데, 이는 점차 문명과 야만이라는 가치관이 투영된 경계 설정으로 변화되어 갔다. 일찍이 공자는 "이적에게 임금이 있는 것은 제하에 임금이 없는 것만 못하다(夷狄之有君不如諸夏之亡

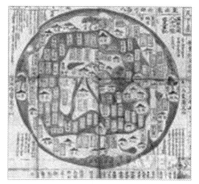

〈그림 2〉 天下圖

也)."[32]라고 한 바 있으며, 맹자 역시 "나는 夏로써 夷를 변화시킨다는 말은 들었어도 夷에 의해 변화되었다는 말은 듣지 못했다(吾聞用夏變夷者, 未聞變於夷者也)."[33]라고 하였으니, 이는 곧 중화와 이적의 구분이 생활양식, 정신문명, 예악제도, 도덕수준 등을 포함한 문명의 우월성에 기반하고 있음을 보여주고 있는 것이다.

이렇듯 중화와 비중화의 구분이 곧 문명과 야만을 구분하는 경계로 설정되고 있음은 이후 수많은 지리박물서에서도 여지없이 확인된다.[34]

---

32) 『논어(論語)·팔일(八佾)』.

33) 『맹자(孟子)·등문공(滕文公)上』.

34) 이와 관련하여 와카바야시 미키오는 『지도의 상상력』에서 지도가 지니는 공간의 반영이라는 주제 의식 속에서 지도가 현실을 모방하는 것이 아니라 현실이 지도를 모방하다고 설명하면서 지도는 그것이 만들어진 사회의 진실이나 사실을 그 사회에서 생산되는 다른 담론이나 정보의 상호 관계 속에서 만들어내는 것임을 주장한 바 있다(와카바야시 미키오, 정선태 옮김, 『지도의 상상력』, 산처럼, 2007). 또한 『인문 지리학의 시선』에서도 지도는 선택적 재현이라고 설명하면서, 한반도 지도 위에 몇 곳의 산과 강만을 그려 넣은 16세기의 東藍圖나 18세기의 朝鮮摠圖의 사례처럼, 옛 사람들은 자신들에게 의미 있는 장소와 공간들을 바라본 대로, 혹은 느낀 그대로, 때로는 상상한 대로 지도에 담아내었으며, 현대 지도 역시 선택과 배제의 과정은 지속되고 있지만 제작 기술의 진보와 기호화 등으로 인해 쉬이 인식할 수 없을 뿐이라고 하였다(전종한 외, 『인문 지리학의 시선』, 사회평론, 2018, 79쪽).

유리국 사람들은 손 하나에 발이 하나이다. 그들은 그 손발을 뒤집어 둥글게 감아 발바닥이 보이게 한다.35)

무계국 사람들은 굴속에 살면서 흙을 먹으며, 아들과 딸을 낳지 않는 다. 죽어서 땅에 묻어도 그 심장은 썩지 않고 있다가 1백 년이 지나 다시 사람으로 변한다.36)

위의 인용문은 진(晉) 장화(張華)의 『박물지(博物志)』 중 이민족과 관련된 기사들이다. 물론 유리국과 무계국이 지금의 어느 곳을 가리키는 것인지 정확히 알 수는 없으나, 비중화권에 위치한 민족들을 문명화가 이루어지지 않은 야만의 땅으로 인식하고 있음을 알 수 있다. 더욱이 명·청대 이후 변경에 대한 기록에서도 여전히 문명과 야만이라는 장력이 작동되고 있음이 확인된다. 사실 명대 이후는 주변국뿐만 아니라 유럽과 아프리카 등지에 대한 지리 정보가 어느 정도 축적된 상태였음에도 불구하고 변경에 대한 기록은 크게 다르지 않았다. 일찍이 최수경은 명대 문인인 왕사성(王士性, 1546~1598)이 중국의 서남 변경 지역을 다녀온 뒤 남긴 『광지역(廣地繹)』에서 서남 지역 사람들뿐만 아니라 그 곳에 존재하는 동물들까지도 음흉하고 음험한 것으로 묘사하고 있음을 통해 여전히 '중화=문명', '비중화=야만'이라는 등식이 성립되고 있었음을 확인한 바 있다.37) 이는 비단 왕사성만의

---

35) 『박물지(博物志)』 권2, "柔利國, 一手一足, 反拳曲." [晉] 張華, 임동석 역주, 『박물지』, 고즈윈, 2004, 107~108쪽.

36) 『박물지(博物志)』 권2, "無啓民, 居穴食土, 無男女. 死埋之, 其心不朽, 百年還化爲人." 위의 책, 108~109쪽.

37) 그 대표적인 예로 서남 지역에 존재하는 보아뱀에 대한 묘사를 들 수 있다. 해당 기록은 아래와 같다.

변경 인식에 머무는 것이 아니라 전통 시기 문인들 심지어 지금의 사회에서도(물론 그 정도의 차이는 존재하겠으나) 여전히 유효하다고 할 수 있다. 니콜라 디코스모(Nicola Di Cosmo)는 그의 저서 『오랑캐의 탄생』을 통하여 사마천에 의해 제기된 지배 서사(master narrative)를 통해 중국과 북방의 역사를 이분법적인 형태로 이해하는 오류를 낳고 있다고 지적하고 있다. 특히 춘추전국시대 이후 계속되어진 한족에 의한 성벽의 구축은 오랑캐의 침입을 방어하기 위한 수단에서 비롯되었다는 인식은 철저히 문명 대 야만이라는 이분법적 구도로 역사를 인식하고자 했던 의도에서 비롯된 것이며, 한족들은 도리어 북방을 정복하고 그곳을 통제하기 위한 수단으로 장성을 쌓은 것이라는 니콜라 디코스모의 논의는 주목할 필요가 있다.38) 이는 지식의 생성이 단지 날 것 상태의 정보가 객관성을 확보하는 과정일 뿐만 아니라 때로는 중심과 주변, 자아와 타자라는 권력 관계 속에 종속되고 왜곡되는 과정일 수도 있음을 보여주는 예라고 할 수 있을 것이다.39)

"이곳에 사는 보아 뱀은 본성이 음란하다. 토착민들이 풀을 묶어서 허수아비를 만들고 뱀으로 꾸미면 뱀은 이를 보고 끌어안고 희롱한다. 사람이 배를 갈라 쓸개를 꺼내도 뱀은 직접 보면서도 이를 모른다. (…중략…) 뱀을 바구니에 넣고 길에서 여자를 만나면 바구니 속에서 발을 구르며 거의 숨이 넘어간다[地產蚺蛇性善淫, 土人縛草為芻靈, 粉飾之, 蛇見則抱而戲, 人徑裂胸而取其膽, 蛇對面而不知也. (…中略…) 取蛇而籠之, 如路遇婦人, 籠內頓跌幾欲絕]." 최수경, 「명대 지식인들의 글쓰기에 나타난 蠻夷담론」, 『중어중문학』 62, 2015에서 재인용.

38) 니콜라 디코스모는 춘추전국시대 각 지역의 성벽과 진나라의 성벽의 구조를 고찰하고 나서 일반적으로 농경지에 거주하는 한족들을 방어하기 위한 수단이었다는 기존의 설명과는 달리 농경을 보호할 필요가 없는 지역에 성벽이 마련되어 있음을 통해 당시 성벽의 구축은 비농경 지역을 방어하고 교통로를 확립하고 군대가 이들 지역을 편리하게 순찰할 수 있도록 하며, 해당 지역의 유목민들을 추방하고 주민들을 이주시켜 이들 지역을 복속할 목적에서 비롯된 것임을 밝혀내었다. 뿐만 아니라 성벽 구축 이전 북방 민족은 세력의 정당성을 인정받고 있었으나 성벽의 구축 이후 문명과 야만이라는 대립 구도로 인식되는 지역이 되었음을 설명하고 있다. 니콜라 디코스모, 이재정 옮김, 『오랑캐의 탄생』, 황금가지, 2005, 175~218쪽.

39) 이상오 역시 다음과 같이 언급한 바 있다.

3.2. 사회적 이념에 따른 지식의 생산

일찍이 막스 셸러(Max Scheler)에 의해 처음 제기된 '지식사회학'은 지식이 사회적으로 제약되고 있다는 문제의식에서 비롯된 것이다. 그는 지식의 형태를 종교, 형이상학, 실증과학으로 나누고 이들이 각각 사회적 집단에서 기능함을 통해 그 이면에 숨겨져 있는 지식의 사회적 기능과 지식의 전달 형태, 사회적 기원 등에 대한 분석을 시도한 바 있다.[40] 그와 함께 지식사회학을 주창한 카를 만하임(Karl Mannheim) 역시 지식이 지니고 있는 이데올로기성을 부정할 수 없음에 동의하면서 지식이 지닌 상대성을 강조하기도 하였다.[41] 이렇듯 특정 이데올로기의 자장 속에서 지식이 생성되거나 변형 혹은 왜곡되는 경우는 종종 목격되는데, 본고에서는 그 대표적인 예로 '문학'이라는 개념 정의에 대한 문제를 통해 그 일면을 고찰해보고자 한다.

일반적으로 '문학'이라 함은 "사상이나 감정을 언어로 표현한 예술, 또는 그런 작품"[42]을 일컫는다. 물론 전통 시기 동아시아 문화권 내에서는 '문학'이라는 용어가 사용되고 있지 않았거니와 현재 '문학'이라는 범주로 학문적 분과를 완성해낸 개념과도 그 층위가 다르다고 하

"주목할 것은 계몽의 지식이 제국주의지식의 토대가 되었다는 사실이다. 이들은 당시 미개 문명을 계몽하고 계도한다는 차원에서 아프리카와 아시아대륙 등지를 정복했다. 이때 잡혀 온 노예들은 늘 계몽의 대상이었으며, 자신들의 선진화된 테크놀로지를 통하여 문명화의 미명하에 마구잡이로 자원을 착취하고 남용하곤 했다. 지금도 종전의 제국주의자들은 오히려 자신들이 미개한 문명을 계몽해 주었다는 논리를 펴는데 주저하지 않는다. 결국 제국주의시대의 지식의 탄생은 왜곡된 지식의 탄생이었다고 할 수 있다."(이상오, 2016: 502).

40) 막스 셸러, 정영도·이을상 옮김(2011: 7~20).

41) 이상오(2016: 571~573).

42) 네이버 제공 표준국어대사전
(https://ko.dict.naver.com/#/entry/koko/63dab09163944b149ec2bd703211e9bf).

겠다. 물론 명대 중엽 이후 등장한 심학(心學)은 문학에 대한 새로운 영역을 펼쳐내었다고 할 수 있지만, 전통시기 동아시아 문명 특히 중국 사회는 유가의 거대한 자장 속에서 지속되었던 바, "문이재도(文以載道)"적 인식이 그 근간을 이루고 있었다. 이는 한 대 시가 경전의 지위를 획득하게 되면서 형성된 문에 대한 인식에서 출발되었다고 할 수 있는데, 아래 인용한 서경호의 설명은 『시경(詩經)』을 통해 형성된 중국 전통시기 문에 대한 인식을 보여준다.

　　고대 사회에서 시는 무명 집단이 공유하던 현장의 목소리이자, 삶의 경험이었다. 그것은 사실 자체를 제시하는 수단이자 소통 기제였다. 그러나 유가적 이데올로기가 통치이념으로 자리 잡은 이후 시가 『시경』으로 정착되고 더 후대로 내려오면서는 경전학의 대상으로 변하자 시의 각 편에 대한 해석에 변화가 일어났다. 시는 더 이상 현장의 목소리가 아니라 시경학을 통해 '삶의 원리'로 치환되었으며, 각 편에 대한 해석은 정치적 행위의 규범적 지침으로 변해 버렸다. 특히 삶의 여러 단면을 반영하는 감성적 내용이 후대의 해석을 거치면서 건조하고 딱딱한 이념의 덩어리로 탈바꿈되었다. 시가 『시경』으로, 그리고 경전학의 대상이 되면서 해석은 획일화되었고, 그 결과 고대인의 삶과 감성에 대한 다양한 해석의 가능성이 사라졌다.[43)]

　　일찍이 『논어』에서 확인할 수 있듯 공자는 시를 단순히 개인의 정감과 생활상이 반영되어 있는 노래에서 그 의미를 확장하여 흥관군원(興

---

43) 서경호 외, 『중심과 주변의 삼중주』, 소명출판, 2015, 17쪽. 해당 인용문은 동일 문헌에 수록된 김월회의 「시와 시경 그리고 문과 정사의 관계」라는 글에 대한 총평에 해당함을 밝힌다.

觀群怨)이라는 사회적, 규범적 텍스트로 인식하고 있었음은 주지의 사실이다.44) 뿐만 아니라 『시경』의 전(傳) 가운데 하나인 『모시(毛詩)』의 서문에서 역시 "發乎情, 止乎禮義(마음에서 일어나지만 예의에서 멈춘다)"라고 하였으니, 이는 『시경』을 규범적 텍스트로 여긴 공자의 인식과 크게 다르지 않다. 『시경』을 대표하는 작품 가운데 하나인 「관저(關雎)」가 후비의 덕을 칭송한 것이라는 전통 시대 문인들의 해석은 바로 이러한 인식에서 비롯되었다고 하겠다.45) 이에 대해 김월회는 전통 문인들의 『시경』에 대한 획일화된 해석의 경향은 문학적 감흥이 자리하는 여백을 봉쇄하여 문학적 상상의 즐거움을 박탈하여 경전으로서 '삶의 원리'를 표상하는 기호의 담지체로 인식된 까닭이라고 설명하고 있다.46) 이렇듯 시(詩)가 『시경』으로 인식되는 과정은 곧 전통시기 동아시아 문화권에서 흔히 말하는 '문학'이 어떠한 역할을 담당하고 있었는지를 보여준다고 하겠다. 전통시기 동아시아 문화권에 존재했던 '시부취사(詩賦取士)'의 전통은 비단 작시(作詩)의 과정이 개인의 감수성을 언어로 표현하는 예술적 승화 작용이 아닌 문에 대한 재도적(載道的) 인식에서 출발한 것임을 감안한다면, 당시 문인들에게 있어 '문학'에 대한 인식이 서양에서 정의하는 'literature'의 개념과 등치하지 않음을 깨닫게 된다.47)

---

44) 『論語·陽貨』: "子曰, 小子何莫學夫詩? 詩可以興, 可以觀, 可以群, 可以怨, 邇之事父, 邇之事君, 多識於鳥獸草木之名."

45) 「관저」는 모시에서뿐만 아니라 송대 주희에 이르기까지 후비의 덕을 노래한 작품이라고 해석하고 있다. 즉 연애감정의 순진성, 남녀관계의 건전함 등을 표현함으로써 주 왕조의 정치가 올바로 행해지고 있음을 드러내는 것이라 해석한 것이다.

46) 김월회, 『중심과 주변의 삼중주』, 소명출판, 2015, 78~83쪽. 이와 관련하여 김근 역시 전통시기 '문'은 담론의 보편적 성격을 지녀야 하는 것으로 인식되었다고 설명한 바 있다. 김근, 『漢詩의 비밀: 시경과 초사 편』, 소나무, 52~56쪽.

47) 서구의 'literature'에 대한 개념에 대해서는 스즈키 사다미, 김채수 옮김의 『일본의 문학개

전통 시기 동아시아 문화권 내에서 인식하던 문학의 개념이 서양의 그것과 차이를 보이는 것은 앞서 살펴보았듯 지배 이데올로기로서 유가적 질서가 강력한 힘을 발휘하고 있었기 때문이다. 즉 통치 수단으로 활용된 유가적 사유를 통해 글쓰기 역시 개성의 발현을 지양하고 보편적이면서 규범적인 글쓰기로 인식하게 된 것이다. 이와 관련하여 김근의 아래의 설명은 시사하는 바가 크다.

중국은 애당초 광활한 자연환경에 자리 잡았기 때문에 안보를 확보하려면 작은 집단보다 거대 집단이 유리했다. 그래서 거대 집단을 확보하다 보니 권력을 중앙으로 집중시킬 수밖에 없었고, 그 결과 통계에 근거한 실사구시적인 통치가 사실상 불가능했다.

이런 환경에서는 처음부터 각 지역이나 개인의 특수한 사정을 감안하여 정치한다는 것을 기대하기가 어려웠다. 그래서 고안한 효과적인 방법이 관념적인 이치나 이론을 설정한 다음, 이를 전국에 예외 없이 일괄 적용하는 것이다.48)

위의 설명에 의거하면 거대한 대륙을 통치하기 위한 효율적 수단의 강구라는 현실 상황 속에서 개인의 자유를 허용하기보다 일괄된 통치 시스템이 무엇보다 필요하였고, 유가 사상은 이러한 현실적 상황에 부합하는 것이었다. 전통 시기 문인들의 '문'에 대한 인식 역시 이러한 환경 속에서 태동된 것이라고 할 수 있는바,49) '문'에 대한 동아시아

념: 동서의 문학개념과 비교고찰』(보고사, 2001) 중 '제2장 영어와 중국어의 문학'과 '제4장 역어 문학의 탄생'을 참고할 것.

48) 김근, 『漢詩의 비밀: 시경과 초사 편』, 소나무, 2008, 44~45쪽.

49) 참고로 근대로 접어들면 서양 문물의 유입으로 말미암아 문학에 대한 인식과 개념 규정이

문화권 내의 인식과 서양의 인식이 빚어내는 차이는 사회적 이념에 따른 지식 생성의 상이함을 보여주는 대표적인 사례라고 할 수 있다.

3.3. 경제적 가치재로서의 지식

"나는 생각한다. 그러므로 나는 존재한다(cogito ergo sum)."라고 한 데카르트의 선언은 서양의 근대와 중세를 구분하는 중요한 변곡점이 되기도 한다. 주지하듯이 근대는 중세의 신학적 기반에서 탈피하여 이성을 모든 사유의 중심에 위치시킨 바 있는데, 지식에 대한 인식 역시 이와 크게 다르지 않다. 물론 데카르트의 경우 주관적 감정이나 상상력 등은 지식이 될 수 없으며 철저히 객관적 이성주의에 입각해 지식을 규정하고 있는 반면, 로크는 지식이 경험과 감각에 기초한 것이라는 논의를 전개하는 등 다른 모습을 보이고 있기는 하지만 이후 칸트를 비롯하여 근대 이후 철학자들의 지식 이론은 인간의 이성을 중심에 두고 있다는 점에서는 크게 차이를 보이지 않는다.[50] 그런데 이렇듯 인간의 이성을 중시하는 근대 이후 지식 담론은 19세기 이후 새로운 모습을 나타내기 시작한다.

19세기 이후 지속되어 온 지식개념의 변화는 이성주의 지식론을 기초

전통 시기의 그것과는 다른 양상을 보이는데, 이와 관련하여서 류준필은 경사대학당의 건립 과정에서 등장하는 학과 제도의 변천을 통해 근대 문학에 대한 인식의 변화 과정을 논의한 바 있다. 이와 관련하여서는 류준필의 『동아시아 자국학과 자국문학사 인식』(소명출판, 2013) 중 "제1부 제2장 경사대학당의 학과제도와 '中國(文)學'"을 참고할 것.

50) 이와 관련하여서는 신국원의 「근대 이후의 지식개념의 변천 요약」(『어린이 문학 교육』 창간호, 2000) 중 'Ⅲ. 근대적 지식이론: 객관적 합리론, 경험론, 주관적 관념론적 토대주의' 부분을 참고할 것.

에서부터 흔들어 놓았으며 그 결과 지식의 다원주의가 역사상 그 어느 때 보다도 강력한 영향력을 행사하고 있다. 비교적 근대의 이성주의적 지식이론을 지금까지 고수하는 영미철학에서 조차 오늘날엔 지식을 정당화된 참된 지식으로 규정하는데 이론이 제기되고 있다.[51]

위의 신국원의 설명대로 19세기 이후 지식 담론은 지식을 일원적인 것이 아닌 다원적인 속성을 인정하는 추세를 띠고 있다. 즉 "안다"는 것은 의심할 수 없는 확실성을 뜻하는 것이 아니라 의심하고 있지 않음을 뜻하는 말로 이해할 수 있다는 것이다.[52]

지식의 개념 변화는 지식이 하나의 상품으로 인식하기 시작한 역사적 배경과도 일정한 관련을 맺고 있다. 인쇄술의 발전이 지식의 생산은 물론이고 지식의 확산과 공유에 있어 상당한 역할을 담당해왔음은 주지의 사실이다. 그런데 흥미로운 것은 이러한 인쇄술과 출판업의 비약적인 성장은 이전까지 관념적인 것으로 여겨지던 '지식'이 경제적 가치를 지닌 하나의 상품으로 인식되는 계기를 마련하였다는 점이다. 피터 버크는 『지식의 사회사』에서 17세기 이후 인쇄업자들의 경쟁 속에서 동일한 문헌의 다양한 판본들이 등장하게 된 예들을 인용하면서 새 판본이 이전 판본에 비해 목차나 색인 및 내용에 있어서 보다 더 정교함을 갖추었음을 표방한 것은 결국 지식의 하나의 상품으로 인식된 결과로 말미암은 것이라 설명하고 있다.[53] 물론 인쇄술과 출판업의 비약적인 성장이 보여주는 지식의 상품화는 동아시아 문화권 내에서도 종종 발견되는 현상이라고 할 수 있는데, 『오군지(吳

---

51) 신국원, 「근대 이후의 지식개념의 변천 요약」, 『어린이 문학 교육』 창간호, 2000, 18쪽.
52) 신국원(2000: 18).
53) 피터 버크, 박광식 옮김(2012: 246).

郡志)』에는 왕기(王琪)가 자신이 부임한 지역의 관사를 수리하는데 필요한 재정을 마련하기 위해 두보(杜甫)의 시집을 간행하였다는 일화가 기록되어 있다.54) 이는 인쇄와 출판 기술의 비약적인 성장으로 말미암아 남송대 이미 서적이 경제적 가치를 지니게 되었음을 보여주는 대표적인 사례라고 할 만 하다.55) 뿐만 아니라 남송 시대에 출현한 것으로 여겨지는 두보 시에 대한 주석서 중 소식(蘇軾)의 이름을 도용해 위조된 내용을 인용하여 만든 '위소주(僞蘇注)'의 출현은 남송 시기 이후 지식의 생산과 유통은 그것이 지닌 상품성, 경제적 가치와 분리될 수 없다는 사실을 보여주는 것이다.56) 또한 동아시아 문화권 내에서 꾸준한 독자를 확보하고 있는 『삼국연의(三國演義)』에 등장하는 다양한 인물과 사건들에 대한 이야기들이 진수가 편찬한 역사서 『삼국지(三國志)』에서 멀어지게 된 요인 중의 하나로 대중성을 꼽을 수 있으니 이 역시 삼국에 대한 이야기가 대중성에 기대어 하나의 상품화되어 가는 과정이었음을 보여준다고 하겠다.57) 더불어 명대 이후 중국 사회에서는 지식에 대한 저작권 문제가 제기된 바도 있는데, 명말

---

54) 仇兆鰲, 『杜詩詳注』, 2242쪽. "嘉祐中, 王琪以知制誥守郡, 大修設廳, 規模宏壯, 假省庫錢數千緡. 廳旣成, 漕司不肯除破, 時方貴杜集, (…中略…) 印萬本, 每本爲直千錢, 士人爭買之."

55) 송대에는 출판 산업의 비약적인 성장이 이루어졌다. 北宋에는 국자감의 주도로 경전뿐만 아니라 『사기』와 『한서』와 같은 사서(史書), 의학서 및 『문선(文選)』 등 다양한 영역의 서적들을 출판하기 시작하였으며, 남송에 이르면 종이의 공급이 원활해지면서 출판 산업이 한층 발전하였다. 이노우에 스스무, 이동철·장원철·이정희 옮김, 『중국 출판문화사』, 민음사, 2012, 137~141쪽.

56) 남송대에 출현한 것으로 여겨지는 위소주(僞蘇注)는 제작 시기, 제작자 등 구체적으로 밝혀진 바가 없다. 위소주는 두보 시를 설명하면서 다양한 문헌들의 내용들을 인용하고 있는데, 기존 연구 성과에 의하면 이들의 대부분은 위조된 것으로 판명되었다. 이러한 위소주(僞蘇注)의 출현은 남송 시기 이룩된 출판 산업의 발전과 그 궤를 같이 한다고 하겠다. 이와 관련하여서는 최석원의 「杜詩 해석 그 날조의 역사」(『중국문학』 82, 2015)를 참고할 것.

57) 이와 관련하여서는 이나미 리츠코, 김석희 옮김의 『삼국지 깊이 읽기』(작가정신, 2007)를 참고할 것.

청초의 문인인 전겸익(錢謙益)과 주학령(朱鶴齡)이 두시(杜詩) 주석에 대한 자신들의 '저작권'을 요구하며 벌어진 논쟁이 바로 대표적인 예라고 하겠다.[58] 이렇듯 인쇄와 출판 기술의 비약적인 발전은 곧 지식을 바라보는 또 다른 시선을 만들어낸 셈이라고 할 수 있다.[59]

일찍이 피터 버크가 인쇄는 지리적 장벽을 약화시킴으로써 지식을 원래의 사회적 환경에서 이탈시키는 작용을 한다고 언급한 바 있듯[60] 인쇄술의 발명은 지식의 확산과 공유에 있어 지대한 역할을 담당했음은 부인할 수 없는 사실이다.

4. 21세기 지식 생성과 그 유통 과정의 변화

앞서 살펴본 바와 같이 인류가 경험한 다양한 사회문화적 경험은 곧 지식의 생산과 유통의 변화를 추동하였다. 그렇다면, 지금 우리가 경험하고 있는 지식 담론의 변화는 무엇일까? 가장 대표적인 예가 서론에서 언급한 바 있는 위키피디아라고 하겠다. '빠르다'라는 뜻을 지닌 하와이어 위키와 백과사전을 뜻하는 'encyclopedia'를 조합한 것

---

58) 莫礪鋒, 『杜甫詩歌講演錄』, 廣西師範大學出版社, 2007, 108~111쪽. 1474년 베네치아에서 최초로 특허법이 통과되었고, 1486년에는 세계 최초로 서적의 저작권이 설정되기도 하였다. 피터 버크, 박광식 옮김, 『지식의 사회사: 구텐베르크에서 디드로까지』, 민음사, 2017, 234쪽.

59) 이 밖에도 지식의 상품화는 글쓰기의 양식 또한 변화시켰는데, 이와 관련하여 서경호는 명대에 이르러 시장의 상품으로 글을 써내던 이른바 '문학적 중간층'이 본격적으로 대두되었다고 지적하면서 이들은 '사대기서'와 같이 직접 새로운 이야기를 만들어내기보다는 이미 알려져 있는 유명한 이야기나 다른 사람들로부터 얻은 이야기를 재구성하는 이차 작가로서의 역할을 담당하고 있었음을 설명한 바 있다. 서경호, 『중국 문학의 발생과 그 변화의 궤적』, 문학과지성사, 2005, 597~620쪽.

60) 피터 버크, 박광식 옮김, 『지식, 그 탄생과 유통에 대한 모든 지식』, 현실문화연구, 2006, 137~138쪽.

에서 알 수 있듯 이는 전 세계 누구나 참여하여 쉽고 빠르게 접할 수 있는 개방형 웹 기반 백과사전이다. 물론 위키피티아는 기술적인 측면에서뿐만 아니라 콘텐츠의 구성에 있어서도 여전히 수정과 보완이 요구되는 많은 부분들이 존재함에도 불구하고[61] 전통 시대 지식의 생성과는 다른 21세기형 지식 생성의 모델을 보여주고 있다는 점에서 주목해야 할 필요가 있다고 하겠다. 위키피티아는 집단 지성들의 참여로 이루어지며 웹에 기반하고 있기 때문에 개방되어 있다는 가장 큰 장점을 지니고 있다. 특정 주제에 대한 글쓰기는 물론이고 기존 정보에 대한 수정, 보완, 편집 그리고 토론이 가능한 구조를 지니고 있다는 점에서 전통 시대 지식 형성의 과정과는 다른 모습을 보인다. 즉 위키피티아는 지식 생산에 참여하는 주체의 변화는 물론이고 지식의 확장성(링크와 태그를 활용한 지식과의 연계성 확보)을 확보할 수 있다는 점에서 지식 생산의 새로운 모델을 제시해 주고 있다고 할 만 하다.

"지식이란 무엇인가?" 또는 "무엇이 지식을 만들어내는가?"라고 하는 문제의식은 공간과 시간을 달리하며 다양한 담론을 이끌어내고 있다. 본 장에서는 그간 이루어진 다양한 연구 성과들을 바탕으로 지식의 구성 원천과 생산 메커니즘 그리고 새로운 지식 생산의 흐름에 대해 고찰하였다. 이를 위하여 지식 생성의 네 가지의 요인들에 대한 고찰은 물론이고, 자아와 타자라는 경계 설정 그리고 사회이념에 의한 지식 형성의 메커니즘, 경제적 가치재로서의 지식 등과 같은 현상들을 통해 절대성과 객관성만으로 지식을 설명할 수 없다는 사실을 새삼 확인할 수 있었다.

---

61) 이원희, 「經과 인터넷: 지식 형성의 구조와 과정」, 『통합교육과정연구』 8(1), 2014, 40~41쪽.

참고문헌

김근, 『漢詩의 비밀: 시경과 초사 편』, 소나무, 2008.

김상환·박영선 엮음, 『사물의 분류와 지식의 탄생: 동서 사유의 교차와 수렴』, 이학사, 2014.

니콜라 디코스모, 이재정 옮김, 『오랑캐의 탄생』, 황금가지, 2005.

댄 오브라이언, 한상기 옮김, 『지식론 입문』, 서광사, 2011.

로버트 루트번스타인·미셸 루트번스타인, 박종성 옮김, 『생각의 탄생』, 에코의서재, 2012.

류준필, 『동아시아 자국학과 자국문학사 인식』, 소명출판, 2013.

막스 셸러, 정영도·이을상 옮김, 『지식의 형태와 사회』 1, 한길사, 2011.

막스 셸러, 정영도·이을상 옮김, 『지식의 형태와 사회』 2, 한길사, 2011.

문흥호 외, 『중화 전통과 현대 중국: 전통의 지속과 사회주의적 변용』, 섬앤섬, 2012.

박치완·신응철·김기홍 외, 『지식의 역사와 그 지형도』, 한국외국어대학교 지식출판원, 2016.

변학수, 『문학적 기억의 탄생』, 열린책들, 2008.

서경호 외, 『중심과 주변의 삼중주』, 소명출판, 2015.

서경호 외, 『중국의 지식장과 글쓰기』, 소명출판, 2011.

서경호, 『중국 문학의 발생과 그 변화의 궤적』, 문학과지성사, 2005.

스즈키 사다미, 김채수 옮김, 『일본의 문학개념: 동서의 문학개념과 비교 고찰』, 보고사, 2001.

이나미 리츠코, 김석희 옮김, 『삼국지 깊이 읽기』, 작가정신, 2007.

이노우에 스스무, 이동철·장원철·이정희 옮김, 『중국 출판문화사』, 민음사, 2012.

이상오, 『지식의 탄생』, 한국문화사, 2016.

이화여자대학교 한국문화연구원, 『근대 계몽기 지식 개념의 수용과 그 변용』, 소명출판, 2008.

와카바야시 미키오, 정선태 옮김, 『지도의 상상력』, 산처럼, 2007.

에드워드 카(E. H. Carr), 김택현 옮김, 『역사란 무엇인가』, 까치, 1999.

전종한 외, 『인문 지리학의 시선』, 사회평론, 2018.

정재서, 『정재서 교수의 이야기 동양 신화: 동양의 마음과 상상력 읽기, 중국편』, 황금부엉이, 2004.

쩌우전환, 한지은 옮김, 『지리학의 창으로 보는 중국의 근대, 1815~1911년 중국으로 전파된 서양지리번역서』, 푸른역사, 2013.

천정환, 『대중지성의 시대』, 푸른역사, 2008.

피터 버크, 이상원 옮김, 『지식은 어떻게 탄생하고 진화하는가』, 생각의날개, 2015.

피터 버크, 박광식 옮김, 『지식, 그 탄생과 유통에 대한 모든 지식』, 현실문화연구, 2006.

피터 버크, 박광식 옮김, 『지식의 사회사: 구텐베르크에서 디드로까지』, 민음사, 2017.

플라톤, 정준영 옮김, 『테아이테토스』, 이제이북스, 2013.

황준지에, 『동아시아 유교경전 해석학』, 문사철, 2009.

永瑢等, 『四庫全書總目』, 中華書局, 2003.

莫礪鋒, 『杜甫詩歌講演錄』, 廣西師範大學出版社, 2007.

김보경·최석원, 「北宋 蘇軾의 삼국 역사관 고찰」, 『중어중문학』 62, 2015.

문석윤, 「『논어』에서 '知'의 의미」, 『동양철학연구』 18, 1998.

신국원, 「근대 이후의 지식개념의 변천 요약」, 『어린이 문학 교육』 창간호, 2000.

양중석, 「『漢書』의 『史記』 變容 樣相을 通해 본 史官의 글쓰기」, 서울대학교 박사논문, 2012.

이인화·노상우, 「J. Locke의 경험적 지식론 탐구」, 『교육사상연구』 25(3), 2011.

이원희, 「經과 인터넷 : 지식 형성의 구조와 과정」, 『통합교육과정연구』 8(1), 2014.

유희성, 「순자의 인식론: 모종삼의 견해를 중심으로」, 『동양철학연구』 58, 2009.

최석원, 「杜詩 해석 그 날조의 역사」, 『중국문학』 82, 2015.

최석원·김보경, 「남송 문인의 삼국 역사관 고찰: 촉한 정통론과 인물담론을 중심으로」, 『중국어문논총』 75, 2016.

최수경, 「명대 지식인들의 글쓰기에 나타난 蠻夷담론」, 『중어중문학』 62, 2015.

최수경, 「세계를 수집하다: '物'에 대한 인식의 역사와 明代 출판물 속의 博物學」, 『중국어문논총』 73, 2016.

한상기, 「지식에 대한 분석」, 『향연』 2, 1986.

한상기, 「플라톤의 지식 개념」, 『향연』 3, 1996.

허재영, 「지식 생산과 전파·수용에 따른 지식 권력 연구 방법론」, 『한국민족문화』 66, 2018.

홍윤희, 「『山海經』과 근대 중국의 同床異夢」, 『중국어문학논집』 32, 2005.

네이버 제공 표준국어대사전

(https://ko.dict.naver.com/#/entry/koko/22c40d047c2e4f0e8b27eebba365b739)

(https://ko.dict.naver.com/#/entry/koko/63dab09163944b149ec2bd703211e9bf)

제 2 부

동아시아 지식교류 탐구의 시작*

: 고대문헌 독법의 원칙과 방법

소영해(邵永海)[1]

중국 고대 철학, 문학, 역사, 문화와 언어 등 다양한 영역의 연구는 모두 고대 문헌의 활용을 필요로 한다. 고문헌에 대한 정확하고 충분한 이용이란 판본이나 판권 등에 대한 정확히 아는 것만을 말하는 것이 아니다. 원문에 대한 정확한 이해가 더욱 중요하다. 이 때문에 고대 한어, 고대 문학사 및 역사, 철학사 등 분야의 교육에서 원문을 정독하는 것은 일련의 방법 및 이론으로써 점차 중시되고 있다.

주지하듯 고대 문헌은 당대 문헌과 많이 다르다. 원문 정독의 목적과 정독 과정에서 직면하는 문제 또한 매우 다르다. 고대 원문의 정독은 우선 고대 한어에 대한 정확하고 상세한 해석을 통해, 고대인들의

---

* 이 논문은 2018년 6월 21일 단국대학교 일본연구소 HK+ 사업단에서 주최한 제4회 해외석학 초청 강연의 원고를 수정한 것임. [번역: 이슬기(협성대)]

어휘 선택 및 문장 구사의 함의를 파악해야 한다. 이러한 목적을 실현하기 위해서는 정독을 여러 단계로 나누어 각 단계에서 해결해야 할 문제에 대한 연구가 수행되어야 한다.

고문헌 정독은 다섯 단계로 나눌 수 있다. 첫째 단계는 문해(識字), 즉, 모든 한자에 대한 정확한 독음과 의미 및 용법의 이해이다. 둘째 단계는 문장의 구조와 특징에 대한 정확한 분석이다. 셋째 단계는 각 문장의 화용적 특색에 대해 정확히 이해이다. 넷째 단계는 장지(章旨)에 대한 이해와 간파이며, 다섯째 단계는 부분과 전체의 관계를 파악하는 것이다, 독해하는 음절 단락을 전체 문장을 흐르고 있는 중심 사상의 체계 위에 놓는 것으로, 구체적 문맥에 출현하는 특정 문장이나 단락의 의미만을 파악하고 이해함으로 생길 수 있는 오독을 피하는 것이다.

중국 고대의 학술 체계와 내용은 상당 부분 원서에 대한 연구를 통해 이루어졌다. 그 중 문자, 음운, 훈고학 등의 소학은 주로 첫째 단계의 문제를 해결하였다. 문장과 규칙에 대한 발견과 정리는 주로 둘째, 셋째 문제를 해결하였다. 셋째, 넷째 단계는 주로 소(疏)에서 보인다. 다섯째 단계는 주로 소, 평주, 필기 등 각종 자료에서 나타난다.

옛 선인들의 이러한 작업은 후대인들이 소중히 아끼고 계승해야 한다. 그러나 우리는 또한 체계성, 주석의 정밀도 및 현대인과의 어감 차이 등 선인들의 연구 성과가 지닌 시대적 한계에도 주의해서 고문헌을 대해야 한다. 곧 현대인들의 고문헌 독해에 대한 사회적 배경, 목적 및 인지 구조 등을 종합하여, 고대문헌 정독 시 주의해야 할 문제를 탐구하고, 고문헌 주석 시 주의 사항에 대해 심도 있게 분석해야 한다. 이는 모두 향후 상당한 연구 가치를 지닌 과제라 할 수 있다.

1. 독서는 문해에서 시작된다[讀書自識字始]

고대 한어는 문헌을 통해 전해지며, 고대 문헌은 한자를 매개체로 한다. 이런 이유로 고대인들은 특히 독서가 문해에서부터 시작됨을 강조하였다. 더욱 엄밀히 말하면 중국어의 어휘는 한자를 매개체로 한다. 한자는 일종의 형태소 문자로, 형음의 세 개의 부분으로 구성되어 있다. 그러므로 형음의 세 개 부분으로부터 한자를 파악해야만 비로소 고문헌 독해에 필요한 어휘의 제약을 해소할 수 있다. 중국 고대 어문 교육은 이 점에서 매우 깊이 있는 인식과 성공적인 경험을 가지고 있다.

고대에 시행되었던 어린이 교육은 문해와 글자 사용에서부터 시작하였다. 그들을 교육시키기 위해 교재를 편찬하고 교육모델을 설계함에 있어, 오랜 동안 중국어와 한자의 특징에 대해 깊이 있는 인식의 토대를 구축하였다.

첫째, 고대 문해 교본 '삼백천(삼자경, 백가성, 천자문)'은 모두 간결하고 쉽게 외워지는 단구의 운문을 활용하여 취학 연령 아동이 구체적 문맥에서 문자를 해득하고, 이를 통해 글자의 형음의 세 부분을 함께 학습하는 효과를 얻었다.

둘째, '대구 만들기' 습득이다. 『입옹대운(笠翁對韻)』, 『성율계몽(聲律啟蒙)』, 『훈몽병구(訓蒙駢句)』 등의 어린이 교재는 모두 대구를 훈련할 목표로 편찬되었다. 표면적으로 표준적인 근체시는 고대 교육 가운데 중요한 과목이었다. 취학 아동들은 근체시를 이해하거나 작문하기 위한 기초 훈련이 필요하다. 사실 대구 만들기는 학생들이 모든 글자의 의미와 독음, 특히 성조에 대한 정확한 훈련을 요구하므로, '문자소학'에 있어 기본적이면서도 효과적인 훈련이라 할 수 있다. 대구를 만드는 과정에서 자연스럽게 자음, 사성, 자의, 품사, 구조 등 언어 요소에 대한 기초 지식 토대를 쌓을 수 있다. 한편 대구는 문자 소학을 기본으로 하여, 학생들의 문자 활용, 문자 조합 및 적극적 사고에 대한 흥미를 고취시킨다. 개별 어휘의 단음절 어휘에서 시작하여, 2음절, 3음절, 5음절, 7음절에 이르기까지 낱개 글자에서 어휘 조합으로 확대하는 과정에서, 학생들은 점차 문장의 조합 및 운용의 기술을 습득하게 된다.

현재의 우리는 비록 선인들의 모델을 그대로 복제할 수는 없지만, 위와 같은 고대 어문 교육의 경험을 참고하여 그 안에 내포된 핵심적 이념을 귀감으로 삼을 수 있다. 즉, "독서는 문해에서 시작한다"는 것은 고대 문헌의 정독은 반드시 문해에서 시작하여, 독해 과정에서 접하는 모든 한자의 형, 음, 의의 관계를 심도있게 이해할 수 있어야 함을 말한다. 또한 모든 한자의 조합 특성과 화용 특성 등 특정 문맥에서의 사용 특성에 대해 명확히 이해할 수 있어야 한다. 이를 통해 우리는 선인들의 어휘 선택 및 문장 구사의 본의를 충분하고도 철저히 이해할 수 있다. 다음의 예시를 살펴보자.

子路從而後, 遇丈人, 以杖荷蓧。(『論語·微子』)

언뜻 매우 단순해 보이는 이 문장에 대해 양펑린(楊逢彬)은『논어신주신역(論語新注新譯)』에서 '자로가 (일행을) 좇아가다 뒤쳐졌는데, 지팡이에 삼태기를 짊어진 한 노인을 만났다.'라고 해석하였다.

그러나 자세히 들여다보면, 우리는 그 안에 많은 문제가 있음을 발견하게 된다. 첫째, "從"은 '뒤따르다'의 의미를 나타내는데, 왜 뒤따르는 대상은 출현하지 않는 것일까? 둘째, "後"는 '뒤쳐지다'의 의미를 나타내는데, 이는 방위를 나타내는 명사가 동사로 기능한 것일까? 셋째, "丈人"은 왜 꼭 노인일까? 넷째, 노인은 왜 지팡이를 짚지 않고, 그걸로 삼태기를 메었을까? 다섯째, 삼태기는 어떠한 제초기라서 지팡이로 짊어 멜 수 있으며, "荷"는 또한 어떠한 동작인가? 등이다.

『설문해자(說文)』에는 "從, 隨行也。從从、辵。"라 하였다. "從"의 의미는 뒤따르는 대상이 아닌 뒤따라 걷는 동작을 강조한다. 이러한 점에서, '微·徐·遲·趨·趫·趣·趒·巡·徒·迟·迤·徬·匍' 등의 동사들과 동일한 계열을 형성한다. 『설문해자(說文)』의 해석에 의하면, 미(微)는 은밀히 걷다(隱行), 서(徐)는 조용히 걷다(安行), 지(遲)는 천천히 걷다(徐行), 표(趨)는 가볍게 걷다(輕行), 경(趫)은 홀로 걷다(獨行), 여(趣)는 안전히 걷다(安行), 도(趒)는 조용히 걷다(雀行), 순(巡)은 시찰하다(視行), 도(徒)는 보행하다(步行), 지(迟)는 굽이 걷다(曲行), 이(迤)는 비뚤게 걷다(衺行), 방(徬)은 동행하다(附行), 포(匍)는 수행하다(手行) 등 서로 다른 걷는 방식을 가리킨다. 이처럼, 고대 한어에서는 글자를 다르게 써서 서로 다른 어휘로 나타내는 반면, 현대 한어에서는 보통 부사-동사 구조로 표현하는 차이가 있다.

또한 『설문해자(說文)』에서는 "後, 遲也。从彳幺夊。幺夊者, 後也。"라고 하였다. "후(後)"의 한자 구조에 대한 설문해자의 분석을 통해, "後"는 본래 동사로 '뒤쳐지다'의 의미를 나타냄을 알 수 있다. 『설문해자(說文)』에서는 또한 "丈, 十尺也。从又持十。"라고 하였다. 단옥재의 주석에 따르면, "『부부(夫部)』에 이르길, '주제(周制) 8촌(寸)을 척(尺)이라 하고, 10척을 장(丈)이라 한다.' 남자의 키가 8척이면 장부(丈夫)라 한다. 그러므로 팔을 1심(尋) 너비로 편 것이 주의 장이며, 10척이라고도 한다"고 하였으니, 이에 따라 장부는 키가 1장인 남성을 가리킨다. 남성 우월주의 사회에서, 성인 남성은 한 가정의 가장이자 주인이다.

예를 들어, 『피자(尸子)』상권에는 '자녀가 화목하고, 종이 순종하는 가정은 유복하여, 장인이 호의호식 하여도 해가 없으나, 자녀가 불화하고 종이 순종하지 않는 가정은 장인이 얇은 옷을 입는 것조차 무익하다.'라고 하였다. 가장이라 하면, 가장의 엄격한 모습을 연상하게 되는데, 『역·사(易·師)』에는 "사는 곧게 함이니, 장인이라야 길하다[師, 貞, 丈人, 吉。]" 하였고, 공영달(孔穎達)은 '장인은 엄격하고 존중받는 사람'이라 주해하였다. 이 문맥에서, 장인은 지팡이로 삼태기를 메므로, [삼국] 하안(何晏)은 『집해(集解)』에서 포함(包咸)을 인용하여 "장인은 노인을 말한다"고 하였다. 그 기본적 의미로 보면 첫째는 성인남성, 둘째는 가장을 강조하는 것이다.

『설문해자(說文)』에는 또한 "杖, 持也。"라 하였고, 단옥재는 이를 '모든 지탱 가능한 사물이나 사람이 지탱하는 것을 장(杖)이라 한다'고 주해하였다. 『예기·곡예상(禮記·曲禮上)』에는 '반드시 걸상과 지팡이를 들고 따라간다[必操幾杖以從之]'고 하였고, '장(杖)은 몸을 의지하는 것'이라 주해하였다. 『의예·상복(儀禮·喪服)』에도 '杖各齊其心。'라 하였으며, '장은 그러므로 병든 몸을 이끄는 것이다'라고 주해하였다. 장은 지팡이로, 노인이나 환자가 보행 시 보조하는 도구를 가리킨다. 그러나 원문에서 장인이 걸을 때 지팡이로 삼태기를 맨다는 것은 그가 아직 지팡이로 보행해야 할 나이가 아니라는 것을 말해준다. 그러므로 일부 학자들은 이 장을 논에서 농사일에 쓰는 지팡이로 해석하기도 한다.

『설문해자(說文)』 또한 "何, 儋也。"라 하였고, 단옥재는 이를 '하(何)는 보통 하(荷)라 한다.'고 주해하였으며, 주석에는 '하(荷)는 본래 하(何)라 한다'고 하였다. 갑문에는 '𠂤'라 하였는데, '짐을 지다'는 의미는 현대 중국어에서 메다라는 의미의 '挑着'와 유사하다. 네 번째, 다섯 번째 문제는 같이 논의할 수 있다. 삼태기(蓧)는 운전기(芸田器)로 해석되는데 『설문해자(說文)』에 따르면 유(莜)는 운전기로 일종의 제초용 농기구를 가리킨다. 여기에서 운(芸)은 운(耘)과 가차되며, 제초를 가리킨다.

"『설문해자(說文)』에서는 '유(莜)는 운전기를 가리킨다. 형태는 초(艸)를 따르고, 소리는 유(攸)를 따른다'. 『논어(論語)』에서는 '지팡이로 삼태기를 멘다'고 하였다'라 하였다[『說文』: '莜, 薅田器。從艸, 攸聲'。『論語』曰: '以杖荷莜'。]." 이에 대해 단옥재는 '예전에는 초전기(艸田器)라 하였으나, 현재는 『운회(韻會)』, 『논어(論語)』에서 운전기(芸田器)라 주해하였다. 모전(毛傳)에서 '운(芸)은 제초(除艸)를 가리킨다'고 하였으며, 공안국(孔安國)은 '제초를 운이라 한다'고 하여, 그 형태가 艸을 따른다고 하였다. 匸부의 '유(匬)'자, 金부의 '銚'자는 모두 농기구(田器)를 가리키며, 이들은 모두 고문(古文)이다. 예전에는 소리가 없는 '조(條)'라 하였으나, 이후 천인(淺人)이 조(條)에 소리 유(攸)를 더하였다. 徒弔절이므로, 반절음은 'tiao'이다. 『미자(微子)』편에는, 자로가 길에서 장인을 만났는데, 손에는 지팡이를 들고 어깨에 삼태기를 메고 논으로 가서 지팡이를 바닥에 놓고 삼태기로 제초를 한다. 지팡이를 세우는 것은 지팡이를 놓아둠을 말한다. 지팡이로 삼태기를 메고, 지팡이를 세워놓고 제초한다는 것은 즉 유(莜)가 제초기임을 의미한다. 그러므로 『집해(集解)』에서 '포함이 이르길, 유는 대나무 그릇(竹器)이다.'는 잘못된 해석이다고 하였다. 한편 중국의 저명한 농업사학자 왕위후(王毓瑚)는 저서 『중국 역대 농기구의 변천에 관한 약술』에서 다음과 같이 논하였다.

『논어(論語)』에는 공자가 수행을 떠났다가 '지팡이로 삼태기를 멘 장인을 만난' 고사가 실려 있는데, 그 노인이 그 지팡이를 꽂아 두고 제초를 한다는 문장이 있다. 그가 제초를 할 때 사용한 농기구가 바로 이 유(莜)이다. 과연, 이 유(삼태기)는 또한 어떤 모양일까?

혹자는 제초할 때 지팡이를 짚어야 하는 것은 논 농사에 필요한 것이므로, 이 유(莜)는 분명 논에서 제초할 때 사용되는 농기구일 것이라 하였다. 또 어떤 이는 근래 남창사람들이 논농사를 지을 때, 손잡이 모양의 옆에 밧줄이 있고 발 아래 두는 이른바 '족삽(脚澀)'이라는 농기구를 사용하여 손에는 지팡이를 짚고 발에는 이를 사용하여 진흙과 초를 밟는데, 이것이 그 증거라고 여긴다. 이러한 설명은 참고할 만하다. 그 당시 벼농사는 요즘과 많이 달라 이러한 점도 간과할 수는 없으므로, 이러한 문제는 향후 더욱 깊이 있는 연구가 이루어져야 할 것으로 보인다.

또 다른 문제는 단옥재의 주석에서 나타난다. 그는 초전기(草田器)를 운전기(芸田器)라 바꾸었는데, 이것이 바로 문제의 시발점이 되었다. 황진꾸이(黃金貴)는 『고대문화어휘고론(古代文化詞語考論)』에서 이것이 단옥재의 이해와 수정의 오류임을 고증하였다. 『옥편(玉篇)』에는 '초기(草器)명'이라 해석되었고, 『사기·공자세가(史記·孔子世家)』에는 배인(裴駰)이 포함을 인용하여 '유는 초기 명칭이다'라 집해하였다. 『한서·소망지전(漢書·蕭望之傳)』에는 "닭을 기르고 기장을 심는다[畜雞種黍]"라고 하였으며, 안사고(顔師古)는 '유는 초기이다'라고 주해하였다. 『논어(論語)』에서 포함은 이에 대하여 '대나무그릇 명칭'으로 대나무로 만든 용기라고 주해하였고, 황간(皇侃)은 '대나무 광주리 속[筹籠之屬]'이라 주해하였다. 『집운(集韻)』에서도 또한 '초전기'라 하였다. 고대의 사서나 초기 주석가들은 조(蓧)를 제초용 농기구로 해석하지 않았다. 제초 농기구가 바로 '운기(耘器)'로, 고대인들은 호미(鋤) 등을 지칭하였다. 『여씨춘추·변토(呂氏春秋·辯土)』 등의 문헌에 따르면, 중

원일대 밭에서는 제초하고 묘목을 고르는데 짧은 손잡이의 호미를 사용하는데, 이를 누(耨)라고 한다. 이러한 호미는 춘추시기부터 석기, 청동기를 거치며 철제 호미로 바뀌었다. 그러나 문헌 기록이나 출토 문물 어느 것에서도 대나무로 만든 호미는 발견되지 않았다. 그러므로 『설문(說文)』의 원문은 마땅히 "초전기이다[草田器也]"였을 것이다. 여기서 '기(器)'는 용기를 가리키며, '초전기'란 풀로 만든 논농사에 쓰는 용기로 농부가 논에 나갈 때 필요한 풀로 만든 광주리를 말하며, 제초와는 크게 관련이 없다. 다시 『설문(說文)』에 나열된 관련 문자를 살펴보자. 同部의 "궤(蕢)는 초기(草器)를 말한다". 즉 흙을 담은 풀로 만든 용기를 가리킨다. 두 문자의 문열이 같으며, 사물 역시 동일한 유형으로, 다만 궤는 주로 흙을 담는데 사용되고 조는 논농사에 사용된다. 서광계(徐光啓)는 『농정전서(農政全書)』 권24 『전기(田器)』에서 조(蓧)와 궤(蕢)를 함께 열거하였다. 『설문(說文)·방부(匚部)』에도 '궤(匱)'가 있는데, '전기'로 해석되었다. 방(匚)은 '물건을 담는 용기[受物之器]'이므로 궤 또한 일종의 용기를 지칭한다. 실제로, 많은 학자들은 '조'와 '잡(匝)'을 하나의 글자로 여겼다. 이로써, 『설문(說文)』의 '조'자는 '초전기'로 해석해야 하며, 이는 일종의 용기로써 호미 등의 농기구가 아님을 알 수 있다.

사실상, 황간의 『논어집해의소(論語集解義疏)』의 주해는 매우 정확한 것이라고 할 수 있으니 "조는 대나무 용기 명칭이다. 자로가 공자 일행에 뒤쳐진 후, 한 장인을 마주쳤는데, 그 장인은 지팡이로 대나무 광주리를 메고 있었다. 그리하여, 지팡이로 삼태기를 메었다"고 하였다.

이상의 논의에 따라, 원문의 해석은 반드시 '자로가 공자를 따라 수행하다가 일행에 뒤쳐지게 되었는데, 길에서 지팡이를 짚고 풀로 만든 광주리를 멘 한 노인을 만났다'가 되어야 할 것이다.

두 번째로 음운에 대한 중요성을 말할 수 있다. 하나의 독립된 고문헌의 정독에 있어, 음운학 배경지식은 매우 중요하다. 가장 기본적으로 가차의 중요성은 아무리 강조해도 지나치지 않다. 『삼국지·촉서·제갈량전(三國志·蜀書·諸葛亮傳)』에는 "저는 덕량과 능력을 살피지 못하고, 온 세상에 뜻을 펼치고자 하였으나[孤不度德量力, 欲信大義於天下]"라는 구절이 있으며, 그 중 "신(信, 믿다)"은 "신(伸, 펼치다)"의 확대의미로 통용된다. 일부 가차를 모르는 사람들은 이를 '모든 사람들이 큰 뜻을 믿게 하다[使天下人都相信大義]'로 해석하기도 한다. 특히 출토 문헌에 가차 현상이 매우 풍부한데, 『노자(老子)』제76장에는 "만물 초목이 살았을 때는 부드럽고, 그것이 죽으면 말라서 딱딱하다[萬物草木之生也柔脆, 其死也枯槁]"는 구절이 있는데, 그 중 "마른 고목[枯槁]"에 대하여 마왕퇴 한묘 백서(馬王堆漢墓帛書)『노자(老子)』甲본에서는 "楳槀(kūgǎo)"라 하였고, 『노자(老子)』乙본에서는 "楳槁"이라고 하였다. "枯"는 계모어부(溪母魚部)이며, "車"도 모어부에 있으므로, 이를 가차라 할 수 있다.

왕리(王力)는 특히 고문헌 정독에서 연면어의 분리 해석으로 인한 오독의 문제에 관심을 갖고 여러 차례 논의하였다. 만약 상고 한어 어휘 체계에서 연면어를 이해하지 못하면, 출토 문헌 독해 시 모든 한자를 알면서도 의미를 해석하지 못하는 어려움에 빠진다. 예를 들어, 『북대장서한죽서(4)·반음(北大藏西漢竹書(四)·反淫)』에서는 "高堂遂(邃)宇, 連徐(除)相注; 脩鐔曲校, 蘋壇總霝。"라 하였는데, 그 중 '수담(脩鐔)'과 '곡교(曲校)'는 모두 건축물에서 두드러진 장식물을 가리키며, '번단(蘋壇, fántán)'은 첩운 연면어로(蘋은 병모운부(並母元部), 壇은 정모운부(定母元部)), 이리저리 선회함을 가리킨다. 총(總, zǒng)은 '모이다', 뇌(靁, liù)는 '靁'와 가차로 처마를 가리킨다. 『문선(文選)』 좌사(左思)의 『위도부(魏都賦)』에서는 '위쪽 마룻대에 이중 처마가 있다(上累棟而重靁)'라고 하였다.

그럼, 어떻게 '번단(蟠壇, fántán)'이 연면어임을 알 수 있는가? 조사를 통해, 어음 구조적으로 '번단'과 유사한 연면어가 매우 많다는 사실을 알 수 있다. 다음 표에 약간의 예시를 열거하였다.

연면어	음운	의미	용례
盤岸[pán àn]	並[bing]元[yuan] +疑[yí]元	굴곡진 벼랑	
盤桓[pán huán]	並元+匣[xiá]元	선회하다; 굽이 돌다	도로를 묘사
盤旋[pán xuán]	並元+邪[xié]元	선회하다, 우회하다	작은 길을 묘사
盤蜿[pán wān]	並元+影[yǐng]元	선회하다, 굴곡지다	나뭇가지를 묘사
槃衍[pán yǎn]	並元+餘[yú]元	구불구불 이어진 모양	산봉우리를 묘사
盤盤[pán pán]	並元+並[bìng] 元	굴곡지게 둘러진 모양	산봉우리를 묘사
蟠壇[fán tán]	並元+定[dìng]元	구불구불 선회하다	

"壇"은 상언절(上演切)로, 독음은 shàn이며, 선모운부(禪母元部)자이다. 『주례·하관·대사마(周禮·夏官·大司馬)』에서는 "暴內陵外則壇之。"라 하였는데, 정현(鄭玄)은 '단(壇)은 선(墠, shàn)의 墠과 발음이 같다'고 주해하였다. 이렇듯, 연면어는 어음 구조에 있어 더욱 강한 일치성을 보인다.

2. 문장 구조와 특성에 관한 분석

언어마다 각기 다른 부호 체계를 가지고 있다. 동일한 유형의 언어라 할지라도, 역사적으로 서로 다른 단계마다 시대적 변천에 의해 체계적인 차이를 보이고 있으며, 구조적 규칙 또한 서로 다르다. 엄격히 말해, 즉 서로 다른 부호 체계를 갖게 된다. 고대 중국어와 현대 중국어 사이에는 계승과 발전의 관계가 있으므로 우리는 쉽게 현대 중국어의 문법 규칙으로 고대 중국어 언어 현상을 이해하려는 오류에 종종 빠진다.

왕념손(王念孫) 등과 같은 청대 학자들은 일찍이 文例의 중요성을 깨닫고, 자각적으로 문례를 사용하여 고서의 교정과 주석의 문제를 해결하고자 하였다. 가장 유명한 예시는 『경의술문(經義述聞)』 권5의 『시·종풍(詩·終風)』에 나타난 "종풍차포(終風且暴, 온종일 바람이 사납게 분다)"에 대한 왕인지(王引之)의 해석이다. 왕인지는 대량의 동일한 구문을 활용하여 '終風且暴'를 '기풍차포(旣風且暴, 바람도 불고 비도 내린다)'로 해석해야 함을 성공적으로 증명하여, 2000여 년 동안 지속된 '종일풍(終日風)', '서풍(西風)' 등 여러 잘못된 해석들을 모두 말끔히 해소시켰다. 양수달(楊樹達)은 『고등국문법·서례(高等國文法·序例)』에서 '치국 학자들은 반드시 훈고를 이해해야 하고, 문법에 능통해야 한다. 근래에 이 두 분야의 중요성이 부각되고 있다. 문법에 대한 이해가 없는 훈고학은 정확할 수 없으며, 훈고에 대한 이해가 없는 문법학 또한 완전할 수 없다.'고 지적하였다. 이처럼 고문의 정독에 문법규칙의 중요성 및 문법과 훈고 사이의 긴밀한 관계를 자각적으로 깨닫게 된 것이다. 『훈고학소사(訓詁學小史)』에서 양수달은 고서 정독 시 반드시 다음의 네 가지 방면의 능력을 갖추어야 한다고 하였다. 첫째, 음과 의가 상통하는 원인을 파악하고, 둘째, 고서의 심오한 의미를 탐구하고, 셋째, 문례를 심도있게 분석하고, 넷째는 그 어기를 분석해야 한다는 것이다.

이처럼 문법 규칙을 활용하여 고문헌 독해 시 겪는 어려움을 해결하는 것은 고문 독해에 있어 매우 중요하다. 양평빈(楊逢斌)은『논어신주신역(論語新注新譯)』에서 이러한 방면에 매우 가치 있는 노력을 기울여『논어(論語)』원문 해석에 큰 진전을 이루었다. 그러나 그 가운데 여전히 논의할 만한 문제들이 남아 있다.

伯牛有疾, 子問之, 自牖執其手。(『論語·雍也』)
양평빈의 주석: 백우가 병이 나자, 공자께서 병문안하여 창문 너머 그의 손을 잡고 말씀하셨다.

曾子有疾, 孟敬子問之。(『論語·泰伯』)
양평빈의 주석: 증자가 중병에 걸려, 맹경자가 그를 병문안하였다.

闕黨童子將命, 或問之曰: "益者與?"(『論語·憲問』)
양평빈의 주석: 궐당의 한 소년이 공자에게 전갈을 가지고 왔는데, 어떤 이가 공자에게 '이 아이가 좋은 아이입니까?'라고 물었다.

앞 두 예시에서 '之'는 '질병(疾)'을 지칭하나, 주석에서는 각각 '백우(伯牛)'와 '증자(曾子)'라 해석하였다.『좌전(左傳)』에는 여러 차례 '병문안하다[問疾]'의 표현이 출현하며, 소공이십년(昭公二十年)에도 "화해가 병이 있는 척 가장하여 여러 공자들을 유혹하고, 공자들이 문병하니 그들을 붙잡았다[華亥僞有疾, 以誘群公子, 公子問之, 則執之]"라고 하였는데, 양백준(楊伯峻)은 이에 대해 '병문안하다'고 주해하였다.『맹자(孟子)』에도 '병문안하다'의 표현이 출현하는데, 「공손추하(公孫丑下)」에도 "왕이 사람을 시켜 병문안하게 하여 의사가 왔다[王使人問疾, 醫來]"는 표현이 있다.

마지막 문장의 '之'는 질문의 내용인 '소년'을 지칭하는데, 이는 『논어(論語)』에 자주 출현하는 "공자가 공명가에게 공숙문의 아들에 관해 물었다[子問公叔孫子於公明賈]"와 유사한 표현이다 일반적으로 '之'자는 '공자(孔子)'를 지칭하나, 사실상 전체적 언어 맥락으로 볼 때 선행문에 '공자'라는 선행사가 출현하지 않았으므로, 이러한 해석은 실제 언어 현상과 맞지 않는 것이다.

상술한 결론은 『논어(論語)』 원문에 나타난 문법 규칙에 대한 인식을 토대로 이루어진 것이다. 우리는 문(問)자의 사용 규칙을 다음의 4가지 구문 유형으로 귀납할 수 있다.

甲. N問(曰)(N은 인명을 나타내는 명사성성분)
1、哀公問曰: "何爲則民服?"(『논어·위정(論語·爲政)』)

乙.N問N2(N2은 사물을 나타내는 명사성 성분, 하동)
2、或問禘之說。(『논어·팔일(論語·八佾)』)
3、季路問事鬼神。(『논어·선진(論語·先進)』)

丙.N問於N1(曰)(N1은 사람을 가리키는 명사성성분, 하동)
4、子禽問於子貢曰。(『논어·학이(論語·學而)』)

丁.N問N2於N1(曰)
5、孟孫問孝於我。(『논어·위정(論語·爲政)』)
6、叶公問孔子於子路。(『논어·술이(論語·述而)』)

상술한 규칙은 『좌전(左傳)』의 예시에 대한 검증에서도 상당히 부합함을 알 수 있다. 마찬가지로 『좌전』에서도 70여 개의 '병문안하다[問之]' 예시가 출현하는데, 지금까지 잘못된 해석이 많았으나 이러한 규칙에 따라 다시 더욱 정확한 해석으로 수정이 가능해진다. 예를 들어, 『좌전·성공9년(左傳·成公九年)』에는 "진나라 제후가 군대 부서를 시찰하다가 종의를 보고 '남방의 모자를 쓰고 묶여 있는 자가 누구인가?'라고 묻자, 유사가 '정나라 사람이 바친 초나라의 포로입니다'라고 답하였다[晉侯觀於軍府, 見鍾儀。 問之曰: '南冠而繫者, 誰也?' 有司對曰: '鄭人所獻楚囚也。]"는 표현이 있는데, 여기에서 '之'는 '종의(鍾儀)'를 지칭하나, 진나라 제후가 질문한 대상은 종의가 아니므로, 유사(有司)가 대답하였다고 할 수 있다.

물론 현재 고대 한어의 문법 규칙에 대한 우리의 인식은 여전히 정확하고 세밀하지는 못하다. 그러나 고문헌 해석에 있어 문법규칙의 중요성은 충분히 짐작할 수 있다.

3. 각 문장의 화용적 특성에 대한 정확한 분석

고문헌은 이미 발생한 발화 자료의 집합이다. 발화된 자료이므로 그 안에는 풍부한 화용적 현상이 담겨 있다. 예를 들어 각종 수사적 수단의 사용 또한 화용적 현상에 포함된다. 어떠한 병제(並提), 호문(互文), 완곡 등의 수사방식은 고대 한어에만 존재하거나 혹은 고대와 현대 한어 모두 존재하나 그 특성과 역할이 크게 다르므로 특히 주의하여 오독을 피해야 한다. 다음 예시들을 통해 살펴보겠다.

『맹자·이루상(孟子·離婁上)』에 "不仁者可與言哉? 安其危而利其菑, 樂其所以亡者。 不仁而可與言, 則何亡國敗家之有?"는 구절이 있는데, 그

의미는 '어질지 못한 자와 어찌 함께 말하겠는가? 그들은 위태로운 상황을 오히려 편안하게 여기고, 재앙이 닥쳐도 이익만을 생각하며, 스스로 망하게 하는 일을 즐거워한다. 어질지 못한 자와 함께 말하면, 국가가 패망하는 일이 어찌 발생할 수 있겠는가?'이다. 이 문단의 첫째 문장인 '不仁者可與言哉'에는 그의 개탄스럽고 비통한 감정이 담겨 있다. 이 구절은 전체 단락의 주제이며, 이 구절의 원형은 '與不仁者言, 可乎'인데 '어질지 못한 자(不仁者)'를 문두로 이동시켜 화제화하고 문미 어기조사를 '哉'로 바꾸어 그의 비통한 감정을 강조하였다.

어질지 못한 자에 대해 그는 "安其危而利其菑, 樂其所以亡者"라 묘사하였는데, 그 핵심의미는 그들은 어리석고 탐욕스러워 폭력과 주색 등 국가를 패망하게 하는 일들을 즐거워하고 추구한다는 것이다. 자세히 살펴보면 맹자의 이 구절은 특정한 지시를 나타낸다. 당시 위정자들은 멀리 내다볼 수 있는 정치적 안목이 부족하고, 역사적인 책임감과 사회적 도의감이 없었다. 그들은 물질을 탐닉하고 주색에 빠졌으며, 그들의 공적과 은덕을 칭송하는 아첨에 도취되거나, 권력과 이익을 탐하기 위한 잔인한 내분이 끊이지 않으므로 내정을 혼란에 빠뜨렸다. 또한, 끝없는 탐욕으로 더 넓은 토지와 인구를 통치하기 위해 무리하게 군사를 확장하고, 여러 제후국들과 전쟁하는 등 국가 전체를 위기에 빠뜨렸다. 맹자는 이 모든 것들은 정치의 진정한 의미가 아니라고 여겼다. 국가와 국민의 이익이 아닌 단지 사리사욕만을 추구하는 군주는 반드시 하늘의 재앙을 피할 수 없고, 스스로 구제할 수 없다고 여겼다. 그러나 맹자가 말하는 진정한 의미를 깨닫고 그의 사상을 이해하고 수용하는 군주는 아무도 없었다. 그리하여, 맹자는 그와 위정자 사이에 존재하는 장애물은 언어교류가 아닌 그들 사이에 존재하는 근본적인 가치관에 있으며, 서로 다른 세계에 사는 사람들은 함께 말할 수 없다[不可與言]고 여긴 것이다. 맹자는 어질지 못한 자들이 정권을 잡으면 인애와 연민의 마음이 없으므로 필경 국가를 패망에 이르게 할 것이라 단언하였다.

그 다음 구절의 '안(安)'은 일반적으로 말하는 의동용법(意動用法)으로 '안전하고 평안하다고 여기다'는 의미를 나타낸다. '安其危'란 '위기를 평안하다고 여기다'라는 뜻으로, 위기 상황 가운데 이를 깨닫지 못하고 태평하게 지내는 상황을 말한다. 마찬가지로 이(利)는 이익이라 여김을 나타내며, '利其災'는 재앙을 이익으로 여긴다는 뜻이다. 어떠한 일에 대하여 그 이익만 보고 배후에 숨겨진 큰 재앙을 보지 못하는 상황을 말한다. '락(樂)'은 '즐겁게 여기다'는 뜻으로, '樂其所以亡者'는 자신을 망치는 일에 대하여 문제의 심각성을 깨닫기는 커녕 오히려 그 일을 즐거워하고 깊이 빠져듦을 말한다. 만약 '安', '利', '樂' 세 어휘의 특수한 용법을 이해하지 못한다면 이 구절을 크게 오독하게 된다. 예를 들어, 양백준(楊伯峻)은 『맹자역주(孟子譯注)』에서 '安其危而利其菑'를 '다른 이의 위험을 보고 아무런 행동을 취하지 않으며, 다른 이의 재앙을 통해 이익을 취한다'라고 해석한 것과 같은 류이다. 이러한 해석은 성립하지 못한다. 왜냐하면 대명사 '기(其)'는 '어질지 못한 자'로 해석하는 것이 가장 자연스러우며, 이를 나와 상대되는 타인으로 해석하는 것은 '기'의 사용 규칙에 어긋나는 것이다. 이는 통사적인 제약이다. 또한, '安其危而利其菑'에서는 '이(而)'로 두 개의 VP를 연결함으로써 대구 형식을 구성하였다. 대구 형식은 고대 한어에서 가장 중요한 화용 수단 가운데 하나이다. 대구 형식이 도입된 이후, 어휘의 유연성이 더욱 확대되어 더욱 생동감 있고 다양한 표현 기능을 갖게 되었다. 그러므로 위의 구절 가운데 '安', '利'와 같은 품사 활용 현상은 대구 구문에서 더욱 두드러지게 나타난다.

4. 장지(章旨)의 이해 및 간파

옛 선인들은 주로 스승을 통해 고서를 독해하는 방법을 학습하였다. 한대에 이르러 『시경』 독해에 사람들의 요구가 증가하면서, 선인들이 전수한 고훈을 기록하기 시작하였고, 여기에 본인의 경문에 대한 이해를 첨가함으로 최초의 고서 전주가 생겨났다. 이처럼 최초의 주석은 한대 사람의 주석으로, 특히 언어 문자에 대한 해석을 중시하였다. 당대에 이르러 고서 원문 독해에 대한 어려움 뿐 아니라 한인 주석에 대한 독해도 어려움이 있었다. 기존 주석을 토대로 한 소통이 필요하게 되었는데 그것이 바로 소(疏)이다. 예를 들어, 당대 공영달(孔穎達)의 『오경정의(五經正義)』는 모두 소의 범주에 속한다. 『십삼경주소(十三經注疏)』에 따르면 소는 원문과 주석에 대한 소통일 뿐 아니라, 단락 전체 의미에 대한 해석이다. 이는 후대인들이 원문의 내용을 더욱 정확히 이해하는 데 많은 도움을 주었다.

사실상 우리는 선인들의 주석을 토대로 한 단락의 고문을 이해한 것으로 생각하지만 작가가 전달하고자 하는 진정한 의미는 제대로 파악하지 못한다. 『한비자·외저설좌하(韓非子·外儲說左下)』에는 "鄭縣人賣豚, 人問其價, 曰: 道遠 日暮, 安暇語汝?"라는 고사가 실려 있다. 이 고사의 의미는 정현(鄭縣)의 한 사람이 장터에서 새끼 돼지 한 마리를 파는데, 한 행인이 얼마인지를 묻자 다음과 같이 대답하였다. "갈 길이 멀고, 날도 이미 저물었는데, 대답할 시간이 어디 있수까![路途遙遠, 天色已晚, 哪有空閑時間 告訴你!]"

그 돼지 상인의 동문서답은 독자로 하여금 어리둥절하게 만든다. 이 때문에 청나라 때부터 일부 학자들은 이러한 고사가 다른 편명이 잘못 축약된 것이 아닌지 의심하기 시작하였고, 또 일부 학자들은 두 구절이 아무런 선후 연계가 없고 의미도 불안정하다고 여겼다. 사실상, 자세히 들여다보면, 선후 두 문장의 상호 연계가 없는 것은 그 내재적 연계로 인한 것이다. 돼지 상인이 말한 '길이 멀고 날이 어둡다'는 문장은 사실상 매우 심오한 철학적 이치를 담고 있다. 즉, "모(暮)"와 "여(汝)"는 압운으로, 단순한 두 구문에 이 두 글자가 시적 색채를 채워준다. 이러한 기술을 통해 그 상인의 발화 시 그 풍채가 침착하고 근엄했을 것으로 예상되지만, 그의 직업과 그가 발화하는 분위기가 매치되지 않으므로 결국 상인의 답문과 행인의 질문 내용이 완전히 어긋나는 결과가 생겨난 것이다. 돼지 상인의 표현은 곧 한비(韓非)가 비판한 '안일한 학문'과 '황당한 언어'의 표본이다.

한비자는 『충효(忠孝)』에서 "世之所爲烈士者, 離衆獨行, 取異於人, 爲恬淡之學而理恍惚之言. 臣以爲恬淡, 無用之教也; 恍惚, 無法之言也. 言出於無法, 教出於無用者, 天下謂之察. 臣以爲人生必事君養親, 事君養親不可以恬淡之人, 必以言論忠信法術; 言論忠信法術不可以恍惚. 恍惚之言, 恬淡之學, 天下之惑術也."라고 하였다. 전체 구절은 '세상에서 말하는 열사는 민중을 떠나 홀로 지내며, 남들과 다름을 추구하고, 욕심을 버리고 영리를 도모하지 않을 것을 주장하며, 모호하고 종잡을 수 없는 언론을 진술한다. 나는 마음을 정결하게 하고 욕심을 내지 않는 학문은 쓸모 없는 학문이며, 오묘하고 모호한 언론은 법을 경시한 언론이라 여긴다. 그러나 세상 사람들은 이러한 학문이 세상 이치를 통찰한 학문이라 떠든다. 세상에서 군주를 섬기고 부모를 봉양하는 자들은 욕심이 없어서는 안 되며, 군중을 다스리는 데는 법술을 충실히 따라야 한다. 법술은 황홀하고 모호한 언어를 사용해서는 안 된다. 황홀하고 모호한 말과 가벼운 학문은 혹세무민하는 학술일 뿐이다.'라는 의미를 나타낸다.

한비자의 논술을 읽은 후에 다시 그 돼지 상인 이야기를 보면, 그는 자신의 생계에 뜻이 있지 아니하고 사리사욕이 없는 사람이나 그의 언행에 독자들은 어리둥절하며 황당함을 느낀다. 이러한 측면에서, 돼지 상인의 이야기는 아주 정교하고 생동감 있게 '가벼운 학문', '황당한 언어'의 허망함을 표현해준다.

5. 전체와 부분 관계의 처리

어휘의 해석과 구조의 분석은 모두 고증 기술을 요한다. 고증은 고서를 읽는 기초로 한 편의 고문에 대하여 문자, 어휘, 문법, 성운, 수사 등 여러 방면에 대해 철저하게 소통하는 것은 모두가 고문에 대한 이해의 전제이지만, 이것 자체가 그 원문에 대한 완전한 이해를 의미하지 않는다. 만약 작가의 전체적인 사상적 이론 체계 및 그와 관련된 시대적 배경, 학술적 기원 등을 연계시켜 전면적으로 분석하지 않으면 여전히 해답을 찾을 수 없으며, 심지어 문장의 요지를 파악하지 못하여 작품을 완전히 이해했다고 할 수 없다. 반대로 의미와 내용에 대한 서로 다른 이해 또한 구체적인 문자, 어휘, 문장에 대한 해석을 제약하기도 한다. 의미와 내용에 대한 인식의 차이가 한 편의 고문의 문자, 어휘, 문장에 대해 서로 다양한 중의를 발생시키는 중요한 원인이 되는 것이다.

마찬가지로 고증의 차이 또한 문장의 의미와 내용에 대한 서로 다른 인식을 갖게 한다. 그러므로 고서 연구와 정독은 반드시 고증과 그 의미 내용의 파악이 함께 이루어져야 한다. 고증이 없는 의미 내용에 대한 설명은 사상누각에 지나지 않으며, 의미 내용에 대한 세밀한 분석이 없는 고증은 나무만 보고 숲은 보지 못하는 오류에 빠지게 된다.

그러므로 견고하고 튼튼한 고증을 토대로 원문이 표현하는 내용과 사상 감정을 마음껏 수용할 수 있어야 할 뿐 아니라, 시대적 인물과 배경을 이해함으로써, 원문에 대한 심도 있는 해석과 확장 분석을 통해 그 안에 내포된 사상·문화·역사·정치·사회·생활 등 다양한 분야의 배경을 이해하고, 모든 원전이 지닌 고유의 언어색채와 사상기질을 명확히 분별할 수 있게 된다. 이에 더하여 독자 자신의 생활 경험, 지식 배경 및 독해 목적 등에 따라 자신만의 이해가 생겨나는 것이다.

이것이 고대 문헌 정독 시 마땅히 추구해야 하는 궁극적인 목표이다.

6. 소결

고대 문헌을 정독할 때, 우리는 문자, 음운, 훈고, 문법, 수사에서부터 판본 교정, 문체 문학 등에 이르기까지 여러 가지 어려움에 직면하게 된다. 또한 모든 고문헌은 고대의 철학사상과 역사문화, 천문지리 및 고대인의 의식주 등 다양한 방면에 대한 고유의 내용을 담고 있으므로, 한 권의 문헌을 완전히 이해하기란 여간 어려운 일이 아니다. 그러므로 고대 문헌을 완전히 이해하기 위해서는 백과사전식의 모든 지식을 총망라했다고 할 정도로 각 분야의 제반 지식을 갖추어야 한다.

그러나 입문 단계에서는 문헌 정독에서부터 시작하여 구체적 문맥에서 매 어휘의 사용을 상세히 파악하고, 비교적 정교한 자전에 정의된 의미항목을 참고하여 그 의미의 개괄 및 각 문맥에서의 변이를 살핀 후, 통사규칙 및 화용적 특성을 결합하여야만 비로소 고대인들의 단어 및 문장 구사의 함의를 제대로 이해할 수 있다. 이 바탕 위에서 문헌의 사상 문화적 함의를 전면적이고 체계적으로 파악할 수 있게 된다.

이러한 정독 능력은 독자에게 고문헌에 대한 더욱 예리하고 섬세한 어감을 길러준다. 고대인들은 독서의 참 가치가 그 심오한 의미를 음미하는 데 있다고 여겼으므로, 고문헌의 정독은 곧 그 심오한 항해의 여정이라 할 수 있다.

근세적 지(知) 형성의 한 유형으로서 '오라이모노'*

이기원

1. 머리말

데나라이주쿠(手習塾)는 문자의 읽기, 쓰기, 산술의 학습을 기본으로 하는 학습소이다. 데나라이주쿠에서는 사회생활이나 직업상 필요한 지식, 도덕과 관련된 윤리 등 생활에 필요한 모든 것을 학습했다. 역사적으로 데나라이주쿠는 에도시대 이전부터 존재했지만 18세기부터 비약적으로 증가하면서 막부말기에 오면 최전성기를 구가한다.1) 데나라이주쿠에서 사용된 교재를 통칭하여 오라이모노(往来物)

---

* 이 원고는 2018년 6월 9일 단국대학교 일본연구소 HK+ 사업단에서 주최한 제1회 국내학술대회 원고를 수정·보완하여 수록한 것임.

1) 데나라이주쿠는 일반적으로 데라코야(寺子屋)라는 명칭과 혼용되어 왔다. 에도시대에 데라코야라는 명칭은 일반적이지 않았는데 筆道指南所, 筆道稽古所, 幼筆指南所, 筆学所, 手習所, 手習子屋, 寺屋 등 다양한 명칭이 사용되어 왔다. 이러한 이름들의 대부분은 습자를 가르치

라고 한다. 이시가와 켄의 데나라이주쿠의 경영자와 관련된 조사를 보면 데나라이주쿠의 선생의 빈도는 평민(40%)-무사(26%)-승려-의사-신관 순이었다(경영자 신분과 개업시기를 알 수 있는 10,474개 조사에서, 石川謙, 『寺子屋』).

오라이모노는 내용에 따라 교훈, 사회, 어휘, 소식, 지리, 역사, 산업, 산수, 대본, 여자용 등으로 분류할 수 있다. 근세기를 통해 가장 많이 간행된 오라이모노는 『村名尽』과 같은 지리관계 오라이모노로 전체의 약 20%를 차지한다. 이어 『商売往来』, 『農業往来』 등 산업형 오라이모노가 약 18%로 두 번째를 차지하고 있다. 세 번째를 차지하는 오라이모노는 교훈형 오라이모노이다. 대표적인 교훈형 오라이모노에는 남성을 대상으로 한 『実語教』, 『童子教』, 『孝子教』, 여성을 대상으로 한 『女実語教』, 『女大學』, 『女小學』, 『女孝經』 등이 있는데 전체의 약 17%를 차지하고 있다.[2] 교훈형 오라이모노는 도덕서이다. 교훈형 오라이모노가 전체 오라이모노의 약 17%를 차지한다는 것은 전근대 일본에서 사회 질서의 유지를 위한 개개인의 규율 지침서의 필요성이 작용했다는 것으로 생각해볼 수 있다.

한편 일반적으로 전근대 사회에서의 교육은 주로 남자들에 집중되어 왔다는 이미지가 있지만 여성들에 대한 교육은 늘 존재해 왔다. 그런데 위와 같이 여성들을 위한 『오라이모노』가 존재한다는 것은 데나라이주쿠에 다니는 여성들의 일정한 인구가 존재했다는 것을 말해준다. 에도시대에는 아버지가 아이를 양육하는 시대였다. 여성들이 대부분 육아에 관계하지만 '이에'의 계승자인 아동에 대한 자각적인

는 곳이라는 의미를 갖고 있다. 이 글에서는 데나라이주쿠라는 용어를 사용한다. 辻本雅史, 이기원 옮김, 『일본인들은 어떻게 공부했을까』, 지와사랑, 2009, 23쪽.

2) 辻本雅史 編, 이기원·오성철 옮김, 『일본 교육의 사회사』, 경인문화사, 2011, 284~287쪽.

136

주체는 아버지였다.3) 하지만 부친의 독점적인 친권은 무가 등을 제외하고는 확립되지는 않았으며 어머니가 친권을 행사하는 경우도 많았다. 집안일에서의 여성의 발언권도 강했다는 사실도 염두에 둘 필요가 있다.

위와 같은 문제의식에서 이하에서는 아동들을 대상으로 한 남성용 오라이모노『실어교』,『동자교』,『효자교』, 여성을 대상으로 한『여논어』,『여중용』,『여대학』,『여효경』 등을 중심으로 에도시대에 유교 이해와 수용의 한 방식에 대한 문제를 고찰한다. 특히 교훈형 오라이모노가 지향하는 '지의 안목'의 문제를 중심으로 에도시대 서민들에게 요구되는 도덕 윤리와 인간상의 문제를 검토한다.

2. 오라이모노 연구의 시점

오라이모노에 관한 연구로는 대표적으로 우메무라 가요(梅村佳代)가 있다.4) 우메무라는 주로 나라(奈良) 지역에 존재했던 데나라이주쿠의 교육적 실태를 조사하면서 근세 일본에서 서민들의 문자 학습 방법과 내용, 어떠한 교재가 사용되었는지 등을 상세하게 고찰했다. 가가와 나나미(香川七海)는 에도시대에 간행된『실어교』의 주석서를 고찰하여『실어교』가 각 시기별로 어떻게 이해되어 왔는지를 검토했다. 가가와에 의하면『실어교』의 주석서는『실어교』의 원전에 충실한 고

---

3) 辻本雅史 編, 이기원·오성철 옮김, 『일본교육의 사회사』, 경인문화사, 2012(재판), 241쪽. 무가의 자녀중에서 여자는 교양 있는 무가의 여성을 스승으로 삼아 문자를 익히면서 한학까지 배운 사례도 있다. 여성들도 만 6세가 되면 데나라이주쿠에 들어가 문자를 배웠다(山川菊榮, 『武家の女性』, 岩波書店, 1983, 32쪽).

4) 梅村佳代, 『近世民衆の手習いと往来物』, 梓出版社. 2002.

중적인 주석에서 통속적인 내용의 주석으로 이행해 가는 양태를 볼 수 있다.[5] 한편 하야가와 마사코(早川雅子)에 의하면 안정된 직업을 갖고 가계를 유지할 정도의 경제력이 있고 강고한 가업의식을 가진 민중층이 자제들에게 충효일치의 덕육을 베풀었는데 그러한 가장 큰 이유는 집안(家)의 존속과 유지에 있으며, 이러한 충효의 덕목은 유교를 바탕으로 하고 있다고 했다.[6]

여성용 교훈서와 관련해서는 여성의 교육적 측면에서의 연구가 주류를 이룬다. 여성의 교육과 관련한 연구는 남성의 전유물이었던 교육이 여성에게도 개방되었다는 점, 나아가 무가의 여성뿐만이 아니라 일반 서민 여성들에게도 교육적 안목이 있었다는 점 등을 강조한다. 이러한 견해에는 두 형태가 존재한다. 예컨대 『여대학』에 대해서는 여자를 가장 완전하게 예속화 한 여훈서,[7] 또는 읽기와 쓰기의 기초학습과 함께 근세 봉건사회 아래 가족 제도의 존속, 강화를 위해 여자에게 필요한 다양한 행동규범과 교양의 제공[8] 등의 견해가 있다. 여기에는 소외, 차별받는 여성상이 강하게 드러나 있다. 무가사회에서 이혼율이나 재혼율이 높았다는 점을 생각하면[9] 교훈형 오라이모노에 나타난 유교적 덕목의 학습에는 이러한 사회적 분위기도 반영되었을

---

5) 香川七海, 『近世期における『実語教』の注釈書に関する研究』 1号, 2012, 16쪽.

6) 早川雅子, 「教訓科往来物における民衆思想―民衆教育普及の思想的背景」, 『自由大学人文学部紀要』 9, 2003; 早川雅子, 「教訓科往来物における忠孝の道徳」, 『自由大学人文学部紀要』 10, 2003, 190쪽.

7) 中川善之助, 『女大學批判』, 河出書房, 1952, 29쪽.

8) 石川松太郎 編, 『女大学集』, 平凡社, 1977, 303쪽.

9) 林玲子 編, 『日本の女性』, 中央孝論社, 1993, 130쪽. 전근대 일본 사회에서 이혼권은 남자에게 있었으며 '내쫓는 이혼(追い出し離婚)'의 형태가 많았다. 에도시대의 이혼률이 높았다는 것에 대한 이유로 배우자와의 사별, 부인의 불륜, 출산 중 난산이나 사산, 유산 등에 따르는 사망, 또는 부인의 병 등을 들고 있다(山川菊榮, 『武家の女性』, 岩波文庫, 2007, 132~143쪽).

것이다. 다시 말하면 전근대를 통해 교훈형 오라이모노가 방대하게 공간되고 학습되었다는 것은 사회 질서 유지를 위한 여성 개개인의 규율 지침서의 필요성과 보급이라는 측면이 작용했다는 것으로 볼 수 있다.

한편 최근 주목받는 '리터러시(Literacy)' 측면에서의 연구에서는 문자와 지식의 습득이라는 '기능적 리터러시'와 '문화적 리터러시'의 두 측면에서 고찰한다. '리터러시' 연구에서는 여성의 차별이나 소외보다는 전근대 여성이 문자의 읽고 쓰기를 통해 봉건제사회에서 여성의 문해력 획득, 문예적인 교양의 축적, 세계관의 확장이라는 긍정적인 측면을 드러낸다.[10]

3. 교훈형 오라이모노의 작가

에도시대에 가장 많이 간행되고 사용된 교훈형 오라이모노에 『실어교』와 『동자교』, 『효자교』 등이 있다. 『실어교』는 헤이안시대 말기에 성립한 것으로 작자가 누구인지는 명확하지는 않다. 가마쿠라시대 초기 홍법대사(空海)라는 설도 있으며 헤이안 시대 말기의 귀족에 의한 것이라고도 전한다. 『실어교』는 5자 1구로 하여 전체 96구로 구성되어 있다. 에도시대에 접어들면서 『실어교』는 『동자교』와 합본의 형태로 간행되는 경우가 많았다. 이러한 형태로 가장 오래된 것은 1628년에 간행된 『実語教童子教』이다. 이러한 합본의 형태는 메이지 시대에 접어들어서도 계속해서 출현했다.

---

10) 이미숙, 「에도시대 여성 교육과 리터러시」, 『인문논총』 72(4), 2015, 45~47쪽.

『동자교』역시 가마쿠라 중기 이전부터 출현한 것으로 알려져 있으며 작자로는 헤이안 시대 전기 천태종의 승려 안넨(安然)이라는 설이 있다.『동자교』도『실어교』와 마찬가지로 5자 1구로 하여 총 330구로 되어 있어『실어교』보다 훨씬 분량이 많다.『실어교』와『동자교』의 간행본에는 그림이 삽입된 것들도 있는데 1801년 간행의『画本実語教』, 1844년 간행된『画本実語教童子教餘師』는 삽화를 함께 곁들여 독자들의 이해를 돕는다. 현재까지 확인 가능한『실어교』와『동자교』의 간행 총수는 363점으로, 이 중에서 에도에서 169점, 교토에서 63점, 오사카에서 55점이 확인되며 나머지는 지방에서 간행된 것들이다. 시기별로 보면 관정기(寬政期)에서 문화(文化), 문정기(文政期)의 1789~1830년, 천보기(天保期)에서 경응기(慶応期)의 1830~1867년에 걸쳐 성행했다는 것을 알 수 있다. 이 시기의 데나라이주쿠 개설의 폭발적 증가가 반영된 결과라고 할 수 있다.11)

아키바 다다카즈(秋葉忠和)가 1788년에 작성한『효자교』는 5자1구로 하여 전체 594구로 이루어져 있다.『효자교』가 간행된 이듬해인 1789년부터 막부는 전국의 효행자의 기록 등을 수집하게 되는데『효자교』는 이러한 막부에 의한 충효윤리의 보급이라는 측면과도 관련되어 있다고 보인다.

한편 여성의 내훈서와 관련해서 중국에서 간행된 '여사서'는『여계』, 『여논어』,『내훈』,『여범』인데 17세기 일본의 유자 쓰지하라 겐포(辻原元甫, 1662~미상)가 집필 간행한 여사서에는『여효경』이 포함되어 있다. 본고에서 주로 다루는 '여사서'는『여논어』,『여중용』,『여대학』,

---

11) 香川七海,『近世期における『実語教』の注釈書に関する研究』1号, 科研成果報告書, 2012, 13~14쪽.

『여효경』이다.

에도시대 여성 교육에서 가장 많이 연구된 것은『여대학』이다.12) 『여소학』은 교토의 우보씨(宇保氏, 생몰년 미상), 『여중용』은 교토의 우에무라 교쿠시(植村玉枝, 생몰년 미상)가 저술한 것으로 되어 있다. 『여논어』는 당(唐)의 송약소(宋若昭)가 지은 것을 가나로 작성한 것이며, 『여효경』도 가나로 되어 있다. 원래『여효경』은 당대 진막(陳邈)의 처 정씨(鄭氏)가 지은 것인데 일본의 오모토(尾本, 생몰년 미상)가 지은『여효경』과는 목차만 같고 내용은 다르다.13) '여사서' 외에『실어교』의 여성용 교훈서에 해당하는『여실어교』(1695년 居初津奈 저술)가 있다. 『실어교』가 한문으로 된 것임에 비해『여실어교』는 가나로 되어 있으며『실어교』와『동자교』를 모방하여 저술했다.14)

---

12) 일반적으로『여대학』은 가이바라 에키켄의 저서로 알려져 있다. 하지만『여대학』이 에키켄의 저서가 아니라는 견해가 존재한다. 향보기 무렵 에키켄의 저서가 광범위하게 유통되면서 에키켄의 저서로 알려지게 되었다는 것이다. 하지만 더 중요한 것은 당시 많은 베스트셀러를 양산하던 에키켄에 가탁하여 출판하는 것이 상업적으로 많은 이익을 얻을 수 있다는 점도 작용했다고 지적한다(舟津勝雄,「女大学成立と普及」, 『人文研究』20, 1968, 36~37쪽). 『국서총목록』에는『女五常訓倭織』, 『女庭訓寶籍』, 『女論語躾寶』, 『女実語教操種』, 『女小學操鏡』, 연대 미상의『女実語教寶籍』의 6종을 에키켄의 저서라고 표기하고 있다.

13) 예를 들어『여효경』의 첫 장은 [開宗明義]장으로 당나라 정씨의『여효경』은 "조대가가 한가하게 앉고 많은 여자들이 모시고 앉았다(曹大家閒居諸女侍坐)"로 시작된다. 하지만 尾本의『여효경』은 "무릇 효는 백행의 근본, 모든 선의 바탕으로 모든 선한 일이 모두 효에서 시작된다"고 기술되어 있다(『여효경』「개종명의장」, 130쪽). 그렇다고 하여 尾本의『여효경』이 중국의『여효경』과 완전히 다른 것은 아니어서 유사한 부분도 존재한다. 尾本의『여효경』은 일본의 사정을 반영하여 개조한 것이라 할 수 있다. 尾本의『여효경』외에 쓰지하라 겐포가 가나로 작성한『여효경』(1656년판)이 있는데 이 책은 중국의『여효경』과 내용이 같다.

14) 오쓰(大津) 출신으로 알려진 이쇼메쓰나는『여실어교』외에도『女百人一首』(1688), 『女書翰初學抄』(1690), 『女教訓文章』(1694), 『琵琶の海』(1726) 등의 저술이 있다(石川透,「居初つなの往来物」, 『芸文研究』95, 慶應義塾大学芸文学会, 2008, 171쪽). 에도시대를 통하여『여실어교』는 30종 이상이나 간행되었는데『女実語教姫鑑』(1784), 『女実語教鑛囊』(1802) 등 그림이 삽입된 것들도 존재한다. 『여실어교』는『女寺子調法記』(1806), 『여금천』, 『女手習教訓状』, 『女商売往来』등 다른 여자용 오라이모노와 합칠하여 간행되는 경우도 많았다.

4. 교훈형 오라이모노의 보급과 서민 교화

교훈형 오라이모노의 보급은 막부의 정치적 안목과 그에 따르는 서민 교화와 관련되어 있다. 예를 들어 1649년 2월 전국적으로 내려지는 촉서(触書)에는 "부모에게 효행의 마음이 깊어야 한다"[15]고 하여 서민교화의 중심에 '효'를 두었다. 1682년 5월의 고찰(高札)에는 "충효를 장려하고 부부형제 친척들과 화목하고 (…중략…) 만약 불충불효를 저지르는 자가 있다면 중죄로 삼는다"[16]는 점을 밝히고 있다. 이 고찰은 총 5매로 되어 있는데 새로 간행하는 도서중에서 신용이 가지 않는 서물에 대한 판매금지 등 서물 통제를 위한 최초의 고찰이다. 5매의 고찰 중 그 첫 번째 고찰이 바로 충효의 도덕, 검약, 근로를 강조하는 7개조로 되어 있다.[17] 한편 1683년(天和3) 개정되는 무가제법도에는 "문무충효를 장려하고 예의를 바르게 한다"는 조항이 있다.[18] 17세기 후반기에 들어오면 무사들이 가져야 할 교양으로 '충효'와 '예'의 중요성이 한층 강화되었다고 할 수 있다.

충효와 도덕, 윤리의 덕목은 막부의 교화 정책에서도 보인다. 1711년 막부가 내린 달(達)에는 데나라이주쿠의 선생은 습자뿐만이 아니라 풍속을 바르게 하고 예의를 지키며 충효를 가르치는 것이 중요하다는 점을 알아야 한다고 하면서 데나라이주쿠에서 가르칠 내용으로 『실어교』, 『대학』, 『소학』, 여성들을 위한 『여금천』, 『여계』, 『여효경』 등의 오라이모노를 적극적으로 추천하고 있다.[19] 요시무네는 데나라

---

15) 司法省藏版, 『德川禁令考』(제5질), 吉川弘文館刊行(訂2版), 1985, 248쪽.

16) 山下武, 『江戸時代庶民教化政策の硏究』, 倉書房, 1969, 48쪽.

17) 今田洋三, 『江戸の禁書』, 吉川弘文館, 2007, 61~62쪽.

18) 司法省藏版, 『德川禁令考』(제1질), 吉川弘文館, 1932, 96쪽.

이주쿠의 교재로 『六諭衍義大意』나 『五人組帳前書』를 편찬 간행하여 배포했다. 또한 막부는 1800년 『孝義録』을 간행하여 효의 덕목을 서민들에게 제시한다. 이 『효의록』은 1789년 3월 마쓰다이라 사다노부(松平定信, 1759~1829)가 전국의 위정자들에게 명하여 제출된 효행과 관련한 기록의 조사와 보고를 바탕으로 작성하여 1801년 간행한 것이다. 효행, 충의, 정절, 형제화목, 가내화목, 일족화목, 좋은 풍속, 결백, 기특생 등 8579명의 이름이 등장하는데 이 중에서 5,516명이 효행자이다.[20]

교훈형 오라이모노의 보급은 일반 서민들의 생활과도 관련되어 있다. 교훈형 오라이모노는 인간이 지켜야만 되는 규준이나 질서, 마음가짐, 근면, 절제, 효행 등 비근한 일상 생활과 관련된 내용이다. 이에 대해 야스마루는 근면, 검약, 겸허, 정직 등의 통속적인 도덕이 단순한 전통적 생활습관이 아니라 자각적으로 행해야 할 규범과 윤리로서 근세기에 성립한 것은 상품경제의 급속한 전개와 이에 따르는 몰락과 황폐화라는 위기의 반영, 욕구의 자극이나 팽창, 사치 등에 대한 유동성을 고정시킬 필요가 있었다고 지적한다.[21] 상품 경제의 발달로 인해 전통적인 생활 습관과의 충돌에서 발생하는 균열이 서민들에게 높은 도덕과 윤리 질서를 요구하게 되었다는 지적이다.[22]

여기에 한 가지 더 지적한다면 오라이모노의 보급에는 읽고 쓰기가

19) 文部省, 『日本教育史資料』 7, 富山房, 1904, 10~11쪽.

20) 鈴木恵里, 「江戸時代における孝行の具体相: 『官刻孝義録』の分析」, 『長崎大学教育学部社会学論叢』 第66号, 2005, 25쪽.

21) 安丸良夫, 第一章 「日本の近代化と民衆思想」, 『日本の近代化と民衆思想』, 青木書店, 1974 참조.

22) 早川雅子, 「教訓科往来物の読者像: 「四谷塩町一丁目人別帳」 を史料にして」, 『目白大学文学・言語学研究』 3, 2007, 73~74쪽.

가능하고 데나라이주쿠의 수업료 지불 및 책을 구입할 수 있을 정도
의 경제적 여유가 있는 일정한 독자층이 있었다는 점이다. 이러한
독자층이 자녀들에게 충효의 도덕 윤리를 교육하는 계층으로 작용했
다고 할 수 있다.[23]

근세기에 교훈형 오라이모노를 통해 한층 강화되는 충효의 도덕
윤리는 통속도덕에 입각하면서도 유교에 기초한 내용으로 구성된다.
데나라이주쿠에서의 교육은 오라이모노의 다양성에서도 알 수 있는
것처럼 습자 이상으로 각자 생활에 필요한 지식을 습득하는 것이 기
본적이었다. 그러면서도 전체를 포괄할 수 있는 세속 윤리의 요청도
강해진다. 유교는 근세 서민들에게는 배워야만 되는 덕목이자 새로운
'지'로서의 역할이 강해졌다고 할 수 있다.

5. 교훈형 오라이모노의 知의 안목

5.1. 유교적 知의 확대

『실어교』는 "산이 높아서 귀한 것이 아니며 나무가 있어 귀하다.
사람은 살이 쪄서 귀한 것이 아니라 지(혜)가 있어 귀하다."(『実語教童子
教證註』, 玉巖堂)라고 하여 '지'의 문제로 시작된다. 이에 대한 설명으로
『실어교동자교증주』(이하 『증주』)에서는 다음과 같이 기술하고 있다.

산은 높기만 하고 나무가 없는 벌거숭이 산이 되면 귀하지 않다. 어떠

---

23) 早川雅子, 「教訓科往来物における忠孝の道徳」, 앞의 책 참조.

한 유익(益)도 없는 것을 말한다. 수목이 있어야 땔감도 되고 재목도 되고 인간의 쓰임(所用)도 되기 때문에 귀하다 한다. 사람도 그와 마찬가지로 외면만을 크게 살찌운다 해도 오직 능력(能)도 없고 무지자는 귀하지 않다. (…중략…) 모두 지혜가 분명해져서 인의예지의 길도 나타난다. 대학에서 말하길 격물이후에 지가 이르고 지가 이른 후에 뜻이 진실해진다고 했다. 만물을 밝히는 것은 지이다. 순자가 말하길 시시비비를 일러 지라 했는데 지는 일의 가부를 구분하는 것이다. (『実語教童子教證註』)

본문의 해설에서 보이는 '소용'이라는 단어는 유익(益)함, 능력(能)과 같은 의미이다. 『증주』에서 말하는 사람이 귀한 이유는 어떠한 도움이 되는지 그 쓰임새가 있기 때문이다. 『증주』에서는 격물이후에 지가 이르고 지가 이른 후에 뜻이 진실해진다는 『대학』의 인용과 『순자』「수신편」의 "시시비비를 분명히 하는 것이 지[是是非非謂之智]"라는 구절을 인용하고 있는데, 결국 이러한 '智'는 구체적 현실 속에서 의미를 갖는 것으로 해석된다. '지'를 '소용', '능력'의 측면에서 설명하고 있다.

『실어교』는 이어 지혜가 왜 중요한지를 설명하고 있는데 "부귀는 일생의 재산이지만 사람이 죽으면 재산도 사라진다. 지혜는 만대의 재산으로 생명이 끝나면 따라 간다"(『증주』, 1쪽)고 했다. 이에 대해 『증주』에서는 "생명이 끝나면 따라 간다"는 것의 의미를 "지는 만대의 재산으로 요순우탕문무주공 등이 지금까지 그 지덕을 전하여 성현의 이름을 남긴 것처럼 지덕의 보화는 언제든지 남는다"(『증주』, 1~2쪽)고 하여 지의 계승과 무궁함을 유교의 성인과 연관시켜 설명한다.

창고안의 재산은 썩지만 몸에 있는 재(才)는 썩지 않는다. 천냥의 돈을 쌓아놓는다 해도 하루 공부하는 것과 같지 않다. (…중략…) 재물은 오래도록 보존하지 못하고 재지를 재물로 삼는다. (『実語教童子教證註』)

위의 인용문에 대해 『증주』는 재(才)를 재지(才智)라 주해하고 있다. 이어 『대학』 6장에 출전을 갖는 "부귀는 집을 윤택하게 하고 덕은 몸을 윤택하게 하니 마음을 넓게 하고 몸은 크게 한다. 그러므로 군자는 그 뜻을 성실하게 한다[富潤屋, 德潤身, 心廣體胖, 故君子必誠其意]"(『증주』)를 인용하면서 '재지'의 중요성을 강조하는데 지혜의 문제는 이제 학문의 문제로 발전되고 있다. '재지'는 학문의 연마를 통해 체득할 수 있다는 점을 강조한다. 여기서 보면 '재'는 '재지'가 되고, '재지'는 학문이 되는데, '덕'이 몸을 윤택하게 하는 것과 '재', '재지'는 같은 의미로 사용되고 있다고 할 수 있다. 덕은 곧 '재', '재지'가 된다. 학문을 유용성의 측면에서 이해하고 있다.

어렸을 때 학문에 노력하지 않고 늙은 후에 비록 후회해도 더욱이 도움 되는 바가 없다. 그러므로 독서에 게으르지 말고 학문에 게으르지 말라. 잠자는 시간을 제외하고는 밤을 새워 외우고 배고픔을 참고 하루 종일 배워라. (『実語教童子教證註』)

위에는 배우는 자세에 대해 기술하고 있는데 『증주』에서 인용하는 것은 『소학』「입교편」의 "아침에 더 배우고 저녁에 익혀서 조심하고 삼가야 한다. 한결같이 이렇게 하여 게을리 하지 않는 것, 이것을 일컬어 학칙이라 한다[朝益暮習, 小心翼翼, 一此不懈, 是謂學則]"(『증주』)는 구절이다. 다음에 이어지는 『실어교』의 본문은 "군자는 지혜를 사랑하고 소인은 복 있는 사람을 사랑한다"(『증주』)이다. 여기에 군자와 소인이 대비되고 있는데 군자는 덕을 가지고 일정한 지위에 오른 사람이며 소인은 도를 모르는 어리석은 사람이다. 군자는 그 마음에 사욕이 없고 도덕을 귀히 여기며 소인은 사욕이 깊어서 복인을 보면 자신에게 도움이 될 것이라 여기는 돈을 사랑하는 사람이다(『증주』).

5.2. 도덕 윤리의 문제

5.2.1. 지역 사회 공동체와 도덕

『동자교』는 윗사람을 섬기는 도리에 대한 다음과 같은 구절이 있다.

> 무릇 귀인 앞에 있을 때는 현로(顯露)에 서지 말라. 길에서 만나면 엉금엉금 기어서 지나가라. 윗사람이 부르면 공경하는 마음으로 받아들여라. 양 손을 가슴에 모아 삼가 살펴 좌우를 돌아보지 마라. 윗사람이 먼저 묻지 않으면 말하지 말고 말씀이 있으면 삼가 들어라. (『実語教童子教證註』)

본문의 '귀인'에 대한 『증주』의 해설에는 전술한 것처럼 "배움을 통해 지덕을 이루어 존귀한 사람이 되는 것"(『증주』)이라 하면서 "귀인이란 지위가 있는 사람만을 말하는 것은 아니다. 자기보다 귀한 사람을 가리켜 말한 것"이라고 했다. 위 인용문은 아랫사람이 윗 사람에 대해 지켜야 할 예절에 관한 내용이다. 이 부분에 대해 『증주』에서는 『예기』「곡례편」을 인용하고 있는데 "스승을 길 위에서 만났을 때는 걸음을 빨리 하여 나가서 바르게 서고 공수한다."(「곡례상」)는 구절과

「곡례하」의 "물건을 받들 때는 손을 올려서 가슴에 대고 받들며", 「곡례상」의 "묻지 않으면 대답하지 않는다"는 구절을 인용하고 있다(『증주』).

다음으로는 『실어교』에 나타난 공동체 유지를 위한 관계 유지와 관련된 덕목에 관한 내용이다.

> 벗과 사귀는데 싸우지 말라. (『증주』)

> 노인을 공경하는 것은 부모처럼 하며 아이를 사랑하는 것은 자제처럼 한다. (『증주』)

첫 번째 인용문은 신의에 의한 벗과의 교제를 강조하고 있는데 『증주』에서는 벗과의 교유의 모범적인 예화로 공자의 안평중(晏平仲) 평가, 즉 "공자가 말하길 안평중은 친구와 잘 사귀었다. 오랫동안 친구를 존경했다"(『증주』; 『논어』「공야장」 17)는 공자의 말을 인용하고 있다. 두 번째 인용문은 연장자에 대한 도리의 문제이다. 이에 대해 『증주』에서는 『효경』의 "부모를 사랑하는 자는 감히 사람을 미워하지 않으며 부모를 공경하는 자는 감히 사람을 기만하지 않는다"는 구절과 『맹자』「양혜왕상」의 "나의 노인을 나의 노인으로 공경하는 것처럼 타인의 노인에 이르고 우리 아이를 자기의 아이로 사랑하는 것처럼 타인의 아이에게 미치면 천하를 손바닥에 올려놓고 움직이는 것과 같다"는 구절이 인용되고 있다(『증주』).

그러면 공동체 유지를 위한 위와 같은 덕목의 교훈에서 '선'은 어떻게 이미지화 되고 있을까? 『실어교』에는 어떠한 것을 선하다고 하는지에 대한 정의는 제시되어 있지 않지만 대신에 선한 행위와 악한 행위를 비교하여 설명하는 형태를 취하고 있다. 예를 들어 "타인의 추함을 보면 스스로 함께 걱정하며 타인의 기쁨을 들으면 스스로 함께 기뻐한다"(『증주』)거나 "선한 것을 보면 빠르게 행하고 악한 것을 보면 얼른 피하라"(『증주』)는 내용은 공동체를 유지하기 위해 참고 관용하는 것의 중요성을 말하고 있다. 또한 "선을 닦는 자는 복을 품고 있다. (…중략…) 악한 것을 좋아하는 자는 화를 초래하는데 마치 몸에 그림자가 따라다니는 것과 같다"(『증주』)고 하여 선한 행위와 악한 행위를 복과 화의 대비로 설명하고 있다. 이에 대한 『증주』의 설명은 『논어』를 바탕으로 하고 있다.

공동체 유지를 위한 덕목은 『동자교』에서 "인륜에는 예가 있고 조정에는 반드시 법이 있다. 사람으로 예가 없는 자는 사람들에게 잘못을 저지른다."(『증주』)고 하여 예의 문제로 설명하고 있다. 위에서 말하는 '인륜'이란 『증주』에 의하면 "천하 만민"으로 "백성들이 예의를 지켜 남과 서로 높여준다면 군신, 부자, 부부, 형제, 붕우의 도가 저절로 다스려져 평천하가 이루어진다"(『증주』)고 했다. 여기에서 보듯이 인륜에 입각한 천하 만민은 '예'와 함께 국가를 세우는 중요한 요소로 이해되고 있다. 유교의 예악질서가 사회, 국가 공동체를 세우는 근간이 됨을 강조하는 것으로 유교에 의한 국가 질서의 유지라는 막부의 입장이 잘 드러나 있다고 볼 수 있다.

개인의 인격 수양도 타인과 좋은 관계를 맺기 위한 방향에서 어떻게 자기를 세울 것인가의 내용들로 구성되었다고 할 수 있다. 예를 들어 『동자교』의 "사람의 귀는 벽에 붙어 있고 사람의 눈은 천장에 걸쳐 있다"(『증주』), "사람은 세치의 혀로 오척의 몸을 망가뜨린다"(『증주』)는 것이 그러하다. 이에 대해 『증주』에서는 『논어』의 "사람으로 믿음이 없으면 무엇하겠는가"(『증주』)라는 구절을 인용하여 설명한다.

또한 『동자교』에 "같은 마음이 없는 것은 얼굴과 같으니 예를 들어 물이 그릇에 따르는 것과 같다"(『증주』)는 구절이 있다. 사람의 마음은 천차만별로 사람의 얼굴이 서로 다른 것과 같고 그릇의 모양에 따라 물의 모양이 변하는 것과 같다. 이 구절에 대해 『증주』에서는 "사람의 마음도 그처럼 선악 두 가지로 옮아가기 쉬운 것은 물이 그릇에 따르는 것과 같다"(『증주』)고 하여 선악과 관련하여 설명하고 있다.

『동자교』에는 군주가 갖추어야 할 덕목도 제시되어 있는데 "국토를 다스리는 현명한 임금은 홀아비와 과부를 무시하지 말라. 군자가 사람을 칭찬하지 않으면 백성이 원망한다."(『증주』)고 했다. 여기서 "현명한 임금이란 성현의 법을 지키고 정치를 바르게 하여 국가를 다스리는 군주"를 말한다(『증주』). 본문과 관련하여 『증주』에서는 『효경』의 "나라를 다스리는 자는 감히 홀아비와 과부를 무시하지 말아야 하니 하물며 사민(士民)에 있어서랴"(『증주』)가 인용되고 있다. 현명한 임금(賢王)과 군주는 같은 의미로 사용되고 있는데 『증주』에서는 "군자란 덕을 이룬 사람이라고 주자가 말했다"(『증주』)는 말을 인용하고 있는 것으로 봐서 현왕이나 군주는 현실의 위정자이면서 유교적인 덕을 가진 사람이 된다. 본문 역시 『예기』에 전거를 갖는 구절이다.

5.2.2. 선한 여성의 이미지 주입과 규율

여성용 오라이모노의 내용들은 가부장 중심의 사회에서 여성들이 어떻게 삶을 유지하는가와 밀접하게 관련된다. 여성용 오라이모노의 작자가 여성이라고 해도 가부장 중심의 사회에서는 여성에 대한 사회가 요구하는 시점이 반영될 수 밖에 없다. 『여실어교』에는 "남편은 예를 들어 군주(주군)와 같고 여자는 따르는 종자와 같다"(居初津奈,

『女実語教』)는 기술이 있다. 이러한 기술을 보면 남성 중심의 사회에서 여성에게 요구되는 정형화된 이미지가 있다. 여성용 오라이모노는 어떠한 여성이 '선한 여성'이며 어떠한 여성이 '나쁜 여성'인지를 구분하여 좋은 여성의 이미지를 생산하고 보급시키는 역할을 했다. 예를 들어 "남편을 공경하여 섬기면 남편이 또한 나를 은혜(惠)롭게 할 것이다"(『女実語教』)는 기술이 있다.

그렇다면 전근대 남성들에게 '선한 여성'과 '나쁜 여성'은 어떻게 이미지되어 있었을까? '선한 여성'과 '나쁜 여성'에 대한 구별이 필요한 이유는 "좋은 여자를 맞아들이면 부귀가 번창함이 정도가 없다"(『女実語教』)고 하여 가문의 유지와 번영에 대한 기대감이 작용하고 있었다는 점을 들 수 있다. 가문의 유지에 장애가 되는 여자는 위험한 것이다.

기본적으로 남성을 공경하고 섬기는 여성, 시가와 시부모를 공경하는 여성이 '선한 여성'으로 인식된다. 선과 악의 구분에서 질투는 좋지 않은 부분, 나쁜 여성에 속한다. 여성의 질투는 칠거지악에 속하는 것으로 질투가 심한 여성은 버리라고 했다.『여대학』에는 칠거지악 중 여성의 질투에 대해 "질투의 마음이 생기면 안 된다. 남편이 음란하면 용서하고 간해야 한다. 성내고 미워하지 말라. 질투가 심하면 그 기색과 말투도 대단히 무섭게 되니 오히려 남편이 소원해져 버림받게 된다"(『여대학』, 6쪽)고 했다.

'질투하는 여자'에 이어 '둔한 여자'나 '사치하는 여자'도 '나쁜 여자'에 속하는데 "둔한 연자는 집안을 다스리기 어려우니 신속하게 노력하여 경영해라"(『女実語教』)거나 "귀한 여자는 얌전하고 천한 여자는 사치하는 마음이 너무 많다. 사악한 여자를 맞아들이면 집안을 망치는 것이 멀지 않다."(『女実語教』)는 기술이 있다. 여기에서 보듯이 둔한 여자, 사치하는 여자들은 집안을 망친다는 인식이 강하게 드러나 있다. 따라서 '선한 여자'는 가문의 유지와 번영에 기여할 수 있는 여성이어야 했다. 가문의 유지와 계승은 여자에게 요구된 도덕 윤리의 핵심이다.

학문이라는 것은 (…중략…) 옛 성후현녀의 올바른 행위를 생각하여 알고 자신이 하는 행위의 선악을 분별하여 마음을 바르게 하고 몸을 다스리기 위한 것이니 여자로서 해서는 안되는 것이 아니다. 그렇다면 중국에는 대대로 현녀의 대부분은 문학에 정통하고 몸을 다스려 정조의 칭찬이 말대에 까지 숨기지 않는다. (『여효경』)

여성들이 공부한다는 것도 '선한 여성' 이미지를 강화시키는데 중요한 역할을 했다. 위에서 보듯이 여성들의 공부는 성후현녀의 올바른 행위를 알고 행위의 선악을 분별하는 것에 중점이 있다. 현명한 여성, 곧 '선한 여성'은 정조를 지키는 여성의 이미지를 가지고 있다. 공부를 통해 '정조를 지키는' 여성이 '선한 여성' 혹은 '좋은 여성'이라는 것을 알게 되는 것이다. 이러한 사회적 분위기 안에서 여성들은 '좋은 여성' '선한 여성'이 되기 위해 필요한 인격 수양을 하게 된다고 볼 수 있다.

5.2.3. 충효의 내면화

일본에서 『효경』의 간행은 17세기 이후 성행하게 되는데 중국과 일본에서의 효 관념은 사회 구조상 차이가 발생할 수밖에 없다. 중국에서의 효는 부계의 혈연관계로 이어지는 혈족에 의한 집안의 보존과 계승이 가장 중요했다. 제사를 받드는 자손은 선조와 동일한 '기(氣)'

로 이루어져 있다. 하지만 일본사회에서의 '이에'는 가족 경영체를 의미하며 반드시 혈연 공동체는 아니다. 일본의 '이에'에서 부친과 아들은 반드시 동일한 '기'는 아니다. 가업의 계승이 혈통의 계승보다 우선이었으며 양자를 당주로 맞아 가업을 계승시키는 일도 있다. 가업을 계승하여 영구히 보존 및 번영시키는 것이 일본 사회에서 필요한 효였다.[24]

『효자교』에는 "세상의 명문가를 보니 선조의 충효로 성립하며 자손의 사치로 무너진다"는 구절이 있다. 충효가 선조 대대로 가문을 계승, 유지시키는 중요한 덕목임을 강조하는 구절이다. 『효자교』는 "효는 백행의 근원이며 만 가지 선 중에서 으뜸이다. 충은 효에서 나오며 효는 지덕의 요도"라는 말로 시작된다. 여기에는 사적인 덕목으로서의 효가 충이라는 공적인 덕목으로 확대되어 있다. 국가라는 공공을 세우는 '충'은 '효'와 함께 완성된 덕목이 된다. 충과 효가 하나의 덕목으로 인식되는 것이다.

『실어교』에서는 군주와 스승, 부모 섬기는 도리에 대해 "부모는 천지와 같고 스승과 군주는 일월과 같다. (…중략…) 부모에게는 조석으로 효를 하고 스승과 군주는 주야로 섬긴다."(『実語教童子教證註』)로 했다. 부모를 천지에 비유하고 있는데 이에 대한 『증주』의 해설은 다음과 같다. 아버지는 천이며 어머니는 땅, 스승은 사장(師匠)이며 군주는 주군이다. 하늘은 양을 말하는 것으로 만물을 비춰고 덮어 일체가 그 아래에 있어 잘 생장하기 때문에 아버지는 하늘과 같은 것이다. 또 땅은 음을 몸체로 하여 만물을 윤택하게 해주기 때문에

---

24) 와타나베 히로시, 박홍규 옮김, 『주자학과 근세일본사회』, 예문서원, 2007, 168~172쪽. 교훈형 오라이모노에도 "각각 가업에 게으르지 말 것"(『孝行和讚』)이라 하여 이에의 보존과 유지를 위한 가업계승의 중요성을 가르친다.

어머니의 덕이 된다. 『주역』에 건은 하늘로 부(父)라 칭하고 곤은 땅으로 모(母)라 칭한다. 여기에서는 음양오행설을 바탕으로 효를 설명하고 있다.

위 인용문의 "스승과 군주를 주야로 섬긴다"는 것에 대해 『증주』에서는 "부친과 스승과 군주는 모두 사람에 의해 태어나는 것이니 죽음으로 이것을 갚아야 한다."(『證註』)고 해설한다. 가정에서 지역공동체, 막부를 중심으로 하는 국가 공동체로 확장되어 가는 각 공동체를 유지해주는 덕목이 효가 되며 『실어교』에는 이러한 의도가 충실하게 반영되어 있다.

부모를 섬기는 효자가 갖추어야 할 덕목은 다음과 같다.

효자가 부모를 섬기는데 거하면 그 경을 다하고 봉양할 때는 그 즐거움을 다하고 병에 걸리면 그 사랑을 다하고 장례에서는 그 슬픔을 다하고 제사에서는 엄숙함을 다한다. 이 다섯 가지가 갖추어지고 난 연후에 부모 섬기는 것을 말하는 것이다. (『효자교』)

여기에서 보듯이 공경함(敬)과 즐거움(樂), 사랑(愛), 슬픔(哀), 엄숙함(嚴)을 갖추어야 효자라 할 수 있다. 위의 인용문 역시 『효경』에 있는 구절과 같다. 효자의 덕목에 이어 불효자에 대한 언급도 있는데 "높은 지위에 처하여 교만하면 망하고 아래에 처하여 난을 일으키면 형벌을 받고 사람들 속에서 다투면 죽게 되는 이 세 가지를 없애지 않으면 비록 매일 좋은 음식을 먹는다 해도 불효가 된다"(『효자교』)고 하여 효자와 불효자를 대비시키고 있다. 불효와 관련해서는 불효의 다섯 가지 형태를 제시한다.

세속에서 불효라는 것이 다섯 가지이니 그 사지를 게을리 하여 부모의 봉양을 돌보지 않음이 첫 번째 불효이며 장기 두고 바둑 두며 술 마시기를 좋아하여 부모의 봉양을 돌보지 않음이 두 번째 불효이며 재물을 좋아하며 처자를 사사로이 하여 부모의 봉양을 돌보지 않음이 세 번째 불효이며 귀와 눈의 하고자 하는 바를 따라 부모를 욕되게 함이 네 번째 불효이며 용맹을 좋아하고 싸우며 사나워서 부모를 위태롭게 함이 다섯 번째 불효이다. (『효자교』)

위 구절은 『맹자』 「이루하」에 전거를 갖는다. 이어 자기 부모를 사랑하지 않고 타인의 부모를 사랑하는 것을 패덕(悖德), 자기의 부모를 공경하지 않고 타인의 부모를 공경하는 것을 패례(悖禮)라고 하며 "천하국가를 다스리는데 몸을 닦고 마음을 편안하게 하니 일신을 닦지 않으면 효를 할 수 없다"는 점도 부연한다(『효자교』).

5.2.4. 공부하는 여성들의 출현

여성용 교훈서가 많이 간행되고 그것을 읽고 쓰는, 이른바 '공부하는' 여성들이 출현하게 되는 것에는 어떠한 사회적 환경이 작용했을까? 가이바라 에키켄은 『신사록』에서 다음과 같이 기술하고 있다.

여자와 소인은 성인도 양육하기 어렵다고 했으니 하물며 일반인들이 그들을 가르치는데 어찌 마음을 쓰지 않을 수 있겠는가? 부녀의 본성이 혹 총명하여 사물에 밝은 자가 있어도 의리로 이끌어도 대부분 몽매하니 비록 가르쳐도 순순하게 통효하지 못한다. 그러므로 그 어둡고 막힌 곳을 정녕히 계고 해도 살펴 깨닫지 못한다.[25]

위에서 보이는 '여성을 가르치는 일은 성인도 어려워했다', '아무리 총명한 여자라고 해도 몽매하여 가르쳐도 의리를 깨닫기 어렵다' 등의 언급은 당시 여성들에 대한 사회적 인식을 여과없이 보여주고 있다. 여성 교육에 대한 무용성을 주장하는 듯한 이러한 기술은 전근대 일본에서 여성들에 대한 일반적인 인식을 보여준다. 에키켄의『화속동자훈』〈교여자법〉에는 남녀가 받는 교육의 차이를 설명하면서 여자의 인생에 대해 다음과 같이 기술하는 부분에 주의할 필요가 있다.

남자는 밖에 나가 스승을 따라 사물을 배우고 붕우와 교제하며 세상의 예법을 보고 듣는 자로 부모의 가르침만이 아니라 밖에서 보고 듣는 것이 많다. 여자는 항상 집안에 거하며 밖으로 나가지 않기에 스승을 따라 도를 배우고 세상의 예의를 배울 방법이 없다. 오직 부모의 가르침으로 입신하기에 부모의 가르침이 태만하면 안된다. 부모의 가르침없이 자라는 여자는 예의를 모른다. (『和俗童子訓』 巻5 「教女子法」)

여성에 대한 위와 같은 에키켄의 지적은 전근대 여성에 대한 일반화 혹은 패턴화 된 여성상일 것이다. 이러한 에키켄의 견해를 받아들인다면 전근대 여성이 공부를 해야 하는 이유는 가부장적 사회에서 요구되는 '이에(家)'의 존속과 유지, 계승에서 찾을 수 있을 것이다. 여성에게는 가정의 담당자라는 사회적 요구가 강하다. 그렇다면 여성들에게 무엇을 가르칠 것인가? 에키켄의 다음의 기술을 보자.

효경의 첫 장, 논어의 학이편, 조대가의 여계 등을 읽게 하여 효순정절

---

25) 貝原益軒, 『慎思録』 巻2, 28쪽(益軒会編纂, 『益軒全集』 巻2, 益軒全集刊行部, 明治44).

의 도를 가르쳐야 한다. 열 살 때부터 밖에 내보내지 말고 규문의 안에 거하게 하며 베짜기와 바느질, 길쌈 기술을 배우게 해야 한다. 조금이로 도 음란한 일을 들려주어 알게 해서는 안된다. 노래, 조루리, 샤미센과 같은 종류는 음란한 것을 좋아하여 마음을 헤치고 그러한 천한 일로 여 자의 마음을 어루만지는 것은 나쁘다. 풍아한 좋은 것을 배워 마음을 안정시켜야 한다. 어렸을 때부터 나쁜 것을 보고 배우면 빨리 옮겨가지 쉽다. 여자에게 보여줄 책을 골라야 한다. 옛 일을 기록한 종류는 해가 없다. 성현의 바른 길을 가르치지 않고 노래나 조루리의 대본 같은 것을 보여주는 일은 없도록 해야 한다. (『和俗童子訓』 卷5 「教女子法」)

여기에서 보듯이 여성의 교육은 효순정절의 길을 가르치는 것에 집중되어 있다. 베짜기와 길쌈, 바느질 등 가사에 필요한 일을 배우며 노래나 조루리, 샤미센 같은 마음을 헤치는 것들은 음란한 마음을 조장시키기 때문에 배우게 해서는 안된다. 에키켄은 여성들이 시급히 배워야되는 것으로 여공(女功)을 들고 있는데 '여공'이란 직물, 바느질, 출산, 길쌈, 빨래, 설거지, 음식 준비를 말한다. '여공'은 가사와 관련된 일이기 때문에 여성의 교양에서 가사, 가정이 가장 중요한 위치에 놓여 있다는 것을 알 수 있다. 여성에 필요한 교양이라는 것은 대부분 이 가사, 가정과 관련되어 있다는 점이다.

그런데 〈교여자법〉에는 여성의 습자 교육의 중요성에 대한 기술이 보인다.

일곱 살부터 和文를 배우게 하고 또한 남자 문자(한자)도 배우게 해야 한다. (…중략…) 여자 또한 글자를 바르게 쓰고 산수를 배워야 한다. 글자를 쓰고 계산을 하지 못하면 집안일을 기록하고 재물을 계측하는 일을 할 수 없다. (『和俗童子訓』 卷5 「教女子法」)

대체적으로 한자는 '남자 문자'라고 하여 남자들이 배웠다. 가나는 여자들이 배우는 문자인데 에키켄이 여자들에게도 한자를 배우게 해야 한다고 한 점을 보면 이러한 주장은 상당히 파격적이다. 에키켄은 여자들이 문자를 배워야 하는 이유로 집안일의 기록이나 계산 등을 열거한다. 여기에는 남성을 따라 사는 삶이 여성의 삶이라는 측면과 함께 상업발달에 따라 시대를 살아가는데 적합한 교양을 체득해야 한다는 의식이 나타나 있는 것으로 볼 수 있을 것이다. 이러한 점은 가부장적 이에의 유지와 존속을 위해 배워야 되는 도덕 윤리를 벗어나지 않는다.

에키켄의 이러한 견해는 17세기 이후 여성들에게 한자 등 습자와 산수, 고전을 읽을 수 있는 지적 수준의 교양이 필요한 시대였다는 것도 짐작할 수 있다. 상업경제의 발달에 따라 조카마치에서는 주문서, 계산서 등 장부의 작성 등이 필요해지고 농촌지역에서는 각종 농산물의 이름, 파종 등에서 필요한 문자를 읽고 쓰고 계산하는 능력이 요구되었다. 이에 따라 다양한 오라이모노가 등장하게 되고 데나라이주쿠에서 오라이모노를 읽고 쓰는 습자 교육을 실시했다. 이러한 점은 여성에게도 마찬가지로 요구된 지적 능력이자 교양이었다고 할 수 있다.

여성들도 문자를 배워야 한다는 주장은 『여실어교』에서도 나타나고 있다. 여자들이 습자와 독서를 배워야 하는 이유는 자식의 교육 때문이기도 했다. 이와 관련하여 『여실어교』에는 "경백의 어미 최씨는 자식을 위해 구경을 가르쳤다"(『여실어교』, 26쪽)는 기술이 보인다. 유교의 경서인 '구경'을 가르치려면 한문에 능통해야 한다. 위의 기술에서 여성들이 자식 교육에 관여하고 있다는 것과, 유교의 경서를 공부하고 한문을 읽고 쓰는 여성들이 존재했다는 것을 알 수 있다. 여성들에게도 한문의 교양이 필요했다는 것은 가나뿐만이 아니라 한문을 읽고 쓸 줄 아는 일정 정도의 학력이 요구되었다는 것을 의미한다.

여성들이 습자와 독서를 해야 한다는 것은 오라이모노『女大學榮文庫』(榮文堂)의 「습자와 독서의 일(手ならひ物よみの事)」에도 기술되어 있다.『女大學榮文庫』에는 "습자는 남녀 모두 일생의 보물로 반드시 어렸을 때 배워야 한다. 나이를 먹으면 부끄러워 배울 수 없다. (…중략…) 다른 예(藝)는 어떠하든지 습자와 독서는 반드시 배워야 한다"[26]는 기술이 있다.『女大學榮文庫』는 삽화가 곁들여진 것으로 첫 번째 항목에서 습자와 독서의 중요성을 기술하고 있다.

'리터러시' 측면에서 본다면 전근대 여성들은 문자를 읽고 쓰는 단순한 '기능적 리터러시'와 문자의 해독 능력이 일정한 교양으로 이어지는 '문화적 리터러시'의 두 측면을 가지고 있다. 남성 중심의 가부장적 사회에서 여성으로서의 위치나 역할은 남자에게 종속되는 측면을 부정할 수는 없지만 한편으로는 여성 스스로가 자신의 '일상'을 보다 풍요롭게 만들어갈 수 있는 환경도 존재했다는 긍정적인 측면도 있다.

6. 맺음말

교훈형 오라이모노의 보급과 학습은 전근대 일본사회에서 유교가 어떠한 방식으로 전사회적으로 확대되어 가는지, 또한 유교가 어떠한

---

26) 教草女大學榮文庫, [手ならひ物よみの事], 東京学芸大学圖書館所藏本.

형태로 사람들의 의식속에 자리잡아 가는지 그 양상을 알게 해준다. 아이들이 유교를 어떠한 방식으로 인식하며 내면화해 가는지 이른바 지의 전달과 습득의 한 형태를 알 수 있다. 이러한 지의 전달과 습득의 문제는 학문뿐만이 아니라 개인 및 사회를 유지해주는 도덕 윤리까지 포함하고 있다. 에도시대 유교는 사람들의 일상을 규정해주는 도덕 윤리로 기능했다는 것을 알 수 있다.

교훈형 오라이모노에서 보이는 '지'의 안목이 갖는 특징은 관념적인 문제보다는 일상과 일용에서 필요한 '지'의 문제에 주안점이 있다는 점이다. 이러한 '지'는 지역사회의 유지와 존속, 계승이라는 측면과 밀접하게 관련되어 있다. 타인과 어떠한 관계를 맺을 것인가의 문제가 중요했다고 볼 수 있다. 유교에 의한 도덕, 윤리의 필요성이 제기되었다는 것은 그만큼 개인의 '이에'뿐만이 아니라 사회가 안정화되었다는 것을 의미한다. 다시 말하면 교훈형 오라이모노의 간행과 보급은 사회가 안정화되면서 유동화가 적어지고 가정을 비롯한 지역 사회의 질서 유지의 필요성이 강한 공감대를 형성하게 되는 과정으로 이해할 수 있을 것이다.

여성용 교훈서는 중국의 교훈서를 일본의 사정에 맞게 재구성한 것으로서 일본 사회에 필요한 내용으로 수정하여 보급되었다. 본고에서 주목한 여성용 교훈서는 주로 유교적 윤리에 기반을 둔 내용으로 구성, 간행된 것들이다.

여성용 교훈서가 갖는 특징으로는 여성도 교육의 대상이라는 인식이 있다는 점이다. 오라이모노를 통해 '공부하는 여성들'이 등장하게 되는 것은 전근대 일본사회에서 여성들에게 필요한 교양의 습득이라는 긍정적인 측면도 작용했다는 점은 간과할 수 없다. 이러한 점은 여성 스스로가 자신들의 위치를 확인해 가면서 자신들의 '일상'을 보다 나은 방향으로 구성해가려는 노력으로 생각할 수 있을 것이다. 다만 여성을 교육하는 이유가 일반적으로 이에의 계승과 유지라는 측면에 주안점이 있다는 점에서는 교양에 대한 지적 관심의 반영이라고만 볼 수는 없다. 여성들이 한문으로 된 경서의 독서가 필요한 이유를 효순 정절의 길을 가르치기 위함에서 찾는 인식이 보이기 때문이다. 따라서 여성용 교훈서에서 보이는 여성들에 대한 교육적 안목과 시선은 전근대 사회에서 여성들의 주체성 확립에 기여하면서 한편으로는 이에의 계승과 유지라는 중요성이 반영된 것이다.

　여성용 교훈서는 기본적으로 유교적 내용을 바탕으로 구성되어 있다. 그 내용의 대부분은 여성으로서 어떻게 살아갈 것인가, 윤리 도덕적인 측면과 관련되어 있다. 이러한 측면에서는 선한 여성이나 좋은 여성과 이에 대비되는 나쁜 여성의 이미지를 증폭시킨다. 모범적인 선한 여성상을 보여주면서 오라이모노를 학습하는 여성들 스스로가 내면화하게 만든다. 이처럼 선한 여성상에 대한 이미지 강화는 결국 여성들의 규율의 측면과 불가분의 관계에 놓인다. 선한 여성이 되기 위해 필요한 규제나 규율의 제시와 이에 기초한 인격 수양은 당대를 살아가는데 필요한 규범이나 가치관의 체득으로 나타날 수 밖에 없을 것이다.

참고문헌

〈사료〉

貝原益軒,『和俗童子訓』,『愼思録』(軒会編纂,『益軒全集』, 益軒全集刊行部,
　　　明治44).

『教草女大學榮文庫』(榮文堂, 高知県県立図書館所藏本, 刊行年度未詳).

居初津奈,『女実語教』(同文舘編集局,『日本教育文庫』, 同文舘, 明治44).

貝原益軒,『女大学』(同文舘編集局,『日本教育文庫』, 同文舘, 明治44).

貝原益軒,『女論語』(同文舘編集局,『日本教育文庫』, 同文舘, 明治44).

稙村玉枝子,『女中庸』(同文舘編集局,『日本教育文庫』, 同文舘, 明治44).

八隅山人,『女孝経』(同文舘編集局,『日本教育文庫』, 同文舘, 明治44).

作者未詳,『女今川』(同文舘編集局,『日本教育文庫』, 同文舘, 明治44).

『證註実語教』, 日吉堂, 1910.

『童子教』, 国民思想叢書(民周篇), 国民思想叢書刊行会, 1929.

『実語教童子教證註』, 玉巌堂, 1816.

『孝子教』, 日本教育文庫(宗教篇), 同文舘編輯局編纂, 1911.

『人道24カ条』, 小川柳影社出版, 1898.

Religion과 종교*

: 19세기 일본인의 곤혹과 대응

와타나베 히로시(渡辺 浩)

1. 일본의 '종교' 현황

현재의 일본정부에서는, '종교'는 문화청 문화부 종무과 담당입니다. 아무래도 일본정부는 '종교'란 국민이 누리고 관여하는 '문화', 즉 스포츠나 예술과 유사한 것으로 생각하고 있는 것으로 보입니다. 이 문화청에서는 매년 일본의 '종교' 활동에 관한 통계를 발표하고 있습니다(『종교연감』). 여기에는 전년 12월 31일 시점에 여러 종교단체가 그에 속하는 '신자'로 보고한 숫자를 합계하여 게재하고 있습니다. 최신판에서는 아래와 같습니다.

---

* 이 원고는 2018년 10월 25일 단국대학교 일본연구소 HK+ 사업단에서 주최한 제5회 해외 석학 초청 강연 원고를 번역 수록한 것임. [번역: 최태화(경희대)]

문화청편 『종교연감 2017년판』 「일본의 신자수 2016년 12월 31일 현재」

불교계 84,739,699명

신도계 87,702,069명

그리스도교계 1,914,196명

제교(諸教) 7,910,440명

이에 따르면, 일본인의 대부분은 불교 또는 신도의 신자라는 것이 됩니다. 한편 한국과 달리 그리스도교도는 극히 소수로 약 1%입니다. 단, 이 통계에는 큰 문제가 있습니다. 이 신자수의 합계가 1억 8226만 6404명인 점입니다. 일본의 총인구는 2016년 10월 1일에 1억 2693만 3000명으로 추계되었습니다. 신자수의 합계는 총인구보다 6000만 명이나 많습니다.

즉 많은 사람들이 이중 또는 그 이상으로 중복 등록되어 있는 것입니다. 그리고 그것이 문제시 되고 있지 않습니다. 다시 말해 일본인 중 대부분이 스스로가 어느 '종교'의 신자로 되어 있는지에 대해 거의 관심이 없습니다. 필자 스스로도 이 통계의 어디에 자신이 포함되어 있는지, 또는 어디에도 포함되어 있지 않은지, 모릅니다.

실제로 일본인에게 "당신의 종교는 무엇입니까?"라고 물어도, 명확한 답변이 돌아오는 일은 적을 것입니다. 또한 "일본에 불교 신자는 몇 명 정도 있습니까?"라는 질문에 답변하는 것도 실은 불가능합니다. 한국과 달리 일본에서는 불교 승려들조차 육식하고 음주하고 거의 모두가 결혼합니다. 이러한 상태에서는 '불교 신자'인지 아닌지의 판정 기준이 없기 때문입니다.

그러나 그렇다고 해서 일본인이 일절 '종교'에 무관심하다는 것도 아닙니다. 단호한 무신론자나 유물론자인 것도 아닙니다. 전술한 『종교연감』에 의하면, 일본에서 종교법인으로 되어 있는 불교 사원은 7만 7206개, 신도 신사는 8만 1067개 존재합니다. 그리고 법인으로 되어 있지 않은 작은 사사도 다수 있습니다. 무수한 절과 신사가 일본 열도의 도시·농촌·산촌에 산재하고 있으며, 이들이 막대한 비용과 노동에 의해 만들어지고 유지되어 오고 있는 것입니다.

또한 메이지 신궁(明治神宮)이라는 도쿄 중심부의 깊은 숲에 둘러싸인 큰 신사에는 매년 1월의 첫 3일간에 약 300만 명의 사람들이 방문하여, 어느 정도의 돈을 바치고 머리를 숙입니다. 또한 역시 도쿄에 있는 센소지(浅草寺)라는 큰 사원에도 약 300만 명의 사람들이 방문하여 머리를 숙입니다. 모두 한 해의 행복이나 건강을 기원하는 행사입니다.

그런데 이 메이지신궁이란 지금부터 3대 전의 천황, 즉 1912년 7월 29일에 당뇨병·만성 신장염으로 요독증이 발병하여 61세에 사망한 남성이 모셔진 곳입니다. 20세기에 죽은 사람이 일종의 신이 되고 있는 것이죠. 그렇다면 이 300만 명은 이 신에게 동전을 던지고 머리를 숙이면 신년의 건강이나 행복이 보증된다고 믿고 있는 걸까요?

그들에게 그렇게 질문을 해도 아마 명확한 답변은 돌아오지 않을 것입니다. 실제로 많은 사람들은 메이지 신궁의 신이란 누구인지 거의 의식하지 않고 있을 것입니다. 그러니까 올해 메이지 신궁에 간 사람이 내년에는 센소지에 갈지도 모릅니다. 내후년에는 또 다른 절이나 신사에 갈지도 모릅니다. 게다가 그 사람들은 사실은 결혼식은 그리스도교 교회에서 올렸을 수도 있습니다. 그리고 많은 사람들은 가족 장례식에는 불교 승려를 오시게 하여 불경을 외주십사 할 것입니다.

또한 정부의 통계수리연구소는 1953년 이래 5년마다 "일본인의 국민성 조사"를 실시하고 있습니다. 이는 동일한 조사 방식으로 거의 동일한 질문을 함으로써 시대에 따른 일본인의 의식 변화도 알 수 있는 조사입니다. 최신인 2013년의 제13차 조사에 의하면, "당신은 무언가 신앙이나 신심 등을 가지고 있습니까?"라는 질문에 "예"라고 답변한 사람은 28%, "아니요"라고 답변한 사람은 72%입니다. 이 숫자는 50년 이상 큰 변화가 없습니다. 그런데 "당신은 '종교적인 마음'이 중요하다고 생각하십니까?"라고 질문하면 "예"가 66%, "아니요"가 21%입니다. 이것도 시대에 의한 변화는 별로 없습니다("예"가 다소 감소 경향).

즉 많은 일본인들은 '종교적인 마음'을 지니는 것은 중요하다고 말하면서, 특정 신앙은 지니고 있지 않다고 답변합니다. 이것은 무슨 뜻일까요? 이 많은 일본인들의 '종교의식'이란 어떠한 것일까요?

필자는 이에 대해 다음과 같이 설명할 수 있지 않을까 생각합니다.

그들도 인력을 넘어선 것, 인간의 이성을 넘어선 것이 존재할 것이라는 것은 인정합니다. 또한 그에 대해 외경심을 품고 그에 대해 경의를 표하는 것은 좋은 일이라고 믿습니다. 도저히 인간의 힘과 지식으로는 미치지 못하는, 그리고 인간의 운명을 좌우하고 있을지도 모르는 존재이기 때문입니다. 단지 그것이 무엇인지, 어떤 것인지는 잘 모르는 거죠.

그리고 사원이나 신사, 교회는 아마 그 무엇인가를 향해 열린 창문과 같은 것입니다. 따라서 그 창문을 향해 머리를 숙이고 경의를 표하고 어느 정도 기부를 하는 것은 좋은 일입니다. 거기서 기원하면 어떠한 행운이 오거나 혹은 불행을 피할 수 있을 지도 모릅니다. 저쪽 세계는 잘 모르니까 스스로 판단하지 말고 어느 창문을 향해서든 경의를 표하는 것이 좋은 것이죠.

이러한 의식에서 보면 "어느 특정 창문만이 올바른 창문이니 그 외를 향해 기도해서는 안 된다"라고 주장하는 것은 편협하고 속 좁은 것으로 느껴집니다. 그리하여 특정 종교를 강하게 믿고 그 외를 배척하는 것을 종종 기피합니다. 게다가 만약 정말로 저쪽 세계에 위대한 존재가 계신다면, 인간의 어리석음을 이해하고 있을 것입니다. 어리석은 인간이 올바른 인식을 지니지 못하고 올바르지 않은 창문에도 머리를 숙이고 있다고 해도, 그 위대한 존재가 질투하거나 화내거나 할 리가 없습니다. 불쌍히 여겨 주실 것입니다.

그러므로 사원에서도, 신사에서도 일반적으로 인정된 예배 장소에 가면, 거기서 머리를 숙이고 경의를 표하고 나아가 기도합니다. 이는 구미와도, 무슬림이 다수인 지역과도, 인도와도, 중국과도, 그리고 아마 한국과도 다른 상태라고 생각됩니다. 그러한 의미에서 특이합니다. 그렇다면 어떻게 이러한 의식이 지배적이 되었을까요? 이제부터 이에 대해 역사적으로 생각해보고자 합니다.

2. Religion에 대한 놀라움

우선 '메이지 유신'(1867~)이라 통상적으로 불리는 급진적인 대혁명이 일어난 시기의 전후로 거슬러 올라갑니다. 1853년 이후, 당시 도쿠가와 가문을 정점으로 하는 세습 무사신분이 지배하던 일본을, 많은 서양인들이 방문하게 됩니다. 그들은 여기서 다음과 같은 사실을 알고 놀랐습니다.

① 1853~1854년에 일본을 방문한 Matthew Perry가 이끄는 미국 대통령

사절단의 보고서

[…] it is suspected that the higher and better educated are indifferent to all religions, and entertain various speculative opinions, or seek refuge in a broad skepticism.

Francis L. Hawks (comp.), Commodore Perry and the Opening of Japan, Narrative of the Expedition of an American Squadron to the China Seas and Japan 1852~54: The Official Report of the Expedition to Japan (1856), Nonsuch, 2005, Ch. 21, p. 400.

② 미국 합중국 초대 총영사 Townsend Harris의 일기

I must say that I never was in a country so abounding with priests, temples, mias, statues, etc.,etc., where there was so great indifference on religious subjects as there is in Japan. I believe all the higher classes are inrealityatheists. (May 27, 1857)

The Complete Journal of Townsend Harris, First American Consul and Minister to Japan, Charles E. Tuttle, 1959, p. 366. Italics in the original.

③ The New York Tribune지의 기자이자 무역상이었던 미국인 Francis Hall의 일기

From my first landing till now I have been impressed with the belief that the Japanese have no reverence for their religion. […] Among the learned and the better classes the system of Confucius professedly obtains, as it does in China among the Mandarins and scholars, but in reality there is a disbelief in all these forms. I do not believe that Germany is today more imbued with rationalism than Japan is with practical atheism. (March 25,

1860)

F. G. Notehelfer (ed.), Japan through American Eyes: The Journal of Francis Hall, 1859~1866, Westview Press, 2001, p. 90.

④ 영국 초대 공사, Rutherford Alcock의 회상록

They have indeed some, but very obscure and imperfect notions of the immortality of the soul and a future state of bliss or misery. But so far as I have seen, the educated classes scoff at all such doctrines, as fit for the vulgar and the ignorant; […]

Rutherford Alcock, The Capital of the Tycoon: A Narrative of a Three Years' Residence in Japan (1863), Vol. II, Chap. 12, Greenwood Press, 1969, pp. 258~259.

그들은 입을 모아 일본의 통치 신분 사람들이 어느 religion도 믿지 않는 것으로 보인다고 증언합니다.

이 증언들에 대응하여, 일본인 중에서도 특히 통치 신분 사람들이 불교 등을 믿지 않는 점에 대해서는 일찍부터 지적이 있었습니다.

① 예를 들면 역사가인 라이 산요(賴山陽, 1780~1832)는 이와 같이 지적했습니다.

"그리하여 지금의 불교 설은 어리석은 서민들 사이에서는 이루어지고 있는데, 사람 위에 서는 자 중 이를 믿는 것은 옛날처럼 심하지는 않다. 이는 일본에 있어서 다행이다."(賴山陽, 『日本政記』 권2)

② 또한 주자학자, 요코이 쇼난(橫井小楠, 1809~1869)은 다음과 같이 우려했습니다.

　"일본에서는 지금까지 대도(大道)의 가르침은 보급되지 않았으며, 한 나라에서 세 가지 가르침(주: 유교·불교·신도)의 형태였습니다. 그러나 성인의 도 즉 유교는 학자들만의 놀이 도구가 되었고, 신도는 완전히 황당무계하여 조금도 조리가 없고, 불교는 어리석은 서민들을 속이고 있을 뿐입니다. 실제로는 귀천상하의 신분이 두루 믿는 대도는 조금도 없어 나라 전체가 종교가 없는 상태입니다. 그리하여 무엇에 의해 인심을 일치시키고 치교를 베풀 수 있는지, 현재 가장 우려해야 할 일은 무엇보다도 이것입니다."(橫井小楠, 村田氏寿(무라타 우지히사), 앞 서간, 1857)

③ 또한 메이지에 들어서 가장 영향력이 있었던 지식인, 후쿠자와 유키치(福沢諭吉, 1835~1901)는 이렇게 지적했습니다.

　"일본의 사인(士人)들은 대개 모두 종교를 믿지 않고, 어릴 때부터 신에게 기도하지 않고 부처에게 절하지 않으면서 잘 그 품행을 유지하였다."(『通俗国権論』, 1878)

　"확실히 일본 사인들은 신기하게도 오래토록 종교 이외에 소요(逍遙)하여 일찍이 그 맛을 본 적이 없으며, 절은 그저 어리석은 사람들이 참배하는 곳으로 사군자가 가까이 하지 말아야 할 곳이라 하여"(「宗教は経世の要具なり」, 1897년 7월 24일)

그리하여 19세기 후반에 서양을 방문한 교양 있는 일본인들은 일본과 달리 서양에서는 사회 전체에서 religion이 번영하고 있다는 사실에 충격을 받았습니다.

예를 들면, 메이지 혁명 이전인 1860년에 정부 사절로서 미국을 방문한 일행 중 한사람은 일기에 이렇게 적었습니다.

"오늘은 일요일이므로 시중이 모두 문을 닫고 휴식하며, 절에 가서 법담 비슷한 것을 듣는다. 나라 안이 모두 천주교를 믿으며, 절은 곳곳에 있어 남녀가 함께 모여 설법을 듣고 쉬는 동안에는 음악을 연주하고 경문을 왼다. 본존의 불상은 40세 정도의 남자이며, 맨몸으로 십자가에 올라가 양손 양발 모두에 대못을 치고 또 왼 가슴에 찔린 상처가 있다."
(柳川當清, 『航海日記』, 1860, 워싱턴 소재)

거리에서 놀라고 교회에서 당황해 하는 표정이 눈에 선합니다. 이상한 종교 설법을 듣기 위해 7일마다 거리가 조용해집니다.

이와쿠라(岩倉) 사절단의 보고서도 마찬가집니다. 이와쿠라 사절단은 신정부의 최고지도자 중 한 명인 이와쿠라 도모미(岩倉具視)를 단장으로 하여 오쿠보 도시미치(大久保利通)·기도 다카요시(木戸孝允)·이토 히로부미(伊藤博文) 등, 정부 요직에 있는 사람들을 거의 망라한 대사절단입니다. 그들은 1871년부터 약 2년 간, 이후 개혁에 참조하기 위해 미국과 유럽을 시찰 순회하였습니다. 그리고 귀국 후(1878년)에 상세한 보고서가 간행되었습니다.

"교문은 서양에서 풍속과 교화를 유지하고 생업을 격려하는 긴요한 것으로 인민들의 신앙 여부는 그 풍속과 관련됨이 가볍지 않다. 영국의 정치가들이 특히 이를 중히 여기며, 예배를 숭상함은 상하를 통틀어 빠지는 일이 없다. (…중략…) 사람의 의식을 인도하며, 그 품행을 선으로 나아가게 하며, 생명 이욕을 뒤로 하여 지키는 바가 있고, 범하지 않게 하는 바가 있게 하는 것은 이를 교문의 유지에 의지하지 않을 수 없다." (久米邦武, 『米欧回覧実記』第21巻 「英吉利(영국)国総説」)

"세계 각국의 인민은 그 종교의 신앙에 있어서 인심이 굳건함이 거의 견고한 감옥을 뚫을 수 없는 것에 가깝다. 그 관계는 인민 교제 및 정치 병력에 영향을 미친다. 엄청난 세력이 있음을 동아시아 도덕 정치에서 성장한 사람들은 거의 상상하지 못할 것이다."(同, 第53巻, 海牙鹿特坦及ヒ来丁ノ記)(주: 헤이그·로테르담·레이던의 기)

또한 이 일행 중 한 사람이었던 보고서 필자의 회상에 의하면, 일행이 요코하마 항을 출발하여 샌프란시스코로 향하던 선상, 흡연실 등에 모였을 때 다음과 같은 이야기가 나왔다고 합니다.

"그 중에는 말할 것도 없이 전권대사 일행이니 메이지 이전에 서양에 건너갔던 후쿠치(주: 源一郎, 호는 桜痴)라든가 지금의 외무대신인 하야시(주: 董[다다시]) 또는 다나베 다이치(田辺太一), 이외에 서양행자(주: 서양으로의 도항 경험자)는 몇 명인가 있었는데, "미국을 비롯하여 서양인을 만나면 종교가 무엇인지 묻는다. 그 때 어떻게 답변할지, 무심코 답변해서는 안 된다"고 하여 "그럼 물어오면 불교라고 말하자"는 사람이 있었다. 그러나 "불교신자라고는 아무래도 말이 나오지를 않는다, 아무래도 불교는 잘 모르기 때문에 이어서 질문을 당하면 다음 말을 할 수가 없다. 불교는 곤란하다. 대체로 서양은 종교 등을 믿지만 우리는

그러한 것은 이제까지 믿지 않았다. 거짓말을 하지 말고 유교, 충효인의라 하자"라고 하니 한쪽에서 다시 "유교는 종교가 아니다. 이는 일종의 정치기관 교육 같은 것"이라 한다. 그래서 또 "나는 일본인이다. 모두 신도를 믿는다고 하는 게 맞다"라는 설이 있다. "그건 안 된다. 과연 나라에서는 신도라는 등 말하지만 세계에 대하여 신도라는 것은 아직 성립되지 않는다. 또한 경문 하나조차도 없다. 그저 신도라고 해도 세계가 종교라고 인정하지 않으니 어쩔 수 없다." 이러한 논의로 신유불 모두 어느 것이라 할 수도 없으므로 "차라리 종교는 없다고 하자"라고 하니 서양행자가 "그것은 매우 안 좋다. 서양에서 종교가 없는 인간은 어떻게 비춰질 것이라 생각하는가. 인간이라는 것은 성악이라 하는데 악한 정도의 것이 아니다. 영악하고 지혜를 가진 호랑이나 여우와 같은 것들은 가만히 두면 어떤 나쁜 짓을 할지 모른다고 보고 있다. 그래서 종교를 묻는 것이다. (…중략…) 만약 그 호랑이 늑대와 같이 생각하는 종교가 없는 인간이라 하면 어떤 일을 할지 모른다는 말이 되므로 무종교는 안 된다." 점점 이와 같은 이야기가 되어 모두 난처하였다."(久米邦武,「神道の話」, 1908)

그들은 '문명국'에서는 '세속화'가 진행되고 있음에 충격을 받고 당황한 것이 아닙니다. 그 반대였습니다.

이는 구미 사람들이 아직도 널리 품고 있는 선입견을 뒤엎는 것입니다. 그 선입견이란 "서양은 일찍부터 근대화되었기 때문에 세속화가 진행되었다. 이에 비해 아시아는 계속 극히 종교적이었다. 그리고 지금도 그러하다"는 등입니다. 적어도 일본의 지배신분 사람들은 구미보다도 훨씬 전에 세속화되었습니다(현대의 미국 합중국 등을 보면 '근대적'인 것과 '비종교적'인 것은 별개일지도 모릅니다).

그리하여 당시 일본인들은 그러한 서양을 이해하고자 노력했습니다. 그리고 위 인용에서 "교문" "종교" 등으로 번역된 religion이란 도대체 무엇인지, 그것을 이해하려 했습니다.

3. Religion이란 무엇인가

메이지 혁명 이전의 도쿠가와 세상에서 '종교'란 일반적으로 사용되는 말이 아니었습니다. 이에 다소 가까운 말은 '종지'와 '종문'입니다. 이 둘은 거의 같은 의미로 불교와 그리스도교 양쪽을 말합니다. 실제로 그리스도교를 '예수종문' '사종문' 등으로 불렀습니다. '종지' '종문'에, 상당히 불교와 융합되어 있었던 신도가 포함될지는 다소 애매합니다. "신도 및 제종문(神道並びに諸宗門)"이라 하는 경우가 있습니다.

또한 도쿠가와 정부 스스로가 그 명령을 분류하여 시간 순으로 나열한 『오후레가키 집성(御触書集成)』은 "종지 부문"과 "사사 부문"이 따로 구성되어 있습니다. "사사 부문"에는 절이나 신사의 단속, 주요 사사의 건물개축을 위해 기부금을 모으는 것에 대한 허가 등이 수록되어 있습니다. "종지 부문"은 주로 "종문 조사(宗門改め)" 관련 명령입니다. "종문 조사"는 그리스도교 유포 억제를 위해 일본인 모두를 형식상 어느 한 불교사원에 등록시킨 제도입니다. 불교사원에게는 등록된 각자가 그리스도교 신자가 아님을 확인하고 증명할 권한이 부여되어 있었습니다. 그 증명을 받지 못하면 여행이나 객지벌이를 할 수 없었습니다.

그리고 도쿠가와 정부의 '종지' '종문'에 대한 기본적인 태도는 "각자 또는 각 가문은 각각 정부가 인정한 몇몇 '종지' 중 하나를 섬기고, 장례식 등 필요한 의식에는 그 '종지'의 승려를 초청하여 거행하라"는 것이었습니다. 그리고 "사원은 그 임무를 다해라"라는 것이었습니다. 그 구조를 무사인 '사사봉행(寺社奉行)'이 정점이 되어 관리·감독하였습니다.

도쿠가와 세상 무사들의 정치권력은 특정 '종문' '종지'와 결합된 것이 아닙니다(유교와도 원래는 무관합니다). 그 권력은 고대 이래 천황이 정부와 결합하여 큰 세력이 되어 있던 사원이나 신사를, 무사권력 아래 복종시킴으로써 확립된 것입니다. 그러니까 무사 스스로가 특정 '종문' '종지'에 깊이 귀의하는 것은 다소 어울리지 않는 일이었습니다. 그러나 그들은 그것을 그리스도교에 대한 대항을 위해 이용한 것입니다.

그렇다면 religion은 '종지' '종문'인 것일까요? 최초의 영일사전인 호리 다쓰노스케(堀達之助) 저술 『영일대역 수진사서(英和対訳袖珍辞書)』 (1862년 간행)는 religion에 "종지, 신교"의 단어를 대응시켰습니다. 그러나 메이지 초년이 되자 다양한 다른 번역어가 고려되었습니다. 이는 '종지'나 '종문'으로는 '문명국'에서 존경을 받고 있는 religion의 번역과 어울리지 않는다고 당시 지도적 지식인들이 생각했기 때문으로 보입니다.

메이지 초년에 고안된 religion의 번역어는 예를 들면 '법교' '교법' '교문' '신도' '교도' '신교' 그리고 '종교'입니다.[1] '법'은 산스크리트의

---

1) 1874년 간행 『明六雜誌』의 논설을 예로 들자면 이상의 번역어는 다음과 같이 등장한다. "법교"(津田真道 「開化ヲ進ル方法ヲ論ス」 제3호, 杉亨二 「南北米利堅聯邦論」 제7호, 中村正直 「西学一斑評」 제10호, 同 「西学一斑」 제12호, 加藤弘之 「米国政教」 제13호, 杉亨二 「人間公共ノ説」 제19호), "교법"(西周 「駁旧相公議一題」 제3호, 津田真道 「拷問論ノ二」 제10호), "교문"(西周 「教門論」 제4, 제5, 제6, 제8, 제9호), "신도"(加藤弘之 「米国政教」 제5, 제13호),

dharma의 한역(漢訳)입니다. '설법' '법사'의 법이며, (불교가 설하는) 진리를 의미합니다(현대 힌디어에서는 이 dharma가 religion의 번역어입니다). 그러나 지금 소개드린 번역어에서는 '법'보다도 '교'가 전면에 드러나 있습니다. religion이란 신앙이 아니고, 어떤 '진리'라는 의미도 아니고, '교'의 일종이라는 점에서 번역자들의 이해는 대체로 일치한 것입니다. 그리고 그것은 종래의 '종문' '종지'라는 것 이상의 것이며, 그 본질은 '교'이다, 그렇다면 나름대로 알겠다, 그렇게 생각된 것이겠지요.

그렇다면 '교'란 무엇일까요?

그것은 당시 많은 지식인들의 기초교양인 유학에서의 의미일 것입니다. 기본적인 경서인 『중용』은 첫머리에서 이렇게 말합니다.

"하늘이 명하는 것을 성이라 한다. 성에 따르는 것을 도라 한다. 도를 닦는 것을 교라 한다."

대표적인 주석서, 주희(朱熹)의 『중용장구(中庸章句)』에 의하면 이는 다음과 같은 의미입니다.

전부를 낳는 '천(天, 대자연)'이 사람에게도 사람다운 본성을 부여한다. 사람이라면 누구나 이 사람다움, 사람으로서의 본성을 갖추고 있다. 그리고 이 '천'이 명한 사람다움에 충실히 따라 살면 사람의 '도'를 따르고 있는 것이 된다. 그렇지 않으면 금수에 가깝다. 그리고 항상 이 '도'를 따라 행동할 수 있도록 고대 성인인 천자는 각자의 입장과 경우에 어울

"교도"(加藤弘之 「米国政教」 제6호), "신교"(杉亨二 「人間公共ノ説」 제19호), "종교"(森有礼 「宗教」 제6호, 柴田昌吉 「「ヒリモア」万国公法ノ内宗教ヲ論ズル章」 제6호).

리는 구체적인 행위의 형('예')을 정하여 지도하고 통치하였다. 그것이 '교'이다. 즉 사람에게 만인공통의 '도'를 따르게 하기 위해 그것을 구체화하여 인도하는 것과 그 구조가 '교'이다.

즉 우선 전인류에 공통된 사람의 '도'가 있다. 그리고 그것을 따르게 하기 위해 '교'가 있다는 것입니다. 그것은 단순히 '교의'라는 의미가 아닙니다. "교육"(『孟子』盡心上), "교훈"(『礼記』曲礼上), "대교(大教)"(同, 樂記), "교화"(同, 経解)의 '교'이기도 합니다. 그리고 의식도 포함합니다. 그리고 그 실행은 본래 통치자의 임무라는 것이 유학적 교양을 가진 사람들의 일반적 이해입니다. 거기에는 '속'과 반대되는 '성'스러운 것이라는 함의는 없습니다.

그러한 사람들이 '법교' '교법' '교문' '교도' '신교' 그리고 '종교'라는 단어를 접하면, 당연히 그것도 '도'로 인도하기 위한 '교'라고 이해했을 것입니다. "천리인도(天理人道)"로 인도하기 위한 다양한 유도(수단)이며, 지도(방법)입니다. 당시 사람들은 가치상대주의자는 아닙니다. 사람 행동의 선악은 인간성에 입각한 객관적인 도리로 결정됩니다. 그 '선'으로 인도하는 것이 '교'라는 것입니다.

이는 우선 절대적 초월자에 대한 신앙이 있고, 그 초월자 명령에 복종하는 것이 즉 도덕이라는 생각과는 크게 다릅니다. 신앙이 있기 때문에 도덕이 있는 것이 아니라 도덕으로 인도하기 위한 수단이 '교'이며, 그것을 믿게 하면 된다는 것입니다.

한편 '종'은 일상어인 '종지' '종문' '종파' '제종' '정토종' '법화종'의 '종'으로 이해되었을 것입니다. 따라서 결국 '종교'란 '종지'의 형식을 취한 '교', 또는 다양한 '종'파의 '교'라는 의미가 됩니다. 그렇다고 한다면 당시 일본인들이 납득할 수 있었던 것이겠지요. 그리하여 번역어의 생존경쟁에서 "종교"라는 단어가 승리한 것으로 보입니다.

이러한 이해는 종래 일부에서 설하던 "삼교일치"론과도 쉽게 접합합니다. 유교·불교·신도는 근본에서 일치한다는 설입니다. 예를 들면, 서민들을 모아 어떻게 살아야 할지를 흥미롭게 설하여 인기를 누린 「석문심학(石門心学)」이라는 집단이 있습니다. 처음에는 서민들만이 대상이었고 유학자들은 경멸하였습니다만 이후에는 무사들 중에도 신봉자가 증가하였습니다. 그 설교자 중 한 명인 나카자와 도니(中沢道二)는 이와 같이 말합니다.

"만물일체, 도 밖에 교도 없고, 교 밖에 도도 없다. 사람에게는 사람의 도가 있으며 오륜오상 밖에 사람은 없다. (…중략…) 도란 무엇인가. 마음을 말한다. 신도라 하는 것도 마음이고, 불도라는 것도, 유도라는 것도 마음을 말한다. 유도에서는 방심(放心)이라 한다. 불가에서는 방황(迷ひ)이라 한다. 방심이라 하기 보다는 방황이라 하는 편이 아녀자들 귀에 익숙하므로 방황이라 하는 것이 알기 쉽다. 그건 그렇고 이 교라는 것은 뭐 다른 게 아니다. 이 방황이라는 것이 있기 때문에 성인·부처가 이 교를 세우신 것이다."(中沢道二, 『道二翁道話』, 1796년 간행)

비슷한 논의는 심학자의 설교에 빈출합니다. 이러한 발상을 확대하면 "백교일치"론이 됩니다. 모든 '교'는 근본에서 동일하다는 설입니다. 예를 들면 메이지 초년에 서양철학 도입에 큰 공이 있던 니시 아마네(西周)의 『백일신론(百一新論)』(1874년 간행)이 있습니다. 이 "백일"이란 "백교일치"를 의미합니다. 니시에 의하면 '신도' '공자의 교' '노장의 교' '바라문교' '석가의 교' '이슬람교' '가톨릭교' '그리스교' 등등 모두가 "그 백교의 취지 비법인 바를 생각하니 동일한 취지로 돌아간다."는 것입니다. 결국 모두 "오로지 사람의 사람다운 도를 가르치는" 것인 것입니다.

이와쿠라 사절단의 보고서도 사람을 선으로 나아가게 하기 위해 '교'가 있다는 전제에 서 있습니다.

"'바이블'은 서양의 경전으로 인민품행의 근본이다. 이를 동양과 비교하여 설명하자면 그것이 민심에 침지되어 있음이 사서와 같고, 남녀라 할 것 없이 귀중히 여김이 불전과 같다. 구미의 인민들이 존경함이 그 성대한 유행을 동양에서 비교할 바가 없다. 애초에 인민들의 신을 존경하는 마음은 열심히 힘쓰는 근본이며 품행이 좋음은 치안의 원천이다. 나라의 부국강병이 나오는 바도 여기에 있다."(『特命全権大使 米欧回覧実記』 제11권 「新約克府ノ記」)

"미국 신사들은 모두 열심히 종교를 믿고, 성황리에 소학을 일으키고, 고상한 학문을 뒤로 하고 보통 교육에 힘쓴다. 그 이유를 살펴야 한다. 유민용노의 완고하고 어리석음에서 그 밝은 선의 마음을 계몽 인도하는 것은 신에 대한 존경이 아니고서는 불가능하다."(久米邦武, 『特命全権大使 米欧回覧実記』 제7권)

또한 1869년 간행의 서양견문기에도 이러한 지적이 있습니다.

"대저 영국의 정강이란 종교로써 인도를 가르치고 관용정치로써 민생을 편안하게 하며 세금을 부과하여 국용으로 공급한다. 이 세 가지를 대강으로 삼아 인재를 교육하고 현재를 택용하고 민산을 풍요롭게 하고 국가를 부유하게 하여 국용을 공급하고, 병력의 비축을 성행하게 하여 이로써 이러한 성치를 이루는 것이다. 그리하여 늘 종교의 주지를 기초로 하여 사람을 가르치고 나라를 다스리며 인심을 일치 고정케 하고 또한 정치를 너그러이 풀어서 하나는 인심을 속박하지 아니하여 인재를 발양케 하고, 하나는 민생을 자유자재로 안락하게 하여 이로써 중생들을 풍족하게 하고 관부에서 세금을 징수하여 이로써 국계를 이룬다."

(村田文夫, 『西洋聞見錄』, 1869년 간행)

당시의 지도적인 정치가·지식인 중 대부분은 유학에서 예전부터 바람직하다고 일컬어진 "문명"(『易』文言伝)은 현재는 중국보다 구미에서 실현되고 있다고 생각했습니다. "구미 제국은 '인(仁)'의 정치를 하고 있기 때문에 인민이 번성하고 있다. 또한 의회를 설치하여 '공론' 정치를 하고 있어서 국력이 강하다. 그러니까 일본도 구미 문명국을 따라 '문명개화' 해야 한다." 그것이 유력한 의견이었습니다.

그리고 그 '문명'의 나라에서는 유학에서 설해져 온 것과 같이 '교'가 성행하고 있다는 것을 그들은 알아차린 셈입니다. 단만 그것이 서양에서는 '종교'의 형태를 취하고 있다, 그들은 그렇게 생각했습니다. 그렇다면 '종교'가 미약한 일본에서는 어떻게 하면 되는가? 그것이 메이지 시대의 지적·정치적 지도자들이 맞닥뜨린 과제이었습니다.

4. '종교'의 필요

종교가 미약했던 것은 사실은 그들, 지도적 계층에서였습니다. 서민들은 그들만큼은 아니었던 것 같습니다. 그러나 그들은 그것을 서민들의 문제, 서민교육의 문제라고 생각했습니다. 아마 그들 자신은 훌륭한 '사인(士人)'으로서 '교'가 없어도 사악한 일은 하지 않을 것이라 느끼고 있었던 것이겠지요.

후쿠자와 유키치의 다음 말은, 그들의 '종교'에 대한 태도를 전형적으로 보여줍니다.

"종교란 인간 이상으로 황송해하고 존경해야 하는 자를 상상하여 이를 본존으로 정하고, 여러 교리의식을 만들어 사람들에게 선을 권하고 악을 피하게 하는 도구이다. 깊이 학문상으로 음미하면 반드시 동하지 말아야 할 근거가 있지도 않다. 혹은 인간의 일종의 방황일 수도 있으나 그러나 중생제도를 위해서는 필요불가결한 것으로 경세가가 심히 주의해야 하는 바이다. 학자 사군자는 종교 밖에 일가의 견식을 세우고 그로 인해 그 도덕을 유지할 궁리도 없지는 않지만, 일반세속의 품행에 이르러서는 종교를 통해 다룰 수밖에 없다."(「宗教は経世の要具なり」, 1897년 7월 24일)

이로 인해 '문명국'은 모두 그리스도교 국가이니 일본도 그리스도교를 '국교'로 채용하면 된다는 주장도 등장했습니다. 그것도 지도적인 지식인 사이에서 말입니다.

① 나카무라 마사나오(中村正直, 1832~1891)는 천황이 솔선하여 세례를 받고, "교회의 주인"이 되어 인민을 인도하라고 주장했습니다(「擬泰西人上書」, 『新聞雑誌』 558호 부록, 1872. 『敬宇文集』 권1, 1903). 그가 일시 체류한 영국의 국교회를 모델로 한 것으로 보입니다.

② 또한 쓰다 마미치(津田真道, 1829~1903)는 "인민일반의 개화를 돕

기" 위해 정부가 "그 가장 선하고 가장 새로운 법 교사를 고용하여 공적으로 우리 인민을 교도하게 하면 어떨지"라고 제안했습니다(「開化ヲ進ル方法ヲ論ス」, 『明六雜誌』 제3호, 1874). "구교" 즉 가톨릭보다는 "신교" 즉 프로테스탄트의 새로운 교파(예를 들면 Unitarian?)가 좋다고 생각하고 있었던 것으로 보입니다. 그 선교사를 정부가 고용하여 인민을 교도시키면 된다는 방안입니다.

③ 야노 류케이(矢野龍溪, 1850~1931)는 "그러므로 오로지 정치상으로만 생각하여도, 일본은 '예수 유니테리언'파와 같은 일파를 우리 국교로 정하여, 이 순량한 교문을 위해 자기 몸도 삼가고 일본도 지킨다고 할 수 있을 정도로 인민을 인도하는 것도 역시 정치가에게 있어서 하나의 방편일 것이다."(「目下の急務は速かに国教を定むるに在り」 『周遊雜記』 하권, 1886)라 권하였습니다.

④ 그리고 도쿄대학의 초대 총리인 가토 히로유키(加藤弘之, 1836~1916)는 "부호 신사들에게 종교심을 고무해야 한다."라고 설하였습니다.

"내가 희망하는 바는 오늘날의 신사들에게 종교심을 고무하여 조금이나마 그 지조를 고상 우아로 인도하려는 데 있다. 내가 종교를 믿지 않음은 종래의 논설에서 세인들이 숙지하시는 바일 테지만, 그것은 고상한 학문사회에 대해 말한 것으로 세속 사회를 위해 말한 것이 아니다. 이와 같은 천하고 열등한 신사들에게는 종교심은 매우 유익한 것이라 생각한다. 이들로 하여금 고상한 학문계로 나아가게 하려는 등은 도저히 희망이 없는 것이지만, 이를 종교로 인도하는 것은 그렇게까지 어렵지도 않지 않을까. 이들에게 종교심을 품게 하면 결코 단지 이들의 이익에 머무르지 않고 또한 사회 전반의 이익이 될 것이다. 다만 그 종교는 어떤 것이 마땅한가 하면, 나는 기독교야말로 좋다고 생각한다."(『天則百話』, 1899)

⑤ 또한 후쿠자와 유키치는 이렇게 말했습니다.

"본래 나는 종교심이 모자라 일찍이 스스로 믿은 적이 없다. 스스로 믿지 않으면서 사람들로 하여금 믿게 하려는 것은 괘씸하다는 비난도 있을 터이지만, 아무래도 마음에 없는 신앙을 가장하는 것은 내가 할 수 없는 바로 스스로부터 본심을 나타내 말하면서 사회 안녕을 위해 그 필요성을 외칠 뿐이다. 원래 지금의 종교에는 불교가 있고, 예수교가 있고, 또한 그 종교 중에도 여러 종파가 있지만, 경세상의 눈으로 볼 때는 그 차이는 보통 차와 홍차의 차이 정도여서 어느 쪽을 마시든 대단한 차이가 아니다."(「宗教は茶の如し」, 1897)

아마도 보통 차가 불교이고 그리스도교는 홍차일 것입니다. 어느 쪽도 결국 차인 것입니다.

나아가 후쿠자와는 최만년의 『복옹자전(福翁自伝)』(1899년 간행)에서 가능하다면 자신의 인생에서 새로 해보고 싶은 것으로서 3가지를 들고 있습니다.

"전국 남녀의 기품을 차차 고상으로 인도하여 진실 문명의 이름에 부끄럽지 않도록 하는 것, 불법이든 예수교든 어느 쪽이든 좋으니 이를 세워 다수의 민심을 화평하게 하는 것, 그리고 크게 돈을 투자하여 유형 무형의 고상한 학리를 연구하게 하는 것, 대개 이 3개 조입니다."

이상과 같은 논의는 신앙을 모멸하고 religion을 우롱하는 것으로 보일 수도 있습니다. 확실히 그들 자신은 구제나 정토왕생을 구하고 있지 않습니다. 야노는 "방편"이라 하였고, 가토나 후쿠자와에 이르러는 자신의 불신앙을 공언하고 있습니다. 그러나 그것은 메이지 지식인의 천박함이나 시니시즘이 나타난 것 따위가 아닙니다. 그들은 진지합니다. 다만 그들은 엄밀히 말하면 religion에 대해 이야기한 것이 아닙니다. 그들은 민중과 나라를 위한 '교'에 대해 이야기한 것입니다. 도덕 교육의 수단에 대해 이야기한 것입니다. 그런데 '종교'라고 한 이상 그들은 religion에 대해 이야기했다고 전제한다면 큰 오해를 하게 됩니다.

그럼 그리스도교를 정부가 진흥하게 되었을까요? 그렇게 되지 않았습니다. 그리스도교에는 큰 문제가 있었기 때문입니다. 그 하나는 정치적·지적 지도자 스스로가 보기에 그리스도교 교의는 너무나 믿기 어려운 내용이었던 것입니다. 구메 구니타케『특명전권대사 미구회람실기(特命全権大使 米欧回覧実記)』는 유학적 교양을 가진 인물이 그리스도교에 접했을 때의 당황스러움을 다음과 같이 솔직하게 나타내고 있습니다.

"서양의 인민은 각각 문명을 가지고 서로 경쟁한다. 그런데 그들이 존중하는 바인 신구약서라는 것은 내가 이를 열람하니 일부 황당한 이야기뿐이다. 하늘에서 목소리가 들리고 사형수는 다시 살아난다. 이로써 풍전의 헛소리로 삼을 수도 있다. 그 이단을 외치고 십자가형에 못박힌 자를 천제의 진정한 아들로 삼아 통곡하며 무릎 꿇고 배례한다. 나는 그 눈물을 무엇이 낳았는지를 이상하게 여긴다. 구미의 각 도시에는 도처에 선혈이 떨어지는 사형수를 십자가에서 내리는 것을 그려서

당의 벽과 집 모퉁이에 걸어놓고 사람들로 하여금 묘를 지나거나 형장에 머무는 것과 같은 마음이 들게 한다. 이를 기괴하다 하지 않으면 무엇이 기괴하다 하겠는가. 그리고 서양인들은 오히려 동양에서 이것이 없음을 기괴하다 여기고 통달한 자들도 이를 걸어둘 것을 끊임없이 종용한다. 이것은 과연 무슨 뜻일까. 신을 존경하는 진심으로 수신을 실천하는 서양 민중이 공부를 격려하는 마음을 일으켜 서로 협조하는 것은 이를 근본으로 삼고 있기 때문이다. 고로 종교는 형상과 논설로 변증하기 어렵다. 소위 실행 여하를 돌아볼 뿐이다."(久米邦武, 『特命全権大使米欧回覧実記』, 제1편 제19권 「新約克(주: 뉴욕)府ノ記」)

그럼 왜 "문명국"의 지도자들은 이 믿기 어려운 "종교"를 믿는 걸까요? 그리하여 등장한 것이 다음과 같은 해석입니다. 이와쿠라 사절단이 워싱턴에 체재하던 때, 일행 중 한 사람인 사사키 다카유키(佐々木高行)는 일기에 이렇게 썼습니다.

"합중국 중 인민은 각각 그 바를 득하여 매일 개화로 나아가 (…중략…) 또한 교법이 성행하여 그 교법으로 풍속을 유지함이 또한 훌륭하다. '선데이'에는 반드시 대통령·부통령을 비롯하여 중역 관리들까지 절에 가서 설교를 삼가 경청한다. 궁리학자 등은 종교는 믿지 않지만 전체 인민을 유지하는 도구이니 중역 관리들도 진지하게 설교를 듣는 것이 일본에서 정토진종 등의 설법을 부녀자들이 신앙하는 것과 다를 바가 없다."(佐々木高行, 『保古飛呂比』, 1872년 1월 21일)

또한 사절단의 보고서에는 이렇게 쓰여 있습니다.

"대저 사람을 가지고 사람을 부리기 위해서는 항상 법교(주: religion 의 번역어 중 하나)에 큰 관계가 있는 법이다. 유럽 상류사회 사람들 사이에서 매우 법교를 중히 숭상하는 외면이 보이지만 그 깊은 뜻을 생각하면 아마도 인기를 얻고 규율에 들게 하는 기구로 삼아 그 권모를 이용하는 것과 비슷하다. (…중략…) 각국의 군상, 안을 다스리고 바깥과 교제하여 궤휼백단으로 권모를 이용하는 실태를 보니 법교는 전적으로 기구로 이용하며 이 가면으로써 우민을 부리는 것을 보았다."(동 제4편 제63권 「聖彼得堡(주: 상트페테르부르크)府ノ記」 상)

그리스도교 신앙은 "우민"을 통합하고 규율화하기 위한 "기구"이며, "상등사회 사람들"이 그것을 "숭상"하는 것처럼 보이는 것은 "가면"에 불과하다. 정부 사절단의 정식 보고서가 그렇게 언급한 것입니다. 또한 이토 히로부미도 베를린에서의 헌법조사 기간 중에 서간으로 다음과 같이 쓰고 있습니다.

"대개 대륙제국 입군정치의 정신을 탐지하면, 그 세력은 전적으로 상등사회 즉 귀족에 있다. 그리고 귀족상등사회의 군권을 주장하는 자는 십중팔구 모두 종교신앙인이다. 그 뇌리의 허실은 알기 어려우나 정신 방략 모두 신민을 생각대로 부리는 데 필요한 도구이므로 거의 밀착하여 떨어져서는 안 되는 것과 같다. 소수 이학자들이 종교를 비난하나, 현재 사회는 종교의 공기 중에 서식하고 있는 것을 어찌 하는가."(伊藤博文 참의로부터 참의 大蔵卿松方正義 앞 서간. 1883년 1월 8일)

"종교"는 "정신 방략"이며, "신민을 생각대로 부리는 데 필요한 도구"인 것입니다. 이러한 그리스도교 이해는 지극히 냉소적인 것처럼 보입니다. 그러나 그들로서는 도저히 믿을 수 없는 이상한 교의를, "문명국"에서 그 지도자까지가 진지하게 믿고 있는 것처럼 보였습니다. 이 역설적인 사실을 어떻게 해석하면 좋았을까요? Religion이 우민들을 인도하기 위한 '교'라면, 아마 이상과 같은 해석이 그들에게는 가장 납득이 가는 것이었겠지요.

그렇다면 일본의 문명개화를 위해서는 어떻게 하면 되는지? 그것이 문제였습니다. 이 일본에서의 '교'의 선택 문제를 체계적으로 논한 것이 니시무라 시게키(西村茂樹)의 『일본 도덕론(日本道德論)』(1886)입니다.

니시무라에 의하면 "도덕을 설하는 교"는 많이 있습니다. 그러나 그들은 "세교"와 "세외교"로 크게 나눌 수 있습니다. "세교"란 "도리를 주로" 하여 현세를 설하는 "중국의 유도, 유럽의 철학" 등을 말합니다. "세외교"란 "신앙을 주로" 하여 "미래의 응보와 사후혼백이 돌아오는 곳"을 설하는 "인도의 불교" "서양의 예수교" 등을 말합니다. 이 많은 '교'는 "모두 이로써 인심을 굳게 결탁시키고 또한 사람에게 악을 떠나 선으로 나아가게 하는" 것입니다. 그리고 "서양제국은 많은 세외교로 중등 이하의 인심을 굳건히 결탁시키고 세교(철학)으로 중등 이상 사람의 지혜를 개발"하고 있습니다. 즉 "문명의 본가인 구미 나라들"은 "모두 종교로써 그 국민의 도덕을 유지"하고 있는 것입니다. 그럼 일본에서는 어떻게 하면 되는지?

"오늘날 세교는 하등 사회의 민중만 이를 믿어 상등사회의 믿음을 얻을 수 없다", 따라서 "세교"에 의할 수밖에 없다. 다만 "유교가 아니고, 철학이 아니고, 하물며 불교와 예수교도 아님은 물론", "그러나 역시 유도를 떠나지 않고, 철학을 떠나지 않고, 불교 예수교 중에서도 또한 이를 취하는 바가 있다"는 절충이 니시무라의 답변입니다. 그리고 "황실을 존대(尊戴)"하게 하는 것이 중요합니다.

"대저 민심이 향하는 바가 일정하면 그 나라는 견고하며, 민심의 향하는 바가 일정하지 않으면 그 나라는 견고하지 않다. 서양제국 정부에서 종교를 숭상함은 아마도 민심의 그 향하는 곳을 일정하게 하는 데 있다. 일본 등은 이미 지귀지존의 황실이 있다. 민심을 전부 이 황실로 향하게 돌리면 나라의 견고 안전을 구하지 않더라도 저절로 얻을 수 있을 것이다. 어찌 종교의 힘을 빌리는 것을 이용하리."

이리하여 니시무라는 "종교"의 대용물로서의 "황실 존대"와 절충적인 '교'를 기대한 것입니다.

5. 그리스도교의 대체물로서의 천황 숭배

이상과 같은 모색 결과 결국 어떻게 되었을까요? 이는 유명한 이토 히로부미의 연설을 읽으면 명확해집니다. 이는 「대일본제국 헌법(大日本帝国憲法)」 초안을 심의하기 위해 개최된 추밀원(枢密院) 회의 제1회 회합 첫머리의 기안자 이토 히로부미의 연설입니다.

이토 히로부미(『枢密院会議筆記』, 1888년 6월 18일)
"이미 여러분께서 잘 아시듯이 유럽에서는 당 세기에 이르러 헌법정치를 실시하지 않은 곳이 없으나 이는 즉 역사상의 연혁에 성립하는 것으로 그 맹아가 멀리 옛날에 싹트지 않은 것이 없다. 반대로 일본에서는 일이 완전히 신면목에 속한다. 고로 지금 헌법을 제정하는 데 있어서는 우선 일본의 기축을 구하여 일본의 기축이 무엇인지를 확정하지 않을 수 없다. 기축 없이 정치를 인민의 망의(妄議)에 맡길 때에는 정치가 그 통기(統紀)를 잃게 되고 국가 역시 따라 폐망한다. 만일 국가가 국가로서 생존하여 인민을 통치하려 한다면 잘 깊이 생각하여 통치의 효용을 잃지 않도록 기해야 한다. 원래 유럽에서는 헌법정치가 맹아한 지 천여 년으로, 단지 인민이 이 제도에 익숙할 뿐만 아니라 또한 종교라는 것이 있어 그 기축을 이루고 깊이 인심에 침윤하여 인심이 이에 귀일된다. 그런데 우리나라에 있어서는 종교라는 것이 그 힘이 미약하여 국가의 기축이 될 만한 것이 하나도 없다. 불교는 한 번 융성한 강세를 보여 상하 인심을 모았으나 오늘날에 이르러서는 이미 쇠약세로 기울었다. 신도는 종조의 유훈에 기하여 이를 이어받아 서술하였으나 종교로서 인심을 돌리는 힘이 부족하다. 일본에서 기축으로 삼을 것은 단지 황실이 있을 뿐이다. 이로써 이 헌법 초안에서는 오로지 뜻을 이 점에 두고 군권을 존중하여 될 수 있는 한 이를 속박하지 않도록 노력하였다."

이토는 극히 의식적으로 구미의 그리스도교의 대체물로서 의회제를 가진 '문명국'을 실현하기 위해 천황숭배를 도입한 것입니다. 거기에 기대하는 기능이란 의회가 가진 원심력에 대항하는 구심력의 보급이며, 인민을 위한 '교'의 기초화였습니다.

고로 「대일본제국 헌법」 발포의 이듬해(1890년)에는 천황자신의 이름으로 「교육칙어(教育勅語)」가 발포되었습니다. 헌법에 의하면 천황의 명령은 입헌군주제의 원칙에 따라 천황뿐만 아니라 "각료(大臣)"의 서명도 필요했습니다(제55조 제2항). 다만 실제로는 물론 그 "각료"가 초안을 작성하여 천황의 이름으로 공포한 것입니다. 그러나 이 「교육칙어」만은 천황의 이름만으로 발표되었습니다. "이를 고금을 통틀어 잘못하지 아니하고 이를 내외로 실시하여 어기지" 않을 것인, 즉 보편타당한 도덕의 내용을 "교육"의 근간으로서 천황이 제시한 것입니다. 그리고 메이지 천황제 국가에서는 이 '도'라 일컬어진 범위 내에서 "신민"의 "신앙의 자유"가 인정되었습니다. 「대일본제국 헌법」 제28조는 이렇게 규정하고 있습니다.

"일본 신민은 안녕질서를 방해하지 않고 신민의 의무를 어기지 않는 한 신교의 자유를 갖는다."

이 국가구조에서는 그리스도교를 포함하여 민간의 여러 가지 '교'는 "신성"한 천황 아래, 보편적일 도덕—사실은 그것은 '국민도덕'이며 천황을 위한 신민도덕이었습니다—의 유지와 진흥을 위해 존재했습니다. 그리스도교를 포함한 religions는 국'교'회 내부에 있어서의 제'종'파로 자리매김된 것입니다. 이들은 천황이 정한 '도'를 위한 '교'로서 그 범위에서의 "자유"가 인정된 것입니다.

현대국가의 상식으로 보면 이건 이상합니다. 그러나 이것은 구미 "문명국"의 모방인 것입니다. 구미 "문명국"에서는 religion이 왕성하여 때때로 "국교"로 삼고 있다는 사실에 놀란 이토 히로부미 등은 그것을 자기들의 사고체계와 개념에 의해 이해하려 했습니다. 그리고 그것을 일본의 자원을 이용하여 모방하려 했습니다. 즉 메이지 천황제 국가란 유학적인 사고체계를 통해 이해한 구미류의 "문명국"을 일본의 자원을 이용하여 구축하려 한, 「모의서양풍(擬洋風)」 국가였던 것입니다.

6. 천황제 국가의 붕괴와 현황

교육칙어가 이상과 같은 성질의 것이었던 이상, 이 정치체제는 특히 그리스도교와는 긴장관계에 있었습니다. 구미에서의 그리스도교 대체물을 정부가 소유하고 있었기 때문입니다. 그리하여 그리스도교는 이 국가와는 모순된다는 국가주의자들에 의한 공격이 일었습니다. 이에 대해 그리스도교도들은 모순되지 않는다고 반론했습니다(「교육과 종교의 충돌」 논쟁). 그리고 그렇게 반론함으로써 그리스도교도들은 그리스도교의 존재를 정당화하고 확보했습니다. 그리고 동시에 스스로를 조이고 속박한 것입니다.

많은 '종교' 단체들은 '국가'에 봉사하는 자로서 행동하였습니다. 그것은 보편적인 도덕을 위해서라기보다는 천황을 받드는 정부를 위한 행위이었습니다. 실제로 1937년부터 시작된 본격적인 중국 침략에 대해서도 1941년부터 시작된 미국·영국 등과의 전쟁에 대해서도 그들은 반대하지 않았고 대부분은 적극적으로 협력했습니다.

그 결과가 참담한 패전이었습니다. 일본의 주요도시 중 거의 전부가 재가 되었습니다. 1941년 이후, 일본인만 약300만 명이 사망한 것으로 추계되고 있습니다(물론 일본인 이외의 사망자수는 그 이상입니다). 국토는 미군 등에 의해 점령되기에 이르렀습니다. 「대일본헌법」도 「교육칙어」도 효력을 잃었습니다.

당연히 전쟁에 협력하고 전쟁을 부채질한 모든 종교지도자들은 면목을 실추하고 종교단체들은 권위를 잃었습니다. 그들은 이른바 「교육칙어」 체제에서 국가 '교'의 보완자라는 입장을 수용함으로써 존속해 온 이상, 그 체제의 붕괴에 의해 큰 타격을 입은 것입니다. 그 결과가 종교자에 대한 일반적인 불신이며, 종교자 자신의 의기소침이었습니다.

그리하여 한때는 신종교가 무리지어 일어나 상당한 신자를 획득했습니다. 경제의 고속성장에 따른 격심한 사회변동 속에서 새로운 종교를 통한 결부에 의지하는 사람들도 적지 않았습니다. 그러나 경제의 고속성장이 끝나고 사회의 안정상태가 계속되자 많은 신종교도 다시 쇠퇴하였습니다.

그렇게 현황에 이르렀습니다. 이 보고의 첫머리에서 말씀 드린 세계적으로 보아도 특이한 상황에 이른 것입니다.

이는 적어도 일면에서 religion을 유학적인 의미에서의 '교'로 이해한 19세기 말의 지적·정치적 지도자들의 판단 결과인 것입니다.

참고문헌

渡辺浩, 「「教」と陰謀: 「国体」の一起源」(渡辺浩・朴忠錫 編, 『韓国・日本・「西洋」:
　　その交錯と思想変容』(日韓共同研究叢書11), 慶應義塾大学出版会,
　　2005(한국어판 있음)).

渡辺浩, 「「宗教」とは何だったのか: 明治前期の日本人にとって」, 『東アジア
　　の王権と思想』(増補新装版), 東京大学出版会, 2016.

小川原正道(오가와라 마사미치), 『近代日本の戦争と宗教』, 講談社, 2010.

島田裕巳(시마다 히로미), 『戦後日本の宗教史: 天皇制・祖先崇拝・新宗教』,
　　講談社, 2015.

근대 일본의 종교 정책*

: 국가 신도와 '유사종교'

아오노 마사아키(靑野 正明)

1. 들어가며

식민지 지배가 시작되고 5년이 지난 1915년, 신사 비종교론(후술)에 따라 조선총독부는 공인되는 신사를 규정·관리하는 법령으로서 신사사원 규칙을, 또 공인되는 종교를 규정·관리하는 법령으로서 포교규칙을 제정했다.[1] 이들 법령의 규정에 따라 식민지 조선에 공인 신사

---

* 이 글은 2018년 12월 14일 단국대학교 일본연구소 HK+ 사업단에서 주최한 제7회 해외석학 초청 강연에서 이루어진 원고를 번역 수록한 것임. [번역: 최태화(경희대)]

1) 조선총독부는 법령에 따라 신사(神社) 및 신사(神祠, 사당)(신사(神社)의 하위)를 규정하였다. 병합 후의 신사 및 일본 불교를 가리키는 「사원(寺院)」에 관한 창립 방법을 규정한 법령이 신사사원규칙(神社寺院規則)(총독부령(總督府令) 제82호, 1915년 8월)이다. 「신사(神社)」에 관해서는 창립 기준을 명시하는 것을 중요시했다. 그 후 1936년의 신사제도 개편에서는 신사규칙(神社規則)(총독부령 제76호, 8월)과 사원규칙(寺院規則)(총독부령 제80호, 8월)을 분리하여 따로 규정하였다.

및 공인 종교로 이루어진 종교적 질서가 형성되었다고 할 수 있다.

이 질서로 인해 조선인과 일본인이 이미 만든 다수의 종교적 공동체는 법령상의 종교적 질서 안과 밖으로 재배치되었다. 이 재배치에 따른 그들 공동체의 〈배제〉와 〈포섭〉의 실태는 해명되지 않은 것이 많아, 이 발표에서는 〈배제〉와 〈포섭〉의 사이에 놓인 유사종교에 관해서 그 개념이 형성된 과정을 소개하고, 그 유사종교 개념이 일본 '내지'에 역수입되었을 가능성도 지적한다.

더욱이 공인 종교의 경계 외에 이를 사이에 둔 것처럼 존재한 국가신도와 '유사종교'는 근대 일본의 종교정책을 이해하는 데 빼놓을 수 없는 중요한 사항이다. 그 점에 있어서, 본 발표에서는 〈들어가며〉에서 국가 신도나 그 존재에 따른 관할 부서에 대해 간단하게 소개한 다음, 제1절 이후에 '유사종교' 개념을 중심으로 설명해 나가기로 한다.

또한 조선 총독부의 종교 정책은 현존하는 자료가 한정되어 있어 유독 '유사종교'에 대한 총독부의 정책에 대해서는 연구가 잘 이뤄지지 않는 상황에 있었으나, 최근 들어 조금씩 진전되고 있다.[2] 한편, 조선총독부의 '유사종교' 개념을 알려면, 일본 '내지'에서의 '유사종교' 개념과 대조해봐야 한다. 따라서 전쟁이 일어나기 전 일본에 있어서의 '유사종교' 개념을 취급한 연구를 참고로 해,[3] '내지'와 대비시키

---

2) 식민지 조선에서의 '유사종교(類似宗教)' 개념을 분석한 연구로는 아오노 마사아키, 『제국신도의 형성: 식민지 조선과 국가신도의 논리(帝国神道の形成: 植民地朝鮮と国家神道の論理)』, 岩波書店, 2015의 제Ⅱ부의 논문 「식민지 조선에서의 유사종교의 개념: 국가신도의 논리에 의해 배제된 신앙인 집단(植民地朝鮮における「類似宗教」概念: 国家神道の論理により排除される信仰者の群れ)」이 있다. 또한 정책사의 입장에서 조선총독부의 '유사종교'에 대한 정책을 다룬 연구에 아오노 마사아키, 『식민지 조선의 민족종교: 국가신도체제하의 '유사종교'론(植民地朝鮮の民族宗教: 国家神道体制下の「類似宗教」論)』, 法藏館, 2018의 제3장 「조선총독부의 '유사종교' 개념과 종말사상(朝鮮総督府の「類似宗教」概念と終末思想)」이 있다.

3) 牧之内友, 「전쟁 전반부의 문부성의 종교정책: '유사종교'가 '종교결사'가 되기까지(戦前期

면서 근대 일본의 종교 정책이라고 하는 골조로 논의를 진행시켜 나가고자 한다.

1.1. 국가 신도란 무엇인가: 신사 비종교론과 관련하여

패전 후 일본을 점령하고 있던 GHQ(연합국군 최고 사령관 총사령부)는 1945년 12월, 신도 지령이라는 각서를 일본 정부에 보냈다. 이 각서에 의해 국가와 신도의 분리가 도모되어 신사의 국가 관리가 폐지되었다. 그리고 신도 지령에 의해 처음으로 국가신도(State Shinto)라는 용어가 국가와 신도의 관계를 의미하는 단어로 쓰이게 된 것이다.

오늘날 연구자들 사이에 국가 신도의 이해는 광의와 협의 두 가지가 있다. 광의의 이해는 신도적 실천을 국민통합의 지렛대로 하는 이념 중시의 것으로 역사학회에서(한국도 포함해) 이 같은 입장에 서는 경우가 많다. 한편 협의의 이해에 의하면, 신도 안에서 "종교"라 여겨진 "교파 신도(신도계 신종교에서 천리교, 김광교 등 13파)"를 제외한 부분이 국가 신도이며, 그것은 "비종교"로서 내무성 신사국에 의해 통제된 신사 신도를 가리킨다.

における文部省の宗教政策: 「類似宗教」が「宗教結社」となるまで)」, 『北大史学』第43号, 2003. 11는 문부성의 종교정책으로서 종교단체법의 제정에 이르는 과정을 같은 법과 그보다 앞선 두 법안의 분석을 통해서 명백하게 밝혔다. 그리고 문부성과 내무성(內務省)·사법성(司法省) 사이에서 생긴 분열에 대해서도 명시하였다. 이 분열의 내용은 문부성은 종교단체법 등에서 '유사종교'를 종교행정으로 편입시켜 '선도(善導)'를 위한 단속을 목적으로 한 것에 반해서 내무성·사법성은 1935년 이후 치안유지법 발동에 의한 종교 '섬멸(殲滅)' 정책을 추진하는 입장이었다고 한다.

遠藤高志, 「1930년대 중반의 '유사종교'론: '미신'론과의 관계에 착목해서(1930年代中盤に見る「類似宗教」論: 「迷信」論との関係に着目して)」, 『東北宗教学』第2号, 2006.12에서는 유사종교의 정의의 변화에 착목하여 1930년대 중반의 '유사종교'론을 분석하는 것으로 그 변화를 설명하였다.

협의의 이해는 신사 신도(神社神道)의 실태에 입각한 것이라는 점에서 우수하다. 그래서 우선 신사비종교론을 쉽게 설명해 두기로 한다. 신사비종교론은 신사와 종교를 배타적 개념으로 하는 해석으로 근대에 있어 일본 정부의 공식적 견해이기도 하였다. 이 때문에 신사에서는 의례가(종교 행위는 아니라고 설명된) 행해졌을 뿐이고, 일본 국민에게는 스스로의 종교·신앙과는 관계없는 신사숭배가 의무화되었다. 따라서 신사 비종교론은 식민지 지배 하에서는 조선이나 대만인 사람들에게도 일본국민으로서 신사 참배를 강요할 수 있도록 하는 행정적인 근거로의 의미를 가지고 있었던 것이다.

1.2. 국가 신도 연구에 대한 논쟁: 협의의 이해에 관한 두 가지 입장

앞서 기술한 광의의 해석으로는 신사 신도에서 황실 제사나 천황숭배의 시스템(국체론)이 결합해 만들어진 것이 국가 신도가 되어, 천황제 이데올로기를 비판하는 입장으로서 오랫동안 주류를 이뤘다. 그러나 최근 종교학에서 종교 개념론 연구가 진전하며, 오늘날에는 종교학계를 중심으로 협의의 이해가 넓게 지지되고 있다. 즉, 국가 신도가 곧 신사 신도라는 종교 개념론에 의해 분석한 결과, 그 성립 과정을 통해 국가 신도의 전체상이 제시되어 지지를 모으게 된 것이다.

국가 신도의 정의를 재정리한 결과, 발표자는 국가 신도를 '비종교'로서 내무성 신사국에 의해 통제된 신사 신도(神道)를 가리킨다는 입장을 취하며, 국가 신도 체제를 '신사를 통해 천황제 내셔널리즘을 국민에게 교화하려는 태평양전쟁 이전 사회 체제'로 정의한다. 이렇게 하는 것으로써 한층 더 깊은 천황제 이데올로기 비판이 가능해져, 국가 신도는 곧 신사 신도라는 천황제 이데올로기로 이어졌다는 점을 중시하고 그 관계를 풀어나가는 데 힘쓰고 있다.

그러나 종교 개념론의 진전은 협의의 이해에 또 하나의 입장, 즉 신사 신도를 옹호하는 사람들로부터 지지되는 입장을 만들어버렸다. 이 입장은 국가 신도와 천황제 이데올로기를 구분해서 파악하고, 비종교인 국가 신도는 의례만 했을 뿐이라 하여 신사 신도에게 면죄부를 주는 것이다. 예를 들어, 조선 신궁(1925년 진좌, 서울남산)처럼 식민지에서 천조대신(AMATERASU, 황조신=천황가의 조상신)을 모신 신사는 황조신을 모신 만큼 근대적 국가 이데올로기의 산물이다. 때문에 우리의 예상과는 반대로 본래의 신사 신앙이 아닌 신사, 즉 신사 신도로부터의 일탈이라고 설명하는 경향이 있다.

1.3. 종교 행정과 경찰 행정 주관부서에 대하여

본국 정부·조선총독부의 종교 행정은 공인 종교·비공인 종교라는 틀에서 이루어졌으며, 비공인 종교 단체는 종교 행정 소관 밖에 놓여 있었다. 단, 조선의 경우는 종교 행정 소관 외의 단체에 대해 치안당국의 단속 상황이 반영되어 있기 때문에, 일괄적으로 비공인 단체라 부를 수 없다. 이들 단체는 종교 행정 입장에 따라 비공인 단체 및 비밀결사로 구분되었다. 또한 비공인 단체 및 비밀결사를 총칭할 때, 본 발표에서는 '내지' 단체에 관한 연구에 맞추어 편의적으로 '신종교'라 부르는 경우도 있다.

조선의 비공인단체와 비밀결사에 관해서는 종교 행정 소관과의 거리를 기준으로 비공인단체를 〈회유〉, 비밀결사를 〈단속〉이라는 틀에서 분석할 수 있다(제4절에서 상술할 것임). 또한 종교 행정을 주관하는 부서는 본국 정부는 문부성, 조선총독부는 학무국이었다. 본국 정부에서 비공인 종교단체·비밀결사를 관할하는 부서는 내무성와 사법성, 조선에서는 경무국과 고등법원 검사국이었다.

2. 일본 '내지' 에서의 신종교와 관련된 법령과 결사

먼저, 일본 "내지"에서의 신종교(유사종교)와 법령과의 관계를 정리해보자.

조선에 조선총독부가 설립되고 식민지 지배가 시작된 1910년 당시에는 '내지'에서는 내무성 종교국이 종교행정을 주관하고, 그 종교국은 1913(다이쇼2)년에 문부성으로 이관된다.

한편 종교 교단의 단속에 관해서는, 1882(메이지15)년에 시행된 형법(구 형법)에 불경죄 및 위경죄(違警罪)가 만들어졌다. 천황·황실을 비방하거나 그 존재를 부정하거나 의문시하는 종교적 교의와 그 선포는 불경죄에 처했으며, 유언비어를 유포하거나 함부로 기도하는 등의 행위는 위경죄(즉결)에 처했다. 이렇게 하여 교의에는 불경죄로, 일상 행위에는 위경죄라고 하는 신종교에 대한 국가의 대응 패턴이 확립된 것이다. '교의는 천황·국가에게 충실하며 행위는 합리적으로', 이것이 대부분의 신종교에 부과된 지상 명령이었다.

1908(메이지41)년 신형법(법률 제45호, 1907년)이 시행된다(이 형법은 법역이 다른 조선에서는 조선형사령[제령 제11호, 1912년]의 규정을 이용해 적용되었다). 구형법에 있던 위경죄는 별도로 경찰범처벌령(즉결)으로 규정됐다. 불경죄도 신형법에 규정되지만, 새로이 신궁에 대한 불경도 처벌하는 규정이 추가되었다. 이 추가는 신종교에게 있어서 중요하며, 교의 상에 있어 아마테라스 대신보다 위대한 신을 세우는 것은

불경한 것으로 될 가능성이 생기는 것이다.

경미한 비합리적 종교행위에는 경찰범 처벌령이 다용됐고 사회변혁 국가개조를 지향하는 종교단체 종교적 결사에 대해서는 불경죄 등이 적용됐다. 게다가 1925(다이쇼14)년에 치안 유지법이 제정되어 단속이 전보다 강화된다. 예를 들어 1921(다이쇼10)년의 제1차 오모토 사건은 불경죄와 신문지법 위반으로 검거되었지만, 1935(쇼와10)년의 제2차 오모토 사건에서는 단속이 강화되어 불경죄와 치안 유지법 위반으로 검거되었다.[4]

위와 같은 신종교는 종교 행정 입장에서 보면 비공인 단체가 되어, 종교 행정의 관할이 아니기에 경찰 당국이 상기와 같은 법령에 의해 단속을 행하고 있었다. 이들 비공인단체는 법적으로 결사로 자리 매김된다. 다음은 '내지'에서의 결사에 관한 규정으로 치안 경찰법(법률 제36호, 1900년)의 제1조를 살펴보겠다.

제1조 정사에 관한 결사의 주관자(지사에 있어서는 지사의 주관자)는 결사 조직의 날로부터 3일 이내에 사명, 사칙, 사무소 및 그 주관자의 이름을 그 사무소 소재지의 관할 경찰관서에 신고해야 하며, 그 신고의 사항에 변경이 있을 때에도 동일하다.

이 치안 경찰법 제1조는 정치적 결사의 신고제에 관한 규정이다. 다만 신고제라 해도 내무대신의 권한으로 언제라도 결사를 금지할 수 있었다. 또한 무신고인 경우는 비밀 결사가 되어 그 결사가 금지되

---

4) 이상은 井上順孝・他編, 『新宗教事典』, 弘文堂, 1990의 「법과 신종교(法と新宗教)」를 참고하면서 정리한 것이다.

고 있었다(제14조 "비밀결사는 그것을 금한다"). 신종교단체의 경우에는 신고에 따라 결사가 허용되었다.

이를 정리하면 '내지'의 비공인종교단체는 종교 행정 소관 밖에 위치한 결사가 되는 한편 경찰당국의 단속 대상이었다. 그런 의미에서 비공인 종교단체는 〈단속〉의 위치에 있었다고 할 수 있다.

3. 조선에서의 결사와 관련된 법령

비공인 종교단체에 대해 내지와 조선의 공통점은 결사로서의 단속이다. 다음은 조선에서의 결사와 관련된 규정을 살펴보자.

대한제국기에 제정된 보안법(법률 제2호, 1907년 7월)은 '조선에서의 법령의 효력에 관한 건'(제령 제1호, 1910년 8월 29일)에 따라 병합 후에도 효력을 가졌다. 제1조는 다음과 같다(병합 전에는 '조선 총독'이 아닌 '내부대신(內部大臣)').

제1조 조선 총독은 안녕질서의 유지를 위해 필요한 경우에 결사의 해산을 명할 수 있다.

보안법은 조선인을 대상으로 한 법령으로 '내지'의 치안 경찰법(집회, 결사, 나아가 노동쟁의, 소작쟁의 등을 단속하는 치안법으로 운용됐다)의 필요조항만을 차용한 '축약'이었다.

그러나 조선보안법에는 신고제 규정이 없다. 식민지 지배를 전제로 한 법령이기 때문에 치안 중시의 엄격한 내용이 되어 조선인에 의한 정치적 결사는 그 존재가 허락되지 않았다. 더욱이 3.1운동 이후에는

'정치에 관한 범죄 처벌 건'(제령 제7호, 1919년 4월)과 치안 유지법(법률 제46호, 1925)이 치안법으로 추가되었다5).

따라서 보안법 시행 후 조선의 비공인 종교단체는 법적으로는 결사에 더해 비밀결사라는 범주도 명확해졌다. 즉, 비공인 종교단체는 '안녕질서'를 흔든다고 판단되지 않는 단체에 한해 결사(종교적 결사)로서 존재할 수 있고, 허락되지 않은 단체는 비밀결사가 되었다고 할 수 있다. 비밀결사에 대해서는 이 보안법 제1조의 '해산' 규정을 방패로 삼아 단속·탄압이 가해지고, 나아가 '안녕질서'를 문란케 한다고 판단된 경우에는 해산되게 된다. 단, 존재를 허가 받은 종교적 결사도 어디까지나 경찰당국의 단속 대상이었기 때문에, 단속의 일환으로서 각각 위법이라고 간주되는 행위에 대해서도 개별적으로 법령이 적용되었다고 생각할 수 있다.

정리하자면, 식민지 때문에 조선의 종교 행정 소관 밖 단체들은 치안 중시의 엄격한 단속 환경에 놓였다. 법적으로는 결사(종교적 결사)에 더해 비밀결사라는 범주에서도 엄격한 단속을 받았기 때문에, 비밀결사는 종교 활동을 위해서는 결사로 존재를 허가 받는 것이 큰 과제였다. 이를 비공인종교단체의 단속을 소관으로 하는 경찰당국의 입장에서 보면, 종교 행정의 소관에서 벗어난 단체를 일괄 단속한 것이 아니라, 법적으로 결사로써 존재를 허가 받은 단체와 그 외, 존재를 허가 받지 못하는 비밀결사로 나누어 단속을 행하고 있던 것을 알 수 있다.

---

5) 보안법(保安法)과 치안경찰법(治安警察法)과의 대조는 水野直樹, 「치안유지법의 제정과 식민지 조선(治安維持法の制定と植民地朝鮮)」, 『人文学報』 第83号, 京都大学 人文科学研究所, 2000.3에 자세하게 언급되어 있으므로 참조하기 바람. 또한 이 논문은 치안유지법 제정 이전의 조선의 치안법령의 문제, 치안법령제정의 시도에 대해서 검토한 동시에 치안유지법을 제정할 때 식민지 문제를 어떻게 의식하였는지에 대해서도 고찰하였다.

4. '내지'에서의 유사종교 개념의 두 계통

주지하는 것처럼 문부성 종교국 통첩이 계기가 되어 '유사종교'라는 용어가 상용되게 되었다고 한다. 문부성 종교국 통첩발종 제11호 "종교 및 이와 유사한 행위를 하는 자의 행동 제보건"(1919년 3월 3일)은 다음과 같다.

> 신도, 불교,기독교 등의 교종파에 속하지 않으며 '종교유사'의 행위를 하는 자 및 신도 불교, 기독교에 속하는 종교인의 행동으로 공안 기타 풍속 등에 관해서는 특히 주의를 필요로 하는 자가 있을 시에는 조사 후 그 때마다 신고가 되도록 명령에 의해 통첩한다.

선행 연구는 이 통첩의 '종교유사'라는 어구가 '유사종교'가 됐다고 추측한다. '유사종교'라는 용어는, '단지 비공인 종교를 지칭해, 가끔 신흥, 유사라는 의미에 있어서 사용되어 온' 것 같다. '재래의 용어예'는 주로 '행정적 단속 상의 관행에 지나지' 않았다고 한다[6].

앞선 통첩 이후에 있어서 문부성은, 문부성종교국이 소관하지 않는 비공인 종교 단체를 종교 행정의 범위 내에 넣으려고 한다. 그 도달점은 1939년 공포한 종교 단체법이며, 동법에 의해 종교 결사 제도를 도입하고 있다. 거기에 이르는 과정에서 '유사 종교'는 '오로지 비공인 종교를 지칭'하는 '행정적 단속 상의 관행'이 되어 갔다고 이해할 수

---

6) 『최근의 유사종교 운동에 대해서 『1941년도』(最近に於ける類似宗教運動に就て『昭和十六年度』)(社会問題資料研究会編『社会問題資料叢書』第1輯, 東洋文化社, 1974)의 제1장 제1절 「유사종교의 개념(類似宗教の概念)」을 참조(3쪽). 또한 원본은 사법성 형사국(司法省刑事局)이 저술하여 1942년에 발행되었다.

있어, 결코 법령으로 규정된 용어라고 하는 것은 아니다. 요컨대 문부성이 비공인 종교 단체를 종교 행정의 테두리 안으로 넣으려 하는 〈회유〉의 과정에서, 〈회유〉의 대상이 되는 단체를 '유사 종교'라 하는 행정 용어로 묶게 된 것이다.

한편, 내무성·사법성은 1935년 이후, 치안 유지법 발동에 의한 종교 '섬멸' 정책을 추진하는 입장을 취해 간다. 문부성과는 다른 입장에서, 사법부는 '유사종교'에 대해서 가지고 있던 단속 대상이라고 하는 의미에서의 개념을 변질·확대시켜, 공인 단체에까지 촉수를 뻗치고 있었다.7) 때문에 1942년에 사법성 형사국에 의해 나온 '유사종교'의 정의는 다음과 같다.

즉, 종교의 '정사 판단'의 기준에 관해서, 그 근본이념은 '민족적 신념인 황도 정신('국가 황실을 중심으로 하는 신민도(臣民道)'를 가리킨다= 靑野)에 기초를 두'는 것을 전제로 한다. 따라서 '유사종교란 외견상으로 항상 예배 등과 같은 소위 종교적 행위를 수반하더라도 모든 행위의 본질을 형성하는 교의 및 그 외에 있어서, 국가, 사회의 안녕 질서를 침해 혹은 침해하는 어떤 것'이라고 정의하고 있다. 이에 덧붙여 '(1) 당해 종교의 공인, 비공인 또는 기성, 신흥 여하를 불문하고', 또 '(4) 만약에 그 본질에 있어서 치안 유지법, 그 외의 특별법을 포섭하는 광의의 형법의 대상이 되는 것'이라고 이해되지 않으면 안 된다'고 까지 언급하는 것이었다.8)

요컨대, 사법부에서는 문부성이 비공인 종교 단체에 대해서 '유사종교' 개념을 이용해 밝힌 방침, 즉 종교 행정 소관으로의 〈회유〉화

---

7) 牧之內, 앞의 논문, 30쪽 참조.
8) 『최근의 유사종교 운동에 대해서 『1941년도』(最近に於ける類似宗敎運動に就て 昭和十六年度)』, 5쪽 참조.

방침을 물리치고, 국체 관념에 근거한 치안 중시의 정의를 밝히고 있는 것이다.

따라서 '내지'에서 1930년대 중반은 '유사종교' 개념이 크게 흔들렸었던 시기이며, '공인 종교'와 '유사종교'(비공인종교)의 구별이 애매해진 시기였다는 견해9)에 대해 발표자는 부정하는 것은 아니다. 하지만, 문부성의 〈회유〉화 과정에서 비공인 종교 단체가 '유사종교'라 하는 용어로 묶이게 된 것을 중시한다면, '유사종교' 개념의 내용에 대해 더욱 검증이 필요하다고 하지 않을 수 없다. 이를 위해 조선에서의 '유사종교' 개념을 살펴보자.

5. 조선에서 먼저 나타난 '유사종교'의 개념

다음은 장소를 조선으로 옮기고, 그 곳에서의 '유사종교' 개념에 관한 용어에 대해 정리해본다.

조선에서는 법령에서 '종교유사단체'(포교 규칙 제15조, 후술)라는 용어가 사용되었다. 이 법적인 용어를 바탕으로, 행정 용어로서의 '종교유사단체'가 그 주관 부서인 경무국의 치안상황보고서에서 사용되고 있다. 그 후 1920년대에 '내지'에서 '유사종교'라는 용어가 사용되어진 것과 관련 있다고 생각되나, 1920년대 후반의 조선총독부 경무국의 치안 상황보고서10)에서도 '유사종교'가 '종교유사단체'의 약어로서

---

9) 遠藤, 앞의 논문, 98쪽 참조.

10) '유사종교'를 사용한 예는 조선총독부 경무국 보안과(警務局保安課) 『1927년 12월 치안상황 (昭和二年十二月 治安狀況)』(1927年)에 게재된 「결사일람표(結社一覽表)」(1927年10月末現 在) 및 조선총독부 경무국 『1930년 10월 치안상황(昭和五年十月 治安狀況)』(1930年)에 게재된 「각종 결사일람표(各種結社一覽表)」(1929年12月調)이다. 또한 조선총독부 경무국 『1922

사용되고 있다.

더욱이 1935년 조선총독부 조사자료(『조선의 유사종교』11))에서 서명이나 본문에서의 용어로 '유사종교'를 사용한 이후부터는 '유사종교'가 치안상황보고서 외에서도 사용되기 시작한 것 같다. 예를 들어 신문 보도에서는 〈경성일보〉나 〈매일신보(每日申報)〉(〈每日新報〉)에서 '사교', '미신 단체' 등의 표현이 이 시기부터는 '유사종교' 대신 쓰이고 있음을 확인할 수 있다(언론 출판에서의 용례에 대해서는 별도로 논할 필요가 있다).

한편, 원래 기성 종교 단체에 대해서 조선 총독부는 법적으로 어떠한 위치 설정을 하고 있었을까. 조선 총독부의 종교 행정 관련 법령인 포교 규칙(총독부령 제83호, 1915)을 검토해 보겠다.

포교 규칙 제1조에서 이른바 공인 종교가 정해져 있다. 공인 종교가 성문화되면서 '신도'(이른바 교파 신도), '불도'('내지불교'와 '조선불교'), '기독교'로 정해졌다.

제1조 본령에 있어서 종교라 칭하는 것은 신도, 불도 및 기독교를 일컫는다.

공인 종교의 총독부내에서의 주관 부서는 학무국 종교과(1932년부터 학무국 사회과, 1936년부터 학무국 사회교육과, 이하 생략)이다. 신사는 '내지'와 마찬가지로 신사 비종교론의 입장에서 1925년에 학무국 종

년 11월 조선치안상황 그 첫 번째 〈조선 내부〉(大正十一年 朝鮮治安状況 其ノ一〈鮮内〉)』(1922年)와 조선총독부 경무국 『1924년 12월 치안상황(大正十三年十二月 治安状況)』(1924年)에 게재된 같은 종류의 표에는 약어(略語)가 아닌 '종교유사단체(宗教類似団体)'로 표기되어 있다.

11) 『조선의 유사종교(朝鮮の類似宗教)』[朝鮮総督府]調査資料第42輯, 1935.

교과에서 이관되어 내무국 지방과, 1941년부터 사정국 지방과, 1943년부터 총독관방 지방과였다.

조선에서의 선교 규칙 규정과 주관부서는 '내지'에서의 종교 행정·신사 행정을 본뜬 것이다. 그러나 '내지'에서는 공인 종교와 신사는 법령으로 규정할 수 있는 성격이 아니어서, 각각 행정(주관부서)의 대상이 되는 것으로 구별되었다. 조선에서는 조선 총독의 권한에 의해 조선 내에 적용되는 법령으로 총독부령을 제정할 수 있었기 때문에 총독부령으로서 포교 규칙과 신사 규칙이 제정되어 관계 행정의 주관 구별을 명확히 한 것이다.

이제 '종교유사단체'의 규정이 되는 제15조를 살펴보겠다.

제15조 조선 총독은 필요한 경우, 종교와 유사한 단체로 인정하는 것에 본령을 준용하는 경우도 있어야 한다.

전항에 의거하여 본령을 준용하는 단체들은 이를 고한다.

이 '종교유사단체'라 하는 용어는, '내지'에서 1919년에 생겨났다고 여겨지는 '유사 종교' 개념의 선구적인 사용이라고 할 수 있고, 더군다나 조문에 명기되어 있다. 자세히 보면, '종교유사단체'가 속한 범주가 전제되어 있고, 그 범주를 대상으로 하여 그 안에서 '종교유사단체'라 인정하고 있음을 알 수 있다. 그 범주는 종교 행정의 소관 외의 단체라고 생각할 수 있다.

여기서 2절에서 서술한 조선에서의 결사 인식을 되돌아본다면, 식민지 때문에 조선의 비공인 종교단체는 치안 중시의 엄격한 단속 환경에 놓였기 때문에 법적으로는 결사(종교적 결사)에 더해 비밀결사라는 범주도 명확하게 했다. 이를 비공인종교단체를 관할하는 검찰·경찰이라는 치안당국의 입장에서 보면, 종교 행정 소관에서 벗어난 단체를 단순히 단속한 것이 아니라 법적으로 결사로 존재를 허용하는 단체와 그 밖의 존재를 허용하지 않는 비밀결사로 나누는 단속 수단을 취했던 셈이다.

이런 결사와 비밀결사로 나누는 단속 상황이 종교 행정에 반영된다면 어떻게 될까. 전술한 포교 규칙 제15조는 종교 행정의 소관 외의 단체라는 범주를 전제로 하여 그 중에서 '종교유사단체'로 인정하는 단체를 규정한 조문이다. 즉 경찰 당국에 의한 단속 상황이 이 제15조에 반영되고 있는 것을 확인할 수 있는 것이다.

정리하면, 경찰 당국에 의한 단속 상황을 종교 행정에 반영시키고, 종교 행정에서의 법적인 규정을 마련하는 것이 선교 규칙 제15조라고 볼 수 있다. 바꾸어 말하면, 제15조에 의해 종교 행정의 소관 외의 단체라고 하는 범주 안에 있어서, 결사로서의 존재를 허가 받은 단체 (종교적 결사)를 종교 행정상 '종교유사단체'로 인정하는 규정이 있었다고 말할 수 있다.12)

게다가, "본령을 준용하는 경우도 있어야 한다"고 되어 있으므로, 이 규정은 종교 행정 측에 있어서 스스로의 소관인 공인 단체가 될 가능성을 '종교유사단체'에 준 것이라고 해석할 수 있을 것이다. 그 점에서 '종교유사단체'는 종교 행정의 소관으로 도입하는 것을 의미하는 〈회유〉에 위치했고, 그 외 존재가 허가되지 않는 비밀 결사는 〈단속〉에 위치하고 있었다고 말할 수 있다.

여기서 '내지'와는 다른 조선의 특징을 발견할 수 있다. 즉, 경찰

---

12) 이와 더불어 포교규칙에서는 '종교 유사단체(宗教類似ノ団体)' 자체를 통제하는 내용이 규정되어 있지 않은 것도 중요하다. 그렇기 때문에 '내지(內地)'의 종교단체법(1940년 시행)과 같은 공인단체·비공인단체를 일괄 통제할 목적이 있었다고는 볼 수 없다.

당국의 단속 대상인 종교 행정 소관 외의 단체 안에서, 〈회유〉에 위치하는 단체라고 하는 범주가 설치된 것과 동시에 그 이외의 〈단속〉에 위치하는 범주도 마련된 것이다.

이를 정리하자면, 공인종교단체와 비공인종교단체라는 내지의 틀과 달리 치안적 입장이 강조되는 조선에서는 종교 행정에도 단속 상황이 반영되었다는 것이다. 즉, 종교 행정 소관 외의 단체 중에서 범주가 양분되며 〈회유〉에 위치하는 단체가 법적으로 '종교유사단체(유사종교)'로 인정되었고, 그 외의 〈단속〉에 위치하는 단체가 비밀 결사였던 것이다. 식민지였던 조선에서는 치안 중시의 입장 때문에 존재를 허가 받지 못하는 비밀 결사에 대해서 보다 효과적으로 단속을 하는 데 있어 종교 행정상에서 〈회유〉에 위치하는 단체의 존재가 필요했다고 볼 수 있다.

따라서 종교 행정이 관할하는가에 따라 공인종교단체 및 비공인종교단체로 구분되는 범주는 '내지'에서 조선에 도입되었다고 할 수 있으나, 조선에서는 치안 중시의 입장을 내세웠기 때문에 '내지'와는 달리 공인종교단체, 비공인종교단체, 비밀결사 등 세 가지의 구별이 뚜렷했던 것이다.

6. 유사종교는 공인된 것인가

전술한 것처럼, 선교 규칙 제15조의 "종교유사단체로 인정하는 것에 본령을 준용해야 한다"라는 표현은, 종교행정소관 외의 단체에서, '종교유사단체'로 인정되는 단체를 대상으로, 포교 규칙을 '준용'할 가능성이 규정되었다고 생각할 수 있다. 여기서 '공인'에 관해 정리해

보도록 하겠다.

일본에 있어서 종교학·종교사 연구에서는 '공인'이란 종교 행정의 소관이라는 의미로 이용되며, 종교 행정이 관할하는 단체를 공인종교단체라 부르고 있다. 그러나 제15조의 '종교유사단체'라는 표현은 이러한 의미에서의 '공인'이 아니라 비밀결사 가운데 '종교유사단체'로서의 결사를 인정하는 것이라는 의미가 있다. 공인종교단체라는 의미에서의 '공인'은, 오히려 제15조의 이어지는 부분에 상당하여, '본령을 준용해야 한다'에 있는 '준용'의 대상이 된다는 것이 공인을 가리키는 것이었다.

그렇다면 '종교유사단체'가 공인 단체가 될 가능성을 열어둔 속사정은 무엇일까. 발표자는 '내지'에 있어서 국가가 교파 신도 교단을 공인해 체제 협력과 타협을 이끌어낸 배경이 있을 것으로 추측하고 있다. 그러나 결국 이 제15조 규정이 적용되어 포교 규칙 '준용'이 이루어져, 공인 종교가 되는 '유사종교' 단체는 생겨나지 않았다.

그 근거로 총독부기관지 『조선』에 게재된 논설에서 "조선에서의 신앙 단체 중 법령에 의해 종교라 칭하고 있는 것은 신도, 불교 및 기독교 등 3가지이다. 비록 종교와 유사한 단체라 하더라도 필요한 경우에는 이를 지정하여 공인 종교로 하는 길은 열려 있지만 아직 공인되는 것은 하나도 없다"[13]고 하는 기술을 들 수 있다. 그 후에도, 「조선 총독부 관보」의 "보고"란에서의 '포교 신고'를 보면, 공인된 '종교유사단체'는 없었다고 할 수 있다.

또한 이 논설의 표현을 사용한다면, '본령을 준용하는 것'이라 함은 곧 '종교유사단체'를 종교 행정 관할의 '공인 종교로 하는 길'을 뜻한

---

13) 神宝長治, 「조선에서의 종교의 개요(朝鮮に於ける宗教の概要)」, 『朝鮮』 第296号, 1940.1.

다. 이를 통해 전술한 것과 같은 발표자에 의한 제15조의 해석이 틀리지 않았음을 확인할 수 있다.

정리하면, 조선에서 경찰 당국의 단속 대상이 되는 비공인 종교 단체 중에서, 결사로서 존재할 수 있던 단체의 범주가 생겨났다. 이를 위해 이 범주는 조선총독부의 종교 행정에서 1915년 포교 규칙에 따라 법적으로 '종교유사단체'로 규정되었다. 즉 존재를 허용하고 있는 종교적 결사가 '종교유사단체'로서 인정된다. 그와 동시에 선교 규칙의 규정에 의해, '종교유사단체'는 종교 행정의 관할 내에 도입하는 대상으로서, 〈회유〉의 대상이 되는 단체라고 하는 의미도 부가된 것이다. 행정용어로서는 '종교유사단체' 및 그 약어의 '유사종교'가 이용되게 되었다.

한편 '내지'의 경우는 신고제이자 비밀결사를 의식할 필요가 없었기 때문인지 종교 행정에서는 일반적으로 종교적 결사의 범주를 그대로 비공인 단체로 인식했다고 할 수 있다. 그런데 1920년대가 될 무렵, 문부성이 비공인 종교 단체를 종교 행정의 소관으로 이전할 방침을 취하기 시작했을 때에 그 〈회유〉의 과정에서 그 대상이 되는 비공인 단체를 '유사종교'라는 용어로 묶게 되었다. '내지'에 있어서 해당 용어의 처음으로 보이는 것은 문부성 종교국 통첩으로, '종교 유사'라는 어구를 사용하고 있었지만, 그것은 1919년 3월의 일이다. 조선보다도 늦게 사용하게 된 것이다.

따라서, '내지'와 조선의 공통점은, '유사종교' 개념이 종교 행정이 비공인 단체를 그 소관 내에 도입할 의도를 가질 때에 생겼다는 것이다. 그 때문에 '유사종교'는 종교 행정의 소관 내에 도입하는 의미에서의 〈회유〉의 대상이 되는 종교 단체를 가리키고 있다. 그리고 그 개념과 용어는 모두 조선에서 형성되어, 그 후 문부성에 의한 〈회유〉의

과정에서, '내지'에 그 개념과 용어가 역수입되었을 가능성이 높다고
볼 수 있다.

그 후의 '유사종교' 개념의 추이를 알기 위해, 이어서 '내지'에서의
'유사종교'를 둘러싼 두 계통과 이후 조선에서의 '유사종교' 단속의
추이를 볼 필요가 있다. 본 발표에서는 전자를 소개하고, 후자에 관해
서는 결론부분에서 간단히 요약하기로 한다.

7. '내지'의 두 갈래, 그 후

전술한 바와 같이, 1919년의 문부성 종교국 통첩이 계기가 되어,
문부성 종교국의 소관 외의 단체(이른바 비공인 단체)에 대해 종교 행정
의 입장에서 '유사종교'라는 용어가 상용되기 시작했다고 한다. 예를
들어 문부성은 1920년대 종교법이나 종교 단체법을 둘러싼 논의 중
'유사종교'에 대해 언급하고 있다. 즉 종교 단체법(1939년 제정)과 그에
앞서 두 가지 법안(1927년 제2차 종교 법안과 1929년 제1차 종교단체 법안)
에서, '유사종교'를 종교 행정의 틀 안에 도입하려고 하는 문부성 측의
노력을 찾아낼 수 있다. 바꾸어 말하면, 문부성은 '교화'에 이바지하는
한 '선도'해 나가려고 하는 '교화'의 논리에 의거하여 '조장 행정(助長
行政)'으로의 지향을 가지고 있었던 것이다.[14] 이렇게 해서 종교 단체
법이 공포된다.

1939년 제정된 종교 단체법(법률 제77호)이 시행되는 것은 1940년
4월이다. 앞서 기술한 바와 같이 문부성은 비공인 종교단체(종교적

---

14) 牧之內, 앞의 논문, 36쪽 참조.

결사)를 '유사종교' 개념으로 묶어, 종교 행정의 틀 안으로 도입하려 하고 있었다. 그런 문부성의 노력의 결과가 종교 단체법이었다. 즉 이 법령은 비공인 종교 단체='유사종교'(경찰·검찰의 관할)를 '종교 결사'로 인정해 종교 행정의 대상으로 하는 것으로, 이 종교 결사 제도의 도입은 문부성에 의한 종교 행정의 틀의 변화를 나타내고 있다.

같은 법 제23조는 비공인 종교단체('종교단체' 소속 미신고 교회나 집회소 등도 포함한다)의 종교 결사 신고에 관한 규정으로 다음과 같다.

제23조 종교 단체가 아니면서 종교의 교의 선포 및 의식 집행을 위한 결사(이하 종교 결사로 칭한다)를 조직할 때는 대표자에 있어서 규칙을 정하여 14일내에 지방장관에게 신고하는 것을 요하며 신고사항에 변경이 생길 시에도 동일하다.

종교 결사의 규칙에는 다음의 사항 기재해야 한다.

1. 명칭
2. 사무소의 소재지
3. 교의, 의식 및 행사에 관한 사항
4. 받들고자 하는 신(봉재주신(奉斎主神), 안치불(安置仏) 등)의 칭호
5. 조직에 관한 사항
6. 재산 관리, 그 밖의 재무에 관한 사항
7. 대표자 및 포교자의 자격 및 선정방법

문부성과는 입장이 다른 사법성 형사국에서는, 종교 단체법은 '종교 단체'(공인 단체)와 같이 '종교 결사'(비공인 단체)에도 전면적으로 '인가주의'를 채용해, 엄중한 '통제' 하에 두어 '지도 감독의 지편(至便)

을 기도(企図)한' 것이라고 이해하고 있었다. 그리고 '공인, 비공인 여부는 따질 필요가 없을 것'이라고 해석했기 때문에, '유사종교'에 대해 치안 중시는 또 다른 정의를 제시하고 있다.15)

즉 제3절에서 이미 말했듯이, 사법부에서는 문부성이 취한 종교 행정 소관으로의 〈회유〉화 방침을 배제하고, 국체 관념에 입각한 치안 중시의 정의를 내세우고 있었다. 그 정의는 '유사종교'란 외관상 항상 예배 등과 같은 소위 종교적 행위를 수반하는 것도, 해당 행위의 본질을 형성하는 교의 및 그 외에 있어서 국가, 사회의 안녕질서를 해쳤거나 해치는 것이라는 내용이었다.

이와 관련하여 사법부와 같은 입장을 취하는 내무성은, 문부성의 의도를 정확히 이해하고 있어서, 이 종교 결사 제도가 '보호'를 부여한 것으로 파악하고 있었다. 때문에 내무성은 '유사종교'에 경계를 나타내며 '단속을 엄하게 한다'고 하고, 문부성의 정책에 대해서도 경각심을 더 두었을 것이다.16)

이러한 입장의 내무성·사법성은 1935년 이후, 치안 유지법 발동에 의해 단속을 강화해 갔으나, 그것은 치안 유지법의 '개정'이라고 하는 새로운 단속 강화로 이어져 간다.

1941(쇼와16)년에 치안 유지법이 개정되어 '유사종교' 운동을 규제하는 것도 명확하게 나온다. 그것에 관련된 조항은 제7조이다(제8·9조는 그 벌칙규정). 다음에 제시한다.

제7조 국체를 부정하거나 또는 신궁, 또는 황실의 존엄성을 모독할

---

15) 『최근의 유사종교 운동에 대해서 『1941년도』』(最近に於ける類似宗敎運動に就て 昭和十六年度)』, 4쪽 참조.
16) 牧之内, 앞의 논문, 34~35쪽 참조.

만한 사항을 유포하는 것을 목적으로 결사를 조직하는 자 또는 결사의 임원, 그 외 지도자격인 임무에 종사하는 자는 무기, 또는 4년 이상의 징역에 처하고, 이를 알고 결사에 가입한 자 또는 결사의 목적수행을 위하여 하는 행위를 하는 자는1년 이상의 유기징역에 처한다.

제7조에서 주목받는 것은, '국체'의 '변혁'이 아닌 '국체'의 '부정'이라는 점이다. 즉,『고사기』,『일본서기』를 중심으로 하는 신화의 신들('국체'를 보증하고 있다)과는 이질적인 신(신들)을 모시는 종교는, 필연적으로 '국체'를 부정하게 되는 것이다. 이렇게 해서, '개정' 치안유지법이 종교 교의에도 엄격하게 적용되게 되었다.[17)]

요컨대 문부성은 종교 행정 소관으로의 〈회유〉화 방침을 취했고, 그 도달점이 종교 단체법이었다. 이 법령의 제23조는 일찍이 비공인 종교 단체(경찰·검찰의 관할)를 '유사종교'라는 용어로 묶은 문부성이, 한발 더 나아가 이들을 '종교 결사'로 인정해 종교 행정의 대상으로 한다는 점이 중요하며, 이 종교 결사 제도의 도입은 문부성에 의한 종교 행정의 틀의 변화를 나타내고 있었다.

또 하나의 계통인 내무성·사법성은 문부성과 달리, 1935년 이후는 치안 유지법 발동에 의한 종교 '섬멸' 정책을 추진하는 입장에 서 있었다. 사법성운 '유사종교'에 대해서 품고 있던 단속 대상이라는 의미에서의 '유사종교' 개념을 변질·확대시켜, 공인 단체에까지 촉수를 뻗치고 있었다.

이러한 두 계통에 있어서의 변화에 의해, '내지'에서 1930년대 중반은 '유사종교' 개념이 크게 흔들리는 시기이며, 공인 단체와 '유사종

---

17)『新宗教事典』의 「법과 신종교(法と新宗教)」 참조.

교’의 구별이 애매해진 시기였음을 확인할 수 있다. 하지만, 두 계통에 서는 ‘유사종교’ 개념의 내용이 차이가 났던 것에 유의해야 한다. ‘유사종교’를 단속대상으로 파악해 단속 강화를 도모하는 내무성·사법부와는 달리, 문부성에 있어서의 ‘유사종교’는 종교 행정 소관으로의 〈회유〉화 방침 속에서 사용한 개념이었다. 게다가 제3절에서 밝힌 바와 같이, 문부성은 조선에서 먼저 형성된 ‘유사종교’ 개념과 그 용어를 역수입의 형태로 도입했을 가능성이 높다고 생각된다.

8. 나오며

문부성은 ‘유사종교’ 개념과 용어를 역수입의 형태로 조선으로부터 도입했을 가능성이 높다고 지적했지만, 이와 대조를 하기 위해 조선에서의 ‘유사종교’ 개념의 변천으로서의 단속 추이를 간단히 요약해 보자.

조선의 ‘유사종교’에 관해서는 3·1운동 후에 단속방침의 전환이 확인되며, 1930년대 초반까지기는 하지만 유사종교로 인정받는 단체가 늘고 있음을 확인할 수 있다. 즉, 문부성의 〈회유〉화 방침과 같게, 조선총독부도 ‘유사종교’에 대해서 〈회유〉화 방침을 취하고 있었지만, 3.1운동 이후의 문화통치 시기에 그 대상으로 하는 단체를 확대했다고 할 수 있다.

그러나 만주사변(1931년)을 거친 후, 천황제 이데올로기가 전면적으로 강조되기 시작하는 국체명징성명(1935년 8월과 10월) 시기에는, 조선총독부로부터 조사 자료 『조선의 유사종교』(1935)가 발표되었다. 그리고 국가 신도 체제를 구축하는 심전개발 운동(1936년부터 본격적으로 시동)[18]을 계기로, 경찰당국에서는 '유사종교'에 대해 국체론(혈통적으로 일계(만세일계)의 천황이 정점이 되는 일본 국가체제의 〈우수성과 영구성〉을 강조하는 언설)을 토대로 하여 식민지 지배에 반항하는 종말 사상을 위험시하는 인식[19]으로 임하게 된다.

바꾸어 말하면, '지상천국' 건설(천도교)과 같은 종말 사상이 3.1운동을 거치면서 근대적인 민족주의적 내셔널리즘으로 발전해, 일본으로부터의 독립을 지향하는 내용으로 전개되어 갔기 때문에 특히1930년대 중반 이후 본국 정부 및 조선총독부가 심기 위해 노력한 천황제 이데올로기(국체론)에 의거한 다민족 제국주의적 내셔널리즘(제국일본에 있어서 다민족을 포섭한 가운데 일본인이 정점이 되는 국민주의)과 정면 대립하게 되었다. 그래서 민족주의적 내셔널리즘을 표방하는 '유사종교' 단체들은 혹독한 탄압을 받게 되는 것이다. 이러한 조선의 민족주의적 내셔널리즘을 강하게 띤 종교 각파를 발표자는 민족종교라고 부른다.

---

18) 심전개발운동(心田開発運動)은 다음과 같은 정책이다. 농촌진흥운동(1933년부터 본격적으로 시동)의 전개과정에서 국체명징성명(国体明徴声明, 1935년)에 따라 조선총독부는 국민통합을 위해서 조선민중의 '신앙심'의 재편을 구상하였다. 그 구상은 2개의 요소=이중성으로 이루어져 있어서 「경신숭조(敬神崇祖)」를 바탕으로 신사로의 대중 동원을 꾀하는 한편(「신사제도의 확립(神社制度の確立)」), 공인종교(교파신도(教派神道), 불교, 기독교)와 이용 가능한 모든 「신앙(信仰)」·교화단체(教化団体)의 협력을 이끌어내려고 하였다(「종교부흥(宗教復興)」). 그리고 이 이중성의 이면에서는 지배에 방해가 되는 '유사종교'와 '미신' 등을 배제하려고 한 정책이라는 점을 읽어낼 수 있다. 중일전쟁이 전면화된 이후 조선에서도 개시된 국민정신총동원운동(1938년~, 국민정신총동원 조선연맹(国民精神総動員朝鮮連盟)이 주체)과 함께 심전개발운동은 이 운동 중에 해소되었다.

19) 이러한 인식을 확인하여 조사 자료로 제공한 것은 주11에 게재한 『조선의 유사종교(朝鮮の類似宗教)』이다. 전게한 졸저 『식민지 조선의 민족종교』의 제3장 「조선총독부의 '유사종교' 개념과 종말사상」에서는 『조선의 유사종교』에 대한 분석을 시도하였다. 그 결과 이 조사서에서 '유사종교'의 '사회운동' 사상, 즉 '지상 천국(地上天国)'=독립이 식민지 지배와 정면으로 대치되기 때문에 '지상 천국'의 논리적 부정에 전력을 다하고 있었던 것을 알 수 있다. 또한 '유사종교'에 대한 대책안으로 해산이나 '재출발'(=개종)을 제안했던 점도 밝혀졌다.

경찰당국이 민족종교라고 부를 수 있는 '유사종교' 단체에 대해 그것들이 가지는 종말 사상을 위험시한 결과, 심전개발 운동 이후는 〈회유〉화 방침이 후퇴하는 것과 동시에, 비밀 결사 뿐 아니라 '유사종교'에 대해서도 엄격한 단속 탄압이 이뤄진다. 이 시기에 있어서, '유사종교'에 대한 단속 방법은 '비밀 포교'를 밝혀내는 것으로 중점이 옮겨져 있었다. 그 단속의 핵심은 보안법 제7조 위반으로,[20] 적용 대상이 단체의 종말 사상과 관련된 선교 수단이었다. 덧붙여 결사가 하는 언동이 포교 수단을 넘어, 그것이 치안 당국으로부터 상당히 위험시된 경우에는 조선의 독립을 목적으로 한 결사, 즉 '국체를 변혁하는 것을 목적'으로 한 결사로 간주되어 치안 유지법 제1조가 적용되었다고 생각된다.

이상으로 국체론이라는 천황제 이데올로기가 근대 일본 종교정책의 방향을 결정했음을 알 수 있을 것이다 .즉, 신사 신도(비종교)를 통해 천황제 내셔널리즘을 국민에게 교화하려는 사회체제, 즉 국가신도 체제 하에서 종교적인 존재는 크게 신사, 공인종교단체, 비공인종교단체, 비밀결사로 분류돼 각각의 카테고리에 배치되었다. 그리고 천황제 이데올로기가 강조되는 1930년대 중반 이후에는 공인 종교를 초월한 존재였던 비종교의 신사 신도가(국가신도체제의 서열에서는, 신사 신도(神社神道)는 공인종교와의 경계선 위에 존재했다), 천황제 이데올로기와 강하게 결부되어 신사참배가 강요되어 갔다.

---

[20] 교의(教義)에서의 종말사상을 단속하기 위해 치안 당국은 보안법 제7조를 이용했다.
　　제7조 정치에 관해서 불온한 언론의 움직임 또는 타인을 선동, 교사하거나 타인의 행위에 간섭하여 치안을 방해하는 자는 50번 이상의 태형, 10개월 이하의 투옥 또는 2년 이하의 징역에 처한다.
　　이 보안법 제7조는 '유사종교'의 종말 사상적 색채가 짙은 교의의 포교 수단에 대해서 적용되었다고 할 수 있다.

한편 공인 종교와의 경계선의 바로 바깥에는 〈회유〉화의 대상이 되는 '유사종교'가 존재하고 있었다(국가신도 체제 서열에서는 공인종교와의 경계선 아래 있었다). '유사종교'는 말하자면 〈배제〉와 〈포섭〉과의 사이의 회색지대에 설치된 범주로, 특히 3.1운동 후에는 문화통치 아래서 〈포섭〉할 방침이었으나 천황제 이데올로기가 강조되는 1930년대 중반 이후의 시기에는 〈배제〉로 쫓겨났음을 알 수 있다. 이와 같이 천황제 이데올로기와 깊은 관계에 있던 신사 신도는 다민족 제국주의적 내셔널리즘의 국민 교화를 담당했기 때문에, '제국 신도'라 부를 수 있다. 마찬가지로 이러한 국민 교화에 가담한 종교단체는 '제국종교'라고 부를 수 있을 것이다. 이의 대항 축에 위치하는 '유사종교'가 민족주의적 내셔널리즘을 내걸겠다고 강하게 탄압받은 것도 감안한다면, 제국 신도·제국 종교와 '유사종교'(민족종교)란 식민지 조선에서 동전의 앞뒷면과 같은 관계였다는 것을 알 수 있을 것이다.

이와 같은 신사 신도(神社神道)와 '유사종교' 사이에는 공인 종교가 양자에 낀 형태로 존재하고 있던 것이다. 그 때문에 기독교를 비롯한 공인 종교는 신사참배도 포함해, 천황제 이데올로기의 강한 압력을 피할 수 없었다. 이는 일본 내지나 식민지를 불문하고 '제국 일본' 특유의 심각한 문제점이었다고 할 수 있다.

사족이나 발표자의 연구를 정리하자면, 국가 신도체제에 있어서, 공인 종교를 사이에 두는 형태로 위와 아래에 그어진 경계에서, 신사 신도 측에서의 선 긋기에 있어서의 신사 신도의 흔들림을 분석해 제국 신도를 논한 것이 2015년의 졸저이며, 비공인 종교 측의 선 긋기로 유사 종교의 배제와 포섭의 실태를 규명한 것이 2018년의 졸저다.

참고문헌

磯前順一, 『近代日本の宗教言説とその系譜: 宗教・国家・神道』, 岩波書店, 2003.

島薗進, 『国家神道と日本人』, 岩波新書, 2011.

牧之内友, 「戦前期における文部省の宗教政策: 「類似宗教」が「宗教結社」と
なるまで」, 『北大史学』 第43号, 2003.

遠藤高志, 「1930年代中盤に見る「類似宗教」論: 「迷信」論との関係に着目し
て」, 『東北宗教学』 第2号, 2006.

青野正明, 『帝国神道の形成: 植民地朝鮮と国家神道の論理』, 岩波書店, 2015.
第II部付論 「植民地朝鮮における「類似宗教」概念: 国家神道の論理
により排除される信仰者の群れ」.

青野正明, 『植民地朝鮮の民族宗教: 国家神道体制下の「類似宗教」論』, 法藏
館, 2018.

지식 교류의 관점에서 본 현전 유일의 어휘 질정록과 질정관*

: 사행 목적과 근거를 중심으로

이건식

1. 서언

이 글은 조헌(趙憲)의 중간본 『중봉선생문집(重峯先生文集)』에 수록된 「질정록(質正錄)」이 현재 전하는 유일의 질정록임을 밝히고, 조선 시대 질정관(質正官)을 중국에 파견한 목적이 한어 난해처의 이해와 중국의 예악과 문물의 이해에 있었음을 말하고, 또 질정관을 중국에 파견한 목적이 처음에는 '한어 난해처의 이해'에서 나중에는 '중국의 예악과 문물의 이해'로 변화되었음을 밝히고자 한다.

김지현(2014)은 조헌의 『조천일기(朝天日記)』를 검토하였다. 그러나

---

* 이 논문은 「현전 유일의 어휘 質正錄과 조선 시대 質正官 使行 목적과 근거」, 『국어국문학논집』 23, 단국대학교 국어국문학과, 2017, 475~504쪽에 수록한 논문을 총서 개발의 취지에 맞게 제목을 수정한 것임.

김지현(2014)은『조천일기(朝天日記)』의 의미에 주목하여 「질정록」에 수록된 한어의 목록만을 제시하는 데에 그치고 있다. 「질정록」에 수록된 22개의 한어와 그 뜻풀이에 대한 국어학적 분석은 이건식(2016)에서 이루어진 바 있다. 한편 김남이(2014)는 조선 시대 질정관 제도가 가지는 문화적 의미에 주목하여 조선 시대 질정관의 명단을 파악한 바 있으나 질정관의 임무 보고서인 질정록에는 관심을 두고 있지 않다.

조선 시대 질정관을 중국에 파견한 두 가지 목적을 이해하는 것은 최세진이 한어를 이해한 내용을 집대성한『노박집람』의 특성을 이해하는 데에 큰 도움이 될 것으로 생각된다.『노박집람』은『노걸대언해』와『박통사언해』의 난해처에 대한 풀이를 제시한 것이다. 하지만 조선 시대 질정관을 중국에 파견한 두 가지 목적을 이해하는 것은 한어의 단순한 의미 이해에 머물지 않고 중국의 변화된 문물과 제도에 대한 이해의 내용까지 수록된 사실을 심도 있게 이해하는 일이 된다.

김지현(2014)은 「질정록」을 대상으로 분석하고자 하는 연구가 아니므로 질정 항목과 그 풀이에 대하여 심도 있는 분석을 제시하지 않았다. 이 글에서는 질정 항목과 그 풀이에 대하여 국어학적인 측면에서 심도 있는 분석을 제시하고자 한다. 김지현(2014: 77)이 심도 있는 분석 없이 「질정록」 마지막에 기재된 두효(杜孝)를 질정 항목으로 이해했지만 사실 두효는 역사감생(歷史監生)의 성명임을 밝히고자 한다.

2절에서는 조헌의 어휘 질정록이 수록된『중봉선생문집(重峯先生文集)』의 판본에 대해 고찰하고 이 어휘 질정록의 작성 연대를 고찰하며, 조선시대 전반기에는 승문원(承文院)에 다수의 각년(各年) 질정록이 소장되어 있었으나 조헌의 어휘 질정록이 현전 유일의 어휘 질정록임을 말하고자 한다.

3절에서는『조선왕조실록』과『한국민족문화대백과사전』의 웹페이지를 활용하여 조선 시대 전반기 질정관의 명단을 가급적 최대한 발굴하도록 하고, 조선 시대 질정관의 사행(使行) 목적이 '한어 난해처 이해'와 '중국 예악(禮樂)과 문물(文物) 이해'의 두 가지였음을 밝히고자 한다. 또한『조선왕조실록』에서 이러한 두 가지 질정관의 사행 목적을 말해 줄 수 있는 근거 자료를 발굴하여 소개하고자 한다.

2. 현전 유일의 어휘 질정록

2.1. 어휘 질정록이 수록된 『중봉선생문집』의 판본

『규장각한국본도서해제(奎章閣韓國本圖書解題) 집부(集部) 2』에 수록된 이동인(277~279)의 글에 따르면 조헌(趙憲, 1544~1592) 관련 시문집(詩文集)의 계통은 다음과 같다.

(1) 가. 『중봉선생항의신편(重峰先生抗義新編)』,

　　　안방준(安邦俊, 1573~1654)편, 1620년,

　　　〈奎 1536〉, 〈古 923.551-AnIj〉

　　나. 『중봉선생동환봉사(重峰先生東還封事)』,

　　　안방준(安邦俊, 1573~1654)편, 1626년, 〈奎 5033〉

　　다. 초간본 중봉선생문집(重峯先生文集), 전라감사 민유중(閔維重)

　　　간행, 1666년,〈奎 5000〉 5권 3책

　　라. 중간본 중봉선생문집(重峯先生文集), 교서관 간행, 1748년, 20

　　　권(부록 7권) 10책, 〈奎 4088〉, 〈奎 6562〉, 〈奎 6815〉, 〈奎 6847〉

(1가)의 『중봉선생항의신편(重峰先生抗義新編)』, (1나)의 『중봉선생동환봉사(重峰先生東還封事)』, (1다)의 초간본 『중봉선생문집(重峯先生文集)』 등에는 「질정록(質正錄)」이 실려 있지 않다. 「질정록」은 (1라)의 중간본 『중봉선생문집』 권12의 「조천일기(朝天日記)」 하(下)의 뒤에 실려 있다.

조헌의 자필본으로 보물 제1007-1호인 『조천일기』[1]와 중간본 『중봉선생문집』의 수록 내용의 차이를 대조하여 제시하면 다음과 같다.

(2) 가. 조천일기(朝天日記)는 옛날 간본에는 없다. 지금 수초본(手草本)을 따라 보입한 것이다. 아래도 같다.[2]

〈중간본 重峯先生文集 권10, 考異〉

나. 보물 제1007-1호 『조천일기(朝天日記)』와 중간본 『중봉선생문집(重峯先生文集)』의 수록 내용 차이

보물 제1007-1호 『조천일기(朝天日記)』	중간본 『중봉선생문집(重峯先生文集)』
○ 閔鎭遠跋 ○ 朝天日記 下(中朝通報 1574년 7월 30일 附記부터 8월 6일, 8월 25일의 내용) ○ 朝天日記 (5월 10일부터 9월 14일까지의 일기) ○ 禮部歷事監生 姓名 鄕里	○ 朝天日記 上(1574년 5월 11일부터 7월 29일까지의 일기) ○ 朝天日記 中(8월 1일부터 9월 14일까지의 일기) ○ 朝天日記 下(中朝通報 6월 1일부터 8월 25일까지의 내용) ○ 質正錄 ○ 禮部歷事監生 姓名 鄕里 ○ 閔鎭遠跋

(2가)는 '조천일기(朝天日記)는 옛날 간본에는 없다'고 설명하고 있

---

1) 보물 제1007-1호 『조천일기(朝天日記)』의 원본 이미지는 국가기록유산(http://www.memorykorea.go.kr) 웹 페이지에서 열람할 수 있다. 이 웹 페이지에 따르면 보물 제1007-1호 『조천일기』의 소유자는 '칠백의총관리소'이다.

2) 『중봉선생문집(重峯先生文集)』 卷之十, 考異, "朝天日記 舊刊本 無 今從手草補入 下同".

다. 이것은 초간본 『중봉선생문집(重峯先生文集)』에는 『조천일기』가 수록되어 있지 않았음을 말하는 것이며, 『조천일기』가 중간본 『중봉선생문집』에 처음으로 수록되었음을 말하는 것이다. 또한 질정록도 초간본 『중봉선생문집』에는 실려 있지 않다.

현재 남아 전하는 보물 제1007-1호 『조천일기』에는 질정록이 수록되어 있지 않으며 또 『중봉선생문집』의 「조천일기」 하(下)에 수록된 중조통보(中朝通報)의 대부분의 내용이 수록되어 있지 않다. 보물 제1007-1호 『조천일기』에 중조통보 대부분의 내용이 수록되어 있지 않다는 것은 1748년 중간본 『중봉선생문집』을 편찬할 당시에 존재했던 조헌의 자필본 『조천일기』가 현재에는 온전히 전하지 못했음을 말하는 것이다. 또한 중간본 『중봉선생문집』을 편찬할 당시인 1748년 무렵의 조헌의 자필본 『조천일기』도 온전한 상태에 있지 않았던 것으로 추정된다. 이는 중간본 『중봉선생문집』(奎4088) 권12에 실린 「질정록」의 내용 중에 '두효(杜孝)/이하결(以下缺)'의 내용이 있는 것에 근거한 것이다.

중간본 『중봉선생문집』(奎4088) 권12의 「질정록」에 마지막 내용으로 실린 '두효(杜孝)/이하결(以下缺)'은 마치 「질정록」의 내용처럼 「예부역사감생성명향리(禮部歷事監生姓名鄉里)」의 앞에 실려 있다. 그러나 두효는 중국 역사감생(歷史監生)의 이름이다. 이는 허봉의 「조천기(朝天記)」 1574년(선조7) 9월 5일의 일기에서 확인할 수 있다. 허봉의 「조천기」에서는 역사감생의 이름으로 '두효(杜孝), 유응빙(劉應聘), 진일중(陳一中), 양광부(楊光傅), 양항(楊亢), 이비(李棐), 최학징(崔鶴徵)' 등 7명의 이름을 소개하고 있다. 그러나 중간본 『중봉선생문집』(奎4088) 권12의 「예부역사감생성명향리(禮部歷事監生姓名鄉里)」에서는 두효를 제외하고 나머지 6명의 이름만을 소개하고 있다. 이러한 사실에 근거하

면 (2가)에서 말한 수초본(手草本)은 민진원(閔鎭遠, 1664~1736)이 1748
년에 중간본을 편찬할 당시에도 온전한 상태에 있지 않았던 것으로
추정된다.

보물 제1007-1호인 『조천일기』와 중간본 『중봉선생문집』(奎4088)
의 「조천일기」 상(上)과 「조천일기」 하(下)에는 1574년 5월 11일부터
1574년 9월 14일까지의 일기만 실려 있다. 그런데 질정관인 조헌과
함께 서장관으로 중국에 사신 갔던 허봉의 「조천기(朝天記)」에는 1574
년 10월 10일 귀국하기 위해 의주에 도착한 것으로 나와 있다. 따라서
9월 15일 이후의 일기는 작성되지 않았을 가능성도 있으나 9월 15일
이후의 일기는 중간본을 편찬할 당시에 이미 훼손되었을 가능성이
더 높다.

2.2. 조헌 어휘 질정록의 작성 연대

조헌이 어휘 「질정록(質正錄)」을 작성한 연대를 알려 주는 관련 자료
는 다음과 같다.

> (3) 가. 성절사(聖節使) 박희립(朴希立), 서장관(書狀官) 허봉(許篈), 질
> 정관(質正官) 조헌(趙憲)이 북경에 갔다.3)4)
> 〈선조실록 1574년(선조7) 5월 11일〉
> 나. 11일 갑인 날이 개었다. 의주에 머물렀다.5) 〈荷谷先生集 朝天記

---

3) 『선조실록(宣祖實錄)』, 1574년(선조7) 5월 11일, "聖節使朴希立 書狀官許篈 質正官趙憲如京".

4) 이 글에서 『조선왕조실록(朝鮮王朝實錄)』의 자료를 활용하면서 번역을 제시했는데 이 글에
서 제시한 번역은 국사편찬위원회에서 제공하는 조선왕조실록 웹 페이지(http://sillok.
history.go.kr/main/main.do)에서 제시한 번역을 그대로 가져온 것임을 밝혀 둔다.

5) 『하곡선생집(荷谷先生集)』, 朝天記上, 萬曆二年 甲戌 六月, "十一日 甲寅 晴 留義州".

上萬曆 二年 甲戌 六月〉

다. 초 10일 신해에 (…중략…) 작은 배로 압록강을 건너 의주에 들어 왔다.6) 〈荷谷先生集 朝天記下 萬曆二年 甲戌 十月〉

라. 상이 조헌(趙憲)이 올린 질정록(質正錄)에 말한 설문청(薛文淸)의 일을 보고 김우옹에게 이르기를,7) 〈선조실록 1574년(선조7) 11월 5일〉

(3가)는 조헌이 질정관이 되고 허봉(許篈)이 서장관이 되어 1574년(선조7) 5월 11일 명나라로 출발했음을 말하고 있다. (3나)는 성절사 일행이 6월 11일에 의주(義州)에 도착했고, (3다)는 허봉이 명나라에서 10월 10일 의주로 귀국하였음을 말하고 있다. (3라)는 조헌이 1574년(선조7) 11월 5일 이전에 질정록을 작성했음을 말하고 있다.

(3라)에 말하는 질정록은 '설문청(薛文淸)의 일'이란 내용을 고려할 때, 『선조수정실록(宣祖修正實錄)』 1574년(선조7) 11월 1일조에 실린 8조와 16조의 조헌의 상소문으로 생각된다.8) 그런데 이 글에서 다루고자 하는 것은 8조와 16조의 상소문이 아니고 「조천일기(朝天日記)」하(下) 뒤에 부록으로 덧붙여 진 어휘 「질정록」이다. 8조와 16조의 상소문이 1574년 11월 5일에 작성된 것이므로 어휘 「질정록」도 1574년 11월 5일 이전에는 작성된 것으로 추정된다.

---

6) 『하곡선생집(荷谷先生集)』, 朝天記下, 萬曆二年 甲戌 十月, "初十日 辛亥 (…중략…) 小船渡鴨綠江 入于義州".

7) 『선조실록(宣祖實錄)』, 1574년(선조7) 11월 5일, "上見趙憲所上質正錄 言薛文淸事 謂宇顒曰".

8) 8조의 상소문은 중간본 『重峯先生文集』 권3에 〈質正官回還後先上八條疏(甲戌十一月)〉으로 수록되어 있고, 16조의 상소문은 중간본 『重峯先生文集』 권4에 〈擬上十六條疏 甲戌十一月〉으로 수록되어 있다.

2.3. 현전 유일의 어휘 질정록

중간본 『중봉선생문집(重峯先生文集)』에 실려 전하는 「질정록(質正錄)」에는 '연물(撚物), 선자(鱔子), 고로자(笭箸子), 구미초(枸尾草), 고요(苦蕘), 조당(銚鐺), 월월(越越), 녹총(鹿蔥), 황화채(黃花菜), 이조(椸棗), 박하(薄蘭), 자라(矸蠃), 파철(杷鐵), 반파(瘢疤), 피하(披廈), 석유(石油), 마제염(馬蹄鹽), 방소(枋樔), 병충(蚌虫), 추경(䐈脛), 담어(黯語), 치자(鯔子)' 등 22개 항목의 한어가 질정 항목으로 선정되어 있고 그 풀이가 제시되어 있다.9)

『조선왕조실록(朝鮮王朝實錄)』에는 질정관을 역임했던 33여명의 이름10)이 기록되어 있으므로 적어도 다수의 질정록이 전하여야 할 것이다. 그러나 중국에 가서 질정한 결과를 기록한 문건은 조헌의 「질정록」이 현재는 유일한 것11)이다. 『세조실록(世祖實錄)』 1459년(세조5) 8월 10일조의 기사를 보면 "주문사(奏聞使)보다 먼저 온 통사(通事) 손수산(孫壽山)이 문견사목(聞見事目)을 올리기를(奏聞使先來通使[事] 孫壽山上聞見事目曰)"의 내용이 있다. 이 기사에 근거하면 중국에 사신의 일원으

---

9) 22개의 질정 항목과 그 뜻풀이가 가지는 국어학적 의미에 대해서는 이건식(2016)에서 자세히 분석된 바 있다.

10) 『조선왕조실록(朝鮮王朝實錄)』에 나타나는 질정관의 연도별 파견 명단은 3장 1절에서 자세히 다룬다.

11) 『세종실록(世宗實錄)』 1439년(세종21) 5월 11일 조의 기사에는 "계품사(計稟使) 서장관(書狀官) 김하(金何)가 북경으로부터 돌아와서 (…중략…) 질정사목(質正事目)을 올리매, 임금이 (…중략…) 승정원에 이르기를, (…중략…) 또 관복(冠服)을 질정(質正)하는 일에 전후하여 공이 있었다(計稟使書狀官金何回自京師, 進 (…중략…) 質正事目, 上 (…중략…) 承政院曰 (…중략…) 且冠服質正之事, 前後又有功焉)."의 내용이 있다. 여기의 질정사목이 「질정록(質正錄)」에 해당될 것으로 추정되나 구체적인 내용은 전하지 않는다. 또 중국에 보낸 사신단이 보고 들은 내용을 정리한 문견사건(聞見事件)과 문견사목(聞見事目)의 구체적 내용이 『조선왕조실록』에는 다수가 기록되어 있다. 그러나 문견사건과 문견사목은 중국에 질의하고 그 답변을 기록한 질정록과는 성격이 다르다.

로 파견되는 질정관(質正官)도 중국에 가서 질정(質正)한 내용을 귀국해서 문서로 보고했던 것으로 추정된다.

　중국에 사행(使行)한 질정관의 보고서인 질정록은 중국에 사행하는 질정관마다 작성되었을 것으로 추정할 수 있다. 이러한 사실은 승문원(承文院)에 각 년마다의 질정록이 보관되어 활용된 사실에서 확인할 수 있다.

(4) 가. 질정관은 승문원(承文院)에 질정록(質正錄)이 있으므로 윤차(輪次)로 보내는 것입니다.12) 〈중종실록 1517년(8월 18일)〉

　　나. 괴원(槐院)에서 질정록(質正錄)을 빌려서 왔다.13) 〈眉巖日記 癸酉 十二月 十三日〉

　　다. 알 수 없는 것은 혹은 승문원에 소장된 각년 질정록(質正錄)에 수록 되어 서로 합치되는 것을 고찰하여 풀이한 것이다.14) 〈吏文輯覽輯覽凡例〉

　(4가)는 승문원에 「질정록」이 보관되어 있음을 말하고 있다. (4나)에서 말한 괴원(槐院)은 승문원의 별칭이므로 (4나)는 승문원에 소장된 「질정록」을 유희춘이 빌려 왔음을 말한 것이다. 또 (4나)에서는 이 「질정록」이 각년마다 즉 해마다 묶여 있음을 말하고 있다. 따라서 조선 초기에 질정관을 중국에 가는 사신에 딸려 보내고 질정관들은 「질정록」을 작성해서 승문원에 제출했던 것으로 이해된다. (4다)는 이문(吏文) 중 알 수 없는 것은 승문원에 소장된 각년 질정록을 참고하

---

12) 『중종실록(中宗實錄)』, 1517년(중종12) 8월 18일, "質正官則承文院有質正錄 而輪遣之耳".
13) 『미암일기(眉巖日記)』, 癸酉 十二月 十三日, "借質正錄于槐院 來".
14) 『이문집람(吏文輯覽)』, 輯覽凡例, "所未知者 或考承文院所藏各年質正錄所載相合者 解之".

여 그 의미를 풀이하였음을 말하는 것이다. 이 사실은 승문원에 다수
의 각년 질정록이 보관되어 있음을 말하는 것이다.

(4다)는 승문원에 소장된 각년 질정록이 한어 이해에 활용되었음을
말하는 것이다. 이러한 결과로 승문원에 보관되었던 질정록은 현재
전하고 있지 않지만 그 흔적들은 다른 문헌 자료에 남아 전한다. 한어
이해를 위한 여러 문헌에서 '질정록운(質正錄云), 질문운(質問云)' 등의
문구로 질정록의 내용이 소개되고 있다.

'질정록운(質正錄云)'의 문구로 질정록의 내용을 소개한 문헌은 다음
과 같다.

(5) 가. 『이문집람(吏文輯覽)』에는 '영사(影射),15) 돈공(墩空)16)' 등의
뜻풀이에 질정록(質正錄)의 내용이 소개되어 있다.

나. 『이문집람(吏文輯覽)』에는 관방(關防)17)의 뜻풀이에 질정록(質
正錄)의 내용이 소개되어 있다.

다. 『증정우공주의집람(增定于公奏議輯覽)』에는 망두(望斗)18)의
뜻풀이에 질정록(質正錄)의 내용이 소개되어 있다.

라. 『증정박고집람(增定駁稿輯覽)』에는 회은(茴銀)19)의 뜻풀이에

---

15) 영사(影射)란 한어의 뜻풀이에 "質正錄云 如人姓名註 在冊内不當差徭 似影射 在此 而不見人
形 故曰影射"(吏文輯覽 권2: 9b) 등의 내용이 있다.

16) 돈공(墩空)이란 한어의 뜻풀이에 "質正錄云 空去聲穴也"(吏文輯覽 권2: 19a) 등의 내용이
있다.

17) 관방(關防)이란 한어의 뜻풀이에 "又質正錄云 如官府用印字號 鈐記不許人作弊 謂之關防"(吏
文續輯覽: 4a) 등의 내용이 있다.

18) 망두(望斗)란 한어의 뜻풀이에 "質正錄云 桅竿上方 門以相識標也"(增定于公奏議輯覽 卷之一:
12b) 등의 내용이 있다.

19) 회은(茴銀)란 한어의 뜻풀이에 "質正錄云 銀名處四川銀 而有茴香花紋 其品低然 未知其必然
也"(增定駁稿輯覽 卷上: 6a) 등의 내용이 있다.

질정록(質正錄)의 내용이 소개되어 있다.

마. 『증정주의택고집람(增定奏議擇稿輯覽)』에는 차양(遮洋)[20]의
뜻풀이에 질정록(質正錄)의 내용이 소개되어 있다.

바. 『비부초의집람(比部招議輯覽)』에는 완사(頑耍)[21]의 뜻풀이에
질정록(質正錄)의 내용이 소개되어 있다.

'질문운(質問云)'의 문구로 질정록의 내용을 활용한 문헌에는 『노박
집람(老朴集覽)』과 『오륜전비언해(五倫全備諺解)』가 있다. 『노박집람』
과 『오륜전비언해』에 수록된 질정록의 내용은 이순미(2012: 39)와 죽
월효(竹越孝, 2005)에서 논의된 바 있으므로 이 연구에서는 기존 연구
의 결과를 간단히 정리하기로 한다.

(6) 가. 『노걸대집람(老乞大集覽)』에는 19개의 단어에 질정록의 내용이
소개되어 있다. 〈이순미, 2012: 39〉

나. 『박통사집람(朴通事集覽)』에는 79개의 단어에 질정록의 내용이
소개되어 있다. 〈이순미, 2012: 39〉

다. 『오륜전비언해(五倫全備諺解)』의 경우에는 '죽엽청(竹葉青)
〈伍倫全備諺解 卷一, 25〉, 담병(膽瓶)〈伍倫全備諺解 卷一, 83〉,
반전(盤纏)〈伍倫全備諺解 卷三, 477쪽〉' 등의 표제어에 '질문운
(質問云)'이 제시되어 있고, 이 중 '죽엽청, 반전' 등의 경우에는
『박통사집람』에도 수록된 것이지만 담병는 『노박집람』에는 수

---

20) 차양(遮洋)란 한어의 뜻풀이에 "質正錄云 船名其制用木板遮立於船倉周圍使洋水不得賤也"
(增定奏議擇稿輯覽 卷上: 6b) 등의 내용이 있다.

21) 완사(頑耍)란 한어의 뜻풀이에 "質正錄云 戲笑之稱"(比部招議輯覽 上卷: 6a) 등의 내용이
있다.

록되지 않았다. 〈竹越孝, 2005; 이순미[22], 2012: 39〉

'질정록운(質正錄云)'과 '질문운(質問云)'의 명칭의 차이는 질정관의 시대별 명칭 변화를 반영한 것으로 생각된다. 중종 대에 질정관 제도가 잠시 폐지되고, 질문관이 그 역할을 대신한 사실에서 '질문(質問)'이나 '질정록(質正錄)'의 두 명칭이 사용된 것으로 이해된다.

(7) 가. 질문종사관 1원 [교회(教誨) 중에서 등제의 차례가 앞서 있는 자이다. 패관잡기(稗官雜記)를 살펴보면 전례(前例)로는 중국으로 가는 사신 중에 별도로 문관 한 사람을 뽑아 따라가게 하였다. 이것을 조천관(朝天官)이라 하였는데, 뒤에 질정관(質正官)이라 고쳤다. 승정원에 명하여 이어(吏語)와 방언(方言) 중 해독할 수 없는 것을 뽑아 주어 서반(序班)에게 물어 대충 주석을 달아 가지고 오게 하였다. 또 그 관호(官號)는 숨기고 압물(押物)로 채웠다. 가정 을미년(1535)에 비로소 질정관에게 비문(批文)을 쓰게 하고, 정유년(1537) 이후에 본원의 관원으로써 고쳐 임명하여 질문관이라 불렀는데 그 관직에 따라서 제 몇 번째의 종사관으로 삼았다.] [23] 〈通文館志 권3 冬至行使〉

---

22) 이순미(2010: 36)에 따르면『노박집람(老朴集覽)』의 98개 표제어 중 26개의 표제어가 그 풀이에 질문운(質問云)이 2회 인용되었고, 4개의 표제어는 질문운(質問云)이 3회 인용되었고, 1개의 표제어는 질문운(質問云)이 4회 인용되었다. 이순미(2012:36)는 질문운(質問云)이 4회 인용된 것으로 조호양(臊胡羊)을 들고 있다. 조호양(臊胡羊)의 풀이 내용은 "臊胡羊[質問云 有角公羊 未割腎子 方言謂之臊胡羊 譯語指南云臊羊 수양 質問又云 臊羊 未割腎羊也 胡羊 山羊也 又云 乃有角大山羊 有鬚子 又云 山羊 (생략) 毛與聲不同胡羊 其毛作不得毡 另一種也"(老乞大集覽 下 1-1, 1-2)이다.

23) 『통문관지(通文館志)』권3 冬至行使, "質問從事官一員[教誨中次第居先者 按稗官雜記 舊例別差文官一員隨去 謂之朝天官 後改曰質正官 令承政院 抄給史語方言之未解者註釋 而諱其官號 塡以押物 嘉靖乙未 始以質正塡批文 丁酉以後改以院官名曰質問 而隨其職 爲第幾從事官]".

232

나. 윤은보 등이 또 아뢰기를, "평안·황해 두 도는 지난해 농사를
　　놓쳐 역로가 쇠잔함이 이미 극도에 달했는데, 지금 또 사신이
　　잇달아 끊이지 않습니다. 부경 행차에 질정관(質正官)이나 이
　　문학관(吏文學官)을 보내는 것은 중국에 이문을 질정하고자
　　함이니, 급급한 일은 아닙니다. (…중략…) 질문통사(質問通
　　事)를 보내는 것은 젊은 통사에게 그가 배운 한어를 질정하게
　　하고자 함이나, 왜통사(倭通事)와 몽통사(蒙通事)는 모두 긴
　　요한 일이 아닙니다. (…중략…) 이번 진하사를 따라가는 사
　　람은 이미 행장을 갖추었고 출발 기일도 임박하였으니, 들여
　　보내야 되겠으나 금년 이후로는 들여보내지 않는 것이 어떻
　　겠습니까?" 하니, 아뢴 대로 하라고 전교하였다.[24] 〈중종실
　　록 1538년(중종34) 3월 16일〉

　(7가)는 조선 초기에 조천관(朝天官)이던 것이 중간에 질정관(質正官)
으로 바뀌었으며 1537년 이후에는 질정관이 다시 질문관(質問官)으로
바뀌었음을 말해 주고 있다. 『조선왕조실록(朝鮮王朝實錄)』에 나타나
는 질정관은 1534년 권응창(權應昌)을 끝으로 질정관의 이름이 나타나
지 않다가 1557년 이거(李蘧)를 시작으로 다시 질정관의 이름이 다시
등장하는 것으로도 확인된다.
　(7나)는 질정관의 명칭이 질문관의 명칭으로 바뀐 사실을 확인해
주는 자료이다. (5나)에서 질문 통사(質問 通事)의 명칭이 나타나는 것

---

24) 『중종실록(中宗實錄)』, 1538년(중종34) 3월 16일, "殷輔等又啓曰 平安黃海兩道 前年失農 驛
　　路彫耗已極 而今又使臣 絡繹不絶 凡赴京之行 遣質正官吏文學官者 欲其質吏文於中國 非汲汲
　　之事也 (…中略…) 遣質問通事者 欲使通事之年少者 質其所學漢語也 倭通事蒙通事 皆無緊關
　　之事 人數雖六 而站馬之出 幾至二十餘匹 弊實不貲 今次進賀使行次之人 曾已治裝 而行期亦迫
　　則姑使入送可也 而此後則限今年勿差遣何如? 傳曰 如啓".

이 이러한 사실을 말해 주고 있다.

한편 『오륜전비언해(五倫全備諺解)』의 인용서목(引用書目)에 실린 '질문(質問)[본조 성삼문등(本朝成三問等)]'의 내용에서 질문을 서적으로 파악하는 견해가 있다. 김유범(2000: 87)은 질문을 서적으로 파악하고 2本이 있었을 것으로 추정하고 있다. 또 죽월효(竹越孝, 2005)는 질문을 성삼문(成三問)이 편찬한 『홍무정운역훈(洪武正韻譯訓)』의 부산물로 파악하기도 하였다. 한편 이순미(2012: 31)는 질문(質問)을 한 두 개의 책이 아니라 여러 책일 것으로 추정하였는데 이순미(2012: 31)의 견해가 정확한 것으로 생각된다.

『오륜전비언해(五倫全備諺解)』의 인용서목 조에 출현한 '질문(質問)[본조 성삼문등(本朝成三問等)]'의 내용에서 '성삼문등(成三問等)'의 등(等)에 주목할 필요가 있다. 이것은 『오륜전비언해』의 '인용서적'조에 수록된 질문이 성삼문 등 여러 사람이 작성한 것임을 말해 주는 것이기 때문이다. 하나의 책을 여러 사람이 협동으로 작성한 것이 아니라 여러 책을 여러 사람이 각각 작성한 것에 유의할 필요가 있다. 『노박집람(老朴集覽)』 범례(凡例)에 실린 "앞의 질문과 뒤의 질문이 때로는 서로 맞지 않는 것이 있는데, 우선 모두 수록하여 초학자의 어려움을 덜고자 한다[前後質問, 亦有抵捂, 姑幷收, 以祛初學之碍]"의 내용도 『노박집람』과 『오륜전비언해』에서 말하는 질문이 여러 책을 여러 사람이 작성한 것임을 말해 주는 것이다.

여러 개의 각년 질정록 중에서 하필이면 '성삼문(成三問)'을 내세운 것은 질정관의 시작이 성삼문에서 비롯되었기 때문이다. 다음의 『조선왕조실록』 기사는 이러한 사정을 말해 주고 있다.

(8) 시강관(侍講官) 이창신(李昌臣)이 아뢰기를, "신이 일찍이 성절사

(聖節使)의 질정관(質正官)으로 북경(北京)에 갔다가 들으니, 전 진사(進士) 소규(邵奎)는 어버이가 늙어서 요동(遼東)에 산다 하여 돌아올 때에 방문하였는데, 경사(經史)에 널리 통하고 자훈(字訓)에 정밀하였습니다. 세종조(世宗朝)에 신숙주(申叔舟)·성삼문(成三問) 등을 보내어 요동에 가서 황찬(黃瓚)에게 어음(語音)과 자훈(字訓)을 질정(質正)하게 하여 홍무정운(洪武正韻)과 사성통고(四聲通考) 등의 책을 이루었기 때문에, 우리 나라 사람들이 이에 힘입어서 한훈(漢訓)을 대강 알게 되었습니다.25) 〈성종실록 1487년(성종18) 2월 2일〉

3. 조선 시대 질정관 사행 목적과 근거

3.1. 조선 시대 질정관의 명단

『조선왕조실록』에 수록된 질정관(質正官)의 명단은 김남이(2014: 10~13)에서 정리된 바 있다. 또 김남이(2014: 10~13)는『조선왕조실록』이외의 자료를 활용하여 조선 시대 질정관을 정리하였다. 그러나『조선왕조실록』에서 질정관으로 명시된 인물이 누락된 것이 있다. 김남이(2014: 10~13)에서 조사된 질정관은 ○으로 표시하여 둔다. 아울러 '한훈질정관(漢訓質正官), 한어질정관(漢語質正官)' 등의 특별한 명칭도 함께 표시한다.

---

25)『성종실록』, 1487년(성종18) 2월 2일, "侍講官李昌臣啓曰 臣曾以聖節使質正官赴京 聞前進士 邵奎以親老居遼東 回來時尋問之 該通經史 精審字訓矣 世宗朝遣申叔舟成三問等 到遼東 就黃 瓚質正語音字訓 成洪武正韻及四聲通考等書 故我國之人 賴之粗知漢訓矣".

(9) 『조선왕조실록』에 기술된 조선 시대 질정관 명단

인명	관련 『조선왕조실록』 기사	특이사항26)
金錫元	1477년(성종8) 윤 2월 18일	漢訓質正官
金訢	1481년(성종12) 4월 25일	○
池達河	1481년(성종12) 10월 20일	
趙之瑞	1486(성종17) 1월 3일	
李昌臣	1486(성종17) 12월 28일, 1487년(성종18) 2월 2일	○
權柱	1489년(성종20) 5월 27일	○ / 漢語質正官
李宗準	1493년(성종24) 8월 23일, 1493년(성종24) 9월 5일	○
成希顏	1494년(성종25) 9월 12일	○
南袞	1496년(연산군2) 11월 30일	○
崔溥	1497년(연산군3) 2월 26일	○
洪彦忠	1499년(연산군5) 12월 28일	○
李顆	1501년(연산군7)27)	○
崔世珍	1507년(중종2) 2월 15일, 1518년(중종13) 7월 14일, 1517년(중종16) 1월 26일	○
權希孟	1512년(중종7) 5월 12일	○
鄭百朋	1512년(중종7) 5월 18일	
朴壕	1513년(중종8) 6월 14일	
韓忠	1518년(중종13) 6월 29일	
朴命孫	1523년(중종18) 8월 4일	
尹漑	1528년(중종23) 10월 10일	○
張玉	1529년(중종24) 6월 6일	
尹漑	1529년(중종24) 9월 19일	○
趙仁奎	1530년(중종25) 3월 6일	○
韓淑	1533년(중종28) 11월 5일	○
權應昌	1534년(중종29) 4월 20일	○
鄭源	1537년(중종32) 7월 14일 이전의 질정관	
李蕘	1557년(명종12) 3월 10일	
李準	1573년(선조6) 1월 12일	
趙憲	1574년(선조7) 3월 3일, 1574년(선조7) 5월 11일, 1574년(선조7) 11월 1일	○
洪汝諄	1575년(선조8) 2월 29일	
申湜	1581년(선조14) 1월 27일	
宋象賢	1584년(선조17) 5월 3일	
崔岦	1584년(선조17) 종계변무주청사28)	
李大海	1587년(선조20) 3월 22일	

(9)는『조선왕조실록』에 기록된 조선 시대 질정관의 총 명단이다. 그런데 (9)에 제시한 질정관의 명단이 조선 시대 중국에 파견했던 질정관의 총 목록은 아닐 것으로 추정된다.『조선왕조실록』에서 질정관의 이름이 반드시 기록하지 않았기 때문이다.

질정관의 이름이 반드시『조선왕조실록』에 기록되지 않은 점은 다음과 같은 자료로 확인할 수 있다.

(10) 정승들이 아뢰기를, "한치형(韓致亨) 등의 10조 차자(箚子)를 상고하니, 이때 사인(舍人) 윤금손(尹金孫)은 외직에 보임되고 송천희(宋千喜)는 명(明)나라 서울에 갔으며, 검상(檢詳) 이과(李顆)가 혼자 있었기에 불러 물은즉, '신유년 10월에, 질정관(質正官)으로 명나라 서울에 갔다가 임술년 3월 24일에 복명(復命)하였는데, 10조를 입계(入啓)한 것이 25일이었으나 신이 먼 길에 병을 얻어 곧 사진(仕進)하지 못하였기 때문에, 누가 먼저 주장한지를 모른다.'고 합니다.' 천희는 명나라 서울에 갔고, 금손은 외방에 있었기는 하였지만 불러서 물어보기를 청합니다."[29] 〈연산군일기 1504년(연산군10) 윤4월 29일〉

(10)의『조선왕조실록』기사는 이과(李顆)가 신유년(1501) 10월에는 질정관이었음을 말하고 있다. 그런데『조선왕조실록』의 신유년(1501)

---

26) 김남이(2014: 10~13)에서 조사된 질정관에는 '○'의 표시를 한다. 또 단순한 질정관이 아니라 특별한 질정관 명칭도 함께 제시한다.

27) 『연산군일기(燕山君日記)』, 1504년(연산군10) 윤 4월 29일 기사에 실려 있음.

28) 『영조실록(英祖實錄)』, 1727년(영조3) 12월 19일 기사에 실려 있음.

29) 『연산군일기(燕山君日記)』, 1504년(연산군10) 윤4월 29일, "政丞等啓 考韓致亨等上十條箚子時 舍人尹金孫補外 宋千喜赴京 檢詳李顆獨在, 故召而問之則曰 辛酉十月 以質正官赴京 壬戌三月二十四日復命 十條入啓時 乃二十五日也 臣因遠行得病 未卽仕進 故不知誰爲首唱 千喜則赴京矣 金孫雖在外 請召問之".

10월의 어느 기사에서도 이과가 질정관인 사실을 확인할 수 없다. 또『조선왕조실록』의 임술년(1502) 3월 24일의 기사에서도 이과가 질정관인 사실이 기록되지 않았다. 다만 1502년(연산8) 3월 24일의 기사에는 정조사(正朝使) 이병정(李秉正)과 이창신(李昌臣)이 복명한 사실이 기록되었을 뿐이다. 이과는 이창신의 아들인 점에서 이과가 질정관인 사실이 기록되지 않았을 가능성을 생각해 볼 수 있다. 어쨌든 (10)은 조선 시대 중국에 파견된 질정관의 이름이『조선왕조실록』에 모두 기록되지 않았음을 말해 주는 것이다.

김남이(2014: 10~13)는『조선왕조실록』이외의 자료에 근거하여 성종 대의 질정관으로 '성현(成俔, 1439~1504), 김여석(金礪石, 1445~1493), 채수(蔡壽, 1449~1515)' 등과 연산군 대의 질정관으로 '김일손(金馹孫, 1464~1498), 황계옥(黃啓玉, ?~1494)', 명종대의 '이원익(李元翼, 1547~1634) 등을 더 제시하고 있다.

『한국민족문화대백과사전』의 웹페이지(http://encykorea.aks.ac.kr)에서 '질정관(質正官)'으로 검색하면, '박심문(朴審問, 1456), 한세환(韓世桓, 1501), 나익(羅瀷, 1533), 성락(成洛, 1574), 오억령(吳億齡, 1591), 유몽인(柳夢寅, 1592)' 등의 질정관을 확인할 수 있다.

3.2. 조선 시대 질정관의 사행 목적

조선 시대 중국에 파견했던 질정관(質正官)의 사행(使行) 목적은 어숙권의『패관잡기』에 잘 나타나 있다. 질정관의 사행 목적과 관련한『패관잡기』의 내용은 앞에서 이미 제시했는데,『패관잡기』에 따르면 질정관의 사행 목적은 이어(吏語)와 방언(方言) 중 해독할 수 없는 것을 뽑아 주어 서반(序班)에게 물어 대충 주석을 달아 가지고 오는 것'이었다. 이어와 방언은 모두 한어를 가리키는 것이다.

조선 시대 질정관의 명칭은 보통의 경우에는 '질정관'이라 하였지만 김석원(金錫元)의 경우에는 한훈질정관(漢訓質正官)이라 하였고, 권주(權柱)의 경우에는 한어질정관(漢語質正官)이라 한 점이 주목된다. 질정관 김석원과 권주가 이른 시기의 질정관이라는 점을 고려하면 '질정관'의 목적이 초창기에는 한어의 이해에 목적이 있었으나 세월이 흐른 뒤에는 중국 문화 전반에 대한 이해의 목적으로 변화되어 나갔음을 암시해 주고 있다.

15세기 말과 17세기 초까지 중국에 질정관을 보낸 두 가지 목적은 다음 자료로 확인할 수 있다.

(11) 승문원이 아뢰기를, "경연관 유희춘이 아뢴 것을 대신들과 의논하니, 영상의 의논은 '질정관(質正官)은 문자만을 질정하여 규명하는 것이 아니다. 우리나라가 멀리 변방에 있으니 중국의 예악과 문물에 대해서 반드시 자주 중국 조정에 가보아야만 보고 익히기도 하고 느끼기도 하여 뒷날 사대(事大)하는 데 쓸 수 있다. 때문에 문관으로 하여금 질정관을 삼아 왕래하게 하였던 것이니, 이는 뜻이 진실로 범연한 것이 아니다.[30] 〈선조실록 1570년(선조3) 4월 25일〉

(11)은 질정관을 중국에 보내는 목적이 첫째는 '문자를 질정하여 규명하는 것'이며 둘째는 '중국의 예악과 문물에 대한 이해'에 있음을 말하고 있다.

---

30) 『선조실록(宣祖實錄)』, 1570년(선조3) 4월 25일, "承文院 以經筵官柳希春所啓 議于大臣 領相議 質正官 非獨爲質正文字也 我國邈處荒外 凡中國禮樂文物 必須頻數朝赴 然後可以學習觀感 爲他日事大之用 故使文官憑質正往來 其意固非偶然".

3.3. 한어 난해처 이해 목적과 근거

조선 시대에 질정관을 중국에 파견하는 것의 첫 번째 목적은 한어의 난해처를 이해하는 것이다. 『조선왕조실록(朝鮮王朝實錄)』에서는 한어어의 난해처가 '괴상하고 알 수 없는 글자, 화훈(華訓), 한어(漢語), 이문(吏文), 이어(吏語)' 등으로 표현되었다.

(12) 가. 집현전 부수찬(副修撰) 신숙주(申叔舟)와 성균관 주부(注簿) 성삼문(成三問)과 행사용(行司勇) 손수산(孫壽山)을 요동에 보내서 운서(韻書)를 질문하여 오게 하였다.31) 〈세종실록 1445년(세종27) 1월 7일〉

나. 우리나라 사람이 한어(漢語)와 이문(吏文)을 해득하지 못하기 때문에 행차 때마다 질정관을 보고 의심하는 것을 질의하게 하였는데,32) 〈성종실록 1488년(성종19) 8월 24일〉

다. 대사간(大司諫) 안호(安瑚)가 아뢰기를, "질정관을 보내는 것은 한어(漢語)의 이해하기 어려운 곳을 알고자 하는 것입니다.33) 〈성종실록 1492년(성종23) 9월 29일〉

라. 윤은보 등이 또 아뢰기를, (…중략…) 부경 행차에 질정관이나 이문학관(吏文學官)을 보내는 것은 중국에 이문을 질정하고자 함이니,34) 〈중종실록 1538년(중종34) 3월 16일〉

---

31) 『세종실록(世宗實錄)』, 1445년(세종27) 1월 7일, "遣集賢殿副修撰申叔舟 成均注簿成三問 行司勇孫壽山于遼東 質問韻書".

32) 『성종실록(世宗實錄)』, 1488년(성종19) 8월 24일, "我國人不解漢語吏文 故每行 見質正官以質可疑".

33) 『성종실록(世宗實錄)』, 1492년(성종23) 9월 29일, "大司諫安瑚啓曰 遣質正官 欲知漢語之難解處也".

마. 삼공이 아뢰었다. "전에 괴상하고 알 수 없는 글자를 뽑아서
　　질정관에게 주어 그로 하여금 질문하여 알아오게 했는데,[35]
　　〈중종실록 1539년(중종34) 9월 10일〉

바. 국조(國朝)에서 연경(燕京)에 가는 사행(使行)에 으레 질정관을
　　보내어 중조(中朝)에 화훈(華訓)을 질문하였는데[36] 〈선조수정
　　실록 1574년(선조7) 11월 1일〉

사. 질문종사관 1원 [(…중략…) 승정원에 명하여 이어(吏語)와 방
　　언(方言)중 해독할 수 없는 것을 뽑아 주어 서반(序班)에게 물어
　　대충 주석을 달아 가지고 오게 하였다.[37] 〈通文館志 권3 冬至行
　　使〉

　성삼문이 질정관의 관직을 가졌는지의 여부는 자료로 확인되지 않
는다. (12가)는 운서(韻書)의 내용을 요동에 가서 질문한 것이므로 질
정관이 중국에 가서 한어를 질정한 것과 동일하게 취급할 수 있다.
(12가)에서는 운서, (12나)에서는 한어(漢語)와 이문(吏文), (12다)에서
는 한어, (12라)에서는 이문, (12마)에서는 '괴상하고 알 수 없는 글자',
(12바)에서는 화훈(華訓), (12사)에서는 이어(吏語)와 방언(方言) 등이
이해할 수 없는 것임을 설명하고 있다.
　한어(漢語)는 '중국어'를 말하고 방언(方言)은 지방의 중국어를 말하

---

34) 『중종실록(中宗實錄)』, 1538년(중종34) 3월 16일, "凡赴京之行 遣質正官史文學官者 欲其質史
　　文於中國".

35) 『중종실록(中宗實錄)』, 1539년(중종34) 9월 10일, "三公啓曰 在前險怪難解之字 抄付質正官
　　責令質正".

36) 『선조수정실록(宣祖修正實錄)』, 1574년(선조7) 11월 1일, "國朝於朝燕使行, 例送質正官, 質問
　　華訓于中朝".

37) 『통문관지(通文館志)』 권3 冬至行使. "質問從事官一員[(…중략…) 後改曰質正官 令承政院
　　抄給吏語方言之未解者註釋]".

고, 이문(吏文)은 중국의 행정기관에서 쓰는 문체38)를 가리키는 것이
고, 이어(吏語)와 이문은 같은 뜻39)이므로 한어의 문법, 어휘, 자음(字
音), 자의(字義) 등 한어의 언어 전반에 걸친 난해처를 질정관이 중국에
가서 질정한 것이다. 화훈(華訓)이란 '한자의 뜻'이고, (12가)에서 말한
운서(韻書)의 내용은 주로 자음(字音)에 관계된 것이므로 한어의 한자
(漢字)와 관련된 난해처를 질정관이 중국에 가서 질정한 것이다.

한어의 문어문(文語文)인 고문(古文)에 비교적 익숙했던 조선에서 한
어 가운데에 이해할 수 없었던 부분이 발생한 것은 몇 가지 요인에
말미암는다. 첫째의 요인은 송대 이후 중국에서는 구어문인 백화(白
話)를 사용한 것이다. 둘째의 요인은 한어 자체의 언어적 변화이다.
다음의 자료로 이러한 주장의 근거를 제시하도록 한다.

(13) 가. 예조에서 아뢰기를, (…중략…) 자제들을 요동도사(遼東都司)로
　　　　보내어 학습시키는 문제에 대하여, 허조(許稠)는 이르기를, '요
　　　　동으로 보낼 것 같으면 경서를 배우고 익히는 여가에 이문(吏
　　　　文)을 같이 익히면 한어(漢語)는 배우지 않아도 절로 능하게 될
　　　　것이니, 이 같이 하면 이에 밝은 스승은 되지 못할지라도 이문
　　　　에는 노련하게 될 것이요, 비록 이문에 노련하지 못하더라도 말
　　　　을 능히 하는 통사(通事)는 될 것이라고 합니다.40) 〈세종실록

---

38) 『한어대사전(漢語大詞典)』, 【이문(吏文)】, "指官府文牘 新唐書·裴延齡傳 永貞初 度支建言
　　延齡囊列別庫分藏正物 無實益而有吏文之煩 乃詔復以還左藏".

39) 이어(吏語)가 이문(吏文)과 같은 뜻임은 『명종실록』 1563년(명종18) 12월 11일 조의 "임기
　　는 사신의 뜻을 받아서 이어(吏語)를 지은 것일 뿐이며[林芑則承稟使臣之意, 做了吏語而已]"
　　에서 확인할 수 있다.

40) 『세종실록(世宗實錄)』, 1431년(세종13) 3월 19일, "禮曹啓: (…중략…) 一 遣子弟遼東都司學
　　習 許稠以爲 若遣遼東 則經書學習之餘 兼習吏文 若漢語則不學而自能矣 如此則雖未作明師 猶
　　可爲老吏 雖未作老吏 猶可爲能言通事".

1431년(세종13) 3월 19일〉

　나. 주강(書講)에 나아갔다. 시독관(侍讀官) 이창신(李昌臣)이 아뢰
기를, "지난번에 명령을 받고 한어(漢語)를 두목(頭目) 대경(戴
敬)에게 질정(質正)하는데, 대경이 노걸대(老乞大)와 박통사(朴
通事)를 보고 말하기를, '이것은 바로 원(元)나라 때의 말이므
로, 지금의 중국말과는 매우 달라서, 이해하지 못할 데가 많이
있다.'고 하고, 즉시 지금의 말로 두어 귀절을 고치니, 모두 해독
할 수 있었습니다."41) 〈성종실록 1480년(성종11) 10월 19일)〉

　(13가)에서 경서(經書)를 배울 때에 이문(吏文)을 함께 익히면 한어
(漢語)는 절로 능할 수 있음을 말하고 있다. 이는 이문과 한어가 유사한
성격을 가지는 한어임을 말하는 것이다. 또 '이문(吏文)을 배우되 이문
(吏文)을 익숙하게 배우지 못한다고 하더라도 말을 능히 하는 통사(通
事)가 될 수 있다'는 것은 이문과 한어가 중국어의 구어(口語)인 백화(白
話)의 성격을 가진 것임을 말하는 것이며 이문과 한어도 차이가 있음
을 말하는 것이다. 한어가 일상에서 흔히 사용되는 말이라면 이문은
행정기관에서 작성하는 문서에서 사용되는 문체이므로 이문은 행정
기관에서만 쓰는 전문적인 용어가 포함된 백화가 된다. 그런데 경서
는 문어문(文語文)인 고문(古文)으로 이루어진 것이므로 구어문(口語文)
인 백화(白話)와는 차이가 있다. 따라서 고문에 비교적 익숙한 조선에
서 말하는 한어의 난해처는 고문에서는 볼 수 없는 백화의 특징을
말하는 것이다.

---

41) 『성종실록(成宗實錄)』, 1480년(성종11) 10월 19일, "御書講 侍讀官李昌臣啓曰 前者承命 質正
漢語於頭目戴敬 敬見老乞大、朴通事 曰 此乃元朝時語也 與今華語頓異 多有未解處 卽以時語
改數節 皆可解讀".

(13나)는 한어의 변화로 한어의 이해가 어려웠던 사례를 하나를 말하고 있다. 즉 15세기 말에 한어 학습서로 사용된『노걸대(老乞大)』와『박통사(朴通事)』가 원대의 언어로 작성된 것이어서 당시의 한어 이해 능력으로는 이해할 수 없음을 말하는 것이다.

3.4. 질정관의 중국 예악과 문물 이해 목적과 근거

15세기 말과 17세기 초까지 중국에 질정관을 보낸 두 번째 목적으로 중국 예악(禮樂)과 문물(文物) 이해를 들 수 있다.

(14) 가. 이제 만일 역어(譯語)를 익히는 문사들을 북경 가는 사행 (使行) 때에 어떤 직임을[서장관(書狀官)이나 질정관(質正官)] 겸임시켜 중국에 드나들며 견문(聞見)에 보탬이 되게 한다면 또한 유익함이 있게 될 듯하다.[42] 〈중종실록 1544년(중종39) 4월 2일〉

나. 성절사(聖節使) 질정관(質正官) 이창신(李昌臣)이 와서 아뢰기를, "신이 북경(北京)에 갈 때 소문충공집(蘇文忠公集)을 사 오도록 명하셨는데, 신이 북경에서 구하다가 얻지 못하고 돌아오다가 요동(遼東)에 이르러 우연히 진사(進士) 전(前) 지현(知縣) 소규(邵奎)를 만나서 더불어 말하고 인하여 소문충공집을 구하니, 소규가 곧 장서각(藏書閣)에 맞이해 들어가서 보이고는 인해 책을 주었습니다. 신이 값을 주려고 하자, 소규가 물리치면서 말하기를, '어찌 값을 받겠는가? 주는 까닭은 다른 날의 잊지

---

42)『중종실록(中宗實錄)』, 1544년(중종39) 4월 2일, "但今則無有樂習者 故不見成就之效 今若以 習譯文士 凡赴京行次之時 兼差某任 【書狀官及質正官也】 使之出入中原 以資見聞 則似亦有 益矣".

아니하는 자료로 삼는 것뿐이다.'라고 하며, 인하여 시(詩)와 아울러 서(序)를 지어 주었습니다."[43] 〈성종실록 1486년(성종17) 12월 28일〉

다. 주청사(奏請使) 질정관 최세진이 경사로부터 와서『성학심법(聖學心法)』4부와 소요건(逍遙巾) 1사(事)를 바치고, 인하여 아뢰기를, "쌍동계(雙童髻)와 강탑(講榻)에 대하여 질의하라는 임금의 명을 받들고 갔었습니다. (…중략…) 강탑에 대한 일은, 황제가 학관(學館)에 임어(臨御)한 기록에도 징거할 만한 것이 없었습니다. 쌍동계 에 대한 일은, 사람을 시켜 김의(金義)에게 물었더니, 김의가 '이 제도는 사람마다 다 아는 것이 아니니, 내가 장인에게 물어서 알려 주겠다.' 하였습니다. 그 뒤 편지로 전해오기를 '소요건은 일명 공정책(空頂幘)인데, 민간에 많이 있다.[44] 〈중종실록 1521년(중종16) 1月 26日〉

라. 질정관 조헌이 경사(京師)에서 돌아왔다. 조헌은 중국의 성대한 문물을 익히 살펴보고 그것을 동방에 시행해 볼 생각으로 우리 나라에 돌아와서는, 시무(時務)에 절실한 것 8조와 근본에 관계된 것 16조 등 상소문 두 장을 초하였다. 이는 모두 중국의 제도를 먼저 인용한 다음 우리 나라가 현재 시행하고 있는 제도를 언급하여 그 득실의 이유를 갖추 논하고, 고의(古義)와 절충하

---

43) 『성종실록(成宗實錄)』, 1486년(성종17) 12월 28일, "聖節使質正官李昌臣來啓曰 臣赴京之時, 命市蘇文忠公集 臣求諸北京 未得乃還 到遼東偶逢進士前知縣邵奎 與之語因求蘇集 奎卽迎入藏書閣以示 仍贈之 臣欲償之 奎却之曰 何用價爲? 所以贈之者 以爲他日不忘之資耳 仍贈詩幷序".

44) 『중종실록(中宗實錄)』, 1521년(중종16) 1월 26일, "奏請使質正官崔世珍來自京師 獻聖學心法四部逍遙巾一事 仍啓曰 雙童髻及講榻質事 伏受上命 而歸 (…중략…) 講榻事 於聖駕臨雍錄 且無據見 雙童髻事 使問于金義 義以爲 此制 非人人所得曉說 吾將問于匠人以示 後書示云 逍遙巾 一名空頂幘 民間所多有者".

여 오늘날 시행할 수 있음을 밝힌 것이었다.[45] 〈선조수정실록 1574년(선조7) 11월 1일〉

(14가)에서는 질정관 파견의 목적을 '문관(文官)의 견문을 넓히기 위한 것'으로 말하고 있다. 이것은 질정관의 파견 목적이 '중국의 예악(禮樂)과 문물(文物)을 이해하는 것'에 있었음을 확인해 주는 것이다.

(14나)는 성종이 질정관 이창신(李昌臣)에게 『소문충공집(蘇文忠公集)』을 구해 올 것을 명령하였고, 질정관 이창신은 『소문충공집』을 구해 왔음을 성종에게 보고하고 있다. 『소문충공집』은 송(宋)나라 때 문장가로 이름 떨친 소식(蘇軾)의 문집인데, 성종이 이를 질정관 이창신에게 구해오도록 한 것은 소식의 정신적 세계를 탐구하고자 한 것이다. 1482년(성종13) 4월 6일 조의 기사의 "낭청에 있는 안침·하형산·김학기·정수곤·박형문·박문효에게 명하여 『소문충공집』의 어려운 곳에 주석을 달아 쉽게 풀어 놓도록 명하였다"[46]의 내용으로도 『소문충공집』에 대한 성종의 지적 호기심을 짐작할 수 있다.

(14다)는 질정관이었던 최세진이 중종의 명령으로 중국에 가서 쌍동계(雙童髻)와 강탑(講榻)에 대해 질정하였음을 말하고 있다. 쌍동계와 강탑의 어휘에 관련된 구체적인 제도와 풍습을 이해할 수 없어 쌍동계와 강탑의 의미를 중국에 가서 질정한 것이다. 쌍동계와 강탑의 어휘에 관련된 구체적인 제도와 풍습을 이해할 수 없었던 사정은 다음과 같다.

---

45) 『선조수정실록(宣祖修正實錄)』, 1574년(선조7) 11월 1일, "質正官趙憲, 還自京師 憲諦視中朝 文物之盛 意欲施措於東方 及其還也 草疏兩章 切於時務者八條 關於根本者十六條 皆先引中朝 制度 次及我朝時行之制 備論得失之故 而折衷於古義 以明當今之可行".

46) 『성종실록(成宗實錄)』, 1482년(성종13) 4월 6일, "命…郎廳安琛河荊山金學起丁壽崐朴衡文朴 文孝 註解蘇文忠公集難解處".

(15) 가. 두씨(杜氏) 통전(通典) 황태자조하의(皇太子朝賀儀)에 '황태자가 의복과 원유관(遠遊冠)을 갖춘다.' 한 주(注)에 '아직 관례를 행하지 않았으면 쌍동계(雙童髻)를 한다.' 하였으니, 관례 전에 책봉된 자는 별도로 착용하였던 관이 있었던 것이나, 다만 지금은 그 제도를 고증할 길이 없습니다.[47]〈중종실록 1520년(중종 15) 3월 6일〉

나. 정원이 아뢰기를, 강탑(講榻) 일을 어제 정부와 의논한즉 모두들 말이, 전일 시학(視學)할 적에도 또한 의미를 알 수 없기 때문에 빼고 만들지 않았으며 (…중략…) 그러나 자상한 것을 알 수 없으니 아직은 빼고 만들지 말았다가, 정조사(正朝使) 김세필(金世弼)이 자세히 물어보고 오도록 한 다음에 그런 예절을 거행함이 어떠하리까?[48]〈중종실록 1519년(중종14) 9월 13일〉

(15가)는 최세진이 중국에 질의한 결과 쌍동계(雙童髻)에 대해서는 자세히 알아 왔음을 말하고 있다. 최세진은 쌍동계가 소요건(逍遙巾)과 관련된 것임을 알아 왔고, 또 소요건을 민간에서 공정책(空頂幘)라 하고 있음을 알아 왔다. 쌍동계란 '머리 정수리 부분에 두 개의 상투를 올린 머리 모양'을 말하는데 이러한 머리 모양에는 소요건을 착용한다는 사실을 최세진은 알아온 것으로 추정된다.

그러나 (15나)를 보면 최세진은 강탑(講榻)과 관련된 제도에 대해서는 알아오지 못했다. 『중종실록(中宗實錄)』1511년(중종6) 2월 2일조의

---

47) 『중종실록(中宗實錄)』, 1520년(중종15) 3월 6일, "杜氏通典 皇太子朝賀儀云 皇太子具服遠遊冠 註云 若未冠 則雙童髻 以此觀之 未冠而冊封者 別有所着之冠 而但其制度 今不可考".

48) 『중종실록(中宗實錄)』, 1519년(중종14) 9월 13일, "政院啓曰 講榻事 昨與政府議之 則皆曰 前日視學時 亦未知其意 故闕而不設 (…中略…) 然未知詳, 姑闕不設 使正朝使金世弼 詳問而 來後 行其禮 何如".

기사를 보면 강탑이 '임금이 앉는 자리인지' 아니면 '경전을 두는 자리인지'에 대해 중종 당시에는 의구심을 가지고 있었다. 강탑에 대한 『한어대사전(漢語大詞典)』의 풀이를 보면49) 임금을 시학(視學)할 때, 강관(講官)이 앉는 의자임을 알 수 있다. 결국 쌍동계와 강탑의 구체적 내용을 중국에 질정한 것은 중국의 역사와 문화를 정확히 이해하기 위한 것임을 알 수 있다.

앞에서 말한 (14라)에서 말한 8조의 상소문과 16조의 상소문은 질정관으로 파견되었던 조헌이 중국의 제도를 견문하여 우리나라의 제도를 개혁하자는 것이다. 『선조수정실록(宣祖修正實錄)』1574년(선조7) 11월 1일조의 기사에 소개된 8조의 상소문과 16조의 상소문의 내용의 줄기만 제시하면 다음과 같다.

(16) 가. 8조의 상소문

성묘(聖廟)의 배향에 관한 일, 내외(內外)의 서관(庶官)에 관한 일, 셋째, 귀천의 의관(衣冠)에 관한 일, 음식 연음(宴飮)에 관한 일, 사부(士夫)의 읍양(揖讓)에 관한 일, 사생(師生)의 접례(接禮)에 관한 일, 향려(鄕閭)의 습속에 관한 일, 군사(軍師)의 기율에 관한 일.

나. 16조의 상소문

하늘에 닿는 정성[格天之誠], 근본을 생각하는 효도[追本之孝], 능침의 제도[陵寢之制], 제사의 예절[祭祀之禮], 경연의 규례[經筵之規], 조회의 의식[視朝之儀], 간언을 듣는 법[聽言之道], 사

---

49) 『한어대사전(漢語大詞典)』, 【강탑(講榻)】, "講官的坐具. ≪新唐書·禮樂志四≫: "皇帝視學, 設大次於學堂後, 皇太子次於大次東. 設御座堂上, 講榻北向." ≪明史·禮志九≫: "唐以後, 天子視學, 始設講榻 (…中略…) 賜講官坐, 及以經置講案, 叩頭, 就西南隅幾榻坐講".

람을 뽑는 법[取人之方], 음식의 절제[飲食之節], 국가의 곡식을 알맞게 쓸 것[餼廩之稱], 생산을 늘릴 것[生息之繁], 사졸의 선발[士卒之選], 조련을 부지런히 하는 것[操鍊之勤], 성지를 견고하게 하는 것[城池之固], 출척을 밝게 하는 것[黜陟之明], 명령을 엄하게 하는 것[命令之嚴], 군상(君上)이 마음을 바르게 하여 모범을 보이는 도를 총론(總論)

『선조수정실록(宣祖修正實錄)』 1574년(선조7) 11월 1일조의 기사에 따르면 조헌이 8조의 상소문을 올리자 선조(宣祖)는 "천백 리 풍속은 서로 다른 것인데, 만약 풍기(風氣)와 습속이 다른 것을 헤아리지 않고 억지로 본받아 행하려고 하면 끝내 소요만 일으킬 뿐 일이 성사되지 않을 것이다"라고 하자 조헌은 16조의 상소문을 올리지 않았다고 한다.

조헌의 8조 상소문과 16조 상소문은 중국에 파견된 질정관이 자신의 견문을 넓힌 하나의 사례가 된다.

4. 결언

이 글은 조헌의 중간본 『중봉선생문집(重峯先生文集)』에 수록된 「질정록(質正錄)」이 현재 전하는 유일의 질정록임을 말하였다. 조헌의 「질정록」이 가지는 성격을 질정관의 임무 보고서로 파악하여 이를 바탕으로 조선 전기에는 승문원(承文院)에 질정관들의 임무 보고서인 「질정록」이 여럿 보관되어 있었음을 추정하였다. 이러한 추정의 근거로 유희춘이 『미암일기』에서 '각년 질정록(各年質正錄)'이란 표현을 쓴 사실을 제시하였다.

한편『노박집람(老朴集覽)』과『오륜전비언해(五倫全備諺解)』에 나오는 '질문(質問)'이 조헌의「질정록」과 같이 질정관의 임무 보고서임을 밝혔다. 이러한 추정의 근거로 질정관(質正官) 명칭이 조천관(朝天官)에서 질정관으로, 질정관에서 질문관(質問官)으로 변화된 사실을 제시하였으며, 이러한 사실은 어숙권의『패관잡기(稗官雜記)』에 기술되어 있음을 말하였다.

이 연구에서는『조선왕조실록』과 한국민족문화대백과사전의 웹 페이지를 활용하여 조선시대 질정관의 명단을 확충하였다.

조선 시대 질정관의 명칭이 '한훈질정관(漢訓質正官), 한어질정관(漢語質正官)' 등과 같이 특화된 명칭으로 쓰이다가 후대에 일반화된 '질정관'이란 명칭을 사용하는 것에 근거하여 중국에 질정관을 파견한 목적이 '한어 난해처의 이해'와 '중국의 예악과 문물의 이해'의 두 가지였음을 말하였으며, 질정관을 중국에 파견한 목적이 '한어 난해처의 이해'에서 '중국의 예악과 문물의 이해'로 변화되었음을 언급하였다.

조선 시대에 질정관을 중국에 파견한 것이 '한어 난해처의 이해'를 위한 목적임을 말해 주는 여러 근거를『조선왕조실록』에서 찾아 제시했다. 구체적인 내용으로 '중국 운서, 한어의 난해처, 이문(吏文), 화훈(華訓), 이어(吏語)와 방언 중 해독할 수 없는 것' 등을 질정관이 중국에 가서 질정하고 있음을 언급하였다. 또한 '한어의 난해처'를 중국에 가서 질정하는 이유로 '송대 이후 중국에서는 구어문인 백화(白話)를 사용한 것'과 '한어 자체의 언어 변화'의 두 가지를 제시하였다.

또한 조선 시대에 질정관을 중국에 파견한 것이 '중국의 예악과 문물의 이해' 목적임을 말해 주는 근거를『조선왕조실록』에서 찾아 제시했다. 중국에 대한 견문(聞見)의 필요성 때문에 질정관을 중국에

보낸 여러 근거를 제시하였다. 예컨대, 질정관을 통해서 『소문충공집
(蘇文忠公集)』의 책자를 구입하고 소요건(逍遙巾)을 구입한 사례를 제시
했다. 또 쌍동계(雙童髻)와 강탑(講榻)에 관련된 중국 제도의 이해를
위해 질정관을 중국에 파견한 사례를 제시했다. 마지막으로 중국의
성대한 문물을 바탕으로 조헌의 8조 상소문과 16조 상소문이 국왕에
게 제출하기 위해 작성되었음을 말하였다.

참고문헌

1. 자료

『노박집람(老朴集覽)』(동국대학교중앙도서관 貴D494, 2노13)

『이문집람(吏文輯覽)』(국립중앙도서관 古3116-1)

『미암일기(眉巖日記)』, 장서각디지털아카이브, http://yoksa.aks.ac.kr.

『주의집람(駁稿輯覽)』(영인본), 『서지학보』 8, 1992.

『비추초의집람(比部招議輯覽)』(영인본), 『서지학보』 17, 1992.

『오륜전비언해(五倫全備諺解)』(대제각 영인본), 1986.

『조선왕조실록』 http://silook.history.go.kt/main/main.jsp

『조천일기(朝天日記)』(조헌 자필본),

     국가기록유산싸이트, http://www.memorykorea.go.kr.

『주의택고집람(奏議擇稿輯覽)』(영인본), 『서지학보』 8, 1992.

『중봉선생문집(重峯先生文集)』(조헌 중간본),

     한국고전번역원정보시스템, http://db.itkc.or.kr

『증정우공주의(增定于公奏議)』(영인본), 『서지학보』 8, 1992.

『증정이문(增定吏文)』(영인본), 『서지학보』 17, 1992.

『증정이문속집(增定吏文續集)』(영인본), 『서지학보』 17, 1992.

『표준국어대사전』,

     국립국어원, http://www.korean.go.kr/09_new/index.jsp.

『하곡선생납(荷谷先生集)』, 허봉,

     한국고전번역원정보시스템, http://db.itkc.or.kr.

『훈몽자회(訓蒙字會)』(동양학총서 제1집), 단국대학교 동양학연구소 영인
     본, 1971.

2. 논저

김남이, 「조선전기 사(士)의 해외체험과 문명의식: 성종대 질정관(質正官)을 중심으로」, 『이화어문논집』 32, 이화어문학회(이화여자대학교 한국어문학연구소), 2014.

김유범, 「노박집람(老朴集覽)의 성립에 대하여: 음의(音義)·질문(質問)·역어지남(譯語指南)의 성격규명을 通하여」, 『국어사연구』 1, 2000.

김지현, 「조헌(趙憲)의 조천일기(朝天日記)에 대한 소고」, 『온지논총』 40, 온지학회, 2014.

서울대학교 규장각, 『규장각한국본도서해제 집부(集部)2』, 서울대학교 규장각, 1993.

세종대왕기념사업회, 『국역 통문관지』 1~4, 1998.

안병희, 「증정우공주의(증정우공주의)·박고(駁稿)·주의택고집람(奏議擇稿輯覽) 해제」, 『서지학보』 8, 한국서지학회, 1992.

안병희, 「증정이문(增定吏文)·증정이문속집(增定吏文續集)·비부초의집람(比部招議輯覽) 해제」, 『서지학보』 17, 한국서지학회, 1993.

이건식, 「조헌의 질정록(質正錄)에 대한 국어학적 분석과 한자어 차용의 특징」, 『한말연구』 41, 한말연구학회, 2016.

이순미, 「노박집람(老朴集覽) 속의 질문 고찰」, 『중국어문논총』 55, 중국어문연구회, 2012.

竹越孝, 「『伍倫全備諺解』に見られる質問の編者と佚文について」, 『KOTONOHA』 第32号, 古代文字資料館, 2005.

漢語大詞典編輯委員會 편, 『漢語大詞典』, 漢語大詞典出版社, 1991~1993.

Cui, Gui Hua, 「조선초기 한어문정책(漢語文政策) 연구」, 서울대학교 박사논문, 2012.

근대지와 견문 담론의 계몽성과 문체 변화*

: 『서유견문』과 『세계일람』을 중심으로

김경남

1. 서론

이 글은 근대지(近代知) 형성 과정에서 등장한 유길준의 『서유견문
(西遊見聞)』(1895, 東京: 交詢社)과 김하정(金夏鼎)이 역술한 『세계일람(世
界一覽)』(1907, 普成館)의 세계 견문에 대한 계몽 담론과 문체상의 변화
를 비교하는 데 목적이 있다.

유길준의 『서유견문』은 제목에서 알 수 있듯이 근대 계몽기 대표적
인 견문록이자 교과서로 그동안 학계에서 지속적인 연구가 이루어져
왔다. 특히 이 책의 저자인 유길준에 대해서는 안용환(2009)의 「유길준
의 개화사상과 대외인식에 관한 연구」(명지대 대학원), 이지훈(2017)의

---

* 이 논문은 『국제어문』 80, 국제어문학, 2019에 수록된 논문을 수정·보완한 것임.

「한국 근대문학 형성기의 여행 서사 연구」(서울대 대학원), 노춘기 (2011)의 「근대문학 형성기의 시가와 정육론 연구」(고려대 대학원), 오선민(2009)의 「한국 근대 해외 유학 서사 연구」(이화여대 대학원), 조정희(2008)의 「유길준의 개화사상에 대한 연구」(고려대 대학원), 백로 (2012)의 「근대 이행기 동아시아의 신행 한자어 연구」(인하대 대학원) 등과 같은 박사논문이 쓰일 정도로 지속적인 연구가 이루어져 왔다. 학술지에 발표된 유길준 관련 논문도 대략 400여 편으로, 그 가운데 『서유견문』을 대상으로 한 논문이 100여 편에 이른다. 이상에서 확인할 수 있듯이, 『서유견문』에 대한 선행 연구 가운데 상당수는 근대 문명담론이나 교육, 철학 등과 밀접한 관련을 맺고 있다. 또한 이 책 서문에서 저자가 "칠서언해(七書諺解)의 기사법을 대강 본받아 자세하고 명백한 기록이 되고자" 하는 의도에서 한글과 한자를 섞어 쓴 문체를 구사했다고 밝혔듯이, 어휘나 문장 구조 등 문체 연구의 중요 자료로도 활용되어 왔다. 그뿐만 아니라 '견문록'이라는 차원에서 『서유견문』을 연구한 사례도 다수 나타나는데, 김태준(1997), 이형대(2009), 구지현(2013), 허경진(2013) 등이 대표적이다. 이들 연구의 대부분은 근대의 문명 담론이나 비교 문화의 관점을 취한 성과로 볼 수 있다.

이에 비해 김하정(金夏鼎)의 『세계일람(世界一覽)』은 학계에 거의 알려진 바 없는 자료이다. 이 책은 1907년 보성관에서 발행된 것으로 국한문체의 세계 각국의 도시와 문화를 소개하였으며, 현재 한국학중앙연구원 장서각, 연세대학교 중앙도서관 등에 소장되어 있는데, 『서유견문』과는 달리 세계 각국의 사정을 여러 가지 자료를 근거로 하여 편집 역술한 책이다.

이 연구에서는 『서유견문』 제19편~제20편의 세계 도시 사정에 대한 유길준의 문명 담론과 『세계일람』을 비교하여, 근대 기행 담론의 계몽성과 문체상의 변화 모습을 기술하는 데 목표를 둔다. 두 견문기는 서구 문명을 대상으로 한 견문기로 계몽 담론의 표출 방식, 독자 대중을 고려한 문체상의 변화, 풍속·명소·유적 등을 그려내는 방식 등에서 차이를 보인다. 특히 계몽성의 차원에서 유길준의 문명 담론을 계승하면서도 유람지에 대한 구체적인 설명과 묘사를 덧붙이고, 언해문이나 서유견문식 현토체에서 빈번히 나타나는 이어진 문장 구조 대신 짧은 문장(단문) 사용 빈도가 높아진 점 등은 두 기행 담론을 통해 확인할 수 있는 대표적인 차이이다. 이 논문에서는 계몽 담론의 구체성과 단문화 중심의 문체상의 특징을 고찰하는 데 중점을 둔다.

2. 『서유견문』과 『세계일람』의 계몽 담론

2.1. 『서유견문』의 도시 문화와 계몽 담론

『서유견문』은 모두 20편으로 이루어진 근대 지식의 보고(寶庫)이다. 이 책은 책명에서도 추론할 수 있듯이 두 차례에 걸친 구미와 일본 견문기이자 서구의 문물을 소개한 근대화를 위한 방략서(方略書)이자 교과서였으며, '견문 기행'을 통한 '지식증장(知識增長)'을 담론으로 하는 계몽서이다.[1] 제1편의 지구 세계에 대한 소개와 육대주, 세계 각국

---

1) 2018년 11월 3일 발표 당시 토론자께서도 『서유견문』의 성격이 '방략서'임을 지적하신 바 있다. 그러나 『서유견문』은 발행 직후 학부에서 교과서 대용으로 각 지역에 보낸 바 있듯이 자료를 어떤 관점으로 볼 것인가 중요한 의미를 갖고 있다고 판단하여 기행(견문) 담론 차원에서 『서유견문』 제16, 19~20편과 『세계일람』을 비교하고자 하였다. 두 텍스트는 '견문 담론'을 중심으로 한 것이어서 여정 체험과 견문 기록의 문학성을 갖춘 순수 기행문은 아니나, 견문 담론의 변화를 살필 수 있는 좋은 자료들이다.

의 상황을 비롯하여, 제2편 세계의 바다, 강하(江河) 등과 같은 지지(地誌)뿐만 아니라 제3편 '인민의 권리', '인민의 교육' 등과 같이 각국의 제도·문화를 체계적이고 상세히 소개한 책이다. 이러한 지식이 필자의 직접 체험을 바탕으로 한 것임은 '서유견문 서(西遊見聞序)'에서도 잘 나타난다.

「西遊見聞序」

余가 此遊에 一記의 無홈이 不可ᄒ다 ᄒ야 遂乃 聞見을 蒐集ᄒ며 亦或 書籍에 傍考ᄒ야 一部의 記를 作ᄒ시 時ᄂ 壬午의 夏라. 我邦이 亦 歐美 諸國의 友約을 許ᄒ야 其聞이 江戸에 達ᄒ거늘 余가 其記에 力을 用홈이 頗專ᄒ야 曰 余身이 泰西諸邦에 未至ᄒ고 他人의 緖餘를 綴拾ᄒ야 此記에 寫홈이 夢의 中에 人의 夢을 說홈과 其異가 不無ᄒ나 彼를 交홈이 彼를 不知ᄒ 則 彼의 事를 載ᄒ며 彼의 俗을 論ᄒ야 國人의 考覽을 供ᄒ야 猶且絲毫의 補가 不無ᄒ다 호ᄃᆡ 目擊ᄒ 眞景을 未寫홈으로 自疑ᄒ더니

번역 내가 이 여행에 한 편의 기록이 없을 수 없다 하여, 견문한 것을 수집하고 또 서적을 곁에 두어 고증하여 한 편의 여행기를 지었는데, 그 때가 임오년이다. 우리나라가 또한 구미 제국과 우호 조약을 허락하여 그 소문이 에도(江戸)에 들리니, 내가 기록에 힘쓰기에 전념하여 말하기를, 내가 태서 여러 나라에 가보지 못하고 다른 사람의 자료를 모아 이 기록을 옮겨 적는 것이 마치 꿈에 남의 이야기를 하는 것과 다르지 않으나 저들과 사귀면서도 저들을 알지 못한즉 저들의 일을 기재하고 풍속을 논하여 국인(國人)이 살펴보는 데 공헌하여, 약간의 도움이 없지는 않으나 목격한 참된 경황을 적지 못했음을 안타깝게 여겼다.

'서유견문 서'에서는 이 책의 기록이 임오년(1882) 시작되어 계미년 (1883) 한미우호통상조약 체결 직후의 미국 유학, 갑신정변 이후 을유 년(1885)의 구미 견문 체험 등을 바탕으로 한 것임을 비교적 자세히 기록하였다.[2] 『서유견문』 본문에서는 여정기(旅程記)가 구체적으로 드러나지 않지만, 제16편 '유락(遊樂)하는 경상(景像)'이나 제19편 '각 국 대도회(各國 大都會)'는 견문 기록의 성격을 뚜렷이 나타낸다.[3]

「遊樂ㅎㄴ 景像」

大抵 人이 勤勵홈으로 當然ㅎ 道理라 謂ㅎ고 閒逸홈으로 不可ㅎ 習慣 이라 云ㅎ나 然ㅎ나 勤勵홈과 閒逸홈도 其道가 各有ㅎ니 (…中略…) 今 에 泰西人의 閒逸ㅎ 遊樂을 見ㅎ건디 或 山林의 興趣를 乘ㅎ며 風月의 韻致를 因ㅎ야 其樂을 獨行ㅎㄴ 者도 有ㅎ고 親戚의 情話와 朋友의 尋訪 으로 其樂을 各從ㅎㄴ 者도 有ㅎ며

번역 대저 사람이 근검 면려하는 것은 당연한 도리라고 말하고, 한가 히 노니는 것은 해서 안 되는 관습이라고 이르나 근려함과 한일 함도 그 도리가 각각 있으니 (…중략…) 지금 태서인의 한일한 유희와 오락을 살펴보면 혹 산림의 흥취를 즐기고 풍월의 운치에 따라 그 즐거 움을 홀로 행하는 것도 있고 친척의 다정한 말이나 붕우의 방문으로 그 즐거움을 따르는 것도 있으니

---

2) 이형대(2009)에서는 『서유견문』이 갖는 특징을 '계몽서와 여행기 사이'라는 제목으로 중층 적인 텍스트로서의 성격을 띠고 있다고 규정한 바 있다.

3) 이는 이 책의 '서유견문 서'와 '서유견문 비고(備考)'에서도 뚜렷이 밝힌 바 있다. 특히 '비고'의 마지막 항목에서는 "本書ㄴ 吾人의 西遊ㅎ 時에 學習ㅎㄴ 餘暇를 乘ㅎ야 見聞을 蒐集ㅎ고 又 或 本國에 歸ㅎ 後에 書籍에 考慮ㅎ니 傳聽의 誤謬와 事件의 遺漏가 自多ㅎ 則 不朽에 傳ㅎ기를 經營홈이 아니오 一時 新聞紙의 代用을 供홈이니"라고 하여, 견문한 것과 서적을 참고한 것이 섞여 있음을 밝혔다. 특히 '일시 신문지의 대용'을 제공한다고 한 점은 이 책이 대중성을 목적으로 하였음을 의미한다.

제16편의 유락 경상(遊樂景像)은 구체적인 견문 상황을 그려내지는 않았지만, 필자가 태서인의 여가 활동을 목격하고 그것을 정리하였음을 밝히고 있다. 제16편에 소개한 유락(遊樂)은 '다회(茶會), 무회(舞會), 가회(歌會), 설야유(雪夜遊), 일기회(一器會), 유치회(幼稚會), 제소회(諸小會), 마희(馬戱), 연희(演戱), 야희(野戱)' 등이다. 제19편과 제20편의 '각국 대도회(大都會)의 경상(景像)'은 구미 여러 국가의 도시와 산천, 인물 등을 기록하는 것을 목표로 하였다. 이에 대해 유길준은 다음과 같이 서술한다.

「各國 大都會의 景像」

今애 各處 都會地의 景像을 欲記홈애 三數十 片紙에 其人物의 富盛홈과 山川의 秀麗홈을 模寫호 則 洪纖을 悉包호기 極難호야 脫漏호는 事實이 自多혼 中에 足跡이 及호야 目擊혼 者는 猶或 可호거니와 他人의 遊歷혼 記書를 考閱호야 其餘論을 掇合호고 模糊혼 文字를 粧撰호니 或其實에 差爽혼 者가 必有홀디며 又 或 其眞을 全失혼 者도 不無홀디라. 然혼 故로 譬辭로 喩호건딕 拙手의 畵工이 流峙의 絶勝혼 眞景을 臨호야 三昧의 神會호는 意匠이 無호고 依樣혼 葫蘆로 畵호야 具眼者의 譏嘲를 未免홀디로딕 勝地의 圖라 謂호는 名稱은 猶存혼 則 臥遊者의 一觀을 供호야 咫尺에 萬里를 論호기는 其助가 不無홈이라.

번역 지금 각처 도회지의 모습을 기록하고자 할진대, 30여 장에 많은 인물과 산천의 수려함을 그려내니 그 모든 것을 자세하게 포괄하기 어렵고 누락한 사실이 많은데 그 중 직접 가서 본 것은 괜찮지만 타인이 유력(遊歷)한 기록을 참고하여 그것을 모아 모호한 문자로 어설피 꾸몄으니 혹 그 사실과 다른 것이 반드시 있을 것이며, 또한 그 참된 모습을 완전히 상실한 것도 없지 않을 것이다. 그런 까닭에 비유하여 말하면 서툰 화공이 흐르는 물과 언덕의 절승을 보고 삼매경의 신을 만나는 형상이 없이 호로(葫蘆, 갈대)만 그려 안목 있는 사람의 조롱과 비웃음을 면하기 어려울 것이나 승지(勝地)의 그림이라는 명칭만은 존재하니 와유자(臥遊者)에게 제공하여 지척에서 만리를 논하는 데 도움이 될 바가 없지 않을 것이다.

이 글에서는 제19편의 집필 목적은 '와유자의 일관'을 제공하여 '지척에서 만 리를 논'하는 데 도움이 되도록 하는 데 있음을 분명히 하고 있다. 여기서 주목할 것은 세계 각 도회지의 경상을 기록한 자료의 성격인데, 필자 스스로 '족적(足跡)이 급(及)하여 목격(目擊)한 자(者)'와 '타인의 유력(遊歷)한 기서(記書)'를 모아 꾸몄다고 밝혔듯이, 직접 체험과 간접 체험을 모두 대상으로 한 점이다. 이 점은 전통적인 기(記)와는 다소 차이가 있는데, 예를 들어 '전기(傳記)', '유기(遊記)' 등에서는 '서사적(敍事的)' 요소가 강조된다.[4] 이를 고려할 때, 유길준의 『서유견문』 제19편은 일정한 '서사'가 없다는 점에서, 순수한 '기' 특히 기행문에 해당하는 '유기(遊記)'는 아니다. 그럼에도 그가 서양 각국의 도회지를 견문한 바를 기록한 것은, '지척(咫尺)에 만리(萬里)를 논(論)하는 데 보조'가 될 수 있기를 소망한 데서 알 수 있듯이, 각국 도회 사정을 알림으로써 지식 계몽에 일조할 수 있다고 믿었기 때문이다. 유길준이 기록한 각국 도회지는 다음과 같다.

---

4) 1900년대 대표적인 작문 교재인 최재학(1909)의 『(實地應用)作文法』(휘문관) '기문(記問)'에서는 "記는 事를 記하는 文이라. 禹貢 顧命에 祖하야 其名은 戴記 樂記에셔 始호지라. 其文은 敍事로 爲主하느니"라고 하여 '기(記)'가 전통적인 문체의 하나로 '서사(敍事)'를 위주로 하는 글임을 밝히고 있다. 비록 유기 가운데 지역의 풍경, 풍속, 지리적인 특성이나 감회를 적은 경우도 많으나, 여행자와 여정(旅程) 등이 드러나는 것은 유기(遊記)의 특성이다.

「제19편~제20편의 각국 도회지」

ㄱ. 合衆國: 華盛頓(와싱튼: 워싱턴),[5) 紐約(뉴욕, 뉴욕), 必那達彼亞(필나달피야: 필라델피아), 池家皐(지카고: 시카고), 寶樹墪(보스튼: 보스턴), 桑港(산프란세스코: 샌프란시스코)

ㄴ. 英吉利: 圇墪(론든: 런던), 立菸八(립어풀: 리버풀), 滿棣秀太(만테스터: 맨체스터), 屈羅秀古(글나스고: 글래스고우), 伊丹堡(이덴벅: 애든버러), 多佛仁(다블닌: 더블린)

ㄷ. 佛蘭西: 巴里(파리: 파리), 排沙游(표기 없음: 베르사유), 馬塞里(표기 없음: 마르세유), 里昻(표기 없음: 리용)

ㄹ. 日耳曼: 伯林(벌닌: 베를린), 咸福(함벅: 함부르크), 汨論(콜논: 쾰른), 厚蘭布土(프랑포어트: 프랑크푸르트), 民仁見(멘인겐: 뮌헨), 布朱淡(폿즈담: 포츠담)

ㅁ. 荷蘭: 赫久(헤이그: 헤이그), 來丁(레든: 라이든), 巖秀攄淡(암스터담: 암스테르담), 祿攄淡(롯터담: 로테르담)

ㅂ. 葡萄牙: 利秀繁(리스본: 리스본), 獒浦(오퍼토: 오포르토)

ㅅ. 西班牙: 馬斗賴(밋드릿드: 마드리드), 哥多瓦(표기 없음: 코르도바), 加拉拿太(표기 없음: 그라나다), 細勃(표기 없음: 세빌라), 哥杜朱(표기 없음: 카다스), 沙羅高楂(표기 없음: 사라고사), 巴泄老那(표기 없음: 바르셀로나)

ㅇ. 白耳義: 富羅泄(브라셀: 브뤼셀), 安神道(표기 없음: 안트워프)

『서유견문』의 각국 도회지는 총 37개 도시이다. 제19편과 제20편의

---

5) 괄호 안의 표기 가운데 앞에 있는 것은 『서유견문』의 표기를 의미하며, 뒤의 것은 현대식 지명 표기를 의미함.

근대지와 견문 담론의 계몽성과 문체 변화　261

각 도회에 대한 기록 내용은 도시의 모습과 주요 건물, 기념비 등으로 '화성돈(華盛頓)'의 경우 미합중국의 수도이자 도시 이름의 유래, 도시의 정경(情景), 국회의사당, 대통령 관저, 화성돈 기공비(紀功碑) 등을 서술하였다. 서술 과정에서 주관적 감정을 배제하고, 목격했거나 견문한 내용을 구체적으로 밝히고자 하였는데, 여정과 서사가 배제되어 있을지라도 "~ᄒ더라" 형식의 근대적 견문 담론과 지식 증장, 문명계몽론을 보여주는 견문기라고 할 수 있다.

2.2. 『세계일람』의 담론 변화 양상

유길준 이후 서유(西遊) 기행문을 남긴 사람은 많지 않다. 김경남 (2013)에서 밝힌 바와 같이, 근대 계몽기에는 신문과 잡지의 일부 기행 담론이 산재되어 있을 뿐, 여행 체험을 구체적으로 그려낸 기행문을 거의 찾아보기 어렵다. 이는 1900년대 초까지의 '환유지구(環游地球)' 담론이 '지식증장(知識增長)'과 맞물려 있기 때문에, 여행 체험의 글쓰기가 개성적인 문체로 전환되기 어려운 상태였기 때문일 것이다.6) 이러한 차원에서 『세계일람(世界一覽)』은 사실과 계몽의 조화, 문체상의 변화 차원에서 흥미로운 대중 독서물로 평가할 수 있다. 더욱이 『서유견문』이 등장한 이후 대략 15년의 시차가 존재한다는 점에서 견문록의 변화 양상을 살필 수 있다는 점에서 흥미로운 책이라고 할 수 있다.

이 책은 1907년 보성관에서 발행한 단행본으로 역술자는 낙은 김하

---

6) 1900년대 초까지 신문·잡지에 발표된 기행문은 많지 않다. 다만 1897년 전후 『죠션그리스도인회보』, 『그리스도신문』에 몇 편의 기행문이 수록되어 있는데, 이에 대해서는 별도의 연구가 필요하다.

정(洛隱 金夏鼎)인데, 현재까지 이 책에 대한 선행 연구는 존재하지 않는다. '한국사데이터베이스 한국 근현대 인물 자료'를 참고할 때, 김하정은 1897년 5월 심상소학교(尋常小學校)를 졸업하고, 1904년 6월 24일 관립중학교(官立中學校)를 졸업한 뒤, 중학교 교관(판임 6등)에 임용된 것으로 나타난다. 그는 1906년 관립 한성고등학교 교관에 임용되었으며, 1909년까지 이 학교에서 국어를 가르친 것으로 나타난다. 그에 대한 언론 기록은 『황성신문』 1907년 6월 17일자 '재일본 동경 대한유학생 태극학회 찬조 인사' 명단과 1909년 9월 4일자 '고등첨과(高等添科)'라는 제목의 기사에 "관립 한성고등학교 교수 김하정, 학감(學監) 다카하시 도루(高橋亨) 양 씨가 『국어문전(國語文典)』이라는 책자를 편집 발간하여 해교(該校) 과정에 첨가 교수(添加敎授)한다더라."라는 기사가 유일하다. 이 기사에서 언급한 『국어문전』은 다카하시 도루가 지은 『한어문전(韓語文典)』(1909, 東京: 博文館)을 지칭한 것으로 보이나, 『한어문전』이 일본인을 대상으로 한 한국어 문법 학습서이며 발행지가 일본이라는 점, 책의 '자서(自序)'나 '범례(凡例)' 등에서 김하정에 대한 언급이 전혀 없다는 점 등을 고려한다면, 두 사람이 공동으로 편집한 『국어문전』이 별도로 존재했을 가능성도 없지 않다. 이와 같은 기록을 근거로 할 때, 『세계일람』은 김하정이 관립한성고등학교(후에 경기고) 교수를 지내면서 학생들에게 읽히고자 편역한 세계 견문록으로 볼 수 있다.

현재 확인된 『세계일람』은 '목록(目錄)'과 서양 풍속과 도회에 관한 17개 항목7)의 본문뿐이어서 발행 의도나 목적을 구체적으로 확인하

---

7) 17개 항목은 '西洋各國의 衣食住, 巴里의 凱旋門, 巴里의 花戰, 倫敦의 繁華, 日曜日, 伯林市, 롯담, 歐米의 市街 交通, 西洋人의 公共道德, 西洋의 圖畵葉書, 露西亞의 風俗, 露西亞의 王宮, 露京의 大寺, 旅行者와 露國, 瑞西의 山水, 博物館 及 動物園, 西洋의 旅館, 墺太利 匈牙利,

기는 어렵다.[8] 책의 주요 내용은 '서양 각국의 의식주', '파리'와 '런던', '베를린', '포츠담', '구미의 시가와 교통', '서양인의 공공 도덕', '러시아', '스위스', '오스트리아', '로마', '터키', '흑해', '캐나다', '수에즈 운하', '요코하마', '상해' 등의 순서로 세계 각지의 견문 풍속 등으로 구성되어 있다. 이 책을 역술한 목적은 『서유견문』과 마찬가지로 실제 견문하지 못한 사람에게 서양인의 풍속이나 습관, 도회 모습 등을 알리고, 견문 유람의 흥미를 고취시키는 데 있었던 것으로 추정된다. 이는 『세계일람』 첫 부분 '서양 각국의 의식주'를 통해 잘 나타난다.

「西洋 各國의 衣食住」

吾人의 家屋과 食物과 衣服은 氣候 及 風土의 關係를 因ᄒ야 同一흔 國內에셔도 各處가 相異ᄒ니 此로써 推察ᄒ면 西洋과 我國이 互相 不同홈은 當然흔 理라. 然이ᄂ 彼此의 交際가 漸開ᄒ고 通商이 頻繁홈이 비록 三尺童子라도 彼西洋人의 衣食 及 家屋 等事ᄂ 大略 通知ᄒ되 其詳細흔 事ᄂ 一一히 實際 見聞홈이 無흔 故로 此를 爲ᄒ야 其俗尙의 異同을 後에 列記ᄒ노라.

번역 우리의 가옥과 음식물, 의복은 기후 및 풍토에 따라 같은 국내에서도 각 곳마다 서로 다르니, 이로 미루어 고찰하면 서양과 우리나라가 서로 같지 않음은 당연한 이치이다. 그러나 피차 교제가 점차 활발해지고 통상이 빈번하니 비록 삼척동자라도 저 서양인의 의식 및 가옥 등은 대략 알고 있으나, 그 상세한 것은 일일이 실제 견문하지 못한

羅馬, 演劇場 及 古談場, 西洋의 公園, 西洋의 商店, 土耳其의 風俗, 黑海, 加奈陀 鐵道, 蘇士運河, 航海, 橫濱, 暖國之港' 등으로 유럽과 일본을 대상으로 한 점이 특징이다.
8) 이 책의 목록과 101쪽의 본문으로 구성되어 있다.

까닭에 이를 위해 그 속상(俗尙)의 같고 다름을 다음에 기록하고자 한다.

이 글은 비록 두 문장의 짧은 내용이지만, 서양 각국의 의식주를 소개하는 목적이 우리의 풍속과 다른 점이 무엇인지를 구체적으로 소개하고자 하는 데 있음을 명백히 한 부분이다. 더욱이 교제 점개(漸開)에 따라 서양인의 의식, 가옥 등에 대해 대략적인 내용은 알고 있으나 견문이 없음을 전제로 글 내용을 구성했다는 점에서, 『서유견문』의 세계 각 도회지를 소개한 의도와 유사한 목적을 갖고 있음을 알 수 있다.

이 책은 본문 1쪽에 '낙은(洛隱) 김하정(金夏鼎) 역술(譯述)'이라고 밝힌 데서 확인할 수 있듯이, 필자의 여행 체험을 기록한 것이 아니라, 다른 책을 옮긴 것임을 알 수 있다. 그러나 이 시기 어떤 책을 대상으로 번역했는지 확인할 수는 없는데, 특정 텍스트를 번역했다기보다 여러 책을 참고해서 편술(編述)했을 가능성도 있다. 이는 1900년대 역술 문헌 가운데 특정 텍스트를 번역 대상으로 삼지 않고, 여러 책을 참고하여 편역한 경우도 있기 때문이다.9) 이 점에서 『세계일람』의 기행 담론도 여정(旅程)을 바탕으로 한 '서사(敍事)'가 드러나지 않는 점에서 본격적인 기행문이라고 할 수는 없다. 그럼에도 이러한 견문 담론이 역술 형태로 출현한 것은 근대 지식의 수용 과정에서 두드러지게 나타나는 계몽의식이 작용했기 때문이라고 할 수 있다. 특히 이 책은 『서유견문』보다 서양 풍속에 대한 가치 평가가 두드러지게

---

9) 예를 들어 1900년대 가정학의 경우도 특정 텍스트를 대상으로 한 번역도 있지만, 전통적인 '태교신기'와 서양 가정학을 혼합하여 번역한 사례도 있다. 이에 대해서는 김경남, 「근대 계몽기 가정학 역술 자료를 통해 본 지식 수용 양상」, 『인문과학연구』 46, 강원대 인문과학 연구소, 2015를 참고할 수 있다.

나타난다. '의식주'에 대한 필자의 서술 태도를 살펴보자.

「西洋 各國의 衣食住」

大抵 通論ㅎ면 西洋의 衣食住는 東洋보다 優勝ㅎ니 家屋은 甚히 堅固
ㅎ 故로 盜賊도 容易히 窺視키 不能ㅎ며 風雨의 力으로 破毁홈이 無ㅎ며
燒火의 變도 延及치 아니ㅎ며 飮食物도 慈養을 主張ㅎ는 故로 菜色의
人民이 少ㅎ고 반다시 身體에 適合ㅎ야 起居홀 時에던지 步行홀 時에던
지 汽車와 汽船을 乘홀 時에던지 極히 便利ㅎ니라. 衣服의 美麗와 食物
의 適口와 居處의 便宜흔 點에 對ㅎ야 言論ㅎ면 我國의 衣食住도 長處가
有ㅎ나 漸次로 人口는 增殖ㅎ고 生存의 競爭은 頻繁ㅎ야 萬國이 互相
往來ㅎ는 現世紀의 狀況으로는 實際를 主張ㅎ는 西洋 風俗이 衣食住를
實行홈에 亦可ㅎ니라. 以上에 言論은 中等 社會 以上되는 事實이느 其
最上 最下되는 社會의 現象은 四方이 各異ㅎ야 一次 飮食에 幾千圜을
虛費ㅎ는 家族도 有ㅎ며 或은 麵의 包堅殼로 流涎ㅎ는 者도 有흔 故로
各國의 全體에 對ㅎ야 通論키는 不能ㅎ는 文明이라 云홈은 人道를 完全
히 ㅎ야 極高흔 愉樂을 得ㅎ며 優勝흔 衣食住를 享ㅎ야 經濟上에 無缺홈
이 正當흔 目的이라. 卽 一身의 經濟로 一家에 及ㅎ며 一家로 一鄕으로
一國에 及ㅎ며 一國으로 一天下에 及홈이 다 此道理니 現世界 各國은
此道를 用ㅎ야 競爭을 勝ㅎ며 商權을 通ㅎ며 文明을 進ㅎ는듸 實踐을
求ㅎㄴ니라.

번역 대저 통론하면 서양의 의식주는 동양보다 나으니, 가옥은 매우
견고하기 때문에 도적이 쉽게 엿보지 못하며, 비바람의 힘으로
파괴하는 것이 없고, 화재의 변고도 미치지 않으며, 음식물도 발육 성장
을 중심으로 하기 때문에 병든 빛을 띤 인민이 적고, 반드시 신체에 적합
하여 기거할 때나 보행할 때, 기차와 기선을 탈 때 극히 편리하다. 의복

의 미려와 음식물이 입에 맞는 것과 거처가 편리한 점에 대해 말하면, 우리나라의 의식주도 장점이 있으나, 점차 인구가 증가하고 생존경쟁이 번잡해져 만국이 서로 왕래하는 현세기의 상황에서 실질적인 것을 주장하는 서양 풍속이 의식주를 실행하는 데 또한 적절하다. 이상 말한 것은 중등 사회 이상을 말한 것이나, 가장 최상이나 최하의 사회 모습은 사방이 각각 달라 먼저 음식에 몇 천 환을 소비하는 가족도 있고, 혹은 면의 단단한 겉껍질로 연명하는 자도 있으니 각국 모두를 통론하기는 불가능하나, 문명(文明)이라고 일컫는 것은 사람의 도리를 완전히 하여 최고의 즐거움을 얻게 하며, 더 나은 의식주를 누려 경제상 결점이 없도록 하는 것이 정당한 목적이다. 곧 일신의 경제로 일가에 미치고, 일가로부터 한 고장, 한 국가에 미치며, 한 국가에서 천하에 미치는 것이 모두 이 도리이니 현재 세계 각국은 이 도리를 이용하여 경쟁에서 이기고 상권을 통하게 하며 문명을 진보하는 실질적인 방안을 구하고 있다.

이 글에서는 실용적인 차원에서 서양이 우월한 것으로 규정하고, 서양 풍속의 의식주가 점차 활발해질 것임을 예고하고, 그 근거로 서양의 의식주가 '생존경쟁', '문명진보'에 적합하기 때문이라고 하였다. 『서유견문』에 비해 가치 평가가 두드러진 것은 근대 계몽기 문명진화론, 경쟁론이 일상화되었기 때문으로 보인다. 이러한 의식은 '파리의 화전(花戰)'에도 나타나는데, "귀천 상하가 함께 유희하는 것이니, 이는 쉽게 이해하지 못할 것이다. 빈 터 작은 집에 두 세 사람이 모여 놀이하는 일에 비하면 그 우열이 어떠한가. 만민이 공동으로 유쾌하게 노는 풍속은 가히 흠탄할 일이니, 우리나라도 점차 개명하여 세계에 대한 관념이 생겨나는 날에는 이 곤펫지[10]의 놀이 방법을 받아들여 세계 만민이 모두 즐기도록 할 것이다."[11]라고 하여 진화론적 문명 우열 관계를 드러내고 있다. 이러한 계몽적 문명 담론은 국가주의와도 밀접한 관계를 맺고 있는데, 『세계일람』에 등장하는 국가주의 의식은 '파리의 개선문'에서도 찾아볼 수 있다.

「巴里의 凱旋門」

此等 事를 思量ᄒᆞᆫ즉 國家를 掌理ᄒᆞᄂᆞᆫ 君王이 엇지 勤愼치 아니ᄒᆞ리오. 莫大 莫强ᄒᆞᆫ 佛國에 拿破翁一世 宏量善政의 下에ᄂᆞᆫ 是非를 論ᄒᆞᄂᆞᆫ 者ㅣ 一人도 無ᄒᆞ더니 其王이 賓天에 其政이 墜地ᄒᆞ야 不過 百餘年에 民心이 淘淘ᄒᆞ고 盜賊이 蜂起ᄒᆞ야 國權이 飜覆ᄒᆞ니 만일 拿破翁과 如ᄒᆞᆫ 人傑이 復有ᄒᆞ면 엇지 如彼ᄒᆞᆫ 爭亂이 有ᄒᆞ리오. 此를 見ᄒᆞᆫ즉 現世의 內亂과 外侮가 繼起ᄒᆞᄂᆞᆫ 國에 對ᄒᆞ야 感情이 自起ᄒᆞᄂᆞᆫ지라. 君暗臣昏ᄒᆞ야 政治가 何物인지 敎育이 何事인지 夢夢然過ᄒᆞᆯ 쑨더러 惟意壓迫ᄒᆞ야 民不能支保ᄒᆞ니 內訌外憂을 其何以制리오. 一君一臣의 關係의 大흠이 如是ᄒᆞ다 ᄒᆞᆯ지로다.

> **번역** 이런 일을 생각하면 국가를 맡아 관리하는 군왕이 어찌 근신하지 않겠는가. 막대하고 막강한 프랑스에 나폴레옹 1세의 큰 선정 아래에는 시비를 논하는 자가 한 사람도 없더니 그 왕이 죽으니 정치가 땅에 떨어져 불과 백여 년에 민심이 도도하고 도적이 봉기하여 국권이

---

10) 김하정, 『세계일람』, 보성관, 1907, 18쪽에서는 '곤펫지'를 "적색, 황색, 청색, 백색 등의 종이를 작은 원의 손톱처럼 만들어 자른 조각(其곤펫지라 ᄒᆞᄂᆞᆫ 物은 赤紫黃靑白 等의 紙를 圓小ᄒᆞᆫ 爪甲과 ᄀᆞ치 切片ᄒᆞᆫ 者)"라고 설명했는데, 프랑스어 걸리엉(guenillon[gənijɜ] 또는 곰메트(gommette[gɔmɛt]와 관련이 있는 단어로 추정된다. 현재 프랑스 파리의 카니발에 등장하는 색종이 날리기와 유사한 놀이로 볼 수 있다.

11) 김하정, 『세계일람』, 보성관, 21쪽. "貴賤上下가 共同 遊戱흠이니 此ᄂᆞᆫ 容易히 得지 못ᄒᆞᆯ 事라. 隙地 小堂에 二三이이 會遊ᄒᆞᄂᆞᆫ 事에 比ᄒᆞ면 其優劣이 如何ᄒᆞ뇨. 萬民이 共同 愉樂ᄒᆞ게 遊戱ᄒᆞᄂᆞᆫ 風俗은 可히 欽慕ᄒᆞᆯ 事ㅣ니 我國도 漸次로 開明ᄒᆞ야 世界의의 觀念이 生ᄒᆞᄂᆞᆫ 日에ᄂᆞᆫ 此 곤펫지의 遊戱法을 採用ᄒᆞ야 世界 萬民이 共同 悁樂(娛樂의 誤字로 판단, 연구자)케 ᄒᆞᆯ지니라."

뒤집어지니 만일 나폴레옹과 같은 인걸이 다시 있다면 어찌 저와 같은 쟁란이 있겠는가. 이를 보면 현세의 내란과 외모가 계속되는 나라에 대한 감정이 절로 일어난다. 임금이 어둡고 신하가 혼미하여 정치가 무엇인지, 교육이 무엇인지 꿈처럼 지낼뿐더러 오직 압박만 생각하여 백성이 자신을 보호하지 못하니 내홍외우를 어찌 통제하겠는가. 한 군주와 한 신하의 관계가 큰 것이 이와 같다 할 것이다.

개선문의 유래와 프랑스 정치의 혼란을 서술한 뒤, 총평한 이 글에서는 나폴레옹과 같은 영웅을 찬미하고, 국권 침탈의 위기가 군암신혼(君暗臣昏)에서 비롯된 것이라고 비판하였다. 이러한 비판은 이 책이 단순히 세계 풍속을 소개하는 목적뿐만 아니라 견문 지식을 바탕으로 민중을 계몽하고자 한 의도를 갖고 있음을 의미한다. 이는 이 책의 마지막 장인 '난국지항(暖國之港)'12)에서 중국 상해가 빅토리아 항으로 개명될 정도로 중국인이 영국의 압박을 받고 있다는 사실을 강조하고, 홍콩과 싱가포르에서의 영국과 일본 세력이 강대함을 강조한 데서도 확인할 수 있다. 이처럼 두 책의 계몽 담론에서의 변화 양상은 시대적인 차이도 있겠지만, 문명 진화론이나 경쟁론의 일상화, 자의식과 사실성을 바탕으로 한 견문 담론의 변화 등이 반영된 것으로 보인다.

---

12) '난국지항'은 '상해, 홍콩, 싱가포르' 등을 소개한 장이다.

3. 『서유견문』과 『세계일람』의 문체 비교

3.1. 유길준의 국문 의식과 『서유견문』의 문체

주지하다시피 학계에서 유길준의 『서유견문』은 '최초의 국한문체'라는 평가를 내릴 때가 많다. 비록 '서유견문 서'에서 밝힌 바와 같이 "아방 칠서언해(我邦 七書諺解)의 법(法)을 대략 효칙(效則)"했다는 표현에서 확인되듯이 '언해문'에 등장하는 국한문체가 존재하고, 1886년 『한성주보』에 국한문체가 등장한다 할지라도,[13] 근대 계몽기 개인 저술에서 국한문체가 뚜렷이 사용된 것은 『서유견문』이 처음이라고 해도 지나친 표현은 아니다.

유길준은 『서유견문』 서문에서 "우리 문자와 한자를 혼합하여 문장의 체제를 꾸미지 않고 속어를 힘써 사용하여 기 뜻을 전달하는 데 힘썼으니"[14]라고 하여 그가 사용한 문체의 특징을 설명하고 있다. 김영민(2009), 임상석(2012), 홍종선(2016) 등과 같은 선행 연구에서 밝힌 것처럼 유길준의 국문 의식 또는 문체 의식이 과도기적 성격을 띠고 있었음은 그가 발표한 다수의 논설에서도 확인할 수 있다. 예를 들어 『황성신문』 1908년 2월 29일자 '소학교육(小學敎育)에 대하는 견해(見解)'에서 유길준은 "근일(近日) 행용(行用)하는 소학 서적을 보건대, 국한자를 혼용하였으나 한자를 중심 위치에 두어 음독하는 법을 취하고, 국자(國字)는 부속되어 소학용으로는 국문도 아니고 한문도

---

13) 근대계몽기 국한문체의 성립과 변화에 대해서는 고영근(1998)의 『한국어문운동과 근대화』 (탑출판사) 등에서 비교적 자세히 고증된 바 있다.

14) 俞吉濬(1895), 『西遊見聞』, 交詢社, 5쪽. "我文과 漢字를 混集하야 文章의 體裁를 不飾하고 俗語를 務用하야 其意를 達하기로 主하니".

아닌 일종 편복(蝙蝠, 박쥐) 서적을 만들었다"라고 비판하면서, "소아 (小兒)가 교사의 입을 따라 큰 소리로 부르짖고 혹은 그 문장의 뜻을 헤아리니 망연히 운무(雲霧) 가운데 앉아 그 방향을 제대로 알지 못하는 자가 열에 여덟아홉에 이르니, 이는 국중(國中) 자녀에게 앵무 교육 (鸚鵡敎育)을 하는 것이다. 선미(善美)한 효과를 어찌 얻을 수 있겠는가. 그러므로 소학 교과서는 국어를 전용치 않을 수 없다."15)라고 주장하였다. 비록 소학용 교과서를 전제로 한 것이지만, 국문 전용이 이루어져야 한다는 인식은 이 논설뿐만 아니라 그의 또 다른 저서인 『조선문전』 서문에서 "국어가 한문의 영향을 받아 언어의 독립을 어느 정도 잃었으나 어법과 문전의 변화는 잃어나지 않았으므로", "한문은 단지 국어의 범위에 들어와 우리에게 이용되는 것", "우리가 이 분야 대가들에게 바라는 것은 순연한 아국문자(我國文字)로 아국언어(我國言語)의 자전(字典)을 저술하여 아국민의 사상 성음을 세계에 표출하는 데 있음"을 밝힌 데서도 확인된다.16)

---

15) 俞吉濬(1908), 「小學敎育에 對ᄒᆞᄂᆞᆫ 見解」, 『皇城新聞』, 1908.2.29. "近日 行用ᄒᆞᄂᆞᆫ 小學 書籍을 觀ᄒᆞ건ᄃᆡ 國漢字를 混用ᄒᆞ야시나 漢字를 主位에 實ᄒᆞ야 音讀ᄒᆞᄂᆞᆫ 法을 取ᄒᆞ고 國字ᄂᆞᆫ 附屬이 되야 小學用으로ᄂᆞᆫ 國文도 아니고 漢文도 아인 一種 蝙蝠 書籍을 成ᄒᆞᆫ지라. 是以로 滿堂ᄒᆞᆫ 小兒가 敎師의 口를 隨ᄒᆞ야 高聲喧鳴ᄒᆞ고 或 其文意를 叩酌則 茫然히 雲霧 中에 坐ᄒᆞ야 其 方向에 迷惑ᄒᆞᆫ 者가 十에 八九에 是居ᄒᆞ니 此ᄂᆞᆫ 國中 子女에게 鸚鵡敎育을 施ᄒᆞᆷ이라. 善美ᄒᆞᆫ 效果를 豈得ᄒᆞ리오. 故로 曰 小學敎科書ᄂᆞᆫ 國語를 專用치 아님이 可치 안타 ᄒᆞ노라."

16) 유길준(1898~1902 추정), 『조선문전』 '서'. "吾人이 先民以來로 漢土의 文字를 借用ᄒᆞ야 本國의 言語와 混合ᄒᆞ미 國語가 漢文의 影響을 受ᄒᆞ야 言語의 獨立을 幾失ᄒᆞ나 語法文典의 變化ᄂᆞᆫ 不起ᄒᆞᆫ 故로 文典은 別立ᄒᆞᆫ 門戶를 保守ᄒᆞ야 外來文字의 侵蝕을 不被ᄒᆞᆫ 則 若吾文典을 著ᄒᆞ야 써 朝鮮의 固有言語를 表出ᄒᆞᆯ진ᄃᆡ 國文漢文의 區別이 自劃ᄒᆞᆯ ᄲᅩᆫ더러 漢文이 國語의 範圍內에 入ᄒᆞ야 我의 利用될 ᄲᅩ름이니 彼英法國의 語도 厥初ᄂᆞᆫ 他國의 文言과 混和ᄒᆞᆫ 者로ᄃᆡ 各其 文典의 採用ᄒᆞᆫ 바 되야 今日의 純然ᄒᆞᆫ 一體를 成ᄒᆞᆷ이라 故로 我國의 言語[文典]도 已往은 漢文ᄲᅩᆫ相錯ᄒᆞ엿스나 今以後ᄂᆞᆫ 天下列國의 交通을 隨ᄒᆞ야 自然 其混合言文이 益多ᄒᆞᆯ진이 則 文典의 成立이 有ᄒᆞᆯ진ᄃᆡ 其採用이 亦何妙ᄒᆞ리요. 吾國의 言語ᄂᆞᆫ 四千餘年 行用ᄒᆞᆫ 者어늘 今에 至토록 文典의 未有ᄒᆞᆷ은 誠一欠事라 吾人이 才識의 未逮ᄒᆞᆷ을 不顧ᄒᆞ고 今에 文典을 修著ᄒᆞ노니 意思의 穿鑿과 式套의 桀誤ᄂᆞᆫ 具眼者의 譏笑를 未免ᄒᆞᆯ지ᄂᆞᆫ 是를

이러한 차원에서 『서유견문』의 국한문체가 갖는 성격 또한 '한문체
(漢文體) → 국한문체(國漢文體) → 순국문체(純國文體)'로 이행하기 위한
과도기적 성격이 뚜렷하다. 이는 이 책의 '비고(備考)'에서도 잘 나타나
는데, 그 가운데 세 가지 원칙은 주목할 만하다.

「備考」

一. 是書의 作이 我文과 漢字를 混用ᄒ니 其緣由는 序文에 論出ᄒᆷ이 已有
  ᄒᆷ. (…中略…)

一. 地名 及 人名의 繙譯은 中國 及 日本의 繹字가 固有ᄒ나 然ᄒ나 我의
  聞見에 及ᄒᄂᆫ 者ᄂᆫ 雖我音에 不合하야도 採用ᄒ니 英吉利 及 墺地
  利의 種類며 見聞의 不及ᄒᄂᆫ 者ᄂᆫ 漢字로 我音에 務近ᄒ게 繹出ᄒ
  니 喜時遊 及 秋時伊의 種類라. (…中略…)

一. 本書의 輯述ᄒᆷ이 或 自己의 聞見을 隨ᄒ야 論議를 立ᄒᆫ 者도 有ᄒ고
  他人의 書를 傍考ᄒ야 譯出ᄒᆫ 者도 有ᄒ니 盖 繹法은 文繹과 意繹의
  區別이 存ᄒ야 文繹은 彼文과 我文의 相當ᄒᆫ 字를 只取ᄒᄂᆫ 故로 或
  語意의 齟齬ᄒᆷ이 生ᄒᆷ이오 意繹은 彼我의 字ᄂᆫ 或 異ᄒ나 但 其語意
  를 繹ᄒ야 假令 彼語에 投塵入眼中이라 ᄒᄂᆫ 意를 我語로 欺人이라
  繹出ᄒᆷ이니 此書ᄂᆫ 意繹을 多從ᄒᆷ이라.

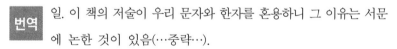 일. 이 책의 저술이 우리 문자와 한자를 혼용하니 그 이유는 서문
  에 논한 것이 있음(…중략…).

일. 지명 및 인명의 번역은 중국과 일본의 역자(繹字)가 고유하나 나의

因ᄒ야 後來 君子의 硏究ᄒᄂᆫ 資를 供ᄒ며 修正ᄒᄂᆫ 具를 作ᄒᆫ 則 幸甚ᄒ 中에 吾人이 今其大
方諸家에 向ᄒ야 願ᄒᄂᆫ 者ᄂᆫ 純然ᄒ 我國文字로 我國言語의 字典을 著ᄒ야 뻐 我國民의
思想聲音을 世界에 表出ᄒᆷ에 在ᄒ노라." 김민수, 「해제」, 『필사본 조선문전』(역대한국어문
법대계』 1-01), 탑출판사, 1976.

문견에 미친 것은 비록 우리 음에 맞지 않아도 채용하니 영길리(英吉利) 및 오지리(墺地利)와 같은 경우이며, 문견에 미치지 못한 것은 한자(漢字)로 우리 음에 비슷하게 역출(繹出)하니 희시오(喜時遨), 추시이(秋時伊)와 같은 경우이다. (…중략…)

일. 이 책을 편집 서술하는 것은 혹 스스로 견문한 것을 따라 논한 것도 있고, 타인의 책을 참고하여 역출한 것도 있으니, 대개 번역 방법은 문역과 의역의 구별이 있어, 문역은 다른 문자와 우리 문자가 서로 합당한 문자를 취하는 까닭에 혹 말뜻이 어긋날 수 있고, 의역은 피아의 문자는 혹 다르나 다만 그 말뜻을 번역하여, 가령 다른 언어에 '투진입안중(投塵入眼中, 남의 눈에 먼지 던지기)'이라는 뜻을 우리말로 '기인(欺人: 사람을 속이는 것)'이라고 역출하는 것과 같으니, 이 책은 의역을 많이 따랐다.

『서유견문』 '비고'는 모두 18개 항으로 구성되어 있는데, 위의 세 항목은 '국한문을 혼용하는 이유'(서문에서 밝힘), '인지명 표기의 원칙', '번역 방법'과 관련된 것이다.

첫째, '국한문 혼용'의 이유는 '서유견문 서'에서 밝힌 바와 같이 "어의(語意)의 평순(平順)함을 취하여 문자를 대략 이해하는 자라도 쉽게 이해하기 위함"과 "자신이 작문하는 법에 미숙한 까닭에 기사(記寫)의 편의를 위함", "우리나라 칠서언해의 법을 대략 모방하여 상세하게 밝힘을 위함"이라는 세 가지로 대변된다. 이 가운데 '어의 평순을 취함'은 한문체에 비해 국한문체가 언문일치에 근접함을 의미하는 것으로 해석할 수 있다.

둘째, 인지명 표기의 원칙으로, '영길리(英吉利), 오지리(墺地利)'와 같이 중국이나 일본에서 오래 전에 사용한 지명(국명 포함)은 '잉글랜

드' 또는 '오스트리아'라는 현지음과 유사하지 않더라도 그 표기를 그대로 사용하며, '희시오(喜時遨), 추시이(秋時伊)'와 같이 선행 표기 사례를 찾기 어려울 때는, 현지음을 기준으로 음이 유사한 한자를 빌어 표기한다는 것이다. 이 원칙은 제1편 '지구의 개론', '육대주의 구역', '방국의 구별', '세계의 산', 제2편 '세계의 해(海)', '세계의 강하(江河)', '세계의 호(湖)', '세계의 인종(人種)' 등에 등장하는 인지명뿐만 아니라 기행 담론이 주를 이루는 제16편, 제19편~제20편의 인지명 표기에도 반영된다. 흥미로운 사실은 이러한 인지명 표기에서 한글을 병기할 경우와 그렇지 않을 경우가 나뉜다는 점이다. 앞서 살펴본 바와 같이 합중국의 '華盛頓'과 같은 경우는 '와싱튼'이라는 한글 병기가 존재하는 데 비해, 불란서의 '排沙游'는 한글 병기가 존재하지 않는다. 여기서 '華盛頓'에 해당하는 '와싱튼'을 병기한 이유는 한자음 '화성돈'과 현지음 '와싱튼' 사이의 음가상 차이가 존재함을 의식했기 때문으로 볼 수 있다. 달리 말해 순연한 언문일치를 위해서라면 외국 인지명의 한자 표기와 현실음 사이의 괴리가 극복되어야 한다는 뜻이다.

셋째, 번역 방법과 관련하여 '문역(文譯)'과 '의역(意譯)'을 구분하고, 의역을 중심으로 했다고 밝힌 점이다. 여기서 말하는 '문역'은 이른바 축자적인 의미의 직역 방식을 의미한다. 즉 "외국 글자에 해당하는 우리나라 글자만 취하는 것"이 문역으로, "어의(語意) 전달에 착오가 생기기도 한다."는 것이다. 따라서 "글자는 다르더라도 어의만을 취하는" 방식이 의역인데, '투진입안중(投塵入眼中: 남의 눈에 먼지 던지기)'과 같이 이해하기 어려운 표현을 '기인(欺人: 사람을 속이는 것)'으로 바꾸어 번역하는 것을 의미한다. 즉 번역 방식에서 축자 번역은 문화적 차이가 존재할 경우 그 용어를 이해하기 어렵기 때문에, 독자가 이해할 수 있는 새로운 용어를 만들어야 할 경우가 많다.[17] 그런데 주목할 점은 직역의 문제점을 극복하기 위한 의역 방식이 모든 번역 표현에서 효과를 거둘 수 있는 것은 아니라는 점이다. 특히 인지명의 경우 의미를 고려하여 의역할 경우(예를 들어 캘리포니아를 금이 많이 나는 지역이라는 의미로 金山이라고 번역할 경우와 같이), 해당 지명이 어디를 지시하는지 혼란스러울 때가 많다. 이 점에서 1860년대 이후 중국에서도 '인지명 번역'과 관련한 논란이 다수 존재했고[18], 국내에서 1895년 『태서신사 언역본』 발행 시 '인지제명표'를 대조한 것도 이러한 혼란을 피하기 위한 시도로 해석할 수 있다. 이처럼 『서유견문』은 과도기적 문체로 '국한문체'를 설정하고, 한문체의 난해함을 극복하기 위한 인지명 표기 원칙, 번역 방법 등을 고민했던 것이다.

유길준은 과도기적 국한문체에서 순국문체로 이행하기 위해 다수의 노력을 기울였던 계몽가였다. 그 중 하나가 『노동야학독본』의 부속문체로 볼 수 있는데, 비록 이 문체가 일본어의 문체와 관련을 맺고 있다는 비판이 제기되는 경우가 없지 않으나, "人「사람」은 天「하날」과 地「짜」 사이에 가장 靈「신령」ᄒ니라"와 같이 '훈(訓)'을 부속했다는 점에서 '한문체'로부터 '순국문체'로 이행하는 과도기적 문체로서의 성격을 뚜렷이 보여준다. 이를 고려할 때, 『서유견문』의 문체는 '한문체 → 국한문체(현토에 가까운 국한문체) → 훈 부속문체 → 순국문체'의 이행 과정을 보여주는 적절한 예가 될 수 있다.

---

17) 우리나라의 경우 근대 계몽기 번역 방법과 관련된 논의가 진지하게 이루어진 적은 없는 것으로 보인다. 그러나 중국과 일본의 경우 번역 방법에 대한 논의가 비교적 활발하게 진행된 바 있는데, 그러한 예의 하나가 傅蘭雅 撰(1880)의 「論譯書之法」(『譯書事略』, 上海: 格致彙編館)이다.

18) 傅蘭雅 撰(1880)의 「論譯書之法」, 『譯書事略』, 上海: 格致彙編館 참조.

3.2. 김하정 『세계일람』의 문체 변화

세계 도시의 견문 담론인 김하정의 『세계일람』은 현토(懸吐) 방식의 국한문체인 『서유견문』과는 다른 국한 혼용체라는 점에서 이 시기 독자 대중의 취향에 맞는 견문기이다. 1907년 출판된 『세계일람』의 문체는 그 당시 국한문 『대한매일신보』나 『태극학보』 등에서 쉽게 볼 수 있는 전형적인 국한문체이다. 이 점에서 현토체에 가까운 견문 기인 『서유견문』과는 달리, 독자의 흥미를 고려한 면이 뚜렷하다. 견문기로서 『세계일람』은 문장의 길이, 독자의 흥미를 유발하는 대상 선정과 묘사 등과 같은 서술 방식, 서구 문물을 나타내는 용어 사용 방식 등에서 『서유견문』과 차이를 보인다.

첫째, 문장의 길이 면에서 『세계일람』은 비교적 짧은 문장을 사용 한다. 이 점은 유길준의 『서유견문』과 뚜렷한 차이를 보이는데, 유길 준은 현토체에 가까운 긴 문장을 사용한다. 특히 제6편 '정부(政府)의 직분(職分)' 첫 문장과 같이 11행의 긴 문장이 사용될 경우도 있고, 제20편 '불란서의 제대도시(諸大都市)' 두 번째 문장과 같이 25행이 한 문장을 이루는 경우도 있다.[19] 『서유견문』에 등장하는 '유락(遊樂)ᄒ ᄂ 경상(景像)'(놀이하는 모습)과 『세계일람』의 '巴里의 花戰'은 모두 같 은 지역을 대상으로 한 글이다. 이를 비교해 보자.

---

19) '佛蘭西의 諸大都市'는 "此府ᄂᆫ 佛蘭西의 京城이라. 居人이 一百八十萬에 至ᄒ니… 紐約갓흔
者라도 瞠退ᄒᄂᆫ지라, 今其由를 尋繹ᄒ면 …"과 같이 세 개의 '-이라' 구문이 들어 있다.
이 가운데 가장 먼저 등장하는 '-이라'는 종결어미로 해석할 수 있지만, 뒤에 이어진 '-이
라'는 연결어미로 해석된다.

「문장 길이 비교」

ㄱ. 『서유견문』 제16편 의 '遊樂ᄒᆞᄂᆞᆫ 景像'

① 大抵 人이 勤勵홈으로 當然ᄒᆞᆫ 道理라 謂ᄒᆞ고, 閒逸홈으로 不可ᄒᆞᆫ 習慣이라 云ᄒᆞ나, 然ᄒᆞ나 勤勵홈과 閒逸홈도 其 道가 各有ᄒᆞ니 人이 雖勤ᄒᆞ야도 養生ᄒᆞᄂᆞᆫ 規則에 專혀 茫昧ᄒᆞ고 營求ᄒᆞᄂᆞᆫ 事理에 晝夜 奔走ᄒᆞᄂᆞᆫ 熱心이 酒色이나 雜技에 沈惑ᄒᆞᆫ 者와 無異ᄒᆞᆫ 則 精神이 耗損ᄒᆞ며 血氣가 衰敗ᄒᆞ야 身上에 有害ᄒᆞᆫ 事가 反多ᄒᆞᆫ지라. ② 然ᄒᆞᆫ 故로 人生의 精力이 各其 適當ᄒᆞᆫ 分度가 存ᄒᆞ니 其 勞苦ᄒᆞᄂᆞᆫ 分度가 其 適當ᄒᆞᆫ 限域에 不過ᄒᆞᆫ 然後에 疾病의 厄이 無ᄒᆞᆯ디며, 經營ᄒᆞᄂᆞᆫ 事도 其 安樂을 享受ᄒᆞᆯ디라.

ㄴ. 『세계일람』 '巴里의 花戰'

① 青年人이 工課ᄒᆞᄂᆞᆫ 時間 外에 遊戲ᄒᆞᄂᆞᆫ 時間을 定홈은 體育 一事라. ② 庭園에 擊毬ᄒᆞ며 漕船에 揚鳶(양연)이 다 心氣을 愉快ᄒᆞ며 身體을 活潑코자 홈이라. ③ 多數ᄒᆞᆫ 人이 集ᄒᆞ야 遊戲홈이 心志만 愉快ᄒᆞᆯ 뿐 아니라 親睦의 情을 表ᄒᆞᄂᆞ니 學校의 運動會던지 庭園의 散步會던지 小兒 等에 對ᄒᆞ야 適當ᄒᆞ 遊戲라 云ᄒᆞᆯ지니라.

두 글은 '유희'의 중요성을 강조한 것으로, 『서유견문』에서는 '~라 謂ᄒᆞ고', '~라 云ᄒᆞ나 그러나'와 같이 문장을 짧게 끊어 쓰지 않고, 길게 이어가는 반면, 『세계일람』은 '접속어미 + 접속사' 대신 '~라(이라)' 형으로 끊어서 표현한다. 결과적으로 '~이라.' 종결형 사용은 단문화 현상을 반영한 것으로 볼 수 있다.

둘째, 『세계일람』은 대상에 대한 설명이 『서유견문』에 비해 훨씬 구체적이다. 이는 견문에 대한 단순 소개보다는 독자의 흥미를 고려한 것으로 보이는데, '파리의 개선문'에 대한 두 사람의 서술을 비교해

보자.

「설명의 구체성」

ㄱ.『서유견문』제20편 '파리(巴里)' ① 凱旋門은 八面廣街의 輻湊훈 極處
에 在호야 白石의 築造훈 巨門으로 雲表에 聳出훈 者니, 其高가 佛尺
四十「英尺 一百三十尺有餘」이오, 前面의 廣이 佛尺 二十이며, 側面은
佛尺 十이라. ② 門의 中央에 十字의 大路로 通호고, 白石으로 其地面
을 全覆호며 西壁의 外面은 神人을 描鏤호고 又 其戰勝훈 圖像은 彫
刻훈 工이 精密호야 天下의 至巧훈 者라도 其眼을 駭혼다 호느니,
盖 此門의 營造는 拿破崙 第一世의 經始홈으로 四十餘年의 星霜을
閱호야 其工을 竣훈 者라.

ㄴ.『세계일람』「巴里의 凱旋門」 ① 此大門의 形狀은 希臘과 羅馬의 古來
로 遺傳호는 建築式이니 四角으로 突立호야 其上頂은 俎板과 又치
扁平호며 其下는 穹窿호야 出入門이 四方에 在호니, 遠處에서 望見
호면 隧道(洞穴)를 見홈과 如훈지라. ② 構造의 堅固홈과 外觀의 美麗
홈은 詳說키 難호고, 其高는 五十米突(一米突은 三尺四寸)이오, 其廣
은 四十五 米突이며 其厚는 二十二 米突이라. ③ 凱旋門이 歐羅巴 各
國에도 有훈된 此門과 又치 宏大훈 者는 二個도 無호니라. ④ 此門은
純然훈 石造로 棟樑柱壁에 畫圖는 彫刻이라. ⑤ 此 圖畫 等은 다 歷史
的의 戰爭 圖畫니 其 一二條를 言호면 大路를 向훈 右側 柱壁에는
一千七百九十二年 佛國 大革命 時에 四軍隊가 出陣호는 形狀이며, 其
上에는 其時의 마소라 호는 大將의 禮葬훈 處며, 左側 柱壁에는 一千
八百年 墺太利 戰爭 後에 凱旋훈 處며, 其上에는 一千七百九十九年
아부기 戰爭에 拿破翁의 勇將 미라라 호는 人이 미스다하파샤를 生
擒호는 形容이오, 其他 아레기산도리아 攻略의 處와 오스데릿 戰爭

과 쟌마푸 戰爭과 巴里 進入軍을 抵抗ㅎ는 處와 媾和ㅎ는 處의 各項을 彫刻ㅎ야 古今의 壯觀이 此에 在ㅎ니라.

　'개선문'에 대한 두 사람의 설명 대상은 비슷하다. 두 책 모두 개선문의 형상, 높이, 넓이, 역사를 설명하고 있다. 그런데『서유견문』에서는 개선문의 형상, 높이, 넓이, 위치, 구조, 역사 등이 두 개의 문장이 압축된 반면,『세계일람』에서는 형상, 구조, 역사뿐만 아니라 개선문 통과 방법, 문 위의 전망, 감상 등이 구체적으로 서술된다. 이와 같이 설명이 구체화되는 요인은『서유견문』시대에 비해『세계일람』이 좀더 대중적인 취미(趣味)에 근접해 가고자 하는 노력의 결과로 해석된다. 즉 문명 담론으로서 견문 체험을 객관적으로 전달하는 것보다 구체적인 설명과 묘사를 덧붙이는 것이 독자의 흥미를 유발하는 데 도움을 줄 수 있기 때문이다.

　셋째,『세계일람』에서는 견문지나 서구 문명을 나타내는 용어 사용 방식에서 큰 변화를 보이고 있다.『세계일람』에서는 인지명이나 근대 문명을 나타내는 단어들을 의미를 기준으로 번역하는 '의역(意譯)'보다 현지음을 옮기는 '음차(音借)'하는 방식을 주로 사용한다. 비록 의역한 단어를 사용하더라도 괄호 안에 원음을 표기하여 지시하는 대상이 무엇인지를 명료하게 하고자 하였다.20) 다음과 같은 예를 찾을 수 있다.

---

20) 익명의 심사위원께서 용어 사용의 차이는 역술 대상 문헌의 차이에서 비롯된 것일 수도 있음을 지적하였다. 이 지적은 타당한 지적으로 판단되나 현재까지 대상 문헌을 고증할 수 없어 두 텍스트의 차이로 설명하였다.

「근대 문명어 표기 방식」

ㄱ. 의역어를 표시하는 방법: 乾酪(쌔다), 跟蹌(양창, 쌍쏭쌍동, 보행을
    묘사하는 표현) 등

ㄴ. 원음을 한글로 표기하고 한자어를 병용하는 방식: 후로콧트(小禮服),
    세비로(通常服), 죠고레트(茶名) 등

ㄷ. 원음을 음차하여 한글로만 표기하는 경우: 쩐너, 뎬주네 등

여기에 제시한 단어들은 '서양 각국의 의식주'를 소개한 글에 등장하는 것들인데, ㄱ에 제시한 '건락'이나 '양창' 등은 의역한 단어들이다. 의역한 단어들은 독자가 기존의 어휘 지식을 바탕으로 지시하는 대상이 무엇인지를 이해해야 한다. ㄴ에 제시한 것처럼 원음과 한자어를 병용한 것들은 의역된 한자어가 원음으로 표기한 단어를 이해하는 데 도움을 주기 위한 것이다. 그런데 경우에 따라서는 ㄷ에 제시한 것처럼 원음 표기 단어만 사용하는 경우도 있다. 이러한 단어들은 문장 속에서 그 내용을 이해해야 한다.

이상의 논의를 종합할 때, 『세계일람』은 세계 도회지에 대한 계몽적 견문을 목적으로 하는 점에서 유길준의 『서유견문』과 비슷한 의도를 갖고 있지만, 구미의 풍속, 명소, 유적 등에 대한 자세한 설명이 자세하고, 용어 번역 및 문장 사용 방식에서 변화를 보인다는 점에서 기행문이 점진적으로 발전하고 있음을 의미하는 것이라고 볼 수 있다.

4. 결론

　유길준의『서유견문』과 김하정의『세계일람』은 근대지(近代知) 형성 과정에서 등장한 대표적인 견문 텍스트에 해당한다.『서유견문』이 유길준의 서유 체험과 서적 등을 종합하여 저술한 것이라면,『세계일람』은 김하정의 역술(譯述) 작품이어서, 직접 체험 기록을 찾기는 어렵다. 그럼에도『세계일람』은 어휘나 문장 사용 방식 등과 같이 문체 면에서 좀 더 진전된 모습을 보인다. 이 글에서 논한 주요 내용을 정리하면 다음과 같다.

　첫째,『서유견문』제19편과 제20편 '각국 대도회의 경상'은 '족적을 급하여 목격한 것'과 '타인의 유력한 기서(記書)'를 참고하여 서술한 견문 담론으로, 전통적인 '유기(遊記)'의 여행 서사가 드러나지 않는 점이 특징이다.

　둘째,『세계일람』은 1907년 김하정이 역술한 세계 각국 도시와 문화를 소개한 책이며, 유길준의『서유견문』과 마찬가지로 근대의 애국 계몽의 시대적 배경에서 출현한 대중 독서물이다. 이 책에 대한 선행 연구가 존재하지 않고, 김하정의 활동을 총체적으로 파악하기 어려운 한계가 있으나,『서유견문』의 기행 담론과 견주어 1900년대 기행 담론의 변화 모습을 살필 수 있다는 점에서 의미 있는 역술서로 볼 수 있다.

　셋째, 두 작품의 문체를 비교할 경우,『서유견문』의 과도기적 국한 문체, 의역 중심의 어휘 사용 방식, 설명 단위를 기준으로 한 긴 문장 사용 방식 등에 비해,『세계일람』은 국한문체를 사용한 것은 같으나, 문장의 길이가 짧아지고, 음역 중심의 어휘를 비교적 다량으로 사용하며, 대상에 대한 설명이 비교적 자세해진 점 등과 같이, 사실성을 중시하는 기행 문체로 변화하는 모습을 보여준다.

이와 같이 『세계일람』의 변화된 모습은 1908년 『소년』 잡지의 기행문이나 1914년 『청춘』 등의 기행문과 견주어 볼 때, 여전히 과도기적 형태로 판단할 수 있다. 그럼에도 1907년 단행본 대중 독서물로서 기행 담론이 출현한 사실은 기행문의 발전 과정에서 주목할 만한 사실이라고 볼 수 있다.

참고문헌

1. 자료(전체)

김민수, 「해제」, 『역대한국어문법대계 1-01, 유길준 필사본 조선문전』, 탑
　　출판사, 1976.
김하정, 『세계일람』, 보성관(한국학중앙연구원 소장본, 1907).
한국감리교회 사학회, 『죠션크리스도인회보』 1~3, 한국감리교회 사학회,
　　1986.
한국교회사문헌연구소, 『그리스도신문』, 한국교회사문헌연구소, 2016.
傅蘭雅, 『譯書事略』, 上海: 格致彙編館(규장각 소장본).

2. 단행본(전체)

고영근, 『한국어문운동과 근대화』, 탑출판사, 1998
이한섭 편저, 『서유견문 전문』, 박이정, 2000.
최재학, 『(실지응용)작문법』, 휘문관(국립중앙도서관본).

3. 논문

구지현, 「유길준의 『서유견문(西遊見聞)』에 보이는 견문록의 전통과 확대」,
　　『온지논총』 37, 온지학회, 2013.
김경남, 「근대적 기행 담론 형성과 기행문 연구」, 『한국민족문화』 47, 부산
　　대학교 한국민족문화연구소, 2013.
김영민, 「근대 계몽기의 문체 연구: 유길준을 중심으로」, 『동방학지』 148,

연세대학교 국학연구소, 2009.

김태준, 「『일동기유』와 『서유견문』: 서두름과 지리함의 비교 문화론」, 『동방문학비교연구총서』 3, 한국동방문학비교연구회, 1997.

김병하·박경란, 「유길준(兪吉濬) 『서유견문(西遊見聞)』의 한국 특수교육 사적 함의」, 『특수교육재활과학연구』 48, 대구대학교 특수교육재활과학연구소, 2009.

노춘기, 「근대문학 형성기의 시가와 정육론 연구」, 고려대학교 박사논문, 2011.

박성희, 「『서유견문(西遊見聞)』의 한자 지명 표기의 성립에 관한 연구: 일본과 중국의 한자음 및 음절 구조와의 비교 분석을 중심으로」, 『일본근대학연구』 56, 한국일본근대학회, 2017.

백로, 「근대 이행기 동아시아의 신행 한자어 연구」, 인하대학교 박사논문, 2012.

서명일, 「『서유견문』 19~20편의 전거와 유길준의 번역」, 『한국사학보』 68, 고려사학회, 2017.

안용환, 「유길준의 개화사상과 대외인식에 관한 연구」, 명지대학교 박사논문, 2009.

오선민, 「한국 근대 해외 유학 서사 연구」, 이화여자대학교 박사논문, 2009.

이준환·남경완·박정신, 「『서유견문(西遊見聞)』의 어휘 분석을 통한 서구 문화 수용 양상: 정부(政府)·교육(敎育) 관련 어휘를 중심으로」, 『배달말』 53, 배달말학회, 2013.

이지훈, 「한국 근대문학 형성기의 여행 서사 연구」, 서울대학교 박사논문, 2018.

이형대, 「『서유견문』의 서구 여행 체험과 문명 표상」, 『비평문학』 34, 한국

비평문학회, 2009.

임상석, 「유길준의 국한문체 기획과 문화의 전환」, 『우리어문연구』 43, 우
　　리어문학회, 2012.

조정희, 「유길준의 개화사상에 대한 연구」, 고려대학교 박사논문, 2008.

한영균, 「『西遊見聞』文體 硏究의 現況과 課題」, 『국어학』 62, 국어학회,
　　2011.

허경진, 「유긴준과 베트남 사신의 견문기에 나타난 프랑스 인식」, 『동아인
　　문학』 24, 동아인문학회.

홍종선, 「유길준의 국문 인식과 근대 전환기 언문일치의 실현 문제」, 『한
　　국어학』 70, 한국어학회, 2016.

1827년 순조의 존호의례 진행과 그 의미*

: 지식 활용을 통해 본 명분론 강화 양상

박나연

1. 머리말

존호의례(尊號儀禮)란 책(冊)과 보(寶)에 존호와 그 내용을 새겨 올리는 의식이다. 존호를 받는 대상은 국왕, 왕비, 대비 등이며, 생전 또는 사후에 받을 수 있었다. 생전에 존호를 처음 올리는 경우는 상존호(上尊號)라 하고, 그 이후에 존호를 더 올리는 경우에 가상존호(加上尊號)라고 하며, 사후에 올리는 경우에는 추상존호(追上尊號)라고 한다.[1]

존호의례를 설행하는 배경은 후계자의 탄생과 왕실 어른의 장수와

---

* 이 논문은 『인문학연구』 56, 조선대학교 인문학연구원, 2019에 수록한 논문을 수정·보완한 것임.

1) 김종수, 「조선시대 大殿·中殿 尊號儀禮의 변천과 用樂 고찰」, 『한국음악사학보』 49, 한국음악사학회, 2012, 145쪽.

관련된 왕실의 경사이거나 정변의 평정과 같은 정치적 사안과 관련되어 있었다. 선왕(先王)이나 대비 등에게 존호를 올릴 때는 국왕이 존호의례의 주최자가 되었고, 국왕이 존호를 받는 경우는 영의정이 존호의례를 주도하였는데, 국왕은 대신들에게 존호를 받음으로써 자신의 권력의 정당성을 부여 받았고, 최고 권력자로서의 입지를 강화할 수 있었다. 이처럼 국왕이 생전에 존호를 받는 것은 존호를 받는 국왕과 존호를 올리는 주최자와 긴밀한 정치적 연관성을 갖는다.

한편 존호의례의 주최자는 1776년(영조52)의 존호의례를 기점으로 영의정에서 후계자로 변화되었고, 1827년(순조27)에 순조에게 올리는 존호의례 역시 주최자는 대리청정을 맡은 효명세자였다. 이는 순조(純祖)와 그 뒤를 잇는 사왕(嗣王)인 효명세자 모두에게 정당성을 부여해 준다는 점에서 중요한 의미를 갖는다. 또한 이전의 존호의례와는 달리 내전(內殿)에서 순조와 순원왕후가 함께 존호를 받음으로써 기존의 절차와 차이를 보이고 있다.

기존의 존호의례에 관한 연구는 존호를 받는 대상을 나누고 대상에 따른 의례의 변천과정과 의례에 사용된 음악에 관한 연구,[2] 상존호의 사례와 정치적 기능에 대해 설명한 연구,[3] 존호를 새긴 옥책을 담는 내함(內函)을 분석한 연구,[4] 그리고 영조대 존호의 가상(加上)에 대한 사례를 살피고, 존호의 가상과 정국 변화의 관계를 조명한 연구가

---

2) 김종수, 「왕대비 加上尊號儀의 의례와 음악: 정조대(1776~1800) 『尊號都監儀軌』를 중심으로」, 『韓國音樂史學報』 47, 한국음악사학회, 2011, 71~107쪽; 김종수, 「조선시대 대왕대비·왕대비 尊號儀禮의 정비과정과 用樂 변천」, 『한국음악연구』 52, 한국국악학회, 2012, 5~37쪽; 김종수, 「조선시대 大殿, 中殿 尊號儀禮의 변천과 用樂 고찰」, 『韓國音樂史學報』 49, 한국음악사학회, 2012, 143~179쪽.

3) 강영민, 「조선시대 上尊號의 정치·의례적 기능 연구」, 제주대학교 석사논문, 2018.

4) 김미라, 「朝鮮後期 玉冊 內函 硏究」, 숙명여자대학교 박사논문, 2016.

있다.5) 이상의 연구들을 통해 존호의례의 전체적 흐름과 옥책 내함의 역사적 의미, 그리고 영조대의 정국변화와 그 의미에 대해 살필 수 있으나, 존호에 대한 명분을 어떤 근거를 통해 뒷받침하고 있는지는 주목하지 않았다.

국왕이 생전에 존호를 받기 위해서는 명분이 가장 중요했다. 그 명분을 위한 근거는 상소를 통해 확인 할 수 있는데, 존호를 올리는 주최자는 상소에서 국왕이 존호를 받아야 하는 이유를 유교경전과 이전 사례에서 찾았다. 성리학적 이상향을 목표로 하는 조선사회에서는 명분과 당위성이 중요했고, 그 목표를 달성하기 위한 근거로 유교경전을 활용하였다. 존호를 올리는 주최자 역시 국왕이 존호를 받아야 하는 명분을 유교경전에서 찾았는데, 이 지식을 통해 존호의 당위성을 뒷받침할 수 있었던 것이다. 따라서 본고에서는 1827년에 진행된 존호의례의 절차와 그 의미를 지식의 활용을 통해 살피고자 한다.

먼저 존호의례의 논의과정을 살펴본다. 행사의 준비과정은 규장각에 소장된 『순조순원왕후상호도감의궤(純祖純元王后上號都監儀軌)』(奎 13344)6)를 통해 확인해본다. 의례의 진행은 순조와 순원왕후가 자경전에서 함께 존호를 받으면서 의례 절차가 변화되었는데, 존호의례를 예전(禮典)에 처음 기록한 『국조속오례의(國朝續五禮儀)』「상존호책보의(上尊號冊寶儀)」와 1772년(영조48) 영조의 존호의례와 비교·분석하여 살펴본다. 마지막으로 존호를 올리는 과정에서 효명세자가 순조에게 올리는 상소를 통해 어떤 지식을 활용하여 정당성을 부여하고 있는지

---

5) 김백철, 「존호 가상과 정국 변화」, 『두 얼굴의 영조: 18세기 탕평군주상의 재검토』, 태학사, 2014.

6) 『純祖純元王后上號都監儀軌』는 규장각의 〈奎13344〉·〈奎13345〉·〈奎13346〉·〈奎13347〉 총 4종과 장서각에 〈K2-2814〉 1종이 있으며 체제와 내용은 동일하다.

밝히고자 한다.

2. 행사의 진행

순조에게 존호를 올리는 일은 효명세자의 주도로 이루어졌다. 1827
년(순조27) 7월 21일 대리청정(代理聽政) 중인 효명세자는 대신들에게
원손(元孫)의 탄생[7]을 기념하여 순조에게 존호를 올리는 일에 대한
의견을 물었다. 이에 대해 영중추부사(領中樞府事) 한용구(韓用龜)를 비
롯한 대신들은 효명세자의 효성을 감탄하며, 찬성의 뜻을 밝혔다.[8]
곧 효명세자는 순조에게 존호를 청하는 상소를 올렸다. 효명세자는
같은 해 2월부터 순조의 명에 따라 대리청정을 시작하였고, 반년이
지나 원손을 낳았는데, 이에 대한 공로를 순조와 순원왕후에게 돌리
고 존호를 올려 조종(祖宗)들의 업적을 잇고 신민(臣民)들의 기대에
부응하기를 청하였다.[9] 하지만 순조는 아들인 효명세자의 정성은 인
정하지만 자신의 덕은 선대에 비하면 부족하기 때문에 존호를 받을
수 없다는 비답을 내렸다.[10] 그러나 효명세자는 삼일동안 존호를 청
하는 상소를 계속 올렸고, 효명세자의 거듭된 요청에 따라 순조는
존호를 받기로 결정하였다.[11]
순조의 윤허가 있은 다음날 효명세자는 상호도감(上號都監)을 설치

---

7) 『純祖實錄』 卷29, 純祖 27年 7月 辛酉(18日).
8) 『純祖實錄』 卷29, 純祖 27年 7月 乙丑(22日).
9) 『純祖純元王后上號都監儀軌』 上, 啓辭, 丁亥 7月 22日.
10) 『純祖純元王后上號都監儀軌』 上, 啓辭, 丁亥 7月 22日.
11) 『純祖純元王后上號都監儀軌』 上, 啓辭, 丁亥 7月 22日; 23日; 24日.

하고, 거행할 절목을 마련하며, 행사 준비를 시작하였다.[12] 먼저 존호를 올리는 날은 9월 9일로 택일하였다.[13] 이어 도감을 맡을 도제조와 제조를 각각 영중추부사 한용구와 행공조판서(行工曹判書) 정만석(鄭晩錫)·행예조판서(行禮曹判書) 조종영(趙鐘永)·호조판서(戶曹判書) 박종훈(朴宗薰)으로 임명하였으며, 담당 관원들을 차출하였고,[14] 7월 28일에 각 방의 업무가 시작되었다.[15]

먼저 일방(一房)에서는 존호에 대한 내용인 옥책문과 그 내용을 새길 옥책, 그리고 옥책을 담을 갑(匣)과 외궤(外櫃) 등 관련된 물품 제작을 담당하였고, 사역원(司譯院)에 처소가 마련되었다.[16] 이방(二房)에서는 옥보(玉寶)와 보관을 위한 내함과 외궤 등의 제작을 담당하였으며, 일방과 함께 사역원에 마련되었다.[17] 삼방(三房)에서는 행사에 사용할 의장과 옥책과 옥보를 옮길 용정(龍亭) 등을 비롯하여 행사 관련 물품들과 존호의례의 의주와 순조와 순원왕후에게 올리는 전문(箋文)·치사(致詞)·악장(樂章)의 제작을 담당하였으며, 삼방의 처소는 공조에 마련되었다.[18] 이외에 각방에서 필요한 물품은 별공작(別工作)에서 조달하여 보조해주었다.[19] 각 방의 업무는 7월 28일에 시작하여 8월 27일에 행사에 대한 준비를 끝마쳤다.[20]

순조와 순원왕후에게 존호를 올리는 행사인 만큼 존호와 관련된

12) 『純祖純元王后上號都監儀軌』 上, 啓辭, 丁亥 7月 25日.

13) 『日省錄』 純祖(翼宗) 27年 7月 戊辰(25日).

14) 『純祖純元王后上號都監儀軌』 上, 啓辭, 丁亥 7月 25日.

15) 『純祖純元王后上號都監儀軌』 上, 啓辭, 丁亥 7月 28日.

16) 『純祖純元王后上號都監儀軌』 上, 一房儀軌.

17) 『純祖純元王后上號都監儀軌』 下, 二房儀軌.

18) 『純祖純元王后上號都監儀軌』 下, 三房儀軌.

19) 『純祖純元王后上號都監儀軌』 下, 別工作儀軌,

20) 『純祖純元王后上號都監儀軌』 上, 擧行日記.

논의가 집중되었다. 7월 25일 빈청에서 순조와 순원왕후에게 올릴 존호를 의논하여 순조는 '연덕응도경인광희(淵德凝道景仁光禧)', 순원왕후는 '명경(明敬)'으로 존호를 결정하였다. 존호가 결정된 후 효명세자는 인정전에 나아가 존호를 정한 축하 전문을 순조에게 올렸다.[21] 그런데 대제학 김이교가 순조의 존호 8자 가운데 '응도(凝道)'가 명(明) 헌종(憲宗)의 존호에 속하고, '광희(光禧)'는 왕실 선원(璿源)의 선계(先系) 가운데 아간(阿干)의 휘자(諱字)이니 다시 의논해야 한다는 글을 올렸다. 이에 따라 효명세자는 다시 존호에 대해 의논하게 하였고,[22] 대신들은 김이교가 지적한 내용에 대해 확인하였고, 다시 존호에 대해 의논하기로 결정하였다.[23] 존호에 대한 논의는 같은 달 28일 빈청에서 진행되었고, 그 결과 순조에게 올릴 존호는 '연덕현도경인순희(淵德顯道景仁純禧)'로 정해졌다.[24] 순조에게 올리는 옥책문의 내용은 영의정 남공철이 제술관을 맡아 작성하였으며, 서사관은 우의정 이존수였다. 순원왕후에게 올리는 옥책문의 제술관은 한성부 판윤 김이교가 맡아 옥책문의 내용을 작성하였고, 서사관은 의정부 우참찬 이석규였다.[25]

　다음으로 책보의 제작에 관한 논의가 진행되었다. 8월 14일, 효명세자는 순조와 순원왕후의 존호가 새겨진 옥책문 초도서(草圖書) 각 1본을 예람(睿覽)하였고,[26] 16일에는 옥보의 정본(正本)과 부본(副本)을 예람한 후 정본을 사용하여 새기도록 명하였다.[27] 책보에 사용될 옥은

---

21) 『純祖實錄』 卷29, 純祖 27年 7月 戊辰(25日).

22) 『純祖純元王后上號都監儀軌』 上, 啓辭, 丁亥 7月 25日.

23) 『純祖純元王后上號都監儀軌』 上, 啓辭, 丁亥 7月 27日.

24) 『純祖純元王后上號都監儀軌』 上, 啓辭, 丁亥 7月 28日.

25) 『純祖純元王后上號都監儀軌』 上, 一房儀軌.

26) 『純祖純元王后上號都監儀軌』 上, 啓辭, 丁亥 8月 14日.

감조관(監造官)에게 경기도 남양(南陽)에서 채취하여 사용하도록 하였고, 차사원(差使員)은 옥 80괴(塊)를 채취하는 즉시 올려 보내도록 하였다.[28] 한편 옥간(玉簡)의 수에 대한 논의도 있었다. 도감에서 관련 의궤를 살펴보았는데, 옥간의 수가 5칸 또는 6칸이었다. 임진년(1772, 영조 48)과 병신년(1776, 영조52) 존호의례 때는 5칸을 사용하였고, 임술년(1802, 순조2) 가례 때에는 6칸을 사용하였던 것이다. 효명세자는 이번 존호의례에는 임진년과 병신년의 존호의례를 따라 5칸으로 결정하였다.[29]

이어 도감에서는 순조와 순원왕후에게 책보를 올린 뒤에, 다음날 책보를 내가겠다고 청하였다. 이는 정조 때 정식화된 제도[30]로 새로운 책보와 이전의 책보를 규장각에 봉안했다가 길일을 택하여 책보를 받들고 강화도로 내어가도록 하는 것이다. 도감에서 이에 따라 의례가 끝난 다음날 그동안 하지 못했던 순조가 왕세자 책봉 때 받았던 경신년(1800, 정조24)의 옥인과 순원왕후가 가례 때 받은 임술년(1802, 순조2)의 옥책의 일체를 청하여 내어가겠다는 뜻을 청한 것이다. 효명세자는 이 전례를 따라 순조와 순원왕후가 이번 행사 때 받는 옥책과 이전에 받았던 옥책을 규장각에 임시로 봉안했다가 이후 강화도에 봉안하도록 하였다.[31]

효명세자는 순조와 순원왕후에게 존호를 올린 행사와 겸하여 존호

---

27) 『純祖純元王后上號都監儀軌』 上, 啓辭, 丁亥 8月 16日.

28) 『純祖純元王后上號都監儀軌』 上, 啓辭, 丁亥 7月 28日.

29) 『純祖純元王后上號都監儀軌』 上, 啓辭, 丁亥 8月 初8日.

30) 『景慕宮儀軌』 卷4, 今制, 「元子定號後加上徽號時儀軌【癸卯】」.
傳曰, "上冊寶後, 冊寶移置內庫, 下送沁都, 事體極甚屑越之, 故自昨年內閣主掌擧行, 已有定式. 而但言移奉沁都時奉出儀節, 今番擧行, 必多掣礙. 自今上號之後, 宜有一定之規, 內閣以此知悉. 此後上冊寶翌日, 閣臣進詣正殿月臺, 請出殿宮冊寶印, 權奉奎章閣, 涓日奉詣沁都."

31) 『承政院日記』 2221冊, 純祖 27年 9月 壬子(8日).

의례 이후 술자리를 베풀어 자신의 정성을 펴고자 하였다. 효명세자는 예조판서 조종영에게 작은 술자리를 마련하고자 하는데, 전례가 되는 병신년(1776, 영조52) 진찬(進饌)은 소략하므로 이보다는 넉넉하게 마련하고 진작(進爵)으로 이름 붙이도록 하였다. 또한 따로 택일하지 않고, 존호의례와 같은 날 진행하며, 존호의례가 늦게 끝나면 그 다음날 진행하도록 하였다.32)

효명세자는 이번 존호의례를 내전에서 친히 올릴 것으로 결정하였고,33) 행사를 진행 할 장소로 순조와 순원왕후에게 존호를 올리는 의례는 창경궁의 자경전에서, 백관이 행례(行禮)하는 장소는 명정전으로 결정하였다.34) 습의(習儀)는 책보를 대내(大內)로 들이는 절차와 책보를 올리는 절차에 대해 각각 3차례 진행되었으며,35) 행사 준비는 마무리 되었다.

본격적인 의례에 앞서 책보를 내입하는 절차가 명정전에서 진행되었다. 도제조 한용구는 책보가 담긴 함을 올렸으며, 이를 근시 → 내시의 순서로 받들어 대내로 들어갔다.36) 존호의례는 고유제(告由祭)를 시작으로 진행되었다. 9월 9일 새벽에 종묘(宗廟)·영녕전(永寧殿)·사직(社稷)·경모궁(景慕宮)에서 고유제를 지냈으며,37) 고유제를 마친 후 순조와 순원왕후의 존호 의례는 묘시(卯時)에 자경전에서 진행되었다. 순조는 존호를 받은 후 오시(午時)에 명정전으로 이동하여 하례를 받았다. 이후 교문을 반포하여 이달 9일 새벽 이전의 잡범으로 사형

---

32) 『慈慶殿進爵整禮儀軌』 卷1, 筵說, 丁亥 7月 25日.

33) 『承政院日記』 2220冊, 純祖 27年 8月 丙子(3日).

34) 『承政院日記』 2220冊, 純祖 27年 8月 丁丑(4日).

35) 『純祖純元王后上號都監儀軌』 上, 擧行日記.

36) 『純祖純元王后上號都監儀軌』 上, 儀註, 「大殿尊號冊寶中宮殿尊號冊寶內入儀」.

37) 『代廳時日錄』 卷12, 丁亥 9月 初8日.

이하의 죄인을 모두 용서하였다.[38] 순조와 순원왕후에게 존호를 올린 것을 기념하여 열린 진작의례는 다음날 같은 장소인 자경전에서 진행되었다.[39] 모든 행사를 마친 후 효명세자는 사면령을 내리고, 도제조 한용구를 비롯한 도감 관원들을 포상하며 행사가 마무리 되었다.[40]

3. 행사의 특징

3.1. 존호의례 주최자의 변화

1827년(순조27)의 존호의례는 효명세자가 원손의 탄생을 기념하여 순조와 순원왕후를 위해 기획된 행사로 효명세자의 주도로 이루어졌다. 순조대 이전 존호의례를 살펴보면 존호를 올리는 주최자는 1776년(영조52)을 제외하면 영의정이었고, 이후부터는 왕세자가 주도하고 있다. 〈표 1〉[41]은 1457년(세조3)부터 1902년(광무6)까지 국왕의 생전에 존호를 받은 사례를 정리한 것이다.

〈표 1〉 국왕이 재위기간 중 받은 존호 목록

시기	주최자	존호를 올리는 이유	국왕 존호 왕비 존호
1457년(세조3) 3월 7일	領議政 鄭麟趾	단종 복위 저지 南郊 제사	承天體道烈文英武 慈聖(貞熹)

---

38) 『承政院日記』 2221冊, 純祖 27年 9月 辛亥(9日).
39) 『慈慶殿進爵整禮儀軌』 卷首, 擇日. "大殿中宮殿進爵正日, 九月初十日異時, 慈慶殿設行."
40) 『承政院日記』 2221冊, 純祖 27年 9月 壬子(10日).
41) 김종수, 「조선시대 大殿·中殿 尊號儀禮 변천과 用樂 고찰」, 『한국음악사학보』 49, 2012, 146쪽, 〈표 1〉을 연대기자료를 참고하여 수정·보완하였다.

시기	주최자	존호를 올리는 이유	국왕 존호 왕비 존호
1505년(연산11) 8월 26일	領議政 柳洵	宗社의 안녕	憲天弘道經文緯武 齊仁元德(王妃愼氏)
1590년(선조23) 2월 11일	領議政 李山海	宗系辨誣의 功	正倫立極盛德洪烈 章聖(懿仁)
1604년(선조37) 10월 19일	領議政 尹承勳	왜적을 물리쳐 明을 도운 공	至誠大義格天熙運 徽烈(懿仁) 昭聖(仁穆)
1612년(광해4) 10월 19일	領議政 李德馨	임진왜란 때 나라를 다시 일으킨 功	體天興運峻德弘功
1616년(광해8) 10월 10일	領議政 奇自獻	臨海·永昌·晉陵·綾昌을 토벌한 功 南郊 제사	神聖英肅欽文仁武
1617년(광해9) 10월 30일	領議政 奇自獻	세 가지 무고를 변론하여 해명	敍倫立紀明誠光烈
1618년(광해10) 9월 29일	領議政 鄭仁弘	生母 恭嬪金氏의 종묘 부묘 임진왜란 때 종묘사직을 받들어 모신 功	隆奉顯保懋定重熙
1620년(광해12) 4월	領議政 朴承宗	許筠을 주벌한 功	睿哲莊毅章憲順靖
1622년(광해14) 11월 8일	領議政 朴承宗	황제의 칙서와 예물을 받은 기념	建義守正彰道崇業
1713년(숙종39) 3월 9일	領議政 李濡	즉위 40주년 기념	顯義光倫睿聖英烈 光烈(仁敬) 孝敬(仁顯) 惠順(仁元)
1740년(영조16) 7월 20일	領議政 金在魯	이인좌의 난(1728년) 평정 기념	至行純德英謨毅烈 惠敬(貞聖)
1752년(영조28) 5월 26일	領議政 金在魯	明 太祖·神宗·懿宗 大報壇 配享	章義弘勳光仁敦禧 莊愼(貞聖)
1756년(영조32) 1월 1일	領議政 李天輔	仁元王后 七旬 기념 을해옥사(1755년)의 제압 『闡義昭鑑』편찬	體天建極聖功神化 康宣(貞聖)
1772년(영조48) 11월 18일	領議政 金相福	顯宗의 世室 결정	大成廣運開泰基永 恭翼(貞聖) 睿順(貞純)
1776년(영조52) 1월 25일	世孫 祘(正祖)	王世孫의 代理聽政	堯明舜哲乾健坤寧 仁徽(貞聖) 聖哲(貞純)
1827년(순조27) 9월 9일	世子 旲 (孝明世子)	元孫의 탄생 世子의 代理聽政	淵德顯道景仁純禧 明敬(純元)
1863년(철종14) 6월 17일	領議政 鄭元容	『二十一史約編』의 王室宗系 교정	熙倫正極粹德純聖 明純(哲仁)

시기	주최자	존호를 올리는 이유	국왕 존호 왕비 존호
1873년(고종10) 4월 17일	領議政 洪淳穆	高宗의 親政 시작 기념	統天隆運肇極敦倫 孝慈(明成)
1888년(고종25) 3월 13일	世子 坧(純宗)	즉위 25주년	正聖光義明功大德 元聖(明成)
1890년(고종27) 2월 11일	世子 坧(純宗)	明成皇后 40세 기념	堯峻舜徽禹謨湯敬 正化(明成)
1892년(고종29) 7월 25일	世子 坧(純宗)	高宗의 望五 즉위 30년	應命立紀至化神烈 合天(明成)
1900년(광무4) 1월 18일	皇太子 坧(純宗)	建元稱制 4년	巍勳洪業 啓基宣曆 洪功(明成)
1902년(광무6) 1월 18일	皇太子 坧(純宗)	高宗의 望六 즉위 40년	乾行坤定英毅弘休 誠德(明成)

〈표 1〉에서 보는 바와 같이 역대 국왕들이 모두 재위기간에 존호를 받은 것은 아니었다. 숙종은 즉위 40주년을 기념한 장수의 의미를 담은 존호 의례 행사였지만 세조와 광해군, 영조는 반란을 제압하고 불안한 왕권에 대한 정당성을 확보하기 위해 존호를 받았다는 점에서 당시 정치적 상황과 깊은 연관이 있었음을 알 수 있다.

또한 1776년(영조52) 이전까지는 존호를 올리는 주최자가 영의정이 었으나 이때부터 후계자인 세자 혹은 세손 또한 존호의례를 주도하게 되었음을 알 수 있다. 1776년(영조52)과 1827년(순조27)의 존호의례는 세손과 세자가 대리청정을 맡은 뒤 대신들을 거느리고 주도했던 의례 였다. 정조는 대리청정을 시작하며 영조에게 진연하고 존호를 올리는 일을 청할 것이며, 대신들에게도 영조에게 존호를 간청할 것을 명하 였다.[42] 효명세자 또한 이 전례를 따라 대리청정 이후 순조에게 존호 를 올리는 절차를 시작하게 된다.[43] 이를 통해 정조와 효명세자는

---

42) 『英祖實錄』 卷126, 英祖 51年 12月 丁巳(14日).

43) 『純祖純元王后上號都監儀軌』 上, 啓辭, 丁亥 7月 22日.

대리청정을 맡은 뒤 국왕에게 존호를 올리는 행사를 기획하였으며, 대신들을 이끌고 존호의례를 주도하고 있다는 공통점을 가지고 있음을 알 수 있다.

정조와 효명세자가 주도했던 존호의례는 자식 된 도리로서 효를 실천한다는 의미를 갖는다. 그런데 효명세자는 더 나아가 순조에게 존호를 올리는 의미로 어버이에 대한 자식 된 도리와 함께 공적인 측면도 강조하였다. 정조는 자신의 도리로서 영조의 마음을 기쁘게 해드리기 위해 존호를 올렸다.[44] 대신들 역시 정조의 마음을 영조에 대한 효성이라고 생각하였으며, 영조에게 정조의 간절함을 알아 줄 것을 청하기도 하였다.[45] 이를 볼 때 정조가 영조에게 존호를 올리는 의미는 자식 된 도리로서 어버이를 향한 효의 의미가 크게 작용했던 것으로 보인다. 효명세자 역시 원손의 탄생에 대한 공을 순조와 순원왕후에게 돌리며 어버이를 현양(顯揚)하려는 정성으로 존호를 올리는 것이라 말하였다.[46] 하지만 효명세자는 여기에 그치지 않고 존호를 올리는 이유에 대해서 공적인 부분도 강조하였다.

"신이 온 정성을 쏟은 글과 계사를 올려, 저녁부터 아침까지 번거로움을 피하지 않는 것은 어찌 신 혼자의 사적인 말이겠습니까? 조정에 가득한 신료들이 입을 모아 호소하는 것이고, 온 세상의 신민들이 손 모아 축원하는 것입니다."[47]

---

44) 『承政院日記』英祖 51年 12月 丁巳(14日).

45) 『日省錄』英祖 51年 12月 庚申(17日).

46) 『純祖純元王后上號都監儀軌』上, 一房儀軌,「大殿號玉冊」. "寶籌未躋於四旬, 已見抱孫之樂, 徽稱仰請者三日, 亶由顯親之誠."

47) 『純祖純元王后上號都監儀軌』上, 啓辭, 丁亥 7月 23日. "臣所以齎誠輪悃, 拜章騰啓, 連宵達朝, 不避煩複者, 是豈臣一人之私言也哉. 滿廷臣僚之所齊聲仰籲也, 薄海臣庶之所攢手顒祝也."

효명세자는 순조에게 존호를 올리는 일은 개인적인 차원을 넘어서 조정의 대신들과 온 나라의 신민들이 모두가 원하는 바라는 일임을 말하고 있는데, 왕실의 경사는 곧 국가의 경사였기 때문이다.

둘째, 선왕에게 존호를 올리는 행사는 따로 거행하지 않은 점이다. 영조는 정조에게 우선 숙종·인경왕후·인현왕후·인원왕후·숙빈최씨에게 존호를 올린 뒤 자신과 정순왕후에게 존호를 올리도록 하였다.[48] 하지만 효명세자는 선왕에 대한 존호를 올리는 행사 없이 순조 부부에게만 존호를 올렸다.

마지막으로 순조와 순원왕후가 자경전에서 함께 존호를 받은 점이다. 정조는 경희궁 집경당에서 영조에게 존호를 올리고, 내전에서 정순왕후에게 존호를 올렸다.[49] 이에 반해 효명세자는 자경전에서 순조와 순원왕후에게 함께 존호를 올렸다. 같은 장소에서 순조와 순원왕후에게 왕세자가 직접 존호를 올림으로써 의식절차 역시 변화되었다.

3.2. 의식의 변화

1827년(순조27)에 진행된 존호의례는 존호의 주최자는 영의정이 아닌 대리청정을 맡고 있는 효명세자였으며, 내전에서 효명세자가 직접 올렸다는 점에서 존호의례를 규정한 『국조속오례의』「상존호책보의」와 의식의 차이를 보인다. 특히 이번 존호의례는 처음으로 국왕과 왕비가 내전에서 존호를 받았기 때문에 이전 의례와 확연한 차이를 보인다. 다음의 『국조속오례의』「상존호책보의」와 후계자의 참여가

---

48) 『承政院日記』英祖 52年 1月 己卯(7日).

49) 『承政院日記』英祖 52年 1月 丁酉(25日).

본격적으로 시작되는 1772년(영조48) 영조의 존호의례, 그리고 1827년(순조27)의 존호의례를 비교한 표에서 변화 양상을 확인해보도록 하겠다.50)

⟨표 2⟩ 『國朝續五禮儀』「上尊號冊寶儀」와 1772년 영조의 존호의례, 1827년 순조의 존호의례 비교

	『國朝續五禮儀』「上尊號冊寶儀」	『顯宗明聖王后英祖貞聖王后貞純王后上號都監儀軌』「大殿上尊號冊寶儀」	『純祖純元王后上號都監儀軌』「大殿中宮殿上尊號時王世子自內親上冊寶進致詞箋文表裏行禮儀」
시기	–	1772년(영조48) 11월 18일	1827년(순조27) 9월 9일
주최자	領議政	領議政 金相福	孝明世子
행사 장소	昌德宮 仁政殿	慶熙宮 崇政殿	昌慶宮 慈慶殿
행사 준비·진행	掖庭署·남성 관원	掖庭署·남성 관원	內命婦 소속 宮官
참여자	宗親·文·武百官	王世孫·宗親·文·武百官	孝明世子·世子嬪趙氏 (慈慶殿) 宗親·文·武百官(明政殿)
冊寶를 올리는 순서	領議政→捧冊官→國王 領議政→捧寶官→國王	金相福→捧冊官→國王 金相福→捧寶官→國王	孝明世子→捧冊女官→純祖 孝明世子→捧寶女官→純祖 純元王后에게 올리는 절차도 같음
致詞·箋文·表裏	없음	없음	있음
三叩頭·山呼	없음	없음	있음

---

50) 1776년(영조52)의 존호의례부터는 후계자인 왕세손이 주도하게 되면서 의식의 차이를 보일 것으로 예상되지만 의주가 현재 전하지 않아 확인이 어렵다. 그러나 기록으로 볼 때 영조와 정순왕후에게 다른 장소에서 존호를 올렸기 때문에 1827년 같은 의식의 변화는 없었을 것으로 추정된다(『承政院日記』1374冊, 英祖 52年 1月 丁酉(25日)). 한편 앞선 1772년(영조48)의 존호의례는 영조가 현종이 세실로 결정된 일을 축하하는 명분으로 현종과 명성왕후에게 존호를 추상할 것을 하교하였는데, 왕세손인 정조의 청에 따라 영조가 존호를 받은 것이며(『英祖實錄』卷119, 英祖 48年 10月 癸未(22日)), 이전과 달리 후계자로서 왕세손이 의례에 참여하고 있어 후계자의 참여로 인한 의식이 변화되는 과도기 단계로 설정할 수 있기 때문에 1772년 존호의례를 비교 대상으로 선정하였다.

〈표 2〉51)와 같이 존호를 올리는 주최자는 영의정에서 왕세자가 되었고, 순조와 순원왕후에게 같은 공간에서 존호를 올림으로써 의식절차는 차이를 보인다. 먼저 장소의 차이이다. 『국조속오례의』의 존호를 올리는 장소는 창덕궁 인정전이며, 1772년(영조48) 영조의 존호의례는 경희궁 숭정전이다. 인정전과 숭정전은 외정전(外政殿)으로서 주요 국가의식이 치러진 건물이자 국왕과 신하들의 공간이었다. 반면 순조의 존호의례가 치러진 공간은 내전인 창경궁의 자경전이었다. 효명세자는 존호의례에서 순조와 순원왕후에게 함께 존호를 올리기 위해 자경전으로 결정하였다. 이전의 사례를 살펴보면 국왕에 대한 존호의례에서 국왕과 왕비는 각기 다른 장소에서 존호를 받았다. 아래 〈표 3〉은 숙종~영조대 존호의례가 진행된 장소를 정리한 것이다.

〈표 3〉 숙종~영조대 국왕과 왕비가 존호를 받은 장소

시기	국왕이 존호를 받는 장소	왕비가 존호를 받는 장소
1713년(숙종39) 3월 9일	慶熙宮 崇政殿	中宮殿
1740년(영조16) 7월 20일	昌慶宮 明政殿	昌慶宮 景春殿
1752년(영조28) 5월 26일	昌慶宮 明政殿	昌慶宮 通明殿
1756년(영조32) 1월 1일	昌德宮 仁政殿	中宮殿
1772년(영조48) 11월 18일	慶熙宮 崇政殿	中宮殿
1776년(영조52) 1월 25일	慶熙宮 集慶堂	中宮殿

〈표 3〉에서 볼 수 있듯이 이전의 존호의례에서 국왕과 왕비가 존호를 받은 장소는 국왕은 궁궐의 정전에서 존호를 받았고, 왕비는 내전에서 받았다. 왕비에게 존호를 올리는 절차는 왕비의 존호를 새긴

---

51) 〈표 2〉는 『國朝續五禮儀』 卷2, 嘉禮, 「上尊號冊寶儀」와 『顯宗明聖王后英祖貞聖王后貞純王后上號都監儀軌」, 儀註, 「大殿上尊號冊寶儀」, 『純祖純元王后上號都監儀軌」 上, 儀註, 「大殿中宮殿上尊號時王世子自內親上冊寶進致詞箋文表裏行禮儀」를 바탕으로 정리하였다.

300

책보를 외정전에서 영의정이 상전(尙傳)에게 전하면, 상전이 받아서 중궁전 합문 밖에서 여관(女官)에게 전하는 순서였다. 즉 '영의정 → 상전 → 여관'의 순서로 전하여 왕비에게 올렸다.[52] 이처럼 국왕과 왕비는 장소를 달리해서 존호를 받는 것이 관례였으나 순조와 순원왕후가 같은 공간에서 함께 존호를 받을 수 있던 이유는 존호를 올리는 주최자가 효명세자였기에 가능했을 것으로 보이며, 이를 통해 내연(內宴)의 성격을 확인할 수 있다.[53]

행사 준비와 진행도 차이가 있다. 『국조속오례의』와 영조의 존호의례는 행사 준비는 액정서에서, 집사관은 남성관원들이었지만 순조의 존호의례는 내명부(內命婦) 소속 여관들이 행사 준비와 진행을 담당하였다.

행사의 참여자에서도 차이를 보인다. 국왕에게 존호를 올릴 때 참여자는 『국조속오례의』는 종친과 문무백관이며, 영조의 존호의례에서는 왕세손도 참여하고 있다. 하지만 순조의 존호의례에서 참여자들은 장소를 나눠서 예를 행하였는데, 자경전 내의 참석자는 효명세자와 세자빈 조씨이다. 명정전에서는 종친과 문무백관이 행례하였는데, 자경전 내의 진행 사항을 중사(中使)가 전달하여 의식에 따라 종친과 문무백관들도 사배를 행하였다.[54]

---

52) 『國朝續五禮儀』『肅宗實錄』卷53, 肅宗 39年 3月 丙戌(9日);『(庚申年)仁元王后英祖貞聖王后尊崇都監儀軌』上, 儀註帙, 「大殿上尊號冊寶儀」·「中宮殿上尊號冊寶儀」;『(壬申年)仁元王后英祖貞聖王后尊崇都監儀軌』上, 儀註帙, 「大殿上尊號冊寶儀」·「中宮殿上尊號冊寶儀」;『仁元王后淑嬪英祖貞聖王后尊崇都監儀軌』上, 儀註帙, 「大殿上尊號冊寶儀」·「中宮殿上尊號冊寶儀」;『顯宗明聖王后英祖貞聖王后貞純王后上號都監儀軌』, 儀註, 「大殿上尊號冊寶儀」·「中宮殿上尊號冊寶儀」.

53) 내연은 대비·왕·왕비·왕세자·왕세자빈·공주 등을 포함한 왕실 가족과 봉호를 가진 여성인 명부가 주축이 되는 연향으로 종친·의빈·척신 등의 왕실 친인척이 참여하기도 하며, 외연은 실질적으로 정치를 주도하는 군신이 주축이 되는 연향으로 왕비나 명부 등 여성이 참여하는 경우가 없다(김종수, 『조선시대 궁중연향과 여악연구』, 민속원, 2001, 82쪽).

다음으로 존호를 새긴 책보를 올리는 절차에서 보이는 변화이다. 『국조속오례의』와 영조의 존호의례에서는 책보를 영의정에서 봉책관을 거쳐 국왕에게 올린다. 반면에 순조의 존호의례에서는 책보를 효명세자에서 봉책여관을 거쳐 순조와 순원왕후에게 올리고 있다. 이러한 변화는 세자가 대통(大統)의 계승자로서 백관을 이끌어갈 존재임을 상징적으로 보여주는 것이다.55) 숙종~고종대 국왕에게 올리는 존호의례를 통해 왕세자의 역할이 점차 변화되어 가고 있음을 확인할 수 있다.

〈표 4〉 숙종~고종대 존호의례에서의 왕세자 참석여부와 그 역할

시기	왕세자의 존재	참석 여부	존호의례에서의 역할
1713년(숙종39) 3월 9일	○	○	領議政 李濡이 冊寶를 올린 후 肅宗·仁元王后에게 致詞를 올림
1740년(영조16) 7월 20일	○	X	-
1752년(영조28) 5월 26일	○	X	존호의례가 끝난 뒤 仁元王后와 貞聖王后에게 表裏를 올려 陳賀
1756년(영조32) 1월 1일	○	X	-
1772년(영조48) 11월 18일	○	○	領議政 金相福이 영조에게 존호를 올리기 전과 후에 대신들에 앞서 영조에게 먼저 四拜
1776년(영조52) 1월 25일	○	○	행사를 주도하여 冊寶를 英祖·貞聖王后·貞純王后에게 올림
1827년(순조27) 9월 9일	○	○	행사를 주도하여 冊寶를 純祖·純元王后에게 올림
1863년(철종14) 6월 17일	X	-	-

---

54) 『純祖純元王后上號都監儀軌』 上, 儀註, 「大殿尊號冊寶中宮殿尊號冊寶王世子自內親上時外廷百官行禮儀」. "王世子自內親上冊寶時至【中使出傳同時行禮 下倣此】, 典儀曰, 四拜, 贊儀唱, 鞠躬四拜興平身. 宗親文武百官, 鞠躬四拜興平身."

55) 김종수, 앞의 논문(2012), 163쪽.

시기	왕세자의 존재	참석 여부	존호의례에서의 역할
1873년(고종10) 4월 17일	X	-	-
1888년(고종25) 3월 13일	○	○	행사를 주도하여 冊寶를 高宗·明成王后에게 올림
1890년(고종27) 2월 11일	○	○	행사를 주도하여 冊寶를 高宗·明成王后에게 올림
1892년(고종29) 7월 25일	○	○	행사를 주도하여 冊寶를 高宗·明成王后에게 올림
1900년(광무4) 1월 18일	○	○	행사를 주도하여 冊寶를 高宗과 明成皇后(追上尊號)에게 올림
1902년(광무6) 1월 18일	○	○	행사를 주도하여 冊寶를 高宗과 明成皇后(追上尊號)에게 올림

〈표 4〉에서 보듯이 영의정이 주도하는 존호의례에서 왕세자는 존
호를 올린 뒤 치사 또는 표리를 올려 행사를 축하하는 역할을 담당하
기도 하였다.56) 시대에 따라 왕세자가 공석인 상황에서는 참석이 불
가능하지만 1772년(영조48) 이전에는 왕세자가 행사에서 주도적 역할
을 담당하지는 않았다. 1772년 존호의례부터 후계자의 역할이 부각되
기 시작하였다. 의례에 참석한 왕세손은 영의정 김상복이 영조에게
책보를 올리기 전과 후에 백관들에 앞서 먼저 영조에게 사배를 행하
였다. 또한 종묘에서 현종과 명성왕후, 혼전에서 정성왕후, 그리고
정순왕후의 존호의례에 참여하고 있으며, 백관들 앞에 위치하여 예를
행하고 있다.57) 이를 통해 존호의례의 주최자는 영의정이지만 후계자
의 위치가 백관들에 앞서 있었고, 이후 존호의례는 왕세손이 주도하

---

56) 『肅宗仁敬王后仁顯王后仁元王后尊崇都監儀軌』 上, 儀註, 「大殿上尊號冊寶儀」；『(壬申年)仁元
王后英祖貞聖王后尊崇都監儀軌』 上, 儀註帙, 「大王大妃殿上尊號後王世子進表裏賀儀」；「中宮
殿上尊號後王世子進表裏賀儀」.

57) 『顯宗明聖王后英祖貞聖王后貞純王后上號都監儀軌』, 儀註, 「太室追上尊號親上冊寶儀」；「大殿
上尊號冊寶儀」；「徽寧殿上尊號冊寶儀」；「中宮殿上尊號冊寶儀」.

게 되면서 후계자의 역할이 점차 부각되었음을 알 수 있다. 나아가 효명세자는 자경전에서 친히 순조와 순원왕후에게 존호를 올리고, 세자빈까지 참여하는 등 왕실 중심의 의례로 변화되었다. 이러한 변화는 왕세자가 없던 철종과 고종대 전반을 제외하면 1888년(고종25)부터 고종과 명성왕후에 대한 존호의례를 왕세자가 주도하고 있는 것으로 볼 때 국왕에게 올리는 존호의례의 주최자는 왕세자가 되었음을 알 수 있다.58)

마지막으로 치사·전문·표리를 올리는 절차와 삼고두(三叩頭)와 산호(山呼)의 유무이다. 『국조속오례의』와 영조의 존호의례에서 치사·전문·표리를 올리는 일과 삼고두와 산호의 절차는 진행하지 않았다. 반면 순조의 존호의례에서는 치사·전문·표리를 효명세자와 세자빈이 순조와 순원왕후에게 올리고, 삼고두와 산호의 절차를 진행하였다. 치사·전문·표리는 존호를 올린 뒤 올리기도 하고 생략하기도59) 하지만 이번 의례에서는 존호를 올린 뒤 바로 치사·전문·표리를 올리고 삼고두와 산호 절차를 함께 진행하였다는 특징을 보인다.

이상 기존의 존호의례와 달리 순조의 존호의례는 내전 중심의 의례로 변화되었음을 알 수 있는데, 이는 1809년(순조9) 혜경궁의 관례 60년을 기념한 행사를 토대로 의식을 진행한 것으로 보인다. 당시

---

58) 순조 이후 생전에 존호를 받은 국왕은 철종과 고종이다. 철종은 재위기간(1849~1863)에 왕세자가 없어 존호의례의 주최자는 영의정이었고(『哲宗實錄』 卷15, 哲宗 14年 6月 丙子(1日)), 고종이 재위기간(1863~1907) 받은 존호 가운데 왕세자(순종) 탄생 이전인 1873년(고종10)을 제외한 5번의 존호는 모두 왕세자가 올렸다(『高宗實錄』 卷25, 高宗 25年 3月 甲子(13日); 『高宗實錄』 卷27, 高宗 27年 2月 辛巳(11日); 『高宗實錄』 卷29, 高宗 29年 7月 庚戌(25日); 『高宗實錄』 卷40, 高宗 37年 2月 17日; 『高宗實錄』 卷42, 高宗 39年 2月 25日).

59) 1752년(영조28)에 인원왕후와 정성왕후에게 장헌세자가 표리를 올려 존호를 축하하였다(『仁元王后英祖貞聖王后尊崇都監儀軌』 上, 儀註秩, 「大王大妃殿上尊號後王世子進表裏賀儀; 「中宮殿上尊號後王世子進表裏賀儀).

순조는 혜경궁의 고사로 존호를 올리진 못하였지만[60] 치사·전문·표리를 올려 예를 다하였다. 이때에도 치사·전문·표리를 올린 뒤 삼고두와 산호를 통해 혜경궁의 만수무강을 기원했다.[61] 이를 볼 때 존호를 올린 뒤 이와 같은 절차는 1809년 의례를 전례로 삼은 것이며, 왕비, 대비 등 왕실 여성들에게 경사를 축하하는 선물로 예물을 올렸던 사례들로 볼 때 의식의 성격은 내연에 가까웠다. 다만 국왕이 존호를 받는 행사였기 때문에 백관들도 참여를 해야 했다. 내전에서 존호의례가 진행되었기 때문에 백관들은 외정전인 명정전에서 중사가 의식을 전하고 백관들은 이에 맞춰 동시에 예를 거행하였던 것이다.[62]

이처럼 1827년 순조의 존호의례는 이전과 다른 형식으로 진행되었다. 이는 내전인 자경전에서 순조와 순원왕후가 함께 존호를 받았기 때문이며 의례의 주최자가 효명세자였기에 가능했다. 또한 1827년 의례를 준거로 삼아 1888년(고종25)부터 고종과 명성왕후에게 존호를 올리는 주최자는 왕세자가 되었고,[63] 내전에서 이와 같은 의식 순서로 의례가 진행되었다.[64]

존호의례의 주최자가 영의정에서 왕세자로의 변화는 예비 국왕이지만 현 국왕에 대해서 신하의 도리와 함께 부모에게 효를 다한다는 모습을 모두 보여주는 것이다. 또한 앞선 의례들이 국왕과 영의정이라는 군신(君臣)을 주축으로 하고 있다고 한다면 순조의 존호의례는

---

60) 『純祖實錄』 卷11, 純祖 8年 12月 壬辰(1日).

61) 『己巳進表裏進饌儀軌』 儀註, 「自內親進致詞箋文表裏儀」.

62) 『承政院日記』 2220책 純祖 27年 8月 丁丑(4日);『純祖純元王后上號都監儀軌』 上, 儀註, 「大殿尊號冊寶中宮殿尊號冊寶王世子自內親上時外廷百官行禮儀」.

63) 『承政院日記』 2970冊, 高宗 25年 2月 乙未(13日).

64) 『高宗實錄』 卷25, 高宗 25年 3月 甲子(13日);『高宗神貞王后孝定王后明成王后加上尊號都監儀軌』 儀註, 「大殿中宮殿加上尊號時王世子王世子嬪自內親上冊寶進致詞箋文表裏行禮儀」.

왕실 중심의 의례로서 장소, 참여자 등에서 내연의 모습으로 변화되었다고 하겠다. 이는 존호의례를 설행 배경 중 하나가 원손이 탄생이라는 왕실의 경사였고, 그 공로가 순조와 순원왕후 모두에게 있었기 때문이었다.

4. 명분 강화를 위한 지식의 활용

국왕이 생전에 존호를 받기 위해서는 명분이 중요했고, 그 명분은 존호를 요청하는 상소에 드러났다. 그렇다면 존호에 대한 명분은 어디서 찾았을까. 바로 유교 경전이었다. 조선시대는 성리학적 이상사회를 구현하는 것이 최종 목표였고, 조선시대 지식인들에게 이상적 군주는 바로 요순이었다.[65] 또한 성리학적 이상국가라는 목표를 가지고 있는 조선사회는 성리학이라는 학문·이론의 진리성에 근거를 두고 그 이념을 실현할 수 있는 국가·사회체제였다.[66] 이렇게 봤을 때 존호의례 역시 성리학적 이상국가의 목표 아래 국왕은 요순이라는 이상적 군주에 대한 이미지를 만들 수 있는 좋은 기회였고, 이에 대한 근거는 조선사회를 지탱하고 있던 유교 경전이었다. 유교 경전에 대한 실천이 곧 지식의 실천이었으며, 존호의례 역시 성군이 마땅히

---

65) 요순에 대한 인식은 爲政者 역시 유교적 소양을 지닌 지식인이었던 만큼 크게 다르지 않았다. 이처럼 요순은 유교전통에서 이상적인 사회를 구현한 군주로 인식되었고, 영조대부터 유독 堯舜至治에 대한 활발한 논의가 진행되었고, 北宋代 고사를 차용하여 요순의 정치를 실현하기 위한 구체적인 방법으로 '조종의 훌륭한 법과 아름다운 제도'를 본받을 것을 천명하였다(김백철, 「조선의 유교적 이상국가 만들기」, 『국학연구』 17, 한국국학진흥원, 2010, 279~280쪽).

66) 김형찬, 「조선시대 지식생산체계 연구방법과 지식사회의 층위」, 『民族文化研究』 65, 민족문화연구원, 2014, 14~15쪽.

받아야 할 의식이라는 측면에서 볼 때 유교 경전을 현실에서 실행하는 것이라고 할 수 있다.

효명세자 역시 존호를 청하는 상소에서 자신의 주장을 뒷받침하는 근거로 유교경전을 활용하였는데, 이를 통해 존호의 명분론을 유교경전을 통한 지식의 활용이라는 측면에서 확인하고자 한다. 상소는 수많은 정치적 논의 중에서도 실천의 주장이 근거하는 지식의 입장을 명시적으로 밝히는 경우가 많고, 명시적으로 밝히지 않는 경우에도 그것을 추론해 들어갈 수 있는 단서가 드러나 있는 경우가 많기 때문이다.[67]

효명세자가 순조에게 존호를 올리는 대외적 명분은 원손의 탄생이었다.[68] 사실 효명세자는 대리청정을 시작하면서 순조에게 존호를 올리고자 하였다.[69] 효명세자는 존호를 올리는 일은 역대 국왕의 사례에서 살필 수 있고, 이를 본받아 순조에게 존호를 올리고자 한 것이다. 그러나 순조는 정조가 아버지 장헌세자를 추숭하지 못했다는 이유로 자신이 존호를 받지 않았던 그 뜻을 이어 가고자 하였다.[70] 이런 상황에서 원손의 탄생은 순조에게 존호를 올린 기회를 가져단 준 것이었다. 효명세자는 원손의 탄생이라는 왕실의 최대 경사를 맞이하여 그 공을 순조와 순원왕후에게 돌리고 그 공덕을 빛내기 위한 행사로 존호의례를 기획하게 되었다.

순조에게 존호를 올리기 위한 대외적 명분을 마련한 효명세자는 존호를 청하고자 순조에게 삼일동안 거듭 상소를 올렸다. 효명세자는

---

67) 김형찬(2014: 17~18).

68) 『純祖實錄』卷29, 純祖 27年 7月 辛酉(18日).

69) 『純祖實錄』卷29, 純祖 27年 7月 乙丑(22日).

70) 『純祖實錄』卷4, 純祖 2年 5月 壬午(13日); 김문식, 『정조의 제왕학』, 태학사, 2007, 118쪽.

경전을 인용하여 존호의 당위성, 요순과의 비교, 계지술사(繼志述事)의 중요성, 민심을 중심으로 명분을 내세웠다.

먼저 효명세자는 순조가 존호를 받아야 하는 당위성을 『중용(中庸)』에서 찾았다. 효명세자는 『중용』의 '크나큰 덕은 반드시 그에 맞는 이름을 얻는다'라는 구절을 인용하여 이름이란 덕이 나타나는 실상이라고 표현하였다. 효명세자가 언급한 『중용』의 구절은 요(舜)임금에 대한 이야기로 '순 임금의 덕(德)은 성인(聖人)이 되시고, 존귀함은 천자가 되시고, 부(富)는 사해(四海)의 안을 소유하시어 종묘의 제사를 흠향하시고 자손을 보존하셨으니, 순 임금의 큰 덕은 반드시 그 지위를 얻으며, 반드시 그 녹(祿)을 얻으며, 반드시 그 이름을 얻으며, 반드시 그 수(壽)를 얻는다'[71]는 내용이다. 이 구절을 통해 국왕의 치세를 찬양하고, 이에 맞는 이름을 얻어야 하므로 국왕이 존호를 받는 것은 당연한 이치로 받아들여졌고, 국왕이 존호를 받을 수 있는 가장 큰 명분을 만들어 주었다. 효명세자는 이 구절을 인용하여 국왕의 재위 기간 동안 쌓은 업적을 칭송하고, 이러한 덕은 반드시 그에 맞는 이름을 얻어야 하기 때문에 존호를 받아야 한다는 정당성을 내세운 것이다.[72] 효명세자는 순조 역시 하늘이 내신 성인으로 무한한 복을 받아 나라를 다스린 27년 동안 순조의 너그러운 마음과 공손하고 검소함을 통해 도(道)가 오래도록 행해지고 교화가 이룩됨을 통해 백성과 나라가 편안하고 안정되어 태평성대의 큰 업적을 이룩했음으로 존호를 받으셔야 한다고 주장하였다.[73]

---

71) 『中庸』 제17장. "子曰, 舜其大孝也與. 德爲聖人, 尊爲天子, 富有四海之内, 宗廟饗之, 子孫保之. … 大德, 必得其位, 必得其祿, 必得其名, 必得其壽."

72) 순조 이전도 『중용』의 구절을 인용하여 존호를 받는 명분을 획득해 나간 사례는 1612년(광해4)과 1740년(영조16)의 사례를 통해서도 살필 수 있다(『光海君日記』 卷18, 光海 4年 5月 甲辰(11日); 『英祖實錄』 卷51, 英祖 16年 6月 甲午(25日)).

효명세자는『중용』의 구절을 통해 존호에 대한 명분을 확보한 다음에는 요순의 사례를 인용하였다. 효명세자는 요순 역시 업적에 맞는 존호를 가지고 있었고, 순조 역시 요순에 버금가는 성군이시므로 존호를 받는 것은 마땅하다는 주장이었다. 효명세자는 요임금은 방훈(放勳)이란 칭호가 있고,[74] 순임금은 중화(重華)라는 칭호가 있는데,[75] 이 칭호는 큰 덕을 형용한 것으로서 역대 국왕들이 존호를 받았던 사례도 여기에서 비롯되었음을 강조하였다.[76] 요순은 유교국가에서 바라보는 가장 이상적인 군주로서 요순을 따라 존호를 갖는 것은 요순과 같은 성인군주의 자질을 갖춘 것으로 판단되는 것이며, 요순에 버금가는 업적을 지닌 국왕은 요순처럼 존호를 가져야 한다는 원리를 갖추게 된다. 이 원리에 따라 효명세자는 순조의 27년간의 재위 기간에 대하여 그 학문은 요순에 필적할 만하며, 순조의 덕업은 주공과 공자의 도에 합치되는 등 군자의 모습으로 표현하였고, 구체적인 업적과 경전을 그 근거로 인용하였다.[77] 먼저 순조가 하늘을 공경하는 마음으로 혼천의(渾天儀)와 간(竿)을 설치하여 재이를 당하면 정전(正殿)을 피하고, 수라의 가짓수를 줄이는 등 반성하는 모습과 백성을 사랑하여 1801년(순조1) 노비의 신공(身貢)을 폐지하고,[78] 1803년(순조3) 재해에는 내자시의 은과 포목으로 백성들을 구제한 일[79]을 거론하

---

73) 『純祖純元王后上號都監儀軌』上, 啓辭, 丁亥 7月 22日.

74) 『書經集傳』卷1,「虞書·堯典」. "曰若稽古帝堯, 曰放勳. 欽明文思安安, 允恭克讓, 光被四表, 格于上下."

75) 『書經集傳』卷1,「虞書·舜典」. "曰若稽古帝舜, 曰重華. 協于帝, 濬哲文明, 溫恭允塞, 玄德升聞, 乃命以位."

76) 『純祖純元王后上號都監儀軌』上, 啓辭, 丁亥 7月 22日.

77) 『純祖純元王后上號都監儀軌』上, 啓辭, 丁亥 7月 22日.

78) 『純祖實錄』卷2, 純祖 1년 1월 乙巳(28日).

79) 『純祖實錄』卷1, 純祖大王誌文.

였다. 형벌에 있어서 신중한 원칙을 지키는 모습은 우왕(禹王)의 죄인을 보고 수레에서 내리는 모습을,[80] 장계를 볼 때마다 신중한 모습은 문왕(文王)의 모습과 같고,[81] 침전(寢殿)이 협소한 것은 선왕들께서 낮은 궁궐에 기거하는 것을 본받은 것이며,[82] 반찬을 줄이고 절약하는 것은 명철한 왕은 구은 양고기를 먹지 않고 만일의 경우를 대비한 것처럼[83] 순조의 모습이 여기에 부합되었다고 하였다. 이름난 선비들의 사우(祠宇)와 서원(書院)에 제사지내게 하고,[84] 산림(山林)의 선비들을 초빙한 사례,[85] 임진왜란·병자호란에 충절을 바친 이들에 대한 포상,[86] 신임의리(辛壬義理)에 대한 보상[87] 등 유학을 숭상하고 선왕의 의리를 계승하는 모습으로 나타내었다.

이외에도 1801년(순조1) 천주교인들을 처리한 신유사옥(辛酉邪獄)[88]과 1812년(순조12) 홍경래의 난을 진압한 일[89]을 거론하는 등 순조가 존호를 받는 정당성을 내세우기 위해 재위기간의 업적에 대하여 존경받는 제왕들의 모습과 비교해도 손색이 없음을 강조하였다. 나아가 순조가 사양하는 마음은 성인으로 자처하지 않는 겸양의 모습이며,

---

80) 『說苑』, 「君道」, "禹出見罪人, 下車問而泣之."

81) 『書經集傳』卷7, 「周書·康誥」. "惟乃丕顯考文王, 克明德愼罰."

82) 『英祖實錄』卷106, 英祖 41年 10月 丁未(5日).

83) 『宋史』卷12, 「仁宗本紀」4, "宮中夜饑, 思膳燒羊, 戒勿宣索, 恐膳夫自此戕賊物命, 以備不時之須."

84) 『純祖實錄』卷6, 純祖 4年 9月 丁亥(1日); 卷11, 純祖 8年 癸卯(10日); 卷13, 純祖 10年 8月 庚戌(28日).

85) 『純祖實錄』卷5, 純祖 3年 12月 丁亥(26日); 卷16, 純祖 12年 10月 己巳(30日); 卷21, 純祖 18年 10月 辛卯(26日).

86) 『純祖實錄』卷2, 純祖 1年 1月 癸卯(26日); 2月 戊午(12日); 卷5, 純祖 3年 2月 丙午(10日); 卷11, 純祖 8年 3月 乙卯(19日); 卷27, 純祖 24年 閏7月 乙巳(15日).

87) 『純祖實錄』卷4, 純祖 2年 4月 丙辰(16日).

88) 『純祖實錄』卷3, 純祖 1年 11月 戊寅(5日).

89) 『純祖實錄』卷15, 純祖 12年 4月 庚午(28日).

이는 우왕이 자만하지 않은 것, 탕왕이 전전긍긍하는 것, 문왕이 공경하고 삼가는 마음으로 이 세 임금의 정치를 본받았을 뿐만 아니라 이들의 마음까지 본받고 있고, 성인으로 자처하지 않는 겸양까지 갖추고 있다고 강조하며,[90] 성인 군주로서의 순조의 이미지를 구현해 나갔다.

다음은 선왕의 업적을 계승한다는 '계지술사'의 명분을 강조한 점이다. 존호의례는 예전인 『국조속오례의』에 수록된 제도이며, 선왕들도 존호를 받은 사례가 있었다. 즉 존호를 받는 것은 공적인 제도를 따르는 것이자, 역대 선왕의 사업을 이어 시행한다는 명분을 갖는다고 할 수 있다. 효명세자는 1775년(영조51)에 정조가 영조에게 대리청정에 대한 하교를 받은 뒤, 영조에게 존호를 청하여 곧바로 허락을 받은 선례를 거론하였고, 이에 따라 이번 존호의례 역시 빨리 거행해야 함을 강조하였다.[91] 효명세자는 순조에게 계술의 의미를 명분으로 내세웠는데, 역대 선왕들 역시 존호를 받았고, 이는 우리나라의 법이며 제도이기 때문에 자신이 존호를 청하는 것 또한 이 법을 따르고 옛 제도를 이어가려는 뜻이므로 순조 역시 선왕의 뜻을 이어나가야 한다는 것이었다. 효명세자는 『시경』의 '잘못되지 않고 잊어버리지 않음은 모든 것을 옛 법대로 따르기 때문이다'[92]라는 구절을 인용하며 선왕들이 이미 행한 전례를 따르지 않는다면 선조를 본받는 도리가 아니기 때문에 속히 존호를 청하는 자신의 뜻을 따라주길 청하였다.[93]

---

90) 『純祖純元王后上號都監儀軌』上, 啓辭, 丁亥 7月 24日.

91) 『純祖純元王后上號都監儀軌』上, 啓辭, 丁亥 7月 22日.

92) 『詩經集傳』 卷17, 「大雅·假樂」. "不愆不忘, 率由舊章."

93) 『純祖純元王后上號都監儀軌』上, 啓辭, 丁亥 7月 23日.

이처럼 효명세자가 선왕의 사례를 거론하며 계지술사의 명분을 강조한 것은 조선의 국왕이 어떤 일을 하려고 할 때 이를 선왕의 행적과 연결시키는 것은 일반적인 관례였고, 또 그 일을 추진할 수 있는 명분도 되었기 때문이었다.94) 이는 효명세자가 등극 전 받은 교육과 연관지을 수 있다. 1824년(순조24) 세자시강원에서 이루어진 교육과정을 살펴보면 효명세자는『소학(小學)』·『서전(書傳)』·『모훈집요(謨訓輯要)』·『송감(宋鑑)』·『맹자(孟子)』·『시전(詩傳)』·『어제자성편(御製自省篇)』·『팔자백선(八子百選)』·『육주약선(陸奏約選)』·『갱장록(羹墻錄)』·『주서백선(朱書百選)』·『조감(祖鑑)』 등을 강(講)하였다.95) 그런데 주목할 점은 영·정조대에 왕명으로 편찬된 책들을 주로 강하였다는 사실이다. 아래 〈표 5〉는 이 책들의 편찬년도와 목적을 시대 순으로 정리한 것이다.

〈표 5〉 1824년 교육과정 중 영조~정조대 편찬된 책들의 편찬년도와 목적

책	편찬년도	편찬목적
『祖鑑』	1728년(영조4)	英祖가 趙顯命 등에게 명하여 조선의 역대 국왕의 행적 중 후세에 교훈이 되기 위한 사례를 뽑아 편찬
『御製自省篇』	1746년(영조22)	영조 자신을 성찰하고 왕세자에게 교훈을 주기 위해 경전과 사서에서 모범이 될 만한 사례를 선발하여 편찬
『八子百選』	1781년(정조5)	正祖가 문장이 날이 갈수록 저하되는 것을 걱정하여 『唐宋八大文』의 문장 중 100편을 선발하여 편찬
『羹墻錄』	1786년(정조10)	정조가 영조 때 李世瑾이 撰한 『聖朝羹墻錄』을 보고 閣臣 李福源 등에 명하여 太祖~영조까지의 업적을 수록하고 왕세자에게 조종의 心法과 治規를 전하려는 목적으로 편찬
『朱書百選』	1794년(정조18)	정조가 패관소품체의 문장에 경도되어 있는 당대의 문풍을 바로잡기 위한 방안으로 주자의 편지들을 모아 편찬
『陸奏約選』	1797년(정조21)	정조가 陸贄의 奏議가 명백하고 간절하여 정치와 교화에 도움이 된다고 판단하여 그 중 29편을 뽑아 편찬
『謨訓輯要』	1818년(순조18)	純祖가 왕세자의 교육을 위해 시강원에 명하여 『國朝寶鑑』·『列聖誌狀』·『羹墻錄』 가운데 謨訓과 要語을 선별하여 편찬

---

94) 김문식, 『정조의 제왕학』, 태학사, 2007, 183쪽.

95) 『列聖朝繼講冊子次第』, 「翼宗朝」.

이 가운데『조감』,『어제자성편』,『갱장록』,『모훈집요』는 왕세자의 교육을 위해 특별히 편찬된 책들이었다. 이 책들은 선왕들의 업적을 수록하거나 또는 경전에서 모범이 될 만한 사례를 수록하였는데, 왕세자가 이를 본받고 왕실의 가법(家法)을 올바르게 계승하길 바란 뜻으로 편찬한 왕세자를 위한 학습서였다. 영조는『어제자성편』을 읽는 후계자로 하여금 자신의 행적을 계승하면서 자신의 부족한 점을 보완하는 사람이 되어 달라고 요청했는데, 즉 조선 왕실의 가법을 제대로 계승해달라는 당부였다.96) 또한 영조대『조감』으로부터 정조대『갱장록』에 이르는 학습서는 조선의 역사 전통으로 군주 학습의 주요 덕목을 발굴하여 군주의 학문을 조선의 역사 전통으로부터 마련한다는 의도를 가지고 있었다.97) 이 학습서들은 영·정조대에 대두된 군사론(君師論)이 반영되었는데, 그동안 사대부들의 권위의 상징이었던 도통이 군왕에게로 회복되었음을 의미하는 것이었고, 왕권을 강화하는 논리로 전개되기도 하였다.98) 1818년(순조18)에 편찬된『모훈집요』또한 이러한 전통을 이어 받아 왕세자의 교육을 위해 마련된 학습서였다.99)

이처럼 효명세자는 대리청정 전에 시강원에서 조선의 역대 국왕의 업적을 모범 삼아 군주로서의 자질을 갖추기 위한 학습서로 교육을 받았다. 이러한 교육을 통해 효명세자는 선왕의 업적을 계승하는 계지술사의 뜻을 이어 받아 왕권의 정통성을 강화하기 위해 노력했을

---

96) 김문식,「영조의 제왕학과『御製自省篇』」,『藏書閣』27, 한국학중앙연구원, 2012, 258~259쪽.

97) 정호훈,「18세기 君主學 학습서의 편찬과『羹墻錄』」,『韓國思想史學』43, 한국사상사학회, 2013, 234~246쪽.

98) 육수화,『조선시대 왕실교육』, 민속원, 2008, 175쪽.

99)『承政院日記』2097冊, 純祖 18年 6月 丙子(10日).

것이다. 이는 『어제자성편』의 "요순을 본받고자 하면 마땅히 조종을 본받으라고 하였으니, 정일한 가르침은 곧 아조(我朝)께서 전해 주신 심법(心法)이며, 원량(元良)은 공경하여 이 뜻을 깊이 생각하고 정령(政令)과 시위(施爲)를 반드시 조종을 본받도록 하라"[100]는 구절처럼 효명세자가 존호에 대해 선왕의 사업을 이어 나가는 아름다운 전례라는 점을 강조한 것 역시 왕실의 가법을 계승하고자 편찬된 학습서의 취지와 일치한다고 할 수 있다. 나아가 효명세자가 순조에게 존호를 청하는 상소에서 순조가 존호를 받는 것은 역대 선왕의 사례를 이어 시행하고 그 사업을 이어 간다는 주장에 대한 명분이 되는 지식으로 활용되었다.

　마지막으로 효명세자는 경전을 인용하며 민심을 강조하였다. 유교 국가에서 민심은 곧 천심이었다. 효명세자는 백성들 또한 순조가 존호를 받길 원하고 있음을 주장하였는데, 순조의 덕치로 그 혜택이 백성들에게 두루 미쳤기 때문임을 강조하였다. 효명세자는 『서경』의 "요 임금의 정치가 상하에 두루 미쳤다"[101]라는 구절을 인용하여 순조의 재위 27년 동안 태평성대를 이루었고, 원손의 탄생까지 경사가 미쳤으므로 존호를 올리는 일은 개인적인 정분이 아닌 민심을 따르는 것이며 순조가 원하는 바가 아니라 하늘이 내리는 것을 받는 일이라고 하였다. 또한 효명세자는 『서경』의 "백성이 하고자 하는 일은 하늘도 반드시 따른다"[102]라는 구절을 인용하여 민심이 원하는 바는 존호

---

100) 『御製自省篇』下, 後跋. "欲法堯舜, 當法祖宗. 精一之訓, 即我朝傳授心法, 於戲, 元良欽體此意, 政令施爲心法祖宗, 則予之不 能踐行興慨, 作文之意, 庶幾因爾而有補焉, 其宜勉旃也夫."

101) 『書經集傳』卷1, 「虞書·堯典」. "曰若稽古帝堯, 曰放勳. 欽明文思安安, 允恭克讓, 光被四表, 格于上下."

102) 『書經集傳』卷6, 「周書·泰誓」. "天矜于民, 民之所欲, 天必從之, 爾尚弼予一人, 永淸四海, 時哉, 弗可失."

를 받는 것이며, 이 뜻을 따를 것을 재차 요구하였다.103)

그럼에도 순조가 존호를 허락하지 않자 효명세자는 『시경』의 "화평한 군자는 구하는 복이 어김없다"104)라는 구절을 인용하여 순조의 인택과 순원왕후의 내조로 태평성대를 이루었으니, 하늘로부터 복을 받는 이치는 당연하다고 강조하였다. 또한 효명세자는 『서경』의 "여러 백성들에게 복을 베풀어 주면, 그 백성들도 당신의 법칙을 잘 받들고 지켜 법칙을 보전하게 해줄 것이다"105)라는 구절을 인용하여 자신이 순조의 명성에 맞는 존호를 올려야 백성들도 기뻐하며 본받을 것이라 주장하였다. 즉 순조의 겸손한 덕이 뛰어난 것은 알지만 존호의 예를 실행하지 않는 것은 오히려 민심이 원하는 바가 아니라는 것이었다.106) 이처럼 효명세자는 백성들 역시 순조가 존호를 받아 그 명성이 길이 남기를 바라고 있음을 강조하였는데, 민심에 대한 명분 역시 경전을 인용하여 그 근거를 마련하였다.

한편 효명세자는 순원왕후에 대해서도 주 문왕의 어머니인 태임(太任)과 그 아내인 태사(太姒)에 비유하며 찬양하였다.107) 효명세자는 순원왕후의 덕이 주나라 태사와 같아 미덕이 30년 동안 드러났으며, 이러한 덕이 자신과 손자까지 미쳐 억만년의 종묘사직을 태산의 반석처럼 편안하게 만들어졌다고 하였다.108) 또한 순원왕후의 유순한 덕

---

103) 『純祖純元王后上號都監儀軌』上, 啓辭, 丁亥 7月 23日.

104) 『詩經集傳』卷16, 「大雅·旱麓」. "豈弟君子, 求福不回."

105) 『書經集傳』卷6, 「周書·洪範」. "五皇極, 皇建其有極, 斂是五福, 用敷錫厥庶民, 惟時厥庶民, 于汝極, 錫汝保極."

106) 『純祖純元王后上號都監儀軌』上, 啓辭, 丁亥 7月 24日.

107) 『詩經集傳』卷16, 「大雅·思齊」. "思齊大任, 文王之母, 思媚周姜, 京室之婦, 大姒嗣徽音, 則百斯男."

108) 『純祖純元王后上號都監儀軌』上, 啓辭, 丁亥 7月 22日.

은 태임·태사보다도 우월하다고 까지 표현하였다.109) 이처럼 효명세자가 순원왕후를 고대 중국의 훌륭한 후비(后妃)로 상징되는 태임·태사에 비유한 것은 원손의 탄생이라는 경사를 순원왕후의 덕으로 돌려 찬양하는 한편, 어머니인 순원왕후가 태임·태사가 되면 자신 역시 성왕(聖王)의 후손으로 그 뒤를 이어 받아 성군이 될 수 있는 자격을 갖출 수 있기 때문이다.

이상 효명세자는 순조와 순원왕후가 존호를 받을 수 있는 명분을 『중용』·『서경』·『시경』 등을 비롯한 경전과 영·정조의 사례를 인용하여 만들어 나갔음을 확인하였다. 순조는 존호에 대해 자신은 받을 자격이 없다며 거절하였는데, 이를 통해 겸양을 갖춘 군주의 모습을 보여줄 수 있었다. 국왕으로서도 자신을 최고의 존칭으로 표현하는 존호를 바로 수락할 수는 없었다. 이에 여러 번 거절하여 겸양하는 모습을 보여주는 것은 당연했다. 순조는 존호를 청하는 효명세자에게 민생이 곤궁해지고, 자신은 병으로 요양 중에 세자에게 대리청정을 명한 만큼 자신의 처지가 옛 성왕들의 성대한 일에 비할 수 없으며, 세자가 존호를 청하는 것은 효도가 겉으로 나타난 형식일 뿐이라고 존호에 대한 청을 거절하였다.110) 이에 효명세자는 순조에게 존호에 대한 명분을 확고하게 해주기 위하여 경전에 묘사된 고대 제왕들의 모습을 순조에 투영시켰고, 선왕의 사례 등을 통해 계지술사를 강조하였으며, 이러한 내용을 옥책문에도 새겨 넣었다.111) 효명세자는 순조가 경전에 나오는 요순을 비롯한 역대 제왕과 비교하여 성인군주로서 자질을 갖추고 있기 때문에 존호를 받는 것은 『중용』의 구절처럼

---

109) 『純祖純元王后上號都監儀軌』 上, 啓辭, 丁亥 7月 23日.

110) 『純祖純元王后上號都監儀軌』 上, 啓辭, 丁亥 7月 22日.

111) 『純祖純元王后上號都監儀軌』 上, 一房儀軌, 「大殿號玉冊」.

그 공덕에 맞는 알맞은 이름을 얻는 순리임을 강조한 것이다. 또한 효명세자가 세자시강원에서 받은 교육을 살펴보면 역대 선왕의 가법을 강조한 영 정조대 편찬된 학습서를 교재로 활용하였는데, 이는 선왕의 사업을 계승하는 계지술사의 의미를 갖는다. 물론 그 이전에는 대신들이 존호를 청하는 상소를 주도하였고, 국왕과 왕비를 성군에 빗대어 찬양하며 존호를 올렸다. 하지만 왕세자가 국왕에게 존호를 올리는 상소는 다른 의미였다. 순조를 성인 군주의 이미지로, 순원왕후를 태임·태사로 구현시켜 효명세자도 그 이미지를 그대로 이어받아 후계자로서의 입지를 다지며 왕실의 권위를 강화시킬 수 있었기 때문이다.

5. 맺음말

이상 1827년(순조27) 존호의례의 절차와 의식의 특징, 그리고 지식 활용을 통해 존호에 대한 명분을 어떻게 강화했는지 살펴보았다. 조선시대 모든 국왕이 생전에 존호를 받은 것은 아니었다. 그 이유는 존호란 국왕을 찬미하는 이름인데, 겸양을 국왕의 최고의 미덕으로 생각한 유교사회에서 국왕에게 큰 부담을 주기 때문이었다. 그럼에도 국왕이 존호를 받은 이유는 왕위의 정당성을 대내에 알릴 수 있는 효과를 가지고 있기 때문이었다. 존호를 올리는 주최자는 영의정에서 1776년(영조52)을 기점으로 대리청정 중인 동궁으로 변화되었고, 효명세자는 이 때 사례를 준거로 삼아 순조와 순원왕후의 존호의례를 기획하였다.

효명세자가 의례를 주도하게 되면서 국왕과 왕비는 같은 공간에서 존호를 받게 되었는데, 내외의 구별이 엄격한 조선사회에서 영의정이 왕비에게 직접 책보를 전달할 수 없었지만 세자가 의례를 주도하게 되면서 왕비에게도 직접 책보를 올릴 수 있게 되었던 것이다. 이에 따라 의식은 내연의 성격으로 변화되었다. 이러한 변화는 고종대에도 이어졌다.

국왕에게 존호를 올리는 이유 중 하나는 왕실의 경사였다. 1827년 (순조27) 효명세자가 순조와 순원왕후에게 존호를 올린 대외적 명분은 원손의 탄생이었고, 한편으로는 1776년(영조52) 대리청정을 시작하며 정조가 영조에게 존호를 올린 사례를 근거로 삼은 것이었다. 효명세자는 원손의 탄생을 순조와 순원왕후의 공으로 돌리며『중용』·『서경』·『시경』에 나오는 역대 제왕들의 치세와 비교하며 순조를 높였고, 순원왕후에 대해서도 주 문왕의 어머니인 태임과 비교하며 존호에 대한 명분을 강화해 나갔다. 또한 효명세자는 세자시강원에서 영·정조대 편찬 된 제왕학 교재들로 교육을 받았다. 이 교재들은 역대 국왕들의 업적을 교훈 삼고 이를 이어 간다는 계지술사의 의미를 강조한 책들로서, 효명세자는 존호의례 역시 역대 선왕들이 존호를 받았던 예에 따라 순조가 존호를 받는 것은 선왕의 사업을 잇는 것이라고 강조하였다. 나아가 요순으로 표현된 순조의 이미지는 그 뒤를 잇는 효명세자가 그 권위를 물려받아 자신도 요순의 될 수 있다는 의미를 가진다. 이는 존호를 올려 순조의 권위를 높이면서 효명세자 역시 후계자로서의 입지를 견고하게 할 수 있는 명분도 될 수 있었으며, 그 근거는 조선시대 지식을 대표하는 유교경전에서 찾았다.

참고문헌

1. 자료

『詩經集傳』, 『書經集傳』, 『中庸』, 『說苑』, 『宋史』, 『宣祖實錄』, 『肅宗實錄』,
　　『英祖實錄』, 『正祖實錄』, 『純祖實錄』, 『哲宗實錄』, 『高宗實錄』, 『承
　　政院日記』, 『日省錄』, 『國朝續五禮儀』

『肅宗仁敬王后仁顯王后仁元王后尊崇都監儀軌』(奎13267)

『仁元王后英祖貞聖王后尊崇都監儀軌』(奎13286)

『仁元王后英祖貞聖王后尊崇都監儀軌』(奎13292)

『仁元王后淑嬪英祖貞聖王后尊崇都監儀軌』(奎13269)

『顯宗明聖王后英祖貞聖王后貞純王后上號都監儀軌』(奎13265)

『景慕宮儀軌』(奎13632)

『純祖純元王后上號都監儀軌』(奎13344)

『慈慶殿進爵整禮儀軌』(奎14535)

『代廳時日錄』(奎12842)

『高宗神貞王后孝定王后明成王后加上尊號都監儀軌』(奎13475)

『文苑黼黻』(奎古378)

『列聖朝繼講冊子次第』(奎3236)

2. 저서 및 논문

강영민, 「조선시대 上尊號의 정치·의례적 기능 연구」, 제주대학교 석사논
　　문, 2018.

국립국악원, 『(역주)己巳進表裏進饌儀軌』.

김종수, 『조선시대 궁중연향과 여악연구』, 민속원, 2001.

김종수, 「조선시대 大殿·中殿 尊號儀禮의 변천과 用樂 고찰」, 『한국음악사학보』 49, 한국음악사학회, 2012.

김종수, 「왕대비 加上尊號儀의 의례와 음악: 정조대(1776~1800)『尊號都監儀軌』를 중심으로」, 『韓國音樂史學報』 47, 한국음악사학회, 2011, 71~107쪽.

김종수, 「조선시대 대왕대비·왕대비 尊號儀禮의 정비과정과 用樂 변천」, 『한국음악연구』 52, 한국국악학회, 2012.

김문식, 『정조의 제왕학』, 태학사, 2007.

김문식, 「영조의 제왕학과 『御製自省篇』」, 『藏書閣』 27, 한국학중앙연구원, 2012.

김미라, 「朝鮮後期 玉冊 內函 研究」, 숙명여자대학교 박사논문, 2016.

김백철, 「조선의 유교적 이상국가 만들기」, 『국학연구』 17, 한국국학진흥원, 2010.

김백철, 『두 얼굴의 영조: 18세기 탕평군주상의 재검토』, 태학사, 2014.

김형찬, 「조선시대 지식생산체계 연구방법과 지식사회의 층위」, 『民族文化研究』 65, 민족문화연구원, 2014.

육수화, 『조선시대 왕실교육』, 민속원, 2008.

정호훈, 「18세기 君主學 학습서의 편찬과 『羹墻錄』」, 『韓國思想史學』 43, 한국사상사학회, 2013.

조항범 외, 『역주 어제자상편(언해)』, 역락, 2006.

부 록

조사시찰단 보고서, 조준영 『문부성 소할 목록』

홍성준

1. 조사시찰단과 조사(朝士)의 임무

조사시찰단(朝士視察團, 속칭 신사유람단)은 1881년 4월 10일부터 윤 7월 2일까지 약 4개월에 걸쳐 일본의 문물제도를 시찰하였다. 시찰단 은 12명의 조사(朝士)를 비롯하여 수행원인 수원(隨員), 통역관인 통사 (通事), 하인(下人) 등 60여 명으로 구성되었다. 조사로는 강문형(姜文馨, 1831~?), 김용원(金鏞元, 1842~?), 민종묵(閔種黙, 1835~1916), 박정양(朴定 陽, 1841~1904), 심상학(沈相學, 1845~?), 어윤중(魚允中, 1848~1896), 엄세 영(嚴世永, 1831~1900), 조병직(趙秉稷, 1833~1901), 조준영(趙準永, 1833~ 1886), 이원회(李元會, 1827~?), 이헌영(李𢘘永, 1837~1907), 홍영식(洪英植, 1855~1884)이 참여했으며, 수원으로는 관비 유학생 신분의 유길준(兪 吉濬, 1856~1914), 윤치호(尹致昊, 1866~1945), 유정수(柳正秀, 1857~1938)

가 파견되었다. 기타 수행원은 조사들과의 사적 관계에 따라 발탁된 양반 출신의 미출사자 또는 도일 경력이나 실무 능력을 인정받아 선발된 하위직 관리나 중인이었다.

조사들의 임무는 일본의 조정의론(朝廷議論)·국세형편(局勢形便)·풍속인물(風俗人物)·교빙통상(交聘通商) 등의 실정 전반을 자세히 살피고 보고하는 데 있었다. 이밖에 조사들에게는 별도의 시찰 임무 또한 주어졌는데, 박정양은 내무성(內務省), 조준영은 문부성(文部省), 엄세영은 사법성(司法省), 강문형은 공부성(工部省), 심상학은 외무성(外務省), 홍영식은 육군성(陸軍省), 어윤정은 대장성(大藏省), 이헌영·조병직·민종묵은 세관(稅關), 이원회는 육군 조련(陸軍操練), 김용원은 기선운항의 시찰을 각각 담당하였다.

이와 관련하여 90여 권의 자료가 산출되었는데 이헌영의 『日槎集略(일사집략)』(국립중앙도서관)을 제외하면 서울대학교 규장각에 소장되어 있다. 이와 관련된 내용은 허동현 편(2003), '조사시찰단(朝士視察團) 관계 자료집' 권5 『문부성소할목록』(국학자료원)을 참고할 수 있다.

2. 『문부성 소할 목록』의 구성과 체제

『문부성 소할 목록(文部省所轄目錄)』은 조사시찰단의 조사인 조준영이 문부성을 시찰한 후에 작성한 보고서이다. 이 자료는 문부성이 설치되는 과정과 관련 내용에 대한 상세한 시찰 결과를 비롯하여 일본의 대학과 주요 교육기관의 연혁과 규칙 및 교육 과정을 정리하여 작성되었다. 전체 11개 항목으로 구성되어 있으며 각 항목 별 조사 결과가 상세하게 서술되어 있다. 구체적으로는 「문부성(文部省)」, 「대학 법리문 삼학부(大學法理文三學部)」,「대학 예비문(大學豫備門)」,「대학 의학부(大學醫學部)」,「사범학교(師範學校)」,「여자 사범학교(女子師範學校)」,「외국어학교(外國語學校)」,「체조 전습소(體操 專習所)」,「도서관(圖書館) 규칙(規則)」,「교육 박물관(敎育 博物部) 규칙(規則)」,「학사회원(學士會院) 규칙(規則)」의 순으로 구성되어 있다.

「문부성(文部省)」은 연혁, 직제, 사무장정, 경비, 학교지략, 교육령으로 구성하였다. 문부성이 처음 창설되는 경위의 서술과 상세한 직제의 구성, 당시의 경비 수준과 변천, 대학의 명칭과 대학구 개정 상황, 기타 구체적인 교육 관련 조령을 조사한 결과를 서술하였다.

「대학 법리문 삼학부(大學法理文三學部)」는 기략, 편제 및 교지, 학과과정(법학부, 이학부, 문학부, 교과세목, 각 학부의 규칙)으로 구성하였다. 네덜란드 서적의 번역을 위한 번역국의 설치가 훗날 문부성의 설치로 이어진 사실에 대해 서술하고, 동경대학의 편제 현황, 법학부·이학부·문학부의 학과 과정 및 교과세목, 각 학부에 적용되는 규칙을 수록하였다.

「대학 예비문(大學豫備門)」은 연혁, 교지 및 과정, 교과세목으로 구성하였다. 동경 외국어학교에서 분리되어 창설된 과정, 4년간의 과목 배정 상황, 각 교과목의 교육 내용을 교과서의 명기와 함께 학기별로 상세하게 서술하였다.

「대학 의학부(大學醫學部)」는 연혁, 통칙, 예과 과정, 본과 과정, 제약학 교장 규칙, 제약학 본과 과정, 의학 통학생 학과 과정, 제약학 통학생 학과 과정, 부 병원 규칙으로 구성하였다. 서양 의술을 기반으로 한 의료시설이 동경대 의대로 바뀌어 가는 경위, 공통으로 적용되는 규칙, 예과 및 본과의 교육 과정, 제약학 관련 규칙과 교육 과정, 통학생의 학과 교육 과정을 조사한 결과를 서술하고 병원에서 지켜야 할 규칙을 덧붙여서 작성하였다.

「사범학교(師範學校)」는 연혁, 규칙, 교과세목, 입학 규칙, 부속 소학 규칙/소학 규칙으로 구성하였다. 문부성 직할로 창설된 사실, 교제 혁신을 통한 학과 및 급수 구분, 규칙, 학과 및 급수 별 교육 과정을 기술하였다. 특히 과목 별 교과서 및 교육 내용을 매우 구체적으로 기술하고 도표를 이용하여 일목요연하게 정리하였다.

「여자 사범학교(女子師範學校)」는 규칙, 본과 과정, 입학 규칙, 교수 규칙, 부속 유치원 규칙(보육 과목, 보육 과정)으로 구성하였다. 여자가 있는 소학교 교원 양성을 위한 교육 기관으로서 제정된 규칙과 본과 교육 과정을 학년과 급수별로 정리하고, 생도를 교수하기 위한 규칙 도 조사한 결과를 수록하였다. 또한 유치원 설립과 보육 관련 규칙 및 교육 과정도 정리하였다.

「외국어학교(外國語學校)」는 연혁, 교칙, 별 부 과정, 한어 조선어학 과정, 불·독·노어학 과정으로 구성하였다. 개성학교와 외무성에서 설 치한 외국어학교를 합치고 학급 및 학과를 개정한 점, 본과 및 부과 과정 관련 교칙, 어학 과정의 학년 및 급수 별 교과 과정을 정리하였다.

「체조 전습소(體操 專習所)」는 규칙과 교칙으로 구성하였다. 체육 관 련 교육 기관으로서 생도의 제반 조건과 교칙을 상세하게 서술하였다.

「도서관(圖書館) 규칙(規則)」에서는 도서관을 설치하는 취지 설명, 도서 이용 및 대출 관련 규칙, 도서관 이용시 유의사항을 정리하였다.

「교육 박물부(教育 博物部) 규칙(規則)」에서는 교육 박물관의 설치 목 적 설명, 박물관 소장 물품 이용 관련 사항을 정리하였다.

「학사회원(學士會院) 규칙(規則)」에서는 설립 취지 설명, 회원 및 회 장의 업무, 회의 관련 사항을 정리하였다.

『문부성 소할 목록』은 위와 같은 내용으로 구성되어 있다. 이 자료는 일본 근대교육의 핵심 기구였던 문부성과 주요 교육기관의 설치 목적 및 교육 과정을 면밀히 조사하고 정리한 자료이다. 본서에 소개하는 자료는 허동현(2003)의 자료집을 대본으로 하여 번역한 번역문이며, 뒤에 원문도 함께 수록함으로서 내용 비교를 통하여 독자의 이해를 도울 수 있도록 하였다.

3. 『문부성 소할 목록』의 지식인문학적 의의

지식인문학(知識人文學)이란 21세기 지식 기반 사회를 살아가는 현대인이 지녀야 할 인문학적 소양을 지식이라는 관점에서 바라보는 학문을 말한다. 인류 사회의 발전을 이끌어 온 원동력이라고 할 수 있는 지식은 학문의 세계뿐만 아니라 현대인의 삶과 밀접한 관련을 맺고 있다. 지식인문학에서는 지식을 생산하고 소비하고 확산시키는 점에 주목해야 하며, 여기에서 중요한 세 가지 주제는 바로 '지식의 기반 형성'과 '지식의 지형도 파악', 그리고 '지식의 사회화'이다. 현대 사회의 원동력이라고 할 수 있는 지식이 어떻게 생산되었는지를 고찰하기 위한 연구는 지식인문학 연구에 있어 중요한 주제 중 하나이다. 특히 지식의 생산을 논하기 위해서는 교육 제도 및 교육 체제의 성립과 발전 양상에 대한 연구는 필수적이라고 할 수 있다. 나아가서는 지식의 생산뿐만 아니라 전달과 수용이라는 측면에서도 교육과 관련된 논의는 반드시 이루어져야 한다.

『문부성 소할 목록』은 근대 지식 생산의 기반이 될 수 있다는 관점에서 큰 의미를 지닌 자료라고 할 수 있다. 이 자료에서 그 존재와 교육 내용이 상세하게 수록되어 있는 개성학교, 소학교 등은 1883년 창간된 한성순보나 그 후신인 한성주보에도 간혹 소개가 될 정도였다. 『문부성 소할 목록』은 이 시기 근대 교육 체제에 대한 최초의 보고서이며, 일본이 근대국가로 나아가는 과정에서 문부성이라는 조직 기구를 설치하고 여러 교육기관의 설치와 재정비를 통하여 근대 교육의 기반을 형성하였다는 점을 확인할 수 있는 자료라는 의의를 지니고 있다.

문부성은 일본의 근대 교육을 일으키고 발전시킨 국가 기구이며 이 때 형성된 교육 제도 및 교육 체제는 현대에까지 그 흐름을 이어오고 있다. 또한 일본의 근대교육이 우리의 근대교육뿐만 아니라 현대 교육에도 적지 않은 영향을 미치고 있음을 생각했을 때, 문부성을 둘러싼 이 시기의 교육 제도 및 교육 체제에 관한 이해와 연구는 우리와도 밀접한 관련이 있는 분야에 대한 학문적 관심의 일환이라고 말할 수 있을 것이다. 『문부성 소할 목록』은 이러한 관점에서 매우 중요한 사료적 가치를 지니고 있으며, 향후 지식인문학을 연구하고 지식 관련 담론을 형성하는 데 있어서 반드시 활용해야 할 필수 자료라고 할 수 있다.

문부성 소할 목록

김경남·허재영

목록(目錄)

사범학교(師範學校)

　연혁(沿革)

　규칙(規則)

　교과세목(教科細目)

　입학 규칙(入學 規則)

　부속 소학 규칙/ 소학 규칙(附屬 小學 規則/ 小學 規則)

여자 사범학교(女子師範學校)

　규칙(規則)

　본과 과정(本科 課程)

　입학 규칙(入學 規則)

　교수 규칙(教授 規則)

　부속 유치원 규칙(附屬 幼稚園 規則)

　보육 과목(保育科目)

　보육 과정(保育課程)

외국어학교(外國語學校)

　연혁(沿革)

　교칙(校則)

　별 부 과정(別 附 課程)

　한어 조선어학 과정(漢語 朝鮮語學 課程)

　불·독·노어학 과정(佛獨露語學 課程)

체조 전습소(體操 專習所)

　규칙(規則)

교칙(敎則)

도서관(圖書館)
　규칙(規則)

교육 박물관(敎育 博物部)
　규칙(規則)

학사회원(學士會院)
　규칙(規則)

문부성

1. 연혁

일왕 4년(신미년, 1871) 본 성을 창설하였다. 일왕 초인 원년에는 동
경 구 개성소(開成所)에서 학정을 담당했는데, 외국인을 고용하여 교사
로 삼아 서양법을 크게 시행하였다. 또한 동경의 구 창평교(昌平校)를
대학교라고 일컬었는데 보통 대학교는 대학이라고 불렀으니, 개성교
는 남교라고 부르고, 의학교는 동교라고 불렀다. 이해 7월 대학을 폐
지하고 문부성을 설치하여 교육 사무를 총괄하도록 하고, 대중소학교
의 사무를 관장하게 하였다. 이에 앞서 대학의 소관은 동남교 및 오사
카 개성소, 이학소, 의학소, 나가사키 광운관 의학교의 관리에 그치고,
관리한 것은 해외 유학생도에 그쳐, 전국 학정에 미치지 못했는데,

본 성의 설치로 전국 교육 위생 사무를 모두 관리하게 되었으며, 이에 구 대학의 면모를 크게 혁신하였다. 이 이래로 직제의 폐지와 설치가 동일하지 않고 세비의 증감이 늘 같지 않으며 사무 장정이 때에 따라 변화하고, 학무와 교육령이 몇 번 개정되어 연혁을 모두 밝히는 것이 어렵다. 현금 시행하는 것을 대략 열거하면 다음과 같다.

2. 직제(職制)

학교 관제는 옛날에 두취(頭取), 지학사(知學事), 정권 판사(正權判事), 득업생(得業生), 사자생(寫字生)이 있었으며, 소속 관료의 장은 4년에 이르기까지 대중소 박사(大中小博士), 대중소 교수(大中小教授), 정권 대중소 조교(正權大中小助教) 등의 교관과 본 성을 관할하는 대신[경(卿)]과 대소보(大少輔), 대승관(大丞之官)이 있었다. 후에 대소감(大小監), 대중소 독학(大中小督學)을 두었으며, 대소감(大小監)을 폐지하고 다시 대중소 시학(大中小視學) 및 서기(書記)를 두었다. 대중소학 교원(大中小學教員)의 등급과 학위의 명칭을 개정하여, 박사(博士), 학사(學士), 득업생(得業生) 세 등급으로 학위를 삼았다. 10년에는 대승(大丞) 이하 관직을 폐지하고 대서기관(大書記官), 권대서기관(權大書記官), 소서기관(少書記官), 권소서기관(權少書記官)을 두었다. 지금의 관원으로 대신[경(卿)]은 1인인데 월급은 5백 원이며 해당 부서의 관원을 통솔하고, 백반 사무를 모두 주관하여 부하 관원의 진퇴나 출척을 관장하며, 주임 이상(奏任)은 서류를 갖추어 임용하고, 판임(判任) 이하는 전권을 행사한다. 맡은 바 임무의 법안을 시행하고, 원로원(元老院)의 회의장에 참석하며, 그 이해(利害)를 변론한다. 대보(大輔) 1인은 월급 4백 원으로 경을 보좌하여 업무를 관장하고, 만약 경이 유고시에는 그 직무를 대리한

다. 소보(少輔) 1인은 월급 350원으로 대보(大輔)에 준하는 직임을 맡는
다. 대서기관(大書記官)은 2인으로 월급은 각 250원이며, 권대서기관
(權大書記官)은 3인으로 월급은 각 200원, 소서기관(少書記官)은 3인으
로 월급은 각 150원, 권소서기관(權少書記官)은 1인으로 월급은 100원
인데, 경(卿)의 명령을 받아 각자 맡은 임무를 주관한다. 관속(屬官)은
1등속(一等屬)부터 10등속(十等屬)까지 96인으로 정해진 액수가 없이,
노동에 따라 승급된다. 또한 어용괘(御用掛) 27인의 월급은 60원에서
20원까지이며 각종 사서무(事庶務)를 맡는다.

3. 사무 장정[부9조]

4년 동경부의 소학교를 본성 직할로 하고 후에 학제를 반포하여
모두 동경부에 속하도록 하였으며, 동남 양교를 개정하여 정칙과 변
칙의 두 개를 세우고, 변칙을 폐지함에 이르러 각국에서 외국 교사를
고빙하여 증원하였으며, 다시 뛰어난 행도를 선발하여 외국에 유학하
도록 하고[외국 교사는 외국어로 수업함을 원칙으로 하고 일본 교사는 외국
어와 번역 수업을 하도록 함으로써 변칙을 삼았다], 5년에 학제를 반포하기
시작하였으며, 6년에 본성의 일지를 폐지하고 본성 보고서 및 잡지를
만들어 반포하였는데, 대개 교육 학술 및 외국 신문에서 교육과 관련
된 일들을 심의하였다.

7년에 본성의 사무를 4과 1국으로 하고 각각 장을 두어 그 책임을
전담하게 하였다. 일은 학무과로 학교 교사 생도 등의 사무를 장악하
게 하고, 이는 회계과로 성의 재무를 조사하고 각부의 출납을 직할하
도록 하였으며, 삼은 보고과로 성의 제반 보고 및 임시 편집, 잡지
등의 인출 간행을 맡도록 하였으며, 사는 준각과로 도서의 인출 간행

을 장악하도록 하고, 오는 의무국으로 위생과 관련된 제반 사항을
맡도록 하였다.

8년에 박물회, 사무국, 박물관, 서적관, 소헉(小石) 식물원을 본성에
소속시켰다. 9년에 본성의 대보를 아메리카에 보내 박람회를 관람하
도록 하였다. 10년에는 대학에서 필요로 하는 교과서를 번역하였다.
[이때 이전의 대학 제과는 대개 외국어 학교의 것을 사용했는데, 이에 이르러
번역하여 장차 국어로 가르치도록 하였다.]

11년 곧 10년 7월부터 본년 6월에 이르기까지 왕복 문서를 만든
것이 8958건, 본성 제3연보를 인쇄한 것이 5000부, 교육 잡지를 간행
한 것이 24만 6950부, 본성 잡지를 간행한 것이 1800부, 교과 도서를
간행한 것이 29종 3만 6873부이며, 본년 7월에서 12월에 이르기까지
조리문서는 4341건, 본성 제4연보 인쇄가 5500부, 본성 잡지 간행이
8400부, 교육 잡지를 간행한 것이 10만 5750부, 교과 도서 간행이
11종 2만 2500부이다. 이로써 이 나라의 교육은 지육에 편중하여 체육
이 미흡하니 체조전습소를 설치하고 외국의 체조 전문 교사를 고빙하
여 생도에게 가르쳤다. 12년에는 본성에서 간행한 도서를 번각하는
것을 금지하고, 외람되이 주해하거나 주석하여 본모습을 변경하는
것을 금지했으니 그 부당함과 교육에 해로움이 많았기 때문이다.

(이 성의 업무는) 제1은 관립학교 및 유치원, 서적관, 박물관 등을
폐지하고, 제2는 부의 하급 관리 및 생도를 외국에 파견하였으며, 제3
은 각국을 폐지하거나 두고 국장을 명하거나 면직하도록 하고, 제4는
각 국의 처무규정을 정하고, 제5는 학위의 명칭을 부여하며, 제6은
관립학교의 학칙을 정하며, 제7은 주관 사무를 포달(布達)하며, 제8은
외국인을 고용하거나 해고하고, 제9는 새로 사무를 창설하거나 과거
의 규정을 변경한다.

4. 경비

5년 9월 본성 정액금은 1년에 200만원이었으며, 6년 1월에는 130만
원으로 감액되었다. 8년 1월 다시 200만원으로 정했으며, 7월에 다시
감하여 170만원, 9월에 170만 4800만원이 되었다. 10년에 다시 감하여
120만원이 되었고, 11년에 114만원이 되었다. 12년에 113만 9970원이
되었다. 13년에 이르기까지 일 년 회계의 금액은 118만 1100원으로
본성에서 쓰는 것은 25만 8558원, 동경대학교 26만 7703원, 동경 의학
부 13만 9419원, 오사카 중학교 5만 9000원, 동경외국어학교 4만 8332
원, 동경 사범학교 3만 2000원, 동경여자사범학교 2만 2200원, 동경직
공학교 3만 5000원, 도서관 1만원, 교육박물관 1만 5000원, 학사회원
8278원, 체조전습소 1만 5580원, 부현 사범학교 보조 7만원, 부현 소학
교 보조 20만원이다.

5. 학교 지략

본 성을 설치한 후 대학교는 대학으로 부르고, 동경 개성교를 고쳐
대학 남교라 부르고, 동경 의학교를 고쳐 대학 동교라 부르고 혹은
줄여서 '동교', '남교'라 불렀다. 또 동교를 고쳐 제1 대학구 동경의학
교, 남교를 제1 대학구 동경 제1번 중학교, 양학소를 제2번 중학, 오사
카 개성소를 제4 대학구 오사카 제1번 중학, 오사카 의학교를 제4
대학구 오사카 의학교, 나가사키 광운관을 제6 대학구 나가사키 제1
번 중학, 나가사키 의학교를 제6 대학구 나가사키 의학교, 나가사키
중학을 광운학교로 불렀다. (메이지) 6년 전국 8 대학구를 개정하여
愛知縣에 대학 본부를 두고, 제3 대학구는 오사카부를 대학 본부로

하고, 제4 대학구는 히로시마[廣島]를 대학 본부로 하고, 제5 대학구는 나가사키[長崎]를 대학 본부로 하고, 제6 대학구는 新潟縣을 대학 본부로 하고, 제7 대학구는 宮城縣을 대학 본부로 하였다. 현금 동경 소재 학교는 대학, 법, 이, 문 삼학부, 대학 예비문, 대학 의학부, 사범학교, 부속 소학교, 여자 사범학교, 부속 유치원, 외국어 학교, 체조 전습소가 있다.

6. 교육령

일. 문부경은 전국 교육 사무, 학교, 유치원, 서적관을 통괄하며, 공사립을 불문하고 모두 문부경의 감독을 받는다.

일. 학교는 소학교, 중학교, 대학교, 사범학교, 농학교, 상업학교, 직공학교 그 밖의 여러 학교로 한다.

일. 소학교는 아동에게 보통 교육을 하는 장소로, 그 학과는 수신, 독서, 습자, 산술, 지리, 역사 등으로 하고, 토지의 정황에 따라 쾌화, 창가, 체조 혹은 물리, 생물, 박물 등의 대의를 가할 수 있다. 여자의 경우는 재봉 일과를 가하며 만약 부득이하여 수신, 독서, 습자, 산술, 지리, 역사 중 지리와 역사를 감할 수 있다.

일. 중학교는 고등 보통의 학과를 교수하는 곳으로 한다.

일. 대학교는 법학, 이학, 의학, 문학 등 전문의 여러 교과를 가르치는 곳으로 한다.

일. 사범학교는 교원을 양성하는 곳으로 한다.

일. 전문학교는 전문 분야의 한 과를 교수하는 곳으로 한다.

일. 농학교는 농경 학업을 가르치는 곳으로 하고, 상업학교는 상고(商賈) 학업을 가르치는 곳으로 하며, 직공학교는 백공(百工)의 직업을 가르치는 곳으로 한다. 이상 게재한 것과 같이 어떤 학교이든 누구나 그것을 설치할 수 있다.

일. 각 정촌(町村)은 부지사, 현령의 지시를 따라 독립 혹은 연합하여, 학령 아동을 교육하기에 충분한 소학교를 세워야 한다. [단 사립 소학교가 소학교를 대신할 수 있을 때는, 부지사, 현령의 인가를 거쳐 별도로 설치할 필요가 없다.]

일. 각 정촌에서 독립 혹은 연합하여 설립한 소학교는 그 구역에 학무 위원을 두어 학무의 주요 내용을 맡도록 하고, 학무위원은 호장이 그 가할 수 있다. [단 인원의 많고 적음, 급료의 유무, 세액 등은 구·정·촌 회의에서 결정하고 부지사, 현령의 인가를 거치도록 한다.]

일. 학무위원을 선택할 때는 정촌(町村) 인민이 정원의 2배 또는 3배를 천거하고 부지사, 현령이 취하여 임명한다. [단 천거 규칙은 부지사, 현령이 기초하고 문부경의 인가를 거친다.]

일. 학무위원은 소속된 부지사, 현령의 감독을 받아, 아동의 취학 및 학교 설치, 보호 등을 관장한다.

일. 모든 아동은 6세부터 14세까지 8년간이 학령이 된다.

일. 학령 아동으로 하여금 취학하게 하고, 부모가 후견인의 책임을 맡게 한다.

일. 학령 아동이 있는 부모 후견인은 소학과 3년 과정을 졸업하지 않을 경우, 부득이한 경우가 아니면 매년 적어도 6주 이상 취학하도록 하지 않으면 안 되며, 또 학령 아동이 비록 소학과 3년 과정을 졸업했을지라도 상당한 이유가 있지 않으면 적어도 취학하지 않으면 안 된다. [단 취학의 감독과 책임에 관한 규칙은 부지사, 현령이 기초하고 문부경의 인가를 받는다.]

일. 소학교의 학업 기간은 3개년 이상 8개년 이하로 하고, 수업 일수는

일 년에 32주 이상으로 한다. [단 수업 시간은 하루 적게는 3시간, 많게는 6시간을 넘지 않는다.]

일. 학령 아동이 학교에 입학하지 않거나 '순회 수업 법규'에 의하지 않고 별도로 보통 교육을 하고자 할 경우에는 군 구의 장의 인가를 받는다. [단 군 구의 장은 정촌 학교에서 아동이 학업 시험을 치르게 해야 한다.]

일. 정촌에서 소학교를 설립하는 자금은 '순회 수업법'에 따라 준비하고, 아동에게 보통학과를 교육하며, 부지사, 현경의 인가를 거친다.

일. 학교는 공립과 사립이 있으며, 지방세나 정촌 공비로 설립한 것은 공립학교가 되고, 인일이나 수인의 사비로 설립한 것은 사립학교가 된다.

일. 공립학교, 유치원, 서적관의 폐지와 설립은 부현의 경우 문부경의 인가를 거치고, 정촌의 경우 부지사, 현령의 인가를 거친다.

일. 사립학교, 유치원, 서적관 등의 설치는 부지사, 현령의 인가를 거치며, 폐지 또한 부지사, 현령에게 보고한다. [단 사립학교가 공립학교를 대신하는 경우의 폐지는 부지사, 현령의 인가를 거친다.]

일. 정촌의 사립학교, 유치원, 서적관 등의 폐지 규칙은 부지사, 현령이 기초하여 문부경의 인가를 거친다.

일. 소학교 교칙은 문부경이 기초하여 그 대강을 반포하는 것으로, 부지사, 현령은 토지 정황에 따라 그것을 편제하고, 문부경의 인가를 거쳐 관내에 시행한다. [단 부지사, 현령이 교칙을 시행하고자 할 때, 그에 준하여 시행하기 어려울 경우, 그에 대한 증감을 짐작하여 의견을 진술하고, 문부경의 인가를 거친다.]

일. 공립학교의 비용은 부현 회의에서 정한 것은 지방세로 그것을 지변하고, 정촌 인민이 협의한 것은 정촌비로 그것을 지변한다.

일. 정촌비로 설치 보호하는 학교에 만약 지방세로 보조할 필요가 있을 때에는 부현 회의를 경유하여 그것을 시행하는 것을 득(得)한다.

일. 공립학교지는 면세한다.

일. 모든 학사 관련 기부금, 인적 자원, 지정한 품목 이외의 것을 지불·소비하는 것을 득하지 않는다.

일. 각 부현은 사범학교를 설립하여 소학 교원을 양성한다.

일. 공립 사범학교 졸업 생도에게는 시험을 마친 후 졸업증서를 수여한다.

일. 공립 사범학교의 본교 입학을 하지 아니한 자가 졸업증서를 청구할 경우, 그 학업 능력을 시험하여 합격자에게 졸업증서를 수여한다.

일. 교원은 남녀를 불문하고 연령 18세 이상이어야 한다. [단 품행이 부정한 자는 교원이 될 수 없다.]

일. 소학교 교원은 반드시 관립, 공립 사범학교 졸업증서를 갖고 있는 자로 한다. [단 사범학교 졸업증서를 갖고 있지 않은 자라도 부지사, 현령이 교원 면허장을 수여한 자는 그 부현에서 교원이 될 수 있다.]

일. 문부경은 때때로 관리를 파견하여 부현의 학사 실황을 순시한다.

일. 부지사, 현령은 매년 관내의 학사 실황을 기재하여 문부경에게 보고한다.

일. 모든 학교는 남녀가 같은 교장을 사용하는 것을 득하지 않는다. [단 소학교는 남녀가 같은 교장을 사용하는 것을 금지하지 않는다.]

일. 모든 학교는 적의(適宜)에 따라 수업료 여부의 권한을 갖는다. (?)

일. 모든 아동은 종두나 천연두에 걸린 경험이 없으면 입학할 수 없다.

일. 전염병에 걸린 자는 학내에 출입함을 득하지 않는다.

일. 모든 학교는 생도에게 체벌을 가할 수 없다. [구타나 속박의 류]

일. 생도를 시험할 때에는 그 부모나 후견인이 내관(來觀)할 수 있다.

일. 정촌에 있는 학교의 교원은 학무 위원이 부지사, 현령에게 신청하여 임면(任免)한다.

일. 정촌에 있는 학교 교원의 봉급액은 부지사, 현령이 제정하여, 문부경의 인가를 거친다.

일. 각 부현은 토지의 정황에 따라 중학교 및 전문학교, 농학교, 상업학교, 직업학교 등을 설치할 수 있다.

대학 법리문 삼학부

기략

도쿠가와 칠대 장군 家宣이 서양법을 모방하여 네덜란드 인을 고용하여 그 언어, 의술, 역산을 배우게 하고, 점진적으로 여러 학과를 시행하게 하였다. 家宣의 아들 요시무네[吉宗][1]는 에도[江戶]에 천문대를 설치하고, 간천의를 제작하여 역산·추보를 관장하게 하였으며, 처음으로 번역국을 설치하여 네덜란드 학자를 선발하고, 네덜란드 서적을 번역하도록 하였는데, '번서화해방(蕃書和解方)'이라고 불렀다. 후에 번역국을 고쳐 '번서조소(飜書調所)'라고 부르고, 개교식을 행하였는데, 바쿠후 인사 및 모든 번사(藩士)들이 입학하여 영어, 프랑스어, 독일어, 러시아어를 배우도록 하였으며, 후에 화학, 물산학, 수학 3과를 설치하였는데, 이 학교를 '양서조소(洋書調所)'라고 부르고, 학교명

---

1) 도쿠가와 요시무네(德川吉宗: 1684~1751).

을 고쳐 '개성소(開成所)'라고 불렀다.

일왕 원년(1868) 개성소를 다시 부흥하여 교칙을 새로 만들고, 2년에는 개교장을 열고, 다시 강습소를 설치한 뒤, 미국인을 고용하여 영어, 프랑스어, 독일어 어학 교사를 삼고, 학교명을 고쳐 대학 남교라고 불렀다. 화학소를 고쳐 이학소로 하고, 모든 번(藩)의 16세 이상 20세 이하의 우수한 인재를 선발하여 이 학교에 입학하도록 하고, 이들을 공진생이라고 불렀다. 또한 생도를 선발하여 영국에 유학하도록 하고, 박람회를 개최하였다.

4년 7월 태학을 폐지하고 문부성을 설치하였으며, 이 학교를 홀로 남교라고 칭하였다. 8월에 다시 고쳐 제1 대학구 제1번 중학으로 불렀으며, 6년에 교명을 고쳐 '개성학교'라고 부르고, '법·리·공·제예·광산학' 5과를 설치하였다. '법·리·공' 3과는 영어로, '제예학과'는 불어로, '광산학과'는 독일어로 교육하였다.

7년 학교의 1개 실(室)을 나누어 서적 열람실을 삼았으며, 생도로 하여금 여가를 이용하여 네덜란드, 한적, 양서를 번역·열람하도록 하였다. '법·리·공' 3과 이외에 다시 예과를 두었다. 10년에는 강의실 개강식을 열고, 4월에 문부성이 본교 및 동경 의학교를 동경대학으로 개칭하고 '법·리·의·문' 4학부로 나누었으며, '법·리·문' 3학부는 본교에 두었다. 동경 영어학교는 동경대학 예비문으로 하였다.

11년 5월 법학과, 토목공학과 졸업생 각 1명에게 영국 유학을 명하고, 물리학과 졸업생 1명을 프랑스에 유학하도록 하였다. 9월에는 학기제 및 시험 업무 규칙이 본 규칙을 따르기 어려우므로 과를 선별하여 하나의 규칙을 두었다.

2. 편제 및 교지

일. 동경대학은 종합적으로 법학부, 이학부, 문학부, 의학부가 있으며, 법학부에는 법학과, 이학부에는 화학과, 수학·물리학·성학과, 생물학과, 공학과, 지질학과, 채광야금학과, 문학부에는 철학·정치학·이재학과, 화한문학과를 두고, 각 학과 중 한 과를 전문적으로 가르치도록 하였다.

일. 동경대학 예비문은 동경대학에 소속되어 있으며 법·리·문학부의 소관이다. 본부에 입학하고자 하는 생도는 모두 예비문에서 보통학과를 수료해야 한다.

3. 학과 과정

일. 법·리·문학부의 모든 학과 과정은 4년을 주기로 하고, 생도의 (학년) 계층도 4등급으로 한다.

일. 법학부 생도는 모두 동일 학과에서 수학하며, 이학부는 6개 학과를, 문학부는 2개 학과를 설치하여, 이·문학과 생도는 그 좋아하는 바에 따라 한 과를 전적으로 수학한다.

일. 법학부는 방어(일본어, 국어)로 생도를 교육하고, 연후 영어를 사용하고, 프랑스와 독일 양국어 가운데 하나를 겸한다. 법학 생도는 반드시 프랑스어를 아울러 배워야 한다.

일. 각 학부 과정은 다음과 같다[2].

---

2) 법학부, 이학부, 문학부 각 학과의 교과과정을 의미함.

3.1. 법학부

일. 본부는 본방(本邦: 일본)의 법률을 교육하는 것을 본지로 한다. 이에 더하여 영국과 프랑스 법률의 대강을 교수한다[3].

제1년	영문 학급작문	논리학	심리학대의	사학(국사, 영국사)	네덜란드학	한문 학급작문	프랑스어	
	일년(4)	반년(2)	반년(2)	일년(3)	일년(2)	일년(4)	일년(3)	18
제2년	일본 고대법률	일본현금 법률(형법)	영길리법률	영길리국헌	프랑스어			
	일년(2)	일년(2)	일년(6)	반년(3)	일년(3)			16
제3년	일본 고대법률	일본현행 법률	영길리법률	프랑스 법률요령				
	일년(1)	일년(2)	일년(9)	일년(1)				15
제4년	일본 고대법률	일본현행 법률	영길리법률	열국교제법	법론	프랑스 법률요령	졸업논문	
	일년(1)	일년(2)	일년(2)	일년(3)	일년(3)	일년(3)		14

3.2. 이학부

일. 본부는 수학·물리학·성학과, 생물학과, 공학과, 지질학과, 채광야금학과의 6학과를 설치한다.

일. 제1년 과정은 각 학과의 이동(異同)이 없으며, 이후 3년은 본인이 선택한 바에 따라 한 학과를 오로지 수학한다.

일. 각 학과 제3년 및 제4년에 교원은 생도에게 한문강의를 설강하여 수의로 청강하게 한다.

---

3) 표는 번역 과정에서 학년별 교과를 한눈에 볼 수 있도록 다시 정리한 것임.

1년 공통	수학	중학대의	성학대의	화학	금석학대의	지질학대의	화학	논리학	심리학대의	영길리어
	일년(4)	일년(2)	반년(3)	반년(2)	반년(2)	일년(2)	반년(2)	반년(2)	반년(2)	일년(4)

〈화학과〉

제2년	분석화학	유기화학	물리학	금석학	영길리어	불란서어 혹 독일어	
	일년(2)	일년(2)	일년(4)	일년(2)	일년(2)	일년(2)	14
제3년	분석화학	제조화학	야금학	물리학	불란서어 혹 독일어		
	일년(2)	일년(3)	일년(4)	일년(3)	일년(2)		14
제4년	분석화학	제조화학	졸업논문				
	일년(21, 오기일 듯)	일년(3)					?

〈수학·물리학 및 성학과(星學課)〉

일. 본과는 수학, 물리학, 성학 3학을 가르치는 곳으로, 각 학년마다 과목이 동일하지 않으며, 생도는 2년에 이르러 3학 중 본인이 하고 자 하는 바에 따라 한 과를 전수하게 된다.

제2년	순정수학	물리학	성학	분석화학(物)	영길리어	불란서어 혹 독일어	전공별 부동
	일년(8)	일년(6)	일년(6)	일년(3)	일년(2)	일년(2)	
제3년	순정수학(數, 星)	응용수학	물리학	분석화학(物)	성학(數, 星)	불란서어 혹 독일어	
	일년(3)	일년(4)	일년(6)	일년(4)	일년(6)	일년(2)	
제4년	순정수학(數, 星)	응용수학	물리학	성학(數, 星)	졸업논문		
	일년(5)	일년(5)	일년(8)	일년(6)			

〈생물학과〉

일. 본과의 제4년 즉 가장 마지막 학년에 있는 자는 본인이 선택한 바에 따라 동물학 혹은 식물학의 한 과목을 전수하게 한다.

제2년	동물학	식물학	생리화학	영길리어	불란서어 혹 독일어
	일년(8)	일년(8)	반년(2)	일년(2)	일년(2)
제3년	동물학	식물학	고생물학	불란서어 혹 독일어	
	일년(10)	일년(10)	일년(2)	일년(2)	
제4년	동물학	식물학	졸업논문		
	일년(16)	일년(10)			

〈공학과〉

일. 본과의 제4년 즉 가장 마지막 학년에 있는 자는 본인이 선택한 바에 따라 기계공학 또는 토목공학 한 과를 전수하게 한다.[4]

제2년		수학	중학 (重學)	물질 강약론	육지측량	물리학	기계도 (機械圖)	영길리어	불란서어 혹 독일어
		일년(5)	일년(4)	일년(2)	일년(4)	일년(4)	일년(4)	일년(2)	일년(2)
제3년		열동학(熱動 學) 급 증기기관학	결구강약론 (結構强弱論)	기계학	도로 급 철도측량 급 구조	물리학	기계도	불란서어 혹 독일어	
		일년(2)	일년(2)	일년(2)	일년(6)	일년(6)	일년(4)	일년(2)	
제4년	기계 공학	기계계획 제도실험	재료시험	기계장 실험	졸업논문				
	토목 공학	토목공학	교량구조	측지술	해상측량	야수 공학	조영학	응용 지질학	졸업논문
		일년(12)					반년(3)	일년(1)	

---

4) 기록된 사항이 일관되지 않아서, 교과목과 시수를 정확히 파악하기는 어려움.

지질학과

제2년	지질연혁론	금석학	금석식별	취관검질분석(就管檢質分析)	채광학	육지측량 급 지지도(地誌圖)	식물학	지질순섭(地質巡檢)	영길리어	불란서어 혹 독일어
	일년(2)	일년(2)	일년(1)	일년(2)	일년(3)	일년(2)	일년(2)		일년(2)	일년(2)
제3년	고생물학	식별실험암석	식별실험화석	측량지질 급 변동지질학	순검지질	불란서어 혹 독일어				
	일년(2)	일년(1)	일년(2)	일년(2)		일년(2)				
제4년	식별실험암석	식별실험화석	용현미경사찰암석(用顯微鏡查察巖石) 급 금석	측량지질 급 표면지질학	순검지질	졸업논문				
	일년(2)	일년(3)	일년(3)	일년(1)						

〈채광 야금학과〉

제2년	채광학	금석학	석질학	측량육지	응용중학(應用重學)	식별금속	검질분석(檢質分析)	기계도(機械圖)	영길리어	불란서어 혹 독일어
	일년(3)	일년(2)	일년(1)	일년(4)	일년(4)	일년(1)	일년(8)	일년(2)	일년(2)	일년(2)
제3년	야금학	취관검질분석	도태광법(淘汰鑛礦法)	정량분석(定量分析)	기계도	지질연혁론	광산조업실험	불란서어 혹 독일어		
	일년(4)	일년(3)	일년(2)	일년(10)	일년(2)	일년(2)		일년(2)		
제4년	시금(試金)	지중측량	정량취관분석	광업계획	도태광법 급 야금학 시험	응용지질학	조영학	순시광산	졸업논문	
	일년(5)	일학기(1)	일변(3)	일년(4)	일년(4)	일년(1)	2학기(3)			

3.3. 문학부

일. 본부에서는 철학·정치학·이재학과, 화한문학과 두 학과를 설치한다.

일. 제1학과와 제2학과는 제1년 과정에서 이미 차이가 있으므로 제1년 초에 생도로 하여금 학과를 정하게 하여, 그 가운데 한 학과를 전수하게 한다.

일. 제1학과는 제2, 제3 두 학년 과정에 소재한 모든 과목을 이수하고, 제4년에 이르러 철학·정치학·이재학 중 한 과목을 선택하여 전수하게 한다. 또한 다른 두 과목 및 사학 가운데 한 과목을 선택하여 수학하게 한다.

일. 제1학과 제4년의 영문학 및 한문학은 생도가 그것을 배울 것인지 여부는 모름지기 그 의사에 맡기나 한문은 반드시 쓸 수 있도록 한다.

일. 제2학과는 3년간 화어(일본어), 한어(중국어)의 고금 문학을 전수하는 것을 본지로 한다. 또한 3년간 영문학 혹은 사학 혹은 철학을 겸하게 한다.

일. 별도로 불서(佛書: 프랑스어 서적) 강의 1과를 설강하여 문학부 생도로 하여금 수의로 청강하도록 한다.

제1년	화문학	한문학 급 작문	사학	영문학 급 작문	논리학	심리학대의	불란서어 혹 독일어
	일년(2)	일년(4)	일년(3)	일년(4)	반년(2)	반년(2)	일년(3)

〈철학·정치학 및 이재학과〉

제2년	철학	사학	화문학	한문학 급 작문	영문학	불란서어 혹 독일어	
	일년(4)	일년(3)	일년(2)	일년(4)	일년(3)	일년(3)	
제3년	철학	정치학	이재학	사학	화문학	한문학 급 작문	영문학
	일년(3)	일년(3)	일년(3)	일년(3)	일년(2)	일년(4)	일년(3)
제4년	정치학 급 열국 교제공법	사학	한문학 급 작문	영문학	졸업 논문		
	일년(4)	일년(3)	일년(3)	일년(3)			

〈화한문학과〉

제2년	화한문학 급 작문	한문학 급 작문	영문학 혹 사학 혹 철학	
	일년(5)	일년(9)	일년(3)	
제3년	화문학 급 작문	한문학 급 작문	영문학 혹 사학 혹 철학	
	일년(5)	일년(10)	일년(3)	
제4년	화문학 급 작문	한문학 급 작문	영문학 혹 사학 혹 철학	졸업논문
	일년(5)	일년(11)	일년(3)	

3.4. 교과세목

〈일본 고대 법률〉

○ 법학, 문학 제1년 과목으로 정영식목(貞永式目)을 강의 수학하며, 법학 제2년 과목으로는 헌법지료(憲法志料), 제도통(制度通), 제3년 과목으로는 대보령(大寶令), 제4년 과목으로는 대보령 및 법조지요초(大寶令 及 法曹至要抄)를 강의 수학한다.

○ 생도는 평일 다음과 같은 부과된 서적을 읽는다. [단 1학년 생도의

독서록은 생략한다.]

○ 제2년 과서: 유취삼대격(類聚三代格), 정사요략(政事要略), 속일본기 (續日本記)

○ 제3년 과서: 율소잔편(律疏殘篇), 영집해(令集解), 직원초(職原抄)

○ 제4년 과서: 건무식목(建武式目), 금옥장중초(金玉掌中抄), 연희식(延 喜式), 재판지요초(裁判至要抄)

〈일본 현행 법률〉

○ 법학 제2년 과목은 형법을 강수하고, 제3년 과목 및 제4년 과목은 치죄법의 남은 부분, 사법(司法) 입문, 재판소 기결 소송건, 소송서 답변서 작성법을 강수하고, 또한 매주 1회 생도로 하여금 원고와 피고의 대리인을 삼아 법정 소송사를 연습하도록 한다.

〈영국 법률〉

○ 생도에게 적합한 교과서를 선택하여 그것을 강수하며, 교수법은 교사가 먼저 과서(課書)의 뜻을 강해하고, 그 교수한 바를 발문하여 생도로 하여금 답변하게 한다. 만약 생도에게 적합한 교과서가 없으면 그 내용을 강의한다.

○ 현금 사용하는 교과서는 다음과 같다.5)

  법률 서편: 파랄극사돈(巴辣克思頓) 혹 불아무(弗兒武) 및 합사래(合

---

5) 아래 저자 및 저서명은 현재 확인하기 어려운 상태여서 한국식 한자음으로 적고, 확인이 가능한 것만 주석으로 처리함.

土來) 저, 영국법률주석(『英國法律註釋』)

헌법: 특리(特利) 저, 『법률원론(法律原論)』, 아마사(亞禡思) 저, 『영국
헌법(英國憲法)』, 이백이(利伯耳) 저, 『자치론(自治論)』

결약법(結約法): 서밀사(西密斯) 저, 『결약법(結約法)』, 발락극(勃洛
克) 저, 『결약법(結約法)』, 난극특아(蘭克特兒) 저, 『결약법·적요
판결록(結約法·摘要判決錄)』

부동산법: 파랄극사돈(巴辣克思頓) 저, 『법률주석(法律註釋)』, 유겸
(維兼) 저, 『부동산법』

형법(刑法): 비섭(卑涉) 저, 『형법주석』

사범법(私犯法) : 불루무(弗婁㕻) 저, 『법률주석』

매매법(賣買法): 난극특아(蘭克特兒) 저, 『매매법·적요판결록(賣買
法·摘要判決錄)』

형평법(衡平法): 백연(伯燕) 저, 『형평법(衡平法)』, 사내아(斯內兒) 저,
『형평법(衡平法)』

증거법(證據法): 사지반(斯知般) 저, 『증거법(證據法)』, 백사특(伯斯
特) 저, 『증거법(證據法)』

열국 교제 사법(列國交際私法): 합화아돈(哈華兒頓) 저, 『만국사법(萬
國私法)』

열국 교제 공법(列國交際公法): 합이돈 저(哈伊頓), 『만국공법(萬國公
法)』[6]

---

6) 합이돈: 미국의 법학자 헨리 휘튼(Henry Wheaton, 惠頓, 1785~1848). 국제법 저서 『국제법
원리, 국제법학사 개요 첨부』(Elements of intenational law with a Sketch of the History
of the Science)를 중국에서 활동하던 미국인 선교사 윌리엄 마틴(William A. P. Martin,
丁韙良, 1827~1916)이 1864년 청국 동문관(同文館)에서 한역(漢譯)하여 출판하였다. 김용
구(2008), 『만국공법』, 소화; 류재곤(1998), 「한국의 萬國公法 수용과 인식」, 『인문대학논문
집』, 선문대학교; 김세민(1996), 「『萬國公法』을 통해 본 開港期 朝鮮의 對外認識」, 『사학연
구』 52, 한국사학회 등의 논저를 참고할 수 있음.

법론(法論): 호사정(豪斯丁) 저,『법론(法論)』, 묵인(墨因) 저,『고대법률(古代法律)』

〈불란서 법률〉

○ 불란서 법률은 제3년에 형법을 강수하고, 제4년에 민법을 강수함을 규칙으로 한다. 그러나 본년 제3년생은 불국 민법 인사 편 및 형법, 제4년생은 민법 재산 편 이하를 강수하는데, 공통으로 불란서 법률서를 교과서로 사용하여 그 요령을 알게 한다.

〈보통 화학〉

이학부 제1년생에게 생도로 하여금 여러 물질을 시험하고 교실에 소재하는 비금속의 열 및 화합물의 제법과 성질 등을 가르치며, 노사과 저,『무기화학』을 교과서로 삼는다.

〈분석 화학〉

○ 본과 제2년에서 생도로 하여금 물질 검사와 분석에 종사하도록 하며, 처음에는 염류 하나로부터 점차 혼합물로 나아가며, 나중에는 아아 고보아류(亞兒古保兒類),[7] 유기산류, 염류 등 화학의 변화를 연구하도록 한다. 여가가 있으면 각종 순수 유기물 표본을 제작하도록 한다.

---

7) 현재까지 확인되지 않음.

○ 제3년, 제4년에는 생도로 하여금 무기 및 유기물 정량 분석에 종사
하도록 하며, 처음에는 2~3개 합금류로부터 나중에는 염류 및 광물
이 혼합된 것을 분석하게 한다. 단 제3년생의 마지막 학기에는 용
량 및 중량 분석법의 제조물을 실험하여 정하도록 한다.

○ 제4년 전반기는 학년 중 생도로 하여금 유기물의 종합적 성분 분석
에 종사하도록 하는데 즉 탄소, 수소, 염소, 인소, 유황 및 질소
등의 성분을 험정(驗定)한다. 또한 유기물의 직접 성분, 즉 중량 분
석법 및 회광 분석법을 배우도록 하며, 당질을 조사 고찰하고 또한
각류(殼類) 즉 쌀의 성분 및 주류 즉 청주(淸酒) 미림(味淋)[8] 등의
성분을 분석하며, 또한 수질 분석법을 가르친다.

○ 제4년 후반 학년 중에는 생도로 하여금 자신의 뜻에 따라 실지
시험을 졸업논문[생도가 졸업할 때 반드시 졸업논문이라고 불리는 문장
을 지어야 한다.]의 주제로 삼아야 한다. 단 실지 시험은 부득이 교원
의 지도를 받아야 하고 오직 학우와 함께 강론해야 한다, 작문은
불가불 생도 스스로 써야 한다.

○ 분석화학용 교과서는 다음과 같다.

다아보(多兒普) 저, 『검질분석학(檢質分析學)』, 허리색니사(許利塞尼
斯) 저, 『검질분석학(檢質分析學)』, 융(戎) 저, 『실험화학(實驗化學)』, 다
아보(多兒普) 저, 『정량분석학(定量分析學)』, 허리색니사(許利塞尼斯) 저,
『화학분석(化學分析)』, 문극림(文克林) 저, 『수질분석법(水質分析法)』, 살
돈(撒頓) 저, 『검용정량분석법(檢容定量分析法)』

---

8) 미림: 찹쌀지에 소주와 누룩을 섞어 빚은 후 그 재강을 짜낸 술.

〈응용화학〉

○ 본과에서는 강의 및 도화를 중심으로 가르친다. 2년간 강의 과정의
주요 주제는 다음과 같다.
  ○ 제1년 즉 화학 제3년은 가연화학 아알가리 공업(可燃物化學, 亞兒
    珂理工業9))
  ○ 제2년 즉 화학 제4년은 수소 탄소를 함유한 화학물 제조 화학, 유기
    색료 화학

〈유기화학〉

○ 가르치는 과제는 다음과 같다.
  유기화학은 일명 탄소 화합물로 화학의 유래가 된다. 탄소는 하나
의 작은 분자로 다른 미분자와 함께 화학 유기물을 취합 생성하여
그 근본 형체를 바꾸거나 원형을 바꾸는 힘을 갖는다. 적량 및 늘림은
증미리지무(曾美理池㗇)10)로 하며, 유기 분석, 분자 정량법, 증기 조도
법, 유기물 판렬 및 유기군속의 성질은 납특노가아분(納特魯加兒盆),
지방물질, 휘발물은 덕유민 및 간복아(德臾敏 及 干福兒), 유기 염기,
불경판렬물질(不經判列物質)은 증렬마이(曾列摩耳) 저, 『유기화학(有機化
學)』을 교과서로 삼는다.

---

9) 아아가리 공업: 알칼리로 추정.

10) 曾美理池㗇, 納特魯加兒盆, 德臾敏·干福兒, 曾列摩耳: 인명으로 번역하였으나 오역일 수도
   있음.

〈순정 및 응용수학(純正及應用數學)〉

○ 제1년급 순정수학은 평면해석, 기하학을 가르친다. 즉 지극아(指克兒) 저, 『대수기하학(代數幾何學)』 제1장부터 제11장까지, 여유가 있을 경우 아아지사(亞兒地斯) 저, 『입체기하학(立體幾何學)』을 가그치고 또 『응용수학(應用數學)』 제2 및 제3학기에는 중학대학(重學大意)를 가르치며, 교과서로는 돌사번태아(突土蕃太兒) 저, 『중학초보(重學初步)』를 사용한다.

○ 제2년 순정수학 과목은 고등 평삼감, 호삼각술, 입체기하학, 미분적분학, 미분방정식이며, 그 교과서는 수포내(首布內) 저, 『삼각술(三角術)』, 아아지사(亞兒地斯) 저, 『입체기하학(立體幾何學)』, 사번태아(土蕃太兒) 저, 『미분 및 적분학(微分 及 積分學)』, 포아(布兒) 저, 『미분방정식(微分方程式)』, 또 유서손(維庶遜) 저, 『가이기랄사(加耳幾剌斯)』(책명), 보뢰사(普賴斯) 저, 『인포니특서마아가이랄사(印布尼特西摩兒加耳幾剌斯)』 등을 참고로 사용한다. 같은 해에 응용수학에서 중학(重學)을 가르치며 단 교과서는 대체로 강의 위주로 한다.

○ 제3년 순정수학 교과목은 고등대수학 및 가이기랄사, 고등해석 기하학이며 그 교과서 및 참고서는 돌사번태아(突土蕃太兒) 저, 『방정식론(方程式論)』, 사이문(沙耳門) 저, 『고등대수(高等代數)』, 『원추곡선법(圓錐曲線法)』, 『입체기하학(立體幾何學)』, 포락사덕(布洛斯德) 저, 『입체기하학(立體幾何學)』, 돌사번태아(突土蕃太兒) 저, 『적분학(積分學)』, 『가이기사아포백리급융(加耳幾斯啞布白理埃戎)』(책명) 등이다.

○ 또한 응용수학 제일학년 학기에는 거파아균손(擄巴兒均遜) 저서와 기하를 먼저 배우고, 또한 열동력론을 강의한다. 또한 제2 및 제3학기에는 정력학(靜力學) 섭인이론(攝引理論), 광음파동론(光音波動論)

을 강의하며 그 교과서 및 참고서는 돌사번태아(突土蕃太兒) 저, 『정력학 및 섭인이론사(靜力學 及攝引理論史)』, 유리(維李) 저, 『수학잡기(數學雜記)』, 낙이돌 씨(洛伊突 氏) 저, 『광학(光學)』 등이다.

○ 제4년 순정수학은 고등가이랄사(高等加兒幾剌斯), 고등 미분방정식을 강의하며, 그 교과서는 포아(布兒) 저, 『화납특덕포서서사(華內特德希庶西斯)』(책명), 돌사번태아(突土蕃太兒) 저, 『한극융아포팔포례사별설특랄미(漢克戎啞布剌布禮斯別設兒剌米)』(책명), 포아(布兒) 저, 『미분방정식(微分方程式)』, 유이(維李) 저, 『수학잡기(數學雜記)』 등이다. 또한 본년에서 근세 기하학 및 『가특아니은(加特兒尼恩)』(책명)을 강의한다. 또한 일본에 교과서가 많은데 온설돌(溫設突) 저, 『근세기하학(近世幾何學)』, 혁란덕 씨·특다 씨(革蘭德氏·特多氏) 합저, 『가특아니은(加特兒尼恩)』이 있다.

○ 제4년 응용수학은 동력학, 유동역학을 가르치며 그 교과서는 특다 씨·사지아 씨(特多氏·斯知兒氏) 합저, 『미체동력학(微體動力學)』, 노사(老斯) 저, 『고체동력학(固體動力學)』 및 배산(陪散) 저, 『유체역학(流體力學)』 기타 전기학, 자기학 등의 수리 대의를 가르치며, 민극(閔克) 저, 『전기학(電氣學)』을 교과서로 삼는다.

이상 제시한 서적 이외에 각 과와 관련한 책을 각 학년마다 널리 제공하여 참고하게 한다.

⟨물리학⟩

○ 본부에서 물리학에 종사하는 학자는 세 과로 나눈다. 즉 수학, 물리학을 성학과, 공학과, 화학과로 한다.

○ 제2년에 배우는 것은 간이물리학으로 시험 실습은 척도, 질량, 시간 등을 측정하며, 정미 기기 용법, 관측 및 결과 최소 평방률을 배우며, 기계 물리학의 간이한 문제를 응용하며 위의 논리에 대한 실지 응용을 배운다. 본 학년 말기에는 열학을 배운다.

○ 제3년에는 이론 및 실험 광학, 기하 광학, 열동력론을 전문적으로 연구한다.

○ 물리학과의 수학 및 성학 생도는 물리학만 배우는 생도에 비해 실험 시간이 다소 적을 따름이다. 기타 이수하는 것은 동일하며 공학 및 화학 생도는 제2, 제3 양년에 간이 물리학을 배운다.

○ 제4년은 전기 및 자기학을 전문적으로 배우며, 이론 이외에 별도 실험실에서 전력, 자력의 측정 실험 및 전선 시험 응용 등을 연습한다.

○ 본년에는 졸업 논문 주제에 대해 새로 탐구하고 토론하는 조건이 있으므로, 각 생도로 하여금 특별한 전공 주제를 전공하도록 한다.

○ 사용하는 교과서는 사주아아(斯丟亞兒) 저, 『물리학초보(物理學初步)』, 덕사내아(德沙內兒) 저, 『물리학(物理學)』, 과랄방사(果剌房捨) 저, 『물리측정법(物理測定法)』, 힐락(額諾) 저, 『물리학(物理學)』, 섭백내(涉伯內) 저, 『최소자승법(最小自乘法)』, 유리(維理) 저, 『관측위산정법(觀測差違筭定法)』, 미리만(米理滿) 저, 『최소자승법(最小自乘法)』, 포력(布力) 저, 『물리실험법(物理實驗法)』, 비혁릉(卑革凌) 저, 『물리실험법(物理實驗法)』, 유리(維理) 저, 『음학(音學)』, 사주아아(斯丟亞兒) 저, 『열학(熱學)』, 마기사돌(摩幾思㐌) 저, 『열학이론(熱學理論)』, 연균(然均) 저, 『전기 및 자기학(電氣 及 磁氣學)』, 감명(甘明) 저, 『전기이론(電氣理論)』, 낙이덕(洛伊德) 저, 『자기학(磁氣學)』, 유리(維理) 저, 『자기학(磁氣學)』, 사반지사오덕(斯播知士烏德) 저, 『광선분극론(光線分極論)』, 유리(維

理) 저, 『광선파동론(光線波動論)』, 낙이덕(洛伊德) 저, 『광선파동론(光線波動論)』, 사서(捨庶) 저, 『광선분석론(光線分析論)』, 낙극아(洛克牙) 저, 『분광경용법(分光鏡用法)』, 파균손(巴均遜) 저, 『광학(光學)』, 야파열(冶巴列) 저, 『척도량비교법(度量衡比較法)』 등이 있다.

〈성학(星學)〉

○ 이학 제1년 급 제1학기에는 성학대의를 강의한다.

○ 제2년 과목은 논리성학, 수학 및 형상성학 초보이며 교과서는 노미서(路米西), 육감(紐甘), 화전(和顚) 저서이며, 실험성학은 자오의(子午儀), 천정의(天頂儀), 기한의(紀限儀)의 운용, 측정 시간 및 위도, 수평첫 이용 및 미분척법을 가르친다. 교과서는 노미서(路米西), 섭백내(涉伯內)의 저서이다.

○ 제3년 과목은 논리성학, 관측 이산법, 천체 중학으로 교과서는 섭백내(涉伯內), 붕특과륜(繃特果倫)의 저서이다. 실험성학은 적도의 관측 및 이산(移筭), 분광경(分光鏡) 밍 광선계(光線計) 사용, 묘유의(卯酉儀) 위도측정이며, 교과서는 섭백내(涉伯內)의 저서이다.

○ 제4년 과목은 논리성학, 행도, 섭도이며 교과서는 가오사(可烏斯), 백설아(伯設兒), 아백아살(嬰百兒撒)의 저서이다. 실험성학은 자오의 관측 및 이산, 자오권 항차 측정으로 교과서는 백설아(伯設兒) 및 섭백내(涉伯內)의 저서이다.

〈식물학〉

○ 생물학 제2년은 매주 2회씩 식물결구 및 생리를 강의하고, 또한

실험실에서 이 두 과목에 대해 실습을 하며, 생도로 하여금 유화부(有花部)의 종에 속하는 것을 명확히 판단하도록 강의하며 그 식물을 제공하되, 매일 고이시카와 식물원(小石川植物園)[11]의 식물학 실험실에서 취하며, 매주 6시간을 가르친다.

○ 지질학 제2년 제1학기는 실험실에서 분석 식물법을 가르치고 생도로 하여금 식물결구 및 천연 분류를 하도록 한다. 제2년 전학기 및 제1, 제3의 두 학기는 몇 주일 동안 식물 형체론 및 생리론을 강의하며, 제3학기는 본 학기 및 이전 두 학기 중 강의한 모든 과목을 실험실에서 다시 가르치되 그 시간은 매주 두 시간이다.

○ 생물학 제3년 1년 동안은 매주 2회씩 식물 분류 및 응용을 가르친다. 단 제2학기말 및 제3 전학기에는 실험실에서 매주 8시간 동안 무화식물(無花植物)을 가르치되, 과목은 단자엽부(單子葉部) 중 화본과(禾本科), 사초과(莎草科), 무화부(無花部) 중 석송류(石松類), 빈류(蘋類), 병이소초류(甁爾小草類), 목적류(木賊類), 양치과(羊齒科), 토마준류(土馬駿類), 지전류(地錢類) 제업을 가르친다. 또한 통장부(通長部)의 계하(係下) 등에 속하는 것을 가르치나 정밀한 연구는 다음에 하도록 한다.

○ 생물학 제4년은 식물학을 가르치며 생도가 전수(專修)하도록 하되 강의하는 바는 지리 및 고생식물 통장부(古生植物 通長部) 및 식물 고등생리(高等生理), 시험실의 여러 업무이며, 또한 이 과목을 택하여 교수한다. 이와 함께 생도는 별도의 식물 한 부류를 전문적으로 연구한다.

---

11) 도쿄대학 부속 식물원으로 1638년 도쿠가와 바쿠후가 약용식물을 재배할 목적으로 설립하였다고 한다.

○ 참고서는 굴렬(屈列) 저, 『식물학(植物學)』, 백이화아(白耳和兒) 저, 『식
물학(植物學)』, 살극(撒克) 저, 『식물학(植物學)』, 소미(少米) 저, 『식물
결구 및 생리학(植物結構 及 生理學)』, 편포열(扁布列) 저, 『식물학초보
(植物學初步)』, 특감덕아(特甘德兒) 저, 『지리식물학(地理植物學)』, 림
특렬(林特列) 저, 『약용 및 응용식물학(藥用 及 應用植物學)』, 백아걸렬
(白兒傑列) 저, 『무화식물학(無花植物學)』, 덕아유(德兒維) 저, 『유만초
설(蕌蔓草說)』, 덕아유(德兒維) 저, 『식충초설(食蟲草說)』, 덕아유(德兒
維) 저, 『식물계각자수정 및 교호수정설(植物界各自受精 及 交互受精說)』,
사보아특(斯保兒特) 저, 『일본식물설(日本植物說)』, 살백아극(撒白兒
克) 저, 『일본식물설(日本植物說)』, 미걸아(米傑兒) 저, 『일본식물설(日
本植物說)』, 불란설 씨·살파설씨(佛蘭設氏·撒巴設氏) 합저, 『일본식물
목록(日本植物目錄)』, 살림걸아(撒林傑兒) 저, 『일본해초설(日本海草說)』,
본당(本唐) 저, 『향항식물설(香港植物說)』, 파무(巴冊) 저, 『납이전 박
물관 식물기(拉伊顚博物館植物記)』, 마기서무유굴(麻幾西冊維屈) 저, 『
흑룡강 식물설(黑龍江植物說)』, 굴렬(屈列) 저, 『지미식물설(止米植物
說)』, 특감덕아(特甘德兒) 저, 『식물계(植物界)』, 본당(本唐) 씨 및 불걸
아(弗傑兒) 합저, 『식물속류설(植物屬類說)』, 유특(維特) 저, 『동인도
식물도설(東印度植物圖說)』, 파무(巴冊) 저, 『세아파아 식물설(細亞巴
嬰 植物說)』, 덕리세사(德利細斯) 저, 『화본과설(禾本科說)』, 파특(巴特)
저, 『사초과설(莎草科說)』, 호걸아(虎傑兒) 저, 『양치과설(羊齒科說)』,
미특세사(米特細斯) 저, 『리포사 식물원 식물 양치과설(利布斯 植物園
植物 羊齒科說)』, 호걸아(虎傑兒) 저, 『영국 식물 양치과설(英國植物羊齒
科說)』, 살리함특(撒利函特) 저, 『합중국 토마준류 및 전태류설(合衆國
土馬駿類 及 錢笞類說)』, 백아극렬(白兒克列) 저, 『영국 지이류설(英國
芝이類說)』, 다련(多連) 저, 『지이류설(芝이類說)』, 아가아특(亞加兒特)

저, 『조류설(藻類說)』, 가정(加鄭) 저, 『조류설(藻類說)』, 자편화사다 (刺扁和兒斯多) 저, 『구주조류설(歐洲藻類說)』, 합표(哈標) 저, 『조류설 (藻類說)』, 림특렬(林特列)과 합돈(哈頓) 저, 『영국 화석식물설(英國 化 石植物說)』, 『본초도설(草木圖說)』, 『본초도보(本草圖譜)』, 『본초강목 계몽(本草綱目啓蒙)』, 『화한삼재도회(和漢三才圖會)』, 『화휘(花彙)』, 『본 초강목(本草綱目)』 등이다.

〈동물학〉

○ 제2년급에서 유척동물(有脊動物) 비교 해부학 강의(比較解剖講義)를 가르치고, 또한 실험하도록 하는데 그 과목은 다음과 같다. 주사 제법(注射諸法)의 맥관 조사 연구, 근육, 소화기, 골상학, 비뇨생자기 (泌尿生子機), 신경(神經), 현미경 용법.

○ 제3년급에서는 무척동물(無脊動物) 비교 해부학 강의를 가르치며, 실험하도록 하는데 그 과목은 다음과 같다. 동물 분류, 해부한 각 부분의 동물, 감각기 및 제 기관의 생물 조직학

○ 제4년급에서 각 생도로 하여금 실험실에서 비교 해부학 및 발생학 중 하나를 전공하도록 하고 특별한 강의를 진행한다.

○ 매주 1회 제3년 및 제4년 학생이 모여 각자 연구한 사항을 보고하 도록 한다.

○ 지질학 제2년급은 동물 분류 및 골상학을 과목으로 하고, 먼저 동 물계 중 각 대문의 주요 제 부분을 가르치고 다음으로 해부학 및 조직학을 연구하게 하여 동물 분류의 대의를 알게 한다. 대개 골상 학은 고생물학 이전에는 가르치지 않으므로 당연히 예비 학과이다.

○ 교과서는 굴노사(屈老斯) 저, 『동물학대의(動物學大意)』, 결과모파유

아(傑戈母巴維兒) 저, 『동물각대부 해부대의(動物各大部 解剖大意)』, 극사렬(克斯列) 저, 『유척동물 해부 및 무척동물 해부(有脊動物解剖 及無脊動物 解剖)』, 노렬사돈(老列斯頓) 저, 『동물생활형질(動物生活形質)』, 파아보아(巴兒保兒) 저, 『발생학 대의 및 비교발생학(發生學大意 及比較發生學)』, 포렬(布列) 저, 『조직학서(組織學書)』, 니과아손(尼果兒遜) 저, 『동물학서(動物學書)』, 막아사(幕兒斯) 저, 『동물학초보(動物學初步)』 등이다.

〈토목공학〉

○ 토목공학과 제2년 및 제3년 과목은 기계공학과 과목과 같으며 제4년에 이르러 두 급이 별도로 각자 생도가 선책하여 기계공학 또는 토목공학 한 과목을 전수(專修)하도록 한다.

○ 각 학년은 보통 과목 외에 토목공학생은 다음 과목을 배우는데, 제2년에 배우는 과목은 육지측량술(陸地測量術) 즉 통상 측량기를 이해하고 실용하며 거리, 면적, 계산, 편준기의 실용법, 측량도 지지도 제작법이 그것이다. 단 제2년의 시한이 차면 각 생도로 하여금 위에 기록한 과목을 택하여 연습하고 실제 경험하여 숙달하도록 한다.

○ 제3년에는 도로 및 철도 축조법에 종사하고 토목업의 제반 재료를 연구한다. 철도 축조과는 직선, 곡선, 포치법, 평준 측량법, 평면도, 횡절면도, 평행 측면도[연도의 고저를 보이는 것] 등의 제작법 및 길을 뚫을 때 제방선 포치법을 계산하는 것 등이 속한다. 매 과목은 순서에 따라 졸업 후 야외에서 그것을 실험하며 먼저 시험 선(線)을 수 리(數里)에 포치하고 철선의 위치를 판정하며 부설하고, 그 후

여러 종류의 상세도를 제작하며 여러 종류의 계산 및 설명 조관서 등을 만든다. 실로 철도를 부설하는 것과 같다.

○ 축조 도로과는 촌락 시가 도로 축조 및 수선의 모든 방법을 배우고, 그 중 일본에 적합하게 하는 것을 배운다.

○ 토목공학생은 석회, 칠회, 점토, 석회의 성질을 고찰하고 연구하며 실험한다. 또한 토목업에 가장 중요한 제반 재료의 물질을 연구한다.

○ 제4년은 측지술, 흡수공학(治水工學)을 배운다. 또한 스스로 제반 토목공업을 계획한다.

○ 측지술은 교원이 구두로 가르치며 과목은 다음과 같다. 선 측량, 측정 위치 채택, 호표 부설, 각도 측량, 최소 자승법, 측량법 조정, 위도 경도 결정, 지평경도법, 관상대 양정, 측점 고저 실험법, 보통 측지 평준법, 지구도 제작법 등이다.

○ 흡수공학의 과목은 다음과 같다. 계류동체수리론(係流動體數理論), 수도 하천 유수의 속력의 제반 정식 평론(水道河川流水之速力諸定式之評論), 축조 운하법(築造運河法), 관수법(灌水法), 배오법(排汚法), 홍수 관련 제반 공업, 하천을 관리하고 편리하게 운수하는 법, 제방 보존법, 선조(舩槽) 축조, 교각 및 항만 부두 축조법, 기타 도쿄부 하천류(東京府下川流) 측량 혹은 시나가와(品川) 항과 관련한 측량과 그 지도 제작으로 수상 측량의 실제를 연구하도록 한다.

○ 제4년에 전공하는 공사는 대개 다음과 같다. 목교, 석교, 철교 각 하나, 기타 각자 선택한 제반 공업으로, 다만 완비 계산표 및 설명 조관을 작성해야 한다.

○ 제4년 기말 즉 졸업 전 생도는 토목공학과 관계된 주제 하나를 선택하여 졸업논문 초안을 작성한다. 대개 그 학력에 따라 졸업증서를 수여하거나 수여하지 않는다.

○ 교과서 및 참고서는 제2년에는 계아사비(季兒斯裨) 저,『육지측량서(陸地測量書)』, 제3년은 변극(邊克) 저,『철도공학가 필휴(鐵道工學家必携)』, 마한(麻漢) 저,『토목공학(土木工學)』, 계로막아이(季路莫亞耳) 저,『석회련 석회사 제법 및 용법(石灰煉 石灰沙 製法 及 用法)』, 화사(和斯) 저,『장중 철도공학서(掌中鐵道工學書)』, 파려(巴犁) 저,『철도기계요설(鐵道機械要說)』, 제4년은 마한(麻漢) 저,『토목공학(土木工學)』, 란균(蘭均) 저,『토목공학(土木工學)』, 극납극(克拉克) 저,『측지술(測地術)』, 미리만(米利滿) 저,『최소자승법(最小自乘法)』, 로미사(路米斯) 저,『실험성학(實驗星學)』, 극배아(倍克兒) 저,『건축법(建築法)』, 보사(保斯) 저,『철도공학가용서(鐵道工學家用書)』, 두로특이(杜老特尹) 저,『공학가 필휴(工學家必携)』, 한파아(漢巴兒) 저,『철교 건축법(鐵橋 建築法)』, 여극손 번역 가특아(汝克遜飜譯 加特兒) 저,『수세표(水勢表)』 등이다.

〈기계공학〉

○ 제2년 이수할 과목은 두 가지인데 하나는 중학, 둘은 물질 강약론이다.

○ 중학(重學) 과목은 본원단자(本原單位) 및 인생단위(因生單位), 단위 보존법(單位 保存法), 측도법(測度法), 실질속도 기속도(實質速度 加速度) 등의 학설이다. 배극특아 표시법(倍克特兒)[방위 및 장선(長線)의 의미를 보이는 것], 화특극랄포(和特克剌布)[소위 접속 속력 발생 지점과 방위선 끝의 호선(弧線)을 나타냄], 우동(牛董) 씨의 운동 법칙(運動律), 응용력, 운동 이론, 정학(靜學) 및 정세학(靜勢學)의 구별 등이다. 정세학 과목은 힘(에너지)의 조성 및 요소 분석, 역률(力率), 쌍력(雙力),

산포력(散布力), 중심(重心), 등포력(等布力) 및 변력(變力), 평면타력률(平面惰力率), 액체 기체 양 물체의 억압(液汽兩體之抑壓), 수압기(水壓機), 부체 평균(浮體之平均), 마찰(摩擦), 마찰정고(摩擦定固), 대류마찰(帶類摩擦), 동세학(動勢學), 힘의 완전 측도(力之完全測度), 세력(勢力) 및 동작(動作), 에너지 보존(勢力之保存), 동력률(動力率), 충돌(衝突), 분자회전(分子回轉), 원추형의 파진(圓錐形的擺振), 단순순궤동(單純循軌動), 단순파자(單純擺子), 고체회전(固體回轉), 수압심 성질(受壓心性質), 집성파자(集成擺子), 실질통동(實質通動), 특란배극아(特蘭倍克兒)의 법칙, 저항력 이동(移抵抗力) 및 도점에서의 타력 운동이론(惰力於導點運動理論), 운동 이론 중 여러 가지 법칙, 순시축(瞬時軸), 회전 및 직선 운동 조성(回轉及直線動之組成), 순시축 획선(瞬時軸畫線), 자유 운동(自由運動) 및 긴박도(緊縛之度), 연쇄기에 의존한 직선 운동(依連鎖機直線動) 이상의 과목은 공학, 채광학, 물리학, 수학 및 성학 제 생도의 과목이며, 또한 때에 따라 적절한 실제 문제를 두어 교실 또는 개인 연구실에서 해명하고, 중학의 이치를 능숙히 익혀 응용한다. 후에 기록하는 여러 학과도 또한 마찬가지이다.

○ 물질 강약론은 재료 제조 및 공변법의 공업 기술이다. 목재는 목재 생장 및 벌재법(伐材法), 목재 건쇄(木材乾晒) 및 보존법, 철(鐵)은 철로 제조(製鐵爐), 선철종류(銑鐵種類), 주철 제조로 철을 담금질하는 법(製鑄鐵爲鍊鐵法), 철차(鐵車), 연철 종류(鍊鐵種類), 강(鋼), 화탄연강법(和炭鍊鋼法), 배사마(陪斯摩), 세안(細眼) 및 여러 사람들의 연강법(鍊鋼法), 철과 강의 혼합물(鐵及鋼中混和物), 소단법(燒鍛法), 소경법(燒硬法) 및 소둔법(燒鈍法), 다른 금속 및 합금, 사토량(砂土量), 변경 중량(變更重量) 및 긴급 중량 가속의 결과, 와랄아(渦剌兒)의 시험, 보안인수(保安因數), 불극(佛克)의 법칙, 시험상 확정불변의 수(試驗上確定不

變數), 기계 및 결구의 강약에 대한 논의, 형상 응핍력(形狀與應逼力) 여부, 재력수리(材力數理) 등으로, 대체로 제3년에 부여된 과목이다. 결구 강략론 중 제3년에 이수해야 할 과목이 세 가지이니 제일은 결구강약론, 제2는 열동력 및 증기기관학, 제3은 기계학이다.

○ 결구 강약론은 강약 고정 및 지간 계주 계획법(支桿繫柱計畫法), 교량 및 가옥의 배가구(背架構), 곶공관절(串孔關節), 정봉접합법(釘縫接合法), 목공량(木工梁) 및 연결량 접합법(聯結梁接合法), 연량(連梁), 임전유축(任轉扭軸),기관철갑(汽鑵鐵甲) 및 기관철관(汽鑵鐵管), 현쇄(懸鎖) 및 현교(懸橋), 철제만량(鐵製彎梁), 옹벽연돌(擁壁煙突) 등이다.

○ 열동학(熱動學) 및 증기기관학(蒸氣機關學)은 세력 보존(에너지 보존) 변형 및 소모 통론, 천연(자연) 세력의 근원, 열 시험 및 온도법(驗熱及溫度法), 온기분도(溫器分度) 실험법, 열의 이동, 도열(導熱), 교환이치(交換之理), 물체상 열의 작용, 체내 및 체외 동작, 비열(比熱), 잠열(潛熱), 증기 및 가스(瓦斯, 와사)의 성질, 보이아사(保以兒斯)·사리(查理)·여아사(如兒斯) 세 사람의 법칙, 액락(額諾)의 동작 순환 법칙(動作循環律), 반용열기관(反用熱機關), 공력제한(功力制限), 사태릉(斯太凌) 및 애려극손(愛犁克遜)의 공기기관, 증기 팽창, 실제 및 추측 시 팽창도(視脹圖), 통투(筒套), 가열증기(熱蒸氣), 복통기관(復筒機關), 기관(汽鑵) 및 응기기(凝汽器) 등으로, 수량 계산, 기관 공력 산정법 등을 필요로 한다. 노관(爐鑵) 제작 및 공력(功力), 연료(燃料), 증기 배분법(蒸氣配分法), 기통기(汽筒器), 연쇄기 운동(鍊鎖機運動), 배절엄(排絶弇), 절속기(節速器), 자동조기기(自動阻汽器), 증기기관 각 구성 및 제작을 상세히 이해하고 모든 기기를 기동한다. 열동 이론부는 제3년 제1학기 중에 마쳐야 한다.

○ 기계학은 공장의 여러 공구, 기계에 소용되는 공구, 기계 운동의

이론, 기계 마찰 공력, 기계 계획 등으로 이 과에서 부여하는 과목은 공학 직장의 공구 및 생도의 기기로 상시 필요한 것이다. 기계공학 생도는 제3년 말까지 요코스카 조선소에서 9개월 간 친히 공사에 참여하며 기기 공구 사용법을 실험하고, 학교로 돌아온 후 제4년 중 기기 계획과 졸업논문을 준비해야 한다.

○ 교과서 및 참고서는 제2년은 난균(蘭均) 저, 『응용중학(應用重學)』, 타무손(他唔遜)·저사(底士) 합저, 『물리학(物理學)』, 마계사유아(麻季斯維兒) 저, 『물질 및 운동론(物質及運動論)』, 암특아손(諳特兒遜) 저, 『물질 강약론(物質强弱論)』, 제3년 및 제4년은 난균(蘭均) 저, 『응용중학(應用重學)』, 『토목공학(土木工學)』 및 『증기기관학(蒸氣機關學)』, 가특리아(加特利兒) 저, 『증기기관학(蒸氣機關學)』, 마계사유아(麻季斯維兒) 저, 『열학(熱學)』, 설렬(設列) 저, 『공장기계설(工場機械說)』, 극특포(克特布) 저, 『기계학(器械學)』, 만이(曼伊) 저, 『기계계획법(機械計畫法)』, 리극(利克) 저, 『증기기관론(蒸氣機關論)』 등이다.

〈도학(圖學)〉

○ 도학(圖學) 과정은 3년으로 생도는 예비문에서 이미 자재화학(自在畫學)을 배웠으므로, 본부에 입학해서는 오로지 기계도법(機械圖法)만 배운다.

○ 제1년은 기하도법(幾何圖法)을 배우고 문제를 부가하여 응용 연습을 한다.

○ 제2년은 다른 화도(畵圖) 혹은 기계도 모형을 배운다.

○ 제3년 제1학기는 착색 기계도(着色機械圖), 제2학기에는 교량(橋梁) 및 토목공업도(土木工業圖) 제3학기에는 착색 지지도(着色地誌圖)를

배운다.

○ 본부에서 이 교과를 두는 취지는 각 학과의 성업상 각자 제반 도법이 필요하기 때문이다. 그러므로 각 생도는 과업을 연습해야 하며, 그 요인이 동일하지 않기 때문에 여기에 다 기록하지는 않는다.

〈금석학(金石學)〉

○ 이학 제1년에서는 금석 정형학의 요령(金石晶形學之要領)을 전문적으로 배운다. 금석 물리상 즉 광선상의 성질, 견도(堅度) 비중(比重) 및 화학적 성질, 금석 분류법은 금석의 상세한 기록에서 가장 중요하다. 거답나(攄答那) 저, 『금석학서(金石學書)』를 사용하며, 실지 화학적 반응에 따라 상황에 부합하도록 하며, 우리나라에서 산출된 것을 그 산지와 함께 수록한다.

○ 다음으로 금석학 강의는 지질학 강의로써 지구 전부의 요령을 보여주며, 지질상의 현상, 지구 구조설, 그 변동 및 과도비중(過度比重) 등, 지질학 중 석질부에 속한 것은 암석 강의를 특별히 부가하여 상세히 한다. 소위 구조지질학부(構造地質學部)는 산악의 구조로부터 암석의 침융, 화산력, 산맥의 구조, 지각 변동, 백반 지구상의 활동 세력 등의 이론이 해당된다. 또한 제1년에는 지질 연혁론의 대략을 강의한다.

○ 제2년 금석학은 역답나(易答那) 저, 『금석학서(金石學書)』, 같은 저자의 『금석학 교과서(金石學 敎科書)』로 정밀한 형체를 상론하며, 화학상 금석부호식과 금석의 모든 성질로 희귀한 생물과 금석의 종류에 이르기까지, 이질 동형 및 동질 이형의 모든 물질을 구별하여 특히 주의하도록 한다.

○ 금석 식별학은 모두 실지를 중심으로 하며, 생도가 일목요연하게 금석의 중요성을 판별하게 하며, 그 방법을 구두로 가르쳐 조금도 유감이 없게 하고, 취관 분석(吹管分析)을 별도로 가르친다. 그러므로 상세한 강의가 필요하지 않다. 다만 화학, 물리학, 정형상의 성질을 식별할 필요가 있을 때에는 반복 교수하여 유감이 없도록 하며, 취관 반응은 식별법 중 가장 긴요한 것으로서 그 서적은 와이사파비(窩以斯巴比) 저, 『영문식별표(英文識別表)』 및 답나(答那) 저, 『금석학서(金石學書)』의 부록 식별표로 한다.

○ 같은 학년에서 지질 연혁론으로 수성층(水成層), 화성층(火成層), 광도(礦道) 등과 관련된 제 구조를 논변하게 하며, 자연 연대의 순서에 따라 수성층의 구조 중 순서에 따라 즉 무생적층(無生跡層), 태고층(太古層), 중고층(中古層), 근고층(近古層) 등 그 학설을 다하여, 생도로 하여금 깨우치게 하며, 암석 및 화석을 익숙하게 하고, 또한 강의 중 일본 소산 암석 및 화석을 인용하는 데 힘쓰도록 한다. 또한 답나(答那) 저, 『지질학서(地質學書)』를 사용한다. 지질학 및 채광학은 제3년생 제2년급에서는 이 강의를 듣지 않으므로 본년에 가르쳐야 한다.

○ 지질도 제작 및 측량지질 강의는 마땅히 제3년에 가르친다. 그러므로 3년생은 제2년에 이미 그 수업을 받고 본년에 특히 지질 연혁론을 배운다.

○ 석질학은 특히 바르게 가르쳐 후일 암석에 능숙하여 현미경을 자세히 살필 단계에서 그 스스로 선택하는 방법을 교수하며, 특별히 교과서를 사용하지 않는다. 다만 영국, 프랑스, 독일의 서적을 참고하고 특히 답나(答那)의 『지질학서(地質學書)』를 인용한다.

○ 고생물학 강의는 본학년에 두며, 대요부를 교육하고 먼저 인류의

발단, 포유동물, 금류, 포도동물(葡萄動物), 수륙에서 모두 사는 동물 및 어류(魚類)로부터 유척골동물설(有脊骨動物說)에 이르기까지 교육한다. 다음으로 절족류(節足類)[우충(羽蟲), 지주(蜘蛛), 해류(蟹類)], 해반거(海盤車)[해섬(海贍) 등], 아니랄이답(亞尼剌以答)[거미 지렁이(蚯蚓) 등]은 백리쇄아(百理瑣亞)·불랄기옥(佛剌幾沃)·백답(百答) 등의 학설 및 연체동물(軟體動物)을 더한다. 이 동물은 지질학에서 긴요한 것으로 여러 가지를 사용하여 가르치고 여러 시간을 할애하여 후에 특랄답(特剌答)[산호(珊瑚) 해면(海綿)], 보락다쇄아(普洛多瑣兒)의 설론 등을 자세히 가르친다. 고생물학 중 제2부 고생식물학(古生植物學), 기타 자동물(自動物) 해명은 각 부의 발생 연대 및 그 발생이 어떠했는가의 학설로부터 각종 동식물, 화석, 정단암석의 시대가 어떤 효과를 드러내는지 이 동식물, 화석을 상세히 밝히며 동식분류에서 어떤 지위를 차지하는지 교육한다.

○ 지질학 교원은 생도를 인솔하여 그 지방에 순회 검사하며 실지 연구를 하도록 한다. 또한 실지를 취하여 지질도법(地質圖法)을 제작하도록 하며, 실험을 멈추지 않고 강의를 아울러 하며 또한 본년 생도로 하여금 석질학 및 고생물학 강의 대요를 강의한다.

○ 본년에는 현미경을 사용하여 석질학을 이수하고 실험 및 강의를 한다. 또한 제3년에 근거하여 간략히 다시 보여주고 상세히 논하게 한다.

○ 고생물학 교수에서 실험을 하게 한다. 특히 화석을 취하여 상세히 논하게 한다. 대개 이 강의는 지금 견별종류(甄別種類)를 중심으로 한다.

○ 암석 식별과 화석 구별은 모두 현미경을 사용하게 한다.

○ 본년 중 실지 교도 과목은 다음과 같다. 제1 측량지질 지질도 제작

강의 및 순회 경험 지질의 실제 등이 그것이다. 다만 그 강의 중 가표면 지질학(加表面地質學)은 측량지질에 긴요한 학문이다. 제2 응용 지질학 강의가 그것이다. 그 과목은 다음과 같다. (갑) 당공 보통 실용물질 개론(當供普通實用物質槪論)[금석, 암석, 산악], (을) 압력 의 작용, 암석의 응취력, 견도(堅度, 흡습성(吸濕性) 및 구조, 변이의 개론, (병) 백반 사물품에 대한 논의, 즉 수·화·재 점토(水 石 材 粘土) 등의 효용, (정) 토양 혹은 표증 암석의 성질론, 농업과 큰 관계가 있다.

○ 이상 기록한 응용 지질학 강의는 지질학, 채광학생에 그치지 않고 공학생 또한 교수한다. 따라서 학년이 올라갈 때 이전에 논한 것을 예비하여 금석학 및 지질학 대요를 부득이하게 가르친다.

○ 교과서 참고서는 답나(答那) 저, 『금석학서(金石學書)』 및 『금석학교 과서(金石學敎科書)』, 불랄쇄아(弗刺瑣兒)   역·와이사파비(窩以斯巴比) 저, 『식별 금석표(識別金石表)』, 답나(答那) 저, 『지질학 교과서(地質學 敎科書)』 및 『지질학서(地質學書)』, 니가아손(尼苛兒遜) 저, 『고생물학 (古生物學)』, 오특와아덕(烏特窩兒德) 저, 『연체동물론(軟體動物論)』, 래야아(來冶兒) 저, 『지질원론(地質原論)』 및 『지질학 초보(地質學初步)』, 피일(彼日) 저, 『응용지질학(應用地質學)』, 랄타렬(刺他列) 저, 『석질학 (石質學)』, 지아걸아(知兒傑兒) 저, 『지질학 및 금석 암석 현미경 사찰 법(石質學 及 金石 巖石 顯微鏡 査察法)』 등이다.

〈야금 및 채광학〉

○ 제1 야금학. 보통 야금학, 야금학 연혁, 약사, 제 금속 및 합금류의 성질, 제 야금 시행법, 야금에 사용하는 물질 및 연료, 야금에 사용

하는 기계, 야금으로 만드는 물질, 야금에서 산출되는 폐기물

○ 응용 야금학은 연·동·은·금·백금·수은·아연·가토막무12)·주석·비
  상·암모니아·창연(비스무트)·격파아토(미상)·니걸아(미상)·철13) 및
  기타 야금법을 말한다.

○ 제2 채광학은 광물 발현 상황, 광산 시착(試鑿) 탐구 및 광맥 단속
  장단의 검정 등, 광부의 업무 및 용구, 광산의 갱(坑)을 여는 준비
  및 조협, 광산 보존 방법[지주 및 조벽], 땅 속에서의 운반법, 직갱(直
  坑) 승강법, 갱내 공기를 통하게 하는 방법 및 점등법, 갱내 화재
  발생 시 소화법, 갱내 물을 제거하는 방법 등을 공부한다.

○ 제3 야금 및 도태 실험은 야금 실험장에서 소반염배 소로(小反熖焙
  燒爐) 한 개, 용광 및 증류로(鎔鑛及蒸鎦爐) 여러 개를 두고 도태실험
  장에 목제 도가니 한 개[3개의 공이가 붙음], 태판(汰板) 한 개, 원통상
  사(圓筒狀篩) 한 련(一聯), 수력분류사(水力分類篩) 한 개 및 잡기(雜器)
  를 두고, 다음 광산에서 재료를 취하여 광석(鑛石)을 실험한다. 이쿠
  노(生野)14) 및 사도(佐渡)15) 금은광, 인나이(院内)16), 가루이자와(輕
  井澤)17) 및 오사카(小坂)18) 은광, 벳시(別子)19) 및 이쿠노(生野) 동광

---

12) 加土幕毋: 미상.

13) 鉛, 銅, 銀, 金, 白金, 汞, 亞鉛, 加土幕毋, 錫, 砒, 安質毋尼, 蒼鉛(창연, 비스무트), 格巴兒土,
   尼傑兒, 鐵.

14) 生野: 이쿠노. 효코겐(兵庫縣)에 있는 마을.

15) 佐渡: 사도. 니카타(新潟) 시의 한 마을.

16) 院内: 인나이. 16세기부터 은광을 설치했던 마을임. 무라이 쇼스케(村井章介, 2002), 은을
   통해 본 한일 비교, 강원대학교 일본학과 학술대회 자료 참고.

17) 輕井澤: 가루이자와.

18) 小坂: 고사카고잔. 아키타겐(秋田県) 가즈노군(鹿角郡)의 오사카초(小坂町おさかちょう)에
   있는 구리 광산.

19) 別子: 벳시. 시코쿠 에이메겐 니하마시(西山)의 구리 광산.

(銅鑛), 우다(宇陀) 수은광(홍광, 汞鑛)20), 만도코로(政所) 아연광21), 다니야마(谿山)22) 주석광(錫鑛), 나카오사카(中小坂)23) 철광(鐵鑛), 아마쿠사(天草) 암노니아(安質毋尼)24). 채광학 생도는이상 기록한 여러 광산에서 야금 도태의 적합성 여부를 연구하고, 마땅한 방법을 실험한다. 또한 금속의 소모 등, 광물 제조 혹은 새로운 방법으로 그 적부의 증거를 실험하고 검정한다. 무릇 광물 제조 방법을 알고자 하면 광물 덩어리를 본부에 수송하여 지도를 받아야 한다.

○ 제4 야금 및 채광 기계와 공장 계획

○ 채광학 생도는 야금 및 채광에 필요한 물화의 양과 소요 경비 예산표를 덧붙인 야금 및 채광용 여러 기계도를 제작한다. 또한 이상의 여러 기계 모형을 제작하고, 채광학 열품실(列品室)에 비치한다. 우등생으로 하여금 제광공장(製鑛工場) 장치에 적합하게 계획하도록 하며, 또한 외국산 여러 물가표를 준비하여 그것을 알게 한다.

○ 구수(口授) 강의로 여러 기계 모형면, 표본 물품, 광석 및 용해물 덩어리 등[국산과 타국산을 가리지 않음]을 보완하도록 한다.

○ 무릇 모형 및 도면 수는 날짜에 따라 증가하며, 본방 사람의 손으로 수집하는 데 힘쓴다.

○ 야금학에 필요한 참고서는 파락극산(巴洛克散) 저, 『금속론(金屬論)』, 녹림오토(綠林烏土) 저, 『야금학(冶金學)』, 란보륜(蘭保倫) 저, 『동광야금법(銅鑛冶金法)』 및 『금은야금법(金銀冶金法)』 등이다.

---

20) 宇陀: 우다. 나라겐 북동부의 시. 홍광(수은 광산)이 있음.

21) 政所: 만도코로.

22) 谿山: 다니야마. 가고시마의 마을. 주석 광산이 있음.

23) 中小坂: 나카오사카.

24) 天草 安質毋尼: 아마쿠사 암모니아.

○ 시금술(試金術)과 취관 분석술(吹管分析術)

○ 채광 야금학(採鑛冶金學) 및 화학 제4년급에서는 시금술 강의를 가
  르친다. 또한 실지 시험을 하도록 한다. 단 화학생은 금은동연(金銀
  銅鉛) 시험에 그칠 뿐이다.

○ 채광 야금학 제3, 제4 두 해는 취관분석술을 강의하고 또한 생도가
  검질하도록 하며 정량 취관 분석을 하도록 한다. 지질학 제2년생
  또한 취관분석을 가르친다. 다만 검질 분석에 그친다.

○ 교과서는 보랄아니아(普剌多尼兒) 저, 『취관분석법(吹管分析法)』을
  사용한다.

〈철학〉

○ 논리학 및 심리학의 원리는 모든 학술에서 긴요한 것으로써, 법·
  리·문학부 제1년에서 각자 전수 과목 이외 특별히 이 두 과목을
  가르친다.

○ 교과서는 시맹 저, 『논리학』, 백인 저, 『감각지력론』이 있다.

○ 문학 제2년에는 생도로 하여금 심리학, 초보 형이하 및 철학 생리
  학 원리를 연구하게 하여 심체(心軆)가 서로 관계하는 이유와 의식
  과 체양이 서로 병행하는 이유를 알게 하며, 같은 학년에서 저가이
  특·피해아·사변설아 제씨(底加耳特氏·彼該兒·斯邊設兒·諸氏)가 지은 『
  근세철학사 개략(近世哲學史之槪略)』을 가르친다. 그 의도는 구라파
  근세 철학사가 하나의 이치에서 진보한 것으로, 학생들의 논리학
  상 그리고 사상의 진보에 적합하기 때문이다. 또한 이 수업은 오로
  지 구수(口授)를 중심으로 하여, 각종 철학론의 요령을 심도 있게
  이해하도록 함으로써, 학생들이 그 이후의 저작을 읽을 때 그 깊은

의미를 쉽게 이해하도록 하고, 또한 금고의 순수한 철학 논문을 관찰함으로써 철학의 본질과 이치의 근거를 알게 하고 비평하게 한다.

○ 교과서: 백인(白印) 저, 『심리학(心理學)』, 가아변태이(加兒邊太耳) 저, 『정신생리학(精神生理學)』, 사변설아(斯邊設兒)25) 저, 『원리총론 급 생물원론(原理總論 及 生物原論)』, 참고서로는 막사열(莫斯列) 저, 『정신생리 급 병론(精神生理 及 病論)』, 아백아극륜비(亞白兒克倫庇) 저, 『지력론(智力論)』, 백격아(伯格兒) 저, 『창조사(創造史)』, 설유극열아(設維克列兒), 또는 녹이사(祿以斯) 저서 『철학사(哲學史)』(두 종임), 백이(伯尹) 저, 『근세철학사(近世哲學史)』 등이 있다.

○ 제3년은 근대 심리학·철학 관련 결과의 대요를 강의하여 생도로 하여금 도의학 연구에 전념하게 한다.

○ 교과서: 백인(白印) 저, 『심리학 급 도의학(心理學 及 道義學)』, 사변설아(斯邊設兒) 저, 『도의학논료(道義學論料)』, 아립사특덕아(亞立斯特德兒)26) 저, 『도의학(道義學)』, 서지유극(西踟維克) 저, 『도의학(道義學)』, 참고서로는 본당(本唐) 저, 『도의 급 입법론강(道義 及 立法論綱)』, 미아(彌兒)27) 저, 『이학(利學)』, 파다열아(巴多列兒) 저, 『인성론(人性論)』, 감다(甘多)28) 저, 『도의론(道義論)』, 복포사(福布斯) 저, 『서설락덕아포사애(西設洛德啞布沙埃)(書名)』 등이 있다.

○ 제4년은 두 종으로 나누어 강의를 하는데, 첫째는 심리학 및 근세 철학의 제 논설을 전수하는 것으로, 이름 있는 저술을 비교하고,

---

25) 스펜서로 추정됨.
26) 아리스토텔레스로 추정. 아리사다덕(亞里士多德).
27) '존 스튜어트 밀'로 추정.
28) '칸트'로 추정.

기타 인류와 하등동물의 심력을 비교하게 함으로써 태고와 문명 시대의 인심 변동, 동물 및 인류의 의사 표시를 가능하게 하는 언어, 모의어(模擬語), 문자의 변천 등의 제반 주제를 다룬다.

○ 교과서: 사변설아(斯邊設兒: 스펜서) 저, 『심리학(心理學)』, 미아(彌兒) 저, 『합미아돈 씨 철학(哈迷兒頓氏 哲學)』, 희사걸(希斯傑) 저, 『만유철학(萬有哲學)』, 참고서로는 답아이(答兒伊) 저, 『생물 원시론 급 정사 발현론(生物原始論 及 情思發顯論)』, 로이(路易) 저, 『철학사(哲學史)』, 저로이(低洛伊) 저, 『원민 사회론 급 태고 인류사(原民社會論 及 太古人類史)』, 로본(路本) 저, 『개화기원론(開化起原論)』, 열걸(列傑) 저, 『구사명리설(歐士明理說)』, 사변설아(斯邊設兒) 저, 『만물 개진론 급 신 논문집(萬物開進論 及 新論文集)』, 미아(彌兒) 저, 『논문집(論文集)』 등이 있다.

○ 둘째는 특가아(特加兒)·사파인살(斯巴印撒)·백극열(伯克列)·감다(甘多: 칸트?) 등의 저서에 근거하여 철학상의 사상 연혁사를 교수하고, 학년 일부는 순 이학을 연구하도록 한다.

○ 교재 및 참고서: 특가아(特加兒) 저, 『철학 급 미지저융(哲學 及 迷知底戎)(書名)』, 사파인살(斯巴印撒) 저서(著書), 감다(甘多) 저, 『순이학(純理論)』, 걸아특(傑牙特) 저, 『감다 씨 철학(甘多氏 哲學)』, 마보희(麻保希) 저, 『감다 씨 순이론(甘多氏 純理論)』, 표목(彪睦) 저, 『인성론(人性論)』, 열특(列特) 저, 『심리론(心理論)』, 와열사(窩列斯) 저, 『해해아 씨 논리학(海該兒氏 論理學)』, 로이(路易) 저, 『철학사(哲學史)』, 여백아유극(餘白兒維克) 저, 『철학사(哲學史)』, 미아(彌兒) 저, 『합미아돈 씨 철학(哈迷兒頓氏 哲學)』

〈정치학〉

○ 정치학과는 2년 과정으로, 제3년 급에 본과 초보를 가르치고 세태학을 송독 구수(口授)한다. 생도로 하여금 인생 사회가 하나의 살아 있는 생물체로 번잡한 조직을 이루며 그 구조와 효용이 무한함을 알게 한다. 그 본원과 진보 상황을 취하여 깊이 연구하는 것은 아니며 갑자기 그것을 명료하게 하지 않고 다음으로 보이는 정치 이론은 순정철학에 근원을 둔다. 그러므로 철학을 구수(口授)한다. 생도로 하여금 금일 제가의 논설이 실제에 적합한지 알게 하며 이후 8정리의 핵심이론, 윤리 연구, 정치 이론의 여러 가지 학설 등을 점차 깊이 탐구하도록 한다. 여기에 필요한 책은 다음과 같다. 사변설아(斯邊設兒) 저, 『새태론강(世態論綱)』, 파서묵(巴西墨) 저, 『물리 정치 상관론(物理政治相關論)』, 묵아간(默兒干) 저, 『고대 사회론(古代社會論)』, 사변설아(斯邊設兒) 저, 『정리론(政理論)』, 오이사(烏爾捨) 저, 『정치론(政治論)』

○ 제4년급 정치학과를 졸업하도록 생도들에게 설치되었다. 정치 이론을 깊이 있게 전공하며 처음 국가 성질과 관계된 것으로부터 국민 권리의 여러 학설, 다음으로 이론 혹은 실제를 취해 자유의 이치와 정부의 효용, 헌법사를 강명하고 금일 문명한 여러 헌법을 연구하며 끝으로 약론에 이르러 후에 가히 사회조직의 변천과 그 요건을 밝히며, 또 본과 생도는 지금 배우고 익힌 바로 타일 졸업논문이 될 수 있도록 한다. 여기에 쓰이는 책은 다음과 같다. 오이사(烏爾捨) 저, 『정치론(政治論)』, 리백아(利伯兒) 저, 『자치론(自治論)』, 미아(彌兒) 저, 『자유론(自由論)』, 사지분(斯知分) 저, 『자유변(自由辨)』, 합리손(哈理遜) 저, 『순서 및 진보편(順序 及 進步篇)』, 미아(彌兒) 저,

『대의정체론(代議政體論)』.

〈이재학(理財學)〉

○ 이재학과는 2년으로 제3년급은 먼저 강령을 가르쳐 타일 정밀한 연구의 예습이 되도록 하며 그 목적이 한 학파의 학설을 배우는 데 있지 않고 특히 이재학에 취하여 학생의 추리 연구를 장려하도록 유도하며 제가의 이설(異說) 학력(學力)을 비평하도록 한다.

○ 교과서 및 참고서는 미아(彌兒) 저, 『이재론강(理財論綱)』, 마극안(麻克安) 편찬·걸렬(傑列) 저, 『세태론(世態論)』, 기아론(綦亞倫) 저, 『이재법론(理財法論)』, 사맹(澌口孟) 저, 『화폐론(貨幣論)』, 기아륜(綦亞倫) 저, 『이재신설(理財新說)』, 모문(牡文) 저, 『미국 이재론(米國理財論)』이다.

○ 제4년급은 이재학과를 졸업하도록 생도는 노동 조세법, 외국 무역 은행법, 화폐론 등 2~3개 논제를 전수(專修)하게 하여 본과에 긴요한 것을 강구(講究)한다. 또한 생도는 심상과의 서적 이외에 별도로 책문과 저술에 관한 연구를 하도록 한다.

○ 교과서 및 참고서는, 맥렬악특(麥列惡特) 저, 『은행론(銀行論)』, 가섬(珂閃) 저, 『외국태환법(外國兌換法)』, 와가(渦迦) 저, 『화폐론(貨幣論)』, 심약(心約) 저, 『미국 화폐사(米國貨幣史)』, 기아륜(綦亞倫) 저, 『이재신설(理財新說)』, 팔사타(捌斯打) 저, 『미국 조세법(米國租稅法)』, 맥가락극(麥家洛克) 저, 『조세론(租稅論)』, 사륜돈(梭倫頓) 저, 『노력론(勞力論)』, 배아사(排兒斯) 저, 『자유무역변(自由貿易辨)』, 파사지(巴士知) 저, 『보호세변(保護稅辨)』, 살내(撒奈) 저, 『미국 보호론(米國保護論)』 등이다.

〈화문학(和文學)〉

○ 법문학부 제1년급에서는 어휘별기 및 신황정통기,[29) 본급 제2과
생, 곧 화·한문학생은 특별히 다케토리모노가타리[竹取物語][30) 및
마구라노 소시[枕草紙][31)를 강수한다.

○ 문학 제2년급 제1과생은 다케토리모노가타리 및 마구라노 소시를
강수하고, 제2과생은 오오카가미[大鏡],[32) 겐지모노가타리[源氏物
語],[33) 마스카가미[增鏡]을 강수하며, 또한 생도로 하여금 續世繼物
語를 질문하도록 한다.

○ 제3년급 제1과생에게는 겐지모노가타리, 만엽집을 가르치고, 제2
과생은 전년에 배운 겐지모노가타리를 강의하고, 다시 고사기, 만
엽집을 강수한다. 또한 생도에게 습유, 고금집의 고어를 질문한다.

○ 제4년급 제2과생에게는 전년에 배운 고사기, 만엽집을 강수하고,
생도로 하여금 6국사, 유취삼대격을 질문하고, 마지막 3년 간은
격월 1회로 화문 및 화가(和歌)를 짓게 한다.

○ 생도가 여가를 이용하여 학과 외의 서적을 읽고자 할 때를 위해,
그 서적을 다음과 같이 정한다. 단 제1년생을 위한 것은 생략한다.

○ 제2년: 십훈초(十訓抄), 우치습유(宇治拾遺), 고금집(古今集), 원평성
쇠기(源平盛衰記), 토좌일기(土佐日記)

○ 제3년: 속일본기(續日本記), 만엽집(萬葉集)[권3 이하], 수경(水鏡), 증

---

29) 진노쇼토키[神皇正統記]: 기타바다케 치카후사(北親房, 1293~1354)가 썼다고 알려진 일본
의 역사서.
30) 현존하는 가장 오래된 일본의 문학 작품.
31) 마구라노 소시: 일본 헤이안 시대 여류 작가.
32) 오오카가미: 헤이안 시대 말기의 역사 소설.
33) 겐지모노가타리: 헤이안 시대 무라사키 시키부[柴式部]가 지은 소설.

경(增鏡), 작문률(作文率)

○ 제4년: 속일본기(日本書紀), 일본후기(日本後記), 동경(東鏡), 독사여론(讀史餘論), 태평기(太平記), 사옥서(詞玉緒), 사팔구(詞八衢), 사통로(詞通路)

〈한문학(漢文學)〉

○ 법문학 제1년급에게 사기를 윤독하게 하며, 본급 제2과생에게는 맹자, 논어를 윤강하도록 한다.

○ 문학 제2년급 제1과 및 제2과생에게는 8대가의 문장을 윤독하게 하고, 제2과생에게는 좌전 윤강을 더하며, 자치통감을 질문하게 한다.

○ 제3년급 제1과생에게는 좌전을 윤강하도록 하며, 제2과생에게는 대학, 중용, 시경, 한비자, 순자를 윤강하게 하고, 곁들여 송원 통감을 질문한다.

○ 제4년 제1과생은 시경 및 서경을 강수한다. 단 그것을 배우는 것은 생도가 원하는 바에 따른다. 제2년생은 역경 및 장자를 강수하고, 서경 및 노자를 윤강하게 한다. 또한 명조기사의 본말을 질문한다. 제2과는 매월 2회 시문을 짓게 하고, 기타 각급에서는 매월 1회 작문하게 한다. 단 제4년 제1과생은 격월 1회로 작문하게 한다.

○ 생도가 여가를 이용하여 과외 독서를 하고자 할 때, 이미 정한 서적은 다음과 같다.

○ 제1과: 대학, 중용, 논어, 맹자, 자치통감, 송원통감(宋元通鑑), 명조기사본말(明朝紀事本末)

○ 제2과: 한서, 후한서, 삼국지, 당서, 오대사, 국어(國語), 전국책(全國策)

〈사학(史學)〉

○ 제1년 과정은 법학 제1년급의 학생과 문학 제1년급의 학생이 공동으로 수학할 수 있다. 단 본급 생도는 이미 만국사 대의를 배우고 제1학기 중 영국사를 전문적으로 강의하며, 제2학기는 불란서 역사를 배운다.

○ 교과서는 『영국사(英國史)』, 사밀사(斯密士) 저, 『불국사(佛國史)』, 극림(克林) 저, 『영국사(英國史)』, 사답포(斯答布) 저, 『영국 헌법사(英國憲法史)』, 란비(蘭比) 저, 『영국사(英國史)』, 마방(麻方) 저, 『영국사(英國史)』이다.

○ 문학 제2년은 영국 헌법 및 사론(史論)을 연구하게 한다. 헌법 참고서는 다음과 같다. 사답포(斯答布) 저, 『특허전례유찬(特許典例類纂)』, 합분(哈蒉) 저, 『중세사(中世史)』 및 『헌법사(憲法史)』, 미야(米耶) 저, 『헌법사(憲法史)』, 유아서반특(維兒西班特) 저, 『사저특랄아아사(斯底特多剌亞亞斯)』(서명), 사론 참고서 미인(米印) 저, 『고대 법률 및 제도 연혁사(古代法律 及 制度 沿革史)』, 계소(季素) 저, 『문명사(文明史)』, 사변설색(斯邊設色) 저, 『세태학 및 만물 개진론(世態學 及 萬物 開進論)』, 포리만(布利曼) 저, 『사론(史論)』, 파래서(巴來西) 저, 『라마사(羅馬史)』, 문학 제3년은 희랍, 라마 두 나라의 역사를 전수과목으로 하며, 교과서는 사밀사(斯密士) 저, 『희랍사 및 라마사(希臘史 及 羅馬史)』, 참고서는 극로다(克老多) 저, 『희랍사(希臘史)』, 지반(芝般) 저, 『라마성쇠사(羅馬盛衰史)』이다.

○ 문학 제4년은 각국 체맹 조약 및 열국 교제법의 문제와 관련된 것으로 구라파 및 아세아 근세사를 강의한다. 또한 생도로 하여금 논문을 작성하게 한다.

〈영문학(英文學)〉

○ 영문학은 그것을 전수하기 전에 먼저 영어로 용이하게 말하며, 영 문을 독해하고, 영문으로 작문할 수 있어야 한다.

○ 본과를 전수하는 생도는 먼저 교과서를 따라 영어 및 영문학사를 통효하고, 이후 교원은 교과서 가운데 몇 부분을 선택하여 생도로 하여금, 그것을 독해하도록 하고, 또 필기 시험을 보아 생도의 학력 의 진보와 부진을 검증한다. 그 방법은 생도에게 제가(諸家)의 명문 을 덧붙여 비평을 가하도록 하며, 또한 송독(誦讀)하고, 또한 해석하 게 한다. 그 문장은 반드시 '전비(全備)'에서 취한다.

○ 문학과는 일상 생도에게 논문을 짓게 하며, 또한 학기를 마칠 때까 지 비평하게 하며, 수시로 생도에게 다시 심상한 문장가가 지은 글을 읽게 하며, 그것을 분석하여 비평하게 한다.

○ 매월 필기시험으로 생도의 우열을 시험한다.

○ 교과서는 극렬굴(克列屈) 저, 『영어 급 영문학사(英語 及 英文學史)』, 비사겸(斯比兼) 저, 『영문학 대가 문집(英文學大家文集)』, 비열극(格列 克) 훈해, 설극사비아(設克斯比亞) 저, 『해철(該撤)』[34], 비자극 급 래 다(格刺克 及 來多) 훈해, 설극사비아(設克斯比亞) 저, 『한열다(罕列多)· 마고다(麻古多)·아비위니사(阿霏威尼斯)·사리 제2세(查理第二世)(書名)』, 래다(來多) 훈해, 극사비아(克斯比亞) 저, 『경리아(京理牙)(書名)』, 모리 서(慕理西) 훈해, 독수(獨秀) 저, 『포로락극안다내토적이(布魯洛克安多 內土的耳)(書名)』, 기전(幾顚) 훈해, 사변설아(斯邊設兒) 저, 『비아리극 온(非亞理克熅)(書名)』제1권(第一卷), 파자랑(巴刺狼) 훈해, 『미아돈 시

---

34) 해철(該撤): 로마의 장성을 쌓은 사람. 하드리아누스일 가능성. 단재의 논설에도 등장함.

집(彌兒頓詩集)』,[35] 극리사적(克利斯的) 훈해, 『덕래정 시집(德來定詩集)』, 미륜(彌倫) 훈해, 『융손 문집(戎遜文集)』, 비인(比印) 훈해, 『파아극 시집(巴兒克 詩集)』, 가리비(伽利非) 훈해, 『고파 시집(顧巴 詩集)』

〈불란서 및 독일어〉

○ 법학생은 불란서 법률을 배우게 하므로, 전2년 간은 불란서어를 공부하게 한다. 또한 이학부, 문학부는 각 생도로 하여금 2년 간 불·독 두 언어 가운데 하나를 선택하도록 한다. 단 문학 제2과생은 그렇지 않다. 대개 각자 선택한 학과의 전공에 따라 불란서 서적 혹은 독일어 서적 가운데 여러 학설을 널리 탐색하고 인용할 수 있도록 한다.

○ 각급에 소용되는 교과서 및 자독서는 다음과 같다. 감하다(甘荷多) 저, 『영독 대역 문전(英·獨 對譯 文典)』, 류편 급 납기합(琉便 及 納綦合) 저, 『독일 독본(獨逸讀本)』, 수다열아(隨多列兒) 저, 『이학서(理學書)』, 자마다(刺麻多) 저, 『불란서 독본(佛蘭西讀本)』, 파란쇄(巴蘭瑣) 저, 『불란서 회화편(佛蘭西 會話篇)』, 노이 급 살살합(努耳 及 殺撒合) 저, 『불란서 문전(佛蘭西 文典)』, 과력(果力) 저, 『불란서 독본(佛蘭西讀本)』, 피상노(彼搽努) 저, 『불국사(佛國史)』, 오아덕아(烏兒德兒) 저, 『로이 제14세기(魯易 第十四世紀)』, 희내룡(希內龍) 저, 『특열말만유기(特列末漫遊記)』, 저자극이질(低刺克耳秩) 저, 『불국정전(佛國政典)』

---

35) 미아돈(彌兒頓): 존 밀튼. 〈실락원〉의 저자.

3.5. 각 학부의 규칙

일. 학년는 9월 11일에 시작하여 7월 10일에 종료된다.

일. 학년은 3학기로 나누며, 제1학기는 9월 11일부터 12월 24일까지, 제2학기는 1월 8일부터 3월 31일까지, 제3학기는 4월 8일부터 7월 10일까지이다.

일. 겨울방학은 12월 25일부터 1월 7일까지, 봄방학은 4월 1일부터 7일까지, 하기 방학은 7월 1일부터 9월 10일까지이며, 일요일과 국가의 제일과 축일이 있다.

일. 입학의 시기는 매 학년 시작할 때 한 번으로 하며, 단 시의에 따라 제2, 제3학기의 시작에 입학함을 허용한다.

일. 본부의 제일년급에 입학할 수 있는 자는 연령 16세 이상이며, 제2년에 입학할 수 있는 자는 연령 17세 이상으로, 그 밖은 이에 준한다.

일. 본부에서 제1년급에 입학을 허락하는 자는 예비문을 졸업한 자로, 해당 문에서 시험을 보아 학력이 있는 자로 한한다.

일. 제2년 이상의 급에 입학하고자 하는 자는 먼저 제1년급에 입학하여 꼭 필요한 과목을 시업하고, 그 들어가고자 하는 급수를 찾아 합격 불합격으로 입학의 허용과 불용을 결정한다. 혹 다른 대학교에서 수업한 자는 그 본부의 증서를 기준으로 해당 과목을 시업한다.

일. 고등급에 입학하고자 하는 자는 제4년급 제1학기 시작이 아니면 허락하지 않는다.

일. 학년 시업은 6월 21일에 시작하며 본학년 중 이수한 모든 과목의 시업을 실시한다.

일. 학기 시업은 제1 및 제2학기의 계절 주중에 본 학기 내 이수한 제 과목시업을 행하며, 제3학기는 학기를 마치고 실시한다.

일. 과목의 학기 평점은 매 학기 끝날 때마다 하며, 학기 과업 및 학기 시업을 모두 계량하여 평점을 내어 균일하게 정한다.

일. 과목의 학년 평점은 학년을 마칠 때 3학기 과업 및 시업의 평균으로 하며, 이로 두 가지를 곱하여 학년 시업의 평점으로 하고 이를 3으로 나누어 한다.

일. 매학기가 끝날 때 각 교수자는 생도의 과업 평점 및 시업 평점을 모아 종리(綜理, 직급)에게 보고한다.

일. 제1 및 제2학기를 마칠 때 반드시 학업의 우열에 따라 각 생도의 급표를 순서에 따라 배열하고 각 과목의 학기 과업 평점 및 시업 평점을 상세히 기록한다. 학기 평점은 곧 한 과목의 평점 평균수와 모든 과목의 평균수를 게시하여 알릴 수 있도록 하며, 학년을 마칠 때 위와 같이 각 과목의 학기 평점 평균수를 상세히 기록하고 학년 시업 평점수, 학년 평점수와 모든 과목 평점 평균수를 급표에 게시하여 매년 본부에서 각 생도의 성명을 일람하여 볼 수 있도록 인출 간행한다.

일. 학년 제과목 평점 평균의 수는 순차로 기재한다.

일. 본부의 한 학과를 졸업한 자는 법학부는 법학사, 이학부는 이학사, 문학부는 문학사의 학위를 수여한다.

일. 학위는 그 학년을 마칠 때 수여한다.

일. 본부의 학사가 이미 졸업하고 다시 그 학문을 연구하고자 할 때는 그 청원에 의하여 허락한다.

일. 각 학부의 제2년급 이상 제과목 중 한 과목을 선택하여 여러 과목과 더불어 오로지 연구하고자 하는 자는 각급 정과생의 결원수에 따라 허용하며, 오직 영 불 독어 화한문학 및 일본법률은 선택함을 허용하지 않는다.

일. 생도의 비용은 수업료, 식료, 탄신유 등을 합하여 한 학기에 18원 이내이다.

일. 수업료는 한 학기에 금 4원이며, 매 학기 시작 시 그 학기에 본부 회계에 분납하며 만약 과업이 늦추어지거나 혹은 퇴학 등과 같이 일이 있을 때에는 이미 분납한 것을 다시 돌려받을 수 없다.

일. 생도 중 학력이 우등하고 행실이 단정하여 장래 업을 이룰 만한 재목이나 가난하여 그 뜻을 이루기 어려운 자가 입사(入舍)를 원할 때에는 그 청원에 의해 전의(詮議: 의론)한 연후에 학비를 급여하며, 이를 '급비생'이라고 부른다.

일. 급비생은 만 3년 졸업한 후 매월 이미 사용한 5원의 돈을 다시 환납하며 이전에 받은 급비금 전액을 완전히 납부해야 한다.

일. 단 3년 이내 납보할 만한 자금을 가진 자는 그 때 납보할 수 있다.

일. 급비생이 만약 질병 혹은 다른 사고로 퇴학을 자청하거나 혹은 학기 및 학년 시업에 불참하고, 또 다음 학년 제1학기 시업에 출석하지 못하여 이로 말미암아 퇴학하고자 한다면, 즉시 급비금을 환납해야 한다.

○ 종리 2인, 교원은 50인[본국인 38, 타국인 12인] 생도 208인[학자금은 매월 5월에서 4원에 이르며, 관급은 116인]이다.

대학 예비문(大學豫備門)

1. 연혁

칠년 동경 외국어학교 영어과를 나누어 한 학교를 창설하여 동경 영어학교를 만들고, 문부성에 속하도록 하였다. 그 교칙은 상하 두 등급의 과가 있었다. 상등생은 어학을 전수하도록 하였고, 하등생은 상등에 나가기 전의 학과를 배운다. 단 하등 어학을 졸업한 후에 상등 어학에 진학할 수 있으며, 개성학교에 입학하여 전문과가 되도록 하는 것을 요지로 하였다. 십년에는 동경대학에 소속되어 대학 예비문으로 칭하였다.

2. 교지(敎旨) 및 과정(課程)

일. 본교는 동경대학에 소속되어 법·리·문학부에 입학하고자 하는 생도에게 보통학과를 널리 배워 예비로 삼는다.

일. 본교 과정은 4년으로 하고, 이로 말미암아 4등급으로 설정한다. 졸업한 생도는 대학에 입학하여 법·리·문의 한 과를 택함을 득한다. 학과의 과정과 그 과목은 다음과 같다.

학년	학기	과목
제1년 (제4급)	제1기	영어학(읽기, 짓기, 문법, 해석: 매주 11시), 수학(산술: 매주 6시), 화학(畵學)(자재화(自在畵法): 매주 2시), 화·한서(和·漢書)(일본 외사(日本外史): 매주 5시)
	제2기	위와 같음
	제3기	위와 같음

학년	학기	과목
제2년 (제3급)	제1기	영어학(읽기, 짓기, 문법, 해석: 매주 11시), 수학(산술, 기하총론: 매주 4시), 지리학(자연지리: 매주 3시), 사학(만국사략: 매주 3시), 화학(畵學)(자재화법: 매주 2시), 화·한서(和·漢書)(일본 정기(日本政記): 매주 5시)
	제2기	수학(대수, 기하) 기타 같음
	제3기	위와 같음
제3년 (제2급)	제1기	영어학(수사, 작문, 해석, 강연: 매주 9시), 수학(대수, 기하: 매주 6시), 사학(만국사: 매주 3시), 생물학(생리: 매주 3시), 화학(畵學)(자재화법: 매주 2시), 화·한서(통감람요 정편(通鑑覽要正篇): 매주 4시)
	제2기	화학(畵學)(용기화법(用器畵法), 기타 위와 같음
	제3기	생물학(식물) 기타 위와 같음
제4년 (제1급)	제1기	영어학(영문학, 작문, 해석, 강연: 매주 7시), 수학(대수, 기하: 매주 6시), 물리학(중학(重學), 건전론(乾電論), 수리중학(水理重學): 매주 3시), 생물학(동물: 매주 3시), 화학(畵學)(용기화법: 매주 2시), 화·한서(통감람요 속편(通鑑覽要續篇), 문장궤범(文章軌範): 매주 4시)
	제2기	수학(삼각법), 물리학(열론(熱論), 광론(光論)), 화학(무기) 기타 위와 같음
	제3기	물리학(자력론(磁力論), 습전론(濕電論)), 이재학(대의: 매주 3시), 기타 위와 같음[단 제1기 무화학(無化學), 이재학(理財學), 제2기 무생물학, 이재학, 제3기 무생물학, 수학, 제2 제3기 매주 3시]

3. 교과 세목(敎科細目)

〈제1년〉

○ 읽기(讀方) [매주 2시] 교과서는 점불아(占弗兒) 저, 독본 권3, 권4를 사용한다.

제1학기: 생도로 하여금 바른 자세로 발음하도록 한다.

제2학기: 문법상의 종결과 마디를 가르치고, 또한 일어(一語)로부터 일구, 일장에 이르기까지 정확하게 발음하고 점차 송독의 범위를 넓혀 간다.

제3학기: 억양, 음성으로, 청자로 하여금 감동하게 하며, 독서한 바의 뜻을 상세히 이해하게 한다.

○ 짓기(綴文) [매주 4시]

　　제1학기: 생도에게 단문 주제를 설정하여 흑판에 쓰게 하고, 교원이
　　　　　　그 오류를 정정한다. 또한 매월 1회 보통어를 암기하도록
　　　　　　한다.

　　제2학기: 수업법은 전 학기와 동일하다. 교원은 이속어(俚俗語)를
　　　　　　가하고, 또한 그 의의를 설명한다. 매월 1회 그 말을 암기
　　　　　　하도록 하고, 또 매일 회화를 연습하도록 한다.

　　제3학기: 수업법은 전 학기와 동일하다. 특히 화·한 양어의 차이에
　　　　　　따른 조성을 적시하여 작문상 오류에 이른 것을 항상 주의
　　　　　　하도록 한다. 단 회화를 암기하는 것은 전 학기와 같다.

○ 영문법 [매주 2시] 교과서는 불라옹(弗羅翁) 저, 『영국소문법서(英國
　小文法書)』를 사용한다.

　　제1학기: 단문 어사를 사용하고, 품사의 구별을 가르치며, 또한 생
　　　　　　도에게 영국 상용어의 어법 및 문법상의 어사를 연습시키
　　　　　　며, 더불어 특별한 유형의 동의구를 가르친다.

　　제2학기: 어사 변화법을 가르치고, 법칙을 연습하게 하며, 이전 학
　　　　　　기와 동일하게 한다.

　　제3학기: 간단한 작문의 본의를 강의하고, 문장의 오류를 정정한다.

○ 해석 [매주 3시] 교과서는 사유돈(斯維頓) 저, 『만국사략(萬國史略)』
　을 사용한다.

　　제1학기: 머리말[소인(小引)], 고대 동국 및 희랍부를 가르친다.

제2학기: 로마 및 중고부를 가르친다.

제3학기: 근세부를 가르친다. 그 수업 방법은 매 학기 약간의 차이가 있다. 그러므로 교원은 방어(邦語: 일본어)로 번역 강의함으로써, 생도로 하여금 그 의의를 이해하게

○ 수학 교과서는 로민손 저 『실용산술서』를 사용한다.

제1학기: 화폐산에서 제등까지 가르친다.

제2학기: 제등에서 백분산까지 가르친다.

제3학기: 백분산에서 비례까지 가르치며, 교수의 필요에 따라 이를 해석하고, 교과서를 사용하여 생도에게 설명하며, 이해하지 못하는 자는 흑판 위에 문제를 제시하고 풀이하여 생도로 하여금 이해하도록 한다.

○ 3화학(畫學)

제1, 2학기: 도화범본의 간이한 것을 취하여 기기 물체 초목, 화실, 경색 및 친체의 여러 가지 사실을 모사하게 한다.

제3학기: 제 기기의 형체 및 제반 물체를 모사하여 자유로이 실제 응용하도록 한다.

○ 3화한서(和漢書): 교과서는 『일본외사』를 사용한다.

3학기를 통하여 생도로 하여금 먼저 교과서를 배워 읽도록 하고, 이후에 교원이 그것을 강독하도록 하며, 2주에 1회 과제를 부여하여 통속에 필요한 편지글을 쓰도록 한다.

〈제2년〉

○ 읽기(讀方) [매주 3시] 교과서는『유니은독본(由尼恩讀本)』권4를 사용한다.

　제1학기: 문법상의 정절(停節, 종지법과 마디를 의미하는 것으로 추정)을 상세히 해설하고, 또 수사상의 종지와 마디를 이해하게 한다.

　제2학기: 생도로 하여금 성음의 조화를 연습하게 한다.

　제3학기: 생도에게 자세와 행동을 준비하게 하여 타일 강연의 계제를 배우도록 한다.

○ 영문법 [매주 2시] 교과서는 백라은(伯羅恩) 저,『영국 대문법서(英國大文法書)』를 사용한다.

　제1학기: 생도에게 어사의 구별 및 변화법을 복습하게 하고, 어사의 본원 및 연어, 조어를 해설한다.

　제2학기: 위치사의 관용법, 동사 시제의 연속법, 직접 및 간접 인용법 및 일반 어사의 품사 종류 등을 가르친다.

　제3학기: 문장의 분별 및 문장을 짓는 방법을 설명한다. 또한 다른 책의 장구를 선별하여 적고 그것을 비평하게 하며, 3학기를 통하여 이미 익힌 문법상의 규칙으로 실용독본 가운데 선택하여 그 적절한 예를 연습하게 한다.

○ 영작문 [매주 4시] 교과서는 격현발(格賢勃) 저,『작문계제서(作文階梯書)』를 사용한다.

　제1학기: 구점 및 작문법을 가르치고, 아울러 통상 과제에 취하여 보통 어사를 사용하고, 간단한 문장을 흑판상에 쓰고, 교원은 생도들의 앞에서 그것을 교정한다.

제2학기: 그 수업법은 제1학기와 대동소이하며, 고상한 과업을 일부 선별하여 생도로 하여금 규칙 외 어사 및 화법을 수부(手簿: 수첩, 공책?)에 기록하게 하고, 또한 여러 구술 과제를 설정하여 답하게 하여, 교원의 질문에 빨리 해석·응답하는 습관을 갖게 한다.

제3학기: 과업을 일층 진보시켜 고상하게 하도록 한다.

○ 석해(釋解) [매주 3시] 교과서는 독본을 사용한다.

제1, 제2학기는 유인은(由仁恩)의 독본 권4를, 제3학기는 점불아(占弗兒)의 독본 권5를 사용하며, 그 수업법은 교원이 방어(일본어)로 강설하거나 혹은 생도로 하여금 역독하여, 그 의미를 해석하는 능력을 기르게 한다.

○ 수학: 교과서는 로민손 저 『실용산술서』, 래사 저 『평면기하서』, 돌사번태아 저 『소대수서』를 사용한다.

제1학기: 산술을 마치고 기하총론을 배운다.

제2학기: 기하 제1권을 끝내고 대수의 시작으로부터 최소공배수까지 배운다.

제3학기: 기하 제2권을 마치고 대수 분수 약방으로부터 1차방정식까지 배운다. 그 수업법은 산술 및 대수학은 전회에서 가르친 여러 과제의 문제를 내고, 그 후 차회의 과업을 설명하며 여가가 있을 때에는 즉석 문제를 제시하거나 숙제를 내서, 해석하고 연습하도록 하며, 기하학은 교과서의 순

서에 따라 반복하여 강의하고 그 이치를 밝히며 생도로
하여금 명칭과 해석 및 정론을 암기하도록 한다.

○ 지리학: 교과서는 막이열 저 『자연지리서』를 사용한다.
　제1학기: 지구론을 가르친다.
　제2학기: 공중 현상론을 가르친다.
　제3학기: 해양 현상, 해중 생물론 및 육지 물산, 육상 생물론을 가르
　　　　친다. 수업법은 교과서에 그치지 않고 수종의 과제를 제시
　　　　하거나 실물을 보여주고 물상의 서로 관계되는 것을 설명
　　　　하며, 생도들이 교과서를 암송할 필요는 없다.

○ 사학: 교과서는 사유돈 저 『만국사략』을 사용한다.
　제1학기: 태고 동국 및 희랍사를 가르친다.
　제2학기: 라마 및 중고사를 가르친다.
　제3학기: 중고 개화사를 가르친다. 그 수업법은 생도가 긴요사항을
　　　　암기하며, 교원은 문제를 내고 응답을 시험하며, 또 교과
　　　　서 가운데 누락된 것은 다른 책을 참고하여 적절한 것을
　　　　가려 구두로 수업한다.

○ 화학(畵學): 수업법은 3학기를 통틀어 생도로 하여금 원근법의 이치
　　및 음영법의 용도, 형체, 경색, 초목, 화과, 인체 및 동물, 조각상,
　　사지, 안면의 비교법, 그리고 골격 등을 사용하도록 하며, 임화와
　　사생의 기술을 모사 연습하도록 한다.

○ 화한서(和漢書): 교과서는 『일본정기』를 사용한다.

수업법은 3학기를 통틀어 제1학년과 대동소이하다. 단 진급할수록 과업이 일층 높아지며, 2주 1회 과제를 내서 한문체와 가나 혼용체 문장을 모방하도록 한다.

〈제3년〉

○ 수사(修辭) [매주 4시] 교과서는 격현발(格賢勃) 저, 『영국작문 급 수사서(英國作文 及 修辭書)』를 사용한다.

제1학기: 영어 연혁의 개략, 구점법 및 비유 용법 등을 교수하고, 논문은 제2년 작문법과 동일하며, 매주 1회 즐겁게 읽는 법을 익히도록 한다.

제2학기: 문체 및 시율 편을 교수한다. 또한 상업 및 교의상 여러 주제에 취하여 통신문을 짓게 하고, 교원이 참여하여 그것을 첨삭한다. 또한 매주 1회 강연을 하도록 한다.

제3학기: 제2년의 과업을 복습하고 논문을 한층 더 가한다.

○ 석해 [매주 3시] 교과서는 논문을 사용한다.

제1, 제2학기는 마고열(摩杲列) 저, 『와련희사진(窩連希斯陳(書名))』을 사용하고, 제3학기는 마고열(摩杲列) 편, 『파라무헌법사(巴羅無憲法史)』를 사용한다. 그 수업법은 생도로 하여금, 논문의 어려운 부분을 강의하도록 하고, 그 해석이 불가능한 것은 교원이 번역 강의하여 그 의의를 밝히도록 한다.

○ 수학: 교과서는 래사 저『평면기하학』, 돌사번태아 저『소대수서』를 사용한다.

제1학기: 기하 제3권을 마친다. 머릿권으로부터 제4장 대수까지, 2차방정식으로부터 유기수까지 가르친다.

제2학기: 평면기하 및 대수초보를 마친다.

제3학기: 평면기하 및 대수를 복습하도록 하며, 생도 모두에게 전일 가르친 과업을 강의하여 밝히도록 하며, 혹은 문제를 내고 해석하게 한다. 또 교원은 그 오류를 바로 잡는다. 만약 생도가 의문이 있으면 질문하게 하고, 그 후에 교과서를 보게 하며, 차회의 과업을 가르친다. 또 다른 책에서 적출 하고 혹은 스스로 문제를 내거나 숙제를 내서 그 풀이법을 연습하게 한다.

○ 사학: 교과서는 불리만 저 『만국사』를 사용한다.

제1학기: 구라파 인종 기원론부터 라마 멸망까지

제2학기: 구라파 각국 흥기론부터 서력 1300년간까지

제3학기: 서력 1400년간부터 근세까지. 그 수업법은 제2년 사학과 동일하며 오직 여러 서적을 참고하여 대소 기사를 적출하 고 그것을 가르친다.

○ 생리학: 교과서는 파고사열·유만이 함께 편찬한 『생리서』, 『구례 교실 및 야외 식물편』을 사용한다.

제1학기: 생리총론, 혈죽기론, 호흡기론, 배설 흡수론을 교수한다.

제2학기: 영양기론, 운동론, 오관 효용론, 신경계론 등 생리서를 마친다.

제3학기: 식물대의를 가르친다. 생리 교수법은 교원이 교과서를 강의하고 때에 따라 인체 골격 및 해부현도를 탐구하고

해석하게 하여 생도로 하여금 그 이치를 깨닫게 한다. 식물학 수업법은 교원이 교과서의 순서를 따라 강설하며, 생도로 하여금 초목을 해부하고 그 종속(種屬)을 구별하게 한다.

○ 화학(畫學)

제1학기: 생도로 하여금 모사 연습하게 한다.

제2년은 여러 물경에 대해 완비하지 못한 바를 수업한다.

제2 제3학기는 평면 기하도를 배우게 한다. 교원은 직선, 호선, 다각형 기타 고등호선이 있는 바를 설명하며, 생도로 하여금 실제로 그것을 연습하게 한다.

○ 화한서: 교과서는 『통감절요 정편』을 사용한다.

삼학기를 통하여 생도는 교과서를 윤강하고, 교원은 그 오류를 정정한다. 또 사상을 해석하기 어렵고 연마하기 어려운 것을 발문하며, 매2주간 1회씩 과제를 내어 한문을 짓게 하거나 한문체와 가나 문자를 혼용한 글을 짓게 한다.

〈제4년〉

○ 영문학 [매주 3시] 교과서는 암태이오토(暗太耳鳥土) 저, 『장중 영국 문학서(掌中英國文學書)』를 사용한다.

제1학기: 교원은 영어의 기원 및 발달을 강의하고, 생도로 하여금 조좌아(兆佐兒)의 '시(時)'로부터 미이돈(美耳頓)의 『영국 저명 문장가전(英國著名文章家傳)』을 읽게 하며, 그 문장을 배우도록 한다.

제2학기: 교원은 영국 극문학의 기원 및 발달을 강의하고, 생도로
하여금 제1학기에 준하여 미이돈(美耳頓)의 '시(時)'로부터
좌아아태아소격(佐亞窩兒太兒蘇格)의 『저명 문장가전(著名
文章家傳)』을 읽도록 하며, 그 문장을 배우도록 한다.

제3학기: 생도로 하여금 금세(今世)의 저명한 문장가의 일대기를
읽도록 하고, 그 문장을 배우도록 한다. 3학기를 통하여
매월 1회 생도로 하여금 학술상 및 통상의 주제와 관련한
작문을 하게 하고, 매주 1회 영어 강연을 하도록 한다.

○ 석해 [매주 2시] 교과서는 논문을 사용한다.

제1학기: 사변설이(斯邊設耳)의 '사격론(詞格論)'을 사용한다.

제2학기: 마고열(摩杲列)의 '미이돈(美耳頓: 밀튼?)'을 사용한다.

제3학기: 마고열(摩杲列)의 평론한 바와 마이가이모(摩耳加耳母) 저,
『귀족 고래백전(貴族古來伯傳)』 등을 사용하며, 교수법은
제2년의 석해와 동일하다. 생도가 어려운 질문을 하면 교
원이 그 수준에 맞게 영어를 사용하여 강의한다.

○ 수학: 교과서는 돌사번태아 저 『대대수서』, 유아손 저 『입체기하서』,
점불이 저 『대수표』, 돌사번태아 저 『소삼각서』를 사용한다.

제1학기: 입체기하 및 대수를 끝낸다.

제2학기: 삼법법의 제1절에서 제17절을 가르친다.

제3학기: 제18절에서 권미까지 삼각법을 끝낸다. 수업법은 제3학
년과 같다.

○ 물리학: 교과서는 사거아토 저 『물리서』를 사용한다.

제1학기: 중학, 건전론, 수리중학을 교수한다.

제2학기: 열론, 광론을 교수한다.

제3학기: 자력론을 교수한다. 수업법은 교원이 교과서를 강설하며, 또 각종 실험을 제시하여 생도로 하여금 물리의 이치를 확실히 알게 한다.

○ 화학(化學): 교과서는 노사고 저 『화학초보』를 사용한다.

제2, 제3학기 교원은 생도에게 일과를 먼저 시문하고, 만약 기 뜻을 이해하지 못하거나 답을 하지 못하는 자는 교원이 그것을 직접 강의하고, 때에 따라 각종 실험을 제시하여 화학의 참된 이치를 밝히게 한다.

○ 생리학: 교과서는 인하이손 저 『교과용 동물서』를 사용한다.

제1학기에 교원은 교과서를 강설하고, 또는 생도로 하여금 시문한 바 답을 하게 하며, 때에 따라 실물로 그 뜻을 명확히 설명하게 한다. 본 학기 중 시 과업을 마친다.

○ 이재학: 교과서는 화한토 저 『소이재학』을 사용한다.

제3학기. 수업법은 교원이 본래는 교과서는 교수한다. 그리고 긴요한 과제를 여러 책을 참고하여 제시하고, 그것을 마칠 때 구두로 교수하여, 생도로 하여금 그 요령을 깨우치게 한다. [이 과는 오직 제삼학기에만 가르친다.]

○ 화학(畫學)

제1학기: 평사도법을 교수한다.

제2학기: 음영법을 교수한다.

제3학기: 평면배경도를 교수하며, 그 수업 순서는 제일, 제이학기에 교원이 사형면의 이치와 사면도의 근본 원리를 설명하고 생도가 그것을 연습하게 한다. 제삼학기에 이르러 직접 제종 모형을 두고 생도가 그 크기를 측정하여 학과 과정에서 이미 배운 바를 실제로 익히게 하며 단일제도도를 그리게 한다.

○ 화한서: 교과서는 『통감남요』 속편 및 『문장궤범』을 사용한다. 삼학기를 통하여 『통감남요』를 생도가 윤독하게 하며, 그 의문나는 바를 질문하게 한다. 『문장궤범』은 교원이 그것을 강독하며, 생도로 하여금 문체의 제반 법칙을 상세히 깨닫게 하고 2주 1회 과제를 주어 한문을 짓게 한다.

무릇 규칙은 대학교가 모두 같다. 주간 1인, 교원 24인. [본국인 21인, 타국인 3인] 생도는 421인이다. [학원은 스스로 관리함]

대학 의학부(大學醫學部)

1. 연혁

이전에 에도[江戶]에 서양 의술을 이용한 종두관을 설치하고, 후에 서양의학소로 개칭하였다. 이 용어 앞에 있는 '서양' 두 자는 한의학교와 다름을 나타낸 것이다. 네덜란드에 사람을 파견하여 의술을 배우고, 병원을 건립하며, 생도에게 네덜란드의 방법을 따라 배우도록 하였다. 후에 의학소로 불렀다. 원년(1868)에 이르러 의학교, 병원은 모두 군무관에 소속되었으며, 동경부의 관할이 되었다. 2년에 병원에 본교를 합쳐 의학교로 불렀으며, 병원을 겸하고, 대학교에 소속시켰다. 후에 대학 동교로 칭하였다. 4년 동교로 단칭하였으며, 5년 대학구 의학교로 개칭하였다. 7년에 동경 의학교로 개칭하고, 아울러 본교에 나가사키 의학교를 병합하였다. 10년에 동경 예과, 본과로 부르기 시작했으며, 예과 교칙 중 화한학 1과를 두었다.

2. 통칙(通則)

일. 본부는 의학을 가르치기 위해 설치한 것으로, 대학의 한 부서이며, 문부성이 관할하는 제약학을 가르치는 교장이자 의원에 소속된다.
일. 교과를 둘로 나누어 의학 본과, 예과로 부른다. [단 의학은 제반 학과를 개설하는 까닭에 고급 중학의 학과를 공부할 수 없어, 그 참된 의미를 이해하기 어려워, 진실로 의학에 종사하고자 하는 사람이 불가불 중학 과정을 이수해야 한다. 그러나 지금 고급 수준의 중학교가 없으므로, 임시로 본부에 교장을 설치하여 고급 중학의 학과를 가르치고 이를

이름하여 예과로 한다. 전문 의학을 가르치는 것은 본과로 명명한다.]

일. 예과 학기는 오년으로 하고, 의학 본과의 학기도 5년으로 한다.
[단 지금 학기에 따라 가르치는 자는 독일어를 전용한다.]

일. 본부 내 별도의 교장을 설치하여 국어로 의학 제과 및 제약학을 가르치고, 이 생도를 임시로 '통학생'이라고 부른다.

일. 예과에 입학하고자 하는 자는 연령 14세 이상 20세 이하의 소학 과정을 졸업한 자로 허용한다.

일. 예과 졸업자는 시험 후 본과에 입학함을 허락한다.

일. 학기의 휴업, 증서 수여 등의 규칙은 다른 학교와 동일하다.

3. 예과 과정(豫科課程)[36]

학년(등급)	급수	과목
5등 제1년 (五等 第一年)	하급(下級)	습자(習字), 철자(綴字), 산술(算術), 독방(讀方), 역독(譯讀), 화한학(和漢學)
	상급(上級)	독방(讀方), 문법(文法), 작문(作文), 지리학(地理學), 분수(分數), 화한학(和漢學)
4등 제2년 (四等 第二年)	하급(下級)	문법(文法), 작문(作文), 지리학(地理學), 분수문제(分數問題), 분수(分數), 화한학(和漢學)
	상급(上級)	문법(文法), 작문(作文), 지리학(地理學), 비례(比例), 소수(小數), 화한학(和漢學)
3등 제3년 (三等 第三年)	하급(下級)	독일어학(獨逸語學), 산술(算術), 지리학(地理學), 기하학(幾何學)
	상급(上級)	독일어학(獨逸語學), 산술(算術), 박물학(博物學), 지리학(地理學), 기하학(幾何學)
2등 제4년 (二等 第四年)	하급(下級)	독일어학(獨逸語學), 라틴어학(羅甸語學), 박물학(博物學), 대수학(代數學), 기하학(幾何學)
	상급(上級)	하급과 동일함

---

36) 표는 정리하는 과정에서 만든 것임.

학년(등급)	급수	과목
일등 제5년 (一等 第五年)	하급(下級)	독일어학(獨逸語學), 라틴어학(羅甸語學), 동물학(動物學), 식물학(植物學), 광물학(鑛物學), 대수학(代數學)
	상급(上級)	독일어학(獨逸語學), 라틴어학(羅甸語學), 식물학(植物學), 광물학(鑛物學), 동물학(動物學), 대수(對數), 삼각술(三角術), 대수학(代數學)

4. 본과 과정(本科課程)[37)

학년(등급)	급수	과목
5등 제1년 (五等 第一年)	하급(下級)	물리학(物理學), 화학(化學), 의과동물학(醫科動物學), 해부학(解剖學)
	상급(上級)	동물학(動物學), 화학(化學), 의과식물학(醫科植物學), 각부해부학(各部解剖學), 조직학(組織學)
4등 제2년 (四等 第二年)	하급(下級)	물리학(物理學), 화학(化學), 실지해부학(實地解剖學)
	상급(上級)	물리학(物理學), 화학(化學), 현미경용법(顯微鏡用法), 생리학(生理學)
3등 제3년 (三等 第三年)	하급(下級)	외과총론(外科總論), 내과총론(內科總論), 생리학(生理學), 생리학 실지 연습(生理學實地演習)
	상급(上級)	외과총론(外科總論), 내과총론 및 병리 해부(內科總論 及 病理解剖), 약물학(藥物學), 제제학 실지 연습(製劑學實地演習), 분석학 실지 연습(分析學實地演習)
2등 제4년 (二等 第四年)	하급(下級)	외과 각론(外科各論), 병리 각론(病理各論), 외과 임상 강의(外科臨床講義), 내과 임상 강의(內科臨床講義)
	상급(上級)	하급과 동일
일등 제5년 (一等 第五年)	하급(下級)	외과 각론 및 안과학(外科各論 及 眼科學), 병리 각론(病理各論), 외과 임상 강의(外科臨床講義), 내과 임상 강의(內科臨床講義)
	상급(上級)	외과 각론 및 안과학(外科各論 及 眼科學), 병리 각론(病理各論), 외과 임상 강의(外科臨床講義), 내과 임상 강의(內科臨床講義), 외과 수술 실지 연습(外科手術實地演習)

○ 제약학 교장 규칙

일. 본장 생도는 예과 과정을 졸업하지 않으면 입학을 허가하지 않는다.

---

37) 표는 정리하는 과정에서 만든 것임.

일. 교과는 3년이다.

일. 급의 과정은 6개월로 하며, 각 기가 끝나면 시업한다.

○ 제약학 본과 과정(製藥學 本科 課程)

등급(학년)	급	교과 과정
3등 제1년 (三等 第一年)	하급(下級)	물리학(物理學), 약용동물학(藥用動物學), 광물학(鑛物學), 화학(化學)
	상급(上級)	물리학(物理學), 약용식물학(藥用植物學), 무기화학(無機化學)
2등 제2년 (二等 第二年)	하급(下級)	물리학(物理學), 화학(化學), 약품학(藥品學), 제약화학(製藥化學), 정성분석학(定性分析學)
	상급(上級)	물리학(物理學), 유기화학(有機化學), 약품학(藥品學), 제약화학(製藥化學), 정량분석학(定量分析學)
1등 제3년 (一等 第一年)	하급(下級)	제약실지연습(製藥實地練習), 약물시험실지연습(藥物試驗實地練習)
	상급(上級)	약국조제실지연습(藥局調劑實地練習)

○ 통학생(通學生) 규칙

본부 중 특별히 설치한 통학생 교장은 의학은 3년 반에서 4년 과정, 제약학은 2년으로, 학과의 기간을 삼고 대개 나이가 많거나 외국어학, 수학, 라틴어 등을 배울 여가가 없어, 취학이 오래지 않은 사람들에게 국어(방어)로 그 요령을 가르치는 것이다.

○ 의학 통학생 학과 과정(醫學 通學生 學科 課程)

학기	교과 과정
제1기	생리학(生理學), 화학(化學), 해부학(解剖學)
제2기	화학(化學), 동식물학(動植物學), 해부학(解剖學)
제3기	조직학(組織學), 생리학(生理學), 생리총론(生理總論)

학기	교과 과정
제4기	약물학(藥物學), 붕대학(繃帶學), 처방 및 조제학(處方 及 調劑學), 내과통론(內科通論), 외과통론(外科通論)
제5기	내과각론(內科各論), 외과임상강의(外科臨床講義), 안과학(眼科學), 진단법(診斷法)
제6기	내과각론(內科各論), 외과각론(外科各論), 외과임상강의(外科臨床講義), 안과임상강의(眼科臨床講義), 내과임상강의(內科臨床講義)
제7기	내과임상강의(內科臨床講義), 외과임상강의(外科臨床講義), 부인병론(婦人病論), 산과학(産科學)
제8기	내과임상강의(內科臨床講義), 외과임상강의(外科臨床講義), 재판의학(裁判醫學), 위생학(衛生學)

○ 제약학(製藥學) 통학생 학과 과정

학기	교과 과정
제1기	물리학(物理學), 무기화학(無機化學), 식물학(植物學)
제2기	유기화학(有機化學), 약품학(藥品學), 금석학(金石學), 동물학(動物學)
제3기	약품학(藥品學), 제약화학(製藥化學), 독물학분석학(毒物學分析法), 조제법(調劑法)
제4기	제약국실지연습(製藥局實地練習)

종리 2인, 교원 44인[본국인 35, 타국인 9] 생도 1395인[학자금은 한 달에 4원에서 6원이며 관급은 70인이다.]

○ 병원 규칙

일. 입원하는 비용은 상중하의 분별이 있다.

일. 상등 중등 병실은 식료에 차별이 있으며, 약품에 이르기까지 물론 상중하 삼등을 같게 치료한다. 하등 입원 비용은 극히 적게 하여 실지 치료를 하도록 하며, 생도의 연습을 위해 교사 및 의원의 지휘에 따르게 하여 구애됨이 없게 한다.

일. 입원 중 의원 간병인의 말을 위배하지 않으며 병실 법도를 엄격히 지킨다.

일. 신체 의복은 항상 주의하여 더렵혀지지 않도록 한다.

일. 회진 전 대류와 단추 등을 풀지 않으며, 잠자는 곳에서 떨어지지 않게 하여 진찰할 때를 기다릴 수 있도록 한다.

일. 회진 중 담화 및 차를 금하여 병에 해로운 일을 만들지 않는다.

일. 음식물은 의원의 허락을 받지 않으면 스스로 먹을 수 없게 한다.

일. 실내에서 고성 및 독서를 금한다.

일. 부득이하게 일이 있어 출타할 때에는 곧 의원의 지휘를 받는다.

일. 훤화와 구론 및 금은을 빌리는 것 등을 일체 엄금한다.

일. 간병인은 금전 물품 등을 일체 지급하지 않는다.

일. 남녀 병실은 서로 왕래하는 것을 금하고 관련이 있는 일이 있을 때에는 간병인과 동행한다.

일. 우의 조목을 지키지 않은 자는 즉시 퇴원한다.

일. 병자를 구조하는 자는 일개월의 약과 음식물 등 일체를 학교에서 부담한다.

일. 신입 환자가 있을 때에는 약용법과 병실의 제반 규칙을 자세히 가르친다.

일. 환자에게 사용하는 기계와 제반 물품은 회진 전에 준비하고 아무 때나 군졸하지 않도록 한다.

일. 약병과 반찬 기구 등은 깨끗하게 세탁하고 환자의 소지 물품은 파손되지 않도록 한다.

일. 친족이나 친구가 간호하기 위해 와서 만약 병식 내에서 자고자 한다면 의국에 신고해야 한다.

사범학교(師範學校)

1. 연혁

일왕 5년(1872) 문부성 직할로 창설하여, 6년 부속 소학교를 두고, 실지 소학교 생도를 가르치는 방법을 배우게 했다. 당시 본교는 소학 사범을 전공하였으며, 본과는 곧 수업법의 제도를, 본과 이외에 여러 과를 다시 두었으나 7년에 그것을 폐지하고, 소학 사범학과로 고쳐, 가히 교원의 학업을 미리 수학하도록 함으로써 예과를 삼았다. 예과 의 학업을 마친 뒤, 수업 방법을 공부함으로써 본과를 삼았으며, 두 과를 합쳐 사범학교로 칭하였다.

8년 중학 사범학과를 신설하여, 이후 중·소 사범학과가 병존했다. 12년 2월 교제를 혁신하여 제학과를 격물학, 사학, 철학, 수학, 문학, 예술의 5학과로 나누었으며, 모든 학과를 예과, 고등 예과, 본과의 3과로 대별하였다. 예과, 고등 예과는 각 4급, 본과는 상하 2급으로 하였다. 예과로부터 본과에 직접 입학한 졸업자는 소학 교원에 적합 한 자가 되며, 예과, 고등과를 경유하여 본과를 졸업한 자는 중학 교원 에 적합한 자가 된다.

2. 규칙(規則)

일. 본교는 보통학과[소학, 중학] 교원을 양성하는 곳으로 한다.

일. 부속 소학교는 본교 생도로 하여금 실지 연습을 하도록 설치한다.

일. 학년은 9월 11일에 시작하여 7월 10일에 마친다.

일. 과정 구분: 본교의 교과과정을 크게 셋으로 나누는데, 예과, 고등 예과, 본과가 그것이다.

일. 등급 순서: 예과 및 고등 예과에는 각 4급을 두어 최하는 제4급, 최상은 제1급이 된다. 도한 본과에는 상급과 하급의 2급을 둔다.

일. 수학 기한: 예과 및 고등 예과는 각 2년으로 수학 기한을 삼고, 본과는 1년으로 수학 기한을 삼는다. 매 급의 수학 기한은 반년 즉 18주, 매일 5시 즉 일주 28시(토요일 반일은 산정하지 않음)을 기준으로 한다.

3. 교과 세목(敎科細目)

〈예과 4급〉[38]

○ 화학: 여러 차례 시험을 치러, 비금속, 제원소(諸元素) 및 긴요한 화합물 제조법, 성질 등을 가르친다. [매주 3시]

○ 물리학: 제종 자연력(諸種自然力), 응체(凝體), 유체(流體), 기체(氣體)의 성질, 운동체(運動體), 전체(顫體), 열체(熱體) 및 기전체(起電體)의 약론(畧論)을 가르친다. [매주 3시]

○ 지지: 지구의(地球儀) 및 지도(地圖)의 해설, 광열(光熱)의 산포(散布), 지면(地面)의 형상, 공기(空氣)의 현상, 제 대륙의 생물 약론(生物畧論)을 교수하고, 또한 아세아(亞細亞), 구라파(歐羅巴) 양 대륙의 위치, 형적(形積), 지세(地勢), 기후, 금석, 동물, 식물 및 일본과 기타 각국의 위치, 지리(地利), 생업(生業), 산물(産物), 도부(都府), 시(市), 읍(邑),

---

38) 번역문 아래 표는 본문을 바탕으로 일목요연하게 볼 수 있도록 번역자가 다시 만든 것임. 이하 동일.

정체(政體), 풍속(風俗)의 개론(概論)을 교수한다. [매주 4시]

○ 산술(筭術): 백분산 제비례(百分筭諸比例)를 교수한다. [매주 4시]

○ 화한문(和漢文): 통감람요(通鑑覽要) 권1부터 권8에 이르기까지 읽고 강의한다. 또한 가자 문장(混假字文章: 일본문 문장)이 혼합된 것을 『어휘지장도 급 별기(語彙指掌圖 及 別記)(書名)』에 근거하여 가르치며, 어격(語格)을 가르친다. 또한 『신황정통기(神皇正統記)』를 읽게 한다. [매주 4시]

○ 영문: [강독]『제삼리토아(第三理土兒)(書名)』를 발췌하고 지리서 등의 요령을 교수하여, 그것을 번역하고 읽게 한다. [단 이 과는 글자의 뜻과 문의(文意)를 해석하는 것을 전주로 한다.] [문법] 어학류로 하고, 그 분석과 해석을 하게 한다. [작문] 간이한 문장으로 문법을 익히도록 한다. [매주 3시]

○ 도화(圖畵): [임화] 곡직선(曲直線), 단형(單形) 등을 교수한다. [매주 2시]

○ 체조(體操): 도수 연습, 아령, 주간 곤봉(株竿棍棒) 연습, 정렬 행진(正列行進) [매주 5시]

과목	시수	내용
화학	3	여러 차례 시험을 치러, 비금속, 제원소(諸元素) 및 긴요한 화합물 제조법, 성질 등을 가르친다.
물리학	3	제종 자연력(諸種自然力), 응체(凝體), 유체(流體), 기체(氣體)의 성질, 운동체(運動體), 전체(顚體), 열체(熱體) 및 기전체(起電體)의 약론(畧論)을 가르친다.
지지	4	지구의(地球儀) 및 지도(地圖)의 해설, 광열(光熱)의 산포(散布), 지면(地面)의 형상, 공기(空氣)의 현상, 제 대륙의 생물 약론(生物畧論)을 교수하고, 또한 아세아(亞細亞), 구라파(歐羅巴) 양 대륙의 위치, 형적(形積), 지세(地勢), 기후, 금석, 동물, 식물 및 일본과 기타 각국의 위치, 지리(地利), 생업(生業), 산물(産物), 도부(都府), 시(市), 읍(邑), 정체(政體), 풍속(風俗)의 개론(概論)을 교수한다.
산술	4	백분산 제비례(百分筭諸比例)를 교수한다.

과목	시수	내용
화한문	4	통감람요(通鑑覽要) 권1부터 권8에 이르기까지 읽고 강의한다. 또한 가자문장(混假字文章: 일본문 문장)이 혼합된 것을 『어휘지장도 급 별기(語彙指掌圖及 別記)(書名)』에 근거하여 가르치며, 어격(語格)을 가르친다. 또한 『신황정통기(神皇正統記)』를 읽게 한다.
영문	3	[강독] 『제삼리토아(第三理土兒)(書名)』를 발췌하고 지리서 등의 요령을 교수하여, 그것을 번역하고 읽게 한다. [단 이 과는 글자의 뜻과 문의(文意)를 해석하는 것을 전주로 한다.] [문법] 어학류로 하고, 그 분석과 해석을 하게 한다. [작문] 간이한 문장으로 문법을 익히도록 한다.
도화	2	[임화] 곡직선(曲直線), 단형(單形) 등을 교수한다.
체조	5	도수 연습, 아령, 주간 곤봉(株竿棍棒) 연습, 정렬 행진(正列行進)
계		28시간

〈예과 3급〉

○ 화학: 금속이 보유하는 제 원소의 소재와 채수법(採收法), 성질과 용법 등의 개략을 교수하고, 시험하여 화합물 제조법을 시범한다. [매주 2시]

○ 식물학: 식물의 여러 부분의 생육과 관련된 약설(畧說)을 교수하고, 제 식물의 특수한 부분과 특수한 성질 및 효용을 가르친다. [매주 3시]

○ 지지: 아비리가(亞非利加), 호사태자리아(濠斯太剌里亞) 등 제 대륙의 위치, 형적(形積), 지세(地勢), 기후(氣候), 금석(金石), 동물(動物), 식물(植物) 및 각국의 위치(位置), 지리(地利), 생업(生業), 산물(産物), 도부(都府), 시읍(市邑), 정체(政體), 풍속(風俗)을 가르친다. [매주 2시]

○ 역사: [일본 역사] 신무천황(神武天皇)으로부터 지금의 천황(今上天皇)에 이르기까지 역대 사승(史乘)의 개략을 교수한다. [매주 3시]

○ 산술: 승방(乘方), 개방(開方), 출적법(尤積法). [매주 1시]

○ 대수학: 정수사술(整數四術), 분수사술(分數四術). [매주 3시]

○ 화한학: 통감람요 권9부터 권15까지 독해하고 강의하며, 겸하여 가자(假字)가 혼용된 문장을 짓게 한다.『어휘지장도 급 별기(擬語彙指掌圖 及 別記)』에 근거하여 어격을 교수하며, 또한『신황정통기(神皇正統記)』등을 읽게 하고, 겸하여 간이한 일본문[화문(和文)]을 짓게 한다. [매주 4시]

○ 영문: [강독]『제삼리아토(第三理土兒)(書名)』, 지리서, 식물서 등의 요령을 발췌하여 역독하게 한다. [문법] 전급과 동일하다. [작문] 지리, 식물 등의 기문(記文)을 짓게 한다. [매주 3시]

○ 도화: [임화] 기구 가옥류(器具家屋類)의 윤곽, [기하화법] 기기용법(器機用法)의 총론, 곡직선(曲直線) 및 단형제요(單形諸題)에 속하는 것. [매주 2시]

○ 체조: 전급과 동일하다. [매주 5시]

과목	시수	내용
화학	2	금속이 보유하는 제 원소의 소재와 채수법(採收法), 성질과 용법 등의 개략을 교수하고, 시험하여 화합물 제조법을 시범한다.
식물학	3	식물의 여러 부분의 생육과 관련된 약설(畧說)을 교수하고, 제 식물의 특수한 부분과 특수한 성질 및 효용을 가르친다.
지지	2	아비리가(亞非利加), 호사태자리아(濠斯太刺里亞) 등 제 대륙의 위치, 형적(形積), 지세(地勢), 기후(氣候), 금석(金石), 동물(動物), 식물(植物) 및 각국의 위치(位置), 지리(地利), 생업(生業), 산물(産物), 도부(都府), 시읍(市邑), 정체(政體), 풍속(風俗)을 가르친다.
역사	3	[일본 역사] 신무천황(神武天皇)으로부터 지금의 천황(今上天皇)에 이르기까지 역대 사승(史乘)의 개략을 교수한다.
산술	1	승방(乘方), 개방(開方), 출적법(朮積法)
대수학	3	정수사술(整數四術), 분수사술(分數四術)
화한학	4	통감람요 권9부터 권15까지 독해하고 강의하며, 겸하여 가자(假字)가 혼용된 문장을 짓게 한다.『어휘지장도 급 별기(擬語彙指掌圖 及 別記)』에 근거하여 어격을 교수하며, 또한『신황정통기(神皇正統記)』등을 읽게 하고, 겸하여 간이한 일본문[화문(和文)]을 짓게 한다.

과목	시수	내용
영문	3	[강독]『제삼리아토(第三理土兒)(書名)』, 지리서, 식물서 등의 요령을 발췌하여 역독하게 한다. [문법] 전급과 동일하다. [작문] 지리, 식물 등의 기문(記文)을 짓게 한다.
도화	2	[임화] 기구 가옥류(器具家屋類)의 윤곽, [기하화법] 기기용법(器機用法)의 총론, 곡직선(曲直線) 및 단형제요(單形諸題)에 속하는 것.
체조	5	전급과 동일하다.
계	29시간	

〈예과 2급〉

○ 동물학: 무척추(無脊椎) 및 유척수(有脊髓), 제 동물의 구조, 습성 등. [매주 3시]

○ 생리학: 골격(骨格), 근육(筋肉), 피부(皮膚), 소식기(消食器), 순혈기(循血器), 호흡기(呼吸器), 신경(神經) 및 감각(感覺) 등의 개론. [매주 3시]

○ 역사: [지나 역사] 태고 삼황(三皇)으로부터 오제(五帝) 이하, 명말(明末)의 연혁 개략을 교수한다. [매주 2시]

○ 기부법(記簿法): 상용지류(商用紙類), 단기법(單記法), 복기법(復記法). [매주 2시]

○ 대수학: 일원 일차 방정식(一元一次方程式), 다원 일차 방정식(多元一次方程式), 승방(乘方) 및 개방(開方). [매주 3시]

○ 기하학(幾何學): 직선론(直線論). [매주 2시]

○ 한문: 『청사람요(淸史覽要)』 권2부터 끝까지 강독하며, 『문장궤범(文章軌範)』 정편(正編)을 더한다. 아울러 한문을 짓게 한다. [매주 2시]

○ 영문: [강독]『제4리아토(第四理兒土)』, 동물서(動物書), 생리서(生理書) 등의 요령을 발췌하고, 이를 역독하게 한다. [문법] 사상(思想)

및 문장 분해(文章分解)를 배우게 한다. [작문] 동식물 등의 기문(記文)을 짓게 한다. [매주 3시]

○ 도화(圖畵): [임화] 전급과 같다. [기하화법] 비례(比例), 타원선(橢圓線), 포물선(抛物線) 등의 주제. [매주 3시]

○ 체조: 전급과 같다. [매주 5시]

과목	시수	내용
동물학	3	무척추(無脊椎) 및 유척수(有脊髓), 제 동물의 구조, 습성 등
생리학	3	골격(骨格), 근육(筋肉), 피부(皮膚), 소식기(消食器), 순혈기(循血器), 호흡기(呼吸器), 신경(神經) 및 감각(感覺) 등의 개론
역사	2	[지나 역사] 태고 삼황(三皇)으로부터 오제(五帝) 이하, 명말(明末)의 연혁 개략을 교수한다.
기부법(記簿法)	3	상용지류(商用紙類), 단기법(單記法), 복기법(復記法). [매주 2시] 대수학: 일원 일차 방정식(一元一次方程式), 다원 일차 방정식(多元一次方程式), 승방(乘方) 및 개방(開方)
대수학	3	일원 일차 방정식(一元一次方程式), 다원 일차 방정식(多元一次方程式), 승방(乘方) 및 개방(開方)
기하학	2	직선론(直線論)
한문	2	『청사람요(淸史覽要)』 권2부터 끝까지 강독하며, 『문장궤범(文章軌範)』 정편(正編)을 더한다. 아울러 한문을 짓게 한다.
영문	3	[강독] 『제4리아토(第四理兒土)』, 동물서(動物書), 생리서(生理書) 등의 요령을 발췌하고, 이를 역독하게 한다. [문법] 사상(思想) 및 문장 분해(文章分解)를 배우게 한다. [작문] 동식물 등의 기문(記文)을 짓게 한다.
도화	3	[임화] 전급과 같다. [기하화법] 비례(比例), 타원선(橢圓線), 포물선(抛物線) 등의 주제
체조	5	전급과 같다.
계	29시간	

〈예과 제1급〉

○ 물리학: 물력(物力), 동·통론(動·通論), [중학] 중력(重力), 추하체(墜下體), 요추(搖錘), 권형(權衡) 등, [수학(水學)] 정수학(靜水學), 아씨 이론

(亞氏理論) 및 그 수력 평균(水力平均) 응용 등, [기학(氣學)] 기체(氣體)의 성질, 그 팽창력 측정, 공기(空氣), 기압(氣壓) 및 그와 관련된 여러 기구 등, [열학(熱學)] 한서침(寒暑鍼), 물질 팽창의 원리, 용해(溶解), 고실(固實), 기발(氣發), 응결(凝結)의 이치, 습학(濕學) 실험, 외사열(外射熱), 정열학(定熱學), 용열술(用熱術), 증기기관(蒸氣機關), 지열(地熱) 등. [매주 5시]

○ 역사: [서사(西史)] 태고, 중고, 근세의 연혁 개략을 교수한다. [매주 3시]

○ 경제학: 생재(生財), 교역(交易) 및 세(稅) 등의 개략을 교수한다. [매주 2시]

○ 대수학(代數學): 근수식(根數式), 일원 이차방정식(一元二次方程式), 이원 이차방정식(二元二次方程式). [매주 3시]

○ 기하학(幾何學): 면적론(面積論) 및 비례(比例). [매주 2시]

○ 성학(星學): 지구(地球) 총설, 태음 운동(太陰之運動), 태양계(太陽系), 제 유성(諸遊星), 태양 및 다른 항성(恒星) 약론, 천체 위치 방법(天體位置方法) 등의 개론. [매주 3시]

○ 영문(英文): [강독] 제4리토아(第四理土兒), 물리서(物理書), 역사(歷史) 등의 요령을 발췌하여 그것을 역독하게 한다. [문법] 구두점(句讀法)을 교수하고, 문장의 오류를 교정하게 한다. [작문] 역사 중 저명 인사 약전(著名人物畧傳)을 짓게 한다. [매주 2시]

○ 도화(圖畫): [투시화법(透視畫法)] 기구(器具) 총론, 가옥(家屋) 등의 윤곽, [투영화법(投影畫法)] 점선 투영법(點線投影法)의 총론, 평면시도(平面視圖), 영선(影線) 등. [매주 3시]

○ 체조: 전급과 같다. [매주 5시]

과목	시수	내용
물리학	5	물력(物力), 동·통론(動·通論), [중학] 중력(重力), 추하체(墜下體), 요추(搖錘), 권형(權衡) 등 [수학(水學)] 정수학(靜水學), 아씨 이론(亞氏理論) 및 그 수력 평균(水力平均) 응용 등 [기학(氣學)] 기체(氣體)의 성질, 그 팽창력 측정, 공기(空氣), 기압(氣壓) 및 그와 관련된 여러 기구 등 [열학(熱學)] 한서침(寒暑鍼), 물질 팽창의 원리, 용해(溶解), 고실(固實), 기발(氣發), 응결(凝結)의 이치, 습학(濕學) 실험, 외사열(外射熱), 정열학(定熱學), 용열술(用熱術), 증기기관(蒸氣機關), 지열(地熱) 등
역사	3	[서사(西史)] 태고, 중고, 근세의 연혁 개략을 교수한다.
경제학	2	생재(生財), 교역(交易) 및 세(稅) 등의 개략을 교수한다.
대수학 (代數學)	3	근수식(根數式), 일원 이차방정식(一元二次方程式), 이원 이차방정식(二元二次方程式)
기하학	2	면적론(面積論) 및 비례(比例)
성학(星學)	3	지구(地球) 총설, 태음 운동(太陰之運動), 태양계(太陽系), 제 유성(諸遊星), 태양 및 다른 항성(恒星) 약론, 천체 위치 방법(天體位置方法) 등의 개론
영문(英文)	2	[강독] 제4리토아(第四理土兒), 물리서(物理書), 역사(歷史) 등의 요령을 발췌하여 그것을 역독하게 한다. [문법] 구두점(句讀法)을 교수하고, 문장의 오류를 교정하게 한다. [작문] 역사 중 저명 인사 약전(著名人物畧傳)을 짓게 한다.
도화(圖畵)	3	[투시화법(透視畵法)] 기구(器具) 총론, 가옥(家屋) 등의 윤곽, [투영화법(投影畵法)] 점선 투영법(點線投影法)의 총론, 평면시도(平面視圖), 영선(影線) 등
체조	5	전급(前級)과 같다.
계		28시간

〈고등 예과 4급〉

○ 물리학: [청학(聽學)] 음향의 발생 및 전달, 전동수(顫動數)의 측정, 제 물체 전동(諸體顫動), 음악 이론(音樂理論), [시학(視學)] 빛의 발생, 반사 및 곡절(曲折: 굴절), 시학 제기(視學諸器), 광선 분해(光線分解), 물색(物色), 광파론(光波論), 광선 분극법(光線分極法). [매주 3시]

○ 지문학(地文學): 지구 총론(地球總論), 지피 약설(地皮畧說), 육지 형세(陸地形勢), 대기(大氣), 광열(光熱), 전자(電磁) 등의 현상 개략을 교수

한다. [매주 2시]

○ 논리학(論理學): 총론 명칭(總論名稱), 성문(成文), 명제(命題), 연제(演題), 허설(虛說), 분해법(分解法), 합성법(合成法), 귀납법(歸納法) 등. [매주 3시]

○ 대수학(代數學): 비례(比例), 순착렬(順錯列), 수학 급수(數學級數), 기하 급수(幾何級數). [매주 2시]

○ 기하학(幾何學): 원론(圓論)과 잡문(雜問). [매주 3시]

○ 화한문(和漢文): 사기 논문 열전(史記論文列傳) 권6, 권11, 권93까지 독해 및 강의하고, 겸하여 한문을 짓게 하며, 『언엽의 팔구(言葉之八衢)(書名)』, 『천인원파지간(天仁遠波之栞)(書名)』, 『문예유찬(文藝類纂)』의 문지부(文志部) 등을 교수하고, 겸하여 화문(和文)을 짓게 한다. [매주 4시]

○ 영문(英文): [강독] 『제5리토아(第五理土兒)』 및 다른 책의 명문을 발췌하여 그것을 역독한다. [수사] 총론(總論) 및 제 법칙(諸法則) 등을 배우게 한다. [작문] 화문을 영역하는 연습을 하게 하며, 겸하여 논문을 작성한다. [매주 3시]

○ 도화(圖畵): [임화] 산·수·금수·초목 등 대영밀화(帶影密畵). [매주 3시]

○ 체조: 전급과 같다. [매주 5시]

과목	시수	내용
물리학	3	[청학(聽學)] 음향의 발생 및 전달, 전동수(顫動數)의 측정, 제 물체 전동(諸體顫動), 음악 이론(音樂理論) [시학(視學)] 빛의 발생, 반사 및 곡절(曲折: 굴절), 시학 제기(視學諸器), 광선 분해(光線分解), 물색(物色), 광파론(光波論), 광선 분극법(光線分極法)
지문학 (地文學)	2	지구 총론(地球總論), 지피 약설(地皮畧說), 육지 형세(陸地形勢), 대기(大氣), 광열(光熱), 전자(電磁) 등의 현상 개략을 교수한다.

과목	시수	내용
논리학	3	총론 명칭(總論名稱), 성문(成文), 명제(命題), 연제(演題), 허설(虛說), 분해법(分解法), 합성법(合成法), 귀납법(歸納法) 등
대수학(代數學)	2	비례(比例), 순착렬(順錯列), 수학 급수(數學級數), 기하 급수(幾何級數)
기하학	3	원론(圓論)과 잡문(雜問)
화한문(和漢文)	4	사기 논문 열전(史記論文列傳) 권6, 11, 권93까지 독해 및 강의하고, 겸하여 한문을 짓게 하며,『언엽의 팔구(言葉之八衢)(書名)』,『천인원파지간(天仁遠波之栞)(書名)』,『문예유찬(文藝類纂)』의 문지부(文志部) 등을 교수하고, 겸하여 화문(和文)을 짓게 한다.
영문	3	[강독]『제5리토아(第五理土兒)』및 다른 책의 명문을 발췌하여 그것을 역독한다. [수사] 총론(總論) 및 제 법칙(諸法則) 등을 배우게 한다. [작문] 화문을 영역하는 연습을 하게 하며, 겸하여 논문을 작성한다.
도화	3	[임화] 산·수·금수·초목 등 대영밀화(帶影密畵)
체조	5	전급과 같다.
계	28시간	

〈고등 예과 3급〉

○ 물리학: [자기학(磁氣學)] 자기의 성질, 대지 자기, 흡인력, 거반력(拒反力)의 법칙, 기자법(起磁法) 등. [전기학] 통유 현상(通有現象), 전기의 유도(誘導), 전기력 측정, 기전기(起電器) 및 소속 시험, 축전기(蓄電器), 측전기(測電器) 등과 습전기(濕電氣) 및 소속제기(所屬諸器), 전기화학(電氣化學) 등. [매주 3시]

○ 식물학: 식물 상기(植物詳記) 유별(類別)의 원리, 갈래 식별 용법, 현미경 사용법, 식물의 조직. [매주 3시]

○ 지문학: 해수론(海水論), 해륙 생물론(海陸生物論), 물산(物産) 및 인류(人類) 개론. [매주 2시]

○ 경제학: 생재론(生財論), 배재론(配財論), 교역론(交易論), 조세론(租稅論) 등. [매주 3시]

○ 삼각술: 팔선변화(八線變化), 대수용법(對數用法), 삼각보산(三角寶筭).
[매주 3시]

○ 화문학(和文學): 사기 논문 열전 권94부터 끝까지 독해 또는 강의하
도록 하고, 한문을 겸한다. 언엽팔구(言葉八衢), 천인원파지간(天仁遠
波之栞), 문예유취(文藝類聚), 문지부(文志部) 등을 교수하고, 겸하여
화문(和文)을 짓게 한다. [매주 4시]

○ 영문(英文): [강독] 전급과 같다. [수사] 전급과 같다. [작문] 화문을
영역하도록 하고, 겸하여 지문학, 경제학 논문 등을 짓게 한다. [매
주 3시]

○ 도화: [임화(臨畵)] 전급과 같다. [투시화법(透視畵法)] 가옥, 당문(堂
門)의 윤곽 및 촉광(燭光), 음영(陰影) 등. [사생(寫生)] 모형의 윤곽(輪
郭), 기구(器具)의 음영(陰影) 등. [매주 2시]

○ 체조: 전급과 같다. [매주 5시]

과목	시수	내용
물리학	3	[자기학(磁氣學)] 자기의 성질, 대지 자기, 흡인력, 거반력(拒反力)의 법칙, 기자법(起磁法) 등 [전기학] 통유 현상(通有現象), 전기의 유도(誘導), 전기력 측정, 기전기(起電器) 및 소속 시험, 축전기(蓄電器), 측전기(測電器) 등과 습전기(濕電氣) 및 소속제기(所屬諸器), 전기화학(電氣化學) 등
식물학	3	식물 상기(植物詳記) 유별(類別)의 원리, 갈래 식별 용법, 현미경 사용법, 식물의 조직
지문학 (地文學)	2	해수론(海水論), 해륙 생물론(海陸生物論), 물산(物産) 및 인류(人類) 개론
경제학	3	생재론(生財論), 배재론(配財論), 교역론(交易論), 조세론(租稅論) 등
삼각술	3	팔선변화(八線變化), 대수용법(對數用法), 삼각보산(三角寶筭)
화문학	4	사기 논문 열전 권94부터 끝까지 독해 또는 강의하도록 하고, 한문을 겸한다. 언엽팔구(言葉八衢), 천인원파지간(天仁遠波之栞), 문예유취(文藝類聚), 문지부(文志部) 등을 교수하고, 겸하여 화문(和文)을 짓게 한다.

과목	시수	내용
영문	3	[강독] 전급과 같다. [수사] 전급과 같다. [작문] 화문을 영역하도록 하고, 겸하여 지문학, 경제학 논문 등을 짓게 한다.
도화	2	[임화(臨畵)] 전급과 같다. [투시화법(透視畵法)] 가옥, 당문(堂門)의 윤곽 및 촉광(燭光), 음영(陰影) 등 [사생(寫生)] 모형의 윤곽(輪郭), 기구(器具)의 음영(陰影) 등
체조	5	전급과 같다.
계	28시간	

〈고등 예과 2급〉

○ 화학: 유기물(有機物) 중 모든 공업의 제조에 필요한 것, 특히 화학상 특별한 관련이 있는것. 아울러 산류(酸類)의 정성 분석(定性分析)에 필요한 것을 겸하며, 제 금속 감식법(諸金屬鑑識法)을 교수한다. [매주 3시]

○ 금석학(金石學): 물리적 금석학, 화학적 금석학, 기실(記實) 금석학, 식별(識別) 금석학. [매주 4시]

○ 동물학: 동물 강목 개론(動物綱目槪論)을 교수하고, 각종 해부(解剖) 중 동물의 표준 모형이 될 만한 것, 그리고 실물을 사실대로 그리게 한다. [매주 4시]

○ 역사: [총론] 구주의 지세(地勢) 및 인종론(人種論), 인도교(印度教), 애급(埃) 및 개화 개략(開化槪略), [희랍] 응단지세(凝團之世), 신교지세(信教之世), 도리지세(道理之世), 지력 쇠퇴지세(智力衰退之世), [라마] 사학 및 철학의 세력. [매주 3시]

○ 측량술(測量術): 기기용법(器機用法), 제도법(製圖法), 실지 측량(實地測量) 등. [매주 2시]

○ 한문: 당송 8대가의 명문 150편을 선별하고, 그것을 독해 및 강독하며, 아울러 한문 문장을 짓게 한다. [매주 2시]

○ 영문: [영문학] 영어 연혁(英語沿革) 및 영미(英米) 제 대가의 시부와 산분 등을 교수하고, 제 대가의 전기를 읽게 한다. [작문] 개화사 중 사적을 취하게 하고, 논문을 작성하게 한다. [매주 3시]

○ 도화: [사생] 전급과 같다. [제도(製圖)] 측회도법(測繪圖法). [매주 2시]

○ 체조: 전급과 같다. [매주 5시]

과목	시수	내용
화학	3	유기물(有機物) 중 모든 공업의 제조에 필요한 것, 특히 화학상 특별한 관련이 있는 것. 아울러 산류(酸類)의 정성 분석(定性分析)에 필요한 것을 겸하며, 제 금속 감식법(諸金屬鑑識法)을 교수한다.
금석학	4	물리적 금석학, 화학적 금석학, 기실(記實) 금석학, 식별(識別) 금석학
동물학	4	동물 강목 개론(動物綱目槪論)을 교수하고, 각종 해부(解剖) 중 동물의 표준 모형이 될 만한 것, 그리고 실물을 사실대로 그리게 한다.
역사	3	[총론] 구주의 지세(地勢) 및 인종론(人種論), 인도교(印度敎), 애급(埃) 및 개화 개략(開化槪略) [희랍] 응단지세(凝團之世), 신교지세(信敎之世), 도리지세(道理之世), 지력 쇠퇴지세(智力衰退之世), [라마] 사학 및 철학의 세력
측량술	2	기기용법(器機用法), 제도법(製圖法), 실지 측량(實地測量) 등
한문	2	당송 8대가의 명문 150편을 선별하고, 그것을 독해 및 강독하며, 아울러 한문 문장을 짓게 한다.
영문	3	[영문학] 영어 연혁(英語沿革) 및 영미(英米) 제 대가의 시부와 산분 등을 교수하고, 제 대가의 전기를 읽게 한다. [작문] 개화사 중 사적을 취하게 하고, 논문을 작성하게 한다.
도화	2	[사생] 전급과 같다. [제도(製圖)] 측회도법(測繪圖法)
체조	5	전급과 같다.
계	28시간	

〈고등 예과 1급〉

○ 화학: 실지에 취하여 전기 강의 교수한 제 원소 감식법(諸元素鑑識法)을 배우게 하고, 이후 단순 염류(單純鹽類)의 용액(溶液) 혹은 혼합물(混合物)로 정성 분석(定性分析)을 배우게 하며, 또한 그 분석법(分析法)을 기록하게 하고, 더불어 성과를 교원에게 검열(檢閱)하도록 한다. [매주 3시]

○ 생리학: 현미경을 사용하여 피부, 근육, 골수, 신경의 조직 등을 배우게 한다. [매주 3시]

○ 지질학: [역학적 지론(力學的 地論)] 기력(氣力), 수력(水力), 화력(火力), 생력(生力), [지질 구조론(地質構造論)] 대지 구조(大地造構), 성층석(成層石), 변질석(變質石), 유통 마멸(通有磨滅) 등, 지질 및 생물 변천사, 태고대(太古代), 중고대(古生代), 중고생대(中古生代), 신생대(新生代), 인대(人代). [매주 5시]

○ 역사: [구라파] 응단지세(凝團之世), 신교지세(新敎之世), 동부 폐교지세(東部廢敎之世), 서부 신교지세(西部新敎之世), 도리지세(道理之世). [매주 3시]

○ 성학(星學): 성학 변천사(星學變遷史), 보유 중력(普有重力), 망원경 해설(望遠鏡解說) 및 실용 천체 거리 측도(天體距離測度), 광선 운동(光線運動), 삼릉 파리경(三稜玻璃鏡)의 사용, 태양계의 구조, 태양 내곽 유성(太陽內郭遊星), 외곽 유성(外郭遊星), 혜성(彗星) 및 운석(隕石). [매주 4시]

○ 한문: 당송 팔대가의 명문 백오십 편을 선별하여 독해 및 강의하고, 겸하여 한문 문장을 짓게 한다. [매주 2시]

○ 영문: [영문학] 전급과 같다. [작문] 전급과 같다. [매주 3시]

○ 체조: 전급과 같다. [매주 5시]

과목	시수	내용
화학	3	실지에 취하여 전기 강의 교수한 제 원소 감식법(諸元素鑑識法)을 배우게 하고, 이후 단순 염류(單純鹽類)의 용액(溶液) 혹은 혼합물(混合物)로 정성 분석(定性分析)을 배우게 하며, 또한 그 분석법(分析法)을 기록하게 하고, 더불어 성과를 교원에게 검열(檢閱)하도록 한다.
생리학	3	현미경을 사용하여 피부, 근육, 골수, 신경의 조직 등을 배우게 한다.
지질학	5	[역학적 지론(力學的 地論)] 기력(氣力), 수력(水力), 화력(火力), 생력(生力), [지질 구조론(地質構造論)] 대지 구조(大地造構), 성층석(成層石), 변질석(變質石), 유통 마멸(通有磨滅) 등, 지질 및 생물 변천사, 태고대(太古代), 중고대(古生代), 중고생대(中古生代), 신생대(新生代), 인대(人代)
역사	3	[구라파] 웅단지세(凝團之世), 신교지세(新教之世), 동부 폐교지세(東部廢教之世), 서부 신교지세(西部新教之世), 도리지세(道理之世)
성학 (星學)	4	성학 변천사(星學變遷史), 보유 중력(普有重力), 망원경 해설(望遠鏡解說) 및 실용 천체 거리 측도(天體距離測度), 광선 운동(光線運動), 삼릉 파리경(三稜玻璃鏡)의 사용, 태양계의 구조, 태양 내곽 유성(太陽內郭遊星), 외곽 유성(外郭遊星), 혜성(彗星) 및 운석(隕石)
한문	2	당송 팔대가의 명문 백오십 편을 선별하여 독해 및 강의하고, 겸하여 한문 문장을 짓게 한다.
영문	3	[영문학] 전급과 같다. [작문] 전급과 같다.
체조	5	전급과 같다.
계	28시간	

〈본과 하급〉

○ 물리학: 물성(物性), 중학(重學), 기학(氣學), 수학(水學) 등 부분을 취하여 교수술을 연습하도록 하고, 아울러 기기(器機)의 용법(用法)을 배우게 한다. [매주 3시]

○ 금석학(金石學): 금석 실물을 사용하여 그 교수술을 연습한다. [매주 1시]

○ 식물학: 보통의 화훼, 초목을 채집하여 그 교수술을 연습한다. [매주 1시]

○ 동물학: 보통의 동물을 이용하여 그 교수술을 연습한다. [매주 1시]

○ 지지(地誌): 지도 교수 연습 및 지구의(地毬儀)의 용법, 지문학 초보(地文學初步), 제 대륙 및 각국 지지(各國地誌)의 방법. [매주 2시]

○ 심리학: [지(智)] 표시력(表視力), 반사력(反射力), 도리(道理), [정(情)] 욕(慾), 성(性), 망(望), 애(愛), 의(意), 덕(德). [매주 5시]

○ 교육학(教育學): 심육(心育), 지육(智育), 체육(體育)의 이치를 강수하고, 실물을 과(課)하여, 읽기(讀方), 작문(作文), 서법(書法), 화법(畫法), 산술(算術), 지지(地誌), 역사(歷史) 및 창가(唱歌) 등의 교수법을 강의 교수한다. [매주 4시]

○ 학교 관리법(學校 管理法): 학교 관리의 목적, 교구(校具) 관련, 정치법(整置法), 분급법(分級法), 과정표(課程表), 제법(製法), 교부 정돈법(校簿整頓法), 기계(器械), 교사(校舍), 원정(園庭) 등 여러 조건 및 생도의 위의(威儀) 등. [매주 2시]

○ 산술: 수(數), 기수법(記數法), 합결(合結) 관계 등의 교수술을 강의 교수한다. [매주 2시]

○ 기하학(幾何學): 점(點), 선(線), 각(角), 면(面), 용형체(容形體)의 성질, 관계 등을 취하여 그 교수술을 연습한다. [매주 3시]

○ 도화: 제종 화법(諸種畫法)의 교수술을 연습한다. [매주 반 시]

○ 서법: 교수의 순서 및 운필의 방법 등을 연습한다. [매주 반 시]

○ 독법: 단어, 연어, 독본 등을 취하여 교수술을 연습하게 한다. [매주 1시]

○ 창가(唱歌): 8음 관련 가곡(歌曲)의 변화 50을 취하게 하여 그 교수술을 연습한다. [매주 1시]

○ 체조: 유아 체조술, 남자 체조술, 여자 체조술 등 교수와 방법을 연습하게 한다. [매주 반 시]

과목	시수	내용
물리학	3	물성(物性), 중학(重學), 기학(氣學), 수학(水學) 등 부분을 취하여 교수술을 연습하도록 하고, 아울러 기기(器機)의 용법(用法)을 배우게 한다.
금석학	1	금석 실물을 사용하여 그 교수술을 연습한다.
식물학	1	보통의 화훼, 초목을 채집하여 그 교수술을 연습한다.
동물학	1	보통의 동물을 이용하여 그 교수술을 연습한다.
지지	2	지도 교수 연습 및 지구의(地毬儀)의 용법, 지문학 초보(地文學初步), 제대륙 및 각국 지지(各國地誌)의 방법.
심리학	5	[지(智)] 표시력(表視力), 반사력(反射力), 도리(道理), [정(情)] 욕(慾), 성(性), 망(望), 애(愛), 의(意), 덕(德).
교육학	4	심육(心育), 지육(智育), 체육(體育)의 이치를 강수하고, 실물을 과(課)하여, 읽기(讀方), 작문(作文), 서법(書法), 화법(畵法), 산술(筭術), 지지(地誌), 역사(歷史) 및 창가(唱歌) 등의 교수법을 강의 교수한다.
학교 관리법	2	학교 관리의 목적, 교구(校具) 관련, 정치법(整置法), 분급법(分級法), 과정표(課程表), 제법(製法), 교부 정돈법(校簿整頓法), 기계(器械), 교사(校舍), 원정(園庭) 등 여러 조건 및 생도의 위의(威儀) 등
산술	2	수(數), 기수법(記數法), 합결(合結) 관계 등의 교수술을 강의 교수한다.
기하학	3	점(點), 선(線), 각(角), 면(面), 용형체(容形體)의 성질, 관계 등을 취하여 그 교수술을 연습한다.
도화	1/2	제종 화법(諸種畵法)의 교수술을 연습한다.
서법	1/2	교수의 순서 및 운필의 방법 등을 연습한다.
독법	1	단어, 연어, 독본 등을 취하여 교수술을 연습하게 한다.
창가	1	8음 관련 가곡(歌曲)의 변화 50을 취하게 하여 그 교수술을 연습한다.
체조	1/2	유아 체조술, 남자 체조술, 여자 체조술 등 교수와 방법을 연습하게 한다.
계	27.5시간	

〈본과 상급〉

실지 수업 [매주 28시]

4. 입학 규칙(入學 規則)

일. 지원자는 연령, 신체를 게재하고 필요한 것을 갖추어 지망하여, 그 시업 과목에 응시하며, 필요한 학력을 갖추어야 한다. 연령

16세 이상 22세 이하인 자로 신체 무병 건강하며 재학 중 가사에 종사하는 일이 없는 자로 소학, 중학 교원이 되고자 하는 바를 지원할 수 있다.

일. 입학 시험 과목: 화한문, 영문, 산술[대수 초보], 일본 및 각국 지지, 일본 역사. 물리학 대의

일. 임시 시업은 각과의 진보 정도에 따라 행하며, 한 학기에 세 번 이상 여섯 번 이하로 각 교원이 때에 따라 헤아려 시행한다.

일. 정시 시업은 급마다 각 학과 과정을 마칠 때 정해진 기일에 그 전체를 시험한다.

일. 시험 평점 조사법은, 해당 학기 내 제반 시업 평점수를 학기말에 이르기까지 합산하며, 각과 평점법에 따라 일등급 진퇴 여부를 결정한다. 물론 어떤 학과나 기말 조사의 점수에서 60 이하자 또는 한 학기 내 60일 이상 결과한 자는 진급을 허용하지 않는다.

일. 졸업생 종류로 예과를 거치지 않고 직접 본과에 입학하여 졸업한 자는 소학 교원이 되며, 예과 또는 고등 예과를 거쳐 본과에 입학 한 자는 중학 교원이 된다.

일. 휴업기일은 다른 학교와 같다.

일. 학자금은 생도 한 명마다 한 달에 6원이며 따로 학교에 있었던 일수에 따라 한달 미만자는 일급으로 정한다.

일. 학교가 퇴학을 명한 자 및 퇴학을 원하는 자는 이미 받은 학자를 모두 변상한다.

교장 1인 교원 60인이며 생도는 163인이다. [학자금은 매월 6원으로 관급이다.]

5. 부속 소학 규칙(附屬 小學 規則)과 소학 규칙(小學 規則)

일. 상하 두 등급으로 대별하여 각 8급으로 나누며, 최하는 제8급, 최상은 제1급이다.

일. 매급의 수학 기간은 반 년을 기한으로 한다. 즉 18주간[휴업일을 포함]이다. 그러므로 재학 연한은 상하를 합쳐 8년이 기한이다.

일. 일반적으로 수업 시수는 매일 5시간, 즉 1주 28시간[토요 반일 산입]이다. 단 하등 제8급의 수업 시수는 매일 4시간, 즉 23시간이다.

일. 수신담 1과는 25분으로 매일 아침 개교 시에 강의하고, 창가 및 체조의 1과는 30분으로 격일로 나누어 교수하며, 기타 제학과의 1과는 모두 45분 수업이다. 단 재봉과 기하학을 동시에 교수할 때에는 남생도의 기하학 시간을 여생도가 재봉을 연습하는 시간에 맞게 한다.

일. 상등 소학 제6급 이상의 생도는 그 지망하는 바에 따라 영문 혹 한문이나 습자를 득(得)한다.

일. 지원자는 귀족 및 평민을 가리지 않고, 연령 6년 이상 7년 이하로 한다.

일. 시험은 소시험과 정시험의 두 종으로 나눈다. 소시업은 각 학과의 1개월간 배운 바를 부분에 따라 시험하는 것이며, 정시업은 매 학기 마칠 때 해당 학기 내의 배운 바를 전체적으로 시험하는 것이다.

일. 매급 졸업자에게는 제1호 증서를 수여하고, 전 과정을 졸업한 자에게는 제2호 증서를 수여한다.

소학 규칙(小學 敎則)

〈하급 제8급〉 [1주일 간의 과업 수]

○ 독서: [독법] 이려파(伊呂波), 오십음(五十音), 차청음(次淸音), 탁음[매주 4시], [작문] 가명 인공물(假名人工物)의 기사 [매주 2시]
○ 습자: 가다가나[片假名], 히라가나[平假名] [매주 3시]
○ 실물: [수목(數目)] 실수명칭계방(實數名稱計方), 가감승제(加減乘除) [매주 4시], [색채(色彩)] 본색(本色), 간색(間色) [매주 2시], [위치(位置)] 제물 위치의 관계(諸物位置關係) [매주 2시], [동물] 인체 각부(人體各部)의 명칭·위치·효력(名稱位置效力) [매주 2시], [인공물(人工物)] 전체 및 부분의 명칭·위치·효력 [매주 2시]
○ 수신: 소설·우언 등의 권선 대의 구론(勸善大意口論) [매주 6시]
○ 괘화(罫畵): 직선 단형화(直線單形畵) [매주 2시]
○ 창가: 당분홈(當分欠) [매주 3시]
○ 체조: 사지 운동(四支運動) [매주 3시]

〈제7급〉 [1주일 간의 과업 수]

○ 독서: [독법] 간이한 가나문 및 한자 교용문 [매주 6시], [작문] 전급과 같다. [매주 2시]
○ 습자: 행서(行書). [매주 3시]
○ 실물: [수목(數目)] 전급과 같다. [매주 6시], [색채] 전급과 같다. [매주 1시], [형체(形體)] 면선각(面線角)의 명칭·종류(名稱種類). [매주 2시], [위치] 방위 및 제점(諸點). [매주 2시], [식물] 보통 초목

전체 및 부분의 명칭, 위치, 효용. [매주 2시], [인공물] 전급과 같다.
[매주 2시]

○ 수신: 전급과 같다. [매주 6시]

○ 괘화: 전급과 같다. [매주 2시]

○ 창가: 전급과 같다. [매주 3시]

○ 체조: 전급과 같다. [매주 3시]

교과목	시수	내용
독서	6	[독법] 이려파(伊呂波), 오십음(五十音), 차청음(次淸音), 탁음[매주 4시] [작문] 가명 인공물(假名人工物)의 기사 [매주 2시]
습자	3	가다가나[片假名], 히라가나[平假名] [매주 3시]
실물(實物)	12	[수목(數目)] 실수명칭계방(實數名稱計方), 가감승제(加減乘除) [매주 4시], [색채(色彩)] 본색(本色), 간색(間色) [매주 2시], [위치(位置)] 제물 위치의 관계(諸物位置關係) [매주 2시], [동물] 인체 각부(人體各部)의 명칭·위치·효력(名稱位置效力) [매주 2시], [인공물(人工物)] 전체 및 부분의 명칭·위치·효력 [매주 2시]
수신	6	소설·우언 등의 권선 대의 구론(勸善大意口論) [매주 6시]
괘화(罫畫)	2	직선 단형화(直線單形畫) [매주 2시]
창가	3	당분흠(當分欠) [매주 3시]
체조	3	사지 운동(四支運動) [매주 3시]
계	35	앞의 규칙의 수업 시수 규정 참고(수신, 창가, 체조 별도일 듯)

〈제6급〉 [1주일 간의 과업 수]

○ 독서: [독법] 『소학독본(小學讀本)』 권1, 권2, [매주 4시], [작문] 가축
(家畜)·가금(家禽)·정수원초(庭樹園草)의 가나[假名] 기사. [매주 2시]

○ 습자: 전급과 같다. [매주 3시]

○ 실물: [형체] 삼각형, 사격형의 명칭, 종류, 부분. [매주 2시], [위치]
실내 제물(室內諸物)의 위치를 배우고, 그 약도(畧圖)를 측정한다. [매
주 2시], [광물(鑛物)] 칠금(七金), 잡금(雜金)의 명칭, 성질, 효용. [매

주 2시], [동물] 가축(家畜), 가금(家禽)의 명칭, 부분, 효용을 일상적
으로 익힌다. [매주 3시], [인공물] 전급과 같다. [매주 2시]

○ 산술: [필산(筆算)] 백 이하의 수 가산, 감산. [매주 6시]

○ 수신: 전급과 같다. [매주 6시]

○ 괘화: 곡선(曲線), 단형화(單形畫). [매주 2시]

○ 창가: 전급과 같다. [매주 3시]

○ 체조: 전급과 같다. [매주 3시]

교과목	시수	내용
독서	8	[독법] 간이한 가나문 및 한자 교용문. [매주 6시] [작문] 전급과 같다. [매주 2시]
습자	3	행서(行書). [매주 3시]
실물(實物)	15	[수목(數目)] 전급과 같다. [매주 6시] [색채] 전급과 같다. [매주 1시] [형체(形體)] 면선각(面線角)의 명칭·종류(名稱種類). [매주 2시] [위치] 방위 및 제점(諸點). [매주 2시] [식물] 보통 초목 전체 및 부분의 명칭, 위치, 효용.[매주 2시] [인공물] 전급과 같다. [매주 2시]
수신	6	전급과 같다. [매주 6시]
괘화(罫畫)	2	전급과 같다. [매주 2시]
창가	3	전급과 같다. [매주 3시]
체조	3	전급과 같다. [매주 3시]
계	40	

〈제5급〉 [1주일 간의 과업 수]

○ 독서: [독법]『소학독본』권2, 3 [매주 6시]. [작문] 한자 교영 칠금
(七金), 잡금(雜金), 과실(菓實), 나실(蓏菓)의 기사 또한 서식류어(書式
類語). [매주 2시]

○ 습자: 전급과 같다. [매주 3시]

○ 실물(實物): [형체] 다각형(多角形), 원형(圓形), 타원형(橢圓形), 난형 (卵形)의 명칭·종류·부분. [매주 2시], [도량] 척도 칭량(尺度秤量)의 명칭, 실용과의 관계. [매주 3시], [위치] 실외 제물(室外諸物)의 위치 측정과 그 약도(畧圖)를 배운다. [매주 2시], [식물] 과실(菓實), 나과 (蓏菓)의 명칭, 효용 부분. [매주 2시], [인공물] 전급과 같다. [매주 2시]

○ 산술(筭術): [필산] 천 이하의 가산, 감산. [매주 3시]

○ 수신(修身): 전급과 같다. [매주 6시]

○ 괘화(罫畫): 전급과 같다. [매주 2시]

○ 창가: 전급과 같다. [매주 3시]

○ 체조: 전급과 같다. [매주 3시]

교과목	시수	내용
독서	6	[독법] 『소학독본(小學讀本)』 권1, 권2, [매주 4시] [작문] 가축(家畜)·가금(家禽)·정수원초(庭樹園草)의 가나[假名] 기사. [매주 2시]
습자	3	전급과 같다. [매주 3시]
실물(實物)	11	[형체] 삼각형, 사격형의 명칭, 종류, 부분. [매주 2시] [위치] 실내 제물(室內諸物)의 위치를 배우고, 그 약도(畧圖)를 측정한다. [매주 2시] [광물(鑛物)] 칠금(七金), 잡금(雜金)의 명칭, 성질, 효용. [매주 2시] [동물] 가축(家畜), 가금(家禽)의 명칭, 부분, 효용을 일상적으로 익힌다. [매주 3시] [인공물] 전급과 같다. [매주 2시]
산술	6	[필산(筆筭)] 백 이하의 수 가산, 감산. [매주 6시]
수신	6	전급과 같다. [매주 6시]
괘화(罫畫)	2	곡선(曲線), 단형화(單形畫). [매주 2시]
창가	3	전급과 같다. [매주 3시]
체조	3	전급과 같다. [매주 3시]
계	40	

〈제4급〉 [1주일 간의 과업 수]

○ 독서: [독법]『소학독본』권4 [매주 4시], [작문] 한문 교용 야생동물(野生動物), 가용 광산(家用礦物)의 기사, 또한 서식류어(書式類語) [매주 2시]

○ 습자: 해서(楷書) [매주 2시]

○ 실물: [형체] 제 형체의 명칭, 종류, 부분 [매주 2시], [도량] 전급과 같다. [매주 2시], [위치] 전급과 같다. [매주 2시], [광물] 가용 광물(家用礦物)의 명칭, 성질, 효용 [매주 2시], [동물] 야생동물의 명칭, 부분, 효용 [매주 3시], [인공물] 전급과 같다. [매주 2시]

○ 산술: [필산] 백 이하의 승산(乘筭), 제산(除筭) [매주 4시]

○ 수신: 전급과 같다. [매주 6시]

○ 괘화(罫畫): 전급과 같다. [매주 2시]

○ 창가: 전급과 같다. [매주 3시]

○ 체조: 전급과 같다. [매주 3시]

교과목	시수	내용
독서	8	[독법]『소학독본』권2, 3 [매주 6시] [작문] 한자 교용 칠금(七金), 잡금(雜金), 과실(菓實), 나실(蓏菓)의 기사 또한 서식류어(書式類語). [매주 2시]
습자	3	전급과 같다. [매주 3시]
실물(實物)	11	[형체] 다각형(多角形), 원형(圓形), 타원형(楕圓形), 난형(卵形)의 명칭·종류·부분. [매주 2시] [도량] 척도 칭량(尺度秤量)의 명칭, 실용과의 관계. [매주 3시] [위치] 실외 제물(室外諸物)의 위치 측정과 그 약도(畧圖)를 배운다. [매주 2시] [식물] 과실(菓實), 나과(蓏菓)의 명칭, 효용 부분. [매주 2시] [인공물] 전급과 같다. [매주 2시]
산술	3	[필산] 천 이하의 가산, 감산. [매주 3시]
수신	6	전급과 같다. [매주 6시]

교과목	시수	내용
괘화(罫畫)	2	전급과 같다. [매주 2시]
창가	3	전급과 같다. [매주 3시]
체조	3	전급과 같다. [매주 3시]
계	39	

〈제3급〉 [1주일 간의 과업 수]

○ 독서: [독법] 『소학독본』 권5 [매주 6시], [작문] 한자 교문 곡류,
　채소류의 기사, 또한 기증문 청취서(寄贈文請取書) [매주 2시]

○ 습자: 전급과 같다. [매주 2시]

○ 실물(實物): [도량] 전급과 같다. [매주 2시], [위치] 학교 근방의 위
　치 교수와 그 약도(畧圖) [매주 2시], [식물] 곡류, 채소류의 명칭,
　부분, 효용 [매주 2시], [인공물] 전급과 같다. [매주 2시]

○ 산술: [필산] 천 이하의 승산, 제산 [매주 4시], [주산] 주산 용법,
　가법, 감법 [매주 2시]

○ 수신: 전급과 같다. [매주 6시]

○ 괘화(罫畫): 전급과 같다. [매주 2시]

○ 창가: 전급과 같다. [매주 3시]

○ 체조: 전급과 같다. [매주 3시]

교과목	시수	내용
독서	6	[독법] 『소학독본』 권4 [매주 4시] [작문] 한문 교용 야생동물(野生動物), 가용 광산(家用礦物)의 기사, 또한 서식류어(書式類語) [매주 2시]
습자	2	해서(楷書) [매주 2시]

교과목	시수	내용
실물(實物)	11	[형체] 제 형체의 명칭, 종류, 부분 [매주 2시] [도량] 전급과 같다. [매주 2시] [위치] 전급과 같다. [매주 2시] [광물] 가용 광물(家用礦物)의 명칭, 성질, 효용 [매주 2시] [동물] 야생동물의 명칭, 부분, 효용 [매주 3시] [인공물] 전급과 같다. [매주 2시]
산술	4	[필산] 백 이하의 승산(乘算), 제산(除算) [매주 4시]
수신	6	전급과 같다. [매주 6시]
괘화(罫畵)	2	전급과 같다. [매주 2시]
창가	3	전급과 같다. [매주 3시]
체조	3	전급과 같다. [매주 3시]
계	37	

〈제2급〉 [1주일 간의 과업 수]

○ 독서: [독법]『소학독본』권6 [매주 4시], [작문] 한문 교용 어개류(魚介類)의 기사, 유인문 송장(誘引文送狀) [매주 2시]

○ 습자: 초서(草書) [매주 3시]

○ 실물: [도량] 승(枡)의 명칭, 관련된 실용법(實法) [매주 2시], [위치] 구내(區內)의 위치, 그 약도(畧圖)를 교수함 [매주 2시], [광물] 회구류(繪具類)의 명칭, 성질, 효용 [매주 2시], [동물] 어개류(魚介類)의 명칭, 부분, 효용 [매주 3시], [인공물] 전체 및 부분의 구조, 효용[매주 2시]

○ 산술: [필산] 천 이하 수의 가감승제 [매주 4시], [주산] 승법, 제법 [매주 2시]

○ 수신: 전급과 같다. [매주 6시]

○ 괘화(罫畵): 문화(紋畵) [매주 2시]

○ 창가: 전급과 같다. [매주 3시]

○ 체조: 전급과 같다. [매주 3시]

교과목	시수	내용
독서	8	[독법] 『소학독본』 권5 [매주 6시] [작문] 한자 교문 곡류, 채소류의 기사, 또한 기증문 청취서(寄贈文請取書) [매주 2시]
습자	2	전급과 같다. [매주 2시]
실물(實物)	8	[도량] 전급과 같다. [매주 2시] [위치] 학교 근방의 위치 교수와 그 약도(畧圖) [매주 2시] [식물] 곡류, 채소류의 명칭, 부분, 효용 [매주 2시] [인공물] 전급과 같다. [매주 2시]
산술	6	[필산] 천 이하의 숭산, 제산 [매주 4시] [주산] 주산 용법, 가법, 감법 [매주 2시]
수신	6	전급과 같다. [매주 6시]
괘화(罫畵)	2	전급과 같다. [매주 2시]
창가	3	전급과 같다. [매주 3시]
체조	3	전급과 같다. [매주 3시]
계	38	

〈제1급〉 [1주일 간의 과업 수]

○ 독서: [독법]『소학독본』권7 [매주 6시], [작문] 한문 교용 해조류(海藻類), 지이류(芝栭類)의 기사, 방문 전서(訪問届書) [매주 2시]

○ 습자: 전급과 같다. [매주 3시]

○ 실물: [도량] 제종(諸種) 척도 양목(尺度量目), 비교 관계(比較關係) [매주 2시], [위치] 동경 시중(東京市中)의 위치, 그 약도(畧圖) [매주 2시], [식물] 해조류(海藻類), 지이류(芝栭類)의 명칭, 부분, 효력 [매주 3시], [인공물] 전급과 같다. [매주 2시]

○ 산술: [필산] 분수 초보(分數初步) [매주 4시], [주산] 사칙 잡제(四則雜題) [매주 2시]

○ 수신: 전급과 같다. [매주 6시]

○ 괘화(罫畫): 전급과 같다. [매주 2시]

○ 창가: 전급과 같다. [매주 3시]

○ 체조: 전급과 같다. [매주 3시]

교과목	시수	내용
독서	6	[독법] 『소학독본』 권6 [매주 4시] [작문] 한문 교용 어개류(魚介類)의 기사, 유인문 송장(誘引文送狀) [매주 2시]
습자	3	초서(草書) [매주 3시]
실물(實物)	11	[도량] 승(枡)의 명칭, 관련된 실용법(實法) [매주 2시] [위치] 구내(區內)의 위치, 그 약도(畧圖)를 교수함 [매주 2시], [광물] 회구류(繪具類)의 명칭, 성질, 효용 [매주 2시] [동물] 어개류(魚介類)의 명칭, 부분, 효용 [매주 3시] [인공물] 전체 및 부분의 구조, 효용[매주 2시]
산술	6	[필산] 천 이하 수의 가감승제 [매주 4시] [주산] 승법, 제법 [매주 2시]
수신	6	전급과 같다. [매주 6시]
괘화(罫畫)	2	문화(紋畫) [매주 2시]
창가	3	전급과 같다. [매주 3시]
체조	3	전급과 같다. [매주 3시]
계	40	

〈상등 제8급(上等 第八級)〉 [1주일 간의 과업 수]

○ 독서: [독법] 『讀本』 권1 [매주 4시], [작문] 한문 교용 보석류(寶石類), 충류(虫類), 파충류(爬虫類)의 기사, 축하문 전서(祝賀文屆書) [매주 2시]]

○ 습자: 행서(行書) [매주 3시]

○ 실물: [광물] 보석류(寶石類)의 명칭, 성질, 효용 [매주 3시], [동물] 충류(虫類), 파충류(爬虫類)의 명칭, 부분, 효용 [매주 3시]

○ 산술: [필산] 정수 명위(定數命位) [매주 4시], [주산] 전급과 같다.

  [매주 1시], [기하 남생도] 선(線)의 성질 관계 [매주 2시]

○ 지리: 총론(總論) [매주 4시]

○ 수신: 현철(賢哲)의 언행설(言行說), 인륜 대도(人倫大道) [매주 6시]

○ 괘화(罫畫): 기구(器具), 가옥(家屋)의 윤곽 [매주 2시]

○ 창가: 전급과 같다. [매주 3시]

○ 체조: 도수 연습(徒手演習) [매주 3시]

○ 재봉: [여생도] 운침법(運針法) [매주 2시]

교과목	시수	내용
독서	8	[독법] 『소학독본』 권7 [매주 6시] [작문] 한문 교용 해조류(海藻類), 지이류(芝栭類)의 기사, 방문 전서(訪問屆書) [매주 2시]
습자	3	전급과 같다. [매주 3시]
실물(實物)	9	[도량] 제종(諸種) 척도 양목(尺度量目), 비교 관계(比較關係) [매주 2시] [위치] 동경 시중(東京市中)의 위치, 그 약도(畧圖) [매주 2시] [식물] 해조류(海藻類), 지이류(芝栭類)의 명칭, 부분, 효력 [매주 3시] [인공물] 전급과 같다. [매주 2시]
산술	6	[필산] 분수 초보(分數初步) [매주 4시] [주산] 사칙 잡제(四則雜題) [매주 2시]
수신	6	전급과 같다. [매주 6시]
괘화(罫畫)	2	전급과 같다. [매주 2시]
창가	3	전급과 같다. [매주 3시]
체조	3	전급과 같다. [매주 3시]
계	40	

〈상등 제7급〉 [1주일 간의 과업 수]

○ 독서: [독법] 『독본』 권2 [매주 6시], [작문] 잡제(雜題), 한자 교용
  기사문(記事文) 작성, 사언문 원서(謝言文願書) [매주 2시]

○ 습자: 전급과 같다. [매주 3시]

○ 실물: [식물] 제조용(製造用) 식물 [매주 4시]

○ 산술: [필산] 가법(加法), 감법(減法) [매주 4시], [주산] 전급과 같다. [매주 1시], [기하 남생도] 각(角)의 성질 관계 [매주 2시]

○ 지리: 일본국의 지지(地誌) [매주 4시]

○ 수신: 전급과 같다. [매주 6시]

○ 괘화(罫畵): 전급과 같다. [매주 2시]

○ 창가: 전급과 같다. [매주 3시]

○ 체조: 전급과 같다. [매주 3시]

○ 재봉: [여생도] 전급과 같다. [매주 2시]

교과목	시수	내용
독서	6	[독법] 『讀本』 권1 [매주 4시] [작문] 한문 교용 보석류(寶石類), 충류(虫類), 파충류(爬蟲類)의 기사, 축하문 전서(祝賀文屆書) [매주 2시]
습자	3	행서(行書) [매주 3시]
실물(實物)	6	[광물] 보석류(寶石類)의 명칭, 성질, 효용 [매주 3시] [동물] 충류(虫類), 파충류(爬蟲類)의 명칭, 부분, 효용 [매주 3시]
산술	5(7)	[필산] 정수 명위(定數命位) [매주 4시] [주산] 전급과 같다. [매주 1시] [기하] [남생도] 선(線)의 성질 관계 [매주 2시]
지리	4	총론(總論) [매주 4시]
수신	6	현철(賢哲)의 언행설(言行說), 인륜 대도(人倫大道) [매주 6시]
괘화	2	기구(器具), 기옥(家屋)의 윤곽 [매주 2시]
창가	3	전급과 같다. [매주 3시]
체조	3	도수 연습(徒手演習) [매주 3시]
재봉	(2)	[여생도] 운침법(運針法) [매주 2시]
계	40	성별에 따라 남생도는 '산술'의 [기하], 여생도는 '재봉'이 부과됨(2시)

〈상등 제6급〉 [1주일 간의 과업 수]

○ 독서: [독법]『독본』권3 [매주 6시], [작문] 잡제(雜題) 한문 교용 기사문(記事文) 작성, 송별문(送別文) 및 원서(願書) [매주 2시]

○ 습자: 해서(楷書) [매주 2시]

○ 산술: [필산] 승법(乘法), 제법(除法) [매주 4시], [기하 남생도] 면(面)의 성질 관계 [매주 2시]

○ 지리: 전급과 같다. [매주 4시]

○ 수신: 전급과 같다. [매주 6시]

○ 박물(博物): [금석학] 금석의 일반적인 성질, 단순 광물(單純礦物) [매주 3시], [식물학] 식물 부분(植物部分) [매주 3시]

○ 괘화: 전급과 같다. [매주 2시]

○ 창가: 전급과 같다. [매주 3시]

○ 체조: 전급과 같다. [매주 3시]

○ 재봉: [여생도] 단물류(單物類)의 재법(裁方), 봉법(縫方) [매주 2시]

○ 수의과 독서: [한문] 몽구(蒙求) 상권 [매주 3시], [영문] 철자 및 독법(讀方) [매주 3시]

교과목	시수	내용
독서	8	[독법]『독본』권2 [매주 6시] [작문] 잡제(雜題), 한자 교용 기사문(記事文) 작성, 사언문 원서(謝言文願書) [매주 2시]
습자	3	전급과 같다. [매주 3시]
실물(實物)	4	[식물] 제조용(製造用) 식물 [매주 4시]
산술	5(7)	[필산] 가법(加法), 감법(減法) [매주 4시] [주산] 전급과 같다. [매주 1시] [기하 남생도] 각(角)의 성질 관계 [매주 2시]
지리	4	일본국의 지지(地誌) [매주 4시]

교과목	시수	내용
수신	6	전급과 같다. [매주 6시]
괘화	2	전급과 같다. [매주 2시]
창가	3	전급과 같다. [매주 3시]
체조	3	전급과 같다. [매주 3시]
재봉	(2)	[여생도] 전급과 같다. [매주 2시]
계	40	성별에 따라 남생도는 '산술'의 [기하], 여생도는 '재봉'이 부과됨(2시)

〈상등 제5급〉 [1주일 간의 과업 수]

○ 독서: [독법] 전급과 같다. [매주 6시], [작문] 잡제(雜題) 한자 교용 기사문 작성, 적위문(弔慰文) 및 원서(願書) [매주 2시]

○ 습자: 전급과 같다. [매주 2시]

○ 산술: [필산] 분수 [매주 4시], [기하 남생도] 전급과 같다. [매주 2시]

○ 지리: 아세아(亞細亞), 구라파(歐羅巴), 아프리카(阿弗利加) 각국의 지지(地誌) [매주 4시]

○ 역사: 일본 역사의 기원(記元)으로부터 2천5백 년대까지 [매주 2시]

○ 수신: 전급과 같다. [매주 6시]

○ 박물(博物): [금석학] 유화(硫化), 산화(酸化), 규화(珪化) 광물 [매주 2시], [식물학] 보통 식물의 분류 [매주 2시]

○ 괘화(罫畫): 초목 금수의 윤곽 [매주 2시]

○ 창가: 전급과 같다. [매주 3시]

○ 체조: 전급과 같다. [매주 3시]

○ 재봉: [여생도] 전급과 같다. [매주 2시]

○ 수의과 독서(隨意科 讀書): [한문] 몽구(蒙求) 중권 [매주 3시], [영문]

문전(文典) 독법 [매주 3시]

교과목	시수	내용
독서	8	[독법] 전급과 같다. [매주 6시] [작문] 잡제(雜題) 한자 교용 기사문 작성, 적위문(吊慰文) 및 원서(願書) [매주 2시]
습자	2	전급과 같다. [매주 2시]
산술	4(6)	[필산] 분수 [매주 4시] [기하 남생도] 전급과 같다. [매주 2시]
지리	4	아세아(亞細亞), 구라파(歐羅巴), 아프리카(阿弗利加) 각국의 지지(地誌) [매주 4시]
역사	2	일본 역사의 기원(記元)으로부터 2천5백 년대까지 [매주 2시]
수신	6	전급과 같다. [매주 6시]
박물(博物)	4	[금석학] 유화(硫化), 산화(酸化), 규화(珪化) 광물 [매주 2시], [식물학] 보통 식물의 분류 [매주 2시]
괘화	2	초목 금수의 윤곽 [매주 2시]
창가	3	전급과 같다. [매주 3시]
체조	3	전급과 같다. [매주 3시]
재봉	(2)	[여생도] 전급과 같다. [매주 2시]
수의과 독서	(6)	[한문] 몽구(蒙求) 중권 [매주 3시] [영문] 문전(文典) 독법 [매주 3시]
계	40	성별에 따라 남생도는 '산술'의 [기하], 여생도는 '재봉'이 부과됨(2시)/수의과 독서

〈상등 제4급〉 [1주일 간의 과업 수]

○ 독서: [독법]『독본』권4 [매주 6시], [작문] 한자 교용 논설문(論說文), 대차문(貸借文), 증권서례(證券書例) [매주 2시]

○ 습자: 초서(草書) [매주 2시]

○ 산술: [필산] 전급과 같다. [매주 4시]. [기하 남생도] 용(容)의 성질 관계 [매주 2시]

○ 지리: 남북 아메리카(南北亞米利加), 대양주(大洋洲) 각국의 지지 [매

주 4시]

○ 역사: 일본 역사(日本歷史) 2천5백 년대부터 금대(今代)까지 [매주
4시]]

○ 수신: 전급과 같다. [매주 6시]

○ 박물: [식물학] 유척추동물(有脊椎動物) [매주 2시]

○ 괘화: 전급과 같다. [매주 3시]

○ 창가: 전급과 같다. [매주 3시]

○ 체조: 기계연습(器械演習) [매주 3시]

○ 재봉: [여생도] 협물류(裌物類)의 재법(裁方) 봉법(縫方) [매주 2시]

○ 수의과 독서: [한문] 몽구(蒙求)의 하권 [매주 3시], [영문] 전급과
같다. [매주 3시]

교과목	시수	내용
독서	8	[독법]『독본』권4 [매주 6시] [작문] 한자 교용 논설문(論說文), 대차문(貸借文), 증권서례(證券書例) [매주 2시]
습자	2	초서(草書) [매주 2시]
산술	4(6)	[필산] 전급과 같다. [매주 4시]. [기하 남생도] 용(容)의 성질 관계 [매주 2시]
지리	4	남북 아메리카(南北亞米利加), 대양주(大洋洲) 각국의 지지 [매주 4시]
역사	4	일본 역사(日本歷史) 2천5백 년대부터 금대(今代)까지 [매주 4시]
수신	6	전급과 같다. [매주 6시]
박물(博物)	4	[식물학] 유척추동물(有脊椎動物) [매주 2시]
괘화	2	전급과 같다. [매주 3시]
창가	3	전급과 같다. [매주 3시]
체조	3	기계연습(器械演習) [매주 3시]
재봉	(2)	[여생도] 전급과 같다. [매주 2시]
수의과 독서	(6)	[한문] 몽구(蒙求) 하권 [매주 3시] [영문] 전급과 같다. [매주 3시]
계	40	성별에 따라 남생도는 '산술'의 [기하], 여생도는 '재봉'이 부과됨(2시)/수의과 독서

〈상등 제3급〉 [1주일 간의 과업 수]

○ 독법: [독법] 전급과 같다. [매주 6시], [작문] 전급과 같다. [매주 2시]

○ 습자: 전급과 같다. [매주 2시]

○ 산술: [필산] 소수(小數) [매주 4시], [기하 남생도] 전급과 같다. [매주 2시]

○ 역사: 만국역사 상고, 중고 부분 [매주 4시]

○ 수신: 전급과 같다. [매주 6시]

○ 물리: 제력(諸力)의 3위 총론 [매주 3시]

○ 박물: [동물학] 무척추동물(無脊椎動物) [매주 3시]

○ 쾌화: 전급과 같다. [매주 2시]

○ 창가: 전급과 같다. [매주 3시]

○ 체조: 전급과 같다. [매주 3시]

○ 재봉: [여생도] 전급과 같다. [매주 2시]

○ 수의과 한문: [한문] 18사략 권1, 2 [매주 3시], [영문] 전급과 같다. [매주 3시]

교과목	시수	내용
독서	8	[독법] 전급과 같다. [매주 6시] [작문] 전급과 같다. [매주 2시]
습자	2	전급과 같다. [매주 2시]
산술	4(6)	[필산] 소수(小數) [매주 4시] [기하 남생도] 전급과 같다. [매주 3시]
역사	4	만국역사 상고, 중고 부분 [매주 4시]
수신	6	전급과 같다. [매주 6시]
물리	3	제력(諸力)의 3위 총론 [매주 3시]

교과목	시수	내용
박물(博物)	2	[식물학] 척추동물(有脊椎動物) [매주 2시]
괘화	2	전급과 같다. [매주 3시]
창가	3	전급과 같다. [매주 3시]
체조	3	전급과 같다. [매주 3시]
재봉	(2)	[여생도] 전급과 같다. [매주 2시]
수의과 독서	(6)	[한문] 18사략 권1, 2 [매주 3시] [영문] 전급과 같다. [매주 3시]
계	40	성별에 따라 남생도는 '산술'의 [기하], 여생도는 '재봉'이 부과됨(2시)/ 수의과 독서

〈상등 제2급〉 [1주일 간의 과업 수]

○ 독서: [독법] 『독본』 권5 [매주 6시], [작문] 잡제 제체(諸體)의 문장 [매주 2시]

○ 산술: [필산] 제비례(諸比例) [매주 4시], [기하 남생도] 여러 주제의 논증(論證) [매주 3시]

○ 역사: 만국역사 근세부(近世部) [매주 2시]

○ 수신: 전급과 같다. [매주 6시]

○ 물리: 전동체(顫動體), 열체(熱軆) [매주 3시]

○ 화학: 총론 및 화 풍 수 토(火 風 水 土)의 개론 [매주 3시]

○ 생리: 골격(骨格), 근육(筋肉), 피부(皮膚), 소화기(消火器) [매주 3시]

○ 괘화: 산수의 약화(畧畵) [매주 2시]

○ 창가: 전급과 같다. [매주 3시]

○ 체조: 전급과 같다. [매주 3시]

○ 재봉: [여생도] 면입물류(綿入物類)의 재법, 봉법 [매주 3시]

○ 수의과 독서: [한문] 십팔사략 권3, 권4, 권5 [매주 3시], [영문] 독법 [매주 3시]

교과목	시수	내용
독서	8	[독법] 『독본』 권5 [매주 6시] [작문] 잡제 제체(諸體)의 문장 [매주 2시]
산술	4(7)	[필산] 제비례(諸比例) [매주 4시] [기하 남생도] 여러 주제의 논증(論證) [매주 3시]
역사	2	만국역사 근세부(近世部) [매주 2시]
수신	6	전급과 같다. [매주 6시]
물리	3	전동체(顫動軆), 열체(熱軆) [매주 3시]
화학	3	총론 및 화 풍 수 토(火 風 水 土)의 개론 [매주 3시]
생리	3	골격(骨格), 근육(筋肉), 피부(皮膚), 소화기(消火器) [매주 3시]
괘화	2	산수의 약화(畧畵) [매주 2시]
창가	3	전급과 같다. [매주 3시]
체조	3	전급과 같다. [매주 3시]
재봉	(3)	[여생도] 면입물류(綿入物類)의 재법, 봉법 [매주 3시]
수의과 독서	(6)	[한문] 십팔사략 권3, 권4, 권5 [매주 3시], [영문] 독법 [매주 3시]
계	40	성별에 따라 남생도는 '산술'의 [기하], 여생도는 '재봉'이 부과됨(2시)/수의과 독서

〈상등 제1급〉 [1주일 간의 과업 수]

○ 독서: [독법] 전급과 같다. [매주 6시], [작문] 전급과 같다. [매주 2시]

○ 산술: [필산] 전급과 같다. [매주 4시], [기하 남생도] 전급과 같다. [매주 3시]

○ 수신: 전급과 같다. [매주 6시]

○ 물리: 직사열광 발전체(直射烈光發電軆) [매주 4시]

○ 화학: 비금속(非金屬), 금속(金屬) 제원소(諸元素) [매주 4시]

○ 생리: 혈액순환(循血), 호흡(呼吸), 감각(感覺)의 제 기관(諸器) [매주 3시]

○ 괘화: 전급과 같다. [매주 2시]

○ 창가: 전급과 같다. [매주 3시]

○ 체조: 전급과 같다. [매주 3시]

○ 재봉: [여생도] 전급과 같다. [매주 3시]

○ 수의과 독서: [한문] 십팔사략 권6, 권7 [매주 3시], [영문] 전급과 같다.

○ 교원 4인(여 1인), 생도 159인(남 104, 여55)

교과목	시수	내용
독서	8	[독법] 전급과 같다. [매주 6시] [작문] 전급과 같다. [매주 2시]
산술	4(7)	[필산] 전급과 같다. [매주 4시] [기하 남생도] 전급과 같다. [매주 3시]
수신	6	전급과 같다. [매주 6시]
물리	4	직사열광 발전체(直射烈光發電軆) [매주 4시]
화학	4	비금속(非金屬), 금속(金屬) 제원소(諸元素) [매주 4시]
생리	3	혈액순환(循血), 호흡(呼吸), 감각(感覺)의 제 기관(諸器) [매주 3시]
괘화	2	전급과 같다. [매주 2시]
창가	3	전급과 같다. [매주 3시]
체조	3	전급과 같다. [매주 3시]
재봉	(3)	[여생도] 전급과 같다. [매주 3시]
수의과 독서	(6)	[한문] 십팔사략 권6, 7 [매주 3시], [영문] 전급과 같다. [매주 3시]
계	40	성별에 따라 남생도는 '산술'의 [기하], 여생도는 '재봉'이 부과됨(2시)/ 수의과 독서

여자 사범학교

1. 규칙(規則)

일. 본교는 여자가 있는 소학교 교원을 양성하는 것으로 한다.

일. 교과는 소학 교원으로 제 학과의 필수 지식 및 제과(諸科)의 교육 이론, 교수술을 위주로 하며, 아울러 보육 유치술을 겸한다. 그러므로 본교 교과를 졸업한 자는 소학 교원이 되는 데 그치지 않고, 또는 유치원 보모가 될 수 있다.

일. 생도의 학업 기초를 높이기 위해 예과를 별도로 설치하며, 본과의 학업에 충분하지 않은 자를 가르쳐 타일 본과에 오를 수 있도록 한다.

2. 본과 과정(本科 課程)

〈제1년 전기 6급(第一年 前期 六級)〉 [1주일 간 과업 수]

제1년 전기 6급 [일주내의 과수]

○ 수신: 수신학의 요지 및 예절 연습 [매주 3시]

○ 화학: 화학의 요령과 이치, 비금 제 원소 및 그 화합물 [매주 4시]

○ 동물학: 동물의 분류 및 구조, 성질 등 [매주 4시]

○ 산술: 제등 비례, 차분 백분율, 평균산 [매주 4시]

○ 문학: 강독은 원명청 사략 권123 [매주 4시] 문법은 자론 언론 문론 [매주 2시] 작문은 각종의 편지 [매주 1시]

○ 도화: 기구 화엽 등의 임화 [매주 2시]

○ 재봉: 단물류 [매주 2시]

○ 음악: 창가 [매주 3시]

○ 체조: 도수 연습, 기계 연습 [매주 3시]

〈제1년 후기 5급〉 [1주일 간 과업 수]

○ 수신: 전급과 동일 [매주 3시]

○ 화학: 금속 제원소 및 그 화합물, 유기화학의 개략 [매주 3시]

○ 식물학: 식물의 구조, 조직 및 분류 [매주 3시]

○ 산술: 곱셈, 나눗셈, 출적, 급수 [매주 4시]

○ 대수학: 정수, 분수 [매주 2시]

○ 기하학: 선각, 다각 [매주 2시]

○ 문학: 강독은 원명청 사략 권4~5 및 고금 일본문 [매주 5시], 작문
　　은 동식물 제반 기사, 대차 공용 등 제반 문장 [매주 1시]

○ 도화: 조수 인물 등 임화 [매주 2시]

○ 재봉: 겹류(겹옷) [매주 2시]

○ 음악: 창가 [매주 3시], 탄금 [매주 2시]

○ 체조: 전급과 동일 [매주 3시]

〈제2년 전기 4급〉 [1주일 간 과업 수]

○ 수신: 전급과 같음 [매주 2시]

○ 가정학: 가정학의 요지 [매주 1시]

○ 물리학: 물성론, 역학, 수학, 기학, 음학 [매주 4시]

○ 생리학: 골육피, 음식 소화, 운혈, 호흡 및 신경계 감각 등 [매주

446

4시]

○ 대수학: 일차방정식몌 및 근근식 [매주 3시]

○ 기하학: 비례권, 평면형 작법 [매주 2시]

○ 문학: 강독은 문장궤점 제1 제2책 및 고금 일본문 [매주 5시] 작문
  은 수신 관련 격물 등 기사와 논설 [매주 1시]

○ 도화: 실물화, 경색 임화 [매주 2시]

○ 재봉: 면입류 [매주 2시]

○ 음악: 창가 [매주 3시] 탄금 [매주 2시]

○ 체조: 전급과 같음 [매주 3시]

〈제2년 후기 3급〉 [1주일 간 과업 수]

○ 수신: 수신학의 요지 [매주 1시]

○ 가정학: 가정학의 요지 [매주 2시]

○ 물리학: 열학, 광학 [매주 3시]

○ 광물학: 광물 형태, 물리적 화학적 성질 및 분류 식별 [매주 2시]

○ 지문학: 성학적지지, 지질론, 육지, 하해, 기상, 생물 인류 제론 [매
  주 4시]

○ 대수학: 2차방정식, 비례 순차열 급수 [매주 3시]

○ 기하학: 평면 관계 다면체, 구체 [매주 2시]

○ 문학: 강독은 문장궤범 제3책 및 근세 명가 문수 초편 [매주 4시]
  작문은 잡제의 기사, 논설, 간단한 한문 [매주 1시]

○ 도화: 기하도법, 투시도법 [매주 2시]

○ 재봉: 우직 고대 [매주 2시]

○ 음악: 창가 [매주 3시] 탄금 [매주 2시]

○ 체조: 전급과 같음 [매주 3시]

〈제3년 전기 2급〉[1주일 간 과업 수]

○ 수신: 전급과 동일함 [매주 1시]
○ 물리학: 전기학, 자기학, 물리적 성학 [매주 3시]
○ 삼각학: 대수팔선, 평삼각 해법 등 [매주 2시]
○ 문학: 강독은 근세명가문수 2편 [매주 2시] 작문은 간단한 한문 [매주 1시]
○ 음악: 창가 [매주 3시]
○ 체조: 전급과 동일 [매주 3시]
○ 교육론: 심리의 요지, 지육, 덕육, 체육의 요지 [매주 6시]
○ 소학교수술: 수신훈, 실물과, 독서, 작문, 서화, 산술,지지, 박물학, 물리학 등의 교수 방법 [매주 1시]
○ 유치보육술: 실물과, 완기용법, 창가, 유희체조 등의 교수 방법 [매주 3시]

〈제3년 후기 1급〉[1주일 간 과업 수]

○ 소학 실지 교수: 유치원 실지 보육

3. 예과 과정(豫科 課程)

〈제1년 전기 6급〉 [1주일 간 과업 수]

○ 수신: 일용휘륜 교훈, 남철, 가언, 의술 [매주 2시]
○ 식물학: 꽃이 있는 식물의 제부분 및 성장생식 약설 [매주 2시]
○ 산술: 필산 가감승제 [매주 5시]
○ 지지: 지도해설, 육지 하해 기상 생물 등 [매주 4시]
○ 문학: 강독은 右村貞一이 편집한 〈국사략〉 권1~2 [매주 5시], 문법
　은 자론, 말의 분류, 성질 및 용언 활용 [매주 2시] 작문은 간이한
　기사, 경조등서류의 주고받는 방법 [매주 1시]
○ 도화: 직선, 곡선, 단형 [매주 2시]
○ 서법: 행서 [매주 2시]
○ 재봉: 운침 [매주 3시]
○ 창가 [매주 3시]
○ 체조: 전급과 동일 [매주 3시]

〈제1년 후기 5급〉 [1주일 간 과업 수]

○ 수신: 전급과 같음 [매주 2시]
○ 식물학: 보통 식물의 특성, 공용 등 [매주 2시]
○ 동물학: 무척수 동물의 구조 습성 [매주 2시]
○ 산술: 필산 분수 [매주 3시] 주산 가감 [매주 2시]
○ 지지: 일본 각부의 위치, 형세, 도읍, 물산, 교육 등 [매주 2시]
○ 문학: 강독은 右村貞一이 편집한 〈국사략〉 권 3,4,5 [매주 5시] 문법

은 언어 관계 문장 분해 합성 [매주 2시] 작문은 전급과 동일 [매주 1시]

○ 도화: 기구 가옥 [매주 2시]

○ 서법: 초서 [매주 2시]

○ 재봉: 단물류 [매주 3시]

○ 창가: [매주 3시]

○ 체조: 전급과 동일 [매주 3시]

〈제2년 전기 4급〉 [1주일 간 과업 수]

○ 수신: 전급과 동일 [매주 2시]

○ 물리학: 천연제력 응체, 유체, 기체 성질 움직임 및 음략설 [매주 3시]

○ 동물학: 척수동물의 구조 성습 등 [매주 2시]

○ 산술: 필산, 분수, 소수 [매주 3시] 주산 승제 [매주 2시]

○ 지지: 아세아, 구라파 제국 위치, 형세, 지리, 물산, 명도, 특수한 풍속 등[매주 2시]

○ 문학: 강독은 右村貞一이 편집한 〈국사략〉 권 6,7 및 고금 화문 [매주 6시] 작문은 동식 제물의 기사, 대차공용 등속의 문서 [매주 1시]

○ 도화: 화엽과라 [매주 2시]

○ 서법: 해서 [매주 2시]

○ 재봉: 전급과 동일 [매주 3시]

○ 창가: [매주 3시]

○ 체조: 전급과 동일 [매주 3시]

〈제2년 후기 3급〉[1주일 간 과업 수]

○ 수신: 전급과 동일 [매주 2시]

○ 물리학: 열광전기약설 [매주 3시]

○ 산술: 필산 제등비례 [매주 3시] 주산 가감승제 잡제 [매주 2시]

○ 지지: 아프리카, 아메리카, 대양주 제국의 위치, 형세, 지리, 물산, 명도, 특수한 풍속 등 [매주 2시]

○ 문학: 강독은 〈십팔사략〉 권1,2,3. 고금 일본문 [매주 6시] 작문은 전급과 동일 [매주 1시]

○ 도화: 조수 충어 [매주 2시]

○ 서법: 행서, 초서 [매주 2시]

○ 재봉: 겹류 [매주 3시]

○ 창가: [매주 3시]

○ 체조: 전급과 동일 [매주 3시]

〈제3년 전기 2급〉[1주일 간 과업 수]

○ 수신: 여자요무, 응대 진퇴의 예절 [매주 2시]

○ 화학: 비금 제원소 약설 [매주 3시]

○ 산술: 필산 차분 백분산 평균산 [매주 4시]

○ 기하학: 선각, 삼각형, 사각형 [매주 2시]

○ 역사: 서양 여러 나라의 중세, 근세 연혁 [매주 3시]

○ 문학: 강독은 〈십팔사략〉 4, 5, 〈맹자〉 제1, 제2책 [매주 6시] 작문은 수신 격물 역사 등 기사와 논설 [매주 1시]

○ 도화: 인물 및 경색 [매주 3시]

○ 서법: 해행초서 세자 [매주 2시]

○ 재봉: 면입류 [매주 3시]

○ 창가: [매주 3시]

○ 체조: 전급과 동일 [매주 3시]

〈제3년 후기 1급〉 [1주일 간 과업 수]

○ 수신: 전급과 동일 [매주 2시]

○ 화학: 금속 제원소의 약설 [매주 2시]

○ 생리학: 골육, 피, 소화, 운혈, 호흡 등의 약설 [매주 3시]

○ 산술: 필산, 주산, 승방, 개방 출적, 급수 [매주 4시]

○ 기하학: 비례, 다각형의 관계 [매주 3시]

○ 문학: 강독은 〈십팔사략〉 권6, 7, 〈맹자〉 제3, 제4책 [매주 6기]
   작문은 전급과 동일 [매주 1시]

○ 도화: 기하도법, 투시도법 [매주 2시]

○ 서법: 해행초서 세자 [매주 2시]

○ 재봉: 우직 고 [매주 3시]

○ 창가: [매주 3시]

○ 체조: 전급과 동일 [매주 3시]

4. 입학 규칙(入學 規則)

일. 본과 생도는 연령 15세 이상 20세 이하의 성행이 선량하고 신체가
   강건하며 재학 중 가사와 관계된 일이 없는 자로 충원한다.

일. 입학을 원하는 자는 먼저 입학시험 기일에 학업 이력을 기재하여

입학원서에 첨부하여 해당 학교에 제출한다.

일. 입학시업은 매 학기의 초, 곧 매년 2월 하순과 구월 중순에 행한다. 입학 시업의 과목은 강독 〈십팔사략〉, 〈국사략〉, 작문은 기사문과 편지, 서법은 해행초서, 도화는 기구 화엽 등, 산술은 필산 제비례 주산은 가감승제,지지, 역사, 물리학 대의이다.

일. 예과생도는 연령 12세 이상 17세 이하로 근이한 글을 읽고 간략한 산술을 공부한 자로 충원한다. 또 심상소학교 졸업자는 그 연령이 12세에 도달하지 못했을지라도 입학을 허가한다.

일. 예과에 입학하는 것은 그 입학의 기일을 정하지 않고 매월 입학을 원하는 자에게 간략히 학업 시험을 거쳐 해당 급에 입학하게 한다.

5. 교수 규칙(敎授規則)

일. 본과 및 예과 생도의 수업 연한은 각 3년, 또한 1학년은 전후 2학기로 나눈다.

일. 학년의 시작은 9월 11일부터 익년 7월 10일까지이며, 전학기는 학년 시작일로부터 익년 2월 15일까지, 후학기는 2월 23일부터 학년을 마치는 날까지이다.

일. 본과 및 예과 제1년 수업자는 6급으로 한 학기 수업을 마치면 매번 일급을 진급하며, 3년 수업을 마친 자는 제1급이 된다.

일. 교수하는 시간은 매일 5시 30분이며 토요일은 3시 30분으로 1주 31시간이다.

일. 창가 및 체조의 교수는 한 과정이 30분간이며, 기타 다른 학과는 한 과정이 1시간이다.

일. 모든 학과는 실학 지식을 위주로 하며 그것에 사용하는 서적을 강독할 필요는 없다. 그러므로 문학과 중 여기에 속한 책 이외에 기타 서적은 참고로 가르친다.

일. 가정학 중 본과 수업에서 자르고 삶는 것을 가르칠 때에는 연습을 할 수 있다.

일. 생도의 시업은 한 학기 내 3회 이상 6회 이하로 하며, 각과 진보의 정도를 교원의 견해와 헤아림에 따라 임시로 행할 수 있다. 또 학기의 말에 그 학기 내 학습한 모든 과목을 동시 시업하여 전후 시업의 점수를 합계하여 각과의 득점수를 정하고 생도의 진퇴를 결정한다.

일. 전 과목의 졸업자는 마땅히 졸업증서를 수여한다.

일. 생도의 휴업은 여타 학교와 같다.

교장 2인, 교원 26인 [남녀 각 13인] 생도 194인 [학자금은 매월 5월 50전, 관급은 78인이다.]

6. 부속 유치원 규칙(附屬 幼稚園 規則)

일. 유치원을 설립하는 취지는 학령이 충분하지 않은 어린이로 하여 금 천부의 지각을 계발하고, 고유의 심사를 발달시키며, 신체를 건경히 기르고, 교제의 정의를 밝게 하며, 선량한 언행을 익히는 습관을 갖게 하는 데 있다.

일. 유치원에 입학하는 어린이는 만 3년 이상 만 6년 이하로 하며 남녀를 가리지 않는다. [단 때에 따라 만 2년 이상의 어린이도 원에 들 수 있으며, 혹은 만 6년 이상인 자도 원에 다닐 수 있다.]

일. 종두를 하지 않은 어린이 혹은 천연두 및 전염병에 걸린 어린이는 유치원 입학을 허용하지 않는다. 이미 유치원에 입학한 자는 전염병에 걸려 낫지 않으면 유치원에 오는 것을 허용하지 않는다.

일. 유치원 입학자는 대략 150인을 정원으로 한다.

일. 유치원 입학자 모집은 곧 그 기일과 인원을 미리 광고한다.

일. 유치원에 입학하고자 하는 자는 원서를 제출하여 허가를 받아야 하며, 곧 보증장을 제출한다.

일. 원에 다닐 때는 보모를 어린이 보육 책임자로 임명한다. 그러므로 어린이를 따라 다니는 보부(保傅)를 필요로 하지 않는다. [다만 어린이가 보모를 따르는 습관이 길러지지 않았을 때는 실외 개유실(開諭誘室)에서 보육할 수 있다. 그러므로 보부가 따르더라도 방해를 받지 않으며, 혼자 왕래하기 어려운 어린이는 곧 보부로 하여금 맞아 오게 한다.]

일. 유치원에 들어 온 자는 매월 금 30전을 내어 비용을 충당하게 한다. [다만 원외 개유실에 있는 자는 그 반액을 낸다.]

일. 유치원에 입학한 자는 각기 연령에 따라 세 단으로 나눈다. [담만 5세 이상은 제1단이 되며, 만 4세 이상은 제2단, 만 3세 이상은 제3단이 된다.]

일. 어린이를 보육하는 자는 매일 4시간으로 한다. [단 보육시간 중 어린이가 탈이 있을 경우에는 그것을 알리며, 유치원을 나와도 무방하다.]

일. 어린이가 원에 있는 시간은 6월 1일부터 9월 30일까지는 오전 제8시에 원에 오고, 정오 12시에 원을 나가게 한다. 10월 1일부터 5월 31일까지는 오전 제9시에 원에 오고 오후 제2시에 원을 나가게 한다.

6.1. 보육 과목(保育科目)

○ 제1 물품과: 성질과 형상을 제시하는 의자, 책상 혹은 금수, 화과 등 일용 기물을 사용한다.

○ 제2 미려과: 미려하고 좋아하는 물건, 곧 색채 등의 어린이가 보는 바를 제시한다.

○ 제3 지식과: 지식을 개발하는 놀이에 따라, 그 형태 여하의 유형을 나타낼 수 있는 몇 개의 끝이나 선, 몇 개의 각으로 된 평면 등을 사용한다. 세 과목을 나열하면 다음과 같다.

오채구 놀이(玩五彩毬), 삼형물의 이해(三形物之理解), 완구(玩具), 연쇄(連鎖), 적형체방법(積形體方法), 치형체방법(置形體方法), 치목저방법(置木著方法), 치환방법(置環方法), 전지(剪紙), 전지첩부지(剪紙貼付之), 침획(鍼畵), 봉획(縫畵), 도획(圖畵), 직지(織紙), 목저모형(木著摸製), 점토모형(粘土摸製), 나뭇조각 조합 방법(組木片方法), 종이조각 조합 방법(組紙片方法), 계수(計數), 박물이해(博物理解), 창가(唱歌), 설화(說話), 체조(體操), 유희(遊嬉)

6.2. 보육 과정(保育課程)

〈제3단(第三團)〉

○ 만3년 이상의 어린이로부터 만 4년 이하까지

○ 월요일: 실내집회 [30분], 완구(제1상) [십사오분], 도획 [3배선의 직각 등 사십오분], 유희 [한시간 반]

○ 화요일: 실내집회[30분], 체조[30분], 짧은 이야기[45분], 종이접기

[제1호 제4호까지·기타 단순 쉬운 형태, 45분], 유희[한시간 반]

○ 수요일: 실내집회[30분], 체조[30분], 삼각물[구·원주·육면형, 45분], 완구[45분], 유희[한시간 반]

○ 목요일: 실내집회[30분], 창가[30분], 계수[일에서 10]·체조[합쳐서 45분], 연쇄[45분], 유희[한시간 반]

○ 금요일: 실내집회[30분], 체조[30분], 적형체방법[제4상까지, 45분], 침획[45분], 유희[한시간 반]

○ 토요일: 실내집회[30분], 체조[30분], 획해[45분], 치목저방법[6본까지, 45분], 유희[한시간 반]

○ 단 보육의 여가에 체조 혹은 창가를 가르칠 수 있으며 이하 모두 같다.

〈제2단(第二團)〉

○ 만4년 이상 만5년 이하

○ 월요일: 실내집회[30분], 창가[30분], 형체 두는 방법[45분], 도획[삼각형까지 등, 45분], 유희[한시간 반]

○ 화요일: 실내집회[30분], 체조[30분], 박물 혹 수신의 설화[45분], 침획[45분], 유희[한시간 반]

○ 수요일: 실내집회[30분], 체조[30분], 적형체방법[제3상에서 제4상까지, 45분], 봉획[3배선등, 45분], 유희[한시간 반]

○ 목요일: 실내집회[30분], 창가[30분], 계수[1에서 20까지]·체조[함께 45분], 직지[제12호, 45분], 유희[한시간 반]

○ 금요일: 실내집회[30분], 체조[30분], 치목저방법[6본에서 20본까지, 45분], 종이접기[45분], 유희[한시간 반]

○ 토요일: 실내집회[30분], 체조[30분], 역사상의 설화[45분], 적형체 방법[제4상, 45분], 유희[한시간 반]

〈제1단(第一團)〉

○ 만5년 이상 만6년 이하
○ 월요일: 실내집회[30분], 박물 혹 수신 설화[30분], 형체 두는 방법[제7상에서 제9상까지, 45분], 도획·종이조각 만들기 방법[함께 45분], 유희[한시간 반]
○ 화요일: 실내집회[30분], 계수[1에서 100, 30분], 형체 두는 방법[제5상]·짧은 이야기[함께 45분], 침획[45분], 유희[한시간 반]
○ 수요일: 실내집회[30분], 목저모형[4분 이하로 목저를 꺾어 분수의 이치를 알게 하고 혹은 문자 및 숫자를 짓는 방법, 30분], 종이자르기 및 붙이기[45분], 역사상 이야기[45분], 유희[한시간 반]
○ 목요일: 실내집회[30분], 창가[30분], 형체 두는 방법[제9상에서 제11상까지, 45분], 종이접기 [45분], 유희[한시간 반]
○ 금요일: 실내집회[30분], 목저모제[목저와 콩을 사용하여 6면형 및 일용 기물 만들기, 30분], 형체 두는 방법[제5상에서 제6상까지, 45분], 종이 만들기[45분], 유희[한시간 반]
○ 토요일: 실내집회[30분], 목편 조직 방법·점토 모제[함께 삼십분], 고리 두는 방법[45분], 봉획[45분], 유희[한시간 반]
보모 4인, 유아 98인.

외국어학교(外國語學校)

1. 연혁(沿革)

개성학교에 영불 2국 어학과를 설치하고, 외무성에서 설치한 외국어학교와 합쳤다. 2년에는 개성학교에 단 2개국 어학교만 설치했는데, 독어학을 더 설치했다. 6년에는 생도를 구분하여 하등 중학 1급 이상으로 전문학 생도(專門學生徒)로 하고, 그 이하는 어학 생도(語學生徒)로 하였다. 외무성에서 설치한 독·로·한 어학소는 또한 문부성에 소속시켰다. 이때에 외국어학교칙에 의거하여 생도의 학력을 검사하였으며 학급 및 학과를 개정하고, 개성학교 어학 교장에 독·로·한 어학소를 병설하여 동경외국어학교로 부르고, 영·불·도·로·한 어학을 교수하였다. 7년에 동경 영어 학교를 설치하고, 본교의 영어학 1과를 분할하여 이 학교에 소속시키고, 불·독·로·한 어학을 가르치는 곳으로 하였다. 10년에 조선어학을 교수하였다.

2. 교칙(校則)

일. 본교는 불어학, 독어학, 노어학, 한어학, 조선어학을 교수하는 곳으로 한다.

일. 각 어학은 상하 2등으로 구분하고 하등 어학의 기간은 3년, 상등 어학의 기간은 2년으로 한다.

3. 별부 과정(別附課程)

일. 매일 과업은 본과[불, 독, 로, 한 각 어학과]는 4시간, 부과(副課)[역독과, 국서과]는 1시간, 체조 30분간으로 한다.

일. 입학생은 연령 18세 이하로 한정한다. [다만 18세 이상이어도 학업이 있는 자는 입학을 허용한다.]

일. 입학생은 소학 졸업의 학력을 갖고 있지 않은 자는 입학을 불허한다.

일. 입학하고자 하는 자는 입학서 및 학업 이력서를 본교 서기괘(書記掛)에 제출한다.

일. 입학 시기는 매년 정기 시업[2월, 7월] 후에 정한다. [각 어학, 각 급은 관원이 임시 입학을 허락한다.]

일. 학년은 9월 11일에 시작하여 다음해 7월 10일 종료한다.

일. 학년을 나누어 2학기로 한다. 제1학기는 9월 11일 시작하여 익년 2월 15일 종료하고, 제2학기는 2월 16일 시작하여 7월 10일 종료한다.

일. 매 학기말 생도의 학업을 시험하여, 각급생에게 시험 증표를 부여하고, 학생들의 승급을 결정한다. [생도 학력에서 우열의 차이가 큰 성대생(成大生)은 학기말을 기다리지 않고, 임시로 승강(昇降)하도록 한다.]

일. 상등 어학 제1급을 졸업한 자에게 졸업증서를 수여한다.

일. 생도의 학업이 진보의 효과가 없어, 졸업하기 어려울 것으로 보이는 자는 퇴학하도록 한다.

일. 생도의 휴업은 타학교와 동일하다.

일. 수업료는 1개월에 2원을 정액으로 한다.

4. 한어·조선어학 과정(漢語 朝鮮語學 課程)

〈하등 제1년〉

제6급: ○ 습자: 해서(楷書), ○ 발음교수[授音]: 사서(寫書), ○ 산술(筭
術): 수목 명위(數目命位), 가감승제(加減乘除), ○ 체조(體操)

제5급: ○ 습자(習字): 전급동(前級同), ○ 발음교수(授音): 전급동, ○
단어 교수(授語): 단구(單句), 단어(單語), ○ 구법(句法), ○ 산술
(筭術): 분수(分數), ○ 체조: 전급동.

〈제2년〉

제4급: ○ 습자(習字): 전급동, ○ 발음 교수(授音): 전급동, ○ 단어
교수(授語): 전급동, ○ 구법(句法): 전급동, ○ 산술(筭術): 소수
(小數), 도량(度量), ○ 체조: 전급동.

제3급: ○ 습자: 전급동, ○ 발음 교수(授音): 전급동, ○ 단어 교수(授
語): 단어(單語), ○ 화본(話本), ○ 화고(話稿), ○ 번역(飜譯): 산문
(散文), ○ 산술(筭術): 율(率) 및 비례(比例), ○ 체조: 전급동.

〈제3년〉

제2급: ○ 습자: 전급동, ○ 발음 교수(授音): 전급동, ○ 단어 교수(授
語): 전급동, ○ 화고(話稿): 전급동, ○ 번역(飜譯): 산문(散文),
이독(吏牘), ○ 산술(筭術): 비례간법(比例間方), ○ 체조: 전급동.

제1급: ○ 발음 교수(授音): 전급동, ○ 단어 교수(授語): 패사(稗史), ○

화고(話稿): 전급동, ○ 번역(飜譯): 이독(吏牘), 척독(尺牘), ○ 해문(解文): 이독(吏書), 청전(淸典), ○ 산술: 급수(級數), 대수(對數), ○ 체조: 전급동.

〈상등 제4년〉

제4급: ○ 발음 교수(授音): 전급동, ○ 단어 교수(授語): 전급동, ○ 화고(話稿): 전급동, ○ 번역: 전급동, ○ 해문(解文): 전급동, ○ 기부법(記簿法): 단기(單記), ○ 대수(代數): 가감승제(加減乘除), 분수(分數), ○ 기하(幾何), ○ 영어(英語), ○ 체조: 전급동.

제3급: ○ 발음 교수(授音): 전급동, ○ 단어 교수(授語): 전급동, ○ 화고(話稿): 전급동, ○ 번역(飜譯): 전급동, ○ 해문(解文): 전급동, ○ 기부법(記簿法): 복기(複記), ○ 대수(代數): 일차방정식(一次方程式), ○ 기하(幾何): 전급동, ○ 영어(英語): 전급동, ○ 체조: 전급동.

〈제5년〉

제2급: ○ 발음 교수(授音): 전급동, ○ 단어 교수(授語): 전급동, ○ 화고(話稿): 전급동, ○ 번역(飜譯): 전급동, ○ 해문(解文): 전급동, ○ 기부법(記簿法): 전급동, ○ 대수(代數): 이차방정식(二次方程式), ○ 기하(幾何): 전급동, ○ 영어(英語): 전급동, ○ 체조: 전급동.

제1급: ○ 발음 교수(授音): 전급동, ○ 단어 교수(授語): 전급동, ○ 화고(話稿): 전급동, ○ 번역(飜譯): 전급동, ○ 해문(解文): 전급동, ○ 대수(代數): 급수(級數), ○ 기하(幾何): 전급동, ○ 영어: 전급동, ○ 체조: 전급동.

등급	학년	급수	교과 과정
하등	1년	6	○습자: 해서(楷書), ○발음교수[授音]: 사서(寫書), ○산술(筭術): 수목 명위(數目命位), 가감승제(加減乘除), ○체조(體操)
		5	○습자(習字): 전급동(前級同), ○발음교수(授音): 전급동, ○단어 교수(授語): 단구(單句), 단어(單語), ○구법(句法), ○산술(筭術): 분수(分數), ○체조: 전급동.
	2년	4	○습자(習字): 전급동, ○발음 교수(授音): 전급동, ○단어 교수(授語): 전급동, ○구법(句法): 전급동, ○산술(筭術): 소수(小數), 도량(度量), ○체조: 전급동.
		3	○습자: 전급동, ○발음 교수(授音): 전급동, ○단어 교수(授語): 단어(單語), ○화본(話本), ○화고(話稿), ○번역(飜譯): 산문(散文), ○산술(筭術): 율(率) 및 비례(比例), ○체조: 전급동.
	3년	2	○습자: 전급동, ○발음 교수(授音): 전급동, ○단어 교수(授語): 전급동, ○화고(話稿): 전급동, ○번역(飜譯): 산문(散文), 이독(吏牘), ○산술(筭術): 비례간법(比例間方), ○체조: 전급동.
		1	○발음 교수(授音): 전급동, ○단어 교수(授語): 패사(稗史), ○화고(話稿): 전급동, ○번역(飜譯): 이독(吏牘), 척독(尺牘), ○해문(解文): 이독(吏書), 청전(淸典), ○산술: 급수(級數), 대수(對數), ○체조: 전급동.
상등	4년	4	○발음 교수(授音): 전급동, ○단어 교수(授語): 전급동, ○화고(話稿): 전급동, ○번역: 전급동, ○해문(解文): 전급동, ○기부법(記簿法): 단기(單記), ○대수(代數): 가감승제(加減乘除), 분수(分數), ○기하(幾何), ○영어(英語), ○체조: 전급동.
		3	○발음 교수(授音): 전급동, ○단어 교수(授語): 전급동, ○화고(話稿): 전급동, ○번역(飜譯): 전급동, ○해문(解文): 전급동, ○기부법(記簿法): 복기(複記), ○대수(代數): 일차방정식(一次方程式), ○기하(幾何): 전급동, ○영어(英語): 전급동, ○체조: 전급동.
	5년	2	○발음 교수(授音): 전급동, ○단어 교수(授語): 전급동, ○화고(話稿): 전급동, ○번역(飜譯): 전급동, ○해문(解文): 전급동, ○기부법(記簿法): 전급동, ○대수(代數): 이차방정식(二次方程式), ○기하(幾何): 전급동, ○영어(英語): 전급동, ○체조: 전급동.
		1	○발음 교수(授音): 전급동, ○단어 교수(授語): 전급동, ○화고(話稿): 전급동, ○번역(飜譯): 전급동, ○해문(解文): 전급동, ○대수(代數): 급수(級數), ○기하(幾何): 전급동, ○영어: 전급동, ○체조: 전급동.

5. 불·독·로어학 과정(佛獨露語學 課程)

〈하등 제1년〉

제6급: ○ 철자(綴字), ○ 독법(讀法): 수신(修身), 박물학서(博物學) 관련
　　　서를 이용, ○ 습자(習字): 쾌활체(快走軆), ○ 역문(譯文), ○ 산술
　　　(算術): 수목 명위(數目命位), ○ 체조(軆操): 전급동(前級同).

제5급: ○ 철자: 전급동, ○ 독법: 전급동, ○ 습자: 전급동, ○ 서취(書
　　　取), ○ 문법(文法), ○ 암송(諳誦), ○ 역문(譯文): 전급동, ○ 산술:
　　　가감승제(加減乘除), ○ 체조: 전급동.

〈제2년〉

제4급: ○ 독법: 전급동, ○ 습자: 전급동, ○ 서취: 전급동, ○ 문법:
　　　전급동, ○ 암송: 전급동, ○ 회화(會話), ○ 역문(譯文): 전급동,
　　　○ 산수(算數): 분수(分數), ○ 지리학(地理學), ○ 체조: 전급동.

제3급: ○ 독법: 전급동, ○ 습자: 전급동, ○ 서취: 전급동, ○ 문법:
　　　전급동, ○ 암송: 전급동, ○ 회화: 전급동, ○ 작문(作文), ○
　　　역문(譯文): 전급동, ○ 산술(算術): 소수(小數), 도량(度量), ○ 지
　　　리학(地理學): 전급동, ○ 역사(歷史): 태고사(太古史), ○ 체조:
　　　전급동.

〈제3년〉

제2급: ○ 독법: 전급동, ○ 습자: 원활체(圓滑軆), ○ 서취: 전급동,

○ 문법: 전급동, ○ 암송: 전급동, ○ 회화: 전급동, ○ 작문: 전급동, ○ 역문: 전급동, ○ 산수: 율반비례(率反比例), ○ 지리학: 전급동, ○ 역사(歷史): 속사(續史), ○ 체조: 전급동.

제1급: ○ 독법: 전급동, ○ 습자: 흠사체(歆斜體), ○ 서취: 전급동, ○ 문법: 전급동, ○ 암송: 전급동, ○ 회화: 전급동, ○ 역사: 중고사(中古史), ○ 체조: 전급동.

〈상등 제4년〉

제4급: ○ 서취: 전급동, ○ 사격(詞格), ○ 암송: 전급동, ○ 작문: 전급동, ○ 역문: 전급동, ○ 산술: 급수(級數), 대수(對數), ○ 역사: 전급동, ○ 물리학(物理學), ○ 대수(代數): 가감승제(加減乘除), 분수(分數), ○ 기하(幾何), ○ 체조: 전급동.

제3급: ○ 서취: 전급동, ○ 사격(詞格): 전급동, ○ 연설(演說), ○ 작문: 전급동, ○ 역문(譯文): 전급동, ○ 기부법(記簿法): 단기(單記), ○ 지리학: 전급동, ○ 역사: 근세사(近世史), ○ 물리학: 전급동, ○ 대수: 일차방정식(一次方程式), ○ 기하: 전급동, ○ 체조: 전급동.

〈제5년〉

제2급: ○ 수사(修辭), ○ 연설(演說): 전급동, ○ 작문: 전급동, ○ 논리학(論理學), ○ 역문: 전급동, ○ 기부법(記簿法): 복기(複記), ○ 역사: 전급동, ○ 물리학: 전급동, ○ 대수: 이차방정식(二次方程式), ○ 기하: 전급동, ○ 체조: 전급동.

제1급: ○ 수사(修辭): 전급동, ○ 연설: 전급동, ○ 작문: 전급동, ○
논리학: 전급동, ○ 역문: 전급동, ○ 기부법(記簿法): 전급동,
○ 역사: 전급동, ○ 물리학: 전급동, ○ 대수: 급수(級數), ○
기하(幾何): 전급동, ○ 체조: 전급동.

교장 1인, 교원 40인 [본국인 32, 타국인 8], 생도 377인 [학원은 매월
5원 35전을 내며, 관급이 89인이다.]

등급	학년	급수	교과 과정
하등	1년	6	○ 철자(綴字), ○ 독법(讀法): 수신(修身), 박물학서(博物學) 관련서를 이용, ○ 습자(習字): 쾌활체(快走體), ○ 역문(譯文), ○ 산술(筭術): 수목 명위(數目命位), ○ 체조(體操): 전급동(前級同).
		5	○ 철자: 전급동, ○ 독법: 전급동, ○ 습자: 전급동, ○ 서취(書取), ○ 문법(文法), ○ 암송(諳誦), ○ 역문(譯文): 전급동, ○ 산술: 가감승제(加減乘除), ○ 체조: 전급동.
	2년	4	○ 독법: 전급동, ○ 습자: 전급동, ○ 서취: 전급동, ○ 문법: 전급동, ○ 암송: 전급동, ○ 회화(會話), ○ 역문(譯文): 전급동, ○ 산수(筭數): 분수(分數), ○ 지리학(地理學), ○ 체조: 전급동.
		3	○ 독법: 전급동, ○ 습자: 전급동, ○ 서취: 전급동, ○ 문법: 전급동, ○ 암송: 전급동, ○ 회화: 전급동, ○ 작문(作文), ○ 역문(譯文): 전급동, ○ 산술(筭術): 소수(小數), 도량(度量), ○ 지리학(地理學): 전급동, ○ 역사(歷史): 태고사(太古史), ○ 체조: 전급동.
	3년	2	○ 독법: 전급동, ○ 습자: 원활체(圓滑體), ○ 서취: 전급동, ○ 문법: 전급동, ○ 암송: 전급동, ○ 회화: 전급동, ○ 작문: 전급동, ○ 역문: 전급동, ○ 산수: 율반비례(率反比例), ○ 지리학: 전급동, ○ 역사(歷史): 속사(續史), ○ 체조: 전급동.
		1	○ 독법: 전급동, ○ 습자: 흠사체(欽斜體), ○ 서취: 전급동, ○ 문법: 전급동, ○ 암송: 전급동, ○ 회화: 전급동, ○ 역사: 중고사(中古史), ○ 체조: 전급동.

등급	학년	급수	교과 과정
상등	4년	4	○서취: 전급동, ○사격(詞格), ○암송: 전급동, ○작문: 전급동, ○역문: 전급동, ○산술: 급수(級數), 대수(對數), ○역사: 전급동, ○물리학(物理學), ○대수(代數): 가감승제(加減乘除), 분수(分數), ○기하(幾何), ○체조: 전급동.
		3	○서취: 전급동, ○사격(詞格): 전급동, ○연설(演說), ○작문: 전급동, ○역문(譯文): 전급동, ○기부법(記簿法): 단기(單記), ○지리학: 전급동, ○역사: 근세사(近世史), ○물리학: 전급동, ○대수: 일차방정식(一次方程式), ○기하: 전급동, ○체조: 전급동.
	5년	2	○수사(修辭), 연설(演說): 전급동, ○작문: 전급동, ○논리학(論理學), ○역문: 전급동, ○기부법(記簿法): 복기(複記), ○역사: 전급동, ○물리학: 전급동, ○대수: 이차방정식(二次方程式), ○기하: 전급동, ○체조: 전급동.
		1	○수사(修辭): 전급동, ○연설: 전급동, ○작문: 전급동, ○논리학: 전급동, ○역문: 전급동, ○기부법(記簿法): 전급동, ○역사: 전급동, ○물리학: 전급동, ○대수: 급수(級數), ○기하(幾何): 전급동, ○체조: 전급동.

체조 전습소(體操 傳習所)

1. 규칙(規則)

체조 전습소는 체육 관계의 제반 학과를 전담하여 교수하는 곳으로, 이 나라의 체육법에 따라 적합한 자를 선정하고, 또 체육학 교원을 양성하는 곳이다. 체조 전습소 생도는 다음과 같은 제반 조건을 요한다.

일. 연령 18세 이상 20세 이하
일. 신체 조건은 5척 이상
일. 건강하며 종두 혹 천연두를 겪었으며, 또한 폐병이나 불치병자가
　　아닐 것

일. 학식은 보통의 일본어 한학, 영학, 간략한 산술을 하는 자

일. 후일 체육학 교원을 지망하는 자

일. 입학을 원하는 자는 보증장과 이력서를 체조 전습서에 제출하여 학식 및 신체 건강 등을 조사받고 합격하면 서약서를 제출함

2. 교칙(敎則)

학과목: ○ 체조술, 남자 체조술, 여자 체조술, 유아 체조술 ○ 미용술, 조성조법, ○ 영학, 읽기, 작문, 영문학, ○ 화한학, 읽기 강독, 작문, ○ 수학, 산학, 대수학, 기하학, ○ 이학, 해부학, 생리학, 건전학 등 ○ 체육의 여러 학과에 관련된 과목 및 물리학, 화학 대의, ○ 도화, 자재화법, 기하도법, 투시도법[단 체조 전습소는 체육학을 수업하는 것이 본래의 취지이므로 영학 이하의 여러 학과는 그 중심 요지에 그침]

학기 및 재학 연학: 과정을 나누어 4학기로 하며 각 학기는 6개월 재학 기간은 2년이다.

수업 시간은 매일 5시간으로 그 가운데 1시간 반은 체조술을 수업한다.

시험방법은 각 학과의 일부를 마칠 때 실시하며, 학기말에 각부의 전체를 시험하여 그 등급을 정한다.

졸업증서식은 재학 중 행동이 방정하고 학력이 상당한 사람이 수업을 마칠 때 그 증서를 수여한다.

졸업생은 졸업 후 3년간 문부성에서 명한 바 직무를 수행하며 허가를 받지 않고 사임할 수 없다. 다만 봉직은 2년을 초과하지 않는다.

교장 2인, 교원 6인, 생도는 28인이다. [학자금은 매월 6원이며, 아울러 관급이다.]

도서관(圖書館)

규칙(規則)

관내 성상을 안치하고 때에 따라 일반인이 참배하는 것을 허용한다.

일. 본관을 설치하는 취지는 도서관에 소장한 도서를 내국인에게 널리 제공하고 외국인이 볼 수 있도록 하는 데 있다. 그러므로 이 규칙을 준수하는 자는 모두 도서관에 올 수 있으며 보고자 하는 도서를 펼쳐 볼 수 있다.

일. 본관은 매일 오전 8식에 열고 오후 8시에 닫는다. [다만 매년 7월 11일부터 9월 10일까지는 오전 7시에 열고 오후 7시에 닫는다.]

일. 폐관하는 기일은 다음과 같이 정한다. 세수 [1월 1일], 기원절 [2월 11일], 관내 청소일 [4월 15일부터 21일까지] 폭서일 [8월 1일부터 15일까지], 천장절 [11월 3일], 세말 [12월 22일부터 31일까지]

일. 본관의 소장 도서는 관외 대출을 허가하지 않는다. [다만 문부경이 허락한 증서를 가져온 자는 이 규정에 제한하지 않는다.]

일. 새로 구입한 서류와 받은 도서는 60일간 관외 대출을 허가하지 않는다.

일. 사서류 및 희귀한 귀중 도서, 기타 현행 신문과 잡지는 관외 대출을 허가하지 않는다. [다만 신문 잡지의 발행이 1월 1회에 불과한 것은 종미 2편을 제외하고 관외 대출을 허락한다.]

일. 관립학교 교원 및 각청 관리 기타 교육상 도움이 되는 자로 특히 도서를 대출하고자 하는 자는 그 필요에 따른 문부경의 특허표에 의거하여 허가할 수 있다.

일. 문부경 특허표에 의거하여 대출하는 도서는 각 사람 당 양서는 3책으로 한하고, 화한서는 10책으로 하며, 10일을 넘지 않는다.

일. 본관 관리를 제외하고는 서함을 개폐하는 것을 허용하지 않는다.

일. 도서를 빌리고자 하는 자는 그 책명, 본인의 성명과 주소를 관리에게 제출하며, 그 도서를 수령한다. [단 관내에서 등사하는 것은 무방하다.]

일. 도서를 빌린 자가 그것을 분실하거나 훼손하면 곧 같은 모양의 도서로 상환하거나 혹은 그에 상당하는 대가를 치러야 한다. 이 일이 종결되지 않으면 다시 도서를 빌릴 수 없다.

일. 술 취한 사람은 관에 들어올 수 없다.

일. 관내에서는 음독, 잡화, 흡연, 또한 독서장 밖을 배회하는 것을 금지한다.

교육 박물부(敎育 博物部)

규칙(規則)

교육박물관은 교육상 필요한 제반 물품, 금석초목 조수충어 수륙 동식물을 갖추지 않음이 없이 생도에게 제공하여 관람하고 탐구 토의 하게 하여, 이를 해설하고 그림과 복사로 모조하여 쓰이도록 하는 곳이다. 그 규칙은 다음과 같다.

일. 본관에서 수집한 물품은 도서 및 학교의 모형 동식물, 금석류, 기타 학교에서 필요로 하는 의자, 탁자 등 교육 관련 물품이다.

일. 서적류는 별도로 한 실을 마련하여 두며, 그 서적은 학사 보고, 학교 규칙, 교육가의 참고서, 교과서, 교육잡지 등이다.

일. 외국에서 간행한 서적 기물 목록을 두고 교육상 구매하고자 하는 자로 하여금 쉽게 찾아볼 수 있도록 한다.

일. 부현 및 공사 학교 등에서 교육상의 서적 물품을 외국에서 구매하고자 할 때에는 때에 따라 그에 응하며 중개한다.

일. 학교 교원 및 교육가가 관재 진열된 물품을 연구 또는 학술을 실시하기 위해 요청할 경우에는 때에 따라 그것을 허락한다.

일. 관내 진열품 및 도서는 관외로 휴대하고 나가는 것을 허락하지 않는다. 단 관장이 특별히 허가한 것은 이 제한에 해당하지 않는다.

일. 동물 박제 및 골격, 식물, 금석 표본, 기타 교육상 편익한 것은 본관이 제작하여 교육가가 참고하도록 제공하며, 구매하고자 하는 자가 있을 경우 때에 따라 그 요청에 응한다.

일. 모든 진열품에는 제작자의 성명과 족적을 기재한다. 단 동식물 금석 등은 산지명을 병기한다.

일. 수집 물품을 유형별로 구분하고 목록 해설을 간행한다.

일. 본관에 기증한 물품이 있을 경우, 그 성명을 기재하여 진열하고 본인에게 영수증을 교부한다.

일. 부현 및 공사 학교 등에서 기증한 것은 학사 보고를 하고 제작품의 유형을 생도에게 시험하여 답하게 하며, 모름직이 영구히 보존해야 할 진열품은 때때로 신구를 교환한다.

일. 물품을 취하여 학과상의 사리를 강구하고자 하거나 혹 기계의 편부를 설명할 때 마땅히 유지자를 초청하거나 해당 학회의 학사를 초빙할 수 있다.

일. 본관은 매월 월요일 및 매년 12월 28일부터 1월 3일에 열고, 기타 매일 한시적으로 개폐한다.

일. 광질 혹은 대취자로 인정되는 경우 관내에 출입할 수 없다.

일. 관내에서 떠들거나 사납게 행동하는 것을 할 수 없다.

일. 관내에서 흡연할 수 없다.

일. 관내 진열품에 손을 댈 수 없다.

일. 본실의 개폐 시한은 본관과 동일하다. 그러나 매년 하계와 추계의 2주간 폭서기(책에 바람을 쐬는 기간)에는 이 기간에 폐실할 수 있다.

일. 도서 물품의 대출 기한은 동경부 산하의 사람은 3주일을 기한으로 하고, 기타 부현 산하의 사람은 왕복 일수를 제하여 6주일간을 기한으로 하며, 기한에 이르면 그것을 반납해야 한다. 단 도서는 그 기한 내 폭서기에 이르면 당연히 반납해야 한다.

일. 빌린 도서 물품을 분실하거나 혹은 더럽히거나 훼손할 때에는 당연히 같은 모양의 도서 물품을 반납해야 하고, 혹은 해당 금액을 변상해야 한다. 이 일이 해결되지 않으면 다시 다른 도서 물품을 빌릴 수 없다.

학사회원(學士會院)

규칙(規則)

일. 본원을 설립한 뜻은 교육 관련 사항을 토의하고, 학술 기예를 평론하는 데 있다.

일. 본원 회원은 40인으로 한한다. [단 현재는 31인이다.]

일. 학회원은 투표로 다과를 정하고, 만약 이인 이상 그 동수가 있을 경우 곧 연장자를 선정한다.

일. 회원은 매년 3백원을 받는다.

일. 회원의 차서는 성명의 머릿자를 이려파(伊呂波)의 순서에 따라 배열하여 정한다. [역자: 이려파는 이 나라의 가나 48의 긴 노래로 해내 인구에 회자된다.]

일. 회원 중 회장 일인을 선정하고 그 재임은 6개월이다.

일. 회장은 본원을 통솔한다.

일. 회장은 의안을 발의하고, 가부를 토론하며, 회원과 같이 투표 등을 한다.

일. 본원 서기는 5인 이하로 한다.

일. 서기는 회장에 속하며 본원의 서무를 정리한다.

일. 발의한 의안은 기 취지를 적어 제출한다.

일. 타소에서 송치한 의안으로 회원 중 중심된 자는 그것을 회부하여 토론한다.

일. 문부경 및 그 대리인은 본원 회의에 참여하고, 의안을 발의하며 토론할 수 있다.

일. 문부경 및 그 대리인은 투표 수에 가부를 더할 수 없다.

일. 가부를 요하는 것은 다수로 결정한다.

일. 회원 3/4 이상의 동의로 결정하며 문부경의 인가를 거친다.

일. 매월 15일 회의를 개최한다.

일. 본원의 모든 비용은 문부경이 지급한다.

(문부성 소할 목록 끝)

文部省所轄目錄

〈目錄〉

文部省

1. 沿革

日主四年[辛未], 創置本省, 日主初元, 以東京舊開成所, 爲學教, 傭外國人, 爲教師, 大行洋法, 又以東京舊昌平校, 稱大學校, 尋改大學校, 稱大學, 開成校稱南校, 醫學校稱東校, 至是年七月, 廢大學置文部省, 使捴制教育事務, 管掌大中小學校, 先是大學所管, 止於大學東南校 及 大坂開成所, 理學所, 醫學校, 長崎廣運館醫學校, 所管理, 止於海外留學生徒, 未及全國學政, 及置本省 總管全國教育衛生事務, 於是大革舊大學面目, 自是以來, 職制之廢置不一, 歲費之增減無常, 事務章程以時變易, 學所教令頻年改定, 凡所沿革不可殫迷, 畧舉現今施行之槩列錄如左

2. 職制

學校之官, 舊有頭取, 及 知學事, 正權判事, 得業生, 寫字生, 寮長之屬, 至四年始定大中小博士, 大中小教授, 正權大中小助教 等 教官, 及治本省, 有卿, 與大少輔, 大丞之官, 後置大小監, 及大中小督學, 尋廢大小監, 更置大中小視學, 及書記, 改定大中小學教員之等次, 及學位之稱, 以博士, 學士, 得業生, 三等爲學位, 十年廢大丞, 以下官, 置大書記官, 權大書記官, 少書記官, 權少書記官, 現今官員, 卿一人, 月給金五百圓, 統率部下官員, 總理主管百般之事務, 部下官員, 進退黜陟, 奏任以上具狀奏之, 判任以下專行之, 所主任施行之法案, 則得列元老院之議場, 辯論其利害, 大輔一人, 月給金四百圓, 輔卿之職掌, 若卿有故, 則得爲其代理, 少輔一人, 月給金三百五十圓, 掌亞大輔, 大書記官二人, 月給金各二百五十圓,

權大書記官三人, 月給金各二百圓, 少書記官三人, 月給各一百五十圓, 權少書記官一人, 月給金一百圓, 受卿之命, 各幹其主務, 屬官, 自一等屬, 至十等屬, 爲九十六人, 等無定額, 以勞次陞, 又有御用掛二十七人, 上項月給金自六十圓至二十圓, 各從事庶務.

3. 事務章程[附九條]

四年以東京府中小學校, 爲本省直轄, 後至頒布學制, 悉隸之東京府. 改定東南兩校則, 先置正, 變, 二則, 至是廢變則, 聘外國教師於各國, 增其員, 更選俊秀生徒, 留學於外國[外國教師, 以外國語授業, 爲正則, 日本教師, 以外國語與譯語授業, 爲變則] 五年始頒學制, 六年廢本省日誌, 作本省報告及雜誌 頒之. 盖審教育學術及外國新聞關教育等事也.

七年 分本省中事務, 爲四課 一局, 各置長, 專任其責, 一曰 學務課, 掌關學校教師生徒等事務, 二曰 會計課, 掌查衆省中財務及直轄各部之出納, 三曰 報告課, 掌關省務諸報告臨時編集及印行雜誌等事, 四曰 准刻課, 掌准許印行圖書事. 五曰 醫務局 掌關衛生諸事.

八年 博物會 事務局 博物館 書籍舘 小石植物園 屬本省. 九年 遣本省大輔於亞米利加 觀博覽會, 十年繙譯大學所用教科書 [先是大學諸科 概用外國語校之 至是繙譯之將用國語教之也]

十一年 自十年七月, 至本年 六月 調理往復文書 八千九百五十八件, 印刷本省 第三年報 五千部, 刊行教育雜誌 二十四萬 六千九百五十部, 刊行本省雜誌 一千八百部, 刊行教科圖書等 二十九種, 三萬六千八百七十三部. 本年七月, 至十二月, 調理文書 四千三百四十一件, 印刷本省第四年報 五千五百部, 刊行本省雜誌 八千四百部, 刊行教育雜誌 十萬五千七百五十部, 刊行教科圖書等 十一種 二萬二千五百部, 以本邦教育 偏於有知而薄於育體, 設體操傳習所, 聘外國體操專門教師, 以授生徒, 十二年 禁翻刻本省所刊行圖書者, 猥加訓註解等, 變換體面, 不得其當, 多害教育也.

第一 廢官立學校 及 幼稚園 書籍舘 博物館 等, 第二 派遣部下官吏及 生徒於外國, 第三 廢置各局 及 命局長 或免之, 第四 定各局之處務規程, 第五 與學位之稱, 第六 定官立學校之學則, 第七 布達主管之事務, 第八 備外國人又解傭, 第九 新創事 又變更舊規.

4. 經費

五年 九月 本省定額金 一年爲二百萬圓. 六年 一月 減爲一百三十萬圓, 八年 一月 復定二百萬圓, 七月 又減一百七十萬圓, 九月定爲一百七十萬 四千八百圓. 十年 又減爲一百二十萬圓, 十一年 爲一百十四萬圓, 十二年 爲一百十三萬 九千九百七十圓, 至十三年 歲計八額金 一百十八萬 一千一百圓, 應用 本省 二十五萬 八千五百五十八. 東京大學校 二十六萬 七千七百零三圓, 東京醫學部 十三萬 九千四百十九圓, 大阪中學校 五萬九千圓, 東京外國語學校 四萬八千三百三十二圓, 東京師範學校 三萬 二千圓, 東京女子師範學校 二萬 二千二百圓, 東京職工學校 三萬五千圓, 圖書館 一萬圓, 教育博物館 一萬五千圓, 學士會院 八千二百七十八圓, 體操傳習所 一萬五千五百八十圓, 府縣師範學校 補助 七萬圓, 府縣小學校 補助 二十萬圓.

5. 學校誌暑

設置本省後, 大學校, 稱大學, 改東京開成校, 稱大學南校, 改東京醫學校, 稱大學東校, 或單稱, 東校, 南校, 又改東校曰 第一大學區東京醫學校, 南校曰 第一大學區東京第一番中學, 洋學所曰 第二番中學, 大坂開成所曰 第四大學區 大坂第一番中學, 大坂醫學校曰 第四大學區 大坂醫學校, 長崎廣運館曰 第六大學區 長崎第一番中學, 長崎醫學校曰 第六大學區 長崎醫學校, 設督學局, 於東京, 創設師範學校, 於東京, 又設女子學校, 女子師範學校, 後又稱大坂中學曰開明學校, 長崎中學曰 廣運學校, 六年改定全國八大學區 以愛知縣爲大學本部, 第三大學區 以大坂府爲大學本部, 第四大學區 以廣島縣爲大學本部, 第五大學區 以長崎縣爲大學本部, 第六大學區 以新潟縣爲大學本部, 第七大學區 以宮城縣爲大學本部, 現今東京所在學校, 大學, 法, 理, 文 三學部, 大學預備門, 大學醫學部, 師範學校, 附屬小學校, 女子師範學校, 附屬幼稚園, 外國語學校, 體操專習所

6. 教育令[十三年 十二月 改正頒布]

一. 文部卿 統攝全國教育事務, 學校, 幼稚園, 書籍館, 不問公私立, 皆爲文部卿所監督

一. 學校 爲小學校, 中學校, 大學校, 師範學校, 農學校, 商業學校, 職工學校, 自餘諸般學校

一. 小學校 爲授普通教育兒童之所, 其學科, 爲修身, 讀書, 習字, 筭術, 地理, 歷史 等 礽步, 準土地情況 加罫畫, 唱歌, 體操, 或 物理, 生理, 博物, 等 大意, 女子 設裁縫一科, 若有不得已 修身, 讀書, 習字, 筭術, 地理, 歷史 中 得減地理, 歷史

一. 中學校 爲授高等普通學科之所

一. 大學校 爲授法學, 理學, 醫學, 文學 等 專門諸科之所

一. 師範學校 爲養成教員之所

一. 專門學校 爲授專門一科之所

一. 農學校 爲授農耕學業之所, 商業學校, 爲授商賈學業之所, 職工學校, 爲授百工職業之所, 以上所揭, 不論何學校, 各人皆得設置之

一. 各町村, 從府知事, 縣令, 指示, 獨立 或 聯合, 要建足教育學齡兒童小學校[但 私立小學校 可以代小學校, 經府知事, 縣令之認可, 不必別設置]

一. 各町村, 所設小學校, 獨立 或 聯合, 區域, 置學務委員, 使幹理學務, 學務委員, 以戶長, 加其員[但 人員多寡, 給料有無 及 賞額, 區町村會議決之, 經府知事, 縣令之認可]

一. 擇學務委員, 町村人民, 薦擧定員, 二倍若三倍, 府知事, 縣令, 就而撰任[但 薦擧規則, 府知事, 縣令起草, 經文部卿之認可]

一. 學務委員, 屬府知事, 縣令, 之監督, 掌兒童就學 及 學校之設置, 保護

一. 凡兒童, 自六年至十四年, 八年間爲學齡

一. 令學齡兒童就學, 爲父母後見人之責任

一. 父母後見人, 有學齡兒童, 未卒小學科三年課程者, 非不得已者, 每年不可少六週以上就學, 又學齡兒童, 雖卒小學科三年課程者, 非有相當理由, 不可少就學[但 就學督責規則, 府知事, 縣令, 起草, 經文部卿之認可]

一. 小學校學期, 爲三箇年以上, 八箇年以下, 授業日數, 一年, 爲三十二週日以上[但 授業時間, 一日, 不少三時, 不多六時]

一. 不入學齡兒童於學校, 又不依巡回授業法, 而別欲授普通教育, 湏經郡區長之認可[但 郡區長, 要使試驗兒童學業於町村學校]

一. 町村之設小學校之資, 將設巡回授業法, 授普通學科於兒童 則經府知事, 縣令之認可

一. 學校, 有公立有私立, 地方稅若町村公費設立, 爲公立學校, 以一人若數人私費設立, 爲私立學校

一. 公立學校, 幼稚園, 書籍館 等之廢立, 府縣, 經文部卿, 認可, 町村, 經府知事, 縣令, 認可

一. 設置私立學校, 幼稚園, 書籍館 等 經府知事, 縣令, 之認可, 廢止則亦申報府知事, 縣令[但 私立學校代公立學校者, 廢止, 經府知事, 縣令, 之認可]

一. 町村, 所立私立學校, 幼稚園, 書籍館 等 廢止規則, 府知事, 縣令, 起草, 經文部卿之認可

一. 小學校敎則, 基文部卿, 所頒之大綱, 府知事, 縣令, 準土地情況, 編制之, 經文部卿之認可, 施行管內[但 府知事, 縣令, 以所施行敎則, 有難準施, 將斟酌增減之, 則陳意見, 經文部卿之認可]

一. 公立學校, 費用, 係府縣會議定者, 則地方稅, 支辨之, 掛町村人民協議者, 則町村費, 支辨之

一. 以町村費, 所設置保護學校, 若仰要補助於地方稅, 經府縣會議, 得施行之

一. 公立學校地, 免稅

一. 凡供學事寄附金, 附人, 所指定目途之外, 不得支消

一. 各府縣, 設師範學校, 養成小學敎員

一. 公立師範學校 卒業生徒, 試驗已畢, 與卒業證書

一. 公立 師範學校, 錐不入學本校者, 請卒業證書, 試驗其學業, 合格者, 與卒業證書

一. 敎員, 不問男女, 年齡十八以上[但 品行不正者, 不得爲敎員]

一. 小學校 敎員, 必帶官立公立, 師範學校 卒業證書者[但 錐不帶師範學校 卒業證書者, 府知事, 縣令, 與敎員免許狀者, 在其府縣得爲敎員]

一. 文部卿, 時遣吏員, 巡視府縣學事實況

一. 府知事, 縣令, 每年 記載管內學事之實況, 申報文部卿

一. 凡學校, 男女, 不得同教場[但 小學校 男女同教場, 不亦妨]

一. 凡學校, 權⑦授業料與否, 任適宜

一. 凡兒童非歷種痘, 若天然痘者, 不得入學

一. 罹傳染病者, 不得出入學內

一. 凡學校, 不可加生徒體罰[毆 或 縛類]

一. 試驗生徒, 其父母 若後見人, 得來觀

一. 町村所立學校, 教員, 因學務委員, 申請, 府知事, 縣令, 任免之

一. 町村所立學校, 教員, 捧額, 府知事, 縣令, 制定之, 經文部卿之認可

一. 各府縣, 準土地情況, 可設置中學校 及 設專門學校, 農學校, 商業學校, 職業學校 等

大學法理文三學部

1. 記略

德川七代將軍 家宣, 始倡西法, 使人就和蘭人, 學其言語, 醫術, 曆筭, 諸學術漸行於世. 家宣子吉宗, 設天文臺於江戶, 製簡天儀, 掌曆筭推步, 始置繙譯局, 擢和蘭學者, 譯和蘭書, 稱蕃書和解方, 後改繙譯局, 稱飜書調所, 行開校式, 許幕府人士 及 諸藩士, 入學並講英, 佛, 獨, 魯書, 後設化學, 物產學, 數學三科, 稱本校爲洋書調所, 施改校名, 稱開成所.

日主元年, 再興開成所, 新撰教則, 二年始開教場, 更置講習所, 傭米人, 爲英, 佛, 獨, 語學教師, 改校名, 稱大學南校, 改化學所, 爲理學所, 令諸

藩擧俊秀十六勢以上二十歲以下, 入本校, 稱貢進生, 又選拔生徒, 使留學英國, 又開博覽會.

四年七月, 廢太學, 置文部省, 改本校, 單稱南校, 八月又改稱第一大學區 第一番中學, 六年改校名, 稱開成學校, 設法, 理, 工, 諸藝, 礦山學, 五科. 法, 理, 工 三科, 以英語, 諸藝學科, 以佛語, 礦山學科, 以獨逸語.

七年畫校內一室, 爲書籍閱覽室, 使生徒, 以餘暇繙閱和, 漢, 洋書籍. 法, 化, 工, 三科外, 更置豫科. 十年行講義室開講式, 四月文部省, 以本校 及 東京醫學校, 稱東京大學, 分爲法, 理, 醫, 文, 四學部, 而置法, 理, 文 三學部於本校. 東京英語學校, 爲東京大學豫備門.

十一年五月, 命法學科, 土木工學科, 卒業生各一名, 留學英國, 物理學科, 卒業生一名, 留學佛國, 九月改學期制 及 試業規則, 爲不暇遵本則, 履各學科者, 設撰科一則.

2. 編制 及 敎旨

一. 東京大學, 綜法學部, 理學部, 文學部, 醫學部, 而法學部 置法學科, 理學部 置化學科, 數學, 物理學, 星學科, 生物學科, 工學科, 地質學科, 採鑛冶金學科, 文學部 置哲學, 政治學, 理財學科, 和漢文學科, 就各學科 中 專敎一科爲旨.

一. 東京大學 豫備門, 屬東京大學, 爲法·理·文學部之所管. 凡生徒入本部者, 先由豫備門, 修普通學科

3. 學科課程

一. 法·理·文學部 諸學科 課程, 爲四周年, 生徒階級, 爲四等

一. 法學部生徒, 皆修同一學科, 理學部, 設六學科, 文學部, 設二學科,
　　而理·文兩學科生徒, 隨其所好專修一科
一. 各學部, 期以邦語, 教生徒, 然現今姑用英語, 兼習佛蘭西, 獨逸 兩國
　　語之一. 如法學生徒, 必兼學佛蘭西語
一. 各學部課目如左

3.1.法學部

一. 本部, 以教本邦法律, 爲本旨. 旁授英吉利, 法蘭西法律之大綱

第一年: 英文學 及 作文 一年間[每週 四時], 論理學 半年間[每週 二時],
　　　　心理學大意 半年間[每週 二時], 史學[俳國史, 英國史] 一年間
　　　　[每週 三時], 和文學 一年間[每週 二時], 漢文學 及 作文 一年間
　　　　[每週 四時], 佛蘭西語 一年間[每週 三時]
第二年: 日本古代法律 一年間[每週 二時], 日本現今法律[刑法] 一年間
　　　　[每週 二時], 英吉利法律[緒論, 刑法, 結約法, 不動産法] 一年間
　　　　[每週 六時], 英吉利國憲 一學期[每週 三時], 佛蘭西語 一年間
　　　　[每週 三時]
第三年: 日本古代法律[大寶令] 一年間[每週 一時], 日本現行法律[治罪
　　　　法, 訴訟演習] 一年間[每週 二時], 英吉利法律[結約法, 衡平法,
　　　　訴訟法, 證據法, 海運法, 家族法, 訴訟演習] 一年間[每週 九時],
　　　　佛蘭西法律要領[刑法] 一年間[每週 三時]
第四年: 日本古代法律[大寶令] 一年間[每週 一時], 日本現行法律[治罪
　　　　法, 訴訟演習] 一年間[每週 三時], 英吉利法律[海上保險法, 訴
　　　　訟演習] 一年間[每週 三時], 列國交際法[公法, 私法] 一年間[每

週 三時], 法論 一年間[每週 三時], 佛蘭西法律要領[民法] 一年
間[每週 三時], 卒業論文

3.2. 理學部

一. 本部, 設六學科, 數學·物理學 及 星學科, 生物學科, 工學科, 地質學
科, 採鑛冶金學科
一. 第一年課程, 各學科無有異同, 後三年從本人所撰, 專修一學科
一. 各學科 第三年 及 第四年, 教員爲生徒設漢文講義, 隨意聽講

諸學科

第一年: 數學[代數 幾何] 一年間[每週 四時], 重學大意, 二學期[每週 二
時], 星學大意 一學期[每週 三時], 化學[無機, 實驗] 一年間[每
週 四時], 金石學大意 半年間[每週 二時], 地質學大意 半年間
[每週 二時], 畵學 一年間[每週 二時], 論理學 半年間[每週 二
時], 心理學大意 半年間[每週 二時], 英吉利語 一年間[每週 四
時]

化學科

數學·物理學 及 星學科
一. 本科, 教數學·物理學·星學 三學. 各年不同課目, 生徒至第二年, 三學
中從其所欲專修一科
生物學科

一. 本科者 第四年, 卽於最後一年間, 從本人撰, 使專修動物學 或 植物學
之一課目

工學科
一. 本科者 第四年, 卽於最後一間, 從本人撰, 使專修機械工學, 或土木
工學之一課目
地質學科
採鑛冶金學科

3.3. 文學部

一. 本部中, 設二學科, 哲學·政治學·理財學科, 和漢文學科
一. 第一學科, 與第二學科者, 其第一年課程, 已有所異, 故於第一年初,
使生徒, 撰定其, 可專修一學科
一. 第一學科者, 使悉履修第二, 第三 兩年間 課程所載之諸科, 至第四年
就哲學·政治學·理財學中, 使撰一課目專修之. 且使撰其餘二課目
及 史學中之一課目, 兼修之.
一. 第一學科 第四年 英文學 及 漢文學者, 生徒學之與否, 雖任其意, 漢
文則必使作之
一. 第二學科者, 以三年間 使專修和·漢古今文學, 爲旨, 且三年間 使兼
學英文學 或 史學 或 哲學
一. 別置佛書講義一課, 使文學部生徒, 隨意聽講之

哲學·政治學 及 理財學科
和漢文學科

3.4. 教科細目

〈日本古代法律〉

○ 法學, 文學 第一年課, 講授貞永式目, 法學 第二年課, 講授憲法志料, 制度通, 第三年課, 講授大寶令, 第四年課 兼講授大寶令 及 法曹至要抄

○ 生徒平日所自讀課書如左[但 第一年生之自讀書畧之]

○ 第二年 課書: 類聚三代格, 政事要略, 續日本記

○ 第三年 課書: 律疏殘篇, 令集解, 職原抄

○ 第四年 課書: 建武式目, 金玉掌中抄, 延喜式, 裁判至要抄

〈日本現行法律〉

○ 法學 第二年課, 講授刑法, 第三年課 及 第四年課 講授 治罪法之餘暇, 使就司法, 裁判所, 旣決訴訟件, 作訴訟書答辯書, 且每週一回, 使生徒, 假爲原告, 被告代言人, 演習法庭訴訟之事

〈英國法律〉

○ 擇所適於生徒之敎科書, 講授之, 敎授法, 敎師, 先講解課書之意, 就其所授起問, 使生徒答之, 若無所適於生徒之敎科書, 則以講義授之

○ 現今所用敎科書如左

○ 法律緖篇: 巴辣克思頓 或 弗兒武 及 合土來 著, 『英國法律註釋』

○ 憲法: 特利 著, 『法律原論』, 亞禑思 著, 『英國憲法』, 利伯耳 著, 『自治

論』

○ 結約法: 西密斯 著, 『結約法』, 勃洛克 著, 『結約法』, 蘭克特兒 著,
『結約法·摘要判決錄』

○ 不動産法: 巴辣克思頓 著, 『法律註釋』, 維兼 著, 『不動産法』,

○ 刑法: 卑涉 著, 『刑法註釋』

○ 私犯法 : 弗婁晒 著, 『法律註釋』

○ 賣買法: 蘭克特兒 著, 『賣買法·摘要判決錄』

○ 衡平法: 伯燕 著, 『衡平法』, 斯內兒 著, 『衡平法』

○ 證據法: 斯知般 著, 『證據法』, 伯斯特 著, 『證據法』

○ 列國交際私法: 哈華兒頓 著, 『萬國私法』

○ 列國交際公法: 哈伊頓 著, 『萬國公法』[1]

---

1) 〈만국공법〉 출처: 민족문화대백과사전 [정의] 중국에서 간행되어 조선말기 우리나라에
유입된 국제법 서적.[개설] 미국의 법학자 휘튼(Henry Wheaton, 惠頓, 1785~1848)의 국제
법 저서 『국제법 원리, 국제법학사 개요 첨부』(Elements of intenational law with a Sketch
of the History of the Science)를 중국에서 활동하던 미국인 선교사 윌리엄 마틴(William
A. P. Martin, 丁韙良, 1827~1916)이 1864년 청국 동문관(同文館)에서 한역(漢譯)하여 출판
하였다.
[내용] 권두(卷頭)에 1864년(同治3) 동순(董恂)이 쓴 서문과 1863년(同治2) 장사계(張斯桂)
가 쓴 서문이 있고, 범례와 목차, 그리고 세계지도가 들어 있다. 모두 12장, 231절로
구성되어 있다. 초판본은 영문 표지와 영문 서문이 있는 것과 순전히 한문으로 된 것
두 형태가 있다. 두 종류 모두 원형이정(元亨利貞)의 4책으로 구성되어 있다.
[변천과 현황] 『만국공법』은 중국에서 서유럽 국제법을 인식하는 기본서적이 되었으며,
1868년 일본어로 번역되었고, 1880년 조선에 유입된 후 『공법회통(公法會通)』, 『공법편
람(公法便覽)』등과 함께 많은 영향을 끼쳤다. 1886년 9월에 개설된 한국 최초의 근대식
공립교육기관인 육영공원의 교과서가 되었고, 유길준의 『서유견문(西遊見聞)』, 심순택
이 고종에게 올린 상소문, 황현의 『매천야록(梅泉野錄)』, 정교의 『대한계년사(大韓季年
史)』 등에서 이 책을 인용하였다.
[의의와 평가] 『만국공법』은 한말에 지식인 사회에 널리 전해져서 정부는 물론 개화파,
위정척사파를 가리지 않고 수용되었다. 특히 정부가 러·일전쟁 직전에 대외중립을 선언
하면서 『만국공법』은 식자들 사이에서 마치 '구원의 손길'처럼 인식되기도 했다.
[참고문헌] 『만국공법』(김용구, 小花, 2008), 「한국의 萬國公法 수용과 인식」(류재곤, 선문
대학교 인문대학논문집 1집, 1998), 「『萬國公法』을 통해 본 開港期 朝鮮의 對外認識」(김
세민, 『사학연구』 52, 한국사학회, 1996), 「한국에 있어서의 만국공법의 수용과 그 영향」

○ 法論: 豪斯丁 著, 『法論』, 墨因 著, 『古代法律』

〈佛蘭西 法律〉

○ 佛蘭西法律 第三年, 講授刑法, 第四年 講授民法而規, 而唯本年第三年, 講授佛國民法人事篇 及 刑法, 第四年生, 講授民法·財産篇 以下, 共以佛蘭西法律書爲敎科書, 使知其要領

〈普通化學〉

○ 理學部 第一年, 使生徒試驗諸物而熱其在敎室所學之非金屬 及化合物等製法 及 性質等 以魯斯果 著 無機化學爲敎科書

〈分析化學〉

○ 本科 第二年, 使生徒 專從事檢質分析 始于單一塩類 漸進及混合物, 而終于研究亞臾古保臾類 有機酸類 塩類 等 化學之變化, 有餘暇 則今製作各種純粹有機物票本

○ 第三年 第四年 使生徒 專從事無機 及 有機物 定量分析始於二三之合金類 終於塩類 及 糅雜之礦物 但 第三年生 於終期 使以容量 及重量分析法 泛驗定製造物

○ 第四年 前半學年 中 使生徒 專從事有機物之遠成分分析 卽驗定炭素 水素 塩素 燐素 硫黃 及 窒素 等之成分. 又從事有機物之近成分分析

(이광린, 『한국개화사상의 제문제』, 일조각, 1986)

卽以重量分析法 及 回光分析法 考査糖質 且驗定殼類 卽米等之成分 及 酒類 卽淸酒味淋等之成分 又敎授水之分析法

○ 第四年 後半學年中 使生徒就其隨意所撰卒業論文 [生徒卒其業時 必作文章名之曰卒業論文]之題 爲實地試驗 但其爲實地試驗 不得受敎員指敎 惟與學友 有所講論而已. 如其作文不可不生徒 自撰述之

○ 分析化學所用之敎科書 多兒普 著,『檢質分析學』, 許利塞尼斯 著,『檢質分析學』, 戎 著,『實驗化學』, 多兒普 著,『定量分析學』, 許利塞尼斯 著,『化學分析』, 文克林 著,『水質分析法』, 撒頓 著,『檢容定量分析法』

〈應用化學〉

○ 本科專以講義 及圖畵 敎導之, 以二年間 爲程期講義之主題如左
第一年卽化學 第三年 ○ 可燃物化學, 亞兒珂理工業
第二年 卽化學 第四年 ○ 含水炭素製造化學, 有機色料化學

〈有機化學〉

○ 所敎授之主題如左
有機化學所以一名炭素化合物之化學之由, 炭素一微分子 與他同質微分子 化分之力 有機物聚合生成 根基體交換 及 元形說 當適量 及駿曾美理池㗢 有機分析 分子定量法 蒸氣調度法 有機物判列 及 有機羣屬性質 納特魯加兒盆 脂肪物質 揮發物 德奘敏 及 干福兒 有機鹽基 不經判列物質 曾列摩耳 著,『有機化學』爲 敎科書

〈純正 及 應用數學〉

○ 第一年級 純正數學所授 平面解釋 幾何學 卽 指克兒 著,『代數幾何學』自第一章 至第十一章, 有餘暇 卽講授亞兒地斯 著,『立體幾何學』, 又『應用數學』第二 及 第三學期 授重學大意 其教科書 爲突土蕃太兒 著,『重學初步』

○ 第二年所講修純正數學課目 卽高等平三角 及 弧三角術 立體幾何學 微分 積分學 微分方程式 其教科書 首布内 著,『三角術』, 亞兒地斯 著,『立體幾何學』, 土蕃太兒 著,『微分 及 積分學』, 布兒 著,『微分方程式』, 且以維庶遜 著,『加耳幾刺斯』(書名), 普賴斯 著『印布尼特西摩兒加耳幾刺斯』供參考. 又同年 應用數學 教以重學 但定教科書 大抵教以講義

○ 第三年所教授純正數學課目 則高等代數學 及 加耳幾刺斯, 高等解釋幾何學 其所用教科書 及 參考書 爲突土蕃太兒 著,『方程式論』, 沙耳門 著,『高等代數』,『圓錐曲線法』,『立體幾何學』, 布洛斯德 著,『立體幾何學』, 突土蕃太兒 著,『積分學』,『加耳幾斯啞布白理埃戎』(書名)等

○ 又 應用數學 第一學學期 據巴兒均遜 著書 講授幾何先學 且講授熱動力論 又第二 及 第三學期 授靜力學 攝引理論 光音波動論 其教科書及 參考書用 突土蕃太兒 著,『靜力學』, 及 攝引理論史 維李 著,『數學雜記』, 洛伊突 氏 著,『光學』等

○ 第四年 純正數學 講授高等加兒幾刺斯, 高等微分方程式, 其教科書 用布兒 著,『華内特德希庶西斯』(書名), 突土蕃太兒 著,『漢克戎啞布刺布禮斯別設兒刺米』(書名), 布兒 著,『微分方程式』, 維李 著,『數學雜記』等, 又本年講授近世幾何學 及 加特兒尼恩[書名] 且房授日本教科書多 溫設突 著,『近世幾何學』, 革蘭德氏·特多氏 合著,『加特兒

492

尼恩』

○ 第四年 應用數學教導動力學 流動力學 其教科書 特多氏·斯知兒氏
合著,『微體動力學』, 老斯 著,『固體動力學』及 陪散 著,『流體力學』
其他尚講授電氣學 磁氣學等之數理大意 以加閔克 著,『電氣學』爲教
科書

以上所舉諸書之外 關各課之書 各年廣採供參覽引用.

〈物理學〉

○ 本部中 從事物理學者 分爲三學科 卽 數學 物理學 星學科 工學科 化
學科

○ 第二年 所學卽 簡易物理學試驗實修 所測定尺度 質量 時間等 精微器
機之用法 觀測 及 其結果論 最小平方律 應用論機械物理學之簡易問
題 及 同上論理之實地應用 而本學年末期 爲熱學

○ 第三年 專講究理論 及實驗光學 幾何光學 熱動力論

○ 在物理學科 數學 及 星學生徒 比之物理學專修生徒 其實驗時間 稍少
耳, 他履修同一課業 工學 及 化學生徒 第二 第三 兩年 授簡易物理學

○ 第四年 專講究電氣 及 磁氣學 且其理論外 別在實驗室 練習電力 磁
力 測定實驗 及應用電線之試驗

○ 本年卒業論文之題 期新探討一理之條件 故使各生徒 專攻特要精密
之一事

○ 所用教科書 斯丟亞兒 著,『物理學初步』, 德沙內兒 著,『物理學』, 果
剌房捨 著,『物理測定法』, 額諾 著,『物理學』, 涉伯內 著,『最小自乘
法』, 維理 著,『觀測差違算定法』, 米 理滿 著,『最小自乘法』, 布力
著,『物理實驗法』, 卑革凌 著,『物理實驗法』, 維理 著,『音學』, 斯丟亞

兒 著, 『熱學』, 摩幾思亢 著, 『熱學理論』, 然均 著, 『電氣 及 磁氣學』,
甘明 著, 『電氣理論』, 洛伊德 著, 『磁氣學』, 維理 著, 『磁氣學』, 斯播
知士烏德 著, 『光線分極論』, 維理 著, 『光線波動論』, 洛伊德 著, 『光
線波動論』, 捨庶 著, 『光線分析論』, 洛克牙 著, 『分光鏡用法』, 巴均遜
著, 『光學』, 冶巴列 著, 『度量衡比較法』

〈星學〉

○ 理學 第一年級 第一學期 授星學大意講義
○ 第二年課目 論理星學 數學 及 刑象星學初步, 教科書 路米西 氏, 紐甘
氏, 和顥 氏 著, 實驗星學 子午儀 天頂儀, 紀限儀之運用, 測定時間
及 緯度, 用水平尺, 及 微分尺法 ○ 敎科書 路米西 氏, 涉伯內 氏 著
○ 第三年課目 論理星學, 觀測移筭法, 天體重學, ○ 敎科書 涉伯內
氏, 繃特果倫 氏, ○ 實驗星學 赤道儀 觀測 及 移筭, 分光鏡 及 光線計
使用 卯西儀 測定緯度 ○ 敎科書 涉伯內 氏 著
○ 第四年 課目 論理星學 行道 攝道 ○ 敎科書 可烏射氏, 伯設兒 氏,
嬰百兒撒 氏 著 ○ 實驗星學 子午儀 觀測 及 移筭 測定其子午圈 恒差
○ 敎科書 伯設兒 氏 及 涉伯內 氏 著

〈植物學〉

○ 生物學 第二年 每週二回 講植物結構 及其生理 且於實驗室 就實地敎
此二課 又使生徒 講明判定有花部種屬 供其用植物 日取之小石川植
物園 其在植物學 實驗室, 授業每週六時爲常
○ 地質學 第二年 第一學期 於實驗室 授分析植物法 使生徒 通植物結構

及其天然分類, 第二全學期 及 第一 第三 兩期之數週日 講授植物形
體論 及 生理論, 第三學期 就本學期 及 前兩期中 所學講諸課 於實驗
室 更教導之 其時間爲每週二時

○ 生物學 第三年 一年間 每週 二回 講植物分類 及 應用, 但 第二學期末
及 第三 全學期 授無花植物 而於實驗室 每週八時間 課單子葉部 中
之禾本科 及莎草科, 無花部, 中之石松類, 蘋類, 瓶爾小草類, 木賊類,
羊齒科, 土馬駿類, 地錢類, 諸業 又雖教授通長部, 係下等部屬者, 然
精究之, 始讓後日

○ 生物學 第四年 教授植物學, 專修生徒 所講義則爲地理 及古生植物
通長部 及 植物高等生理, 而試驗室諸業 亦就同課目授之, 且生徒 別
專究植物之一部類

○ 參考書 屈列 著, 『植物學』, 白耳和兒 著, 『植物學』, 撒克 著, 『植物學』,
少米 著, 『植物結構 及 生理學』, 扁布列 著, 『植物學初步』, 特甘德兒
著, 『地理植物學』, 林特列 著, 『藥用 及 應用植物學』, 白兒傑列 著,
『無花植物學』, 德兒維 著, 『藚蔓草說』, 德兒維 著, 『食蟲草說』, 德兒
維 著, 『植物界各自受精 及 交互受精說』, 斯保兒特 著, 『日本植物說』,
撒白兒克 著, 『日本植物說』, 米傑兒 著, 『日本植物說』, 佛蘭設氏·撒
巴設氏 合著, 『日本植物目錄』, 撒林傑兒 著, 『日本海草說』, 本唐 著,
『香港植物說』, 巴毋 著, 『拉伊顚博物館植物記』, 麻幾西毋維屈 著, 『黑
龍江植物說』, 屈列 著, 『止米植物說』, 特甘德兒 著, 『植物界』, 本唐
氏 及 弗傑兒 合著, 『植物屬類說』, 維特 著, 『東印度植物圖說』, 巴毋
著, 『細亞巴嬰 植物說』, 德利細斯 著, 『禾本科說』, 巴特 著, 『莎草科
說』, 虎傑兒 著, 『羊齒科說』, 米特細斯 著, 『利布斯 植物園 植物 羊齒
科說』, 虎傑兒 著, 『英國植物羊齒科說』, 撒利函特 著, 『合衆國 土馬
駿類 及 錢笞類說』, 白兒克列 著, 『英國 芝이類說』, 多連 著, 『芝이類

說』, 亞加兒特 著, 『藻類說』, 加鄭 著, 『藻類說』, 刺扁和兒斯多 著, 『歐洲藻類說』, 哈標 著, 『藻類說』, 林特列 及 哈頓 著, 『英國 化石植物說』, 『草木圖說』, 『本草圖譜』, 『本草綱目啓蒙』, 『和漢三才圖會』, 『花彙』, 『本草綱目』

〈動物學〉

○ 第二年級 授有脊動物 比較解剖之講義 且使爲之實驗 其目如左. 注射諸法 的之脈管究查, 筋肉, 消化機, 骨相學, 泌尿生子機, 神經, 顯微鏡用法

○ 第三年級 授無脊動物 比較解剖之講義. 且使爲之實驗 其目 如左. 動物分類, 解剖各大部之動物, 感覺機 及 諸機關之生物組織學

○ 第四年級 使各生徒 於實驗室 專攻涉比較解剖 及發生學之一事 特授其講義

○ 每週一回會第三年 及第四年生 使報告各自所研究之事項

○ 地質學 第二年級 課目爲動物分類 及骨相學 其序先教動物界中 各大門 至要的諸部 次使研究解剖學 及組織學 以知動物分類之大意 盖骨相學 未修古生物學之前 當豫修之學也

○ 教科書 屈老斯 著, 『動物學大意』, 傑戈母巴維兒 著, 『動物各大部 解剖大意』, 克斯列 著, 『有脊動物解剖 及 無脊動物 解剖』, 老列斯頓 著, 『動物生活形質』, 巴兒保兒 著, 『發生學大意 及 比較發生學』, 布列 著, 『組織學書』, 尼果兒遜 著, 『動物學書』, 幕兒斯 著, 『動物學初步』

〈土木工學〉

○ 土木工學科 第二年 及 第三年 課目 同機械工學科 課目 至第四年 別
爲兩級 從各生徒所撰 使專修機械工學 或土木工學一課

○ 各年 普通 課目外 土木工學生 修左諸課目 第二年所學課目 爲陸地測
量術 卽通常測量器之理解 實用 及 距離 面積 計算 平準器之實用法
製測量圖 地誌圖法也. 但第二年 以時限已充 使各生徒 就上所記諸課
目 熟練實地經驗

○ 第三年間 所從事 築造道路 及鐵道法 及研究土木業 諸材料者是也 築
造 鐵道課 直線 曲線 布置法 平準測量法 平面圖 橫截面圖 平行測面
圖[示沿道 高低者]之製法 及 鑿道堤線之布置 計算屬焉. 每課 逐序學
之卒業後 實驗之野外其法 先布置諸試線於數里間 尋判定之鐵線之
位置 敷設之 而後製諸種詳細圖 作諸種計算 及作諸種說明條款書等
一如眞設鐵道者

○ 築造道路課 所學修爲築造修繕 村落市街道路諸方法 就中要多學 適
日本之方法

○ 土木工學生 要考究石灰 柒灰 粘土 石灰之性質 且實驗之 又研究所最
要於土木業 諸材料之物質

○ 第四年講習測地術 治水工學 且自計畫諸土木工業

○ 測地術 教員口授之 課中之目 如左. 其線測量, 測點位置採擇, 號標設
置, 角度測量, 用最小自乘法 而調整測量之法, 決定緯度經度, 地平經
度之法, 量定觀象臺, 實驗測點之高低之法, 普通測地平準法, 製地球
圖法 等

○ 治水工學中之目如左. 係流動體數理論, 所示水道河川流水之速力諸
定式之評論, 築造運河法, 灌水法, 排汚法, 關洪水法諸功業 修川流而

便運輸, 保存堤防, 築造舫槽(축조선조), 橋脚及港埠之法, 其他使測量
東京府下川流 或品川港 製其圖 以研究水上測量於實地

○ 第四年所修工事 槪如左. 木橋 石橋 鐵橋 各一個 其他 各自所撰諸工
業 但要作完備計算表 及說明條款書

○ 第四年期末 卽卒業前 生徒撰係土木工學一題 草卒業論文 盖驗其學
力 果可受卒業證書 否也.

○ 教科書 及 參考書 第二年 季兒斯禪 著, 『陸地測量書』, 第三年 邊克
著, 『鐵道工學家必携』, 麻漢 著, 『土木工學』, 季路莫亞耳 著, 『石灰煉
石灰沙 製法 及 用法』, 和斯 著, 『掌中鐵道工學書』, 巴犁 著, 『鐵道機
械要說』, 第四年 麻漢 著, 『土木工學』, 蘭均 著, 『土木工學』, 克拉克
著, 『測地術』, 米利滿 著, 『最小自乘法』, 路米斯 著, 『實驗星學』, 倍克
兒 著, 『建築法』, 保斯 著, 『鐵道工學家用書』, 杜老特尹 著, 『工學家
必携』, 漢巴兒 著, 『鐵橋 建築法』, 汝克遜 飜譯 加特兒 著, 『水勢表』

〈機械工學〉

○ 第二年 所履修課目 有二 第一 重學, 第二 物質强弱論

○ 重學課目 本原單位 及 因生單位, 單位 保存法, 測度法, 實質速度 加
速度 等之說, 倍克特兒 [示方位 及 長線之義] 表示法, 和特克刺布
[謂所接續 發於點速力之度, 與示方位線之端之弧線] 牛董氏 運動律,
應適力, 運動理論 靜學 及 靜勢學之別, 靜勢學課目 力之組成 及分素,
力率, 雙力, 散布力, 重心, 等布力 及 變力, 平面惰力率, 液汽兩體之抑
壓, 水壓機, 浮體之平均, 摩擦, 摩擦定固, 帶類摩擦, 動勢學, 力之完全
測度, 勢力 及 動作, 勢力之保存, 動力率, 衝突, 分子回轉, 圓錐形的擺
振, 單純循軌動, 單純擺子, 固體回轉, 受壓心性質, 集成擺子, 實質通

498

動, 特蘭倍克兒氏律, 移抵抗力 及 惰力於導點運動理論, 運動理論 中
之雜律, 瞬時軸, 回轉及直線動之組成, 瞬時軸畫線, 自由運動 及 緊縛
之度, 依連鎖機直線動 以上課 工學 採鑛學 物理學 數學 及 星學 諸生
徒 且時設適實問題 使之於敎室 或 私室 解明之. 以習熟應用重學之
理於工學上 後所記諸科亦然.

○ 物質强弱論 工術用材料之製造 及 供辨法, 木材, 木材生長 及 伐材法,
木材乾晒 及 保存法, 鐵, 製鐵爐, 銑鐵種類, 製鑄鐵爲鍊鐵法, 鐵車,
鍊鐵種類, 鋼, 和炭鍊鋼法, 陪斯摩氏 細眼氏 及 數氏 鍊鋼法, 鐵及鋼
中混和物, 燒鍛法(소단법), 燒硬法 及 燒鈍法, 他金屬 及 合金, 砂土量
變更重量 及 急加重量之結果, 渦剌兒氏之試驗, 保安因數, 佛克氏之
律, 試驗上確定不變數, 論機械及結構之强弱 足負其形狀與應逼力否,
材力數理 大抵收之於第三年 所課, 結構强弱論中

○ 第三年所履修課目有三, 第一 結構强弱論, 第二 熱動力 及 蒸氣機關
學, 第三 機械學

○ 結構强弱論, 强弱定固 及 支桿繫柱計畫法, 橋及屋背架構, 串孔關節,
釘縫接合法, 木工梁及聯結梁接合法, 連梁, 任轉扭軸(임전유축), 汽罐
鐵甲 及 汽罐鐵管, 懸鎖 及 懸橋, 鐵製彎梁, 擁壁煙突 等

○ 熱動學 及 蒸氣機關學, 勢力之保存 變形 及 消耗通論, 天然勢力之源,
驗熱 及 溫度法, 驗溫器分度法, 熱之移動, 導熱, 交換之理, 物體上熱
之作用, 體內 及 體外之動作, 比熱, 潛熱, 蒸氣 及 瓦斯之性質, 保以兒
斯 査理 如兒斯 三氏之律, 額諾(액락)氏 動作循環律, 反用熱機關, 功
力制限, 斯太凌 氏 及 愛犁克遜氏 空氣機關, 蒸氣膨脹, 實際 及 推測
視脹圖, 筒套, 加熱蒸氣, 復箇機關, 汽罐 及 凝汽器 等 所要 水量計算,
算定機關功力之法, 爐罐製作 及 功力, 燃料, 蒸氣配分法, 汽箭器, 鍊
鎖機運動, 排絶弇(배절엄), 節速器, 自動阻汽器, 蒸氣機關 各成 及 其

製作詳解, 起動諸器, 熱動理論部 要第三年 第一學期 中 卒之

○ 機械學 工場諸工具 機械所用工具 機械運動之理, 機械摩擦功力, 機械計畵, 課此科之間 要常示所備於工學職場之工具 及機器於生徒 機械工學生徒 至第三年末 使之在橫須賀造船所(요코스카 조선소) 九月間 親執工事 以實驗機器工具之使用, 歸校之後 第四年中 使之計畵機器 及作卒業論文

○ 教科書 參考書 第二年 蘭均 著,『應用重學』, 他呼遜氏·底土氏 合著,『物理學』, 麻季斯維兒 著,『物質及運動論』, 諧特兒遜 著,『物質强弱論』, 第三年 及 第四年 蘭均 著,『應用重學』,『土木工學』及『蒸氣機關學』, 可特利兒 著,『蒸氣機關學』, 麻季斯維兒 著,『熱學』, 設列 著,『工場機械說』, 克特布 著,『器械學』, 曼伊 著,『機械計畵法』, 利克 著,『蒸氣機關論』

〈圖學〉

○ 圖學課程爲三年, 益生徒, 在豫備門, 已習自在畫學, 故入本部 則專授機械圖法

○ 第一年 授幾何圖法 附以問題 使之應用肄習

○ 第二年 就他畫圖 或 模型教機械圖

○ 第三年 第一學期 授着色機械圖, 第二學期 授橋梁 及 土木工業圖, 第三學期 授着色地誌圖

○ 本部所以教此科之旨 在授作各學科成業上 必要各般圖之法 故各生徒所演習課業不同因今不載之

〈金石學 及 地質學〉

○ 理學 第一年 專授 金石晶形學之要領, 金石物理上 卽光線上之性質 堅度 比重 及 化學的之性質 金石分類法 而所最要於金石之詳記 攄答那 著『金石學書』, 侗附適坊於實地化學的之反應 其係本邦所産者 倂載其産地

○ 次金石學講義 以地質學講義 以示地毬全部之要領 地質上之顯象 地毬之構造說 其變動 及 過度比重 等, 地質學 中 屬石質部 巖石之講義 特加詳細 所謂構造地質學部 自山嶽之構造 至巖石之浸融 火山力 山脈之構造 地殼變體 凡百地毬上 活動勢力之理論是也. 又第一年 講授 地質沿革論之大略

○ 第二年 金石學 易答那 著,『金石學書』以同氏 著,『金石學 教科書』詳論精形理論 化學上 金石符號式 金石諸性 以及稀生物 而至所關金石種族 異質同形 及 同質異形 諸物部 別殊使注意

○ 金石識別學 專主實地 使生徒得一目判知緊要 金石之捷逕 其法之口授 錐無所遺 至吹管分析 別教授有其人 故不必詳講其義 但所必要於識別之化學 物理學 晶形上之性質 反覆教授 無得遺漏 盖吹管反應 爲識別法 中 最緊要者 其書爲窩 以斯巴比 著,『英文識別表』及 答那 著,『金石學書』附錄 識別表

○ 同年 地質沿革論 論辨關水成層 火成層 礦道 等 諸構造 隨自然年代之順序 而水成層 構造 中 进此順序者 卽如無生跡層 太古層 中古層 近古層 皆盡其說 使生徒得暗 熟巖石 及化石 又講義中 務傍引日本所産巖石 及 化石之說, 且參用答那 著,『地質學書』, 地質學 及 採鑛學 第三年生 以第二年級 不授此講義 本年授之

○ 製地質圖 及 測量地質講義 當於第三年授之 然三年生 以其第二年已

修是業 本年特授地質沿革論

○ 石質學 特明教示之 以爲他日下手於巖石 顯微鏡 查察之階梯 而教授 因所自撰之方法 教導之不別用教科書, 但務參考 英吉利 佛蘭西 獨逸書 特引用 答那氏 地質學書

○ 古生物學講義 占本學年 教課之一大要部 而先發端於人類 自哺乳動物 禽類 與葡萄動物 水陸兩生動物 及魚類 至有脊骨動物說 次自節足類 [羽蟲 蜘蛛 蟹類] 海盤車 [海贍 等], 亞尼刺以答 [蛭蚯蚓 等] 百理瑣亞 及 佛刺幾沃 百答 等說, 及 軟體動物益. 此動物者 以緊要於地質學者 教授之貰多 數時間 而後自細廉特刺答[珊瑚 海綿] 普洛多瑣兒說論 及古生物學 中 第二部 古生植物學 其他 解明自動物 各部發生年代 及其發生如何之說 至各種動植物 化石 定斷巖石之時代 呈何等量效 侷詳悉此動植物 化石 在動植分類 占何等地位

○ 地質學 教員 時率生徒 巡檢其方土 使就實地研究之, 且專就實地 示製地質圖法 而後不止實驗 兼授講義, 又使本年生徒 因石質學 及古生物學講義之大要

○ 本年所履習石質學 用顯微鏡 爲其實驗 及講義, 且擧第三年所略 示更細論之

○ 古生物學 因教授之指示 使實驗之, 且特就化石 詳論之, 盖此講義 專今甄別種類

○ 識別巖石 與識別化石 同一從事 用顯微鏡

○ 本年 中 實地教導課目如左. 第一 測量地質 製地質圖 講義 及 實修巡驗地質是也. 但其講義中 加表面地質學 以是學 緊要於測量地質也. 第二 應用地質學講義 是也. 其目如左. 甲. 當供普通實用物質槪論 [金石 巖石 山嶽], 乙. 壓力之作用 因巖石凝聚力 堅度 吸濕性 及 構造致變異之槪論, 丙. 論必要於百般事業物品 卽水 石 材 粘土 等之功用,

502

丁. 論土壤 或 表層巖石之性 大關農業上

○ 以上所記 應用地質學講義 不獨止地質學 採鑛學生 亦要授之工學生 故歷進本論之前 豫敎示金石學 及地質學之大要 所不得已也

○ 敎科書 參考書 答那 著, 『金石學書』 及 『金石學敎科書』, 弗刺瑣兒 譯 窩以斯巴比 著, 『識別金石表』, 答那 著, 『地質學敎科書』 及 『地質學書』, 尼苟兒遜 著, 『古生物學』, 烏特窩兒德 著, 『軟體動物論』, 來冶兒 著, 『地質原論』 及 『地質學初步』, 彼日 著, 『應用地質學』, 刺他列 著, 『石質學』, 知兒傑兒 著, 『石質學 及 金石 巖石 顯微鏡 查察法』

〈冶金 及 採鑛學〉

○ 第一 冶金學 ○ 普通 冶金學 冶金學 沿革 略史 諸金 及 合金類之性質 諸冶金施法, 冶金用之物質及燃料, 冶金用之器械, 冶金上製出物, 冶金上 廢棄物

○ 應用 冶金學, 鉛, 銅, 銀, 金, 白金, 永, 亞鉛, 加土幕毋, 錫, 砒, 安質毋尼, 蒼鉛(창연, 비스무트), 格巴兒土, 尼傑兒, 鐵 及 他冶金法

○ 第二 採鑛學 有用鑛物發現之狀況 探鑛試鑿 及 檢定鑛脈斷續長短 等, 鑛夫之手業 及用具, 鑛山之開坑準備 及 操業, 保存鑛山方法 [支柱 及 造壁], 地中運搬法, 直坑昇降法, 坑內通氣 及 點燈法, 消防坑內 失火法, 坑內疏水法

○ 第三 冶金 及 淘汰實驗. 冶金實驗場 列置小反焰焙燒爐一個 鎔鑛及 蒸鎦爐 數個, 淘汰實驗場 列置木製舂 一個[三個杵附] 汰板 一個, 碎石機 一個, 圓筒狀篩 一聯, 水力分類篩 一個, 及 雜器 以上供實驗鑛石 取之左所記鑛山, 生野[2] 及 佐渡[3] 金銀鑛, 院內,[4] 輕井澤[5] 及小坂[6]銀鑛, 別子[7] 及 生野 銅鑛, 宇陀 汞鑛,[8] 政所 鉛鑛,[9] 谿山[10] 錫

鑛, 中小坂[11] 鐵鑛, 天草 安質毋尼,[12] 採鑛學生徒 以右所記之諸鑛
付之實驗上, 鎔冶淘汰, 宜考適, 宜方法, 且檢定金屬分之消耗 等, 製
鑛上, 或 淂新法 則實驗之証其適否, 凡欲知關製鑛方法者 得輸送其
鑛塊於本部 乞指敎

○ 第四, 冶金 及 採鑛器械 并工場之計畫

○ 採鑛學生徒 製冶金及採鑛用諸器機圖 附以供用物貨之量 及實施所
要經費 豫算表, 又 製造右諸器械模型, 裝置之採鑛學 列品室, 使優等
生徒 計畫所適於鎔製鑛工場裝置, 又備外國産 諸物價表, 使知之

○ 補口授講義 以諸器械模型圖面, 標品, 鑛石 及 鎔解物塊片 等 [不問本
邦産 與 他國産]

○ 凡模型 及圖面數 追日增加 就中勉蒐集成于本邦人手者

○ 冶金學所用參考書 巴洛克散 著, 『金屬論』, 綠林烏土 著, 『冶金學』,
蘭保倫 著, 『銅鑛冶金法』 及 『金銀冶金法』

○ 試金術 及 吹管分析術

○ 採鑛冶金學 及 化學 第四年級 授試金術講義 且使之實地試驗 但化學

---

2) 生野: 이쿠노. 효코겐(兵庫縣)에 있는 마을.

3) 佐渡: 사도. 니카타(新潟) 시의 한 마을.

4) 院內: 인나이. 16세기부터 은광을 설치했던 마을임. 무라이 쇼스케(村井章介, 2002), 은을
통해 본 한일 비교, 강원대학교 일본학과 학술대회 자료 참고.

5) 輕井澤: 가루이자와.

6) 小坂: 고사카고잔. 아키타겐(秋田県) 가즈노군(鹿角郡)의 오사카초(小坂町おさかちょう)에
있는 구리 광산.

7) 別子: 벳시. 시코쿠 에이메겐 니하마시(西山)의 구리 광산.

8) 宇陀: 우다. 나라겐 북동부의 시. 홍광(수은 광산)이 있음.

9) 政所: 만도코로.

10) 谿山: 다니야마. 가고시마의 마을. 주석 광산이 있음.

11) 中小坂: 나카오사카.

12) 天草 安質毋尼: 아마쿠사 암모니아.

504

生 止試驗金銀銅鉛耳

○ 採鑛冶金學 第三 第四 兩年間 講授吹管分析術. 且生徒爲檢質 及 定量
吹管分析 地質學 第二年生 亦講授吹管分析 但止授檢質分析耳

○ 教科書 普刺多尼兒 著,『吹管分析法』

〈哲學〉

○ 論理學 及 心理學之原理, 以緊要於凡百學術. 法·理·文學部 第一年,
各自專修科目外 特授此二課目

○ 教科書: 漸猛 著,『論理學』, 白印 著,『感覺智力論』

○ 文學 第二年, 使生徒, 硏究心理學, 稍步形而下者 及 哲學生物學原理,
知心體所以相關係, 與意識體樣所以相並行, 本年, 又授底加耳特氏·
彼該兒·斯邊設兒·諸氏 著,『近世哲學史之槪略』, 其意盖在示歐羅巴,
近世哲學史者, 一理貫徹上進, 而適學生論理學上, 思想之進步, 且授
此業, 專主口授, 使審會得各種哲學論之要領, 故學生, 當後來讀諸家
著作, 得容易窺其蘊奧, 又觀今古純精哲學論文, 則得一攄哲學本理,
批評之

○ 教科書: 白印 著,『心理學』, 加兒邊太耳 著,『精神生理學』, 斯邊設兒
著,『原理總論 及 生物原論』, 參考書: 莫斯列 著,『精神生理 及 病論』,
亞白兒克倫庇 著,『智力論』, 伯格兒 著,『創造史』, 設維克列兒 著,
及 祿以斯 著,『哲學史』(두 종임), 伯尹 著,『近世哲學史』

○ 第三年講近代心理學·哲學之緊坊結果之大要, 而後使生徒, 專硏究道
義學

○ 教科書: 白印 著,『心理學 及 道義學』, 斯邊設兒 著,『道義學論料』,
亞立斯特德兒 著,『道義學』, 西蹴維克 著,『道義學』, 參考書: 本唐

著 ,『道義 及 立法論綱』, 彌兒 著,『利學』, 巴多列兒 著,『人性論』,
甘多 著,『道義論』, 福布斯 著,『西設洛德啞布沙埃(書名)』

○ 第四年分講義爲二種, 其一, 專修心理學 及 近世哲學諸論說中, 較著
名者, 其他使研究人類 與下等動物之心力比較, 太古與文明時代之人
心變動, 動物 及 人類陳情語, 模擬語, 及 其修文變遷 等 諸題

○ 教科書: 斯邊設兒 著,『心理學』, 彌兒 著,『哈迷兒頓氏 哲學』, 希斯傑
著,『萬有哲學』, 參考書: 答兒伊 著,『生物原始論 及 情思發顯論』,
路易 著,『哲學史』, 低洛伊 著,『原民 社會論 及 太古 人類史』, 路本
著,『開化起原論』, 列傑 著,『歐士明理說』, 斯邊設兒 著,『萬物開進論
及 新論文集』, 彌兒 著,『論文集』

○ 其二, 授哲學上 思想沿革史 憑攄, 特加兒·斯巴印撒·伯克列·甘多, 所
著書, 且學年一部令研究純理學

○ 教科書 及 參考書: 特加兒 著,『哲學 及 迷知底戎(書名)』, 斯巴印撒
著書, 甘多 著,『純理論』, 傑牙特 著,『甘多氏 哲學』, 麻保希 著,『甘多
氏 純理論』, 彪睦 著,『人性論』, 列特 著,『心理論』, 窩列斯 著,『海該
兒氏 論理學』, 路易 著,『哲學史』, 餘白兒維克 著,『哲學史』, 彌兒
著,『哈迷兒頓氏 哲學』

〈政治學〉

○ 政治學科 涉二年 第三年級 教授本科初步 始于世態學之誦讀口授. 使
生徒 知人生社會 爲一活物 成於繁雜組織 其構造效用 紛繁無限 非就
其本源與進步之狀況 而深研究之 輒不可明瞭之 次之示政理者 本原
於純正哲學 故口授哲學 使生徒 知今日諸家論說 所以適實際 而後始
八政理核論 研究倫理 政理諸說 以漸究其蘊奧 其所用書如左, 斯邊設

兒 著, 『世態論綱』, 巴西墨 著, 『物理政治相關論』, 默兒干 著, 『古代社會論』, 斯邊設兒 著, 『政理論』, 烏爾捨 著, 『政治論』

○ 第四年級 政治學科爲可卒業 生徒設之. 使專究政理蘊奧 始于係國家性質 國民權利諸說 次就理論 或 實際上 講明自由之理 倂說政府效用 兼涉憲法史 推究今日文明諸憲法 終于略論 就後來可期起社會組織之變遷 可期望之要件 又本科生徒 爲他日修卒業論文 別今有所學修 其所用諸書如左, 烏爾捨 著, 『政治論』, 利伯兒 著, 『自治論』, 彌兒 著, 『自由論』, 斯知分 著, 『自由辨』, 哈理遜 著, 『順序 及 進步篇』, 彌兒 著, 『代議政體論』

〈理財學〉

○ 理財學科 涉二年 第三年級 先授其綱領 以爲他日所使精研之豫習 而其目的 非專修一學派之說 而在特就理財學上 誘掖獎勵學生之推考 使其得批評斷定諸家異說之學力

○ 教科書 及 參考書, 彌兒 著, 『理財論綱』, 麻克安 編纂·傑列 著, 『世態論』, 綦亞倫 著, 『理財法論』, 漸(□孟) 著, 『貨幣論』, 綦亞倫 著, 『理財新說』, 牡文 著, 『米國理財論』

○ 第四年級 理財學科 爲使可卒業 生徒專修之所設 而其二三論題 係講究所緊要於本科 勞力租稅法 外國貿易 銀行法 貨幣論 等, 又生徒 尋常科書之外 別以所研究從事於策文著述

○ 教科書 及 參考書, 麥列惡特 著, 『銀行論』, 坷閃 著, 『外國兌換法』, 渦迦 著, 『貨幣論』, 心約 著, 『米國貨幣史』, 綦亞倫 著, 『理財新說』, 捌斯打 著, 『米國租稅法』, 麥家洛克 著, 『租稅論』, 梭倫頓 著, 『勞力論』, 排兒斯 著, 『自由貿易辨』, 巴士知 著, 『保護稅辨』, 撒奈 著, 『米

國保護論』

〈和文學〉

○ 法文學 第一年級, 使學語彙別記, 及 神皇正統記[13], 本級 第二科生, 卽 和·漢文學生, 別講授竹取物語 及 枕草紙[14]

○ 文學 第二年級 第一科生, 講授竹取物語 及 枕草紙, 第二科生, 講授大鏡 源氏物語, 增鏡, 又使生徒, 質問續世繼物語

○ 第三年級 第一科生, 教源氏物語, 萬葉集, 第二科生, 講前年所修源氏物語, 更講授古事記, 萬葉集, 且生徒, 質問古語拾遺古今集

○ 第四年級 第二科生 講授前年所修古事記, 萬葉集, 使生徒, 質問六國史, 類聚三代格, 最後三年間, 隔月一回, 使作和文 及 和歌

○ 爲生徒欲以餘暇, 讀正課外書者, 槪定其書籍如左. 但爲第一年生, 所指示書略之.

○ 第二年: 十訓抄, 宇治拾遺, 古今集, 源平盛衰記, 土佐日記

○ 第三年: 續日本記, 萬葉集[卷三 以下], 水鏡, 增鏡, 作文率

○ 第四年: 日本書紀, 日本後記, 東鏡, 讀史餘論, 太平記, 詞玉緖, 詞八衢, 詞通路

〈漢文學〉

○ 法文學 第一年級, 使輪讀史記, 本級 第二科生, 加之以輪講孟子, 論語

---

13) 진노쇼토키[神皇正統記]: 기타바다케 치카후사(北親房, 1293~1354)가 썼다고 알려진 일본의 역사서.

14) 마구라노 소시: 일본 헤이안 시대 여류 작가.

○ 文學 第二年級, 第一科 及 第二科生, 使輪讀八大家文, 第二科生加之 使輪講左傳, 質問自治通鑑.

○ 第三年級, 第一科生, 使輪講左傳, 第二科生, 使輪講大學, 中庸, 詩經, 韓非子, 荀子, 傍質問宋元通鑑.

○ 第四年 第一科生, 講授詩經 及 書經. 但 其學否, 從生徒所望, 第二年 生, 講授易經 及 莊子, 使輪講書經 及 老子. 且質問明朝紀事本末. 第二科, 每月, 二回, 使作詩文, 其他各級, 每月, 一回, 使作文. 但第四 年 第一科生, 隔月, 一回, 使作文.

○ 爲生徒, 欲以餘暇, 讀課外書者, 槩定其書籍如左

○ 第一科: 大學, 中庸, 論語, 孟子, 資治通鑑, 宋元通鑑, 明朝紀事本末

○ 第二科: 漢書, 後漢書, 三國志, 唐書, 五代史, 國語, 全國策

〈史學〉

○ 第一年 課程 法學, 第一年級生 與文學 第一年級生 共可學修之. 但本 級生徒 以旣學得萬國史大意 第一學期 中 專講英國史, 第二學期 講 佛國史

○ 教科書, 『英國史』, 斯密士 著, 『佛國史』, 克林 著, 『英國史』, 斯答布 著, 『英國憲法史』, 蘭比 著, 『英國史』, 麻方 著, 『英國史』

○ 文學 第二年 使研究英國憲法 及 史論要旨, 憲法 參考書 如左. 斯答布 著, 『特許典例類纂』, 哈娑 著, 『中世史』 及 『憲法史』, 米耶 著, 『憲法 史』, 維兒西班特 著, 『斯底特多剌亞亞斯』(書名), 史論 參考書 米印 著, 『古代法律 及 制度 沿革史』, 季素 著, 『文明史』, 斯邊設色 著, 『世態學 及 萬物 開進論』, 布利曼 著, 『史論』, 巴來西 著, 『羅馬史』, 文學 第三年 專修課目 爲希臘 羅馬 二國史, 教科書 斯密士 著, 『希臘

史 及 羅馬史』, 參考書 克老多 著, 『希臘史』, 芝般 著, 『羅馬盛衰史』

○ 文學 第四年 講授所關各國諦盟條約 及 列國交際法之問題 歐羅巴 及 亞細亞 近世史 且使生徒作論文

〈英文學〉

○ 英文學專修之前, 先要容易談英語, 讀英文, 綴英文

○ 生徒之專修本課也, 先使就教科書, 通曉英語 及 英文學史, 而後教員, 時撰拔教科書中之數部, 使生徒讀之, 又筆記試業, 檢生徒學力進否, 其法, 付諸家名文於生徒, 使之加批評, 且誦讀, 且釋解之也. 其文, 必取全備者.

○ 文學科, 常生徒, 作論文, 且爲批評, 至其終期, 隨時, 宜使生徒, 更讀尋常文章家所作文, 而批評析剖之.

○ 每月, 試生徒之優劣, 以筆記試業.

○ 教科書: 克列屈 氏 著, 『英語 及 英文學史』, 斯比兼 著, 『英文學大家文集』, 格列克 訓解, 設克斯比亞 著, 『該撤』[15], 格刺克 及 來多 訓解, 設克斯比亞 著, 『罕列多·麻古多·阿霏威尼斯·查理第二世(書名)』, 來多 訓解, 克斯比亞 著, 『京理牙(書名)』, 慕理西 訓解, 獨秀 著, 『布魯洛克安多內土的耳(書名)』, 幾顚 訓解, 斯邊設兒 著, 『非亞理克熖(書名)』 第一卷, 巴刺狼 訓解, 『彌兒頓 詩集』, 克利斯的 訓解, 『德來定 詩集』, 彌倫 訓解, 『戎遜 文集』, 比印 訓解, 『巴兒克 詩集』, 伽利非 訓解, 『顧巴 詩集』

15) 해철(該撤): 로마의 장성을 쌓은 사람. 하드리아누스일 가능성. 단재의 논설에도 등장함.

〈佛蘭西 及 獨逸語〉

○ 法學生, 使學佛蘭西法律, 故前二年間, 使攻修佛蘭西語, 又 理學部, 文學部, 使各生徒, 二年間, 撰修佛·獨兩語中之一語. 但文學第二科生, 則不然. 盖當其專攻各自撰學科, 廣索授引, 便得佛蘭西書, 或 獨逸書中之諸說也.

○ 其各級所用教科書 及 自讀書 如左, 甘荷多 著, 『英·獨 對譯 文典』, 琉便 及 納綮合 著, 『獨逸讀本』, 隨多列兒 著, 『理學書』, 刺麻多 著, 『佛蘭西讀本』, 巴蘭瑣 著, 『佛蘭西 會話 篇』, 努耳 及 殺撒合 著, 『佛蘭西 文典』, 果力 著, 『佛蘭西讀本』, 彼揉努 著, 『佛國史』, 烏兒德兒 著, 『魯易 第十四世紀』, 希內龍 著, 『特列末漫遊記』, 低刺克耳秩 著, 『佛國政典』

3.5. 諸學部 規則 (각 학부의 규칙)

一. 學年 九月 十一日始, 七月 十日 終.

一. 學年 分三學期, 第一學期 自九月十一日 至十二月二十四日. 第二學期 自一月八日 至三月三十一日, 第三學期 自四月八日 至七月十日.

一. 冬期休業, 自十二月二十五日 至一月七日, 春期休業 自四月一日 至七日, 夏期休業 自七月一日 至九月十日. 日曜日 及 國祭祝日.

一. 入學之期者, 每學年之始, 爲一回, 但依時宜, 第二 及 第三學期之始, 或許入學.

一. 本部 可入第一年級者, 其齡十六年以上, 可入第二年級者, 其齡十七年以上, 其餘準此.

一. 本部 可許入第一年級者, 豫備門卒業者, 若於該門, 施試業之等有以學力爲限.

一. 望入於第二年以上之級者 先入第一年級 必需諸科目之試業, 尋其欲入級之合格不合格 以定入級之許否 或嘗修業於他大學校者 因其本部證書 施該課目試業.

一. 望於入學高等級者 如非第四年級 第一學期之始 不許之.

一. 學年試業 六月 二十一日爲始 本學年中 履修諸課目試業.

一. 學期試業 第一 及 第二學期之季週中於本學期內 履修諸課目試業, 第三學期 於卒學期試業.

一. 課目之學期評點, 每學期之終, 通計學期課業 及 學期試業之兩評點 均一以定.

一. 課目之學年評點者, 於學年之終, 三學期課業 及 試業 平均之數 以二乘之 加學年試業之評點 以三除而得之.

一. 於每學期之終 各敎授者 受持生徒之課業評點 及 試業評點 申報於綜理.

一. 於第一 及 第二學期之終 必隨學業之優劣 而列次之於各生徒之級表 詳載各課目之學期課業評點 及 試業評點, 學期評點 卽 一課目評點 平均數 與諸課目平均數 而可揭示之, 亦於學年之終 同上又詳記各 課目之學期評點平均數, 學年試業評點數, 學年評點數, 并諸課目評 點平均數, 揭示級表, 每年印行本部一覽之中, 各生徒之姓名.

一. 學年之諸課目評點平均之數 順次記載.

一. 本部 一學科卒業者 於法學部 法學士, 於理學部 理學士, 於文學部 文學士之學位授與.

一. 學位於其學年之終 授與.

一. 本部之學士 旣爲卒業而更欲研究其學者, 依願許之.

一. 各學部 第二年級已上之諸課目中, 撰16)一課目 與數課目 欲專修者

許應各級正科生欠員之數, 惟其 英佛獨語 和漢文學 及 日本法律者
使不得撰.

一. 生徒之費用 合計 授業料 食料 炭薪油 等. 一學期所費 金十八圓以內.

一. 授業料 一學期 金四圓 每學期之始 其一學期 分納于本部會計掛 而
若有事 故輟課 或 退學 則旣分納者 更不還付.

一. 生徒中 學力優等 行狀端正 有將來成業之目 而貧不能遂其志者 限其
入舍之乞, 依其願詮議之後 給付學費 稱以給費生.

一. 給費生 卒業滿三年後 每月已用金五圓 還報納付 而從受來之給費金
全額畢納.

一. 但 三年之內 雖納報謝 得資力者 自其時 納報謝.

一. 給費生 若 懼疾病 或 因他事故 自請退學 而或於學期 及 學年試業不
參 且不爲出席於次學年 第一學期試業 仍爲退學者 使卽時納給費金.

○ 綜理二人 敎員 五十人 [本國人 三十八 他國人 十二] 生徒 二百八人
[學資金 每月 自五圓 至四圓 官給 一百四十六人]

大學豫備門

1. 沿革

七年, 分東京外國語學校, 英語科, 枞一校, 命爲東京英語學校, 隸文部
省, 其敎則, 爲上下等二科. 上等生, 專修語學, 下等生, 修進上等之前課.
但卒下等語學之後, 進於上等語學, 爲主旨入開成學校, 爲專門科, 十年,

---

16) 撰: 擇의 오자(誤字)로 보임.

更屬東京大學, 改稱大學豫備門.

2. 敎旨 及 課程

一. 本校, 屬東京大學, 爲生徒欲入法·理·文學部者, 博授普通學科爲之
豫備.

一. 本校課程, 爲四年, 因設四階級. 生徒卒業者, 得入大學, 擇修法·理·
文之一科. 學科之課程, 其目如左[17].

學年	學期	課目
第一年 (第四級)	第一期	英語學(讀方, 綴文, 文法, 釋解: 每週 十一時), 數學(算術: 每週 六時), 畵學(自在畵法: 每週 二時), 和·漢書(日本外史: 每週 五時)
	第二期	同上
	第三期	同上
第二年 (第三級)	第一期	英語學(讀方, 綴文, 文法, 解釋: 每週 十一時), 數學(算術, 幾何總論: 每週 四時), 地理學(自然地理: 每週 三時), 史學(萬國史略: 每週 三時), 畵學(自 在畵法: 每週 二時), 和·漢書(日本政記: 每週 五時)
	第二期	數學(代數, 幾何) 其他 並同
	第三期	同上
第三年 (第二級)	第一期	英語學(修辭, 作文, 釋解, 講演: 每週 九時), 數學(代數, 幾何: 每週 六時), 史學(萬國史: 每週 三時), 生物學(生理: 每週 三時), 畵學(自在畵法: 每週 二時), 和·漢書(通鑑覽要正篇: 每週 四時)
	第二期	畵學(用器畵法), 其他 並 同上
	第三期	生物學(植物) 其他 並 同上
第四年 (第一級)	第一期	英語學(英文學, 作文, 釋解, 講演: 每週 七時), 數學(代數, 幾何: 每週 六時), 物理學(重學, 乾電論, 水理重學: 每週 三時), 生物學(動物: 每週 三時), 畵學(用器畵法: 每週 二時), 和·漢書(通鑑覽要續篇, 文章軌範: 每週 四時)
	第二期	數學(三角法), 物理學(熱論, 光論), 化學(無機) 其他 同上
	第三期	物理學(磁力論, 濕電論), 理財學(大意: 每週 三時), 其他 同上[但 第一期 無化學, 理財學, 第二期 無生物學, 理財學, 第三期 無生物學, 數學, 第二, 第三期 每週 三時]

---

17) 원문 내용을 입력하는 과정에서 표로 정리한 것임.

3. 敎科細目

〈第一年〉

○ 讀方[每週 二時], 敎科書, 用占弗兒著 讀本 卷三, 卷四

第一學期, 使生徒, 正狀貌明發音

第二學期, 敎文法上之停節 且 自一語詞 至一句一章, 正發音, 漸擴進
誦讀之範圍

第三學期, 爲抑揚, 音聲, 使聽者, 感動, 所讀之書, 令詳解其意

○ 綴文[每週 四時]

第一學期, 令生徒, 就設題綴單文, 寫之黑板上, 敎員, 正其誤謬, 又每
月, 一回, 令暗記普通語

第二學期, 授業法 同, 前期, 而敎員, 故加俚俗語, 且說明其意義, 每月,
一回, 令暗記其語, 又日練習會話

第三學期, 授業法 同, 前期, 而特摘示和·英 兩語組成自異, 故作文上
致誤謬者, 令常注意於此, 但暗記會話, 同前學期

○ 英文法[每週 二時] 敎科書, 用弗羅翁 著, 英國小文法書

第一學期, 敎以可用綴單文之語詞, 品類之區別, 又令生徒, 練習英國
常用語之語法, 及文法上之語詞, 與別類同義之句

第二學期, 敎以語詞變化法, 練習法則, 同前學期

第三學期, 講簡單作文法之義, 及正文章誤謬

○ 解釋[每週 三時] 敎科書, 用斯維頓 著, 萬國史畧

第一學期, 敎小引, 古代東國 及 希臘部

第二學期, 敎羅馬 及 中古部

第三學期, 敎近世部, 而其授業法, 每學期, 稍有異同, 然敎員, 專以邦

語譯講, 令生徒, 解其意義

○ 數學, 教科書, 用路敏遜 著, 實用筭術書

第一學期 教自貨幣筭 至諸等

第二學期 教自諸等 至百分筭

第三學期 教自百分筭 至比例 而授必要釋義 又就教科書 說明生徒所
不能解者 且揭問題解釋於黑板上 令生徒辨明之.

○ 畫學

第一第二學期 就圖畫範本之簡易者, 模寫諸器體 草木 花實 景色 及
人體

第三學期 摸寫諸器形體 及 諸物體 令其實用自在

○ 和漢書, 教科書 用日本外史

通三學期 令生徒 先溫讀教科書 而後教員講之 又兩週間 一回 設課題
令作通俗所用手簡文.

〈第二年〉

○ 讀方[每週 三時] 教科書, 用由尼恩讀本 卷四

第一學期, 詳解說文法上之停節, 又令畧會得修辭上之停節

第二學期, 令生徒, 特練習聲音之調和

第三學期, 令生徒, 用意姿勢行動, 以他日學講演之階梯

○ 英文法[每週 二時] 教科書, 用伯羅恩 著, 英國大文法書

第一學期, 令生徒, 複習語詞之區別, 及變化法, 而解說語詞之本原 及
連語, 助語

第二學期, 授位置詞之慣用法, 動詞時之連續法, 直接 及 間接之引用
法, 及 一般語詞之品類 等

第三學期, 說明分別文章, 及綴成文章之法, 且摘錄他書章句, 令批評
　　　　之, 通三學期, 旣習之文法上規則, 以爲實用讀本 中 撰擇,
　　　　其的例, 令練習之

○ 英作文[每週 四時] 教科書, 用 格賢勃 著, 作文階梯書

　第一學期, 教句點 及 作文法, 又令就通常課題, 用普通語詞, 書簡單文
　　　　章於黑板上, 教員於生徒前, 校正之

　第二學期, 其授業法, 與第一學期, 大同小異, 稍高尙其課業, 令生徒,
　　　　記規則外語詞, 及話法於手簿, 又設諸口述課題, 令爲之答
　　　　詞, 盖爲令慣速解釋應答教員之問也

　第三學期, 更進課業一層, 以就高尙

○ 釋解[每週 三時] 教科書, 用讀本.

　第一, 第二學期, 用由仁恩, 讀本 卷四, 第三學期, 用占弗兒, 讀本卷五,
　其授業法, 教員以邦語, 講說 或 令生徒, 譯讀, 以進達解意義之力

○ 數學, 教科書, 用, 盧敏遜 著, 實用筭術書, 來土 著, 平面幾何書, 突土
　番太兒 著, 小代數書.

　第一學期 卒筭術 敎幾何總論

　第二學期 卒幾何 第一卷 授自代數之始 至最小公倍數

　第三學期 卒幾何 第二卷 授自代數 分數約方, 至一次方程式 其授業法
　　　　筭術及代數學 試問前回所授之諸課 而後說明次回之課業
　　　　猶有餘暇 則設卽題 或宿題 令莫解練習. 幾何學 從敎科書之
　　　　序 反覆講明其理義 令生徒諳記名稱解釋 及 定論等.

○ 地理學, 教科書 用莫耳列 著 自然地理書

　第一學期 授地毬論

　第二學期 授空中現象論

　第三學期 授海洋現象, 海中生物論 及 陸地物産, 陸上生物論, 其授業

法 不止教科書 揭數種課題 或示實物 說物象互有關係 不必
要令生徒 諳誦教科書

○ 史學, 教科書, 用斯維頓 著 萬國史畧

第一學期 授太古東國 及 希臘史

第二學期 授羅馬 及 中古史

第三學期 授中古開化史. 其授業法 生徒 諳記緊要事項 教員說問 試其
應答 又教科書中 所漏泄 參攷他書 摘出口授之.

○ 畫學: 授業法 通三學期 令生徒 原遠近法之理 及用法陰影法, 形體
景色 草木 花果 人體 及 動物 雕像 四支 顏面之比較法 及 骨骼等
而練模形臨寫之術

○ 和·漢書, 教科書, 用日本政記

授業法 通三學期 與第一學年 大同小異. 但進課業一層向高尚 又二週
間 一回設課題 令倣漢文體而雜假字之文.

〈第三年〉

○ 修辭[每週 四時] 教科書, 用 格賢勃 著 英國作文, 及 修辭書

第一學期, 授英語沿革之概略, 句點法, 及 譬喩用法 等, 論文, 同第二
年 作文法, 每週, 一回, 令習快滑讀方

第二學期, 教文體 及 詩律篇, 且令就商業 及 交誼上諸題作通信文, 教
員, 臨場添刪之, 又每週, 一回, 令講演

第三學期, 復習第二學期課業, 且論文加高一層

○ 釋解[每週 三時] 教科書, 用論文

第一, 第二學期, 用摩杲列, 著, 窩連希斯陳(書名), 第三學期, 用, 摩杲
列 編, 巴羅無憲法史評論, 其授業法, 使生徒, 講義論難, 其不能解釋

者, 教員爲之譯講明其意義

○ 數學, 教科書, 用, 來土 著, 平面幾何書, 突土番太兒 著, 小代數書

第一學期 幾何 第三卷, 自卷首 至第四章 代數, 自二次方程式 至有奇
數

第二學期 卒平面幾何 及 代數初步

第三學期 令復習平面幾何 及 代數. 總使生徒 講明前日所授課業 或就
問題而解釋之. 而教員 正其誤謬. 若生徒有疑義 令之質問
而後就教課書, 授次回之課業 又摘出他書 或自設卽題 或宿
題 令練習其術

○ 史學, 教科書, 用, 弗利萬 著, 萬國史

第一學期 自歐羅巴人種 基源論 至羅馬滅亡

第二學期 自歐羅巴 各國興起論 至西曆一千三百年間

第三學期 自西曆一千四百年間 至近世, 其授業法 同第二年史學 惟博
參諸書 摘抄大小記事 教授之.

○ 生物學, 教科書 用巴苦斯列·由曼, 合撰生理書, 玖禮教室 及 野外 植
物篇

第一學期 授生理總論, 血竹機論, 呼吸機論, 排泄吸收論

第二學期 營養機論, 運動論, 五官效用論, 神經系論, 以卒生理書

第三學期 教植物大意, 生理授業法, 教員 講說教科書, 時就摸塑人體
骨骼 及解剖懸圖, 解釋之. 使生徒 通曉其理. 植物學 授業法
教員從教科書所論之序, 講說教授之, 使生徒 解剖草木, 辨
別其種屬.

○ 畫學

第一學期 令生徒模寫練習

第二年學 修所未完備諸物景 以卒自在畫法

第二 第三學期 令學平面幾何圖 教員 說明直線 弧線 多角形 其他 高
等弧線之所 使生徒就實地練習之

○ 和漢書, 教科書, 用通鑑覽要正編

通三學期 使生徒輪講教科書, 教員 正其誤謬, 且時發問難磨勵解釋之
思想, 又每二週間 一回設課題, 令作漢文, 或倣漢文體而雜
假字之文

〈第四年〉

○ 英文學[每週 三時], 教科書, 用暗太耳烏土, 著 掌中英國文學書

第一學期, 教員, 講英語起原 及開發, 又使生徒, 讀自兆佐兒 氏, 時,
至美耳頓 氏 英國 著名文章家傳, 而學其文章

第二學期, 教員, 講英國戲作文之起原 及 其開發, 又使生徒, 準第一學
期, 讀自美耳頓 氏 時, 至佐亞窩兒太兒蘇格氏, 著名文章家
傳, 而其文章

第三學期, 使生徒, 讀今世著名文章家傳, 而學其文章, 通三學期, 每月,
一回, 使生徒, 就學術上 及 通常之題作文, 又每週, 一回,
令以英語講演

○ 釋解[每週 二時], 教科書 用論文

第一學期, 用斯邊設耳 氏, 詞格論

第二學期, 用摩杲列 氏, 美耳頓

第三學期, 用摩杲列 氏 所評論, 摩耳加耳母, 著貴族古來伯傳 等, 授業
法 同第二年之釋解, 而生徒問難, 教員, 講義, 在此級, 總用
英語

○ 數學, 教科書, 用突土番太兒 著, 大代數書, 維兒遜 著 立體幾何書,

占弗耳 著 對數表, 突土蕃太兒 著 小三角書

第一學期 卒立體幾何 及 代數

第二學期 三角法 自第一節 至十七節

第三學期 自第十八節 至卷尾 卒三角法 授業法同 第三年數學

○ 物理學, 敎科書, 用斯去亞土 著 物理書

第一學期 授重學 乾電論 水理重學

第二學期 授熱論 光論

第三學期 授磁力論, 授業法 敎員自講說敎科書 又示各種實驗 令生徒
　　　知物理所以確實

○ 化學, 敎科書, 用盧斯杲 著 化學初步

第二, 第三學期 敎員先試問所日課於生徒 若不解其意 不能答者 敎員

自講說之, 時示各種實驗 令明化學眞理

○ 生物學, 敎科書, 用, 仁可耳遜, 著 敎科用動物書

第一學期 敎員 講說敎科書 或使生徒 答所試問, 時就實物明所說之意.

本學期中 卒是業

○ 理財學, 敎科書, 用, 和塞土, 著, 小理財書

第三學期 授業法 敎員 原敎科書 敎授之. 而緊要課題, 博參考諸書,

授其卒, 口授之. 令生徒曉其要領 [此科惟於第三學期敎之]

○ 畵學

第一學期 授平寫圖法

第二學期 授陰影法

第三學期 授平行背景圖, 其 授業順序 第一 第二學期 敎員 說寫形面
　　　之理 及正寫面圖之本原, 令生徒練習之, 至第三學期 置諸
　　　種模形 使生徒測其大小 以實施所旣學修之課程 而畵單一
　　　製造圖

○ 和漢書, 教科書, 用通鑑覽要 續編 及 文章軌範

通三學期 通鑑覽要 生徒輪讀之, 而質其疑 文章軌範 教員講之, 使生
徒詳明文章諸體則 又二週間 一回設課題 令作漢文

大凡規則 與大學校同. ○ 主幹一人, 教員 二十四人 [本國人 二十一,
他國人 三] 生徒 四百二十一人 [學員 幷自辦]

大學醫學部

1. 沿革

先是, 設種痘館, 以西洋醫術, 樹旋於江戶, 後改稱西洋醫學所, 其冠西
洋二字者, 所以別於漢醫學校也. 遣人就和蘭, 學醫術, 乃建病院, 教生徒,
悉從和蘭方法. 後又單稱醫學所, 至元年, 醫學校, 病院, 共屬軍務官, 爲
東京府所轄. 二年, 合本校於病院, 稱醫學校, 兼病院, 而屬大學校, 後又
稱大學東校. 四年, 單稱東校, 五年, 改稱大學區醫學校. 七年改稱東京醫
學校, 並長崎醫學校於本校. 十年, 始稱東京豫科, 本科, 豫科教則中 置和
漢學一科.

2. 通則

一. 本部 爲教醫學設之 爲大學之一部. 文部省 轄之 製藥學教場 及 醫院
屬焉.

一. 分教科爲二, 曰醫學本科, 曰豫科 [但醫學 開諸般學科 故不修高尚中

學之學科, 難解其眞趣, 苟欲從事醫學者 不可不豫踐履中學課程, 然現今未有高尙中學校 是以假設敎場於本部中 敎高尙中學之學科, 名曰豫科, 隨專門醫學敎則 敎之曰本科]

一. 豫科學期 爲五年, 醫學本科學期爲五年 [但 現今隨此學期敎者 專用獨逸語]

一. 本部內 別設敎場, 以邦語, 敎醫學諸科 及 製藥學, 假名此生徒, 稱通學生.

一. 生徒入豫科者, 其齡十四年以上 二十歲以下, 小學課程卒業者 許之.

一. 豫科卒業者 試驗後許入本科.

一. 學期 休業, 證書 授與 等 規, 與他學校 同

3. 豫科課程

五等 第一年 ○ 下級: 習字, 綴字, 筭術, 讀方, 譯讀, 和漢學 ○ 上級: 讀方, 文法, 作文, 地理學, 分數, 和漢學

四等 第二年 ○ 下級: 文法, 作文, 地理學, 分數問題, 分數, 和漢學 ○ 上級: 文法, 作文, 地理學, 比例, 小數, 和漢學

三等 第三年 ○ 下級: 獨逸語學, 筭術, 地理學, 幾何學 ○ 上級: 獨逸語學, 筭術, 博物學, 地理學, 幾何學

二等 第四年 ○ 下級: 獨逸語學, 羅甸語學, 博物學, 代數學, 幾何學 ○ 上級: 與下級同

一等 第五年 ○ 下級: 獨逸語學, 羅甸語學, 動物學, 植物學, 鑛物學, 代數學 ○ 上級: 獨逸語學, 羅甸語學, 植物學, 鑛物學, 動物學, 對數, 三角術, 代數學

4. 本科課程

五等 第一年 ○下級: 物理學, 化學, 醫科動物學, 解剖學 ○ 上級: 動物學, 化學, 醫科植物學, 各部解剖學, 組織學

四等 第二年 ○ 下級: 物理學, 化學, 實地解剖學 ○ 上級: 物理學, 化學, 顯微鏡用法, 生理學

三等 第三年 ○ 下級: 外科總論, 內科總論, 生理學, 生理學實地演習 ○ 上級: 外科總論, 內科總論 及 病理解剖, 藥物學, 製劑學實地演習, 分析學實地演習

二等 第四年 ○ 下級: 外科各論, 病理各論, 外科臨床講義, 內科臨床講義 ○ 上級: 與下級同

一等 第五年 ○ 下級: 外科各論 及 眼科學, 病理各論, 外科臨床講義, 內科臨床講義 ○ 上級

外科各論 及 眼科學, 病理各論, 外科臨床講義, 內科臨床講義, 外科手術實地演習

○ 製藥學 教場 規則

一. 本場生徒, 非卒豫科課程者, 不許入學.

一. 教科爲三年

一. 級之課程爲六月 每期終試業

○ 製藥學 本科 課程

三等 第一年 ○ 下級: 物理學, 藥用動物學, 鑛物學, 化學 ○ 上級: 物理學, 藥用植物學, 無機化學

二等 第二年 ○ 下級: 物理學, 化學, 藥品學, 製藥化學, 定性分析學 ○ 上級: 物理學, 有機化學, 藥品學, 製藥化學, 定量分析學

一等 第一年 ○ 下級: 製藥實地練習, 藥物試驗實地練習 ○ 上級: 藥
局調劑實地練習

○ 通學生 規則

本部中 別設通學生教場 醫學 自三年半 至四年 製藥學二年. 是爲學科
期 盖齡已長 無暇修外國語學, 數學, 羅甸學 等者, 與有故不得久就學
者 以邦語教其要領也

○ 醫學 通學生 學科 課程

第一期 生理學, 化學, 解剖學

第二期 化學, 動植物學, 解剖學

第三期 組織學, 生理學, 生理總論

第四期 藥物學, 繃帶學, 處方 及 調劑學, 內科通論, 外科通論

第五期 內科各論, 外科臨床講義, 眼科學, 診斷法

第六期 內科各論, 外科各論, 外科臨床講義, 眼科臨床講義, 內科臨床
講義

第七期 內科臨床講義, 外科臨床講義, 婦人病論, 産科學

第八期 內科臨床講義, 外科臨床講義, 裁判醫學, 衛生學

○ 製藥學 通學生 學科 課程

第一期 物理學, 無機化學, 植物學

第二期 有機化學, 藥品學, 金石學, 動物學

第三期 藥品學, 製藥化學, 毒物學分析法, 調劑法

第四期 製藥局實地練習

綜理二人 教員四十四人 [本國人 三十五, 他國人 九] 生徒 一千三百九
十五人 [學資金 一月 自四圓 至六圓 官給七十人]

○ 附 病院規則

一. 入院所費 上中下等有分別.

一. 上等 中等病室 食料皆有差別 而至於藥品 勿論上中下三等 同樣治
療. 下等入院所費 極其減數 使實地治療 爲生徒之練習 隨敎師 及
醫員之指揮 俾無拘礙

一. 入院中 不背醫院看病人之言葉 堅守病室法度

一. 身體衣服 常時用心 無至汚穢

一. 回診前 不解帶類 단鈕[18] 等. 不離寐所 可待診察之時

一. 回診中 勿談話 及 多葉粉, 不作害病之事.

一. 食物 不得醫員之許諾, 不可自食

一. 室內不可高聲與讀書

一. 不得已有事出他時 則可受醫員之指揮

一. 喧譁口論 及金銀貸借等 一切嚴禁

一. 看病人 金錢物品等 一切不給

一. 男女病室 不可互相往來 而如所關事 與看病人同行

一. 右之條目不守者 卽爲退院

一. 扶助病者 限一月藥與食物等 一切自學校辦給

一. 有新入患者 藥用法 及 病室諸規則 仔細敎之

一. 器械與諸品物之可用於患者 回診前 準備 及時無至窘給

一. 藥瓶 及膳具等 精洗之患者所持物品 無至破毀

一. 親族朋友之爲看護來者 若止宿於病室之內 申告醫局

---

18) 단추: 단(金丹) 뉴(鈕). 단추.

師範學校

1. 沿革

日主五年, 刱設爲文部省直轄, 六年置附屬小學校. 學就實地, 教小學生徒之方法. 當時本校, 爲專攻小學師範, 本科, 卽授業法之制, 本科外, 更設餘科, 至七年廢之, 改小學師範學科, 以豫修可爲敎員之學業, 爲豫科. 豫科之學, 稍成, 後學授業方法, 爲本科, 合此二科, 稱師範學校.

八年, 新設中學師範學科, 爾後 並置中小師範學科, 十二年二月, 釐革校制, 以類分諸學科, 爲格物學, 史學, 及 哲學, 數學, 文學, 藝術之五學, 又大別全科, 爲豫科, 高等豫科, 本科之三科. 豫科, 高等豫科, 各分四級, 本科, 分上下二級. 自豫科, 直入本科卒業者, 爲適小學敎員者, 經豫科, 高等科, 而入本科卒業者, 爲適中學敎員者

2. 規則

一. 本校, 專養成可爲普通學科[小學, 中學] 敎員者之所
一. 附屬小學校, 爲使本校生徒, 就實地練習設之
一. 學年, 始於九月 十一日, 終於七月 十日
一. 課程區分, 大別本校敎科課程爲三, 豫科, 高等豫科, 本科是也
一. 等級順序, 豫科 及 高等豫科 中, 各置四級, 最下爲第四級, 最上爲第一級, 又本科中, 置二級, 爲下級上級
一. 修學期限, 豫科 及 高等豫科, 各以二年, 爲授學期限, 本科, 以一年爲授學期限, 每級授學期限, 爲半年卽十八週, 每日授業, 爲五時, 卽一週二十八時[不筭土曜半日]

3. 敎科細目

〈豫科 四級〉

○ 化學: 以數, 多之試驗, 敎非金屬 諸元素 及 緊要 化合物之製造法, 性質 等[每週 三時]

○ 物理學: 總論諸種自然力, 凝體, 流體, 氣體之性質, 運動體, 顫體, 熱體, 及起電體之畧論[每週三時]

○ 地誌: 授地球儀, 及地圖之解說, 光熱之散布, 地面之形狀, 空氣之現狀, 諸大洲之生物畧論. 且授亞細亞, 歐羅巴, 兩洲之位置, 形積, 地勢, 氣候, 金石, 動物, 植物, 及日本, 其他各國之位置, 地利, 生業, 産物, 都府, 市, 邑, 政體, 風俗之槪論[每週 四時]

○ 筭術: 百分筭諸比例[每週 四時]

○ 和漢文: 使讀且講通鑑覽要 卷一至卷八, 兼使作混假字文章, 攄語彙指掌圖 及 別記(書名), 敎語格, 且使讀神皇正統記[每週 四時]

○ 英文: [講讀] 拔萃 第三理士兒(書名), 及地理書 等 要領, 使譯讀之[但此科專主解字義文意, 以下倣之], [文法] 使語學類, 及其分解, [作文] 使作簡易文章, 以習熟文法 [每週 三時]

○ 圖畵: [臨畵] 曲直線, 單形 等[每週 二時]

○ 體操: 徒手演習, 啞鈴, 株竿棍棒演習, 正列行進[每週 五時]

〈豫科 第三級〉

○ 化學: 授普有金屬諸原素之所在採收法, 性質用法 等之槪畧, 且試驗, 示其化合物之製法[每週 二時]

○ 植物學: 授植物諸部生育畧說, 諸植物特部, 殊性效用 等[每週 三時]

○ 地誌: 授亞非利加, 濠斯太剌里亞 等 諸大洲之位置, 形積, 地勢, 氣候, 金石, 動物, 植物, 及其各國之位置, 地利, 生業, 産物, 都府, 市邑, 政體, 風俗[每週 二時]

○ 歷史: [日本歷史] 自神武天皇, 至今上天皇, 歷代史乘之概畧[每週 三時]

○ 筭術: 乘方, 開方, 朮積法[每週 一時]

○ 代數學: 整數四術, 分數四術[每週 三時]

○ 和漢文: 使讀且講通鑑覽要 卷九, 至卷十五, 與清史覽要 卷一, 兼作混假字文章, 據語彙指掌圖 及 別記以敎語格, 且使讀神皇正統記 等, 兼作簡易和文[每週 四時]

○ 英文: [講讀] 拔萃 第三理土兒(書名), 地理書, 植物書, 等之要領, 使譯讀之, [文法] 前級同, [作文] 使作地理, 植物 等 記文[每週 三時]

○ 圖畫: [臨畫] 器具家屋類之輪廓, [幾何畫法] 總論器機用法, 曲直線 及 屬單形諸題[每週 二時]

○ 體操: 前級同 [每週 五時]

〈豫科 第二級〉

○ 動物學: 無脊椎 及 有脊髓, 諸動物之構造性習 等[每週 三時]

○ 生理學: 骨格, 筋肉, 皮膚, 消食器, 循血器, 呼吸器, 神經, 及感覺 等之概論[每週 三時]

○ 歷史: [支那歷史] 授太古三皇, 五帝以下, 至明末沿革之概畧[每週 二時]

○ 記簿法: 商用紙類, 單記法, 復記法[每週 二時]

○ 代數學: 一元一次方程式, 多元一次方程式, 乘方, 及 開方[每週 三時]

○ 幾何學: 直線論[每週 二時]

○ 漢文: 使讀且講清史覽要 卷二 至大尾, 與文章軌範 正編, 兼作漢文 [每週 二時]

○ 英文: [講讀] 拔萃 第四理兒土, 動物書, 生理書 等之要領, 使譯讀之, [文法] 使學思想 及 文章分解, [作文] 使作動植物, 等之記文[每週 三時]

○ 圖書: [臨畫] 前級同, [幾何畫法] 比例, 更橢圓線, 拋物線 等題[每週 三時]

○ 體操: 前級同[每週 五時]

〈豫科 第一級〉

○ 物理學: 物力, 動·通論, [重學] 重力, 墜下體, 搖錘, 權衡 等, [水學] 靜水學, 亞氏 理論, 及 其應用水力平均 等, [氣學] 氣體 性質, 其張力 之測定, 空氣, 氣壓 及 關之諸器 等, [熱學] 寒暑鍼, 物質膨脹之理, 溶解, 固實, 氣發, 凝結, 之理, 驗濕學, 外射熱, 定熱學, 用熱術, 蒸氣機 關, 地熱 等[每週 五時]

○ 歷史: [西史] 授太古, 中古, 近世, 沿革 槪畧[每週 三時]

○ 經濟學: 授生財, 交易, 及 稅, 等之槪畧[每週 二時]

○ 代數學: 根數式, 一元二次方程式, 二元二次方程式[每週 三時]

○ 幾何學: 面積論 及 比例[每週 二時]

○ 星學: 授總說地毬, 及太陰之運動, 太陽系, 諸遊星, 太陽, 及他恒星畧 論, 及天體位置方法 等之槪畧[每週 三時]

○ 英文: [講讀] 拔萃 第四理土兒, 物理書, 歷史 等之要領, 使譯讀之,

[文法] 授句讀法, 使專校正文章之誤謬, [作文] 使作歷史中著名人物
畧傳[每週 二時]

○ 圖畫: [透視畫法] 總論器具, 家屋, 等之輪廓, [投影畫法] 總論點線投
影法, 平面視圖, 影線 等[每週 三時]

○ 體操: 前級同 [每週 五時]

〈高等豫科 四級〉

○ 物理學: [聽學] 音響之發生, 及傳達, 顫動數之測定, 諸體顫動, 音樂
理論, [視學] 光之發生, 反射, 及 曲折, 視學諸器, 光線分解, 物色,
光波論, 光線分極法[每週 三時]

○ 地文學: 授地毬總論, 地皮畧說, 陸地形勢, 大氣, 光熱, 電磁, 等之現
象概畧[每週 二時]

○ 論理學: 總論名稱, 成文, 命題, 演題, 虛說, 分解法, 合成法, 歸納法
等[每週 三時]

○ 代數學: 比例, 順錯列, 數學級數, 幾何級數[每週 二時]

○ 幾何學: 圓論, 又雜問[每週 三時]

○ 和漢文: 使讀且講史記論文列傳 卷六, 十一, 至卷九十三, 兼作漢文,
授言葉之八衢(書名), 天仁遠波之栞(書名), 文藝類纂, 文志部 等, 兼使
作和文[每週 四時]

○ 英文: [講讀] 拔萃 第五理土兒, 及他書中名文, 使譯讀之, [修辭] 使學
總論 及諸法則 等, [作文] 使練習英譯和文, 兼作論文[每週 三時]

○ 圖畫: [臨畫] 山·水·禽獸·草木, 等帶影密畫[每週 三時]

○ 體操: 前級同. [每週 五時]

〈高等豫科 第三級〉

○ 物理學: [磁氣學] 磁氣性質, 大地磁氣, 吸引力, 及拒反力, 法則, 起磁
法 等, [電氣學] 通有之現象, 電氣之誘導, 電氣力之測定, 起電器, 及
所屬之試驗, 蓄電器, 測電器 等, 濕電氣, 及 所屬之諸器, 電氣化學
等[每週 三時]

○ 植物學: 授植物詳記, 類別之理, 識別筌之用法, 兼使用顯微鏡學, 植
物之組織[每週 三時]

○ 地文學: 授海水論, 海陸生物論, 物産 及 人類, 槪論[每週 二時]

○ 經濟學: 生財論, 配財論, 交易論, 租稅論 等[每週 三時]

○ 三角術: 八線變化, 對數用法, 三角實筭[每週 三時]

○ 和文學: 使讀且講史記論文列傳 卷九十四, 至大尾, 兼作漢文, 授言葉
之八衢, 天仁遠波之栞, 文藝類聚, 文志部 等, 兼作和文[每週 四時]

○ 英文: [講讀] 前級同, [修辭] 前級同, [作文] 使學英譯和文, 兼作關地
文學, 經濟學, 論文 等[每週 三時]

○ 圖畵: [臨畵] 前級同, [透視畵法] 家屋, 堂門之輪郭, 及 燭光陰影 等,
[寫生] 摸形輪郭, 器具陰影 等[每週 二時]

○ 體操: 前級同[每週 五時]

〈高等豫科 第二級〉

○ 化學: 有機物中, 必要於百工製造者, 及特關於化學上者 等, 兼授所必
要於定性分析酸類, 及諸金屬鑑識法[每週 三時]

○ 金石學: 物理的金石學, 化學的金石學, 記實金石學, 識別金石學[每週
四時]

○ 動物學: 授動物綱目概論, 使解剖各種中, 當爲標摸動物, 且使專臨寫
　 實物[每週 四時]

○ 歷史: [總論] 歐洲之地勢, 及人種論, 印度敎, 及埃, 及開化槪略, [希
　 臘] 凝團之世, 信敎之世, 道理之世, 智力衰退之世, [羅馬] 史學, 及哲
　 學, 之勢力[每週 三時]

○ 測量術: 器機用法, 製圖法, 實地測量 等[每週 二時]

○ 漢文: 選唐宋八大家名文, 凡百五十篇, 使讀且講之, 兼作漢文[每週
　 二時]

○ 英文: [英文學] 使學英語沿革, 及英米, 諸大家詩賦散文 等, 兼讀諸大
　 家傳, [作文] 使就開化史中事迹, 作論文 等[每週 三時]

○ 圖畫: [寫生] 前級同, [製圖] 測繪圖法[每週 二時]

○ 體操: 前級同[每週 五時]

〈高等豫科 第一級〉

○ 化學: 使就實地, 硏究前期所講授諸元素鑑識法, 而後與單純鹽類之
　 溶液, 或 混合物, 以使學定性分析, 且記其分析法, 與成果, 而乞敎員
　 之檢閱[每週 三時]

○ 生理學: 使用顯微鏡學皮膚, 筋肉, 骨髓, 神經 等之組織[每週 三時]

○ 地質學: [力學的 地論] 氣力, 水力, 火力, 生力, [地質構造論] 大地造
　 搆, 成層石, 變質石, 通有之磨滅 等, 地質 及 生物變遷史, 太古代,
　 古生代, 中古生代, 新生代, 人代[每週 五時]

○ 歷史: [歐羅巴] 凝團之世, 新敎之世, 東部廢敎之世, 西部新敎之世,
　 道理之世[每週 三時]

○ 星學: 星學變遷史, 普有之重力, 望遠鏡解說, 及實用, 天體距離測度,

光線運動, 三稜玻璃鏡之用, 太陽系之造搆, 太陽內郭遊星, 外郭遊星, 彗星, 及隕石[每週 四時]

○ 漢文: 選唐宋八大家名文, 凡百五十篇, 使讀且講之, 兼作漢文[每週 二時]

○ 英文: [英文學] 前級同, [作文] 前級同 [每週 三時]

○ 體操: 前級同 [每週 五時]

〈本科 下級〉

○ 物理學: 使就物性, 重學, 氣學, 水學, 等部, 專研習敎授術, 兼學器機 之用法[每週 三時]

○ 金石學: 用金石實物, 研習其敎授術[每週 一時]

○ 植物學: 採集普有之花卉, 草木, 研習其敎授術[每週 一時]

○ 動物學: 用普有之動物, 研習其敎授術[每週 一時]

○ 地誌: 研習敎授地圖, 及地毬儀之用法, 地文學初步, 諸大洲 及各國地 誌之方法[每週 二時]

○ 心理學: [智] 表視力, 反射力, 道理, [情] 慾, 性, 望, 愛, 意, 及 德[每週 五時]

○ 敎育學: 講授心育, 智育, 體育之理, 實物課, 讀方, 作文, 書法, 畵法, 筭術, 地誌, 歷史, 及 唱歌 等之敎授法[每週 四時]

○ 學校 管理法: 學校管理之目的, 關校具, 整置法, 分級法, 課程表, 製 法, 校簿整頓法, 器械, 校舍, 園庭 等諸件, 及生徒威儀 等[每週 二時]

○ 筭術: 使研習數, 記數法, 合結關係 等之敎授術[每週 二時]

○ 幾何學: 使就點, 線, 角, 面, 容形體, 之性質, 關係 等 研習其敎授術[每 週 三時]

○ 圖畵: 使研習諸種畵法之教授術[每週 一時]

○ 書法: 使研習教授之順序, 及 運筆之方法 等[每週 半時]

○ 讀法: 使就單語, 連語, 讀本 等 研習讀法之教授術[每週 一時]

○ 唱歌: 使就關八音變化歌曲, 凡五十, 研習其教授術[每週 一時]

○ 體操: 使研習教授幼兒, 體操術, 男子體操術, 女子體操術 等 方法[每週 半時]

〈本科 上級〉實地授業[每週 二十八時]

4. 入學 規則

一. 志願者, 揭年齡, 身體, 及 志望所具, 且應其試業科目, 有以學力爲要, 年齡十六年以上, 二十二年以下者, 身體無病强健, 在學中, 無家事係累者, 志望欲爲小學, 中學, 教員者.

一. 入學試業科目: 和漢文, 英文, 筭術[代數 初步], 日本 及 各國 地誌, 日本歷史, 物理學大意

一. 臨時試業 從其各科進步之程度. 一學期內 三度以上 六度以下 各教員 臨時見量行之

一. 定時試業 於每級 修習各學科課程之終 每定期日試驗其全體

一. 試業評點調査之法 至期末合計 該學期內 諸試業之評點數 定各科點數之法 一等級進退 無論何等學科 期末調査之點數 六十以下者 又 一學期內 凡六十日以上欠課者 不許進級.

一. 卒業生種類, 不由豫科 直入本科 卒業者 爲小學教員 經豫科 及 高等豫科 入本科者 爲中學教員.

一. 休業期日 與他學校同

一. 學資金 每生徒一名 一月金六圓 付定而在校日數 未滿一月者 計日給
　之

一. 學校 命退學者 及 願退者 已受學資 皆辨償.

校長一人 教員十六人 生徒一百六十三人 [學資金 每月六圓 並 官給]

5. 附屬 小學 規則, 小學 規則

一. 大別上下二等, 各置八級, 最下 第八級, 最上 第一級.

一. 每級修學之期, 限半年, 卽十八週間[諸休業日筭入] 故在學年, 限上
　下通爲八年.

一. 通例授業時數, 每日五時間, 卽 一週, 二十八時間[土曜半日筭入]. 但
　下等 第八級之授業時數, 每日四時間, 卽一週二十三時間.

一. 修身談一課, 付二十五分時, 講於每朝開校時, 唱歌 及 體操一課, 付
　三十分時, 隔日分授, 其他諸學, 摠一課, 付四十五分時, 但裁縫, 與幾
　何學, 同時授之男, 生徒, 幾何學之時間, 充女學徒, 習裁縫之時間.

一. 上等 小學 第六級 以上之生徒, 隨其志望, 得英文 或 漢文, 習字.

一. 志願者, 不論華族, 及 平民, 年齡, 六年以上, 七年 以下.

一. 試驗, 分爲小試驗, 定試驗, 之二種. 小試業者, 各學科之凡一個月間,
　所習之試驗於部分, 定試業者, 每學期之終, 全體試驗於該學期內之
　所修習.

一. 每級卒業者, 與第一號證書, 全科卒業者, 與第二號證書.

小學 敎則

〈下等 第八級〉[一週內之課數]

○ 讀書: [讀法] 伊呂波, 五十音, 次淸音, 濁音[每週 四時], [作文] 假名人工物之記事作 [每週 二時]

○ 習字: 片假名, 平假名[每週 三時]

○ 實物: [數目] 實數名稱計方, 加減乘除[每週 四時], [色彩] 本色, 間色 [每週 二時], [位置] 諸物位置之關係[每週 二時], [動物] 人體各部名稱位置效力[每週 二時], [人工物] 全體及部分名稱位置效力[每週 二時]

○ 修身: 小說 寓言等, 勸善大意口論[每週 六時]

○ 罫畵: 直線單形畵[每週 二時]

○ 唱歌: 當分欠[每週 三時]

○ 體操: 四支運動[每週 三時]

○ 讀書: [讀法] 簡易假名文 及 漢字交文[每週 六時], [作文] 前級同 [每週 二時]

○ 習字: 行書 [每週 三時]

○ 實物: [數目] 前級同 每週 六時] [色彩] 前級同 [每週 一時] [形體] 面線角名稱種類[每週 二時] [位置] 方位 及 諸點[每週 二時] [植物] 普通草木全體, 及部分, 名稱, 位置, 效用[每週 二時], [人工物] 前級同 [每週 二時]

○ 修身: 前級同 [每週 六時]

○ 罫畵: 前級同 [每週 二時]

○ 唱歌: 前級同 [每週 三時]

○ 體操: 前級同 [每週 三時]

〈第七級〉[一週內之課數]

○ 讀書: [讀法] 簡易假名文 及 漢字交文[每週 六時], [作文] 前級同 [每週 二時]
○ 習字: 行書 [每週 三時]
○ 實物: [數目] 前級同 每週 六時] [色彩] 前級同 [每週 一時] [形體] 面線角名稱種類[每週 二時] [位置] 方位 及 諸點[每週 二時] [植物] 普通草木全體, 及部分, 名稱, 位置, 效用[每週 二時], [人工物] 前級同 [每週 二時]
○ 修身: 前級同 [每週 六時]
○ 罫畫: 前級同 [每週 二時]
○ 唱歌: 前級同 [每週 三時]
○ 體操: 前級同 [每週 三時]

〈第六級〉[一週內之課數]

○ 讀書: [讀法] 小學讀本 卷之一二, [每週 四時], [作文] 假名家畜家禽 庭樹園草之記事[每週 二時]
○ 習字: 前級同 [每週 三時]
○ 實物: [形體] 三角形, 四角形之名稱, 種類, 部分 [每週 二時], [位置] 學室內諸物之位置, 測定其畧圖 [每週 二時], [鑛物] 七金, 雜金之名稱, 性質效用[每週 二時], [動物] 家畜, 家禽之名稱, 部分, 常習效用 [每週 三時], [人工物] 前級同 [每週 二時]

○ 筭術: [筆筭] 百以下數之加筭, 減筭 [每週 六時]

○ 修身: 前級同 [每週 六時]

○ 罫畫: 曲線, 單形畫 [每週 二時]

○ 唱歌: 前級同 [每週 三時]

○ 體操: 前級同 [每週 三時]

〈第五級〉[一週內之課數]

○ 讀書: [讀法] 小學讀本 卷之二三 [每週 六時], [作文] 漢字交文, 七金, 雜金, 菓實, 蔬菓之記事, 且書式類語 [每週 二時]

○ 習字: 前級同 [每週 三時]

○ 實物: [形體] 多角形, 圓形, 橢圓形, 卵形之名稱種類部分 [每週 二時], [度量] 尺度秤量之名稱, 關係實用 [每週 三時], [位置] 學室外諸物之位置測定其畧圖 [每週 二時], [植物] 菓實, 蔬菓之名稱, 部分效用 [每週 三時], [人工物] 前級同 [每週 二時]

○ 筭術: [筆筭] 千以下數之加筭, 減筭 [每週 三時]

○ 修身: 前級同 [每週 六時]

○ 罫畫: 前級同 [每週 二時]

○ 唱歌: 前級同 [每週 三時]

○ 體操: 前級同 [每週 三時]

〈第四級〉[一週內之課數]

○ 讀書: [讀法] 小學讀本 卷之四 [每週 四時], [作文] 漢字交文, 野生動物, 家用礦物之記事, 且書式,類語 [每週 二時]

○ 習字: 楷書 [每週 三時]

○ 實物: [形體] 諸體之名稱, 種類, 部分 [每週 二時], [度量] 前級同 [每週 二時], [位置] 前級同 [每週 二時], [礦物] 家用礦物之名稱, 性質, 效用 [每週 二時], [動物] 野生動物之名稱, 部分, 常習效用 [每週 三時], [人工物] 前級同 [每週 二時]

○ 筭術: [筆筭] 百以下數之乘筭, 除筭 [每週 四時]

○ 修身: 前級同 [每週 六時]

○ 罫畫: 曲直線, 單形畫 [每週 二時]

○ 唱歌: 前級同 [每週 三時]

○ 體操: 前級同 [每週 三時]

〈第三級〉[一週內之課數]

○ 讀書: [讀法] 小學讀本 卷之五 [每週 六時], [作文] 漢字交文, 穀類, 菜蔬類之記事, 且寄贈文請取書 [每週 二時]

○ 習字: 前級同 [每週 三時]

○ 實物: [度量] 前級同 [每週 二時], [位置] 學校近傍之位置教授其畧圖 [每週 二時], [植物] 穀類, 菜蔬類之名稱, 部分, 效用 [每週 三時], [人工物] 前級同 [每週 二時]

○ 筭術: [筆筭] 千以下數之乘筭, 除筭 [每週 四時], [珠筭] 筭珠用法, 加法, 減法 [每週 二時]

○ 修身: 前級同 [每週 六時]

○ 罫畫: 前級同 [每週 二時]

○ 唱歌: 前級同 [每週 三時]

○ 體操: 前級同 [每週 三時]

〈第二級〉[一週內之課數]

○ 讀書: [讀法] 小學讀本 卷之六 [每週 四時], [作文] 漢字交文 魚介類 之記事, 且誘引文送狀 [每週 二時]

○ 習字: 草書 [每週 三時]

○ 實物: [度量] 枡之名稱, 關係實法 [每週 二時], [位置] 區內之位置, 教授其畧圖 [每週 二時], [礦物] 繪具類之名稱, 性質效用 [每週 二時], [動物] 魚介類之名稱, 部分, 常習效用 [每週 三時], [人工物] 全體 及 部分之構造效用 [每週 二時]

○ 筭術: [筆筭] 千以下數之加減乘除 [每週 四時], [珠筭] 乘法, 除法 [每週 二時]

○ 修身: 前級同 [每週 六時]

○ 罫畫: 紋畫 [每週 二時]

○ 唱歌: 前級同 [每週 三時]

○ 體操: 前級同 [每週 三時]

〈第一級〉[一週內之課數]

○ 讀書: [讀法] 小學讀本 卷之七 [每週 六時], [作文] 漢字交文, 海藻類, 芝栭類之記事, 且訪問屆書 [每週 二時]

○ 習字: 前級同 [每週 三時]

○ 實物: [度量] 諸種之尺度量目, 比較關係 [每週 二時], [位置] 東京市 中之位置, 教授其畧圖 [每週 二時], [植物] 海藻類, 芝栭類之名稱, 部 分, 效力 [每週 三時], [人工物] 前級同 [每週 二時]

○ 筭術: [筆筭] 分數初步 [每週 四時], [珠筭] 四則雜題 [每週 二時]

○ 修身: 前級同 [每週 六時]

○ 罫畫: 前級同 [每週 二時]

○ 唱歌: 前級同 [每週 三時]

○ 體操: 前級同 [每週 三時]

〈上等 第八級〉[一週內之課數]

○ 讀書: [讀法] 讀本 卷之一 [每週 四時], [作文] 漢字 交文, 寶石類,
　　虫類, 爬虫類之記事, 且祝賀文屆書 [每週 二時]

○ 習字: 行書 [每週 三時]

○ 實物: [礦物] 寶石類之名稱, 性質, 效用 [每週 三時], [動物] 虫類,
　　爬虫類之名稱, 部分, 常習效用 [每週 三時]

○ 筭術: [筆筭] 定數命位 [每週 四時], [珠筭] 前級同 [每週 一時], [幾何
　　男生徒] 善線之性質關係 [每週 二時]

○ 地理: 總論 [每週 四時]

○ 修身: 賢哲之言行說, 人倫之大道 [每週 六時]

○ 罫畫: 器具, 家屋之輪廓 [每週 二時]

○ 唱歌: 前級同 [每週 三時]

○ 體操: 徒手演習 [每週 三時]

○ 裁縫: [女生徒] 運針法 [每週 二時]

○ 讀書: [讀法] 讀本 卷之二 [每週 六時], [作文] 雜題, 漢字 交文作記事
　　文, 且謝言文 願書 [每週 二時]

○ 習字: 前級同 [每週 三時]

○ 實物: [植物] 製造用 植物 [每週 四時]

○ 筭術: [筆筭] 加法, 減法 [每週 四時], [珠筭] 前級同 [每週 一時],

[幾何 男生徒] 角之性質關係 [每週 二時]

○ 地理: 日本國之地誌 [每週 四時]

○ 修身: 前級同 [每週 六時]

○ 罫畫: 前級同 [每週 二時]

○ 唱歌: 前級同 [每週 三時]

○ 體操: 前級同 [每週 三時]

○ 裁縫: [女生徒] 前級同 [每週 二時]

〈上等 第七級〉[一週內之課數]

○ 讀書: [讀法] 讀本 卷之二 [每週 六時], [作文] 雜題, 漢字 交文作記事
　　文, 且謝言文 願書 [每週 二時]

○ 習字: 前級同 [每週 三時]

○ 實物: [植物] 製造用 植物 [每週 四時]

○ 筭術: [筆筭] 加法, 減法 [每週 四時], [珠筭] 前級同 [每週 一時],
　　[幾何 男生徒] 角之性質關係 [每週 二時]

○ 地理: 日本國之地誌 [每週 四時]

○ 修身: 前級同 [每週 六時]

○ 罫畫: 前級同 [每週 二時]

○ 唱歌: 前級同 [每週 三時]

○ 體操: 前級同 [每週 三時]

○ 裁縫: [女生徒] 前級同 [每週 二時]

〈上等 第六級〉[一週內之課數]

○ 讀書: [讀法] 讀本 卷之三 [每週 六時], [作文] 雜題 漢字交文作記事
  文, 且送別文, 及願書 [每週 二時]

○ 習字: 楷書 [每週 二時]

○ 筭術: [筆筭] 乘法, 除法 [每週 四時], [幾何 男生徒] 面之性質關係
  [每週 二時]

○ 地理: 前級同 [每週 四時]

○ 修身: 前級同 [每週 六時]

○ 博物: [金石學] 金石之通性, 及 單純礦物 [每週 三時], [植物學] 植物
  部分 [每週 三時]

○ 罫畫: 前級同 [每週 二時]

○ 唱歌: 前級同 [每週 三時]

○ 體操: 前級同 [每週 三時]

○ 裁縫: [女生徒] 單物類之裁方, 縫方 [每週 二時]

○ 隨意科: 讀書 [漢文] 蒙求之上卷 [每週 三時], [英文] 綴字 及 讀方
  [每週 三時]

〈上等 第五級〉[一週內之課數]

○ 讀書: [讀法] 前級同 [每週 六時], [作文] 雜題 漢字 交文作記事文,
  且 吊慰文, 及 願書 [每週 二時]

○ 習字: 前級同 [每週 二時]

○ 筭術: [筆筭] 分數 [每週 四時], [幾何 男生徒] 前級同 [每週 二時]

○ 地理: 亞細亞, 歐羅巴, 阿弗利加 各國之地誌 [每週 四時]

○ 歷史: 日本歷史記元, 至二千百年代 [每週 二時]

○ 修身: 前級同 [每週 六時]

○ 博物: [金石學] 硫化, 酸化, 珪化, 礦物 [每週 二時], [植物學] 普通植物之分類 [每週 二時]

○ 罫畫: 草木禽獸之輪廓 [每週 二時]

○ 唱歌: 前級同 [每週 三時]

○ 體操: 前級同 [每週 三時]

○ 裁縫: [女生徒] 前級同 [每週 二時]

○ 隨意科 讀書: [漢文] 蒙求之中卷 [每週 三時], [英文] 讀方文典 [每週 三時]

〈上等 第四級〉[一週內之課數]

○ 讀書: [讀法] 讀本卷之四 [每週 六時], [作文] 漢字交之論說文, 且貸借文, 證券書例 [每週 二時]

○ 習字: 草書 [每週 二時]

○ 筭術: [筆筭] 前級同 [每週 四時]. [幾何 男生徒] 容之性質關係 [每週 二時]

○ 地理: 南北亞米利加, 大洋洲 各國之地誌 [每週 四時]

○ 歷史: 日本歷史, 二千百年代, 至今代 [每週 四時]

○ 修身: 前級同 [每週 六時]

○ 博物: [植物學] 有脊椎動物 [每週 二時]

○ 罫畫: 前級同 [每週 三時]

○ 唱歌: 前級同 [每週 三時]

○ 體操: 器械演習 [每週 三時]

○ 裁縫: [女生徒] 袷物類之裁方 縫方 [每週 二時]

○ 隨意科 讀書: [漢文] 蒙求之下卷 [每週 三時], [英文] 前級同 [每週 三時]

〈上等 第三級〉[一週內之課數]

○ 讀書: [讀法] 前級同 [每週 六時], [作文] 前級同 [每週 二時]

○ 習字: 前級同 [每週 二時]

○ 筭術: [筆筭] 小數 [每週 四時], [幾何 男生徒] 前級同 [每週 二時]

○ 歷史: 萬國歷史, 上古, 中古,之部 [每週 四時]

○ 修身: 前級同 [每週 六時]

○ 物理: 總論諸力之三位 [每週 三時]

○ 博物: [動物學] 無脊椎動物 [每週 三時]

○ 罫畫: 前級同 [每週 二時]

○ 唱歌: 前級同 [每週 三時]

○ 體操: 前級同 [每週 三時]

○ 裁縫: [女生徒] 前級同 [每週 二時]

○ 隨意科 讀書: [漢文] 十八史畧 卷之一二 [每週 三時], [英文] 前級同 [每週 三時]

〈上等 第二級〉[一週內之課數]

○ 讀書: [讀法] 讀本 卷之五 [每週 六時], [作文] 雜題 諸體之文章 [每週 二時]

○ 筭術: [筆筭] 諸比例 [每週 四時], [幾何 男生徒] 諸題論證 [每週 三

時]

○ 歷史: 萬國歷史 近世之部 [每週 二時]

○ 修身: 前級同 [每週 六時]

○ 物理: 顫動體, 熱體 [每週 三時]

○ 化學: 總論 及 火 風 水 土之槪論 [每週 三時]

○ 生理: 骨格, 筋肉, 皮膚, 消火器 [每週 三時]

○ 罫畫: 山水之畧畫 [每週 二時]

○ 唱歌: 前級同 [每週 三時]

○ 體操: 前級同 [每週 三時]

○ 裁縫: [女生徒] 綿入物類之裁方 縫方 [每週 三時]

○ 隨意科 讀書: [漢文] 十八史畧 卷之三四五 [每週 三時], [英文] 讀方
   [每週 三時]

〈上等 第一級〉[一週內之課數]

○ 讀書: [讀法] 前級同 [每週 六時], [作文] 前級同 [每週 二時]

○ 筭術: [筆筭] 前級同 [每週 四時], [幾何 男生徒] 前級同 [每週 三時]

○ 修身: 前級同 [每週 六時]

○ 物理: 直射烈光發電體 [每週 四時]

○ 化學: 非金屬, 金屬, 諸元素 [每週 四時]

○ 生理: 循血 呼吸 感覺之諸器 [每週 三時]

○ 罫畫: 前級同 [每週 二時]

○ 唱歌: 前級同 [每週 三時]

○ 體操: 前級同 [每週 三時]

○ 裁縫: [女生徒] 前級同 [每週 三時]

○ 隨意科 讀書: [漢文] 十八史撂卷之六七 [每週 三時], [英文] 前級同
[每週 三時]
○ 教員 四人[女 一人], 生徒 一百五十九人[男一百四, 女五十五]

女子師範學校

1. 規則

一. 本校, 爲養成可爲小學教員女子處
一. 教科, 以小學教員, 必須之諸學科 及 教員理論諸科, 教授術爲主, 兼
及保育幼稚術, 故卒業本校教科者, 不止當爲小學教員, 又足爲幼稚
園, 保姆
一. 爲高生徒學業之基礎, 別設豫科, 以教學淺未足學本科者, 爲他日登
本科階梯

2. 本科 課程

〈第一年 前期 六級〉[一週內之課數]

○ 修身: 修身學之要之 及 禮節演習 [每週 三時]
○ 化學: 化學之要理 非金諸元素 及 其化合物 [每週 四時]
○ 動物學: 動物之分類 及 構造 性質 等 [每週 四時]
○ 算術: 諸等比例, 差分百分算, 平均算 [每週 四時]
○ 簿記: 單記 複記 [每週 二時]

○ 文學: (講讀) 元明淸史略 券一二三 [每週 四時], (文法) 字論 言論 文論 [每週 二時], (作文) 各種之書牘 [每週 一時]

○ 圖畵: 器具 花葉等物之臨畵 [每週 二時]

○ 裁縫: 單物類[每週 二時]

○ 音樂: 唱歌 [每週 三時]

○ 體操: 徒手演習 器械演習 [每週 三時]

〈第一年 後期 五級〉[一週內之課數]

○ 修身: 與前級同 [每週 三時]

○ 化學: 金屬 諸元素 及其化合物, 有機化學之槪略 [每週 三時]

○ 植物學: 植物之構造 組織 及 分類 [每週 四時]

○ 籌術: 乘方, 開放, 朮積, 級數 [每週 二時]

○ 代數學: 定數, 分數 [每週 二時]

○ 幾何學: 線角 多角 [每週 二時]

○ 文學: (講讀) 元明淸 史略 卷四五 及 古今和文 [每週 五時] (作文) 動植 諸物記事 貸借公用等 諸文 [每週 一時]

○ 圖畵: 鳥獸 人物 等 臨畵 [每週 二時]

○ 裁縫: 袷類 [每週 二時]

○ 音樂: 唱歌 [每週 三時] 彈琴 [每週 二時]

○ 體操: 與前級同 [每週 三時]

〈第二年 前期 四級〉[一週內之課數]

○ 修身: 前級同 [每週 二時]

○ 家政學: 家政學之要旨 [每週 一時]

○ 物理學: 物性論, 力學, 水學, 氣學, 音學 [每週 四時]

○ 生理學: 骨肉皮 飲食 消化, 運血, 呼吸 及 神經系 感覺 等 [每週 四時]

○ 代數學: 一次方程式冪 及 根根式 [每週 三時]

○ 幾何學: 比例圈 平面形 作法 [每週 二時]

○ 文學: (講讀) 文章軌範 第一 第二冊 及 古今和文 [每週 五時] (作文)
　 關修身 格物 等 記事 論說 [每週 一時]

○ 圖畵: 實物畵 景色 臨畵 [每週 二時]

○ 裁縫: 綿入類 [每週 二時]

○ 音樂: 唱歌 [每週 三時] 彈琴 [每週 二時]

○ 體操: 與前級同 [每週 三時]

〈第二年 後期 三級〉[一週內之課數]

○ 修身: 修身學之要旨 [每週 一時]

○ 家政學: 家政學之要旨 [每週 二時]

○ 物理學: 熱學, 光學 [每週 三時]

○ 鑛物學: 鑛物 形態 物理的 化學的 性質 及 分類 識別 [每週 二時]

○ 地文學: 星學的 地誌, 地質論, 陸地, 河海, 氣象, 生物人類 諸論 [每週
　 四時]

○ 代數學: 二次方程式, 比例 順錯列級數 [每週 三時]

○ 幾何學: 平面關係多面體, 毬體 [每週 二時]

○ 文學: (講讀) 文章軌範 第三冊 及 近世名家文粹 初編 [每週 四時] (作
　 文) 雜題之記事 簡短之漢文 [每週 一時]

○ 圖畵: 幾何圖法, 透視圖法 [每週 二時]

○ 裁縫: 羽織袴帶 [每週 二時]

○ 音樂: 唱歌 [每週 三時] 彈琴 [每週 二時]

○ 體操: 與前級同 [每週 三時]

〈第三年 前期 二級〉[一週內之課數]

○ 修身: 與前級同 [每週 一時]

○ 物理學: 電氣學, 磁氣學, 物理的 星學 [每週 三時]

○ 三角學: 對數八線, 平三角 解法 等 [每週 二時]

○ 文學: (講讀) 近世名家文粹 二編 [每週 二時] (作文) 簡短之漢文 [每週 一時]

○ 音樂: 唱歌 [每週 三時]

○ 體操: 與前級同 [每週 三時]

○ 教育論: 心理之要旨, 智育 德育 體育之要旨 [每週 六時]

○ 小學教授術: 修身訓 實物課, 讀書, 作文, 書畫, 筭術, 地誌, 博物學, 物理學 等之教授方法 [每週 一時]

○ 幼稚保育術: 實物課, 玩器用法, 唱歌, 遊戲體操 等之教授方法 [每週 三時]

〈第三年 後期 一級〉[一週內之課數]

○ 小學實地教授: 幼稚園 實地 保育

3. 豫科 課程

〈第一年 前期 六級〉[一週內之課數]

○ 修身: 日用彙倫敎訓 覽哲 嘉言 懿術 [每週 二時]

○ 植物學: 有花植物諸部 及 成長生殖略說 [每週 二時]

○ 筭術: 筆算 加減乘除 [每週 五時]

○ 地誌: 地圖解說 陸地 河海 氣象 生物 等 [每週 四時]

○ 文學: (講讀) 右村貞一 編輯 國史略 卷之一二 [每週 五時] (文法) 字論 言分類 性質 用言活用 [每週 二時] (作文) 簡易記事 贈答慶弔等書類 [每週 一時]

○ 圖畫: 直線 曲線 單形 [每週 二時]

○ 書法: 行書 [每週 二時]

○ 裁縫: 運針 [每週 三時]

○ 唱歌 [每週 三時]

○ 體操: 與前級同 [每週 三時]

〈第一年 後期 五級〉[一週內之課數]

○ 修身: 與前級同 [每週 二時]

○ 植物學: 普通植物 特性 功用 等 [每週 二時]

○ 動物學: 無脊髓動物 構造 性習 等 [每週 二時]

○ 筭術: 筆算分數 [每週 三時] 珠算 加減 [每週 二時]

○ 地誌: 日本 各部 位置, 形勢, 都邑, 物産, 敎育 等 [每週 二時]

○ 文學: (講讀) 右村貞一 編輯 國史略 卷之三四五 [每週 五時] (文法)

言關係文章分解合成 [每週 二時] (作文) 與前級同 [每週 一時]

○ 圖畵: 器具 家屋 [每週 二時]

○ 書法: 草書 [每週 二時]

○ 裁縫: 單物類 [每週 三時]

○ 唱歌 [每週 三時]

○ 體操: 與前級同 [每週 三時]

〈第二年 前期 四級〉 [一週內之課數]

○ 修身: 與前級同 [每週 二時]

○ 物理學: 天然諸力 凝滯, 流體, 氣體 性質 動 及 音略說 [每週 三時]

○ 動物學: 脊髓動物 構造 性習 等 [每週 二時]

○ 筭術: 筆算 分數, 小數 [每週 三時] 珠算 乘除 [每週 二時]

○ 地誌: 亞細亞 歐羅巴 諸國 位置 形勢 地理 物産 名都 殊俗 等 [每週
二時]

○ 文學: (講讀) 右村貞一 編輯 國史略 卷之六七 古今和文 [每週 六時]
(作文) 動植諸物記事 貸借公用等屬 諸文書 [每週 一時]

○ 圖畵: 花葉果蓏 [每週 二時]

○ 書法: 楷書 [每週 二時]

○ 唱歌 [每週 三時]

○ 體操: 與前級同 [每週 三時]

〈第二年 後期 三級〉 [一週內之課數]

○ 修身: 與前級同 [每週 二時]

○ 物理學: 熱光電氣略說 [每週三時]

○ 筭術: 筆算 諸等比例 [每週 三時] 珠算 加減乘除 雜題 [每週 二時]

○ 地誌: 亞非利加 亞米利加 大洋洲 諸國 位置 形勢 地利 物産 名都
　　殊俗 等 [每週 二時]

○ 歷史: 歐羅巴 人種 希臘 羅馬盛衰 [每週 二時]

○ 文學: (講讀) 十八史略 卷之一二三 古今和文 [每週 六時] (作文) 與前
　　級同 [每週 一時]

○ 圖畵: 鳥獸虫魚 [每週 二時]

○ 書法: 行書 草書 [每週 二時]

○ 裁縫: 袷類 [每週 三時]

○ 唱歌 [每週 三時]

○ 體操: 與前級同 [每週 三時]

〈第三年 前期 二級〉[一週內之課數]

○ 修身: 女子要務, 應對進退節 [每週 二時]

○ 化學: 非金諸元素略說 [每週 三時]

○ 筭術: 筆算 差分 百分筭 平均筭 [每週 四時]

○ 幾何學: 線角 三角形 四角形 [每週 二時]

○ 歷史: 西洋諸國 中世 近世 沿革 [每週 三時]

○ 文學: (講讀) 十八史略 卷之四五, 孟子 第一 第二冊 [每週 六時] (作文)
　　修身 格物 歷史 等記事 論說 [每週 一時]

○ 圖畵: 人物 及 景色 [每週 三時]

○ 書法: 楷行草書 細字 [每週 二時]

○ 裁縫: 綿入類 [每週 三時]

○ 唱歌 [每週 三時]

○ 體操: 與前級同 [每週 三時]

〈第三年 後期 一級〉[一週內之課數]

○ 修身: 與前級同 [每週 二時]

○ 化學: 金屬諸原素之略說 [每週 二時]

○ 生理學: 骨肉 皮 消化 運血 呼吸 等之略說 [每週 三時]

○ 籌術: 筆算 珠算 乘方 開方 朮積 級數 [每週 四時]

○ 幾何學: 比例 多角形之關係 [每週 三時]

○ 文學: (講讀) 十八史略 卷之六七 孟子 第三 第四冊 [每週 六時] 作文 與前級同 [每週 一時]

○ 圖畫: 幾何圖法, 透視圖法 [每週 二時]

○ 書法: 楷行草書 細字 [每週 二時]

○ 裁縫: 羽織袴 [每週 三時]

○ 唱歌 [每週 三時]

○ 體操: 與前級同 [每週 三時]

4. 入學 規則

一. 本科生徒 年十五歲以上 二十歲以下 性行善良 身體康健 在學中 無家事係累者 以充之.

一. 望入學者 先於入學試驗之期日 記載學業之履歷 添以入學願書 差出當校

一. 入學試業 每學期之初 卽每年二月下旬 及 九月中旬行之

入學試業之科目: 講讀 十八史略, 國史略, 作文 記事書牘, 書法 楷行草書, 圖畫 器具 花葉 等, 筭術 筆算 諸比例 珠算 加減乘除, 地誌 歷史, 物理學 大意

一. 豫科生徒 年十二歲以上 十七歲以下者 以讀近易之書 又畧學筭術者 充之. 而卒尋常之小學校業者 其齡唯不滿十二歲 當許入學

一. 豫科者之入學校 不定其入學之期日 每月望入者 畧試其學業 入相當級中

5. 敎授規則

一. 本科 及 豫科生徒 修業年限 各爲三年, 又分一學年 爲前後二學期

一. 學年始於九月十一日 終翌年七月十日, 前學期 自學年始日 至翌年二月十五日, 後學期 自二月二十三日 至學年終日

一. 本科 及 豫科 第一年 受業者 第六級, 卒一期之業者, 每進一級, 修業三年者 爲第一級

一. 敎授之時間 每日五時三十分 土曜日則三時三十分, 一週中 三十一時間

一. 唱歌 及 體操之敎授 一課 爲三十分間 其他諸學科 一課爲一時間

一. 諸科之學 槪以尤實學智識爲主 不要講讀其用書 故文學科中 所屬諸書之外 他書籍摠爲參考授付之

一. 家政學 中 兼授割烹之事於本科時外 以爲練習之

一. 生徒之試業 一學期內 三回以上 六回以下 而各科進步之度 從其敎員之見量 臨時行之, 又之學期之末 同時試業其學期內學習之諸科 合計前後試業之點數 以得各科之點數 定生徒之進退

一. 得全科之卒業者 當授與卒業證書

一. 生徒休業 與他學校 同

○校長 二人 教員 二十六人 [男女 各 十三人] 生徒 一百九十四人 [學資
金 每月 五圓 五十錢 官給 七十八人]

6. 附屬 幼稚園 規則

一. 所以設幼穉園之旨 在使未滿學齡幼稚者 開達天賦之知覺啓發固有
之心思 滋補身體之健全, 曉知交際之情誼 慣熟善良之言行

一. 幼稚入園者 齡滿三年以上 滿六年以下 無論男女 [但 隨時宜 使滿二
年以上者 入園 或 滿六年以上者 猶在園]

一. 幼稚未種痘 或歷天然痘者 及 罹傳染病者 不許入園. 其既入園者 罹
傳染病則非全愈 不許至園 [但每月 第一 土曜日 招醫師診在園幼稚
者]

一. 入園幼稚者 大約百五十人 爲定員

一. 募入園幼稚者 則預廣告其期日 及 人員等.

一. 欲使幼稚者入園 則呈書願之 得許可 則呈保證狀

一. 在園中 則保姆 任保育幼稚者之責, 故不要使保傳 從幼稚者 [但 幼稚
者 未慣馴保姆 則可保育之於實外開誘室, 故保傳相從 亦無妨 且幼
稚者 不能獨往還 則可使保傳送迎之]

一. 幼稚入園者 每月出金三十錢 充育費 [但保育於員外開誘實者 納其
半額]

一. 幼稚入園者 各隨其齡 分之三團 [但 滿五年以上 爲第一團, 滿四年以
上 爲第二團, 滿三年以上 爲第三團]

一. 保育幼稚者 每日 以四時間爲期 [但雖保育時間 中 幼稚者 有故則告

之 退園亦無妨]

一. 幼稚者 在園時間 自六月一日 至九月三十日 午前 第八時 入園, 正午
十二時 出園, 自十月 一日 至五月 三十一日 午前第九時 入園 午後第
二時 出園

6.1. 保育科目

○ 第一 物品科: 就日用器物 卽椅子 與机 或 禽獸 花果 等 示其性質
形狀 等

○ 第二 美麗科: 示幼稚者所觀 以爲美麗而愛好之物 卽彩色等

○ 第三 知識科: 因所觀玩開其知識 卽示立方體 以幾個之端 線 平面幾
個之角 而成其形如何之類, 列三科目之如左
玩五彩毬, 三形物之理解, 玩具, 連鎖, 積形體方法, 置形體方法, 置木
著方法, 置環方法, 剪紙, 剪紙貼付之, 鍼畫, 縫畫, 圖畫, 織紙, 木著摸
製, 粘土摸製, 組木片方法, 組紙片方法, 計數, 博物理解, 唱歌, 說話,
體操, 遊嬉

6.2. 保育課程

〈第三團〉

○ 幼稚滿三年以上 滿四年以下

○ 月曜日: 室內會集 [三十分] 玩毬(第一箱) [十四五分] 圖畫[三倍線之
直角等 四十五分] 遊嬉 [一時半]

○ 火曜日: 室內會集 [三十分] 體操[三十分] 小話[四十五分] 疊紙 [第一

號 至第四號 其他單易之形 四十五分] 遊嬉 [一時半]

○ 水曜日: 室內會集 [三十分] 體操[三十分] 三形物 [毬 圓柱 六面形 四十五分] 玩具 [四十五分] 遊嬉 [一時半]

○ 木曜日: 室內會集 [三十分] 唱歌[三十分] 計數 [一至十]・體操[並四十五分], 連鎖[四十五分] 遊嬉[一時半]

○ 金曜日: 室內會集 [三十分], 體操[三十分] 積形體方法[至第四箱 四十五分] 鍼畫[四十五分] 遊嬉[一時半]

○ 土曜日: 室內會集 [三十分], 體操[三十分], 畫解[四十五分], 置木著方法 [至六本 四十五分], 遊嬉[一時半]

○ 但 保育之餘間 授體操 或 唱歌 以下皆然

〈第二團〉

○ 幼稚滿四年以上 滿五年以下

○ 月曜日: 室內集會[三十分], 唱歌[三十分], 置形體方法[四十五分], 圖畫[至三角形 等, 四十五分], 遊嬉[一時半]

○ 火曜日: 室內集會[三十分], 體操[三十分], 博物 或 修身之說話[四十五分], 針畫[四十五分], 遊嬉[一時半]

○ 水曜日: 室內集會[三十分], 體操[三十分], 積形體方法[第三箱 至第四箱, 四十五分], 縫畫[三倍線等, 四十五分], 遊嬉[一時半]

○ 木曜日: 室內集會[三十分], 唱歌[三十分], 計數[一至二十]・體操[並四十五分], 織紙[至第十二號, 四十五分], 遊嬉[一時半]

○ 金曜日: 室內集會[三十分], 體操[三十分], 置木著方法[六本 至二十本, 四十五分], 疊紙[四十五分], 遊嬉[一時半]

○ 土曜日: 室內集會[三十分], 體操[三十分], 歷史上之說話[四十五分],

積形體方法[第四箱, 四十五分], 遊嬉[一時半]

〈第一團〉

○ 幼稚滿五年以上 滿六年以下

○ 月曜日: 室內集會[三十分], 博物 或 修身等之說話[三十분], 置形體
　方法[第七箱 至第九箱, 四十五分], 圖畫·織紙片方法 [並四十五分],
　遊嬉[一時半]

○ 火曜日: 室內集會[三十分], 計數[一至百, 三十分], 積形體方法[第五
　箱]·小話[並四十五分], 針畫[四十五分], 遊嬉[一時半]

○ 水曜日: 室內集會[三十分], 木著模型[折木著使知四分以下分數之理
　或作文字及數, 三十分], 剪紙 及 貼付之 [四十五分], 歷史上之說話
　[四十五分], 遊嬉[一時半]

○ 木曜日: 室內集會[三十分], 唱歌[三十分], 置形體方法[第九箱 至第
　十一箱, 四十五分], 疊 紙[四十五分], 遊嬉[一時半]

○ 金曜日: 室內集會[三十分], 木著摸製[用木著與大豆摸製 六面形 及
　日用器物等, 三十分], 積形體方法[第五箱 至第六箱, 四十五分], 織紙
　[四十五分], 遊嬉[一時半]

○ 土曜日: 室內集會[三十分], 組木片方法·粘土摸製[並三十分], 置環方
　法[四十五分], 縫畫[四十五分], 遊嬉[一時半]

○ 保姆 四人, 幼兒九十八人

外國語學校

1. 沿革

　　舊開成學校中, 置英佛二國之語學科, 合外務省所設外國語學所矣. 二年, 但置二國語學校於開成學校, 尋置獨語學, 六年, 區分生徒, 以下等中學一級以上, 爲專門學生徒, 以下, 爲語學生徒. 外務省所設, 獨·露·漢語學所, 亦屬文部省. 於是, 檢查生徒之學力, 據外國語學敎則, 改正學級, 及學科, 乃並獨·露·漢 語學所於開成學校, 語學敎場. 稱東京外國語學校. 以授英·佛·獨·露·漢,之語學. 七年, 置東京英語學校, 割本校英語學一科, 屬之以本校, 爲授佛·獨·露·漢 語學之所. 十年並授朝鮮語學.

2. 校則

一. 本校爲授佛語學, 獨語學, 露語學, 漢語學, 朝鮮語學, 之所.
一. 各語學, 分上下二等, 修下等語學之期, 爲三年, 上等語學之期, 爲二年.

3. 別附課程

一. 每日課業, 本課[佛·獨·露·漢 各語學課]爲四時間, 副課[譯讀課, 國書課]爲一時間, 體操爲三十分間.
一. 入學生, 以齡十八歲以下, 爲限.[雖十八歲 以上, 有學業者, 許入學]
一. 入學生, 非 有卒小學業之學力者, 不許入學.
一. 欲入學者, 呈願入學書 及學業履歷書於本校書記掛.

一. 入學期, 每年定期試業[二月, 七月]後, 定之. [各語學, 各級, 有關員則臨時許入學]

一. 學年, 始於九月十一日, 終於翌年七月十日.

一. 分學年, 爲二學期, 第一學期, 始於九月十一日, 終於翌年二月十五日, 第二學期, 始於二月十六日, 終於七月十日.

一. 每學期末, 試生徒之業, 付試驗證表於各級生, 及 弟者, 昇其級. [生徒學力, 成大生優劣之差, 則不待學期末臨時昇降之]

一. 卒上等語學 第一級之業者, 與卒業證書.

一. 生徒學業, 無進步之效, 不可望卒業者, 或 使退學.

一. 生徒休業, 與他學校同.

一. 授業料, 一個月, 以企二圓爲定額.

4. 漢語 朝鮮語學 課程

〈下等 第一年〉

第六級: ○ 習字: 楷書, ○ 授音: 寫書, ○ 筭術: 數目命位, 加減乘除, ○ 體操

第五級: ○ 習字: 前級同, ○ 授音: 前級同, ○ 授語: 單句, 單語, ○ 句法, ○ 筭術: 分數, ○ 體操: 前級同

〈第二年〉

第四級: ○ 習字: 前級同, ○ 授音: 前級同, ○ 授語: 前級同, ○ 句法: 前級同, ○ 筭術: 小數, 度量, ○ 體操: 前級同

第三級: ○ 習字: 前級同, ○ 授音: 前級同, ○ 授語: 單語, ○ 話本, ○ 話稿, ○ 翻譯: 散文, ○ 筭術: 率 及 比例, ○ 體操: 前級同

〈第三年〉

第二級: ○ 習字: 前級同, ○ 授音: 前級同, ○ 授語: 前級同, ○ 話稿: 前級同, ○ 翻譯: 散文, 吏牘, ○ 筭術: 比例間方, ○ 體操: 前級同

第一級: ○ 授音: 前級同, ○ 授語: 稗史, ○ 話稿: 前級同, ○ 翻譯: 吏牘, 尺牘, ○ 解文: 吏書, 淸典, ○ 筭術: 級數, 對數, ○ 體操: 前級同

〈上等 第四年〉

第四級: ○ 授音: 前級同, ○ 授語: 前級同, ○ 話稿: 前級同, ○ 翻譯: 前級同, ○ 解文: 前級同, ○ 記簿法: 單記, ○ 代數: 加減乘除, 分數, ○ 幾何, ○ 英語, ○ 體操: 前級同

第三級: ○ 授音: 前級同, ○ 授語: 前級同, ○ 話稿: 前級同, ○ 翻譯: 前級同, ○ 解文: 前級同, ○ 記簿法: 複記, ○ 代數: 一次方程式, ○ 幾何: 前級同, ○ 英語: 前級同, ○ 體操: 前級同

〈第五年〉

第二級: ○ 授音: 前級同, ○ 授語: 前級同, ○ 話稿: 前級同, ○ 翻譯: 前級同, ○ 解文: 前級同, ○ 記簿法: 前級同, ○ 代數: 二次方

程式, ○ 幾何: 前級同, ○ 英語: 前級同, ○ 體操: 前級同.

第一級: ○ 授音: 前級同, ○ 授語: 前級同, ○ 話稿: 前級同, ○ 飜譯: 前級同, ○ 解文: 前級同, ○ 代數: 級數, ○ 幾何: 前級同, ○ 英語: 前級同, ○ 體操: 前級同

5. 佛獨露語學 課程

〈下等 第一年〉

第六級: ○ 綴字, ○ 讀法: 用關修身, 博物學書, ○ 習字: 快走體, ○ 譯文, ○ 筭術: 數目命位, ○ 體操: 前級同.

第五級: ○ 綴字: 前級同, ○ 讀法: 前級同, ○ 習字: 前級同, ○ 書取, ○ 文法, ○ 諳誦, ○ 譯文: 前級同, ○ 筭術: 加減乘除, ○ 體操: 前級同.

〈第二年〉

第四級: ○ 讀法: 前級同, ○ 習字: 前級同, ○ 書取: 前級同, ○ 文法: 前級同, ○ 諳誦: 前級同, ○ 會話, ○ 譯文: 前級同, ○ 筭數: 分數, ○ 地理學, ○ 體操: 前級同.

第三級: ○ 讀法: 前級同, ○ 習字: 前級同, ○ 書取: 前級同, ○ 文法: 前級同, ○ 諳誦: 前級同, ○ 會話: 前級同, ○ 作文, ○ 譯文: 前級同, ○ 筭術: 小數, 度量, ○ 地理學: 前級同, ○ 歷史: 太古史, ○ 體操: 前級同

〈第三年〉

第二級: ○ 讀法: 前級同, ○ 習字: 圓滑體, ○ 書取: 前級同, ○ 文法: 前級同, ○ 諳誦: 前級同, ○ 會話: 前級同, ○ 作文: 前級同, ○ 譯文: 前級同, ○ 算數: 率反比例, ○ 地理學: 前級同, ○ 歷史: 續史, ○ 體操: 前級同.

第一級: ○ 讀法: 前級同, ○ 習字: 欹斜體, ○ 書取: 前級同, ○ 文法: 前級同, ○ 諳誦: 前級同, ○ 會話: 前級同, ○ 歷史: 中古史, ○ 體操: 前級同

〈上等 第四年〉

第四級: ○ 書取: 前級同, ○ 詞格, ○ 諳誦: 前級同, ○ 作文: 前級同, ○ 譯文: 前級同, ○ 算術: 級數, 對數, ○ 歷史: 前級同, ○ 物理學, ○ 代數: 加減乘除, 分數, ○ 幾何, ○ 體操: 前級同.

第三級: ○ 書取: 前級同, ○ 詞格: 前級同, ○ 演說, ○ 作文: 前級同, ○ 譯文: 前級同, ○ 記簿法: 單記, ○ 地理學: 前級同, ○ 歷史: 近世史, ○ 物理學: 前級同, ○ 代數: 一次方程式, ○ 幾何: 前級同, ○ 體操: 前級同

〈第五年〉

第二級: ○ 修辭, ○ 演說: 前級同, ○ 作文: 前級同, ○ 論理學, ○ 譯文: 前級同, ○ 記簿法: 複記, ○ 歷史: 前級同, ○ 物理學: 前級同, ○ 代數: 二次方程式, ○ 幾何: 前級同, ○ 體操: 前級同.

第一級: ○ 修辭: 前級同, ○ 演說: 前級同, ○ 作文: 前級同, ○ 論理學: 前級同, ○ 譯文: 前級同, ○ 記簿法: 前級同, ○ 歷史: 前級同, ○ 物理學: 前級同, ○ 代數: 級數, ○ 幾何: 前級同, ○ 體操: 前級同

校長一人, 教員四十人[本國人 三十二, 他國人 八], 生徒三百七十七人[學員企每月 五圓三十五錢, 官給八十九人]

體操 傳習所

1. 規則

體操傳習所 爲專授所關體育之諸學科 選定所適本邦之體育法 且養成體育學敎員之所

○ 體操傳習所生徒 要合左諸格

一. 齡年凡十八年以上 二十年以下

一. 軀幹 凡五尺以上

一. 健康 歷種痘 或天然痘 且不罹肺病 及 不治病者

一. 學識涉普通和漢學, 英學, 略解筭術者

一. 志望 欲他日體育學 敎員者

一. 請入學者 呈保證狀 及 履歷書於體操傳習所 而受學識及軀幹健康等之驗查 合格則呈誓約書

2. 敎則

學科目: ○ 體操術: 男子體操術, 女子體操術, 幼兒 體操術 ○ 美容術,
調聲操法 ○ 英學: 讀方, 作文, 英文學 ○ 和漢學: 讀講作文
○ 數學, 筭術, 代數學, 幾何學 ○ 理學, 解剖學, 生理學, 健全學
等 ○ 緊坊關於體育諸學科 及 物理學, 化學大意 ○ 圖畫, 自在
畵法, 幾何圖法, 透視圖法 [但體操傳習所 以授體育學爲本旨
故英學以下 諸科 止於學其大要]

學期 及 在學 年限, 則分課程 爲四學期, 各學期爲六個月, 在學期爲二年

授業時間 每日 五時 其內以一時半以上 授體操術

試業法 每卒各學科之一部 驗其成否, 至學期之末 試各部之大體 以定其
等級

與卒業證書式 在學中 行狀方正 而學力相當者 卒業時 與其證書

卒業生 卒業後三年間 文部省所命職務 不得辭之, 但奉職不可超二年

校長一人 敎員六人 生徒二十八人 [學資金 每月 六圓 並 官給]

圖書館

規則

舘內安聖像, 時許衆庶來拜.

一. 設本舘之主旨, 在以所藏於舘中圖書, 廣供內國人 及 外國人求覽, 故
遵守此規則者, 皆得登舘, 展閱所欲覽之圖書.

一. 本舘, 每日午前 第八時開之, 午後第八時閉之. [但每年自七月 十一

日, 至九月十日, 午前七時開之, 午後七時閉之]

一. 定期廢館之時日如左. 歲首 [一月一日] 紀元節 [二月十一日] 掃除舘
　　內日 [自四月十五日 至二十一日] 曝書日19) [自八月 一日 至十五
　　日], 天長節 [十一月 三日] 歲末 [自十二月 二十二日 至三十一日]

一. 本館 所藏圖書 不許帶出館外 [但齋文部卿 特許椶者 非此限]

一. 新所購朮 或所收受圖書 六十日間 不許出於館外

一. 辭書類 及稀有貴重之圖書 其他現行新聞雜誌 不許出於館外 [但新
　　聞雜誌發兌不過一月一回者 除終尾二篇外 或許帶出館外]

一. 官立學校教員 及 各廳吏員 其他有裨益於敎育上者 特欲帶出圖書 以
　　供其需用 則憑文部卿 特許標 許之

一. 則憑文部卿 特許標所帶出之圖書 各人洋書限三冊, 和漢書十冊 不得
　　過十日

一. 除本館吏員外 不許開閉書函

一. 欲借覽圖書者 記其書名 及本人姓名住所 呈之舘吏, 而受其圖書 [但
　　於舘內 謄寫其所借覽圖書無妨]

一. 借覽圖書者 若失之 或 汚損之 則償還同樣圖書 或相當代價 其事未
　　終 不許更借覽他圖書

一. 醉人不許登舘

一. 在舘內 禁音讀 雜話 吹烟 又不許徘徊讀書場外

---

19) 폭서일(曝書日): 햇빛에 쬐어 말리는 날. '폭서(暴暑)'의 오기일 수도 있음.

教育 博物部

規則

　教育博物館　凡教育上所需　諸般物品　金石草木鳥獸虫魚　水陸動植之物　無不備儲　以資生徒之觀覽搜討　使之解說　模造圖寫　而謀世用　錄其規則如左

一. 本舘所蒐集物品　係圖書及學校模型　動植物　金石類　其他學校所用椅子　卓子　等　凡關教育者
一. 書籍類　別設一室置之　其書係學事報告　學校規則　教育家參考書　教科書　教育雜誌　等
一. 置內外國所刊行書器目錄　使欲購求　教育上書器者　易搜索
一. 府縣　及　公私學校　等　欲購求所關教育上書器類於外國者, 隨時宜而應其請爲媒
一. 學校教員　及　教育家　有請就舘內所列物品　研究實試學術者　則隨時宜而許之.
一. 舘內所列物品　及圖書　不得携出於舘外, 但舘長特許者　非此限
一. 動物之剝製　及骨格　植物　金石標本　其他便益於教育上者　本舘製之　以供教育家參考　有欲購求之者　則隨時宜而應其請
一. 凡所列品　記製作者　姓名　族籍, 但　動植物　金石　等　並記所産地名
一. 所蒐集物品　悉類別之, 且刊行所解說之目錄
一. 有寄贈物品於本舘者　則記其姓名陳列之, 而交付領收證於本人
一. 府縣　及　公私學校等所寄贈, 學事報告　及所試驗生徒答書　製作品之類, 雖可永保存之陳列之則時時交換新舊

一. 爲就物品, 講究學科上之事理 或 說明器機之便否 當招有志者 又聘
　學士而相會

一. 本舘 每月 月曜日 及 每年 自十二月 二十八日 至一月三日 開之.
　其他每日限時開閉之

一. 認狂疾 或 大醉者 不許入舘內

一. 在舘內 勿喧囂 勿有粗暴擧動

一. 在舘內 勿喫煙

一. 舘內所列物品 勿觸手

一. 本室開閉時限 與本舘同. 然每年夏秋之際 凡二週日 爲曝書期, 此期
　中閉室

一. 借圖書物品之期 在東京府下者 爲三週日間 在他府縣下者 除往復日
　數 爲六週日間, 至期必當還納之. 但 圖書 雖期內 至曝書期 當還納
　之

一. 失所借圖書物品 或點汚敗損之 當購同樣圖書物品 或辨償相當價金
　此事未畢 不得更借他圖書物品

學士會院

規則

一. 設本院之意, 在討議教育之事, 評論學術技藝.

一. 本院會員, 限四十人[但 現今爲三十一人].

一. 擧會員, 以投票多寡定之, 若二人以上其數同, 則擧年長者.

一. 會員 每年, 受金三百圓.

一. 會員次序, 以其姓氏頭字配當伊呂波之順次, 以定之.[譯者曰 伊呂波, 集本邦假字四十八爲長歌者, 遍膾炙海內人口].

一. 會員中, 選定會長一人, 其在任, 爲六月.

一. 會長統轄本院

一. 會長 發議案 討論可否, 投票等 都與會員同

一. 本員書記 爲五人以下

一. 書記屬會長 整理本院庶務

一. 發議案者 記其大意旨出之

一. 他所送致議案 會員中有主之者 則得付之討論

一. 文部卿 及 其代理人 得參本院會議, 發議案及討論之

一. 文部卿 及 其代理人 不得加於可否 與投票之數

一. 本院議事 以評論討議爲主 故非會員過半之議 不要決可否

一. 要可否者 決之於多數

一. 以會員四分之三以上 同議決之 而經文部卿之認可

一. 以每月十五日相會

一. 本院諸費 文部卿給之

(終)